国家出版基金项目
NATIONAL PUBLICATION FOUNDATION

“十四五”国家重点出版物出版规划项目

黄河砒砂岩区 生态治理–衍生产业 协同发展关键技术

◎姚文艺　申震洲　刘　静　张立欣　等著

黄河水利出版社
·郑　州·

内容提要

本书以服务黄河流域生态保护和高质量发展重大国家战略、乡村振兴战略的科技创新需求为导向，以黄河流域生态最为脆弱、土壤侵蚀最为严重的砒砂岩区生态治理为研究对象，以提高黄河流域生态脆弱区生态综合治理水平为目标，辨识了砒砂岩覆土、覆沙及裸露三大类型区水力、风力、冻融多动力复合侵蚀类型及时空分异特征，阐明了坡顶-坡面-沟坡-沟道地貌系统产汇流及产输沙规律，揭示了气候-土壤-地貌-侵蚀多要素复合驱动的植被退化机制，突破了植生固结材料研发及利用的技术瓶颈，解决了砒砂岩区复合侵蚀分异与多类阻控措施高适配等技术难题，创建了生物-植生固结-工程-砒砂岩改性的复合侵蚀综合治理模式，形成了生态治理-衍生产业协同发展的集成模式，实现了复合土壤侵蚀有效阻控、植被得到明显恢复、生态经济可持续发展的目标，为砒砂岩区生态恢复提供了坚实的科技支撑。

本书图文并茂，内容翔实丰富，实用性、创新性突出，可供生态、水土保持、水利、环境、泥沙、农业等领域的科技工作者、高等院校师生和流域管理者阅读参考。

图书在版编目(CIP)数据

黄河砒砂岩区生态治理-衍生产业协同发展关键技术 /
姚文艺等著. -- 郑州：黄河水利出版社，2024. 12.
ISBN 978-7-5509-4101-4
Ⅰ. X321.2
中国国家版本馆 CIP 数据核字第 2024B61N35 号

组稿编辑：田丽萍　电话：0371-66025553　E-mail：912810592@qq.com

责任编辑	田丽萍	责任校对	王志宽
封面设计	李思璇	责任监制	常红昕
出 版 社	黄河水利出版社 地址：河南省郑州市顺河路 49 号　邮编：450003 网址：www.yrcp.com　E-mail：hhslcbs@126.com 发行部电话：0371-66020550		
承印单位	河南匠心印刷有限公司		
开　　本	787 mm×1 092 mm　1/16		
印　　张	34.25		
字　　数	650 千字	印　　数	1—3 000
版次印次	2024 年 12 月第 1 版		2024 年 12 月第 1 次印刷

定　　价　165.00 元

序言一

砒砂岩区集中分布于黄河流域晋陕蒙接壤区的鄂尔多斯高原，是我国西北沙漠与东部农业的生态过渡带和北方生态安全屏障的关键带，也是我国煤气资源聚集核心区和“丝绸之路经济带”重要节点之一，在我国北方生态安全屏障构筑、能源安全保障、“一带一路”建设中具有十分重要的战略地位。然而，砒砂岩区又是我国水土流失强度最高、植被退化程度最重、生态安全风险最大的区域，是威胁京津冀生态安全的沙源地之一，是形成黄河下游“地上悬河”的粗泥沙集中来源地，长期以来一直是黄河流域水土保持与生态治理的重点和难点。

由于砒砂岩区复杂的侵蚀环境，尽管先后实施了多项治理工程，但治理效果不甚明显，生态退化的趋势一直未能得到根本遏制。因此，砒砂岩区生态综合治理的基础理论与关键技术是当前迫切需要深入研究的重大课题。在近年来的国家重点研发计划、国家自然科学基金等科技计划中均资助开展了有关黄河流域砒砂岩区治理的专项研究。《黄河砒砂岩区生态治理-衍生产业协同发展关键技术》一书就是作者对承担完成的国家重点研发计划项目“鄂尔多斯高原砒砂岩区生态综合治理技术”部分研究成果的集中展现。

该书系统介绍了有关复合侵蚀规律与植被退化机制、生态综合治理及其与生态经济协同发展的原理与模式等主要创新成果。该书在内容上具有创新点突出，理论、技术与工程应用成系统、全链展现的特点，坚持理论联系实际原则，系统反映了研发的坡顶径流控制与高效利用技术、坡面复合侵蚀综合防控技术、沟道产输沙综合防控技术、块体状重力侵蚀治理技术、生态综合治理技术体系及模式、砒砂岩区资源开发利用与区域生态产业发展关键技术、砒砂岩质地土壤改良技术、砒砂岩改性材料产业技术、生物质资源利用技术等，并在此基础上研究生态治理与产业协同发展模式，最终形成了产业化技术体系等新成果。该书介绍的多项成果属于生态治理领域的前沿理论和技术上的重要进展。多项成果的示范、推广应用的实践证明，不仅取得了显著的生态效益、社会效益和经济效益，而且在水土保持、生态、环境、泥沙、水利等领域有很高的应用价值，具有很好的应用前景。

相信该书的出版将对丰富水土保持学、恢复生态学，推动脆弱生态治理理论与技术研究起到积极作用，在水土保持、生态、环境、泥沙、水利等领域产生良好反响，期望早日付梓。

是为序。

中国科学院院士 王光谦

2023 年 2 月 15 日

序言二

黄河流域础砂岩区生态极度脆弱、复合侵蚀严重、生态退化致贫现象突出，是黄河粗泥沙的核心来源区，被称为“地球生态癌症”，对构筑我国北方生态安全屏障、实现黄河长治久安和区域高质量发展带来重大挑战。因此，深入研究础砂岩区复合侵蚀规律、生态退化机制和多措施协同的综合治理关键技术，并实现生态治理与生态经济协同发展，是践行黄河流域生态保护和高质量发展重大国家战略的需求，对于推进区域生态修复和高质量发展、减少黄河粗泥沙具有重要意义。近年来，础砂岩区生态治理理论与技术已经列为国家多项科技计划的专项，持续资助开展攻关研究，姚文艺等撰写的《黄河础砂岩区生态治理-衍生产业协同发展关键技术》一书就是作者对承担完成的国家重点研发计划项目“鄂尔多斯高原础砂岩区生态综合治理技术”有关研究成果的系统总结和高度凝练。

本书通过产学研用协同攻关研究，辨识了础砂岩区地貌-植被-降雨-侵蚀耦合关系及其空间分异格局，揭示了植被退化机制与生态承载力恢复潜力；基于不同类型础砂岩区的突出生态问题和治理技术重点，突破了础砂岩区块体状重力侵蚀的高聚物注浆固结治理技术难点，研发了水平截流沟+分流沟纵横沟网拦蓄技术、道路沟蚀生物+分流工程防控技术、水资源高效利用技术、础砂岩资源利用技术、地衣结皮生物护埂技术等，形成了础砂岩区生态治理-植被恢复-系统稳定的综合治理技术体系；研发了灌草平茬生物质资源高效利用技术、物理-化学-生物耦合的础砂岩质地土壤改良与地力提升技术、生态治理措施与经济林草优化融合配置技术，形成了生态治理-衍生产业协同发展型新模式。在础砂岩区气候-植被-侵蚀-地貌多维耦合关系、植被退化机制及生态承载力提升阈值等应用基础方面取得的成果具有重大科学价值；在块体状重力侵蚀的高聚物注浆固结治理技术、础砂岩区综合生态治理技术体系、生态衍生产业发展模式等方面技术创新性突出，对促进水土保持与生态治理领域科技创新、助力黄河流域高质量发展具有积极影响。

本书既有基础理论成果，又有应用技术创新，不仅可为黄河流域生态保护和高质量发展重大国家战略的实施发挥重要的科技支撑作用，而且对于我国其他江河流域生态治理也具有重要的借鉴价值。

中国科学院院士

2023 年 3 月 16 日

前　言

砒砂岩区是我国北方生态安全屏障的关键带，是黄河粗泥沙集中来源区治理的重点和难点，研究砒砂岩区生态治理和衍生产业发展相协同的理论与关键技术是实现黄河流域生态保护和高质量发展重大国家战略目标的科技需求，对促进我国脆弱生态区治理科技进步和学科发展具有重大意义。

砒砂岩是我国特有的一种地质构造物，是对一种由砂岩、砂页岩和泥质砂岩构成的岩石互层的总称。黄河流域砒砂岩区位于鄂尔多斯高原，属于黄河流域乃至我国北方生态安全屏障的关键带，然而其生态退化严重，水土流失剧烈，是黄河粗泥沙集中来源的核心区。虽然其面积仅约占黄河流域的2%，但是所产生的粗泥沙却占到黄河下游河道淤积量的1/4，对实现黄河流域生态保护、确保黄河长治久安的国家战略目标带来极大挑战。2022年10月30日颁布、2023年4月1日起施行的《中华人民共和国黄河保护法》第三章第三十三条明确规定了砒砂岩区作为生态脆弱区首要保护和治理重点的法律地位。

长期以来，砒砂岩区水土流失与生态修复一直是黄河治理的重点和难点。虽然自20世纪80年代国家先后实施了多项治理工程，但由于砒砂岩区极度脆弱的生态环境、剧烈的复合侵蚀和黄土、沙漠、砒砂岩叠合，治理难度极大，治理效果较低，生态退化的趋势一直未能得到根本遏制，对构建我国北方生态安全屏障构成极大挑战。为此，近年来多项国家科技计划将砒砂岩区生态治理的重大科学问题、关键技术列为重点研究领域。例如，“十二五”国家科技支撑计划专门设立了“黄河中游砒砂岩区抗蚀促生技术集成与应用”项目（2013BAC05B00），对砒砂岩区地形地貌特征及分异性、砒砂岩区水文环境及侵蚀过程、砒砂岩侵蚀机制、砒砂岩区抗蚀促生关键技术、砒砂岩改性技术、砒砂岩改性材料筑坝关键技术、二元立体配置综合治理模式等开展系统研究。在“十三五”期间，又通过国家重点研发计划，在“典型脆弱生态修复与保护研究”专项中，设立了“鄂尔多斯高原砒砂岩区生态综合治理技术”项目（2017YFC0504500），其研究目标是阐明砒砂岩区生态系统时空格局变化规律，揭示生态系统退化与复合侵蚀互馈机制，评估砒砂岩覆土区、覆沙区、裸露区生态承载力，提出坡顶-坡面-沟道系统复合侵蚀阻控技术、不同类型退化植被恢复重建技术、点线面状资源开发生态安全保障技术、生态恢复-产业经济协同发展技术，构建砒砂岩区生态综合治理模式，为砒砂岩区生态系统恢复重建和黄河粗泥沙治理提供技术支撑。本书就是该项目的第三、第六课题主要研究成果的凝练与挈领归纳，考虑到全书内容的系统性和逻辑性，也适当吸收了第四、第五等其他课题的部分研究成果。

“鄂尔多斯高原砒砂岩区生态综合治理技术”项目的研究，基于水土保持、生态、水文、泥沙、高分子材料、植物、土壤等多学科理论，利用抽样调查、理论解析、统计分析、控制试验、遥感解译、数学模型反演与评估、过程监测、示范试验等多种方法，聚焦砒砂岩区生态系统退化与土壤侵蚀耦合机制、生态治理和衍生产业协同发展等重大科学问题与关键技术，研究了砒砂岩区坡沟系统结构特征、植被群落结构特征与植被退化机制、土壤侵蚀类型与时空分异特征、砒砂岩资源利用技术、重力侵蚀注浆固结治理技术、复合侵蚀多类阻控措施配置技术，研发了灌草平茬与饲料加工、砒砂岩质地土壤物理-化学-生物三元协同改良与地力提升等技术，并探索了砒砂岩区生态产业可持续发展运作模式与途径等。

本书成果是相关课题所有参加研究人员协同创新攻关的劳动结晶，在此对所有为本书成果作出贡献的项目团队成员表示衷心感谢！成果主要贡献者包括姚文艺、申震洲、肖培青、张立欣、李晓龙、陈正新、刘静、张欣、刘慧、叶丽娜、袁勤、王忠、张吉树、刘向阳、逄红、姚锐、饶良懿、张璐、姚京威、伍艳、李长明、陈伟伟、赵旭升、王志慧、杨吉山、杨磊、王志臻、徐也钦、胡剑汝、张攀、冯益明、朱雅娟、张会兰、闫峰、曹晓明、张兴昌、杜峰、焦鹏、白乐、张芳、徐梓斐、王丽梅、郑纪勇、何红花、韩凤朋、杨才千、赵艳兵、瞿冯、邓琳、马雯波、梁止水等，在此一并再次感谢！同时，还要感谢李秀彬、赵学勇、陈效国、王林和、蒋忠诚、雷相东、张信宝、钱晓倩、蔡崇发、吴智仁、武志强等项目咨询专家给予的指导和在示范基地建设等方面提供的帮助。本书的出版得到了国家出版基金的资助，对此表示衷心感谢！黄河水利出版社有关编辑、设计等多位老师在本书的编辑、出版等方面付出了诸多努力和辛勤汗水，在此致以崇高敬意和感谢！

本书的诸多成果得到了大规模示范应用，并通过推广应用取得了显著的生态效益、经济效益和社会效益。通过应用基础理论创新、关键技术突破，在实现砒砂岩区复合侵蚀有效阻控、脆弱生态得到修复、区域生态经济协同发展的同时，对促进生态治理领域科技进步也起到了积极作用。砒砂岩区治理理论、技术难度大，需要不断持续研究，因而本书的研究成果也是阶段性的，诸多问题仍需要进一步深化研究。由此，本书中还可能存在错误或不当之处，敬请读者不吝赐教。

作　者

2024 年 7 月于郑州

目　录

序言一 …… 王光谦
序言二 …… 崔　鹏
前　言

第 1 章　绪　论 …… 1
1.1　研究意义 …… 3
1.2　研究现状与问题 …… 6
1.3　研究目标与内容 …… 23
1.4　研究学术思路与技术路线 …… 26

第 2 章　砒砂岩区类型及治理现状 …… 33
2.1　砒砂岩区地理区位 …… 35
2.2　土壤特征 …… 39
2.3　水土流失现状 …… 40
2.4　生态退化特征 …… 42
2.5　治理现状 …… 43
2.6　存在的主要问题 …… 49
2.7　小　结 …… 50

第 3 章　砒砂岩区坡沟系统结构特征 …… 53
3.1　坡顶系统结构特征 …… 55

3.2 坡面系统结构特征 …… 59
3.3 坡面-沟道系统结构特征 …… 62
3.4 小 结 …… 73

第 4 章 砒砂岩区植物群落结构演替特征与生态承载力 …… 75
4.1 主要植物群落结构特征 …… 77
4.2 退耕地植被演替特征 …… 80
4.3 植被与地形耦合关系 …… 88
4.4 植物群落多样性与土壤耦合关系 …… 102
4.5 植被与土壤侵蚀耦合关系 …… 103
4.6 植被退化机制与稳定性维持机制 …… 123
4.7 生态承载力演变过程 …… 126
4.8 小 结 …… 133

第 5 章 砒砂岩区土壤侵蚀类型及时空分异特征 …… 139
5.1 水力-风力-冻融复合侵蚀试验方法 …… 141
5.2 不同类型区主要土壤侵蚀类型 …… 141
5.3 水力-风力-冻融复合侵蚀过程 …… 143
5.4 水力、风力、冻融对坡沟系统的侵蚀贡献率 …… 146
5.5 水力-风力-冻融复合侵蚀动力临界 …… 147
5.6 块体状重力侵蚀时空分异特征及发生机制 …… 151
5.7 小 结 …… 160

第 6 章 块体状重力侵蚀注浆治理新材料及其特性 …… 163
6.1 技术原理 …… 165
6.2 高聚物注浆材料的设计及性能 …… 166
6.3 注浆材料力学性能试验 …… 175
6.4 注浆材料在裂隙中扩散特征试验与仿真模拟 …… 180
6.5 小 结 …… 212

第 7 章 块体状重力侵蚀注浆治理关键技术与应用 …… 213
7.1 高聚物微型锚杆对砒砂岩块体的锚固机制 …… 215
7.2 高聚物浆液在砒砂岩岩层中的扩散特性 …… 231
7.3 新型块体状重力侵蚀高聚物注浆治理技术 …… 235
7.4 砒砂岩块体状重力侵蚀治理应用案例 …… 246
7.5 小 结 …… 248

第 8 章 砒砂岩物化特性及结构重组-水化能力抑制双改性技术 …… 251
8.1 砒砂岩基本特性 …… 253
8.2 砒砂岩潜在活性 …… 264
8.3 砒砂岩双改性关键技术 …… 271
8.4 小 结 …… 291

第 9 章 微生物改良砒砂岩质地土壤技术 …… 293
9.1 砒砂岩质地土壤特性 …… 295
9.2 微生物菌株优选与菌剂培制技术 …… 301
9.3 液体微生物菌剂改良砒砂岩的效果 …… 308
9.4 固体微生物菌剂的制备及改良砒砂岩土壤效果 …… 313
9.5 小 结 …… 318

第 10 章 物理-化学-生物综合改良砒砂岩质地土壤技术 …… 321
10.1 利用污泥改良砒砂岩风化土壤 …… 323
10.2 砒砂岩复配风沙土的改良技术 …… 339
10.3 物理-化学-生物三元耦合土壤综合地力提升改良技术 …… 346
10.4 小 结 …… 350

第 11 章 灌草平茬与利用关键技术 …… 353
11.1 灌草与土壤理化性质及生物学因子的关系 …… 355
11.2 优良灌草饲料加工技术 …… 366
11.3 灌草饲料加工工艺 …… 369

11.4 小 结 …… 371

第12章 砒砂岩区退化植被恢复重建技术 …… 373

12.1 砒砂岩区植被退化类型与立地条件 …… 375
12.2 驱动植被退化的主要因素 …… 386
12.3 抗逆性植物材料筛选及其适应性 …… 389
12.4 根际异质性施肥与土壤改良的生境改造技术 …… 394
12.5 砒砂岩不同类型区适宜物种建植技术 …… 397
12.6 适宜性评价 …… 400
12.7 潜在适生植物抗逆性分析与筛选 …… 402
12.8 小 结 …… 404

第13章 生态治理-衍生产业协同发展模式与经济林果利用技术 …… 407

13.1 生态治理-衍生产业协同发展基本原理 …… 409
13.2 沙棘生态作用与产品开发技术 …… 411
13.3 长柄扁桃生态作用与产品开发 …… 422
13.4 山杏生态作用与产品开发利用 …… 424
13.5 酸枣叶茶开发与利用技术 …… 428
13.6 甘草生态作用与利用价值 …… 431
13.7 生态经济循环发展模式与应用 …… 433
13.8 小 结 …… 435

第14章 砒砂岩区综合治理模式与效应评价 …… 439

14.1 砒砂岩区综合治理模式 …… 441
14.2 复合侵蚀综合治理生态水文效应监测 …… 457
14.3 复合侵蚀综合治理生态水文效应模拟评价 …… 459
14.4 小 结 …… 470

第15章 生态衍生产业关键技术示范应用 …… 473

15.1 砒砂岩改性材料示范应用 …… 475

15.2 优良灌草筛选及培育关键技术示范应用 …… 484
15.3 砒砂岩与沙复配综合改良技术示范应用 …… 488
15.4 覆沙砒砂岩区经济林果种植技术示范应用 …… 491
15.5 灌草饲料加工技术中试应用 …… 495
15.6 基于植被恢复及林果产业发展的坡顶径流高效利用模式与应用 …… 496
15.7 主要技术示范应用基地建设与管理模式 …… 498
15.8 小 结 …… 499

第 16 章 主要研究进展及展望 …… 503

16.1 主要研究进展 …… 505
16.2 展 望 …… 512

参考文献 …… 513

第 1 章　绪　论

1.1 研究意义

黄河流域砒砂岩区位于鄂尔多斯高原，其水土流失剧烈、生态系统脆弱、生态致贫现象突出，是水蚀风蚀交错的典型区域（唐克丽 等，1993；毕慈芬 等，2008），尽管其面积仅约占黄河流域的2%，但多年平均产生的黄河粗泥沙却占黄河下游河道泥沙淤积量的1/4（姚文艺 等，2015），对实现构建黄河流域生态安全屏障、保障黄河长治久安的国家战略目标带来极大挑战。自20世纪80年代以来，国家先后实施了包括退耕还林、退牧还草等在内的多项治理工程，组织开展了有关科技计划的专项研究，取得了减水减沙、植被修复等一定的治理成效，并探索了诸如利用沙棘、沙柳等生物措施阻控侵蚀、修复植被的多项关键技术，为以砒砂岩区为代表的脆弱生态区治理提供了典型案例和科技支撑（毕慈芬，1999；李旭 等，2005；祁永新 等，2008）。然而，砒砂岩区治理仍然存在着治理措施单一，缺乏多措施协同综合治理，未能建立起适用于全区域的措施结构合理、生态服务功能良好的治理体系；未能系统实施覆土、覆沙、裸露三大类型区的分区量化的科学治理；人工植被结构单一、稳定性差，生态退化未能得到有效遏制；生态治理与经济发展不协调的矛盾日趋凸显等，难以满足实现黄河流域生态保护和高质量发展重大国家战略（简称黄河重大国家战略）的目标需求。因此，研究砒砂岩区生态治理及其与生态经济协同发展的理论与技术，是有效阻控砒砂岩区复合侵蚀、可持续遏制植被退化等重大实践的需求，也是黄河重大国家战略对新时期水土保持和生态治理科研工作提出的新的科学命题。

砒砂岩是一种松散岩层，具体是指由古生代二叠纪和中生代三叠纪、侏罗纪及白垩纪的厚层砂岩、砂页岩和泥质砂岩构成的岩石互层（王愿昌 等，2007）。砒砂岩的岩性为砾岩、砂岩及泥岩，交错层理发育，且颜色混杂，通常以粉红色、黄色、紫色、灰白色、灰绿色等多色互层相间，所以俗称为“五花肉”。砒砂岩为湖相沉积岩（赵俊峰，2007；范淑花，2019；肖培青 等，2021），由于其成岩程度低、砂粒间胶结程度差、结构强度低，因此其抗蚀能力极低，有遇水如泥、遇风成砂的特性，加之这种岩层自身物理、化学性质和当地特殊的自然、人文环境，其土壤极度贫瘠、立地条件差。因而，不仅水土流失剧烈，而且造成了严重的生态致贫现象。据统计，因生态环境退化而致贫的人口近 3 万人，群众深受其害，视其毒害如砒霜，因此又将其俗称为“砒砂岩”。

黄河流域砒砂岩集中分布在黄土高原北部晋陕蒙接壤地区的鄂尔多斯高原，属于我国西北沙漠与东部农业的生态过渡带和北方生态安全屏障的关键带，也是我国煤气资源聚集核心区和“丝绸之路经济带”重要节点之一，在我国北方生态安全屏障构筑、能源安全保障、“一带一路” 建设中具有十分重要的地位。然而，由于砒砂岩区地处我国北方地貌、植被、气候、土壤等多元自然要素交错过渡带（姚文艺 等，2020a），多动力复合侵蚀与生态退化耦合关系非线性突出，降雨-植被-侵蚀耦合关系复杂（张喜旺 等，2016），区域经济发展、生态安全屏障构建的双重压力叠加，砒砂岩区生态治理成为构建我国北方生态安全屏障最难啃的“硬骨头”与黄河流域生态保护和高质量发展最突出的短板。《中华人民共和国黄河保护法》明确规定了将砒砂岩区作为生态脆弱区首要保护和治理重点的法律地位；《黄河流域生态保护和高质量发展规划纲要》提出了着力加强生态保护治理，推动上游黄土高原水蚀风蚀交错、农牧交错地带水土流失综合治理，促进全流域高质量发展的目标任务。因此，加强砒砂岩区生态治理和生态服务功能提升关键技术研究，补强中国北方生态屏障鄂尔多斯防线，创新生态保护治理与经济协同发展途径与模式，对改善当地群众生产和生活环境、保障黄河长治久安具有十分重要的意义，是黄河重大国家战略的需求。

砒砂岩区北邻库布齐沙漠南沿，西北向东南沿毛乌素沙地，东至东南紧靠黄土丘陵沟壑区，造成了不同区域的砒砂岩上覆物质有较大差异。按岩层上覆物质不同，一般将其分为砒砂岩裸露区、覆土区、覆沙区等三大类型区（王愿昌 等，2007）。各区域的生态环境异质性大：其地貌类型由东南部以水蚀为主的黄土丘陵沟壑逐渐过渡到以风蚀为主的风沙地貌；侵蚀类型由以水力侵蚀为主过渡到以水力、风力、冻融多动力复合侵蚀类型为主；植物群落由东南部的半旱生植物占优势逐渐演变到西北部的以沙生植物占优势；气候由半干旱过渡到干旱，历史上出现的极端最高气温和最低气温分别为 40.2 ℃和-34.5 ℃，既有鄂尔多斯高原风大沙多的特点，又具有黄土高原大陆性气候暴雨年内集中且强度大的特点。因而，该区是一个荒漠化、沙漠化和水土流失多重危害并存的地区，生态环境极其脆弱，生态承载力低下，复合侵蚀与植被退化互馈，气候-土壤-地貌-植被多要素耦合驱动的生态退化机制复杂，实现有效治理的技术难度相当大。

当前，脆弱生态区综合治理理论与技术是国际上生态学、水土保持学、环境科学等学科领域研究的热点和难点，也是这些相关学科发展的新趋势。由于砒砂岩区具有显著的地域特征，国际上涉及砒砂岩地区侵蚀机制及综合治理的研究匮缺，基本上均是针对单一砂岩地区的水土流失规律与治理方面的研究（Mio et al.，2005；Hajer et al.，2009；Mostafa et al.，2016）。国内近些年在砒砂岩范围界定、沙棘柔性坝建造、沙化土改造等方面开展了一系列的研究，为各时期砒砂岩区治理实践提供了科技支撑（姚文艺 等，2021）。但是，长期以来对砒砂岩区生态退化机制却缺乏深刻认识，还没有建立起一套针对砒砂岩区水力-风力-重力-冻融多动力作用下的复合侵蚀与生态退化的综合治理技术，更是缺乏对生态治理与衍生产业协同发展的理论与技术的系统研究。因此，以黄河重大国家战略科技创新需求为导向，以水资源高效利用、复合侵蚀有效阻控、植被得到明显恢复为目标，针对砒砂岩区复合侵蚀剧烈、生态系统退化严重、人工林草群落不稳定、生态致贫现象突出等问题，以揭示砒砂岩区生态退化与修复机制，探索生态治理-衍生产业协同发展关键途径等科学问题和关键技术为重点，分析砒砂岩区水力、风力、冻融多动力复合侵蚀时空分异特征，揭示气候-土壤-地貌-植被多要素复合驱动的植被退化特征，辨识脆弱生态区生态服务功能提升与生态健康恢复的耦合机制，突破砒砂岩资源利用技术瓶颈，解决砒砂岩区复合侵蚀分异与多类阻控措施高适配等技术难题，形成砒砂岩区生态治理与衍生产业协同发展的成套关键技术和砒砂岩区生态治理-植被恢复-系统稳定-资源利用的生态治理新模式，创建草灌菌生物-抗蚀植生固结-控蚀拦沙工程-砒砂岩改性的复合侵蚀治理技术体系与模式，提供实现生态建设产业化、产业发展生态化绿色发展的理论、技术支撑和实践范例，并实现成果转化落地，对砒砂岩区生态恢复与黄河流域生态安全屏障构建等国家重大工程建设具有重要的应用价值。

同时，围绕砒砂岩区生态治理和植被恢复的关键科学问题，揭示砒砂岩区多动力复合侵蚀机制、生态系统退化与恢复机制，建立以砒砂岩区为典型的脆弱生态区综合治理技术与模式，探索生态治理与生态服务功能协同提升途径与模式，破解生态安全与生态经济协同发展的难题，系统化研究绿色经济发展模式，可望在深化认识脆弱生态区植被退化机制和生态恢复机制等方面得到理论和方法上的创新与提高，进而推进脆弱生态区综合治理技术的发展，实现脆弱生态区治理实践的理论、技术水平的提升，对于促进水土保持与生态治理行业科技进步，丰富水土保持与生态治理学科的理论、技术体系，助力水土保持学、生态学发展都具有重要的科学价值，并可以使我国在多元环境要素过渡、生态极度脆弱地区的生态治理理论与技术研究领域居于国际领先行列，对强化我国在水土保持和生态治理理论与技术上的全球引领性和主导性，提升我国在脆弱生态区治理方面的国际影响力亦具有很大的科学意义。

1.2 研究现状与问题

关于砒砂岩区复合侵蚀规律、生态治理与生态经济发展等方面的理论与关键技术,以往都有一些卓有成效的探讨,取得了不少成果,为推进砒砂岩区水土保持与生态治理实践的深入发展提供了重要的科技支撑。

1.2.1 砒砂岩区坡沟系统侵蚀空间分异性

1.2.1.1 砒砂岩区坡沟系统结构特征

坡沟(坡面-沟道)系统是表征黄土高原土壤侵蚀垂直分带规律的一个地貌学概念(孟庆枚,1999)。大量研究发现,在黄土高原小流域内,从分水岭至沟底的垂直方向,土壤侵蚀方式、土壤侵蚀强度具有明显的空间分异性,而且黄土高原地区各地小流域土壤侵蚀垂直分带系统变化不大,具有很高的相似性,为此将垂直方向的地貌结构分为梁峁顶、坡面、沟道,称为坡沟系统。坡沟系统是构成小流域的基本地貌单元,坡面侵蚀、沟道侵蚀是小流域泥沙的主要来源(朱显谟,1956a;朱显谟 等,1956b),也是流域治理的基本单元,搞清楚坡沟系统结构特征与侵蚀空间分异性,可以为优化坡沟水土保持措施配置提供依据(肖培青 等,2004)。坡沟系统作为黄土高原地区小流域治理的最小整体单元,其地形、生物学、侵蚀因子具有较明显的垂向分异性(王承书 等,2021;朱冰冰 等,2021)。以往对坡沟系统的研究主要集中于黄土丘陵沟壑区(张丽萍 等,1991;陈永宗 等,1988;陈浩,1999;刘阳 等,2004),而对砒砂岩区坡沟系统方面的研究相对较少。石迎春等(2009)通过对砒砂岩区典型小流域的调查,认为砒砂岩区沟边线具有持续不断地后退的特征,坡沟系统由分水线、塬边线、沟边线、沟谷线构成,在坡沟系统的上部一般为坡度较为平缓的沟间地类型,下部是坡度较为陡峻的沟谷地类型,沟边线处的转折坡度一般大于40°。由1层泥岩、密实沙构成的且坡度0°~15°的地类的沟边线发生蚀退的比例最大,为74.2%;由3层泥岩、松散沙构成的坡度15°~40°的地类的沟边线发生蚀退的比例也达到47.2%;由2层泥岩、密实沙构成的坡度>40°和3层泥岩、密实沙构成的坡度0°~15°地类的沟边线发生蚀退的比例也较大,均超过20%。

近年来,砒砂岩区生态治理不断引起人们的关注和重视,一些相关研究成果也陆续面世。乔贝等(2016)、姚文艺等(2021)对砒砂岩覆土区、覆沙区、裸露区的坡面特征、类型与治理措施配置进行了研究,把砒砂岩区坡面分为黄土垂直节理发育、黄土覆盖不稳定、黄土覆盖相对稳定、白色裸露砒砂岩垂直、白色裸露砒砂岩不稳定、红白相间砒砂岩不稳定、覆沙砒砂岩相对稳定、溜沙坡等8个基本单元，在此基础上，构成了砒砂岩区24种坡面空间组合结构。进一步研究发现，覆沙砒砂岩的坡面稳定坡度主要集中在35°± 2°；大部分黄土覆盖的坡面坡度都小于黄土自然状态下的临界坡度45.1°，覆盖黄土砒砂岩的坡面稳定坡度集中分布在35°~ 45°；白色裸露砒砂岩的坡面稳定坡度集中分布在35°~ 70°；红白交错层状分布裸露砒砂岩的坡面稳定坡度集中分布在35°~ 45°，少量大于70°，易在重力作用下发生坍塌破坏。根据张传才等(2016)对砒砂岩区274个小流域地貌形态三维分形量化的分析，覆土砒砂岩区主要是水力侵蚀塑造地形，虽然高差、高程标准差及平均坡度都比较大，但该区地形坡度变异较小，地形较单一；在覆沙砒砂岩区，沙丘和砒砂岩相间分布的地貌特征增加了该区地形的内部差异，地貌形态三维分形维数较覆土区的大。谢梦瑶等(2022)利用遥感解译、数学模型、调查等方法，分别分析了准格尔旗砒砂岩覆土区、裸露区、覆沙区3个代表性小流域的地形、水力侵蚀分布规律及其关联性，认为流域地形因子分布特征与地貌因子分布特征一致，高值集中分布在沟道，低值则集中分布在坡面。在分析的3个小流域范围内，流域坡度均值为21.8°~27.3°，坡面坡度均值为6.0°~13.2°，沟道坡度均值上升至34.5°~41.6°。张若曦等(2022)以砒砂岩区裸露坡面为研究对象，采用三维激光扫描的方法，定量描述了坡面微地貌变化与侵蚀的响应关系，认为坡上各地形因子间均存在相关关系，地表切割深度与地表粗糙度及地表起伏度相关性显著，且坡位不同，与产流产沙关系也不尽相同，其中产流量与微坡度相关性显著，坡位越靠下相关性越显著，坡面微地貌的变化一定程度上可以反映坡面侵蚀强度。

1.2.1.2 砒砂岩区坡沟系统土壤侵蚀分异性

关于砒砂岩区土壤侵蚀在坡沟系统中的空间分异性有较多的研究成果，这些研究也为侵蚀地貌学的进展提供了科学实证。不少研究均表明，同黄土丘陵沟壑区基本相同，砒砂岩区坡沟系统土壤侵蚀仍具有明显的空间分异性。谢梦瑶等(2022)的研究表明，砒砂岩水力侵蚀在坡面、沟道空间分布存在差异，流域坡面以微度侵蚀为主，占比达87%~97%，沟道微度侵蚀占比较坡面下降54%~72%，裸露区沟道处的水力侵蚀模数均值最高，达97.5 t/(hm^2 · a)。王晓(2000,2001)对砒砂岩区小纳林沟系坡沟系统产沙来源的观测表明，坡顶+坡面(沟间地)年产沙量占小流域年产沙量的15.11%，沟道年产沙量占小流域年产沙量的84.89%，其中6—9月的沟谷重力侵蚀和径流侵蚀产沙量占小流域年产沙量的58.06%，非汛期重力侵蚀产沙量占小流域年产沙量的26.83%，砒砂岩区小流域泥沙主要来自沟道。张若曦等(2022)的研究进一步表明，不同坡位的地形因子与产流产沙的相关性不尽相同，坡上、坡中及坡下产流量均与微坡度相关性较好，且坡位越靠下相关性越显著。产沙量在坡上及坡中均与地表粗糙度为极显著相关，在坡下则与地表起伏度呈极显著相关。李龙等（2022）的研究也进一步证实，砒砂岩坡面土壤侵蚀呈现明显的空间分异特征，坡顶土壤侵蚀强度较低，坡面中下部以细沟状侵蚀为主，呈现破碎的侵蚀沟网。同时，砒砂岩裸露区土壤侵蚀模数具有显著的空间自相关性，侵蚀强度高值聚集区主要位于基岩大幅出露的区域，低值聚集区主要分布在坡面（杨振奇 等，2021a）。

总体来说，目前的大多研究成果表明，坡沟系统仍然是构成砒砂岩区小流域的基本地貌单元，坡沟系统土壤侵蚀同样具有垂直分带规律且具有空间自相关性，沟道侵蚀是砒砂岩区小流域泥沙的主要来源。由于砒砂岩成岩程度低，水力、风力、冻融和重力多相侵蚀动力复合作用，形成的地形地貌相当复杂，侵蚀空间分异性也极为突出，因此需要进一步研究砒砂岩区坡度、坡面和沟道地貌单元的结构特征，以及土壤侵蚀类型和时空分异规律。

1.2.2 砒砂岩区植物群落结构

针对砒砂岩区植物群落结构特征及其对产汇流的影响，杨振奇等（2021b）采用 Patrick 指数、Pielou 指数、Shannon-Wiener 指数、Simpson 指数分析砒砂岩区不同立地类型人工沙棘林下草本植物的物种多样性；曾月娥等（2013）依据小流域特殊的立地条件，采用层次分析法，揭示了流域内的梁峁顶、沟道、缓坡和急缓坡的立地条件、植被类型结构的空间分布特征。在砒砂岩区分布有柠条、沙棘、苜蓿、油松等植被覆盖类型，植被覆盖度、植被密度、根系深度和茎流（stemflow）速率等植被环境因子形成了明显的空间分异性，由此通过砒砂岩自然边坡、沟谷、野外径流小区的调查或试验观测，进而分析不同植被类型和分布格局对产流的差异性及其作用机制也成为近些年的研究方向之一。根据韩高玲等（2023）的研究，不同类型砒砂岩区优势物种组成不同，砒砂岩覆土区为针茅、刺蓬、胡枝子、蒺藜，覆沙区为针茅、狗尾草、艾蒿，裸露区为刺藜。覆沙区和裸露区的相似性指数为 50.0%，覆沙区和覆土区的为 63.6%，覆土区和裸露区的为 39.1%。不同类型砒砂岩区草本物种多样性指数差异不显著，不同地形部位的均匀度指数差异显著（$p=0.027$），坡上部显著高于坡中部和坡下部。程帅（2021）选择东胜至准格尔旗一带（圪秋沟）的砒砂岩区 26 块样地为研究退耕地植物群落演替特征的区域，研究表明，砒砂岩区植物由土壤中存留的种子资源丰富的一年生杂类草群落向多年生地带性丛生草本群落演替，再逐渐向耐旱、耐瘠薄的灌丛群落演替。演替方向是进展演替，表现为明显的趋同性。而且随着撂荒年限的增加，样地植被盖度、Shannon-Wiener 多样性指数、Margalef 丰富度指数和 Gleason 物种丰富度指数先增加后降低，即在演替初期过程中资源可利用量增加，多样性、丰富度增加,但在后期由于群落中种间竞争渐趋激烈,多样性、丰富度随之下降。

孙成等(2022)对砒砂岩区150个油松林下草本生态位(又称生态龛)样方的调查发现,有31种草本植物,隶属于11科24属,阳性旱生植物居多。不同立地类型人工油松林下草本群落生态位特征不同,生态位宽度指数及生态位重叠指数均表现为阳坡大于阴坡,平坡好于斜缓坡,但整体指数均较小,表明物种对环境资源利用程度较低,种间竞争度不大,群落处于相对稳定状态。准格尔旗砒砂岩区10年生的柠条林、沙棘林、山杏林、油松林、山杏柠条混交林等人工林下的草本层植被物种组成和多样性指标表明,以沙棘林草本层的物种数最多,为23种;山杏林下草本植物物种数最少,为15种。山杏柠条混交林、沙棘林的物种丰富度指数、多样性指数都高于其他配置类型的人工林结构,人工林下植被均以羊草为优势种(袁勤 等,2013)。

近年来,有一些研究者对砒砂岩区的植被格局开展了相关研究。植被格局是景观生态学研究的核心问题,国外对其研究始于20世纪80年代,很多从时间尺度分析植被格局及动态变化(Alados et al., 2004; Olsen et al., 2007),并且认为植被格局变化与环境因子、人类干扰有一定的关系(Hietel et al., 2004)。从现有研究看,学者广泛关注森林、草地生态系统,对荒漠生态系统研究总体偏少,对砒砂岩区的稀疏植被格局研究更鲜有报道。杨振奇等(2021b)通过对砒砂岩裸露区小流域植被景观空间格局研究发现,植被格局与地形有关,流域植被景观格局具有零散和形状复杂的斑块特征,坡度和地表切割深度是导致植被景观破碎并决定景观空间分布格局的主导因素。于晓杰等(2024)近期的研究也认为,砒砂岩区小流域人工林分布格局与地形因子之间具有一定的相关性,平缓坡地带适宜于林木的生长发育,而斜坡陡坡地带土壤的水肥条件较平缓坡面略差,影响了林木的生长发育过程;除沙棘和柠条等灌木树种外,乔木树种的生长状况均表现出阴坡优于阳坡的趋势。沙棘和柠条在不同的立地条件下均能展现出良好的生长适宜性,而油松、山杏对于立地条件的要求相对严苛。坡沟系统中植物多样性具有空间分异性,一般是坡顶>沟底>沟坡,坡顶、沟坡中阴阳面差异不显著(张换迪,2019)。

种植沙棘可以有效改变草被群落结构,增加植物多样性(胡建忠,2011a)。胡建忠(2011b)对砒砂岩区种植沙棘后景观格局变化的预测表明,沙棘生态工程建设是对砒砂岩区景观生态格局变化影响最大的因素,沙棘种植面积比例预测值最大为10.21%,乔木林地面积比例在10%以下,林地面积过大将会造成土壤干层下移,最终可能导致大片林分死亡现象;稀疏植被地的面积稳定比例为32.25%,在干旱少雨的砒砂岩区,较高的稀疏植被比例是适应当地环境条件的最佳选择。

根据杨久俊等(2016)对砒砂岩区植被格局的大量调查,发现调查区分布乔木29种、灌木20种、草本植物152种,而且砒砂岩区植被格局有着明显的分异性。其中:

油松、沙棘和柠条是裸露区、覆土区坡顶最为重要的植被；沙柳和油蒿为覆沙区最为优势的植被，赖草、披碱草及沙打旺在梁峁坡形成优势群落。在裸露区草本和灌丛较多；覆土区梁峁坡油松最为重要，且柠条比沙棘的重要性高；覆沙区的植被稀少，该区的植被最为重要的特征就是耐旱耐贫瘠耐沙埋。虽然沙棘在砒砂岩区植物群落中具有重要的地位，但是，沙棘萌蘖能力和频度随林龄而变化，在 2~4 年的前期逐渐增加，到 5~6 年达到最高，之后又逐步下降。而且根据调查，覆沙区很难适宜沙棘生长，退化、死亡现象比较严重。孙成等(2022)曾对砒砂岩区油松、山杏、沙棘、油松山杏混交、油松沙棘混交 5 种植被类型的人工林生态系统稳定性做了评价，认为生态系统稳定性水平最优的是油松纯林，其次是山杏纯林、沙棘纯林、油松山杏混交林、油松沙棘混交林，土壤理化性质是影响砒砂岩区人工林生态系统稳定性的重要因素，油松林适宜作为该地植被建设树种。

目前，相关研究者对砒砂岩区的植物种类、分布及样点植物群落、部分植物的重要性进行了一些调查研究，在沙棘、油松、沙柳、柠条等典型乔灌的重要性方面有了一定认识，同时分析了砒砂岩区人工沙棘林的不稳定性等现象。由于砒砂岩区困难的立地条件和复杂的地貌系统，对砒砂岩区植被的研究需要对植被结构特征空间分异性、植被稳定性格局形成机制与生态承载力等开展进一步研究，深化认识植被退化的机制。

1.2.3 砒砂岩区生态治理技术

长期以来，砒砂岩区水土流失与生态退化一直是黄河治理的重点和难点。我国早在 20 世纪 60 年代就开展了以生物措施为主的砒砂岩区探索性的治理工作(王愿昌 等,2007)。在 20 世纪 80 年代中期，水利部作出了以沙棘资源开发作为砒砂岩区治理突破口的重要决策，并有针对性地制定了《开发建设晋陕蒙接壤区水土保持规划》《1991—1995 年沙棘开发利用发展规划》。之后，先后实施了诸如内蒙古砒砂岩区沙棘专项治理工程、黄土高原水土保持世界银行贷款项目、晋陕蒙砒砂岩区生态工程、鄂尔多斯高原砒砂岩沙棘生态工程，以及近年来各地陆续实施的黄河粗泥沙集中来源区拦沙工程建设等多项治理工程。同时，治理实践也推动了砒砂岩区水土保持和生态治理理论与技术的研究，尤其是对作为治理砒砂岩突破口的沙棘生物措施，在生理生态、生长发育规律、人工培育技术及减蚀作用等方面开展了大量研究，取得多项突出进展(武晶 等,2007；胡建忠 等,2009a,2009b；胡建忠,2011c；吴永红 等,2011；尹惠敏,2011；党晓宏 等,2012；苏涛 等,2013；辛雷勇,2013；卢立娜 等,2015；摄晓燕 等,2015；杨振奇 等,2017,2018；孙增慧 等,2018)。毕慈芬等(2003)还利用沙棘的优势功能，进而提出了"沙棘柔性坝"的生物工程措施，发挥了明显的拦沙治沟、改善生态环境等效益（杨方社 等，2013）。近年来，砒砂岩区生态治理进一步引起了更为广泛的关注，先后提出了诸如砒砂岩与沙土复配土、植物缓冲带技术、砒砂岩 EN-1 坡面固化剂治理等新的技术（韩霁昌 等，2012；魏雨露 等，2015；姚文艺等，2018，2019；秦富仓 等，2020）。为满足生态文明建设国家战略实施的科技需求，近十多年来，国家多类科技计划均设立了砒砂岩区生态退化过程与治理方面的研究专项，大大促进了我国对生态脆弱区治理理论与技术的进步（秦富仓 等，2020；姚文艺 等，2021）。例如针对砒砂岩"无水坚如磐石，遇水烂如稀泥"，难以作为修建淤地坝等水土保持工程措施建筑材料的突出问题，揭示了其易蚀的岩石、化学机制，认识到成岩程度低、结构强度弱，以及遇水易胀的蒙脱石含量高，所含遇水易失的 Ca^{2+}、Na^{+}、K^{+}等交换能力强的多类阳离子水化作用是导致砒砂岩侵蚀剧烈的主要原因（石迎春 等，2004；李长明 等，2016a；姚文艺 等，2021）。试验表明，通过添加活性材料对砒砂岩改性，可以显著提高其结构强度和耐水性能（Li et al.，2022），据此，杨大令等（2016）提出了砒砂岩改性材料淤地坝建造技术，并得到示范应用。砒砂岩质地土壤极为贫瘠（姚文艺 等，2021），林草等水土保持生物措施难以有效实施，为此，黄河水利科学研究院和东南大学联合团队基于砒砂岩组分、结构及侵蚀机制，通过亲水性材料复合方法，研发了抗蚀促生材料与技术，对于阻控坡面砒砂岩侵蚀、促进草被生长具有明显效果（Liang et al.，2017；姚文艺 等，2021）。该技术也可应用于其他环境下高陡边坡的治理。目前，这类技术仍被其他研究者做深化研究（Ma et al.，2022）。砒砂岩区土壤侵蚀类型和发生过程从坡顶至沟底具有明显的分异性，这就要求在空间上应有不同的水土保持措施配置，姚文艺等（2021）提出的"二元立体配置模式"在治理实践上就反映了坡面-沟道系统与水土保持措施体系相匹配这一基本规律。由于砒砂岩的独特地域性，除我国外，没有见到国外有关砒砂岩区生态治理方面的研究。见诸报道的国外文献大多集中于对单一砂岩地区生态系统、植被退化、侵蚀、地貌演化等问题的研究，治理措施主要包括封育修复、小型拦水拦沙坝等（Paul et al.，2007；Mostafa et al.，2016；Mitchell et al.，2020；Mashaal et al.，2020；Azuka et al.，2021）。

植被退化是砒砂岩区一直存在的突出生态问题，如何实现退化植被的恢复重建仍然是当前亟待解决的关键问题。为此，需要深化分析砒砂岩区退化植被的形成机制，研发退化植被快速、综合、稳定修复技术，为有效增强砒砂岩区植被稳定性、提高植被覆盖度提供理论与技术支撑。

1.2.4 砒砂岩物化特性及资源利用

国内学者对砒砂岩基本物理性质及矿物、化学组成，砒砂岩侵蚀机制及砒砂岩碱激发改性等方面开展了大量研究。王愿昌等（2007）认为，砒砂岩是古生代二叠纪和中生代三叠纪、侏罗纪及白垩纪的厚层砂岩、砂页岩和泥质砂岩构成的岩石互层。唐政洪等(2001)则认为,砒砂岩是指发育在砒砂岩母质上的坡地栗钙土类的各种土壤,其母质主要为白垩纪、侏罗纪砂岩、砂砾岩风化物,结构松散,胶结力差,易被水侵蚀。李晓丽等(2015,2016)对砒砂岩原岩及冻融作用下的力学性能进行了一系列研究,得到了砒砂岩不同工况下的抗剪强度等力学指标。一些学者还对砒砂岩的化学和矿物组成进行了广泛的研究,石迎春等(2004)、王立久等(2013)、李长明等(2018)对分布在不同地区的砒砂岩矿物成分进行了研究,砒砂岩的主要矿物成分为石英(47%~50%)、钙蒙脱石(18%~20%)、钾长石(6%~13%)和方解石(8%~13%),其余矿物成分含量较低,都在5%以下。砒砂岩中的主要化学成分是SiO_2、Al_2O_3和CaO,分别占总体的64%~77%、10%~11%和2%~7.5%,Na_2O和K_2O占总体的3%~4.5%。分布在不同地域的砒砂岩及不同颜色的砒砂岩,其主要矿物和化学成分无明显差异。近期还有人研究了砒砂岩浆体流变行为(周琳 等,2024),认为细颗粒物质可增加浆体线性黏弹区的抗剪强度和弹性,但细颗粒浆体受含水率影响较大,加入水分后,浆体结构破坏、抵抗变形的能力随之减弱,更容易发生相态转变;粗颗粒的存在使浆体非线性黏弹区的弹性主导的范围增大,阻碍浆体的相态转变。姚文艺等(2018)、李长明等(2018)通过构建砒砂岩几何及力学模型,研究了砒砂岩侵蚀产沙机制,并建议将砒砂岩区复合侵蚀与植被退化的互馈关系、水岩作用下砒砂岩结构破坏机制等作为研究重点。对砒砂岩开发利用的研究主要集中在砒砂岩区产沙输沙规律;砒砂岩的基本岩性特征,如颗粒组成、力学强度;砒砂岩与沙土复配成新的土壤种植植被,以及砒砂岩对重金属离子迁移的吸附固定方面,等等。如Zhen等(2016)研究了砒砂岩含量对砒砂岩与沙复配土中Br^-、Na^+传导性的影响。温婧等(2015)研究了砒砂岩作为吸附剂对重金属离子的吸附效果,将砒砂岩视为一种重金属固化材料。李长明等(2018)研究了不同价态阳离子对砒砂岩膨胀容的影响,发现阳离子对砒砂岩有显著的固结效果。无机非金属技术手段是研制建筑材料成熟的技术手段,李长明等(2016b)、董晶亮(2016a)、董晶亮等(2016b,2016c)研究了砒砂岩的矿物活性、NaOH激发改性砒砂岩材料的性能,通过碱激发技术对砒砂岩改性利用的可行性进行了有益的探索。根据李大虎等(2024)对砒砂岩水泥复合土强度与碱激发煤矸石粉响应关系的试验,碱的加入使得砒砂岩中的蒙脱石和煤矸石粉发生溶蚀,促进凝胶N-A-S-H和凝胶C-A-S-H的产生,增大其强度,而且随着煤矸石粉替代量的增加和水泥掺量的相对降低,钙含量降低,凝胶C-A-S-H含量下降,且凝胶N-A-S-H逐渐向无胶结性的菱沸石(钠与钙的水合硅酸盐)转化,导致其强度逐渐下降。当碱当量为4%、煤矸石粉替代率为7%时,煤矸石粉-砒砂岩水泥复合土孔隙率为29.20%,小孔占比为46.48%。还有研究者提出了通过高温+机械粉磨等物理方法对砒砂岩进行改性(曹亚莉,2020),高温处理后砒砂岩的矿物组成发生变化,黏土矿物中的自由水和结合水数量显著减少,高温处理对砒砂岩矿物的颗粒粒径影响不大,经高温后矿物颗粒粒径略有增大;机械粉磨处理后砒砂岩中小颗粒数量显著增加,比表面积增大,高温和机械粉磨可提升砒砂岩的矿物活性。近期,有人开展了碱激发下钢渣粉砒砂岩水泥复合土力学特性及耐久性的试验(王重阳,2023),试验表明,11%钢渣粉掺量废料利用率最大,为最经济钢渣粉掺量,最优碱当量为2%的碱激发剂,其抵抗冻融-盐侵耦合的能力最强,抗冻性和耐盐性最优。

砒砂岩的矿物、化学成分非常丰富,如除含氧化硅和铝外,还有铁、钙、镁等,以及锌、铬、镍、铅、铜等一些微量元素,还有钾、钠等元素,因此具有明显的资源性,将砒砂岩作为一种自然资源并加以利用和治理,具有良好的物质条件(冷元宝 等,2015)。以往将砒砂岩作为一种自然资源并加以利用的研究并不多,只是近年来随着国家对砒砂岩区生态治理科研与实践工作的进一步高度重视,人们开始了对砒砂岩资源的利用研究工作的关注。韩霁昌等(2012)认为,沙与砒砂岩两种物质的结构具有互补性,进而提出了将其复配成新型“土壤”,形成复配成土的技术,后经对复配土壤的微观结构研究,证明了复配技术对土壤结构的确具有一定的改良作用(李裕瑞 等,2019),复配土壤具备耕种作物的可能性(彭飚 等,2018,2019)。同时,在风沙土中掺入砒砂岩,复配土壤中黏粉粒含量提高,饱和导水率下降,而土壤含水率、结皮厚度、冻土深度、宜耕层厚度和地表粗糙度都有所增加,抗风蚀能力提高,土壤结构得以改善,肥力逐渐增加(童伟 等,2015;姚丝思 等,2020)。随着砒砂岩掺入比例的增加,颗粒粒径分布发生变化,复配土的结构得到改善,土壤质地呈现砂土→砂壤→壤土→粉壤过渡特征(张海欧 等,2019)。根据不同复配比例的土壤质地、贮水量和在土壤中培育冬小麦的光谱差异分析,最佳复配比为1:2(Li et al.,2015)。

砒砂岩与沙复配成土作为路基材料的可能性也得到人们的关注(魏雨露 等,2017),按2:1的比例进行配比,其复配土的含水率为7%~9%时,最大干密度为2.04~2.05 g/cm^3,压实特性最佳,适宜用作路基填料。

近年来,添加合适的材料对砒砂岩进行改性,将其作为建筑材料的研究成为相关研究者更加关注的热点之一。根据Zhu等(2022)研究,通过碱激发技术将粉煤灰与砒砂岩水泥土混合制成复合土,强度可达6.85 MPa,能够满足公路结构用土的设计要求。如果将粉煤灰、矿渣掺入砒砂岩进行改性,在最佳配合比下,改性粉煤灰和砒砂岩复合材料与改性矿渣和砒砂岩复合材料的抗压强度分别达到20.3 MPa和56.2 MPa,其耐久性能也显著提升,符合工程设计要求(Dong et al.,2014;李长明 等,2016b;Li et al.,2016,2018;Dong et al.,2019)。将砒砂岩改性材料作为建设淤地坝的工程材料已经在砒砂岩区得到成功应用(杨大令 等,2016;姚文艺 等,2021),验证了砒砂岩改性材料在淤地坝建设中应用的可行性。

添加剂用量不同，对于砒砂岩改性材料的工程性能有较大影响。例如根据董晶亮等（2015）的研究，如果以混凝土作为掺合料，在砒砂岩掺量不大于 20%时，材料的抗折强度和耐久性明显提高，且不影响其初凝时间和抗压强度；掺量超过 30%时，材料各方面性能明显下降。Geng 等（2022）的研究表明，随着水泥掺入量的增加，砒砂岩的孔隙率逐渐下降，内聚力呈上升趋势，材料趋于脆性，冻融作用下的砒砂岩孔隙劣化程度减弱，抗冻性能显著提升，确定最优水泥掺量为 20%。添加粉煤灰和玄武岩纤维对砒砂岩改性也是一种有效途径，添加少量的粉煤灰有利于提升材料的密实度和刚度，添加不大于 0.2%的玄武岩纤维可以对材料起到加筋效应（杨健 等，2021；王辉 等，2021），会抑制材料的形变。

张美香等（2015，2016）探讨了将砒砂岩作为河砂替代物的可行性。研究表明，红色砒砂岩替代率在 10%以下时，其对胶砂试件各龄期干缩量影响不大，不同强度等级的混凝土在 20%的红色砒砂岩替代率下均能满足力学性能要求，而水泥砂浆在 50%以上的红色砒砂岩替代率下，试件强度降低、干缩率增大，材料耐久性不符合要求。近期有人在对砒砂岩填料压实特性和加州承载比 CBR（土基及路面材料承载力的衡量指标）变化特性研究基础上，提出了砒砂岩填料路基结构，分析了砒砂岩作为高速公路路基填料的可行性，认为最大粒径 2 mm 的砒砂岩路基填料的最大干密度为 2.02 g/cm^3，最佳含水率为 14.30%，CBR 值为 20.89%（翟晓蕾 等，2024）。

将砒砂岩用于煤矿排土场的生态系统修复治理也是近年来研究的方向之一。甄庆等（2015）研究表明，砒砂岩可降低土体入渗能力，可以形成良好的排土场重构结构。另外，砒砂岩可显著降低土壤弱酸提取态铅含量和土壤铅毒性溶出量，其吸附效果主要与铅浓度、吸附剂用量、pH 值、离子浓度有关，且与吸附剂用量、pH 值成正比，与离子浓度成反比。不同颜色砒砂岩吸附速率存在差异，吸附速率从大到小的砒砂岩的颜色依次为灰色、白色、红色。砒砂岩特殊的内部结构使其具有较强的抗渗性和吸附性，有效降低了土体入渗能力，砒砂岩具有在降低土壤毒性的同时，改善土壤理化性质的特点，对污染土壤改良具有一定作用（温婧 等，2014，2015）。

目前，尽管对砒砂岩改性及资源利用的研究取得了不少成果，对多种添加剂的改性效果和改性原理有了一定的认识，同时在淤地坝建设、公路建设等领域开展了应用研究，但对于砒砂岩多元结构与潜在活性特质、砒砂岩结构重组与水化能力抑制耦合改性技术、改性材料工程性能与激发改性工艺的响应关系，以及改性材料规模化生产技术等很多问题还需要深化研究。可以预测，随着对砒砂岩物化性质、活性结构等认识的深化和改性技术的不断成熟，砒砂岩作为一种资源将有着很好的利用前景。

1.2.5 砒砂岩区重力侵蚀治理技术

重力侵蚀是土壤侵蚀的主要组成部分，国外较早开始了关于重力侵蚀机制的研究。Fellenius(1927)、Bishop(1955)、Janbu(1957)、Morgenstern 等(1965)研究了滑坡和崩塌的稳定性分析方法；Hvorslev(1951)、Haefeli(1965)、Morgenstern(1971)定量研究了孔隙水压对滑带土强度的影响；Skempton(1985)提出了黏性土的残余强度理论；Ter-Sterpanian(1975)针对土体蠕变过程的研究进一步揭示了滑坡的形成机制。

重力侵蚀治理措施方面的研究主要集中在生物措施(种植植被等)、材料措施(改变坡面土壤结构等)和工程措施(改变边坡几何形状、锚固、截水排水等)3 个方面。不少研究者通过测试手段揭示了植物根系对边坡土体的加强作用(Endo et al.,1969;Waldron et al.,1981;Ziemer,1981;Gray et al.,1983)。在边坡土壤中添加土壤改良剂可以有效提高土壤的强度和水稳性得到不少研究者的共识(Gu et al.,1993;Trout et al.,1995; Nadler et al.,1996)。Lutz 等(1967)通过测试不同界面性质条件下锚杆杆体与灌浆体的相对滑动和灌浆体开裂的情况，讨论了锚杆的变形、滑动机制及灌浆体的应力和变形。Hanson(1969)进一步研究了无锈、部分生锈、全锈等工况下锚杆的黏结转化长度及极限抗弯强度的变化，后来采用微型桩处置滑坡的设计方法也被随之提了出来(Cantoni et al.,1989)。Nonveiller(1992)采用离心机模型试验的方法，研究了排水设计对边坡稳定性的影响。通过压密注浆提高土壤黏聚力的途径也被人们所认识(Nichols et al.,2000)。Iversion 等(1986)对地下水流动对滑坡的诱发作用、Wyllie(1980)对边坡坡度与边坡稳定性的关系分别进行了研究。

我国对重力侵蚀治理也开展了大量研究工作。于国强等(2012)从根系固土效应角度出发，研究了草类植物根系对流域重力侵蚀分布规律的影响，揭示了植被根系减缓重力侵蚀发生程度的机制。刘静等(2013)在研究植物根系力学特性基础上，进一步揭示了其固土机制与有效性。姚文艺等(2014)根据大量的观测资料，揭示了重力侵蚀发生的动力机制，把重力侵蚀视为由动力驱动和随机激发的耦合侵蚀过程，建立了重力侵蚀模型。

近年来利用固化剂的方法防治重力侵蚀的方法不断得到人们的重视，例如利用高分子材料 SH 固化剂(改性聚乙烯醇)增强黄土边坡的稳定性、采用 SEU-1 型液体固化剂(一种常用的化学材料)加固粉土路基边坡等(王红肖,2015;陈军 等,2006)。随着人们对重力侵蚀规律的深化认识，一些边坡防护的设计方法不断提出，例如边坡坡形优化设计方法、边坡排水系统优化设计方法、防水+坡面防护+土钉支护+锚固支护的综合治理措施配置方法、注浆钢管微型桩加固滑坡的设计方法等(郭长宝 等,2005;胡斌 等,2009;陈强 等,2011;张永明,2011;万奋涛,2015)。采用注浆法处理黄土滑坡堆积体深层滑移的效果、深层高压注浆加固滑动带土体的作用也不断得到实践验证(彭正华 等,2006;秦前波 等,2012)。

重力侵蚀是砒砂岩区的主要侵蚀类型,在水蚀、冻融等协同作用下,具有侵蚀量大、发生频率高、速度快、全天候等特点。据统计,重力侵蚀模数平均值高达13 630 t/(km^2·a),占总侵蚀量的一半以上,重力侵蚀产生的松散堆积物,是黄河中游土壤侵蚀产沙的主要来源,研发砒砂岩区重力侵蚀的治理技术,对于控制土壤侵蚀、减少入黄泥沙具有十分重要的意义。

目前,对砒砂岩区重力侵蚀治理的研究主要集中于生物工程措施和材料措施两个方面。生物工程措施主要通过种植沙棘等植物对沟坡表面的松散层进行拦护;材料措施是采用土壤固化剂增强沟坡表面碎屑岩石层物理力学性能,或喷涂有机复合材料固定砒砂岩表层进行固结促生。

胡建忠(2011c)曾提出在砒砂岩沟谷地段种植沙棘人工林,利用沙棘根系的固结作用对沟坡表面的碎屑岩石层进行拦护,实践证明,该方法能够较好地控制泻溜的发生,减少重力侵蚀量。苏涛(2011)在砒砂岩区边坡治理的研究中,也探讨了在表面风化土中加入土壤固化剂防治沟坡重力侵蚀的关键技术。姚文艺等(2015)、沈鑫(2015)、梁止水等(2016a)近年来研究了改性亲水性聚氨酯树脂复合材料对砒砂岩表面抗蚀固结的作用。

目前,关于砒砂岩重力侵蚀工程防护方面的研究成果相对较少,尤其是针对滑坡、崩塌等大型陡坡块体状重力侵蚀防治措施的研究报道十分匮乏。受成岩程度低、矿物组成特殊等因素的影响,砒砂岩表现出裂隙发育、孔隙率高、结构强度低、遇水膨胀崩解等不良特性,使得普通岩土体重力侵蚀治理的常用措施不适用于砒砂岩(刘李杰,2015;于际伟,2014;乔贝 等,2016)。注浆是改善滑带土体物理力学性能、提高边坡稳定性的重要手段和方法,在路面裂缝、河道堤岸边坡等治理中已得到广泛应用(石明生 等,2010;王复明 等,2015,2019;徐建国 等,2017)。但是对于砒砂岩而言,由于常用的水泥基浆液的制备必须以水作为主要组分,且养护时间较长,对于遇水极易膨胀崩解、泥化并迅速丧失强度的砒砂岩地层,其适用性受到完全限制,现有的注浆材料和施工方法不适用于砒砂岩陡坡重力侵蚀治理的实际要求。同时,虽然通过岩土体深部嵌入锚杆的锚固方法也是治理重力侵蚀的一种有效措施,但由于通常采用向锚孔中注入水泥砂浆作为锚固体,因水的存在也显著制约了在砒砂岩中的应用,当然采用传统土钉加固砒砂岩边坡也面临同样的问题。另外,常用于治理沟道重力侵蚀的截水沟,虽能够有效拦截坡顶流水、降低坡面冲刷,但不能阻止降雨沿砒砂岩坡顶垂直裂缝直接入渗至砒砂岩岩体内。

因此,针对砒砂岩遇水烂如稀泥、陡坡裂隙发育、块体状重力侵蚀极为严重的特征，研发适用于础砂岩区重力侵蚀治理的注浆新材料、新技术和施工工艺具有迫切而现实的意义。

1.2.6 础砂岩区生态水文效应评价

生态水文学是一门新兴的学科，是一门研究地球表面水的物理变化过程、运动规律及水域环境和人类社会之间相互关系的学科（夏军 等，2018）。自20世纪末以来，随着大气植被与水的相互作用不断被强调而逐渐受到重视，生态水文学作为一门交叉学科已经成为新兴的科学领域（Rodriguez，2000）。治理措施的生态水文效应是指治理措施对减少水土流失、保护改良水土资源和促进生态系统水量平衡良性循环等方面的贡献（李智广 等，1998），生态水文效应是评价水土保持措施是否有效的客观尺度与标准（梁会民 等，2001）。

生态水文效应主要反映实施治理后某一地理单元上生态因子及水文要素的变化情势，具体来讲包括径流、泥沙、蒸散发等生态因子和水文要素的变化规律。因此，生态水文效应涵盖了水、土壤及生物等方面，研究范围较广，国内外各学者衡量生态水文效应研究的指标往往随着研究区的不同而有所改变。国内的生态水文效应研究通常为水文动态变化（林冠截留、入渗、径流、蒸散发等）、水质（氮、磷含量等）和土壤（固碳量、土壤水分等）等方面的研究。郭娉婷（2015）运用暴雨管理模型SWMM模拟探讨了生物滞留设施的径流削减、水质净化及碳减排等生态水文效应，认为生物滞留设施可有效去除径流中的多种污染物，是一种有效缓解水环境问题的工程措施，对化学总需氧量（COD）、总磷（TP）、铵氮（NH_4^+-N）的去除效果均较好，而对总氮（TN）、硝态氮（NO_3^--N）的去除效果较差。生物滞留单元对锌（Zn）的去除率及去除效果的稳定性均优于其他4种重金属，对铜（Cu）、铅（Pb）和铬（Cr）的去除率较高且较稳定，而对镉（Cd）的去除率较低且不稳定。生物滞留单元除对萘（$C_{10}H_8$）的去除效果较差外，对其他多环芳烃的去除率均在60%以上。牛勇（2015）对北京周边人工林不同林分生物量的生态水文效应进行了研究，评价了不同林分的蒸散发、入渗和径流等林分水文变化及林分固碳效应。Yi等（2015）曾采用野外采样及布设监测井等方法观测地下水动态和根系生长，从而阐述黑河农林荒过渡带的生态水文效应。Jiang等（2017）采用类型、质量和服务功能3类评价指标对生态修复后的效果进行评价。吴四平（2017）研究了长江三峡水库不同类型林地的生态水文效应，认为林冠层的生态水文效应以灌木茶园最好，枯落物层和土壤层的水文功能以针阔混交日本柳杉林最优，三峡山地混交林的生态水文功能相较于品种单一的阔叶林或人工茶园林更好。秦越（2018）在青藏高原东北的黄河源区研究了冻土变化与生态水文过程的关系，发现冻土退化对蒸散发、径流及植被生长季时间都有不同程度的影响。

侯东杰等(2018)研究了内蒙古草原枯落物产生的生态水文效应,探讨了其对土壤水分及降雨的影响。张瑞(2018)对湖南毛里湖牌楼岗西小流域植被恢复后的径流、泥沙及水质的生态效应进行了研究。国外对生态水文效应的研究更关注于土地利用变化(LUCC)对水沙的影响,其中对植被覆盖变化引起的水沙变化方面的研究又较多(Hidalgo et al., 1997;Bochet et al.,1998)。改善植被覆盖对减少土壤侵蚀有着重要作用已成为共识。Lucas-Borja 等(2019)对西班牙东南部的松树人工林因明火导致植被覆盖变化后的径流、土壤侵蚀和水质等生态水文效应进行了研究。Abe 等(2019)对亚马孙盆地地区土地利用变化与泥沙、水质之间的关系进行了模拟研究。Chatterjee(2020)对土地利用快速变化的喜马拉雅东部湿润流域土壤侵蚀进行了评估研究。Peng 等(2015)采用一个耦合模型对生态水文效应进行了模拟,模型通过耦合 BIOME-BGC(一种生态系统模型)和 WEP-L(一种分布式水文模型)来量化人类活动对生态水文的影响。Wang 等(2016)采用归因分析法,对黄河流域径流和泥沙观测资料进行了分析,发现景观工程、梯田和淤地坝及水库的建造是推动泥沙减少的主要因素;Jiang 等(2017)选择黄土高原作为案例研究,并利用生物物理模型、观测记录和文献数据评估了 2000—2012 年的生态系统变化,对生态修复后的效果进行了评价。

对砒砂岩区治理的生态水文效应研究也有不少成果。从现有成果看,对流域尺度生态水文效应的评价方法有室内模拟试验、野外原位监测、径流小区试验和数学模型反演模拟等,且大多情况下为多种方法相结合,因为仅靠室内模拟试验无法模拟野外较为复杂的环境,而单纯野外原位监测耗费时间且资金投入大,结果的可重复性也会较低。不过目前对生态水文效应的评价方法基本上是以试验观测和数学模型反演模拟为主,而且大多采用试验观测方法。另外就评价内容看,砒砂岩区前期也开展了一些生态水文效应的研究,主要集中于坡面侵蚀形态、径流特性、产沙变化规律等方面。

在砒砂岩区自 20 世纪 80 年代中期开展以沙棘为主要措施的生态工程建设、20 世纪 90 年代初期开展植物柔性坝试验等治理实践之后,对其生态水文效应开展了系列的观测与研究(拾兵 等,2000;毕慈芬 等,2003)。根据观测(毕慈芬 等,2000),沙棘植物柔性坝坝系能改变沟道的输水输沙特性,削峰降低水流剪切力,使平衡输沙改为不平衡输沙,同时具有抬高侵蚀基准面、拦沙泄流、恢复生态等多种功能。观测进一步表明,植物柔性坝拦截每年第一场高含沙洪水所挟带的粗泥沙的作用更为明显,年均淤积厚度可达 0.3~0.4 m。植物柔性坝还可以明显增加土壤含水量,沙棘柔性坝沟道的土壤含水量约是对比沟的 2 倍(杨方社 等,2013)。如果将植物柔性坝与刚性谷坊配置,其效果更好,能把暴雨洪水挟带的泥沙进行分选,粗泥沙被拦在柔性坝内,细泥沙淤积在刚性谷坊中(毕慈芬,2002a)。另外,研究发现,沙棘植物柔性坝在调节水资源方面效果显著,沙棘植物柔性坝的沟道土壤水分主要富集在 0~40 cm 土层,不过沙棘柔性坝从上游淤积体至柔性坝体平均土壤水分呈纵向递减趋势(张康,2006)。

苏涛等(2015)选取内蒙古鄂尔多斯市准格尔旗西召沟内 5 种不同植被类型,对不同措施坡面的侵蚀情况进行对比分析,结果表明,植被覆盖能显著提高砒砂岩天然坡面径流冲刷的稳定性。根据仇苏倩(2019)的研究,砒砂岩区油松林可以明显提高土壤的持水性能和养分含量,不同林龄油松林林下草本植被密度、根系干重、多样性指标均优于自然草地,随林龄增加植被密度整体呈上升趋势。刘龙(2019)对砒砂岩区沙棘、油松、柠条 3 种林地持水和林木耗水效应进行了观测评价,认为撂荒地持水能力均小于 3 种林下枯落物持水能力,其中油松林下枯落物持水量最高,林下枯落物持水量及吸水速率与其浸泡时间具有密切关系,3 种树种液流蒸腾速率与气象因子有密切的关系,不过 3 种林分类型林下土壤容重总体变化不大。

目前,评价生态水文效应的技术方法多采用 WEPP(water erosion prediction project)模型,这是一种常用于模拟径流量和土壤侵蚀量的模型(Nearing et al., 1998),一般以 1 d 为步长模拟不同气候或土地利用情景下的产流产沙状况(Fallen et al.,1991)。国外学者对 WEPP 模型开展了很多研究工作,Yu 等(2001)以新南威尔士州西部城镇冈尼达为研究区,评估了 WEPP 模型对模拟该地区径流和土壤侵蚀的适用性,认为 WEPP 模型在该区域的适用性较高。Elena 等(2004)分别利用经验评价模型(USLE)和 WEPP 模型对西西里盆地上游 3 个水库的水土流失和泥沙淤积进行了模拟,通过模拟结果比较,认为 WEPP 模型的模拟值与实测值是比较吻合的。Gronsten 等(2006)分析了 V2002.7 版本在年、日两个模拟时间步长下对挪威两个典型地块水土流失的模拟精度,认为若要将模型应用于挪威,则需对冬季冻土发育和冬季入渗的计算方法进行改进。后来,Pieri 等(2007)首次将 WEPP 应用于瞬时地表径流和侵蚀的模拟,并对土壤临界剪切力和有效水力传导系数进行了标定,模拟了 3 种典型作物轮作对水文和侵蚀效应的影响。Pandey 等(2008)介绍了 WEPP 模型在印度模拟小流域产沙量的应用情况,认为产沙量对临界剪切力和有效水力传导系数具有高度敏感性,而径流只对有效水力传导系数敏感。后来 Mohammad 等(2016)运用 MUSLE(modified universal soil loss equation)模型、USG(unit sediment graph)模型、WEPP 模型分别模拟了印度西南部喀拉邦盆巴河的 3 个小流域的土壤侵蚀,认为 WEPP 模型的模拟精度居中,以 USG 的模拟精度较高。Mirzaee 等(2017)采用多元线性回归法、人工神经网络算法建立了 WEPP 的土壤参数模型,认为由人工神经网络模型生成的 WEPP 预测模型可以提高土壤可蚀性参数的预测精度。Fernández 等

(2018)通过研究认为,WEPP 模型不适用于对西班牙火灾后土壤流失的预测。

刘增文(1997)、李锐等(1998)、刘宝元等(1998)相关研究者在 WEPP 模型的第一个官方版本 WEPP95 发布后,较早地引入到了中国。国内对 WEPP 模型的研究主要包括模型在各地适用性的评价及其应用。在适用性评价方面,一些研究者对诸如 WEPP 模型评价生态水文效应的适用性问题开展了不少研究。例如,有人对 WEPP 模型在黄土丘陵沟壑区适用性进行了评估,结果表明,模型在该区的模拟效果较好(王建勋,2007),可以模拟有措施下降雨产生的径流量和产沙量,但模型重要参数需要通过实测值和模拟值的累积误差进行率定,WEPP 模型对陡坡模拟效果较差,对裸地小区模拟效果优于措施小区的模拟效果,径流量模拟效果优于产沙量模拟效果(幸定武 等,2008)。同时,对东北黑土区的适用性也比较强,对产沙量的模拟效果更好(刘远利 等,2010)。WEPP 模型在南方红壤区果园的适用性问题也有研究者进行了评价,认为休耕小区的模拟效果较好,果园小区模拟效果较差(陈记平,2012),同时 WEPP 模型不适用于模拟喀斯特石漠化地区水土流失,难以直接计算该地区的土壤侵蚀模数(龙明忠 等,2014)。歌丽巴等(2015)对模型在北京山区的适用性进行评价,认为能较好地模拟该区的径流泥沙状况。穆兴民等(2016)以公开发表的文献为基础,对比分析了多种在黄土高原区应用的不同尺度和过程模型的土壤侵蚀模拟结果,认为 WEPP 模型在黄土高原区的模拟预测结果较为精确。朱韵峤(2017)研究了 WEPP 模型在紫色土壤区的适用性,验证结果表明,该模型对紫色土壤区的模拟基本可行,不过仅在坡度较缓时对产流量的预测效果较好,反之较差。

利用 WEPP 模型评价生态水文效应的研究也有不少成果。例如,马浩(2010)的研究表明,WEPP 模型能较好地模拟作物高度,能较好地预测植被覆盖度的变化,对评价生态效应有较好的应用前景。另外,刘世梁等(2011)利用 WEPP 模型对土地整理中不同梯田空间配置的水土保持效应进行研究,认为其能够较好地模拟坡面上水土流失情况,梯田空间配置对土壤流失量和产沙量的影响显著,梯田空间结构通过调控坡面土壤流失的发生,有效控制了产沙过程,且所配置的梯田数目越多时,土壤流失量越少。余长洪等(2016)利用 WEPP 模型对水平梯田多种设计方案的生态效应进行模拟预测的结果表明,土壤流失量随田坎高度的增加呈现出先减小后增大的趋势。利用 WEPP 模型对植被配比与土壤侵蚀响应的关系模拟表明,提高植被有效覆盖度对减小土壤侵蚀具有明显效果,可以有效减少产沙量,且当植被分布在下坡位时坡面土壤侵蚀最少,当柠条和长芒草配比为 1∶2 时产沙量最小(任柯蒙 等,2018)。

利用数学模型模拟的方法评价砒砂岩区治理的生态水文效应先后也有一些成果问世。例如:叶俊道等(2012)以内蒙古准格尔旗西黑岱沟小流域为研究区域,以林地、草地和休闲用地模式,验证了 WEPP 模型在砒砂岩区评价生态水文效应的适用性,验证表明,WEPP 模型在砒砂岩地区能模拟不同治理情景下水沙变化情势;常平(2018)通过室内降雨模拟分析了砒砂岩细沟侵蚀的主要影响因素,得出了侵蚀条件下砒砂岩的土壤可蚀性参数和临界抗剪切力,建立了基于 WEPP 模型原理的砒砂岩细沟侵蚀产沙数学模型,并表明该模型能够预测和分析砒砂岩区治理后的侵蚀产沙效果。这些验证性的研究为 WEPP 模型在砒砂岩区的应用奠定了基础。事实上,WEPP 模型在国外的土壤侵蚀效应评价中应用较为广泛,但在砒砂岩区的应用案例还是较少。

有人引入 RHESSys(regional hydro-ecological simulation system)生态水文模型(孙淼,2022),建立了泾河流域的植被-水分互作机制的千米尺度生态水文过程模拟方案,使用多层次验证方法对关键水文和生态过程要素(土壤水、径流量、实际蒸散发、植被碳密度、土壤碳密度)的模拟可靠性进行了验证,认为泾河流域 RHESSys 生态水文模型能够有效刻画植被恢复前后长系列生态水文过程及时变特征,可以用于该流域生态水文效应评价研究,这对黄土高原治理生态水文效应评价方法的选择是有参考价值的。

SWAT(soil and water assessment tool)模型是国内外开展流域尺度生态水文效应评价应用较为成熟的另外一种模型。根据以往的研究成果发现,SWAT 模型在黄土高原地区已有不少应用案例,例如延河流域、北洛河流域及皇甫川流域等(龚珺夫等,2017;李二辉,2019;谢敏 等,2019),但在砒砂岩区的应用还不多,主要的困难在于,砒砂岩区长时间序列的气象水文资料较为缺乏。为解决砒砂岩区资料匮乏的问题,姚文艺等(2021)提出了利用 SWAT 模型的空间降尺度模拟方法:首先,构建有较为丰富实测资料的砒砂岩区大尺度流域的基于 SWAT 原理的产流产沙模型,对模型参数进行率定和验证,完成产流产沙模拟,并基于长序列的水沙监测数据分析土地利用和气候变化对流域产水产沙量的影响;其次,在建立大尺度流域参数体系时,充分考虑到下一级尺度流域的产流产沙环境及规律,实现相关参数体系具有不同尺度的嵌套性和扩展性,参数指标的通用性以及参数向下一级尺度流域的可移植性,就是说在指标体系构建中要保证满足尺度转换的需求;再次,借助大尺度流域分布式产流产沙模型及其参数化结果,在有部分实测资料的中尺度流域构建分布式产流产沙模型,继续率定和验证模型参数,同样基于降尺度的需求,进一步验证该模型在下一级尺度流域的适用性;最后,将构建的效益分析评估模型推至缺乏实测资料的小流域,基于小流域把控制断面水文泥沙的有限观测数据,通过模型率定移植,再行分析与评估小流域实施综合治理的效益。

另外,在砒砂岩区应用 SWAT 模型时,需要针对该区复杂的下垫面情况和特殊的土壤性质，采用实测土壤数据替换模型自带的参数数据库，以增加模型模拟结果的准确性。再者，需要通过在空间上的降尺度模拟，选择地理条件相似的有资料流域进行模拟，利用参数移植法确定模型参数率定的范围，以弥补砒砂岩区资料缺乏的不足。

总的来说，无论是 WEPP 模型还是 SWAT 模型，在国内外都有大量的研究成果，尤其是我国不少研究者对两个模型的适用性做了不少的验证评价工作，基本上认为在黄土高原等不少地区是适用的，同时可用于流域治理的生态水文效应模拟评价研究。但是，在砒砂岩地区的应用研究还不多，需要进一步开展参数移植、评价指标体系构建等方面的研究，进而通过评价复合侵蚀综合治理的水文效应，为优化以流域坡沟系统为单元的多措施多技术综合治理模式提供科学依据和技术支撑。

1.2.7 生态治理-衍生产业协同发展技术

生态系统为人类生存和发展提供了环境条件和自然资源，对经济社会可持续发展具有重大影响（傅伯杰 等，2020）。关于生态治理与经济社会发展的关系，Mekenzie 在 20 世纪 20 年代中期就将人类群落和社会行为引入植物和动物生态学研究中（刘烨嘉，2019），肯尼斯 · 鲍尔丁在 1966 年提出"生态经济学"概念，并阐述了人口增长、环境污染、消费品分配及资源开发利用之间的关系（梁洁 等，2014）。之后有不少学者发布了研究成果，如 Grossman 等（1992）提出了生态环境与经济发展耦合关系符合环境库兹涅茨曲线（environmental Kuznets curve，EKC）的假说，Himayatullah（2008）认为生态脆弱区环境破坏对贫困区的危害指数是最高的，Dancea 等（2011）认为只有结构/组成完整、功能健全和可持续性的优良生态系统才能与经济发展相协同，方世南等（2017）认为生态治理措施配置应优化其类型结构、服务功能和空间布局，以达到生态修复与拉动生态衍生产业发展之目的。进入 21 世纪，随着社会发展和环境恶化问题的凸显，全球变暖、环境污染、资源枯竭、生物多样性受损等成为人类世时期的严峻挑战（杨雷，2023），可持续发展成为协调生态环境保护与经济发展间矛盾的重大课题（Branko，2019）。

生态健康维持与发展经济的矛盾以矿山开采区最为突出，国外较早地注意到了这一问题，为实现矿区生态修复和经济发展的协调，先后探索了诸如英国的"田园牧歌模式"、西班牙的"人工地质公园模式"等（银剑钊，2021），并建立了一系列较为系统的修复理论，以及诸如矿山土壤生物菌改良、生物复田、土壤综合修复、高边坡防护、煤矸石利用等修复技术（Issah et al.，2014；孙春宝 等，2016；Nomand et al.，2018；Angst et al.，2020；Masson et al.，2018）。近年来一些新概念被陆续提出，如"经济社会生态活力-生命经济""社会生态转型"等（Kaitlin，2021；Kuenkel，2021）。

然而,国外近年在生态治理-衍生产业协同发展实施技术与模式方面的研究却相对薄弱。

我国自20世纪50年代开始就以黄土高原为重点对水土流失治理与经济社会协同发展的理论与实践开展了持续探索,在理论上提出了黄土高原山水林田路综合治理的“28字方略”、以小流域为单元的多产业协调发展、水土保持产业化经营、高效农业生态系统调控等概念与内涵(李玉山 等, 1991;朱显谟,1996;蒋定生,1997;郝明德 等, 1998;姚文艺 等, 2005),在实践上分别提出了黄土丘陵沟壑区、黄土高塬沟壑区、风沙区、石质山区、三江源区等不同类型区水土保持型生态农业、生态经济带、多元小生态系统、水土保持型生态农业经济、生态恢复与生态衍生产业发展等水土流失治理与经济协同发展的综合治理模式与技术体系(蒋定生,1997;孟庆枚,1999;许炯心 等,2009;马玉涛 等, 2016;姚文艺 等, 2020b)。随着绿水青山就是金山银山“两山”理念和“生态环境也是生产力”理念付诸实践,对生态治理与经济发展的关系(方世南 等,2017)、生态治理与生态经济系统耦合评价(王睿 等,2020)、基于生态治理的产业结构生态化转型机制(Wu,2021)、“两山”理念实现机制与途径(陈建成 等,2020;郭亚军 等, 2022)等开展了大量研究,分别探索了诸如黄土丘陵沟壑区生态-生产-社会耦合发展的乡村可持续振兴(陈怡平 等,2019)、石漠化地区生态系统与经济系统的协调发展(洪名勇 等,2022)、“生态修复+”有效平衡经济社会发展与生态治理(李安国,2021)等多种模式。

从整体上看,目前有关生态治理与衍生产业协同发展的模式还处于水土流失防治和单一产业附庸性的发展阶段,发展的协同性、产业的系统性均不够,未能实现多产业链式、多层级式的协同发展,难以适应黄河重大国家战略的目标需求。位于黄河流域的砒砂岩区是我国北方生态安全屏障的关键带,其生态系统极度脆弱,“生态致贫”现象尤为突出。尽管近年来关于砒砂岩区生态治理的理论与关键技术研究取得了多项创新性成果,但是该区域经济发展与生态保护还不协调。因此,融合水土保持学、生态学、生态经济学理论与方法,基于砒砂岩区复合侵蚀规律和生态退化机制,创新砒砂岩区生态快速修复与生态衍生产业协同发展的技术与模式,为黄河重大国家战略的全面实施提供科技支撑显得尤为重要。

1.3 研究目标与内容

1.3.1 研究目标

针对砒砂岩区生态退化严重、植被修复建植难、生态治理与经济发展的矛盾突出等问题，分析砒砂岩质地土壤物化特性，明晰砒砂岩区坡沟系统侵蚀空间分异特征和植物群落结构特征，揭示植被退化驱动机制，评价砒砂岩区生态承载力及生态产业发展潜质，研发砒砂岩区重力侵蚀治理技术、退化植被恢复重建技术、砒砂岩资源利用技术、砒砂岩质地土壤改良技术、生态治理-衍生产业协同发展技术与模式，评价砒砂岩区植被修复的生态水文效应，开展示范应用，实现复合土壤侵蚀有效阻控、植被得到明显恢复、生态经济协同发展的目标，为砒砂岩区生态治理提供科技支撑。

1.3.2 主要研究内容

1.3.2.1 砒砂岩区坡沟系统结构特征

通过遥感影像解译、典型抽样调查等方法，结合前期研究基础，分析砒砂岩区坡顶、坡面、小流域系统结构特征；定量明晰砒砂岩区高程、坡度、坡向、地形起伏度、粗糙度及切割度等地形地貌关键参数的空间分布，为砒砂岩区植被修复重建提供地形地貌等自然环境的基础数据支撑。

1.3.2.2 砒砂岩质地土壤物化特征

通过试样采集、指标测试和物化试验的方法，分析砒砂岩表层土壤矿物、化学成分特征，揭示砒砂岩矿物组成与砒砂岩质地土壤养分含量的响应关系，为砒砂岩区植被恢复重建、砒砂岩质地土壤改良技术研发提供理论基础。

1.3.2.3 砒砂岩区土壤侵蚀类型及时空分异特征

分析砒砂岩区坡度、坡面和沟道土壤侵蚀类型及时空分异特征，揭示砒砂岩区坡沟系统土壤侵蚀过程，评价多相侵蚀动力对坡沟系统的侵蚀贡献率，揭示砒砂岩区块体状重力侵蚀时空分异规律及发生机制。

1.3.2.4 砒砂岩区植物群落结构特征与生态承载力

针对砒砂岩区植被退化严重和修复建植难的问题，研究砒砂岩区坡顶主要植被类型及植物群落结构特征、坡面不同侵蚀地貌单元植被主要类型及植物群落结构特征、沟道主要植被类型及植物群落结构特征，分析坡沟系统植物群落组合类型及特征，揭示植物根系抗蚀固土生物力学机制；分析砒砂岩区植被退化类型与立地条件，揭示植被退化与土壤、地形、降雨、侵蚀的响应关系；辨识砒砂岩区植被退化驱动机制，评价砒砂岩区生态承载力。

1.3.2.5 基于新材料的块体状重力侵蚀治理技术

针对砒砂岩区块体状重力侵蚀多点频发、规模大、难治理的问题,研究基于非水反应高聚物注浆材料治理块体状重力侵蚀的原理,分析非水反应高聚物注浆材料在砒砂岩地层中的扩散特性;解析高聚物锚固体与砒砂岩地层间的黏结关系及锚杆抗拔力;研发砒砂岩地层加固、岩体裂隙防渗、锚固注浆等高聚物注浆技术及施工工艺。

1.3.2.6 砒砂岩区退化植被恢复重建技术

分析砒砂岩区主要乡土物种及分布;通过样地观测,分析退耕地演替序列;研发抗逆植物材料筛选与培育技术;提出退化植被恢复重建技术,形成砒砂岩不同类型区适宜物种配置及建植技术体系。

1.3.2.7 砒砂岩改性原理及改性材料利用技术

基于砒砂岩资源利用的理念,结合以往研究成果,研究砒砂岩结构重组与水化能力抑制的双改性原理及改性方法,筛选砒砂岩改性掺合料及激发剂;分析砒砂岩改性材料力学性能和耐久性;研发砒砂岩改性材料规模化生产成型技术与加工工艺,开展中试应用研究。

1.3.2.8 砒砂岩质地土壤改良技术

针对砒砂岩质地土壤贫瘠、覆沙区风沙土漏水漏肥的突出问题,研究利用污泥改良砒砂岩质地土壤技术,研发缓释肥-复合菌改良风沙土技术;形成污泥-砒砂岩复配-缓释肥-生物菌多元耦合土壤综合地力提升技术体系,并开展关键技术示范应用。

1.3.2.9 灌草平茬与资源利用关键技术

结合植被更新复壮和生物资源利用需求,研究灌木饲用营养成分时间变化规律,分析不同灌草饲用价值;研究饲用优良灌草筛选培育技术和平茬最佳时间及平茬高度;研发灌草平茬材料的饲料配方及加工利用技术。

1.3.2.10 砒砂岩区复合侵蚀治理措施体系配置与模式

研究坡顶径流控制与高效利用、坡面复合侵蚀综合防控、沟道产输沙综合防控等关键技术;研究覆土区坡顶沟蚀防护及覆沙区防风固沙关键技术;形成基于小流域生态-经济协同发展的综合治理技术体系与模式。

1.3.2.11 砒砂岩区生态治理-衍生产业发展关键技术与模式

分析基于砒砂岩区生态承载力的产业结构与发展潜质，研究砒砂岩区生态治理与衍生产业协同发展原理；研发典型经济林果产品开发技术，并总结砒砂岩区现有生态产业发展经验，提出典型生态产业可持续发展运作模式，形成砒砂岩区生态治理-衍生产业协同发展的技术体系，研究适用于砒砂岩区的生态治理-衍生产业协同发展关键技术与模式。

1.3.2.12 砒砂岩区生态治理的生态水文效应评价

分析砒砂岩区降雨、土壤水分与蒸散发的变异规律；构建砒砂岩区复合侵蚀综合治理的生态水文效应评价指标体系，建立生态水文效应评价模型；评价砒砂岩不同类型区坡面-沟道-小流域尺度上侵蚀综合治理的生态水文效应，对不同植被措施配置方案的生态水文效应进行预测评价，为植被修复技术方案优化提供科学依据。

1.4 研究学术思路与技术路线

1.4.1 学术思路

聚焦砒砂岩区生态治理与衍生产业协同发展的科学问题和关键技术，交叉融合水土保持、植物、水文、泥沙、生态、工程材料、生态经济等多学科，遵循的总体学术思路是：从生态-经济系统学科的高度、土壤侵蚀与植被退化相互作用的层次，把砒砂岩区植被退化及生态服务功能降低视为流域生态系统演化对土壤侵蚀驱动的一种负向响应过程，是砒砂岩区生态系统自适应调整的必然结果，为此，按照分异特征辨识—退化机制揭示—治理技术突破—协同模式示范的总体技术方案（见图 1-1），通过对砒砂岩结构与侵蚀、植物群落等多元生态要素特征辨识，明晰砒砂岩区植被退化机制与生态承载力，进而研发生态治理-衍生产业协同发展关键技术与模式，为砒砂岩生态脆弱区治理，实现黄河长治久安提供坚实的科技支撑，并在某些应用基础和关键技术上取得突破。

1.4.2 研究技术路线

采取的研究技术路线见图 1-2。聚焦研究目标，利用野外测验勘察、数值模拟、室内外实体模型控制试验、遥感解译、理论分析等多种手段与方法，在应用基础、关键技术、示范应用 3 个层面上取得明显进展。

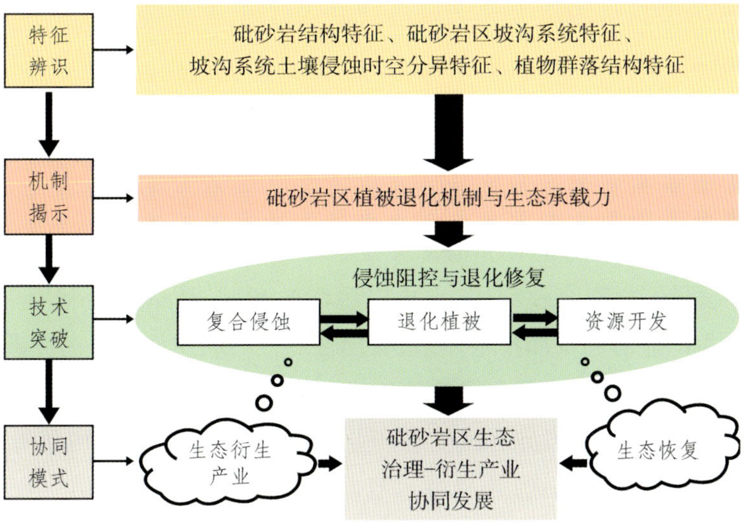

图 1-1　研究学术思路

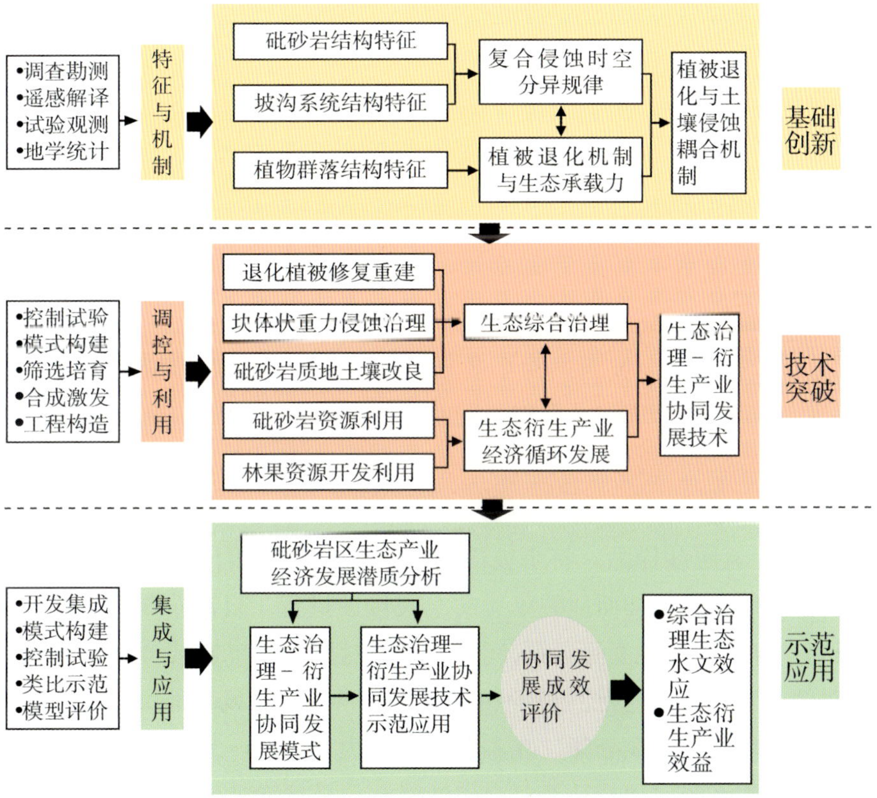

图 1-2　研究技术路线框架图

在第一层面，分析砒砂岩区砒砂岩结构特征、坡沟系统结构特征，构建砒砂岩结构模型，研究砒砂岩土壤侵蚀时空分异规律；分析植物群落结构特征，明晰植物根系抗蚀固土生物力学机制，揭示砒砂岩区植被退化机制，评价砒砂岩区生态承载力，进而明晰植被退化与土壤侵蚀耦合机制，实现在特征与机制应用基础方面的创新。

第二层面是基于对植被格局演变规律和砒砂岩水化机制的深化认识，利用植物筛选培育、改性改良、化学合成激发和工程构造等技术，研发砒砂岩区生态治理-衍生产业协同发展关键技术，在退化植被修复重建、块体状重力侵蚀治理、砒砂岩质地土壤改良等方面，形成砒砂岩区生态治理技术体系；研发砒砂岩资源利用、林果资源开发利用、坡顶径流拦蓄高效利用、水土资源高效利用、灌草平茬利用等技术，构建生态治理-衍生产业协同发展技术体系，实现在调控与利用技术上的突破。

第三层面是通过对多技术多措施的集成，基于对砒砂岩不同类型区的生态特征分异规律的深化认识和对砒砂岩区生态产业经济发展潜质分析，构建砒砂岩区生态治理-衍生产业协同发展模式，并通过示范研究，探索生态治理-衍生产业协同发展的途径，在生态林果产业、砒砂岩改性及资源利用、生物质资源利用、砒砂岩覆沙地治理等方面提出成套技术的应用案例，并通过数学模型构建、原位试验观测等方法，评价砒砂岩区生态综合治理技术的生态水文效应和产业经济协同发展成效，完善综合治理模式，在技术集成与模式方面展示成功示范案例，为提高砒砂岩区生态综合治理的成效提供基础数据支撑。

1.4.3 研究方法

（1）多元资料观测与采集。在砒砂岩不同类型区示范点建设全坡面试验小区和自动化气象站，收集当地的降雨量、降雨强度、风速、风向、气温、空气湿度、土壤含水量等多元基础数据。在全坡面试验小区布设土壤水分、温度自动测量传输仪，每台传输仪至少布设6个样点探头，采集不同时段的土壤水分情况。当降雨时，通过自动采集气象站收集降雨时间、降雨强度、降雨量等参数，同时利用全坡面试验小区的土壤水分自动化采集仪收集坡面土壤的水分变化过程，当坡面产流后，坡面下方的径流桶开始收集径流泥沙样品。将全坡面试验小区分为坡顶段、坡面段、沟坡段分别采集径流泥沙样品，分析坡面地貌单元的空间侵蚀过程。自动采集气象站可以收集当地的风速、风向、空气湿度等参数，同时在风蚀对照小区里安装BSNE（悬移沙粒收集仪）风蚀测量系统，采集沉淀物侵蚀的起始时间和强度、风剖面沉淀物随时间变化的累计量，分析风蚀物的成分等。在不间断时间内，每隔8~24 h收集冻融侵蚀量等参数，为分析坡沟系统侵蚀特征及复合侵蚀时空分异规律提供基础数据。

（2）砒砂岩区坡沟系统结构特征。通过野外试验观测、样点采集、资料分析、遥感解译，并结合DEM（数字高程模型）信息提取的方法，分析鄂尔多斯高原砒砂岩区覆土、覆沙、裸露三大类型区坡沟系统地形地貌特征，如高程、坡度、坡向、起伏度等。

遥感影像处理与分析以地理信息软件 ArcGIS 为技术支持、以 GIS 为平台，提取坡沟系统 DEM 地形地貌特征参数，结合遥感数据成图与地貌因子叠加分析，研究鄂尔多斯高原砒砂岩区坡沟系统地形地貌分异性，明晰坡沟系统结构特征。

（3）砒砂岩区植被特征。结合现场调查、土地利用遥感数据解译植被覆盖图、植被类型图等，分析植被空间分异性及群落特征。植被的现场调查采用线路调查法和典型植被样方调查相结合的方法，根据室内对遥感影像图所进行的植被与地形分布的初判，结合实地调查进行判读、修正，对每个植物群系类型用 GPS（卫星定位系统）定位，并记录海拔、坡向、坡度，样方建群种（group species），各层优势种和各层次植物物种多样性基本信息，拍摄典型植被及群系类型，采集疑难植物标本，记录植物群系类型现状。通过线路调查和重点区域详细调查辨识植物物种多样性。对部分疑难植物采集标本并拍摄照片，再进行辨别。通过设置植物群系样方调查植被类型、群系和植物群落特征，在充分考虑研究区各个群系类型的典型性、布局均匀性的同时，注重在各类型区各地貌类型内设置样地。在设置的植物样方调查中，重点记录样方中的乔木、灌木、草本及层间植物的种类、覆盖度、优势种、生境等数据。其中，乔木层样方面积为 20 m×20 m，对于部分因地势陡峭，难以设置 20 m×20 m 样方的区域，则视地形采用 10 m×10 m 面积来设置样方。灌木层样方面积为 10 m×10 m，草本层则采取 2 m×2 m。

对于稀疏植被，根据砒砂岩区植被特征，选取典型荒漠植物作为研究对象，根据各种植物冠层的光谱反射率及植被覆盖度信息，确定稀疏植被信息提取方法。获取的主要数据有：地物光谱反射率、植株冠层结构参数、样方植被盖度、无人机航拍样方盖度及研究区 Landsat8 遥感影像数据等，并基于实测冠层光谱提取植被覆盖度。

（4）坡沟系统植物群落结构特征。采用野外调查、地学统计、归纳统计等分析方法，基于植被调查和植物群落空间分异特征分析，辨识砒砂岩区坡顶、坡面和沟道植物群落结构特征，以及砒砂岩区坡沟系统植物群落组合类型及其特征。

（5）以生长 3~4 年的柠条、白沙蒿、沙棘和沙柳为研究样本，通过野外观测、室内力学试验和模拟计算等方法，研究影响植物根系固土抗蚀的主要因子，分析植物地茎受力向根系传递的力学特性、根土复合体的残余抗剪特性、根系对不同类型土壤抗剪特性，揭示生物根系抗蚀固土生物力学机制。

（6）砒砂岩矿物活性成分及微观结构。基于前期有关砒砂岩成因和物化成分分析成果，开展激发试验，通过测试 XRD（X 射线衍射）、SEM（扫描电子显微镜，微观形貌），进一步定量分析砒砂岩活性矿物成分。利用 VISTA-MPX 型电感耦合等离子体原子发射光谱仪（ICP-OES）测试方法，确定 Ca、Si、Al 元素含量，再计算试样中所含 SiO_2、Al_2O_3、CaO 的溶解率，确定不同颜色砒砂岩中活性矿物含量。利用电子显微镜扫描方法,分析砒砂岩微观形貌,了解砒砂岩微观结构特征,为改进前期研究提出的砒砂岩二元结构模型提供基础数据。

(7)砒砂岩双向改性及改性材料性能测试。利用岩性结构再造与水化能力抑制耦合调控原理,基于前期有关砒砂岩改性研究成果,通过离子交换改性、高温粉磨相结合的技术路线,研发砒砂岩改性材料,形成结构重组-水化胶凝双改性新技术。

依据离子交换改性抑胀和溶蚀胶凝固化技术,测试不同尺寸砒砂岩改性材料试件的力学性能、孔隙结构、微观形貌、FTIR(傅里叶变换红外吸收光谱)、XRD、TG-DTG(热重分析)等。

离子交换改性主要是针对砒砂岩的膨胀性问题进行改性,达到抑胀的效果,将砒砂岩研制成体积稳定性较好且具有一定强度、满足淤地坝坝身材料强度要求的材料。主要对改性材料进行宏观和微观方面的测试。宏观测试主要是抗剪强度、抗溃散性、水渗透性能测试等;微观测试主要是微观形貌 SEM、FTIR、XRD、TG-DTG 等。

溶蚀改性材料性能测试主要是利用改性剂与砒砂岩中的黏土矿物等之间的反应,将砒砂岩中黏土矿物的结构破坏,使其丧失膨胀性,同时反应生成新的胶凝物质,改善砒砂岩的孔隙结构,提高材料的强度,将砒砂岩研制成强度较高、耐水性较好的工程材料。力学性能方面的测试内容主要有抗压强度(饱水、干燥)、抗折强度、水渗透性能、抗冲蚀性能等;微观测试主要是水化产物形貌及种类测试(SEM、EDS)、XRD、FTIR、TG-DTG、NMR(核磁共振)、孔隙结构(MIP)等。此外,还需对材料的抗冻融侵蚀性能、耐化学腐蚀性能及与环境的兼容性等进行系统研究。

(8)生态承载力评价。综合考虑经济社会系统发展的影响,提出生态承载力评价修正模型:

$$F = X_t Y_p Z_c \tag{1-1}$$

式中:F 为经济社会系统发展指数;X_t 为技术指数;Y_p 为人力资源指数;Z_c 为经济能力指数。

总的生态承载力为

$$E_c = (1 - 12\%) \left(\sum a_j r_j y_j \right) N e^F \tag{1-2}$$

式中:E_c 为总的生态承载力;a_j 为人均生物生产性面积;r_j 为均衡因子,表示某类生物生产性土地的单位面积生物产量与具有世界评价生产力的生物生产性土地的单位面积生物产量的比例;y_j 为产量因子;e 为自然对数的底数;j 为类型序号;F 为经济社会系统发展指数;N 为人口数。

(9)块体状重力侵蚀注浆固结技术。通过现场调研、文献搜集和理论分析,研究砒砂岩不同类型区块体状重力侵蚀的分布特征,揭示砒砂岩岩性特征、降水入渗、冻融等因素对重力侵蚀的影响及其发生机制,提出块体状重力侵蚀的针对性处治措施;通过模型试验和理论分析,研究非水反应高聚物注浆材料在砒砂岩地层中的扩散特性,分析地层孔隙结构、注浆量、注浆压力对浆液扩散行为的影响;研究高聚物锚固体与砒砂岩地层间的黏结性能,高聚物锚固体密度对黏结强度及高聚物锚杆抗拔力的影响规律;研究高聚物在砒砂岩裂隙中的流动扩散规律,探明裂隙几何特征、时间等因素对浆液扩散形态和扩散范围的影响,建立砒砂岩地层高聚物注浆理论与方法;围绕地层加固、截水防渗、锚固等重力侵蚀防治措施,开发相应的高聚物注浆技术,重点解决不同条件下注浆参数设计问题,主要包括注浆孔位置、深度、成孔方式、注浆量及注浆控制等,并提出相应的施工工艺;通过现场试验,检验所提出治理方法的适用性和有效性,完善施工工艺,规范施工流程,形成砒砂岩区陡坡块体状重力侵蚀综合防控成套技术。

(10)灌木品种筛选与平茬利用技术。培育优质的适宜砒砂岩区种植的灌木和草本植物种类,并建立核心试验示范区,开展生物质资源利用产业技术研究。采用多因子控制,对选用灌木的生长情况和生物量进行全面调查,并从生理学角度揭示生物量变化的内因,这将为进一步完善选用灌木林培育技术提供科学的理论依据。通过研究将提出实用性强、易操作的选用灌木林培育模式。重点记录不同立地因子下,相同林龄的选用灌木林的生长情况、土壤含水率、各项光合指标、生物量,研究立地因子与选用灌木生长的关系;不同林分密度下,相同林龄的选用灌木林的生长情况、土壤含水率、生物量,研究林分密度与选用灌木生长的关系;不同整地方式下,相同林龄的选用灌木林的生长情况、土壤含水率、生物量,研究整地方式与选用灌木生长的关系。测定一年生选用灌木林的生长情况、生物量,计算出连年生长量,确定最佳收获周期。

对选用的灌木林平茬后萌蘖数量进行观察,确定最佳平茬季节和平茬林龄。通过上述试验,可得出何种立地、栽植密度、整地方式的栽培条件下,生长状况最好,生物量最高,以及最佳的收获周期和平茬采伐季节,从而建立一套行之有效的选用灌木栽培抚育综合技术。

利用平茬灌木,采用微生物发酵等综合技术研究灌木生产饲料的技术,并建立相应的生产基地和生产线;在生态修复的基础上,对生态修复灌木林进行抚育更新,采取平茬复壮措施促进灌木林的生长,扩大生态效益,并依托砒砂岩区的灌木资源,以资源循环利用为导向,以生物工程技术结合现代营养理论为基础,采用先进的生产工艺,大力发展饲草饲料加工产业化建设,研制出草食动物新型灌木复合饲料。

(11)退化植被建植技术。选取研究区 26 块退耕样地作为研究对象进行群落调查,同时记录海拔、坡度、坡向、坡位等信息,采样测定表层和亚表层土壤水分、有机质、全氮、全磷、碱解氮、速效钾和有效磷含量,首先通过群丛水平上的聚类,识别并划分群丛类型,然后通过 DCCA(除趋势典范对应分析)法进行种-群落-环境三元排序,分析退耕地的植物演替规律,主要包括演替序列、演替速度和演替的趋同趋异性,以及不同退耕年限植物群落种多样性指数等,在此基础上进一步提出人工植被建植技术。

(12)砒砂岩质地土壤改良技术。从研究区典型样地初步筛选出不同芽孢杆菌,分析菌株的菌落形态、产生物膜能力、促生能力,以供试芽孢杆菌的总 DNA 为模板,采用 16S rRNA(核糖体 RNA 的亚基)通用引物进行 PCR(聚合酶链式反应)扩增,对扩增产物进行测序,构建菌株的系统进化树,分析对土壤的影响作用,优选出适宜菌株,并进行培育和驯化适合当地砒砂岩的土壤菌群,研发适宜菌群的土壤基质,配制液体、固体两类微生物菌剂。在砒砂岩覆沙区选择典型地块,研究砒砂岩质土与沙土复配+污泥+摩尔缓释肥+生物菌协同改良技术,调协不同的配比,通过调查统计、室内试验、试验区观测等相结合的研究方法,分析通过砒砂岩与沙土复配+污泥+摩尔缓释肥+生物菌对砒砂岩质地土壤改良效果,观测土壤特性变化、水肥管理、结构变化及可持续利用等方面的相关参数,提出优化配比的方案与指标。

(13)砒砂岩区生态综合治理措施配置与效益评价。基于生态治理、衍生产业关键技术研究成果,以坡沟系统为治理单元,根据不同类型区坡顶、坡面、沟坡、沟道等不同地貌单元的地形地貌和侵蚀特征,研发适合于不同地貌单元侵蚀特征的生物-固结植生-工程-砒砂岩改性综合措施体系,提出地貌元-侵蚀元-措施元高适配的综合治理模式,并在各类型区的全坡面小区及典型小流域开展应用试验研究;采用 Delphi(应用程序开发工具)、层次分析、模糊综合评判、聚类分析等数理分析方法,遴选构建砒砂岩区复合侵蚀综合治理的生态水文效应评价指标体系,通过观测和模型预测评价,分析综合治理的生态水文效应。基于 SWAT 模型原理构建适用于砒砂岩区的 ArcSWAT(SWAT 模型在 ArcGIS 平台上的扩展模式)生态水文效应评价模型,采用 SUFI-2 算法(sequential uncertainty fitting version 2),通过空间相似、属性相似进行参数移植,对不同治理措施配置方案的生态水文效应开展评价。

(14)生态产业发展模式。基于水土保持学、生态学、生态经济学的理论,在前期对砒砂岩区复合侵蚀规律和生态退化机制认识基础上,通过调查现有生态产业发展运作模式,分析存在问题,提出砒砂岩区生态治理与衍生产业协同发展原理,总结提出多种生态治理模式、运作机制与运行模式,并开展灌草平茬、果品产品开发、生态经济作物种植等生态衍生产品中试产业化试验,为生态治理-衍生产业协同发展探索科学路径。

第 2 章　砒砂岩区类型及治理现状

黄河流域砒砂岩区是我国水土流失最严重、生态退化程度最高的地区，是黄河粗泥沙的核心来源地，也是威胁京津冀生态安全的沙源地之一，为我国北方生态安全屏障的关键带，在黄河流域生态保护和高质量发展重大国家战略中具有十分重要的地位，成为黄河流域国家级水土流失重点治理区。砒砂岩区位于黄河"几字弯"顶端区域的鄂尔多斯高原，高原东部为准格尔黄土丘陵沟壑区，西部为桌子山低山缓坡和鄂托克高地，北部、南部分别为库布齐沙漠、毛乌素沙地，中部属于鄂尔多斯台地，特殊的地理环境，形成了以水力-风力-冻融多动力复合侵蚀剧烈、植被退化严重且植物群落结构单一、人工植被建植难且不稳定等为主要特征的生态脆弱区，使得黄河流域水土保持与生态治理面临重大挑战。本章简要介绍砒砂岩区地理区位、砒砂岩区类型、水土流失及生态退化特征，以及砒砂岩区生态治理的现状与成效等，为砒砂岩区生态治理-衍生产业协同发展的关键技术研发提供基础数据和背景性特征等方面的参考。

2.1　砒砂岩区地理区位

2.1.1　砒砂岩区分布

砒砂岩集中分布于黄河"几字弯"的东北部，也就是黄土高原北部晋陕蒙接壤区的内蒙古自治区鄂尔多斯高原，介于北纬 38°10′~40°10′、东经 108°45′~111°31′，大致分布在由杭锦旗、清水河、神木三个县（市、旗）所构成的三角形区域内（见图 2-1）。其中，在鄂尔多斯市分布的面积最大，为 1.18 万 km^2，占总面积 1.67 万 km^2 的 70%以上；其次分布在陕西省府谷县；在山西省境内有少量分布，仅在河曲、保德 2 县有零星分布，约占总面积的 1.42%（王愿昌 等，2007）。裸露砒砂岩区分布面积最大的县（旗）是达拉特旗和准格尔旗，但砒砂岩裸露最严重、侵蚀最剧烈（剧烈侵蚀裸露区）的旗（区）是鄂尔多斯市准格尔旗和东胜区。覆沙砒砂岩区面积最大的县（市、旗、区）是伊金霍洛旗、神木市、东胜区。覆土区面积最大的县(旗)是准格尔旗和府谷县。

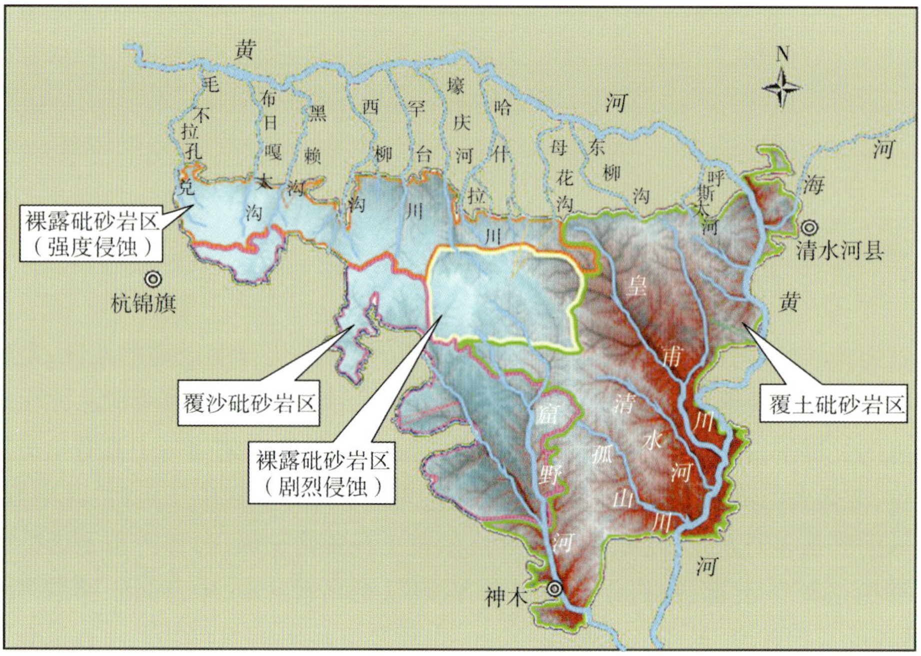

图 2-1 砒砂岩分布范围示意图

砒砂岩在各主要直接入黄支流的分布面积以窟野河和皇甫川最大,其次为孤山川、清水河、浑河。皇甫川、孤山川、清水河几乎全流域都分布在砒砂岩区,窟野河在神木以上基本全部分布在砒砂岩区。还有约 1/3 面积的砒砂岩分布在内蒙古自治区毛不拉孔兑、布日嘎太沟、黑赖沟、西柳沟、罕台川、壕庆河、哈什拉川、母花沟、东柳沟、呼斯太河等“十大孔兑”(孔兑指山洪沟)及其他直接入黄支流。

2.1.2 砒砂岩类型区及其分布范围

砒砂岩区北临库布齐沙漠,西北向东南沿毛乌素沙地,东接黄土丘陵沟壑区,因此造成了不同区域的地表覆盖物不同,据此将砒砂岩区分为覆土砒砂岩区、覆沙砒砂岩区和裸露砒砂岩区(简称覆土区、覆沙区和裸露区)。

根据王愿昌等(2007)对影像解译结果的统计,裸露区面积 4 543.90 km^2,覆沙区面积 3 709.18 km^2,覆土区面积 8 432.42 km^2,分别占总面积 16 685.50 km^2 的 27.23%、22.23%、50.54%(见表 2-1、图 2-2)。

2.1.2.1 裸露区

所谓裸露区,系指砒砂岩直接见于地表,上面无黄土、风沙覆盖或覆土(沙)极薄(0.5~1.5 m)。根据王愿昌等(2007)提出的划分标准,凡是此类砒砂岩面积占总面

表 2-1　各类型砒砂岩分县（市、旗、区）面积分布

县（市、旗、区）	覆土区/km^2	覆沙区/km^2	裸露区/km^2		合计/km^2
			剧烈侵蚀	强度侵蚀	
杭锦旗		92.39		497.35	589.74
达拉特旗		77.48	158.71	1 957.44	2 193.63
东胜区		729.07	527.84	223.10	1 480.01
伊金霍洛旗	102.81	1 416.19	110.95		1 629.95
准格尔旗	4 299.87	196.85	923.27	145.24	5 565.23
清水河县	370.37				370.37
神木市	946.49	1 050.41			1 996.90
府谷县	2 476.18	146.79			2 622.97
河曲县	116.70				116.70
保德县	120.00				120.00
总计	8 432.42	3 709.18	1 720.77	2 823.13	16 685.50

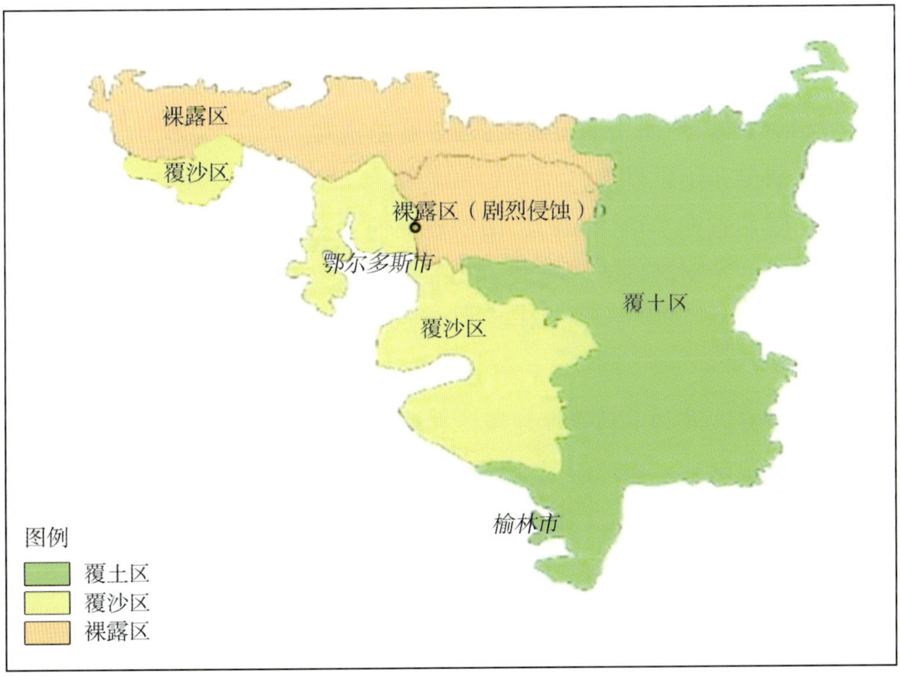

图 2-2　砒砂岩类型区分布图

积 70%以上的区域，即为裸露区。裸露区总面积 4 543.90 km^2，主要分布于砒砂岩区西北部纳林川以西的鄂尔多斯市及“十大孔兑”的上游，占砒砂岩区总面积的 27.23%。其中剧烈侵蚀裸露亚区面积 1 720.77 km^2，涉及东胜区、达拉特旗、准格尔旗、伊金霍洛旗 4 旗（区），分布在鄂尔多斯市—德胜西乡区间，109 国道两侧十几千米范围内，主要为窟野河、哈什拉川的河源区；强度侵蚀裸露亚区面积 2 823.13 km^2，涉及达拉特旗、杭锦旗、东胜区、准格尔旗 4 旗（区），分布在库布齐沙漠南缘，“十大孔兑”呼斯太河以西 8 条孔兑的上游地区。

2.1.2.2 覆土区

砒砂岩掩埋于各种黄土地貌之下的区域称为覆土区。砒砂岩作为黄土沉积前的一种凸凹不平的古地形，代表了黄土沉积前的整个沉积间断，其本身就是一种风化剥蚀面，呈波状面分布。凡是此类砒砂岩分布且砒砂岩出露面积达 30%以上的区域，称为覆土区。覆土区地貌多呈黄土丘陵沟壑，植被覆盖较裸露区好，上覆黄土或浮沙，黄土层厚度差异大，从几米到几十米不等，梁峁顶部分布较薄，沿坡从上到下逐渐变厚。沟壑密度在 3~6 km/km^2。除部分梁峁和缓坡地为耕地外，多为天然草场，侵蚀模数约 1.5 万 $t/(km^2 \cdot a)$，属剧烈侵蚀区，土壤侵蚀以水蚀为主，水蚀、风蚀和重力侵蚀交替发生。砒砂岩主要在沟缘线以下的沟谷中出露，而且切割很深，呈典型的“V”字形沟道，坡度在 35°以上。岩性主要为砂岩及泥岩，层理发育，但每一种颜色的砒砂岩分布厚度都较大，颜色有紫红色、黄绿色、灰白色。与裸露区相比，覆土区植被相对较好，但属于低覆盖度，沟谷水系发育。

覆土区主要分布于砒砂岩区的东部和西南部，涉及内蒙古准格尔旗、伊金霍洛旗、清水河县，陕西省神木市、府谷县，山西省河曲县、保德县等 7 旗（县、市），是砒砂岩分布面积最大的类型区，面积 8 432.42 km^2，占总面积的 50.54%。

2.1.2.3 覆沙区

由于受库布齐沙漠和毛乌素沙地风沙和砾岩风化就地起沙的影响，鄂尔多斯高原上的丘陵及梁地砒砂岩掩埋于风沙地貌之下，或形成部分沙丘及薄层（10~30 m）沙和砒砂岩相间分布，凡有此类砒砂岩分布且出露面积达 30%以上的区域，称为覆沙区。覆沙区面积 3 709.18 km^2，占总面积的 22.23%，分布在毛乌素沙地东北边缘与鄂尔多斯高原及黄土高原的过渡地带，窟野河流域王道恒塔水文站以上。涉及内蒙古伊金霍洛旗、东胜区、杭锦旗、达拉特旗、准格尔旗，陕西省神木市、府谷县 7 县（市、旗、区）。

2.2　土壤特征

由于砒砂岩区处于生态环境多要素的过渡带，毗邻黄土丘陵区、库布齐沙漠和毛乌素沙地等沙漠区，加之砒砂岩质地土壤发育，其土壤类型多且分布具有明显的地带性。根据调查，从土壤发生学来说，砒砂岩区土壤类型主要有冲积土、潜育土、砂性土、黑钙土、雏形土、黏磐土、疏松岩性土、薄层土、高活性淋溶土、黑土等共 10 种，具有很大的空间分异性(见图 2-3)。砒砂岩区以雏形土为主，其占比 54%，占砒砂岩区面积的一半多；其次为高活性淋溶土，其占比为 21%，其与雏形土的面积占比相差 30%之多；其余还有薄层土、黏磐土、黑钙土等，各类型土壤占比均低于 12%，土壤类型分布占比不均匀(见图 2-4)。

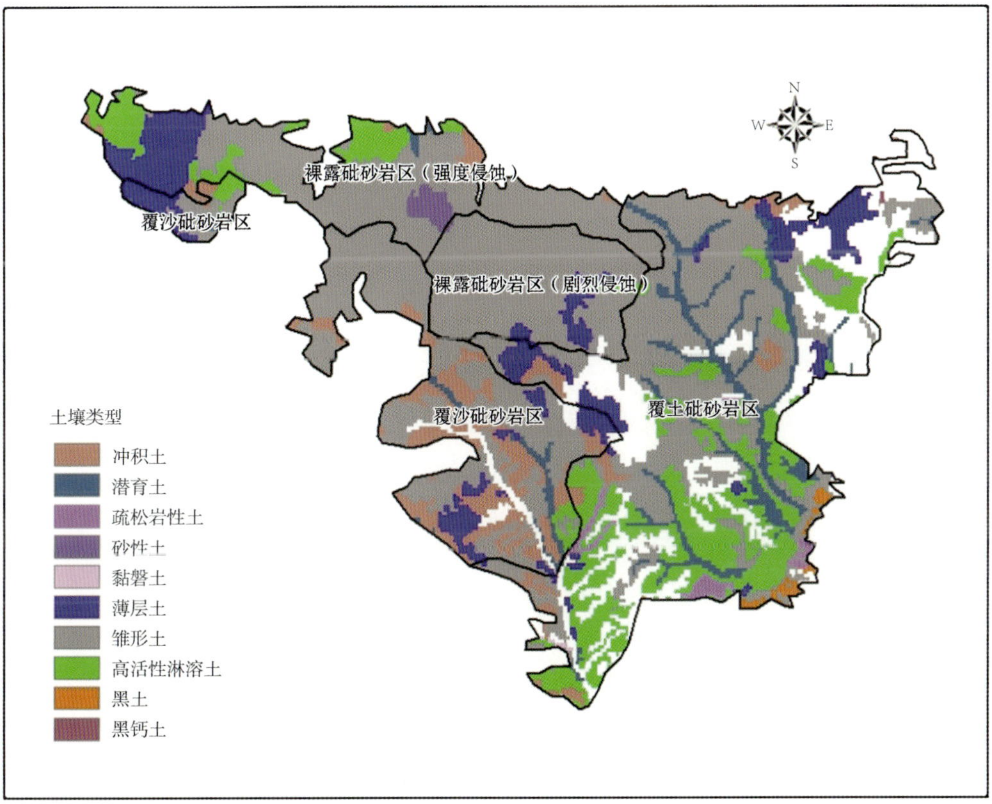

图 2-3　砒砂岩区土壤类型分布图

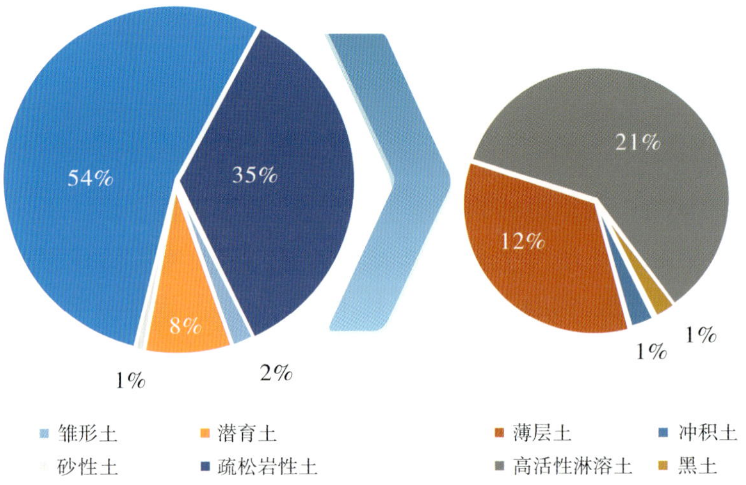

图 2-4　砒砂岩区各类土壤占比

2.3　水土流失现状

砒砂岩区侵蚀产沙的一个重要特点是水蚀、风蚀、冻融强烈交互发生，往往在同一空间同时出现或在一年内交替出现水蚀、风蚀、冻融复合侵蚀过程，加之砒砂岩坡度陡、垂直节理发育，重力侵蚀时常发生，导致砒砂岩区大部分区域土壤侵蚀剧烈、生态退化严重。

2.3.1　砒砂岩区侵蚀产沙空间分布特征

由于砒砂岩区风力、水力、冻融及重力的叠加作用，一年四季中交替出现复合侵蚀。在风沙区，全年以风力侵蚀占主导地位；在覆土区、裸露区，冬春风力侵蚀强烈，夏秋水力侵蚀占主导地位，冻融-重力侵蚀叠加作用在春季表现最明显。砒砂岩区沟道侵蚀集中了各种侵蚀形式，是侵蚀最剧烈的部位。覆土区的土壤粒径相对较小，受风力影响较大，风力侵蚀作用往往较裸露区的大；裸露区风化速率快，风化后的堆积物抗蚀性较黄土弱，因而裸露的砒砂岩易于受水力侵蚀。

按侵蚀类型划分，水力侵蚀主要表现为面蚀和沟蚀，面蚀主要分布在梁峁顶、梁峁坡上，沟蚀主要表现为沟床下切、侧蚀和溯源侵蚀。由于沟道汇集了坡面大量来水，冲刷作用大，侵蚀最为活跃，重力侵蚀发生在沟壑边坡，侵蚀形态有崩塌、泻溜等。

因此，在砒砂岩沟道小流域也往往以坡面与沟坡水力侵蚀为主，陡坡和沟坡部位是重力侵蚀的易发地，从坡顶向沟底的侵蚀过程具有逐步增强的空间变化规律。

在风蚀区，迎风坡面及两边或东西走向高地之间会形成强风蚀区，在背风坡或较为平坦的地区则形成弱风蚀区，而在背风坡、洼地、各种沟道内往往是风沙堆积区，实际分异比较明显；在其他区域，以水蚀、冻融及重力侵蚀交互作用侵蚀为主。水蚀从南向北减弱，而冻融侵蚀自南向北增强，风蚀也表现为自南向北增强，重力侵蚀在整个砒砂岩区内都比较严重，而且往往以大型块体状的形式发生崩塌。砒砂岩区风蚀、水蚀、冻融及重力侵蚀交互作用的空间变化过程，正是导致该区域土壤侵蚀最为严重的一个重要原因。

2.3.2　砒砂岩区侵蚀产沙时间分布特征

砒砂岩区降雨少而集中，主要集中在每年的 7—9 月，因此在该时段内的水蚀也是最为剧烈的。在温差较大的月份，尤其是春夏之交气温日差较大，冻融风化剧烈，易于发生重力侵蚀。从侵蚀发生的时间来看，年内各月都会发生重力侵蚀，重力侵蚀较为严重的时段是 3—8 月，侵蚀高峰值往往出现在该时段内，其间重力侵蚀量的最高峰值在 5—6 月，次高峰在 7—8 月，第三峰值在 3—4 月。5—9 月的重力侵蚀与水蚀复合，在 10 月至翌年 2 月基本上是风蚀、冻融侵蚀、重力侵蚀复合。一般来说，在冬春风力强盛的季节更容易发生风蚀，因为出露岩层及地表土壤经过热胀冷缩，会产生大量的碎屑风化物，一旦遇到大风就容易产生风蚀。

总的来说，砒砂岩区年内风蚀、水蚀、冻融侵蚀是交替的，重力侵蚀是伴随全年的。在冬春两季风蚀、冻融侵蚀占主导地位，尤其是覆沙区和河床两岸及沙黄土区更盛；在夏季则以水蚀为主，且多以暴雨形式出现。根据现场定位观测，在以水蚀为主的夏季，其侵蚀量是春季的 5 倍之多；在春末夏初，存在着风力、水力、冻融交互作用。

砒砂岩区严重的水土流失致使土地支离破碎，地表土层变薄，裸岩、砂砾化面积增大，可利用面积逐步减少；土地生产力不断下降，垦荒使地表土层平均每年减少 2~3 cm，黄土堆积剥蚀殆尽，土地日益瘠薄，土壤结构遭到破坏，大量养分随之损失殆尽，土壤肥力、保水能力下降，直接造成土地生产力下降；风沙覆盖层殆尽，岩层出露，砂砾化加剧；生态环境不断恶化，严重的水土流失降低了地表拦截径流、涵养水源的能力，加剧了干旱危害，旱、涝、风、沙、冰雹等自然灾害十分频繁，林草难以正常生长发育，大部分土地成为荒地，生态环境不断恶化；砒砂岩区产生的泥沙粗，大量下泄的泥沙使下游河道、水库等淤积加重，不断抬高下游河床，制约着区域经济和社会的发展。

2.4 生态退化特征

位于黄河中游的砒砂岩地区是我国典型的生态脆弱区，是我国西北、华北地区主要沙源地（李晓光 等，2014）。砒砂岩区处于鄂尔多斯高原的南端，属半干旱气候，植被稀疏（胡君德 等，2018），且在覆沙区和裸露区分布有大面积荒漠植被，区域整体呈现出植被稀疏、千沟万壑和荒漠化景观。一般将砒砂岩区地带性植被分为草甸草原带、典型草原带、荒漠草原带和草原化荒漠带（牛建明 等，1992）。

根据国家科技支撑计划项目“黄河中游砒砂岩区抗蚀促生技术集成与应用”研究成果（杨久俊 等，2016；姚文艺 等，2018，2021），砒砂岩区处于我国北方地貌、植物、气候、土壤等多元过渡带，其植物群落空间分布格局为由东南部半旱生植物占优势逐渐演变到西北部以沙生植物占优势。植被格局与空间异质性、空间自组织能力或者两者兼而有之等因素有关（Rietkerk et al.，2008）。地形地貌、气候、土壤、水分及植物本身适应性等因素对植被分布格局具有很大影响（Wesche et al.，2011；Ryabov et al.，2011），根据分析，砒砂岩区植被与地貌、气候、土壤、侵蚀等具有密切的耦合关系。

据统计，砒砂岩区常见植物种有乔木 29 种、灌木 20 种和草本植物 152 种。梁峁坡、坡面和沟道等不同侵蚀单元，其典型植被种类及分布不同。梁峁坡是相对稳定的单元，植被种类丰富度从高到低依次为覆土梁峁坡、裸露梁峁坡和覆沙梁峁坡。油松、沙棘、山杏和柠条是裸露和覆土梁峁坡的主要植被。赖草、披碱草和斜茎黄芪在 3 个单元都可以形成优势群落。裸露梁峁坡有植物 126 种，乔木主要以单株存在，灌木和草本植物能够形成群落；覆土梁峁坡有植物 195 种，乔木人工林种类多样，植被覆盖度达到 92.1%；覆沙梁峁坡的植物有 73 种，植被覆盖度仅 47.9%，主要植被是沙柳和黑沙蒿。大部分植被以群落或丛生为主，特点是耐旱、耐贫瘠和耐沙埋。

不同类型坡面植被差异大。在覆土区，坡面的黄土垂直节理单元植被覆盖度很低，主要植被类型包括大果榆、酸枣和沙棘，以丛生为主；黄土覆盖不稳定单元没有植被生长；黄土覆盖相对稳定单元的植物有 138 种，以沙棘、赖草、针茅和披碱草占优势。在裸露区，坡面的白色裸露砒砂岩垂直单元仅有极少量酸枣生长；白色裸露砒砂岩不稳定单元的植被主要为酸枣和沙棘，覆盖度极低；红白相间砒砂岩不稳定单元的阳坡植物种类较少，主要是沙棘、百里香、蒙古莸和万年蒿，覆盖度较低；阴坡植物种类较丰富，达 70 余种，以沙棘为主。在覆沙区，坡面的溜沙坡单元主要植被是赖草、芦苇、假苇拂子茅、白草和绳虫实，大部分为丛生；相对稳定单元的植物种类较丰富，有 100 多种，以沙棘、万年蒿、碱蒿、阿尔泰狗娃花、柠条、紫花苜蓿、草木樨、针茅、赖草和披碱草等为主，植被生长茂密，自然恢复良好。

发育阶段不同的沟道，其植被存在明显差异，例如发育仍比较剧烈的 V 形沟内，只有少量赖草、拂子茅和艾蒿，而且由于水土流失严重，植被一旦遭受破坏，难以自我恢复；沟道发育进入相对缓慢期的 U 形沟道内，植物种类相对丰富，植被覆盖度较高，以赖草为主，有 30 余种植物。

近年来，经过人工植被的建植、管理和植被自我恢复更新，砒砂岩区已经在一定程度上改变了原本光秃秃的面貌，形成了斑块状分布的植被格局。目前，区域内人工植被以乔木、灌木和半灌木为主。乔木主要有杨树、山杏、山桃、油松和樟子松等；灌木主要有沙棘、柠条、沙柳、乌柳和黄刺玫等。人工林的配置模式有纯林和混交林两种。

目前，由于受限于对砒砂岩区植被-侵蚀机制的认识，砒砂岩区的生态治理措施适应性还不强，整体效果不显著，仍没有从根本上整体改变该地区生态退化的趋势，仍面临生态退化问题的严峻挑战，尤其是人工植被退化现象严重。例如，在砒砂岩区种植的沙棘，在初期长势很好，但过 5 年左右以后，就会出现成片枯萎、死亡；在坡顶种植的油松，也有不断死亡的现象，尤其是遇到干旱年这种现象更多，甚至在有的地方形成了年年种树年年补树的现状。

2.5　治理现状

根据砒砂岩地区的侵蚀环境、侵蚀特征和经济社会条件，当地在砒砂岩治理方面进行了大量的探索，积累了一定的成功经验，为砒砂岩区治理奠定了良好的工作基础。目前，当地对砒砂岩区的治理采取的措施主要为生物措施和工程措施。

2.5.1　治理措施

2.5.1.1　生物措施

生物措施包括乔灌草等。在裸露的砒砂岩上，自然情况下寸草不生 ，成为难以治理的“环境癌症”“地球生态癌症”。经过多年实践，先后选择了杨树、油松、柠条、杨柴、紫花苜蓿、沙打旺等多种植物作为治理砒砂岩区的生物措施，但通过检验证明，沙棘更适合作为砒砂岩区治理的“先锋”生物措施，是当地大力推进的治理措施之一。根据统计，自 20 世纪 50 年代至 2020 年，砒砂岩区准格尔旗水土流失综合治理累计保存面积 4 465.6 km^2，其中沙棘保存面积达到 97.7 万亩（1 亩 = 1/15 hm^2 ≈

666.67 m^2)。沙棘属植物区系为旧大陆温带分布区类型,经过在砒砂岩区多年的研究和实践,已得到了大范围推广,并取得了较为显著的成效。通过种植沙棘,当地生态环境得到了改善,原来寸草不生的砒砂岩上长出沙棘灌丛,灌丛中伴生的植物种类也显著增加。除沙棘种植外,依据不同植物的生长特性及当地的地貌特点,其他一些草本、灌木、乔木类的植物作为生物治理措施也进行了栽植。同时,将生物措施与牧畜业发展相结合也不断受到人们的重视和关注,并开展了相关调查研究。调查表明(王愿昌 等,2007;杨久俊 等,2016),在砒砂岩区具有推广价值的饲草植物有羊草、冰草、紫花苜蓿、沙打旺等,灌木树种有花棒、乌柳、柽柳、蒙古莸、驼绒藜等,具有饲料开发的应用前景。

2.5.1.2 工程措施

砒砂岩区的工程措施主要包括坡面工程(水平沟、鱼鳞坑、沟边埂、截水沟等)、沟头防护工程、沟道工程(淤地坝、塘坝、谷坊、小型拦蓄工程等)。这些都属于常见的治理措施,以往并未见有新类型工程措施报道。

砒砂岩区的坡面坡度大多在35°以上,极不稳定,因此不宜建设坡面工程措施,大多只能建于覆土区的坡顶。由于砒砂岩原岩颗粒粗,孔隙率大,遇水极易崩解,抗水流冲刷能力弱,因此建设沟道治理工程往往缺乏建筑材料,大大制约了该地区淤地坝等工程措施的实施。1997年绥德水土保持科学试验站曾开展了砒砂岩区筑坝材料可行性分析、砒砂岩筑坝施工方法试验研究等工作(张金慧 等,1999,2001)。试验表明,砒砂岩区的黄土、沟床沙、红色砒砂岩风化物等可用于筑坝材料,而白色砒砂岩风化物属于不良级配土,不能直接用于修建淤地坝,需要和红色砒砂岩风化物混合才可使用;40 cm以下的砒砂岩风化层厚度方可作为建设淤地坝的材料,施工碾压不低于3遍。

但是,由于蒙脱石、长石类、碳酸盐类和高岭土等矿物的含量较高(李长明 等,2015,2016a),砒砂岩具有遇水崩解溃散的特性,难以直接作为修建淤地坝的建筑材料。砒砂岩所含蒙脱石是一种2∶1型黏土矿物,在干燥环境下不会导致岩体破坏,但其在形成过程中会发生阳离子置换,引起蒙脱石的晶格形变,使得蒙脱石晶胞带负电荷,外部水分子容易进入到蒙脱石晶层间,遇水极易膨胀,最大可膨胀至原体积的40倍(石迎春 等,2004;潘兆橹 等,1993)。同时,砒砂岩的工程性质非常差,其干抗剪强度多数只有0.09~0.47 MPa(谭罗荣,1997)。因而,砒砂岩的崩解、溃散主要是由于其岩体结构强度难以承受内部膨胀作用而引起的,其中蒙脱石遇水强烈膨胀,成为膨胀元,加之砒砂岩内部的较多孔隙通道为水浸入到岩体内部提供了条件,出现低温时,孔隙水又会结冰膨胀,使砒砂岩结构遭到崩解破坏。而石英等胶结物构成的胶结元,其胶结强度一旦低于膨胀力,砒砂岩结构就会溃散破坏。因此,砒砂岩具有二元结构特征,即膨胀元和胶结元。

据此,在"十二五"期间,黄河水利科学研究院联合国内多家高校及科研单位,为解决砒砂岩区建设淤地坝的材料匮乏问题,提出了减小膨胀元膨胀力、增加胶结元弹性模量的改性原理,以及防砒砂岩溃散措施,包括降低蒙脱石含量,如掺添加剂、抑制蒙脱石膨胀力、添加固结增强剂提高胶结物胶结能力、激发砒砂岩活性物质等,成功研发了砒砂岩改性技术,使之改变遇水溃散的性质,能够满足建设淤地坝的需要,其各项力学指标均满足水利部的相关技术标准要求(姚文艺 等,2017;杨大令 等,2016),并在砒砂岩区实施了改性材料淤地坝建设示范工程,达到了预期目标。这显然是一条值得探索的新途径。

2.5.1.3　"生物-工程"型措施

随着沙棘生物措施的推广及显著的减蚀作用,在砒砂岩区建设沙棘"柔性坝"的理念随之提了出来(毕慈芬 等,1998)。所谓植物"柔性坝",是指在沟道内垂直水流方向种植若干行诸如沙棘等根系发达、自行更新能力强的植物,作为坝体框架,利用洪水挟带大量泥沙和植物茎枝阻水进行群体滞洪沉沙,进而形成具有拦沙、溢流或泄流功能的新的治理沟道的综合措施。实际上,"柔性坝"同时具有生物、工程的部分功能,可以称为"生物-工程"型水土保持措施。

试验表明(毕慈芬 等,2000),沙棘植物柔性坝坝系能改变沟道的输水输沙特性,削峰降低剪切力,使平衡输沙改为不平衡输沙;具有抬高侵蚀基准面、拦沙泄流、恢复生态等多种功能;拦截每年第一场高含沙洪水所挟带的粗泥沙的作用明显,年均淤积厚度可达 0.3~0.4 m。植物柔性坝还可以明显增加土壤含水量,沙棘柔性坝沟道的土壤含水量约是对比沟的 2 倍(杨方社 等,2013)。毕慈芬等(2002b)依据沙棘柔性坝的试验结果,进一步提出了构建以沙棘柔性坝坝系为主导的协调砒砂岩区水土资源可持续利用模式的设想,该模式由六大系统构成,即沟道人工森林生态系统、人工湿地系统和人工湖泊系统、坡面草被系统、沙棘产业开发系统、可持续发展管理系统。当然,对于生态极度脆弱的砒砂岩区,该设想的可行性及其相关技术问题仍然很多,需要进一步研究。

植物柔性坝主要布设在沟头段,其苗木最优为 2~4 年生;总坝长占沟道总长度的 22%,就是在沟头种植 1/5 沟长即可;以植物柔性坝坝系作为沟道治理的主要组成部分,与刚性的谷坊、骨干工程和微型水库配置,可形成拦截泥沙、调控洪水的工程体系(毕慈芬 等,2000)。随着植物生长,柔性坝规模处于不断变化中,根据试验(李怀恩 等,2007),坝长每年约扩展 1 m,坝宽可扩展至满沟,坝高变化服从 Logistic

型生长函数关系，坝高在第3~4年变化最快，至第14年开始变缓。目前，关于植物柔性坝的试验范围仍然有限，需要在覆土区、覆沙区、裸露区分别开展试验研究，探索不同的布设技术与模式。

2.5.1.4 抗蚀促生材料措施

所谓抗蚀促生，是指一种既可以固结砒砂岩表层又可以抵抗水蚀风蚀，而且还能够促进植物生长的生态修复新技术（姚文艺 等，2017），是一种基于生态环保型高分子化学材料和生物措施有机结合的新理念。抗蚀促生材料是通过对异氰酸酯、聚醚多元醇及多种功能性改性材料在特定温度、时间、配比条件下控制剂的优化，聚合得到的改性亲水性聚氨酯复合材料，即能够满足生态治理功能需求的材料，该材料能够包裹砒砂岩单体分散颗粒形成综合性能优异的弹性复合体。抗蚀促生材料可在短时间内迅速渗透、凝胶、固结，实现对分散的砒砂岩颗粒有效聚合，形成具有良好力学性能的网状多孔性固结促生层，不仅可防治砒砂岩侵蚀，同时具备缓慢吸水、释水和保肥性能，能促进种子发育和植物生长，高效实现植被的恢复，能够解决在砒砂岩上难以长树长草的问题（梁止水 等，2016a，2016b；张磊 等，2016；姚文艺 等，2021）。

抗蚀促生材料措施在准格尔旗水土保持科技示范园的砒砂岩裸露区、覆土区和覆沙区治理中得到应用，实践表明，抗蚀促生材料措施实施有效促进了砒砂岩区的生态恢复，对砒砂岩区水土流失的治理和生态恢复重建发挥了重要作用。根据2014—2016年对示范区的监测，抗蚀促生材料具有很好的防治土壤侵蚀、恢复植被的功能，使不长草不长树的砒砂岩坡面长出了草，植被覆盖度达到90%以上，径流量减少70%~95%，产沙量减少90%以上。

同时，这种材料措施在其他生态脆弱区治理中也得到应用。新疆伊犁库尔乌泽克水电站引水渠道开挖边坡治理就是得到成功应用的案例。应用区为含泥量极少的砂砾石边坡和生土边坡，砂砾石坡面松散，稳定性较差，孔隙结构大，植被所需的养分难以留存，边坡土壤贫瘠，无法提供植被生长所需养分。该渠道沿线长5 200 m，坡长60~70 m，坡高达40~50 m。采用抗蚀促生材料措施后，治理的边坡经受住了暴雨冲刷的考验，并结合缓释肥的作用，植物生长旺盛，护坡效果良好。根据2024年对植被返青及退化情况的观察，大范围植被覆盖效果明显，保证了空间上草被生长的持续性，植被覆盖度达到了60%以上。充分说明了该措施在其他地区松散砂砾石边坡及开挖生土边坡的防护中得到成功应用，起到稳固松散砂砾石基的作用，同时对贫瘠土壤起到改良作用，提高了边坡安全性，治理了水土流失问题，对恢复生态平衡起到了重要作用。

2.5.2　综合治理-经济协同发展措施

2.5.2.1　砒砂岩区生物资源开发利用

早在 20 世纪 60 年代初,不少研究者就对砒砂岩区植物治沙开展了相关试验研究,植物治沙不仅可以调节当地的气候,提供具有经济价值的生物产品,而且可以改善土壤环境,是荒漠化治理的主要途径。

实践表明,沙棘、沙柳、梭梭、沙蒿、白刺、膜果麻黄等在砒砂岩区具有较强的适生能力,其防风固沙作用明显,尤其是白刺和沙蒿同时具有防风和固沙的作用(常兆丰 等,2012)。沙柳、沙棘作为砒砂岩区的主要水土保持生物,不仅具有防治水土流失作用,同时也是具有很大经济开发价值的生物资源。据 2006 年调查,达拉特旗原马场壕乡,人均年出售沙柳条的收入达 400 多元。东胜区、准格尔旗沙棘种植区,秋季每个劳动力采沙棘果日均收入 50~70 元,每个劳动力平均采果期以 30 d 计,可增加收入 1 500~2 100 元。

将砒砂岩作为资源,通过与覆沙土复配,改良土壤物理特性,对风沙土提质,近年来在砒砂岩区得到很多研究,并进行了实践与推广应用。根据砒砂岩复配土的作物种植试验,在种植两季后,土壤有机质、产量都有明显提高,种植前有机质<0.5 g/kg,种植两季后高于 1 g/kg(柴苗苗 等,2013)。进一步研究发现(韩霁昌 等,2013),砒砂岩复配土 1∶1、1∶2、1∶5 表层土壤砂砾含量减少,粉粒含量增加,种植作物 4 年后 0.25~2.00 mm 的土壤颗粒均含量有所提高,且复配比 1∶2 更有利于团聚体的形成(赵彤 等,2016),砒砂岩与风沙土按照 1∶2 复配,适于种植玉米、大豆、小麦,1∶5 适于种植马铃薯。在砒砂岩与风沙土复配成土的同时,也产生了固沙效应,尤其是砒砂岩与风沙土按 1∶1 复配固沙效果明显,结皮厚度可达到 9.0 mm(沙地<2 mm),冻层深度 116 cm(沙地 98 cm),粗糙度 0.174(沙地 0.031)(童伟 等,2015)。砒砂岩与风沙土混合后,复配土粒表面存在着丰富的黏团,改善了风沙土的松散结构特性,可以增强沙土的保水性,并利于结皮形成,达到固沙效果(程杰 等,2016;李裕瑞 等,2019)。

2.5.2.2　砒砂岩区生态产业与开发利用

由于砒砂岩裸露、生物群落稀少,当地生态环境十分脆弱。1985 年,钱正英院士提出“以开发沙棘资源作为加速黄土高原治理的一个突破口”的建议,开始了沙棘治理水土流失的研究。此后国家不断加大对砒砂岩区水土流失治理及生态恢复的研究力度,提出了沟道建沙棘柔性坝、梁峁造林整地、退耕还林还草、生态移民等治理措施，发挥了一定的作用，减轻了局部水土流失，使部分区域的植被覆盖度有所提高。目前，在砒砂岩区栽种人工林的树种主要有柠条、沙棘、山杏、油松等。加之，在砒砂岩地区栽植的沙棘、山杏、长柄扁桃等经济树种给当地农牧民带来了可观的经济收入，目前砒砂岩区生态产业发展势头良好。

鄂尔多斯市生态产业是伴随着生态治理和治沙实践而发展起来的，尤其是在21世纪初，生态产业发展呈现出蓬勃发展势头。达拉特旗最早成立了沙产业企业，将沙柳综合利用作为发展沙产业的重点，实施300万亩库布齐沙漠沙柳综合利用工程，年产值可达30亿元，为地方财政增收3亿元，为农牧民增收3亿元，企业也创造了可观的利润。先后有不少企业投入沙产业行列，在实施沙产业过程中，获得了可观的利润，为国家和当地农牧民作出了卓越贡献。

鄂尔多斯号称灌木王国，依托境内丰富的沙柳、乌柳、沙棘、柠条、杨柴等灌木资源，利用其平茬复壮的生物学特性，早在20世纪90年代就开始了林产品的加工利用，建起了第一座人造板加工厂。经过几十年的探索发展，鄂尔多斯市林沙产业已经实现了规模从小到大、链条由短到长、档次由低到高、市场由近到远的转变，初步形成了以人造板、造纸、生物质发电、饲料、饮品、药品、保健品加工和生态旅游为主的林沙产业体系。自21世纪初经过20多年的发展，已经建成了20多家规模以上林沙产业企业，其中销售收入100万元以上的有13家，销售收入500万元以上的有11家，人造板年产规模15万 m^3，饲料年产规模2万t，酱油、醋、杏仁露、沙棘饮料年产规模15万t，沙棘黄酮软胶囊年产规模3 000万粒，年生物质发电4.2亿kW·h。依托生态建设形成的良性自然环境和独具特色的人文、地理环境，建成了成吉思汗陵、响沙湾、七星湖、恩格贝生态园、萨拉乌苏等生态旅游景点20多处，总面积300多万亩，年接待游客120多万人次。2011年，全市林业总产值达到了40亿元，带动农牧户12万户，农牧民来自林业的人均收入2 300元，使鄂尔多斯走出了一条生态恢复、生产发展、生活改善的文明发展之路。

在鄂尔多斯建立的生物质热电厂以沙柳等沙生灌木平茬枝条作为直燃原料发电，自2007年底开始，每年可发绿色电力2亿kW·h。按照需要平茬复壮的沙柳每15 hm^2 出1 t枝条计，至少需要2万 hm^2 的沙柳基地供应。通过治沙建立热电厂的能源林基地成为企业的内在需求，也是产业治沙的内在动力所在。

尤其是近年来一些企业围绕国家防沙治沙战略，成功走上规模化、科技化、产业化治沙的途径。例如，有关企业30多年治理绿化库布齐沙漠6 000多 km^2，植被覆盖度达到53%，固碳1 540万t，释氧1 830万t，带动10余万人脱贫致富。目前，基本上已经形成了“治沙、生态、光伏、产业”四轮平衡驱动可持续发展的治沙模式，以及“千万千瓦级光伏治沙+光伏制氢+绿氢绿肥工业+板下健康产业”的立体循环光氢治沙产业发展新模式。近十多年来,有关企业又在库布齐沙漠创新投资建设了百万千瓦级光伏治沙项目,积淀了“板上发电、板间产业导入、板下治沙生态”等一整套光伏治沙技术体系。

但由于砒砂岩区生态治理与农牧业发展、治理砒砂岩与相关林果衍生产业加工技术和企业发展仍存在低端化、破碎化、短链化和非规范化等限制性因素,引发相关生态产业形成的链条稳定性和可持续性较差等一系列瓶颈问题,有些企业基本上处于存续状态。

2.6　存在的主要问题

(1)缺乏分区系统治理。砒砂岩区具有地貌、植物、气候、土壤等多元过渡的特征,是一个荒漠化、沙漠化和水土流失多重危害并存发生的地区,生态环境极其脆弱,生态承载力低下。虽说长期利用沙棘治理砒砂岩取得了一些突破,但是仍没有建立起按覆土区、覆沙区、裸露区空间异质性形成分区系统的治理技术体系与模式,加之缺乏对砒砂岩区严重的重力侵蚀治理的有效措施,以及诸如抗蚀促生、砒砂岩改性筑坝等一批具有突破性的有效治理砒砂岩区水土流失、修复植被的新技术却未得到大范围推广,虽然经多年治理取得了一定的效益,但是总体治理度低且效益不明显,砒砂岩丘陵区侵蚀模数仍达到 13 000~18 000 t/(km^2·a),风沙区侵蚀模数也达 7 000~8 800 t/(km^2·a)。

(2)人工植被退化。长期以来,沙棘种植一直作为覆土区、覆沙区及裸露区治理的主要生物措施,同时也种植有大面积松树等乔木,但是,由于砒砂岩区水资源匮乏,承载力低下,加之林灌草具有显著的空间分异性和空间依赖性等特性,在不同区域均出现了沙棘、人工林等退化的问题。尤其是在覆沙区,沙棘退化更为严重,沟坡与支毛沟及风沙区仍存在大面积的强度、剧烈侵蚀区;不少人工林出现了年年种树年年补树的现象。迫切需要在现有治理的基础上,从区域生态系统、经济系统的整体性考虑提升水土保持生态综合治理措施,并考虑风沙区与丘陵沟壑区自然条件与水资源的差异性,优化布局水土流失防治措施体系,提升水土保持的生态服务功能,整体遏制砒砂岩区生态环境退化趋势。

(3)砒砂岩区生态治理与经济发展矛盾突出,面临生态保护和脱贫致富的双重压力。在砒砂岩区,严重的水土流失导致土壤耕层变薄,甚至砒砂岩裸露,土壤肥力及持水能力下降,加之该区域年均降雨量少,水资源匮乏,自然灾害频发,不少区域无地可种、无草可牧,生存生产环境极差,环境容量相当低。一些乡镇实施了生态移民,退耕还林还草面积进一步扩大,为生态自然修复创造了条件,移民政策也使部分农民实现了脱贫。但是,由于缺乏生态保护治理与高质量发展相协同的有效保障措施和途径,依然存在着移民后缺乏持久的致富门路、脱贫后缺乏接续发展的保障措施等突出的民生问题。目前实施的多数项目注重生态效益,无视近期经济效益,当地群众积极性不高,产生了生态效益与经济效益不衔接的问题,进而也影响了生态治理可持续发展。迫切需要基于生态经济学、生态产业技术的原理与方法,结合当地市场经济特点及砒砂岩区生态治理的目标要求,研发集成砒砂岩质地土壤改良、沙地整治、砒砂岩改性、沙棘加工、柠条等灌草平茬饲料等系统化的产业技术,通过生态恢复与林果产业发展相结合、工程治理与砒砂岩改性相结合,构建生态恢复-产业经济协同发展新模式,促进生态综合治理及衍生产业的协同持续发展,探索水土保持新质生产力发展的路径,实现砒砂岩区生态治理高质量发展。

2.7 小　结

本章重点介绍了砒砂岩地理区位、土壤、水土流失、生态退化等环境特征和综合治理现状,以及生态治理存在的主要问题。

(1)依据砒砂岩上覆物质不同,砒砂岩区分为覆土区、覆沙区和裸露区,因而其土壤类型多且分布的地带性明显。砒砂岩区土壤类型主要有冲积土、潜育土、砂性土、黑钙土、雏形土、黏磐土、疏松岩性土、薄层土、高活性淋溶土、黑土等,其中雏形土为主,占砒砂岩区面积的一半多,其次为高活性淋溶土,其占比约为1/5,其余各类型土壤占比均低于12%。雏形土主要分布在裸露区和覆沙区,该两区约占雏形土总面积的2/3;高活性淋溶土基本上都分布在覆土区的南部,覆土区北部也分布有部分雏形土;薄层土、冲积土分布比较零散;潜育土主要沿皇甫川、清水河、孤山川和窟野河的河道分布。

(2)砒砂岩区的土壤侵蚀主要是由风力、水力、冻融及重力叠加作用形成的复合侵蚀。覆土区、裸露区在冬春季风力侵蚀强烈,在夏秋季以水力侵蚀为主,尤其以春季的冻融-重力复合侵蚀最明显;覆沙区以风蚀、重力侵蚀为主。砒砂岩沟道小流域以坡面与沟坡的水力侵蚀为主,从坡顶向沟底的土壤侵蚀具有逐步增强的空间变化规律。水蚀从南向北减弱,而冻融侵蚀自南向北增强,风蚀也表现为自南向北增强,重力侵蚀在整个砒砂岩区内都比较严重,而且往往以大型块体状的形式发生。风蚀、水蚀、冻融及重力侵蚀交互作用是砒砂岩区土壤侵蚀较为严重的一个重要原因。

(3)砒砂岩区植物群落空间分布格局为由东南部半旱生植物占优势逐渐演变到西北部以沙生植物占优势。不同类型区坡面植被差异大,砒砂岩覆土区以丛生植物为主;裸露区坡面覆盖度极低,以草被为主;覆沙区坡面大部分为丛生草被植物。

近年来,经过人工植被的种植、管理和植被自我恢复更新,础砂岩区部分区域形成了斑块状分布的植被格局,人工植被以乔木、灌木和半灌木为主。但是从整体上来说,础砂岩区仍呈现生态退化的趋势,尤其是人工植被退化现象严重。

(4)础砂岩区的治理措施主要有生物措施、工程措施、“生物-工程”型措施和近年来研发实施的抗蚀促生措施,在础砂岩区也开展了综合治理-经济协同发展的措施与路径的一些探索性的实践。

础砂岩区的生态环境空间异质性突出,不同类型区、不同地貌单元所适宜的治理措施是不同的。在覆土区坡顶采取的生物措施多为种植乔灌草,在坡面基本上适宜草类植被,在相对缓坡地段适宜于丛生灌木类植被,宜可实施鱼鳞坑等微型的蓄水保土工程措施;在沟道多适宜于修建谷坊及沙棘等植物柔性坝之类的“生物-工程”型措施。在裸露区的坡顶适用于苔藓、藤木和草类的生物措施,因为裸露区坡面陡峻,很难适合于种植灌木之类的植物,一般可种爬山虎之类的藤本植物;在沟道适宜修建础砂岩改性材料谷坊、植物柔性坝等。覆沙区坡顶适宜的灌木类植物较少,以沙柳为适生植物,而不适宜于种植沙棘,黑沙蒿是主要的草被植物,同时可采取沙障辅助措施种植苔藓、甘草等;在其沟道可以采取修建谷坊、植物柔性坝等措施。为解决础砂岩区坡面坡度陡、土层薄和肥力差等恶劣的生境问题,前期研发的抗蚀促生措施在础砂岩区植被建植中起到的促进植物生长、固结土壤的效果明显,在部分区域得到实施。另外,开发的础砂岩改性材料淤地坝、谷坊等治理技术在沟道治理工程建设中也得到应用。

探索的综合治理-经济协同发展的措施主要有础砂岩区灌草平茬等生物资源开发利用、经济林果等生态产业开发利用等。

(5)当前,础砂岩区生态治理存在的突出问题主要包括缺乏分区系统治理、均衡治理;缺乏对植被建植结构、类型的科学优化,人工植被退化严重;生态治理与经济发展矛盾突出,制约着生态治理的可持续发展。

第3章 砒砂岩区坡沟系统结构特征

坡面、沟道是构成黄土高原沟道小流域的基本地貌单元，也是水土保持、生态恢复重建的基本治理单元。一般以沟缘线为界，其上为坡面（包括坡顶），其下为沟道，两者既是侵蚀产沙的来源地，又是水沙传输通道，具有水文连通性质，形成了具有密切耦合关系的坡沟系统。不同区域坡沟系统具有空间异质性。砒砂岩区覆土/覆沙/裸露多元地貌、植被退化低度覆盖、暴雨集中侵蚀剧烈、土壤贫瘠质地松散的特殊侵蚀环境，造就了更为复杂的坡沟系统，与侵蚀、植被具有显著的耦合关系。认识砒砂岩区坡沟系统特征，对于揭示砒砂岩区植物群落空间格局和生态承载力，以及生态治理措施空间优化布局具有重要意义。本章通过调查和遥感影像解译的方法，分析了砒砂岩区坡沟系统地形地貌及其结构特征，揭示了地形地貌与植被的耦合关系。

3.1　坡顶系统结构特征

在覆土、覆沙和裸露砒砂岩区，坡顶系统具有不同的结构特征。

3.1.1　覆土砒砂岩区

正如前述有关章节介绍，砒砂岩掩埋于各种黄土地貌之下的区域即为覆土砒砂岩区，简称覆土区。砒砂岩属于黄土沉积前形成的一种凸凹不平的古地形，代表了黄土沉积前的整个沉积间断，是一种风化剥蚀面。从覆土区沟谷地层看，具有黄土戴帽、砒砂岩穿裙的特殊地貌景观。黄土覆盖一般大于 1.5 m，砒砂岩出露面积达 30%以上（王愿昌 等，2007）。覆土区地貌多呈黄土丘陵沟壑，坡顶覆盖较厚的黄土或浮沙，黄土层从几米到几十米不等，而且梁峁顶坡度平缓，一般在 10°以下，植被以人工林为主，生长有赖草、芦苇和藜科植物等草被。但坡顶水蚀仍然比较严重，不仅有切沟存在，且水蚀、风蚀交替发生，坡顶边缘往往就是坡度在 60°以上甚至是陡立的坡面（见图 3-1），因此受坡面侵蚀影响，沿坡顶边缘常常还会伴随发生重力侵蚀，形成水蚀、风蚀、重力侵蚀复合区。在覆土区有道路的坡顶，其道路侵蚀现象也比较严重,会出现道路侵蚀沟(见图3-2),甚至有大型跌坎形成。与裸露区相比,覆土区坡顶的植被相对较好。因此,覆土区坡顶呈现出黄土、细沟、道路侵蚀沟与植被共存的结构特征。

图3-1 覆土区坡顶边缘的陡峻地形

图3-2 覆土区坡顶道路侵蚀沟

3.1.2 裸露砒砂岩区

裸露砒砂岩区(简称裸露区)指砒砂岩直接见于地表,上面无黄土、风沙土覆盖或覆土(沙),即使有一些风沙土等覆盖物,但极薄,一般在 0.1~1.5 m,砒砂岩出露面积占总面积 70%以上的区域(王愿昌 等,2007)。裸露区地貌多呈岗状丘陵,坡顶基本上为裸露的砒砂岩,呈现出基岩大面积裸露的景观。同时,与覆土区、覆沙区相比,裸露区坡顶面积小,大多在十几或几十平方米范围,这也充分表征了裸露区地形破碎的特征(见图 3-3)。裸露区坡顶上即使有一些植被,植被覆盖度也极低,属于低覆盖度,而且植物类型单一,主要是草被植物,以狼毒草、百里香和蒙古莸较多。其中狼毒草被视为生态退化的“警示灯”,由其可见裸露区所处环境的生态退化状态。

图 3-3　裸露区坡顶景观

尽管裸露区坡顶面积小,但坡度相对比较平缓,基本上在 10°以下。坡顶有板状水平层节理发育,与覆土区类似,受坡面侵蚀影响,经常发生大型块体状重力侵蚀。坡顶以水蚀为主,且冻融侵蚀也比较严重,形成了典型的多动力复合侵蚀区。

3.1.3　覆沙砒砂岩区

覆沙砒砂岩区(简称覆沙区)主要是受库布齐沙漠和毛乌素沙地风沙的影响而形成的。覆沙区的丘陵及梁地砒砂岩掩埋于风沙之下,部分沙丘及薄层沙(10~30 m)和砒砂岩相间分布,具有风沙戴帽、砒砂岩穿裙的地貌景观,砒砂岩分布且出露面积达30%以上(王愿昌 等,2007)。

覆沙区坡顶覆盖的多是风沙土,地表沙化严重,以风蚀为主,呈现出风蚀、水蚀复合侵蚀的景观,形成了典型的风蚀地貌。由于覆沙区坡顶多有沙丘地形,因此其坡度往往比较陡,很少有平缓的区域,大多在15°左右。覆沙区坡顶以风蚀为主,在暴雨期也会有水蚀发生。覆沙区坡顶不少呈现梁状,也有峁状发育(见图3-4)。另外,与裸露区及覆土区的区别就是地表主要覆盖风沙,地表水系不发育。因为覆盖有较厚的风沙土,覆沙区坡顶漏水现象突出,很难蓄留水分,土壤含水量低,不利于植物生长。坡顶以百里香、梭梭、花棒、沙柳等沙生植物为主,虽然也有人工沙棘,但退化现象明显。

图3-4　覆沙区坡顶景观

覆沙区坡顶边缘也呈陡壁与坡面连接,而且有垂直节理发育(见图 3-5),一旦发生重力侵蚀,往往是大型块体状岩体整体崩塌。

图 3-5　覆沙区坡顶边缘陡峭的岩体

3.2　坡面系统结构特征

根据对砒砂岩区的调研和测量(杨久俊 等,2016;姚文艺 等,2021),按坡面系统的稳定性和岩体特征,可将坡面划分为 8 个单元,即黄土垂直节理发育单元(坡度=90°)、黄土覆盖不稳定单元(坡度>45°)、黄土覆盖相对稳定单元(坡度<45°)、白色裸露砒砂岩垂直单元(坡度≈90°)、白色裸露砒砂岩不稳定单元(坡度>35°)、红白相间砒砂岩不稳定单元(坡度>35°)、覆沙砒砂岩相对稳定单元(坡度<35°)和溜沙坡单元(坡度=35°)。

在覆土区,由黄土垂直节理发育单元-红白相间砒砂岩不稳定单元-溜沙坡单元组成的坡面结构所占比例最高,达到 14.32%;黄土垂直节理发育单元-红白相间砒砂岩不稳定单元-覆沙砒砂岩相对稳定单元组成的坡面结构所占比例次之,为 10.89%。在裸露区,红白相间砒砂岩不稳定单元-溜沙坡单元组成的坡面结构所占比例最高,达到 24.23%。在覆沙区,有溜沙坡单元和覆沙砒砂岩相对稳定单元。

3.2.1 覆土砒砂岩区坡面

覆土砒砂岩区坡面包括黄土垂直节理发育单元、黄土覆盖不稳定单元和黄土覆盖相对稳定单元 3 种坡面单元。

黄土垂直节理发育单元,坡面极为陡峭,近似垂直,植被覆盖度很低。酸枣成为该单元的优势物种,其覆盖度可达到 1.69%。从繁殖方式来看,主要为根蘖繁殖,生长方式以丛生为主。黄土垂直节理发育单元本身并不具备植被生根发芽的土壤环境与条件,而是坡顶植被根系依靠强大的延伸力和根蘖能力,向下延伸并逐渐出露形成新的萌芽点,从而繁衍出新的植株。该单元不宜进行人工林建设,宜实施工程措施以固化为主,防止雨水侵蚀。

黄土覆盖不稳定单元则主要是垂直节理发育区坍落形成的二次不稳定坡面,通常覆盖在陡峭的砒砂岩基岩表层(坡度>45°)。该种类型坡面存在时间较短,发育剧烈,一经雨水冲刷或风力搬运,就会逐渐消失,植被难以扎根,生长困难。经对该类型单元大量调研后,未发现有植被生长。

黄土覆盖相对稳定单元坡面角度主要集中在 35°~45°,在该类型坡面调研区域所发现的植被种类共有 138 种。从重要值来看,沙棘最高,达到 31.2%,面积最广,为优势群落,其次为禾本科的赖草、针茅和披碱草,菊科中的万年蒿、阿尔泰狗娃花,豆科的紫花苜蓿和草木樨也为突出的优势品种。从繁殖方式来看,该单元植被的繁殖方式大都是有性和无性共存。从生长方式来看,多以群落为主,因此植被丰富度高并且生长繁密。此类单元植被自然恢复良好,生态系统逐渐趋于稳定,无须人工栽培,主要依靠自身繁殖成林。

3.2.2 裸露砒砂岩区坡面

裸露砒砂岩区坡面包括白色裸露砒砂岩垂直单元、白色裸露砒砂岩不稳定单元和红白相间砒砂岩不稳定单元 3 种坡面单元。

白色裸露砒砂岩垂直单元发育多为板状水平层理,多位于沟坡中上部,坡度一般大于 70°,是重力侵蚀发生的主要区域,经常发生块状岩体掉落,极不稳定。对大量白色裸露砒砂岩垂直单元进行植被调查发现,一个单元上有 3 株根蘖繁殖的酸枣外,无其他植被生长。该单元不适合植被生长与繁殖,可以同黄土垂直节理发育单元一样,实施工程措施完全固结。

白色裸露砒砂岩不稳定单元表层风化严重,呈片状剥落,坡面角度集中分布在35°~70°。白色裸露砒砂岩不稳定单元植被类型主要为酸枣和沙棘。酸枣繁殖方式为根蘖繁殖,但是由于水肥等条件限制并不能郁闭成林。由于白色砒砂岩的自身岩性不稳定,并且保水和持水效果差,因而植被根系对岩体既有固结作用也有破坏作用。其破坏作用主要是因为根系可以横向扩展,导致比较坚硬的岩体内部开裂,直至根系延伸至表层,促使表层岩石脱落,植被的固结作用也远小于破坏作用。因此,该单元不适宜植被生长,也不适宜人工栽培树种。

红白相间砒砂岩不稳定单元坡面角度集中分布在35°~45°,阳坡的主要植被为沙棘、百里香、蒙古莸和万年蒿。从重要值来看,蒙古莸最高,达到55.86%,其次为万年蒿和沙棘,其繁殖方式主要为营养繁殖的根蘖或根茎繁殖,可见在比较恶劣的条件下,无性繁殖是植物生存的重要特征。从覆盖度来看,蒙古莸的覆盖度最高,其次为万年蒿、沙棘和百里香。在阳坡,灌木和半灌木不能郁闭成林,只能以疏林形式存在。从生长方式来看,沙棘和蒙古莸、万年蒿都能形成丛生群落。然而,蒙古莸和万年蒿在阳坡更为广泛生长,且蒙古莸在阳坡具有绝对生存优势,覆盖度达到7.61%,远高于其他植被。蒙古莸的抗旱抗寒能力极高,虽是浅根系植被,但利用其自身根系在基岩表层易萌蘖,能够在红白相间砒砂岩不稳定单元出露新的萌芽点,形成新的植株。万年蒿具备和蒙古莸一样的繁殖特征和生长习性,因此可以成为红白相间砒砂岩不稳定单元阳坡的优势群落。

红白相间砒砂岩不稳定单元的阴坡,植物种类有着明显的增加。从重要值来看,沙棘最为重要,达到了72.57%,其次为万年蒿和蒙古莸。沙棘在阴坡有突出的重要性,这说明阴坡有充足的水分能够满足沙棘的生长需要。次生植被万年蒿、蒙古莸主要依靠先锋物种沙棘的侵入,然后逐步演替,但是重要性、覆盖度小于沙棘。与阴坡对比,阳坡植被种类从16种增加至71种,植物丰富度明显增加,覆盖度从12.42%增加至22.91%,植被的丛林面积也大大增加。从植被种类可以看出,浅根系植被逐渐向深根系植被演变,并且繁殖方式也有以无性繁殖为主向无性和有性繁殖都重要的情况转变。这就说明在各种立地条件(除了坡向因子)相似的情况下,水分是影响红白相间砒砂岩不稳定单元植被类型和特征的最关键因子。

3.2.3 覆沙砒砂岩区坡面

覆沙砒砂岩区坡面包括砒砂岩溜沙坡单元和覆沙砒砂岩相对稳定单元。

溜沙坡接近于沟道底部,并且土壤疏松,蓄水能力较好,主要植被为禾本科的赖草、芦苇、假苇拂子茅、白草和藜科的绳虫实。从重要值来看,赖草成为最优势物种,重要值达到47.62%,其次为假苇拂子茅、芦苇等。从繁殖方式来看,还是以根茎为主,生长方式都是丛生,除绳虫实单株生长外,根茎型的禾本科成为突出的优势群落,其主要原因为溜沙坡底部接近沟道,水分充足,土壤疏松,沟道内生长的大量根茎型禾本科植被依靠根茎延伸至溜沙坡内,逐渐出露形成新芽,生长成新的植株。而绳虫实也能够成为优势群落的主要原因是它比禾本科植被耐旱性强,在远离沟道内的溜沙坡处水分较少,成为最先入侵的植被。溜沙坡单元是坡面演变初期形成的,先锋物种主要为草本植被,它慢慢趋向稳定,植被继而向灌木等演变。

覆沙砒砂岩相对稳定单元坡面角度主要集中在35°以下。在覆沙砒砂岩相对稳定单元调研区域所发现的植被种类共有100种。从重要值来看,沙棘最高,达到26.2%,它可以形成灌木林,郁闭成林,其次为菊科的万年蒿、碱蒿、阿尔泰狗娃花,豆科的柠条、紫花苜蓿、草木樨,以及禾本科的针茅、赖草、披碱草。需要说明的是,根据实地调查,覆沙砒砂岩区的沙棘主要适宜于沟道内生长,在坡顶、坡面退化相当严重。在相对稳定单元,植被繁殖方式大都是有性和无性共存,并且生长方式多以群落为主,因此植被丰富度高并且生长繁密。此类单元植被自然恢复良好,生态系统逐渐趋于稳定,无须人工栽培和治理。

3.3 坡面-沟道系统结构特征

砒砂岩区地处鄂尔多斯高原,海拔为773~1 625 m,境内大部分地区沟壑纵横密布,地表被切割成支离破碎状,地貌以风沙地貌和丘陵沟壑地貌为主,具有独特的坡沟系统特征,图3-6是以覆土区为例表征的地貌景观。通过调查和遥感解译,重点从高程、坡度、坡向、起伏度、粗糙度、切割深度等参数分析了砒砂岩区坡面-沟道系统(简称坡沟系统)的地貌结构特征。

3.3.1 调查方法与遥感数据来源

根据调查内容以及调查区域的地形、地貌、海拔、环境等确定调查线路和调查样方。

3.3.1.1 调查线路布设原则

调查线路或调查样方的选择遵循的原则为:

(1)代表性、随机性、整体性及可行性相结合;

(2)样方布局尽可能全面,应分布在整个调查地区内的各代表性地段;

(3)重点沟道调查不得少于沟道总数的1/2,一般沟道调查不得少于沟道总数的

图 3-6　砒砂岩区整体地貌

1/3，避免在一些地区产生漏空；

（4）注意被调查区域不同地段的生境差异，如山脊、沟道、阳坡、阴坡、海拔等。

样方根据地形地貌布设，根据设计的调查表做好调查记录。

3.3.1.2　线路调查

根据现有观测资料和对砒砂岩区生境了解的情况，利用植被分布图和行政区划图，按选择的线路进行调查。在线路调查中，记载植物物种（100 m 以内不重复记载）。对目测能见范围内（每侧 20 m）重点调查树种、林分起源、组成、林龄、生长情况、地形地势、立地条件等。调查结束时按实际调查数量进行汇总。在线路调查中见到偶见植物时要拍照详细记录。

3.3.1.3　样方调查

在山区每到海拔 100 m 整数时（以 GPS 与海拔仪定位），需做样方调查。

样方或称样本，是从研究对象的总体中抽取出来的部分个体的集合。在被调查种群的生存环境中随机选取若干个样方，通过计数每个样方内的个体数，求得每个样方的种群密度，以所有样方种群密度的平均值作为该种群的种群密度，在抽样时要满足为研究砒砂岩区植被地形耦合规律使所有个体被抽选的机会均等。样方法主要适用于乔木、灌木和草本植物的调查。样方面积根据种质多样性来确定，一般采用正方形样方。调查时样方大小，一般草本植物采用 1～4 m^2，灌木为 16～40 m^2，乔木和大型灌木为 100～200 m^2。

3.3.1.4 调查路线与样方配置

调查范围涉及3个典型地貌类型区，包括覆土区的二老虎沟、石楞梁，覆沙区的特拉沟、壕堑梁，裸露区的曹家石湾等区域。经过选点比较，拟定了调查路线、调查方法、样方设置方案、人员配置及培训等。

调查路线是从什布尔太沟小流域开始，历经砒砂岩公园小流域—碾房坪小流域—莲花辿小流域—壕堑梁小流域—圪坨店小流域—二老虎沟小流域—大占村小流域—新庙小流域，涉及裸露、覆沙、覆土砒砂岩3个类型区的9条小流域。

根据植物特性确定样方大小，比如对于小型草本植物，样方可以取得比较小(1 m×1 m)，对于中型灌木，就需要取比较大的样方(5 m×5 m)，而对大型乔木就需要更大的样方(10 m×10 m)，关键是要做到随机取样，样方均匀分布。

3.3.1.5 遥感影像解译

对于整个砒砂岩区大尺度，以2000—2022年30 m精度分辨率的遥感影像为数据(Landsat遥感图像)，通过ArcGIS进行遥感分析。数据来源于中国科学院Landsat遥感图像。

对于沟道小流域，利用无人机搭载多光谱和激光雷达，在现场进行实地测量，精度为厘米级。

(1)植被信息提取。通过遥感解译研究区植被特征，分析植被空间分异规律，制作植被分布图。

(2)地形信息提取。获取研究区DEM数据，利用GIS方法提取地形因子。在ArcGIS软件中利用空间分析模块生成流域高程图、坡度图、坡向图等，分析研究区地形地貌空间分异特征。

①海拔。确定最大海拔、高差，结合研究区海拔的实际分布，为了方便研究，每100 m间隔为一带，将海拔分为若干海拔带。

②坡度。根据研究区坡度范围，结合《水土保持综合治理 规划通则》(GB/T 15772—2008)，依据研究区实际坡度分布，以及考虑到地形及其对植被长势的具体影响，将坡度分为0°~5°、5°~8°、8°~15°、15°~25°、25°~35°、>35°共6个坡度带。

③坡向。将研究区分为8个自然坡向，分别为北(N)、东北(NE)、东(E)、东南(SE)、南(S)、西南(SW)、西(W)、西北(NW)。由于地球公转及太阳入射角的原因，北半球西南坡向最干燥，东北坡向最潮湿，按照湿润程度由高到低，依次为东北向>北向>西北向>东向>西向>东南向>南向>西南向，因此可将研究区划分为阴坡(东北、北)、半阴坡(西北、东)、半阳坡(西、东南)、阳坡(南、西南)等4个坡向级别。

3.3.2　坡沟系统结构特征

3.3.2.1　海拔分布及特征

以 100 m 为高差距，将砒砂岩区分为 774～800 m、800～900 m、900～1 000 m、1 000～1 100 m、1 100～1 200 m、1 200～1 300 m、1 300～1 400 m、1 400～1 500 m、1 500～1 600 m、1 600～1 646 m 共 10 级海拔带。

研究表明，气温具有垂直递减的规律，存在着垂直递减率，即随海拔的上升而降低，海拔每升高 100 m，年平均气温降低 0.56 ℃。同时，降水与气温随着海拔的升高而变化，从而引起植被分布格局的变化。将海拔分级后发现，砒砂岩区海拔分布具有明显的空间差异性，自西北向东南方向海拔不断降低，砒砂岩裸露区、覆沙区北部的海拔较覆土区的要高（见图 3-7）。砒砂岩区总面积 1.67 万 km^2，其中海拔 774～1 646 m 且在 1 000 m 以上的区域占总面积的 94%，海拔 1 500 m 以上的区域占总面积的 2%（见图 3-8、表 3-1），该区最低海拔、最高海拔面积占比都比较少，尤其是 774～800 m 的仅约 0.01%，或者说平缓地带很少，说明砒砂岩区地形是比较陡峻的。由此可见，砒砂岩区处于高海拔地区，海拔是影响砒砂岩区植被空间分布格局的主要因素，是制约砒砂岩区植物群落结构及其空间格局的环境要素之一。

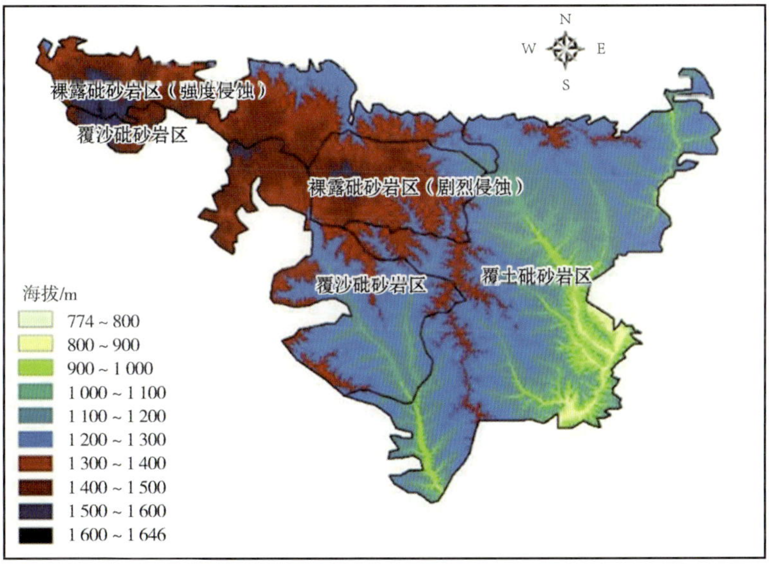

图 3-7　砒砂岩区海拔空间分布

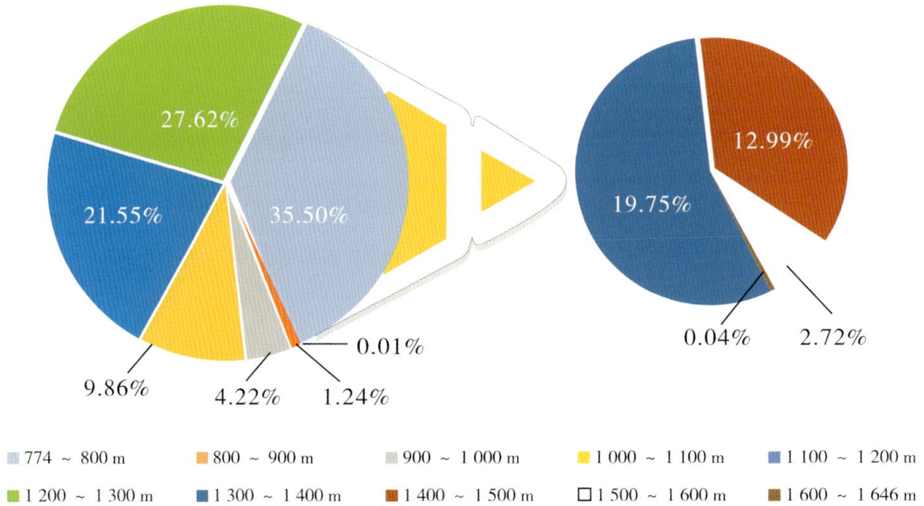

图 3-8　砒砂岩区各级海拔占比

表 3-1　砒砂岩区不同级海拔占比

海拔/m	面积/m²	占比/%
774~800	4 911. 64	0. 01
800~900	1 222 017. 61	1. 24
900~1 000	4 150 586. 85	4. 22
1 000~1 100	9 688 673. 73	9. 86
1 100~1 200	21 184 748. 51	21. 55
1 200~1 300	27 150 120. 51	27. 62
1 300~1 400	19 418 569. 77	19. 75
1 400~1 500	12 770 218. 99	12. 99
1 500~1 600	2 674 549. 77	2. 72
1 600~1 646	36 970. 36	0. 04

3.3.2.2　坡度分布及特征

砒砂岩区多为丘陵沟壑，坡度起伏大。按前所述，结合水土保持坡度分级技术规范标准，将坡度分为 6 个坡度带。

遥感解译分析表明，由遥感投影测得的砒砂岩区以 0°~5°、8°~15°两级坡度带所占面积最大，而且以砒砂岩区东部、南部的坡度更为陡峻（见图 3-9）。通过对坡度的分析可以发现，砒砂岩区坡度位于 15°以下的面积占 85%，坡度位于 15°以上的占 15%（见图 3-10、表 3-2）。

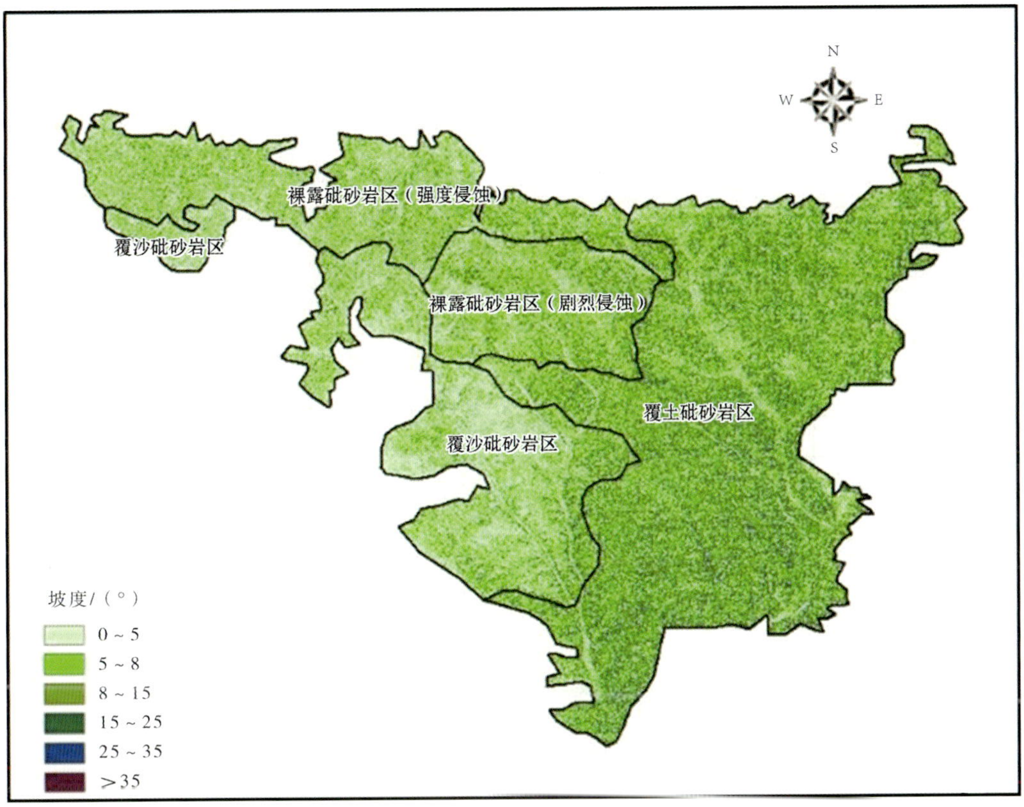

图 3-9　砒砂岩区坡度空间分布

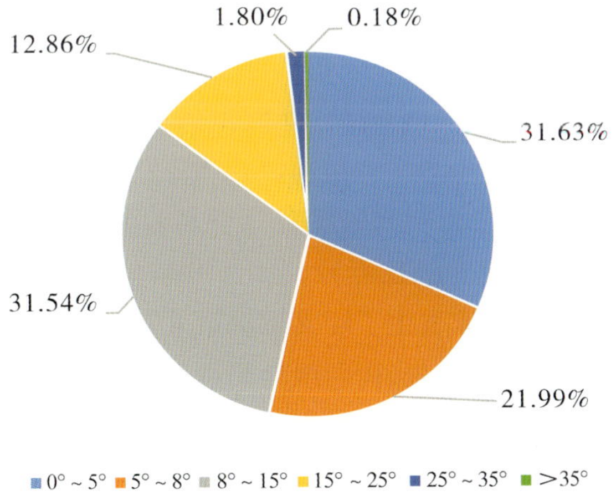

图 3-10　砒砂岩地区不同坡度带占比

表 3-2 砒砂岩区坡度带面积及占比

坡度/(°)	面积/km^2	占比/%
0~5	5 281.91	31.63
5~8	3 673.03	21.99
8~15	5 267.56	31.54
15~25	2 147.36	12.86
25~35	300.35	1.80
>35	29.79	0.18

需要说明的是,从遥感解译结果看,砒砂岩区大部分区域的坡度似乎都是比较缓的,以中坡以下为主,而实际上,砒砂岩区大部分坡面的坡度都在陡坡以上,甚至有的坡面坡度在35°~70°,沟坡都在70°以上,这主要是因为遥感反映的是投影效果,而难以充分反映陡坡的实际面积,因此并不能说砒砂岩区的坡度以缓坡为主,实际上反而是以陡坡为主。

3.3.2.3 坡向分布及特征

不同坡向接受的太阳辐射量有所不同,对水分的吸收能力也会受影响,因此其对砒砂岩区植被的分布也有重要影响。

将砒砂岩区坡向分成北、东北、东、东南、南、西南、西、西北共8个坡向,通过遥感影像解译计算发现,砒砂岩区的坡向大多数朝西、南、西北和西南方向(见图3-11);朝向北、东北、东方向的占比相对较少,在8%以下;朝向东南的基本居中,占比为11%(见图3-12)。其与砒砂岩区地形塑造有着直接关系。根据研究,鄂尔多斯地区在中生代逐渐发展成为独立沉积的盆地。在中生代早期区域持续沉降,广泛发育湖盆与大型河流,盆内以湖泊相沉积与三角洲沉积为主。早三叠世气候干燥、炎热,植被不发育的沉积环境,主要为河湖相的红色细碎屑岩建造,沉积物主要为砂岩、泥岩。中三叠世,盆地东缘沉积了红色砾岩、泥岩,中部沉积了灰绿色泥岩,局部夹煤层,植物日渐繁茂。中三叠世末发生了印支运动第Ⅱ幕,造成中晚三叠世地层间断,盆地北部抬升。晚三叠世地层缺失,而西缘坳陷继续下陷,盆地中心也开始下陷,鄂尔多斯地区开始全面地进入了典型的内陆盆地发展期,盆地坳陷中心在西部区。晚三叠世末发生了印支运动第Ⅲ幕,盆地一度抬升,造成上三叠世部分地层被剥蚀。因此,这一时期的地质运动,基本上形成了砒砂岩区坡向以向南、西南方位为主的格局。

坡面朝向南、西南方位，太阳辐射、日照时长都相对比较高，水分蒸发大，不利于砒砂岩区这类干旱半干旱气候条件下的植物生长，其植被就比较低，侵蚀相应就会比较严重。

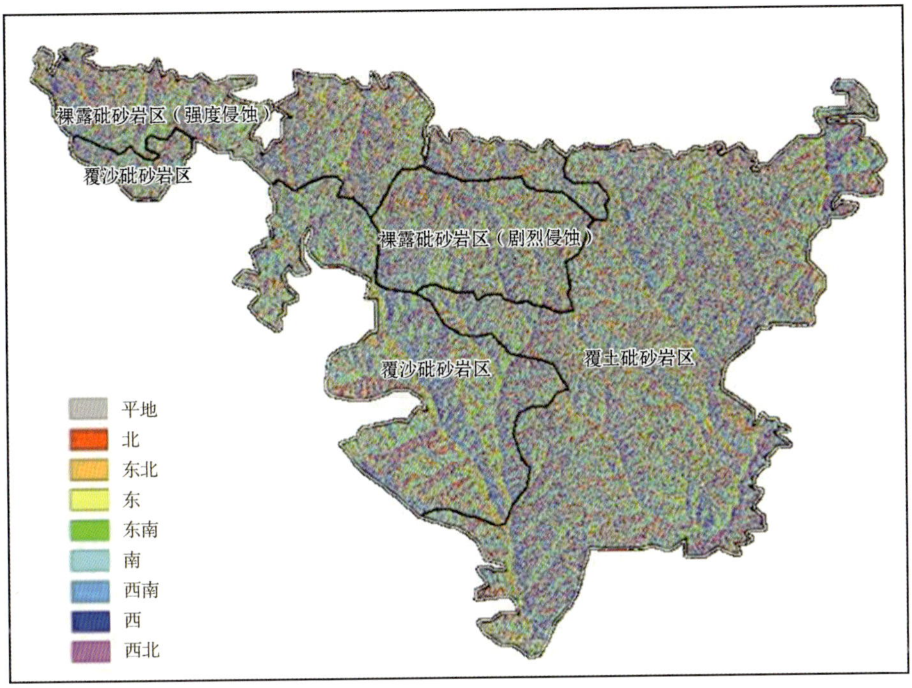

图3-11　砒砂岩区坡向空间分布

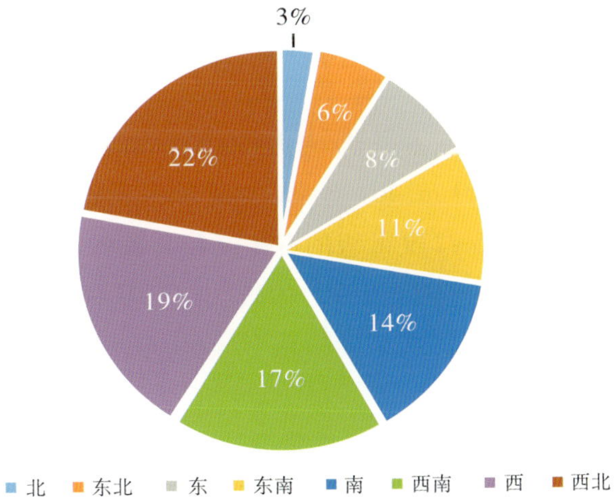

图3-12　砒砂岩区坡向分布面积占比

3.3.2.4 起伏度分布及特征

地形起伏度反映了地面的起伏及土壤受到侵蚀的程度。根据砒砂岩区的高程情况，将地形起伏度分为0～40 m、40～60 m、60～80 m、80～105 m、105～239 m共5级。分析表明，砒砂岩区以东部、东南部、南部的起伏度较大，尤以南部的为大，或者说在皇甫川、清水河、孤山川流域，以及窟野河覆沙区以下起伏度大，尤以窟野河、孤山川、清水河3个区域的起伏度最大。起伏度大的区域基本上在覆土区范围内，起伏度大多在80 m以上，而西部的起伏度相对较小（见图3-13）。

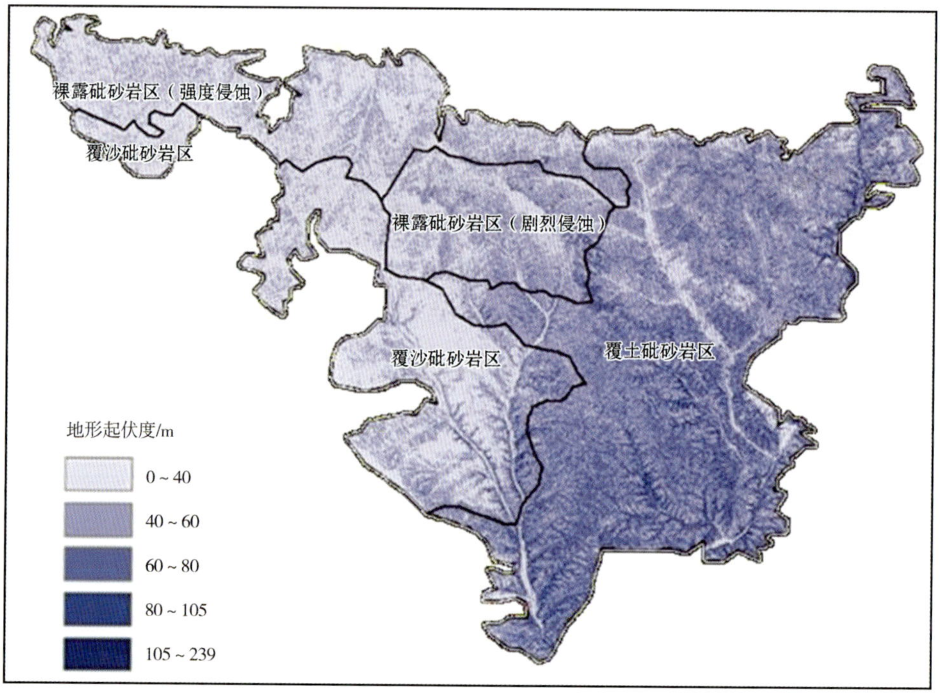

图3-13 砒砂岩区地形起伏度空间分布

砒砂岩区起伏度为0～40 m、40～60 m的地形占比较大，这一部分占比达到70.47%，而起伏度最大的105～239 m级的占比仅有1.28%（见表3-3），也就是说，在砒砂岩区最高点的海拔与最低点的海拔差值较大的区域相对不多。但是不管怎么说，从起伏度分布来说，砒砂岩区属于陡峭地形，起伏度大于50 m的面积占到60%以上。

地形起伏度大说明砒砂岩区地貌形态复杂，丘陵沟壑多，同时其生态环境复杂，往往构成植物群落结构的空间异质性，也更容易发生诸如山洪、滑坡、泥石流等自然灾害。大量研究表明，地形起伏大的地区生态更为脆弱，容易受到外界干扰，这也正是砒砂岩区生态治理难度大的原因之一。

表 3-3　砒砂岩区起伏度面积及其占比

起伏度/m	面积/km²	百分比/%
0~40	6 129.73	36.70
40~60	5 639.61	33.77
60~80	3 543.80	21.22
80~105	1 174.44	7.03
105~239	212.42	1.28

3.3.2.5　粗糙度分布及特征

粗糙度是表征地表水文特性和土壤性质的一个重要参数，刻画了土壤表面的空气动力学性质，是影响风蚀、水蚀的重要因素。

根据砒砂岩区的实际情况，将其地表粗糙度分为<1.01、1.01~1.02、1.02~1.03、1.03~1.04、>1.04 共 5 级。从前述章节知，按砒砂岩地表覆盖物质不同，分为覆土区、覆沙区及裸露区，但是其地表，尤其是坡面和沟道，大多被岩石所覆盖，因此地表粗糙度高。根据分析，相对来说，覆沙区地表粗糙度较低，覆土区的地表粗糙度是砒砂岩区最高的（见图 3-14）。覆沙区地表粗糙度低，进一步说明了其空气动力作

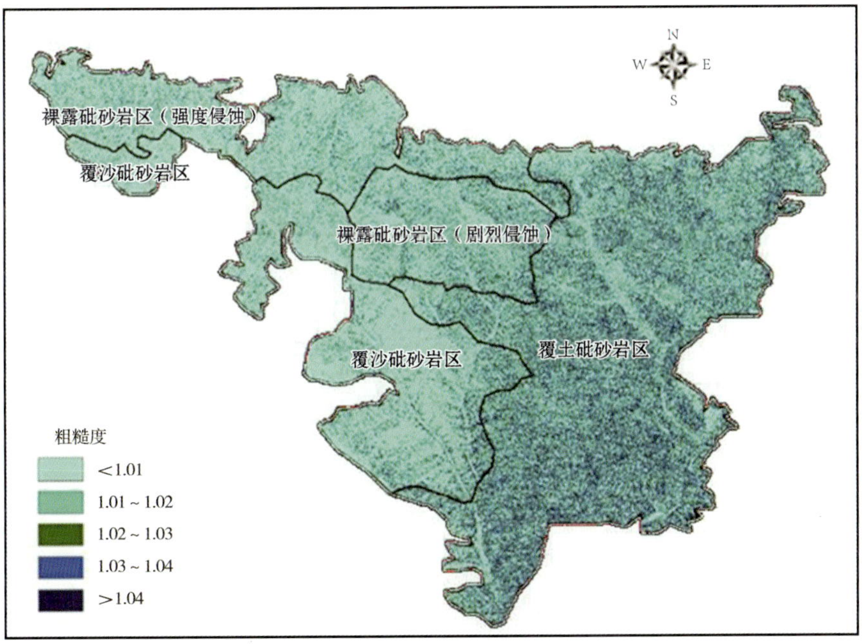

图 3-14　砒砂岩区地表粗糙度空间分布

用是比较强的，也必然导致风蚀现象突出。裸露区由于长时间的强烈侵蚀，其地表被风力不断打磨变得相对光滑。在砒砂岩区皇甫川、清水河、孤山川流域，以及窟野河覆沙区下游的覆土区以水力侵蚀为主，同时冻融侵蚀也相对严重（张攀 等，2022），水力、冻融等外力侵蚀作用大，而风力侵蚀相对较弱，因此其粗糙度较高。

3.3.2.6 切割深度分布及特征

地表切割深度是指地面某点邻域范围内的平均高程与该邻域范围内最小高程的差值，其直观地反映了地表被侵蚀切割的程度，是研究水土流失及地表侵蚀发育状况的重要参考指标。根据遥感影像解译数据情况，将砒砂岩区的切割深度分为0～30 m、30～75 m、75～200 m、200～400 m 共4级。

图3-15表明，以砒砂岩区东南部的清水河、孤山川流域的切割深度最大，窟野河流域覆沙区以下的切割深度也相对比较大。以30～75 m的切割深度区域占比最大，达到73.16%，其面积达到12 217.72 km^2；切割深度0～30 m的占17.99%；切割深度较高的75～200 m所占面积不足8%；在所采用的遥感影像中，解译到大于200 m的占比仅有1.00%，只有167 km^2（见图3-16）。切割深度的占比说明，该地区地表被侵蚀切割情况较重，且区域较大，而覆沙区的大范围地区地表切割深度位于0～30 m，受地表侵蚀较弱，与其地表覆盖物相关，极大地降低了外力对其的侵蚀作用；覆土区和裸露区大部的切割深度比较大，说明该地区水力侵蚀下切问题比较突出，当然这可能与地质构造因素有关。

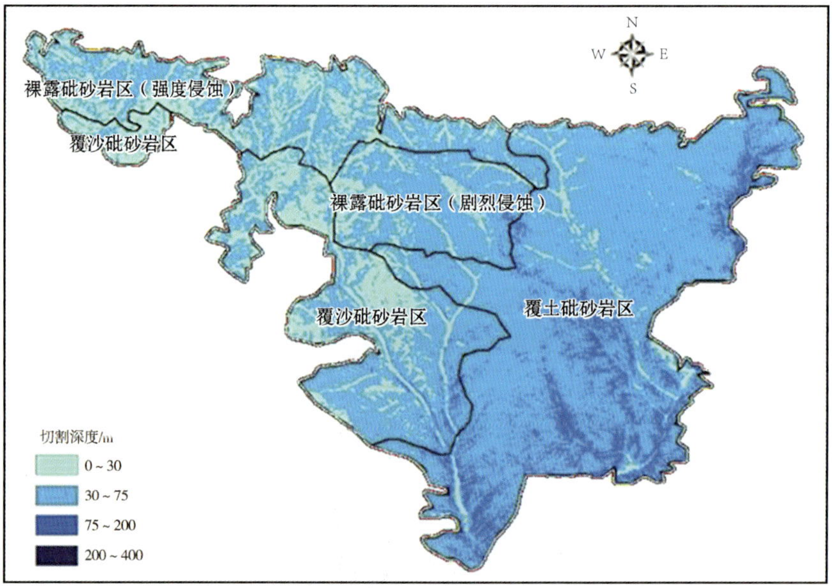

图3-15 砒砂岩区地表切割深度空间分布

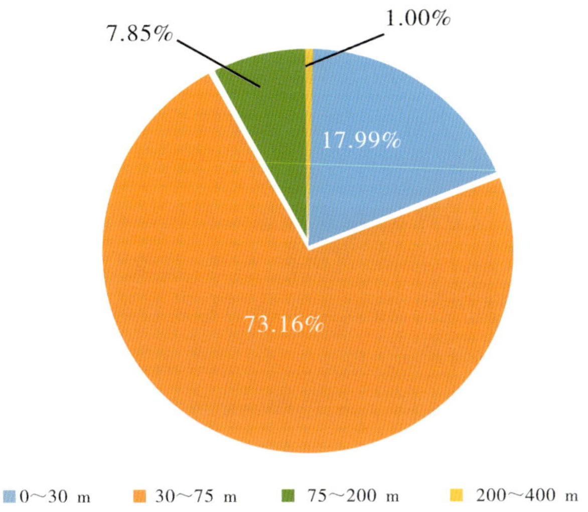

图 3-16　砒砂岩区切割深度占比

通过调查和对强度侵蚀区、剧烈侵蚀区的植被与地形关系分析，裸露砒砂岩区立地条件差，其分布的主要植被类型就是低覆盖草地，而且主要分布于低海拔、平缓坡度、低起伏度区域。这是优化裸露砒砂岩区人工植被空间建植格局，维持人工植物群落稳定性的前提条件。

另外，从图 3-9、图 3-11、图 3-13 ~ 图 3-15 的叠合结果看，不同于一般山区，砒砂岩区坡度、起伏度、粗糙度和切割深度在空间上具有高度叠合的现象，即地形起伏度大、粗糙度高、切割深度大的区域往往坡度也比较陡。另外，砒砂岩区地形地貌空间分异性大，但坡向无明显空间分异。

3.4　小　结

通过野外调查、遥感解译和数理统计的方法，本章重点分析了砒砂岩区坡顶、坡面、坡面-沟道地貌系统结构特征。

（1）砒砂岩覆土区、覆沙区和裸露区的坡顶系统具有不同的结构特征。

黄土丘陵沟壑是覆土区的主要地貌类型，坡顶覆盖黄土层较厚，从几米到几十米不等，梁峁顶坡度平缓，一般在 10°以下，但坡顶边缘往往就是坡度在 60°以上甚至是陡立的坡面，是大型块体状重力侵蚀的主发区。覆土区坡顶会出现道路侵蚀沟。与裸露区相比，覆土区坡顶的植被相对较好，其坡顶呈现出黄土、细沟、道路侵蚀沟与植被共存的结构特征。

裸露区基本无风沙土等覆盖物，即使有也一般在 0.1 ~ 1.5 m，其地貌多呈岗状丘陵，坡顶基本上为裸露的砒砂岩，与覆土区、覆沙区相比，坡顶面积小，且坡度基本上在 10°以下,但有板状水平层节理发育,植被稀少且植物类型单一,经常发生大型块体状重力侵蚀,而且是典型的多动力复合侵蚀区。

覆沙区以覆盖风沙土为主,以风蚀为主,呈现出风蚀、水蚀复合侵蚀的景观,形成了典型的风蚀地貌,其坡顶多有沙丘地形,大多在 15°左右,有梁状、峁状地貌特征,同时坡顶边缘也有垂直节理发育,多发生大型块体状岩体整体崩塌现象。坡顶漏水现象突出,立地条件差,以沙柳、百里香、梭梭、花棒等沙生植物为主。

(2)根据本研究的前期成果,按坡面系统的稳定性和岩体特征,将坡面划分为 8 个单元,即黄土垂直节理发育单元(坡度=90°)、黄土覆盖不稳定单元(坡度>45°)、黄土覆盖相对稳定单元(坡度<45°)、白色裸露砒砂岩垂直单元(坡度≈90°)、白色裸露砒砂岩不稳定单元(坡度>35°)、红白相间砒砂岩不稳定单元(坡度>35°)、覆沙砒砂岩相对稳定单元(坡度<35°)和溜沙坡单元(坡度=35°)。

覆土区的黄土垂直节理发育单元-红白相间砒砂岩不稳定单元-溜沙坡单元组成的坡面结构所占比例最高,在 10%以上。不稳定单元基本上没有植被生长,而在黄土覆盖相对稳定单元的坡面,植被覆盖度相对较高,其种类达到 138 种。

在裸露区发育的垂直单元是重力侵蚀发生的主要区域,白色裸露砒砂岩不稳定单元虽然有酸枣和沙棘等植物生长,但是,由于白色裸露砒砂岩的自身岩性不稳定,植被根系对岩体的胀裂破坏作用大于其固结作用。在裸露区红白相间砒砂岩不稳定单元的阴坡,植物种类明显增加。

在覆沙区主要发育有溜沙坡、相对稳定单元。相对稳定单元坡面植被丰富度高并且生长繁密,植被具有自然恢复的能力,无须人工栽培。

(3)砒砂岩区坡面-沟道系统的海拔、坡度、坡向、起伏度、粗糙度、切割深度具有空间分异性的结构特征。砒砂岩区海拔分布具有明显的空间差异性,自西北向东南方向海拔不断降低,其中裸露区、覆沙区北部的海拔较覆土区的要高,整个砒砂岩区海拔位于 1 000 m 以上的区域占总面积的 94%;砒砂岩区大部分坡面都属于陡坡,沟坡都在 70°以上;砒砂岩区的坡向大多朝西、南、西北和西南方向,朝向北、东北、东方向的占比相对较少,不足 10%;砒砂岩区以东部、东南部、南部的起伏度较大,覆土区的起伏度相对最大,起伏度大多在 80 m 以上;覆沙区地表粗糙度较低,覆土区的地表粗糙度是砒砂岩区最高的;砒砂岩区以 30~75 m 的切割深度区域占比最大,达七成以上,其中覆土区和裸露区大部的切割深度比较大,以清水河、孤山川流域的最大,而覆沙区大部分区域的地表切割深度位于 0~30 m。

(4)砒砂岩区坡度、起伏度、粗糙度和切割深度在空间上具有高度叠合的现象,即地形起伏度大、粗糙度高、切割深度大的区域,其坡度也往往比较陡,高程也比较高。

第 4 章　砒砂岩区植物群落结构演替特征与生态承载力

砒砂岩区具有地貌、植物、气候、土壤等多元要素过渡的特征，其植物群落由东南部的半旱生植物占优势逐渐演变到西北部的以沙生植物占优势，具有特殊的结构特征与演变规律。植被的恢复与修复能力主要受制于砒砂岩区的生态承载力。因此，研究植物群落结构演替特征与生态承载力是砒砂岩区植被恢复与生态治理的重要科学问题。为此本章介绍了砒砂岩区主要植物群落结构特征，以退耕地为标志的植被演替特征，植物根系固土抗蚀生物力学机制，植被与地形、土壤、土壤侵蚀耦合关系，砒砂岩区植被退化机制与稳定性维持机制，以及砒砂岩区生态承载力评价等。

4.1　主要植物群落结构特征

4.1.1　主要植被类型

由前述有关章节知，鄂尔多斯高原砒砂岩区位于半干旱区草原向干旱区荒漠草原的过渡带，在生态学意义上处于荒漠、半荒漠化，基本上属于半干旱草原植被类型。砒砂岩区地带性植被类型主要包括针茅草原（本氏针茅、克氏针茅、沙生针茅、短花针茅等）、沙地灌丛（沙地柏、油蒿、人籽蒿、沙柳等）和半灌木群落（中间锦鸡儿、百里香、冷蒿等）。由于气候干旱，乔木种类较少，杨树、旱柳和榆树等仅仅稀疏分布在沟谷、河滩和城镇。

砒砂岩区主要的植物生活型是耐旱的灌木、半灌木、多年生草本和一年生草本植物。其中，覆土砒砂岩区以本氏针茅和克氏针茅为建群种，伴生荆条、酸枣、百里香等灌木，以及达乌里胡枝子、红花岩黄芪、二裂委陵菜、草原石头花、阿尔泰狗娃花、羽茅等草本植物。覆沙砒砂岩区多分布半灌木油蒿和常绿灌木沙地柏，其分布面积较大并且占优势，群落内伴生中间锦鸡儿、羊柴、花棒、蒙古莸等灌木，以及沙鞭、白草、沙生冰草、糙隐子草、苦豆子、砂珍棘豆、蒙古韭、细叶韭、角蒿等草本植物。裸露砒砂岩区植被稀疏，仅有沙棘、酸枣、蒙古莸、百里香等少量植物可以生长（姚文

艺 等,2021)。

近年来,在覆土砒砂岩区开展了大面积的综合治理工程,所选用的树种主要包括油松、樟子松、云杉、侧柏、沙棘、山杏、山桃、丁香、黄刺玫、榆叶梅、珍珠梅等。覆沙砒砂岩区的沙化土地治理选用的树种包括樟子松、大籽蒿、花棒、柠条、羊柴、沙柳等。

4.1.2 主要植物群落结构特征

在主要植物群落调查中,每个样地随机设置 3 个 1 m×1 m 样方,记录每个样地的经纬度、海拔、植物名称、植物种类、株数、高度、盖度、生物量等信息。其中,通过估算得到植被盖度;频度为物种出现的样方数/总样方数;物种高度为随机选取 30 株植株自然高度的平均值。同时,在每个样方中分种测定植被盖度和密度后,将样方内所有植被齐地面剪下,带回实验室在 65 ℃下烘干至恒重,记为地上生物量。采用环刀法采集 0~10 cm 土壤样品,在 120 ℃下烘干至恒重,根据烘干前后土壤质量的变化计算土壤含水量和容重。相应地,在每一样地内另采集 0~10 cm 土壤样品用于土壤有机碳、全氮、全磷和土壤质地的测定。

重要值是植物群落研究的重要指标,采用相对频度、相对密度、相对盖度等参数。根据物种的差异,采用下式计算物种的重要值:

$$I_v = \frac{R_d + R_{co} + R_f}{3} \tag{4-1}$$

式中:I_v 为重要值;R_d 为相对密度;R_{co} 为相对盖度;R_f 为相对频度。

此外,采用 Gleason 物种丰富度指数(R_c)、Simpson 优势度指数(D_c)和 Shannon-Wiener 多样性指数(H_c)、Pielou 均匀度指数(J_c)研究该地区植被物种丰富度和多样性,分析群落特征,计算公式分别为:

Gleason 物种丰富度指数

$$R_c = S_c \tag{4-2}$$

Simpson 优势度指数

$$D_c = 1 - \sum P_i^2 \tag{4-3}$$

Shannon-Wiener 多样性指数

$$H_c = -\sum P_i \ln P_i \tag{4-4}$$

Pielou 均匀度指数

$$J_c = H_c / \ln S_c \tag{4-5}$$

式中:S_c 为样方内的物种总数;$P_i = N_{ci} / N_c$,N_{ci} 为物种 i 的个数,N_c 为样方中所有物

种的个体数之和。

砒砂岩区在自然演替及人为扰动作用下形成了特有的乔灌木群落和草本群落，大约有植物 2 门 5 纲 19 目 22 科 50 属 60 种。其中，人工恢复林主要有 5 种：杏树、侧柏、油松、杨树和樟子松；灌木有沙柳、柠条和沙棘；草本植物有狗尾草、猪毛蒿、赖草、大针茅、长芒草、百里香、冰草、苜蓿等，共计 52 种。

经调查分析，植被恢复演替呈现 4 个阶段（见表 4-1），第一阶段为先锋群落阶段，第二阶段为多年生禾草群落阶段，第三阶段为多年生蒿类群落阶段，第四阶段为疏林草原阶段（赵利清，2008）。

表 4-1　砒砂岩区主要植被类型及其演替阶段

编号	演替阶段	经度/(°)	纬度/(°)	主要植被类型	丰富度指数	优势度指数	多样性指数	均匀度指数
1	4	111.00	40.10	沙柳+黑沙蒿	19	0.87	2.41	0.82
2	4	110.60	39.83	柠条+阿尔泰狗娃花	10	0.43	1.08	0.47
3	3	110.75	40.28	黑沙蒿+猪毛蒿	6	0.78	1.58	0.88
4	1	110.70	40.29	狗尾草+硬质早熟禾	12	0.77	1.88	0.76
5	2	110.70	40.30	冰草+白草	14	0.75	1.78	0.67
6	3	111.02	40.20	黑沙蒿+蓝刺头	7	0.77	1.68	0.86
7	1	111.03	40.19	猪毛蒿+大针茅	9	0.58	1.24	0.57
8	2	111.09	40.19	冰草+地锦	12	0.54	1.33	0.54
9	3	110.81	40.23	达乌里胡枝子+黑沙蒿	16	0.88	2.14	0.77
10	3	111.35	39.64	茭蒿+冰草	5	0.73	1.43	0.89
11	2	111.31	39.72	冰草+细叶远志	4	0.11	0.28	0.20
12	2	111.31	39.59	长芒草+细叶远志	7	0.56	1.03	0.53
13	2	111.31	39.60	长芒草+达乌里胡枝子	7	0.75	1.58	0.81
14	4	111.30	39.69	柠条+长芒草	14	0.83	2.13	0.81
15	2	111.27	39.70	硬质早熟禾+苦苣	6	0.51	1.13	0.63
16	2	111.16	40.07	冰草+草木樨	7	0.59	1.20	0.62
17	2	110.85	40.17	冰草+阿尔泰狗娃花	7	0.62	1.29	0.66
18	3	111.18	40.11	黑沙蒿+茭蒿	9	0.82	1.82	0.83
19	2	111.61	39.78	大针茅+猪毛蒿	5	0.31	0.68	0.42

4.2 退耕地植被演替特征

4.2.1 分析方法

根据研究区域地形图和植被分布图，在全面踏查基础上，根据植物群落类型和样地大小，以及与当地村民的询谈，选定人为干扰较少且具有不同退耕年限的样地。在试验区选择 26 块退耕地群落作为样地，每个样地调查 15 个 1 m×1 m 的样方。采用"空间序列代替时间序列"的研究方法，分析退耕地植被演替特征。在进行群落调查的同时，详细记录和测定立地条件环境背景值，如地理位置、坡向、坡度和海拔、土壤水分等，并尽可能地在同一地点选择不同撂荒年限的样地。调查工作主要在 2019 年、2020 年、2021 年完成。

群落调查记载样方内各种植物名称、高度、盖度、多度和地上生物量。植物多度采用计数法测定，植被盖度采用目测法测定，用卷尺测量每个物种的自然高度，齐地面剪取茎叶分种计数并称取鲜重，以此测定地上生物量。群落的种群大小用多度、高度、盖度、频度和地上生物量综合计算，用相对重要值来表示。相对多度、相对高度、相对盖度、相对频度和相对生物量分别为各草种的多度、高度、盖度、频度和生物量与群落中所有种的多度、高度、盖度、频度和生物量之和的百分比值。

以植物相对重要值为数量指标，首先使用系统聚类对不同撂荒年限的样地进行群丛级别的群落聚类，再使用除趋势典范对应分析方法（DCCA）进行排序，以划分演替阶段和确定演替序列，分析立地条件对撂荒演替的影响。使用样地间的 Bray-Curtis 距离系数指标表征退耕地演替速度。

Bray-Curtis 距离系数计算式为：

$$D_{ij} = \frac{\sum_{k}^{p} \left| x_{ik} - x_{jk} \right|}{\sum_{k}^{p} (x_{ik} + x_{jk})} \tag{4-6}$$

式中：D_{ij} 是样本 i 和样本 j 之间的 Bray-Curtis 距离系数；p 是所有可能物种（或分类群）的数量；x_{ik} 是物种 k 在样本 i 中的数量或相对丰度；x_{jk} 是物种 k 在样本 j 中的数量或相对丰度。

Gleason 物种丰富度指数、Simpson 优势度指数、Shannon-Wiener 多样性指数、Pielou 均匀度指数按式（4-2）~式（4-5）计算。

样地群落中物种的相对重要值按下式计算：

$$相对重要值=(相对盖度+相对生物量+相对高度+相对多度+相对频度)/5 \tag{4-7}$$

4.2.2　退耕地群落演替序列

在研究区域共发现植物 126 种，分属 33 科 83 属。按生活型可分为一、二年生草本，多年生草本、藤本、灌木和乔木。其中一、二年生草本 32 种，分属 15 科 29 属。多年生草本 78 种，分属 22 科 50 属。其他灌木、藤本及乔木 16 种，分属 9 科 10 属。科属组成显示植被具有集中于菊科、禾本科、豆科和唇形科等一些世界性大科的特点，虽然其仅占总科数的 12.12%，却占总属数的 50.60%，占总种数的 59.52%。

根据科所含属数多少划分为 3 类：大科（≥5 属）、中科（2~4 属）和单科（1 属）。其中，大科有 4 个，分别为菊科（18 属 37 种）、禾本科（11 属 14 种）、豆科（7 属 16 种）和唇形科（6 属 6 种），占总科数的 12.12%、占总属数的 50.60%、占总种数的 57.94%；中科有 6 个，分别为蔷薇科（2 属 6 种）、紫草科（3 属 3 种）、苋科（4 属 4 种）、伞形科（4 属 4 种）、石竹科（3 属 4 种）和天门冬科（2 属 2 种），占总科数的 18.18%、占总属数的 21.69%、占总种数的 18.25%；单科有 23 个，分别为远志科、忍冬科、堇菜科、蒺藜科、毛茛科、葡萄科、旋花科、车前科、大戟科、胡颓子科、夹竹桃科、锦葵科、桔梗科、列当科、牻牛儿苗科、木贼科、瑞香科、石蒜科、透骨草科、亚麻科、榆科、鸢尾科和紫葳科，占总科数的 69.70%、占总属数的 27.71%、占总种数的 23.81%。

据属所含种数多少划分为 3 类：大属（≥5 种）、中属（2~4 种）和单属（1 种）。其中，大属为 3 个，分别为蒿属（13 种）、棘豆属（6 种）、委陵菜属（5 种），其占总属数的 3.61%、占总种数的 19.05%；中属有 18 个，分别为隐子草属（4 种）、针茅属（2 种）、飞蓬属（2 种）、风毛菊属（2 种）、胡枝子属（2 种）、黄芪属（2 种）、苦荬菜属（3 种）、赖草属（2 种）、米口袋属（2 种）、千里光属（2 种）、针茅属（2 种）、铁线莲属（2 种）、败酱属（3 种）、鹅绒藤属（2 种）、葱属（2 种）、鸦葱属（2 种）、蝇子草属（2 种）、紫菀属（2 种），其占总属数的 21.69%、占总种数的 31.74%；单属有 62 个，其共占总属数的 74.70%、占总种数的 49.21%。

对物种频率的分析表明，频度大于 50% 的物种有 24 种，占物种总数的 19.05%。而大于 70% 的有达乌里胡枝子（100%）、远志（92.31%）、阿尔泰狗娃花（92.31%）、无芒隐子草（92.31%）、长芒草（88.46%）、冰草（84.62%）、猪毛蒿（84.62%）、草木樨状黄芪（80.77%）、老鹳草（73.08%）9 种，占物种总数的 7.14%。这些物种在研究区内广泛分布，属于不同植物群落的优势种和主要伴生种。

26 块样地中出现的物种总重要值由高到低依次为达乌里胡枝子、冰草、长芒草、猪毛蒿、刺藜、大针茅、远志、艾蒿、阿尔泰狗娃花、狗尾草、草木樨状黄芪、百里香、硬皮葱、白草、无芒隐子草、细叶韭、硬质早熟禾、旱芦苇、苜蓿、赖草、羊草、山苦荬、香青兰、蒙古莸、黑沙蒿、紫菀、狭叶艾蒿、中华隐子草、老鹳草、长蕊石头花，总生物量由高到低依次为达乌里胡枝子、冰草、猪毛蒿、长芒草、艾蒿、大针茅、狗尾草、阿尔泰狗娃花、旱芦苇、蒙古莸、草木樨状黄芪、百里香、苜蓿、狭叶艾蒿、中华隐子草、硬质早熟禾、羊草、赖草、刺藜、白草、山苦荬、硬皮葱、细叶韭、老鹳草、长蕊石头花、黑沙蒿、远志、麻花头、角蒿、无芒隐子草。生态位总宽度由高到低依次为达乌里胡枝子、冰草、长芒草、猪毛蒿、大针茅、艾蒿、刺藜、阿尔泰狗娃花、远志、狗尾草、草木樨状黄芪、百里香、硬皮葱、白草、赖草、旱芦苇、无芒隐子草、苜蓿、羊草、细叶韭、硬质早熟禾、蒙古莸、香青兰、黑沙蒿、山苦荬、狭叶艾蒿、中华隐子草、紫菀、长蕊石头花、老鹳草。以下重点分析排名前 10 的物种。3 项指标均在前 10 的物种有达乌里胡枝子、冰草、长芒草、猪毛蒿、大针茅、艾蒿、阿尔泰狗娃花、狗尾草。尤其是达乌里胡枝子、冰草,在 3 项指标中均分别排第一、第二位。

为划分退耕地主要植物群落类型,对样地进行聚类分析。聚类距离使用欧氏距离,聚类方法使用类平均法,以截取值的选取划分到同一群丛为原则。划分结果大致分为 4 类,样地 A、B、C、F、G、N 为一类,样地 I、J、K、L、M 为一类,样地 E、H 为一类,其他为一类。确定将样地分为 5 个群丛组,其中样地 A、B、C 定为①类,群落主要植物为一年生植物硬皮葱、狗尾草,撂荒年限为 5~8 年;样地 F、G、O 定为②类,群落主要植物为一年生植物猪毛蒿;样地 I、J、K、L、M 定为③类,群落主要植物为禾本科多年生草本冰草、赖草;P、Q、R、S、T、U 定为④类,群落主要植物为多年生草本长芒草、多年生小灌木达乌里胡枝子;V、W、X、Y、Z 定为⑤类,群落主要植物为多年生草本大针茅、多年生小灌木达乌里胡枝子和蒙古莸;其余样地 D、E、H、N 因立地条件不大相同定为特殊类别。D 样地是种植多年生草本苜蓿的农田,所以即使经过 12 年撂荒,苜蓿在群落中重要值占比仍然很高,与其他样地演替规律有明显不同;样地 E、H 有放牧干扰,样地 E 坡度为 40°,样地 H 坡度为 40°,坡度较大,土壤养分流失严重,土壤各项养分指标均极低;N 样地位于沟底床面,其床面层水源充足,适合植物生长,与其他样地的群落演替规律有明显的不同(见表 4-2)。

表 4-2 退耕地植物群落分布

样地编号	撂荒年限/a	坡型	坡度/(°)	海拔/m	群落类型	纬度/(°)	经度/(°)
A	5	阴坡	NE35	1 098.38	硬皮葱+狗尾草	39.771 8	110.617 5
B	8	平地		1 093.38	硬皮葱+达乌里胡枝子	39.772 7	110.617 8
C	8	平地		1 126.64	硬皮葱+达乌里胡枝子+艾蒿	39.769 4	110.603 4
D	12	阳坡	S180	1 159.57	苜蓿+艾蒿+大针茅	39.763 3	110.620 9
E	12	阴坡	NW40	1 135.96	刺藜+羊草	39.767 5	110.587 2
F	15	平地		1 131.25	猪毛蒿+中华隐子草	39.768 7	110.604 0

续表

样地编号	撂荒年限/a	坡型	坡度/(°)	海拔/m	群落类型	纬度/(°)	经度/(°)
G	15	平地		1 076.86	猪毛蒿+艾蒿	39.771 0	110.636 8
H	15	阳坡	SW40	1 123.49	刺藜+羊草	39.768 0	110.586 6
I	15	平地		1 103.89	冰草+香青兰	39.769 2	110.631 0
J	15	阴坡	NE10	1 117.03	冰草+赖草	39.770 7	110.588 1
K	18	阳坡	SW31	1 160.64	冰草+艾蒿	39.788 1	110.640 6
L	20	阴坡	NE52	1 107.95	赖草+冰草	39.769 1	110.635 5
M	20	平地		1 092.01	冰草+狭叶艾蒿	39.773 4	110.617 4
N	20	平地		1 115.37	狭叶艾蒿+旱芦苇	39.769 5	110.599 1
O	22	阴坡	NW66	1 103.48	百里香+猪毛蒿	39.769 1	110.633 4
P	22	平地		1 161.92	长芒草+达乌里胡枝子	39.787 7	110.641 0
Q	22	阳坡	SW66	1 150.87	达乌里胡枝子+长芒草	39.780 8	110.640 1
R	25	阳坡	SW8	1 290.13	达乌里胡枝子+旱芦苇+长芒草	39.743 3	110.579 2
S	28	阳坡	SW20	1 171.59	达乌里胡枝子+艾蒿	39.796 2	110.640 0
T	28	阴坡	NE10	1 110.14	长芒草+白草	39.771 4	110.587 3
U	30	阴坡	NW25	1 295.80	长芒草+达乌里胡枝子	39.722 3	110.566 8
V	35	阳坡	SW30	1 122.65	长芒草+大针茅	39.770 4	110.588 6
W	38	峁顶	E90	1 241.23	大针茅+冷蒿	39.816 5	110.603 8
X	38	阳坡	S180	1 238.22	大针茅+达乌里胡枝子	39.750 8	110.584 1
Y	40	阳坡	SW28	1 149.34	达乌里胡枝子+草木樨状黄芪	39.787 5	110.640 5
Z	50	阳坡	SW22	1 166.85	达乌里胡枝子+大针茅	39.790 7	110.640 0

采用 DCCA 除趋势典范对应分析法分析群落演替、分布与环境梯度之间的关系。DCCA 是目前先进的植被与环境关系多元分析技术，该技术结合物种构成和环境因子信息计算样方排序轴，可以直观地把环境因子、物种、样方同时表达在排序轴的坐标平面上，便于分析植物群落结构与环境因子的关系。由于环境因子当中的坡向、坡度是非数值指标，不能直接参与排序，因此将该部分数据转换成编码。将坡向正北方向定义为 0，正南方向定义为 180，即北偏东 10°定义为 10，南偏西 22°定义为 158；将坡度直接转换成对应坡度的数值表示。

图 4-1 是样地、环境条件与 0~20 cm 土层土壤养分情况 DCCA 二维排序图，序号为 126 个物种的编号。分析表明，沿着撂荒年限的方向，物种逐渐从一年生、一至二

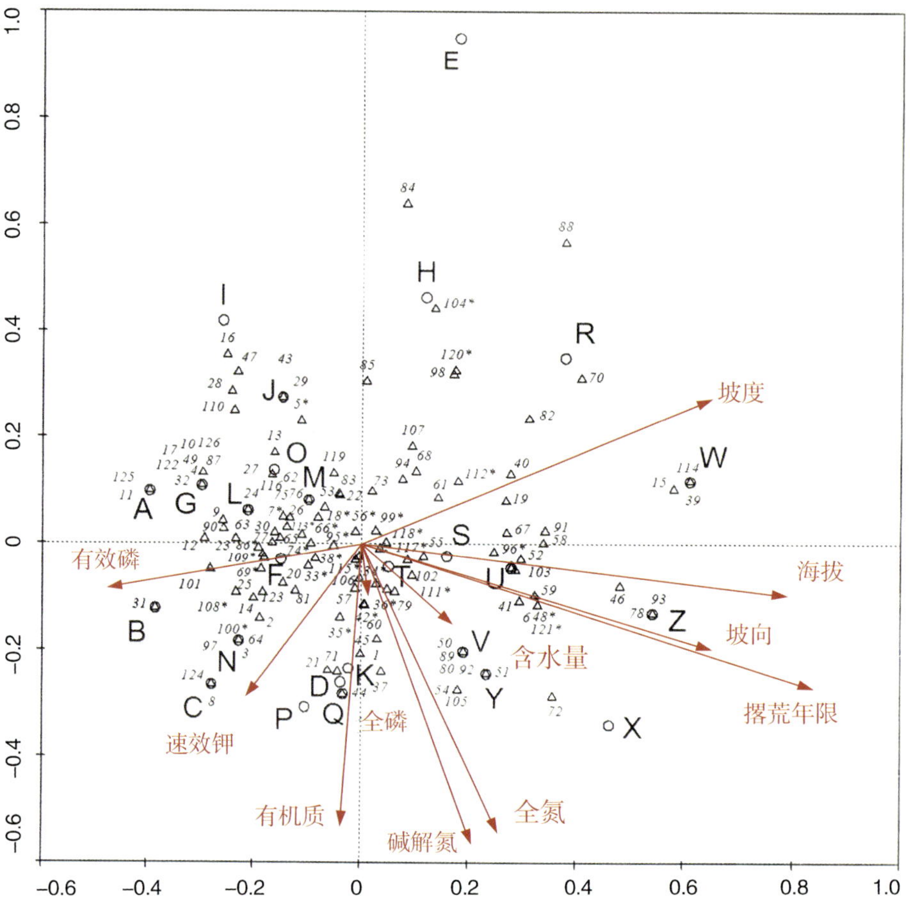

注：* 表示与环境因子关系密切($p<0.05$)。

图 4-1　砒砂岩区退耕地群落-种-环境 0~20 cm 土层 DCCA 三元排序

年生、多年生草本到藤本到半灌木类方向演替。退耕年限作为一个综合环境因子或演替生态位，与其关系密切的种依次是蒙古莸、大针茅、细叶韭、长蕊石头花、长芒草、达乌里胡枝子、阿尔泰狗娃花、白草、远志、旱芦苇、草木樨状黄芪、百里香、无芒隐子草、紫菀、艾蒿、苜蓿、冰草、猪毛蒿、赖草、香青兰、黑沙蒿、羊草、硬质早熟禾、狭叶艾蒿、中华隐子草、老鹳草、山苦荬、狗尾草、刺藜、硬皮葱。受坡度影响最大的依次为羊草、刺藜、黑沙蒿、蒙古莸、细叶韭、大针茅、达乌里胡枝子、长芒草、百里香、白草、远志。受坡向影响最大的依次为蒙古莸、大针茅、细叶韭、达乌里胡枝子、长蕊石头花、长芒草。受全氮影响最大的依次为大针茅、蒙古莸、长蕊石头花、细叶韭、长芒草、旱芦苇、阿尔泰狗娃花、达乌里胡枝子。受速效钾影响最大的依次为硬皮葱、狭叶艾蒿、山苦荬、老鹳草、硬质早熟禾、中华隐子草、狗尾草、猪毛蒿、香青兰、苜蓿。

根据物种生活型，对各样地一年或二年生植物、多年生植物以及灌木类统计表明（见图 4-2），一年生和二年生的物种在群落内的种数占比是波动的，大致趋势是由高到低，变化速率先升高后降低。多年生的物种在群落内的种数占比则相反，大致趋势是由低到高，变化速率也是先升高后降低。灌木类物种在群落内的种数占比波动较大，基本呈缓慢上升趋势。这也可以得出，随着撂荒年限的增加，寿命越长的植物占比逐渐增大。

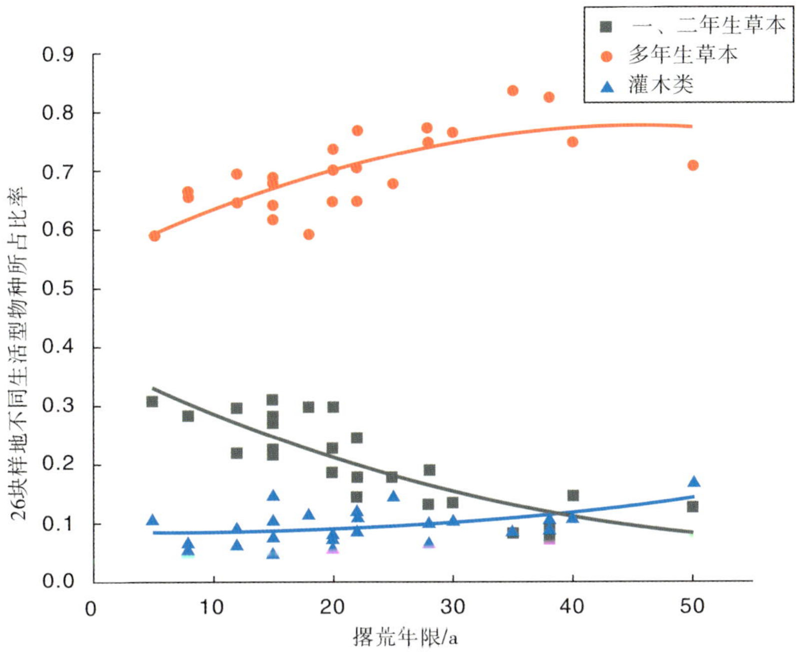

图 4-2　砒砂岩区退耕地群落组成种生活型变化过程

生活型的变化过程进一步表明，一年、二年生草本植物随退耕年限增加，其萌生率不断降低，基本上在 30 年以后趋缓。多年生草本植物随时间增加而不断增加，大约也是在 30 年后其增加趋势减缓。另外，灌木虽然随时间增加有所增多，但是增加率极低。由此表明，要改变砒砂岩区植物群落结构仅靠自然修复期效果不会太明显，有必要通过人工建植优化其植物群落结构。

图 4-1 的 DCCA 第一轴反映的是不同演替时间上的植物群落物种构成，并间接反映植物种类的生长习性。右边主要是恢复年限较长的、喜阴的物种，包括小灌木、藤本、多年生草本等；左边则是撂荒时间较短的退耕地原留存植物硬皮葱和一年生植物狗尾草等喜阳的先锋物种。DCCA 第二轴反映了土壤养分条件对群落物种构成的影响，从上到下植物种对土壤条件的要求升高，上方的植物种多为适应性较强、耐旱、耐瘠薄的灌木和杂草，如羊草、刺藜等，充分说明了物种本身与环境之间的适应关系，结合不同演替阶段群落中的物种组成分析可以看出，具有相似环境适应能力

的植物种更易聚集在一起，共同构建起一个协调的生态群落。

图 4-3 表明，受撂荒年限影响次序依次是蒙古莸、大针茅、细叶韭、长蕊石头花、黑沙蒿、长芒草、白草、阿尔泰狗娃花、达乌里胡枝子、草木樨状黄芪、百里香、远志、艾蒿、紫菀、旱芦苇、羊草、无芒隐子草。基本可以看出，寿命越长的植物种受撂荒年限影响越大。

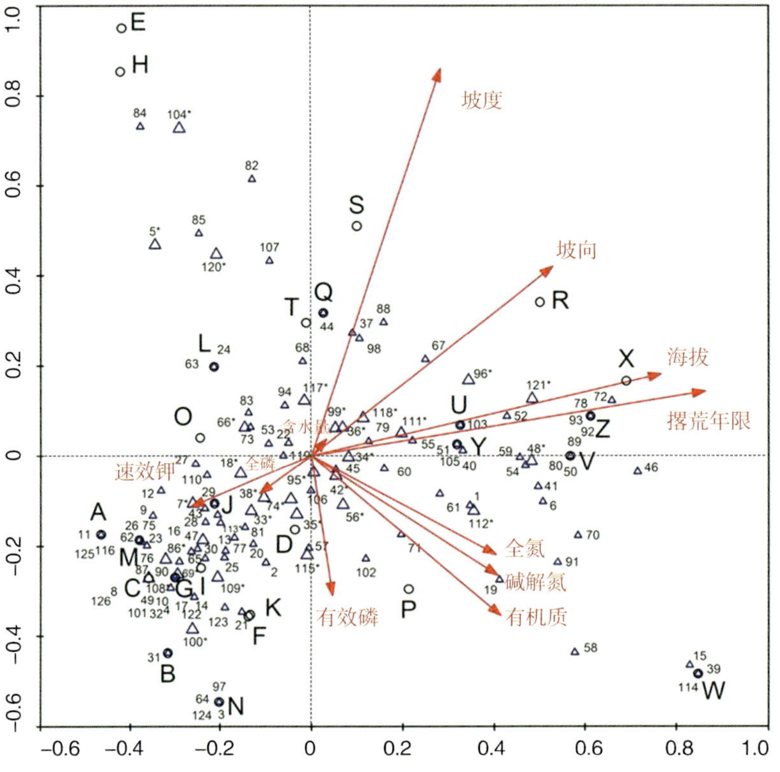

图 4-3　砒砂岩区退耕地群落–种–环境 20 ~ 40 cm 土层 DCCA 三元排序

根据演替序列种作为优势种或建群种在排序图中退耕年限的排列，可以确定砒砂岩区撂荒演替的阶段，大致有以下几种情况：5 ~ 15 年为一年生杂类草群丛→一年生杂类草+丛生禾草群丛→一年生杂类草+多年生草本群丛（或根茎禾草群丛）；12 ~ 30 年为多年生草本群丛→多年生草本+小灌木群丛；15 ~ 40 年为根茎丛生型禾草+小灌木群丛（阳坡）或小灌木+多年生草本群丛→小灌木群丛（阳坡）或多年生草本+丛生禾草群丛。代表性群落依次为硬皮葱→硬皮葱+狗尾草→猪毛蒿+狗尾草→冰草+猪毛蒿（刺藜+羊草）→冰草+赖草→长芒草+达乌里胡枝子→达乌里胡枝子+长芒草+大针茅+达乌里胡枝子（蒙古莸）。

根据群落距离指示的演替速度分析，砒砂岩区弃耕农田演替过程主要经历 4 个阶段，即杂草群落阶段、蒿类群落阶段、丛生禾草阶段和多年生密丛草本或小灌木群落阶段。群落物种组成相对简单,优势种较为明显。从生活型来看,植被以一年或二年生植物、多年生草本植物和半灌木为主,其中一年、二年生植物主要有狗尾草和刺藜,退耕地留存宿根植物硬皮葱等,多年生草本植物以冰草、赖草、长芒草为主,半灌木有达乌里胡枝子、蒙古莸。从重要值来看,弃耕 5 年时,一年、二年生草本占据优势地位,其中硬皮葱+狗尾草重要值达到 30.32%,为优势种。弃耕 8 年,随着演替的进行,硬皮葱重要值降低,而耐干旱、耐贫瘠,适应性较强的多年生草本植物逐步增加。弃耕 13 年后,多年生植物占据绝对优势地位,其中猪毛蒿、艾蒿重要值最大,成为弃耕农田植物群落优势种。弃耕 15 年后,多年生禾草重要值升高,逐步取代蒿类在群落中的优势地位。随着演替的进行,多年生密丛草本重要值逐渐升高,同时,地处阳坡的植物群落逐渐向小灌木豆科达乌里胡枝子演替。

随着撂荒年限的增加,Bray-Curtis 群落距离系数平均值呈现明显下降的趋势,说明群落间差异逐渐变小,或者说群落在演替过程中表现为趋同性。其中 12~18 年的指数高于 5~12 年的。由于在演替过程中植物演替的路径有很多,受环境等影响较大,比如样地 E、F 土壤养分相对其他样地贫瘠较多,故群落物种就朝着耐干旱、耐贫瘠的植物演替,所以虽然是同样的撂荒年限,但物种组成也有较大差别。如果演替差异持续增大,群落演替方向则为趋异性。但是随着年限的增加,Bray-Curtis 群落距离系数平均值持续下降,说明群落演替方向是明显的趋同性,只是由于一些其他原因,演替中期部分群落有不同的表现。但是,随着退耕时间增加,演替可能会趋于统一。

根据对鄂尔多斯砒砂岩区撂荒演替的速度分析,初期演替是比较快的,以后会越来越慢直至群落达到相对稳定状态。鄂尔多斯砒砂岩区撂荒演替的方向表现为趋同性。虽然群落从初期撂荒状态,到顶级状态的地带性植被,会有许多选择性的演替路径和演替轨迹,12~18 年群落的演替路径和演替轨迹差别较大,但到后期则又表现为明显的趋同性。

撂荒地群落演替虽是基于弃耕地次生裸地开始的,但也不能完全排除群落原有植被的影响,还有在演替过程中受群落立地条件和周边环境的影响,如土壤理化性质、土壤水分养分、样地坡向坡度等,其演替速度和方向会有所不同。尽管如此,在区域大气候背景和地区种分布比较固定的情况下,种的适应能力、繁殖散布能力和相对竞争能力大致决定了一个地区群落演替的规律。因此,利用演替的影响因素,促进演替的速度或改变演替方向,对于植被的恢复重建,建立和维持稳定的植被群落显得尤为重要。

观测和调查结果进一步表明,在砒砂岩区尤其是覆沙区、裸露区,通过自然修复,虽然植物群落演替可以达到趋同性,但很难改善其群落结构,表现出一定的自稳性。因此,砒砂岩区的植被修复还必须辅以人工建植的方法。

4.3 植被与地形耦合关系

分析植被与地形耦合关系对于深化认识砒砂岩区植被空间格局形成规律具有重要意义,是科学布局治理措施和人工植被恢复重建的基础性支撑。

4.3.1 数据采集技术原理

采用地理信息软件 ArcGIS 10.3 随机抽样方法调查地形与植被的分布情况。这种随机抽样方法是较为便利且成熟的随机点取样技术,其原理是通过随机数生成器和种子进而创建随机数数据流。在指定范围内生成随机点时,将在 x 轴和 y 轴上分别标记该范围的随机值。如果要在 x 轴上随机选择点,则将选择随机数数据流中下一个未使用的值并将其变换为“均匀”分布,其中最小值和最大值分别为 x 轴范围的最小值和最大值。对 y 轴执行相同的操作,所得到的这两个随机值将标记第一个随机点。此过程将重复执行,直到达到指定的点数。

把这些指定的点数随机放置在每个多边形中,再使用标准的多边形分区算法,按照大小不同的三角形划分多边形,每个多边形的区域都用三角形填充。接下来是在第一个多边形中放置第一个点,随机选择整个多边形中的一个三角形。某一三角形被选中的概率受到三角形大小的影响,三角形越大,被选中的概率就越高。三角形的两条边将变成放置随机点时所依据的两个轴。下一个未使用的值将从随机数数据流中获取并被变换为“均匀”分布,其中三角形轴的起点作为最小值,边的终点作为最大值,在轴上随机选择一个值。对三角形的另一个轴或边执行相同的操作,得到的这两个随机值作为放置点,将落在由三角形的两个轴所创建的平行四边形内。如果点落在用于定义三角形的第三条边上,则选择该点。如果点落在三角形外部,它将落在平行四边形的另一半内。由于平行四边形的另一半是定义的三角形的镜像图像(基于第三条边镜像),因而该点会被镜像至定义的三角形内。此过程将重复执行,直到指定数量的点均被放置在多边形内,并且对每个多边形均重复此过程。

对 3 类砒砂岩区按照侵蚀模数作进一步划分,其中覆土、覆沙、裸露区的面积从大到小的排列顺序为:覆土砒砂岩区>覆沙砒砂岩区>裸露砒砂岩区(强度侵蚀区)>裸露砒砂岩区(剧烈侵蚀区)。土壤受侵蚀程度从大到小排列顺序为:裸露砒砂岩区(剧烈侵蚀区)>裸露砒砂岩区(强度侵蚀区)>覆沙砒砂岩区>覆土砒砂岩区。根据各类砒砂岩研究区的面积与总面积的比值,共选择了 10 万个随机点,其中包含植被的有效样点总量有 63 723 个，有效率为 63.72%，满足研究需要。其中覆土砒砂岩区选择了 5 万个，有效样点数为 31 275 个；覆沙砒砂岩区选择随机点 2 万个，其中有效样点数为 12 926 个；裸露砒砂岩区共选择 3 万个样点，其中裸露砒砂岩区(强度侵蚀区)选择 2 万个，有效样点数为 12 594 个，裸露砒砂岩区(剧烈侵蚀区)选择 1 万个，有效样点数为 6 928 个。有效样点指具有植被信息的点，植被是指 LUCC(land-use and land-cover change，土地利用与土地覆盖变化)中定义的林地、草地两种用地类型。砒砂岩区植被类型主要有低覆盖度草地、中覆盖度草地、高覆盖度草地、有林地、灌木林地、疏林地和其他林地，共 7 种主要类型，其中中覆盖度草地占比最大，占比为 52%左右，其次为低覆盖度草地，占比为 34%左右。

对于砒砂岩区中覆盖度草地是指覆盖度在 20%~50%的天然草地和改良草地，此类草地一般水分不足，草被较稀疏；高覆盖度草地指覆盖度>50%的天然草地、改良草地和割草地，此类草地一般水分条件较好，草被生长茂密；低覆盖度草地指覆盖度在 5%~20%的天然草地，此类草地水分缺乏，草被稀疏，牧业利用条件差；有林地指郁闭度>30%的天然林和人工林，包括用材林、经济林、防护林等成片林地；灌木林地指郁闭度>40%、高度在 2 m 以下的矮林地和灌丛林地；疏林地指林木郁闭度为 10%~30%的林地；其他林地指未成林造林地、迹地、苗圃及各类园地(如果园等)。包括以上类型的随机样点统称为具有有效植被信息的样点。

4.3.2　覆土砒砂岩区地形与植被耦合关系

4.3.2.1　海拔与植被耦合关系

覆土砒砂岩区植被覆盖度与海拔之间具有高度的相关性，随着海拔的增加，植被出现频次呈现出先增大后减小的趋势。

在海拔 1 100~1 200 m 的高程带内，植被出现频次(有效样点数)为 10 583 个，占到了总有效抽样点的 33.84%，特别是在海拔 1 000~1 300 m，有效样点数占到了总点数的 82.05%。而在海拔 800 m 之下、1 400 m 之上，植被样点数不到 30 个。

在覆土砒砂岩区，植被以中覆盖度草地为主(指的是覆盖度在 20%~50%的天然草地和改良草地)，此类草地一般水分不足，草被较稀疏。覆土砒砂岩区各植被类型相应占比从大到小排列顺序为：中覆盖度草地>低覆盖度草地>高覆盖度草地>疏林地>灌木林地>其他林地>有林地(见表 4-3)。

表 4-3　覆土砒砂岩区各植被类型占比

植被类型	有林地	灌木林地	疏林地	其他林地	高覆盖度草地	中覆盖度草地	低覆盖度草地	合计
出现频次/个	547	1 100	1 278	631	3 653	17 867	6 199	31 275
比例/%	1.74	3.52	4.09	2.02	11.68	57.13	19.82	100

从海拔 1 000~1 100 m 到 1 100~1 200 m，样点增量为 5 030 个；从 1 100~1 200 m 到 1 200~1 300 m，样点量减少 1 057 个，在这 200 m 的海拔变化范围内，植被量变化程度是十分剧烈的。除海拔区间面积不同外，充分说明了在较高的海拔区带内，植被对海拔具有更加密切的依赖性。

因此，可以说，覆土砒砂岩区植被主要分布在海拔 1 000 m 到 1 300 m 之间，植被以中覆盖度草地为主（见图 4-4）。

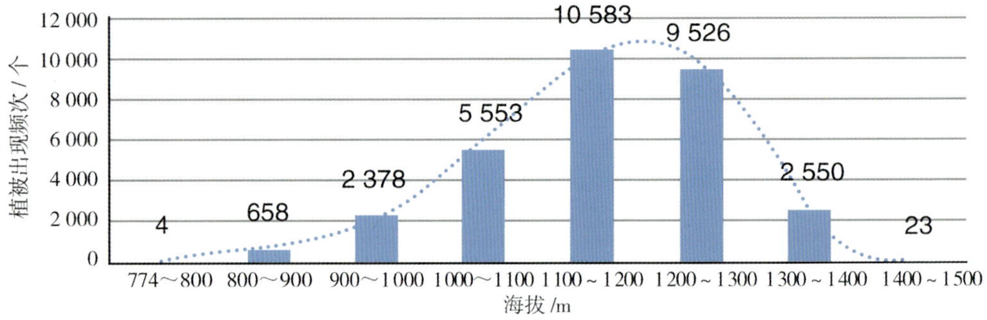

图 4-4　覆土砒砂岩区海拔与植被出现频次关系

根据 Excel 数据统计分析，覆土砒砂岩区海拔与植被出现频次的拟合曲线方程为：

$$V_f = 7.252\,1E_1^6 - 146.58E_1^5 + 1\,027E_1^4 - 2\,987E_1^3 + 3\,585E_1^2 - 417.89E_1 - 1\,075.1 \tag{4-8}$$

式中：V_f 为植被出现频次（样点量），个；E_1 为海拔，m。

式（4-8）决定系数 $R^2=0.996\,4$，为显著性相关。从而说明，覆土砒砂岩区植被覆盖与海拔之间有着明显的响应规律。

4.3.2.2　地形起伏度与植被耦合关系

图 4-5 表明，随着地形起伏度的增大，植被出现频次呈现出先增大后减小的趋势，在起伏度为 40~60 m 的区间内，植被出现频次为 12 131 个，占到总有效样点数的 38.79%；在地形起伏度 40~80 m，有效样点数占到总点数的 73.67%；地形起伏度在 105 m 之上的植被样点数大为减少，仅为 718 个，仅占总样点数的 2.30%。

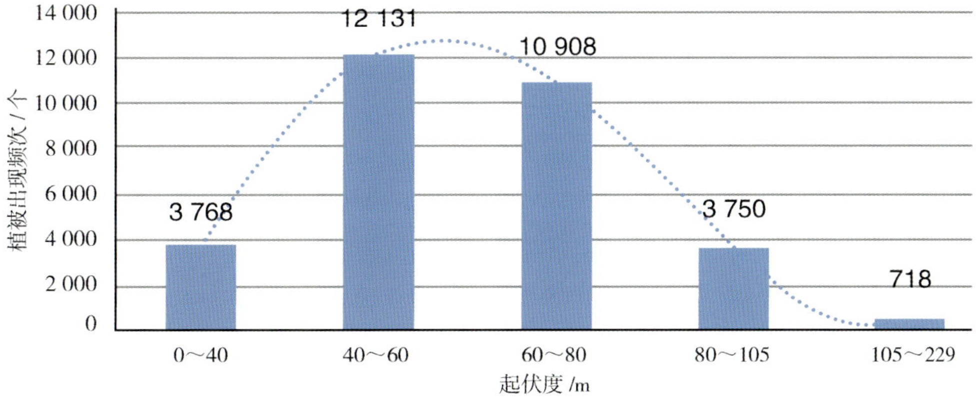

图 4-5　地形起伏度与植被出现频次关系

在研究区,起伏度 40~80 m 为中等起伏度,地貌类型以深沟和低起伏度的丘陵为主;40 m 之下的起伏度为低起伏度,地貌类型以沟壑为主;80~105 m 的为高起伏度,地貌类型以小山坡为主;105 m 之上的地形起伏度区间为极高起伏度,地貌类型以低山为主。

覆土砒砂岩区起伏度集中分布在 40~80 m。起伏度太大,植被出现的频次会大大降低,覆土砒砂岩区植被类型较为适宜的起伏度为 40~80 m。

通过对不同起伏度区间的植被点数进行拟合,可以得拟合曲线方程:

$$V_f = 267.08R_{el}^4 - 2\,062.3R_{el}^3 + 903.92R_{el}^2 + 16\,081R_{el} - 11\,422 \tag{4-9}$$

式中:V_f 为植被出现频次(样点量),个;R_{el} 为地形起伏度,m。

式(4-9)的 $R^2 = 0.999\,8$,为显著性相关。从而说明,覆土砒砂岩区植被与地形起伏度有更为明显的响应规律。

4.3.2.3　坡度与植被耦合关系

坡度反映了坡面陡峭程度的变化情况。根据《水土保持综合治理 规划通则》(GB/T 15772—2008)中的标准,在研究区内微坡为<5°,较缓坡为 5°~8°,缓坡为 8°~15°,较陡坡为 15°~25°,陡坡为 25°~35°,急陡坡为>35°。据分析,随坡度不断增大,植被覆盖度呈现出先增大后减小的趋势。分布在 8°~15°坡度级范围内的有效植被样点有 12 511 个,占到总有效样点数的 40.00%;在坡度 5°~15°缓坡区间,有效样点数占到总点数的 61.50%,而坡度在微坡区间 0°~5°中的植被样点数为 5 315 个,占总样点数的 16.99%;坡度在陡坡区间 15°~25°、25°~35°、>35°中的植被样点数有 6 726 个,占总样点数的 21.51%(见图 4-6)。因此,在覆土砒砂岩区中覆盖度草地在缓坡上更为适宜生存。

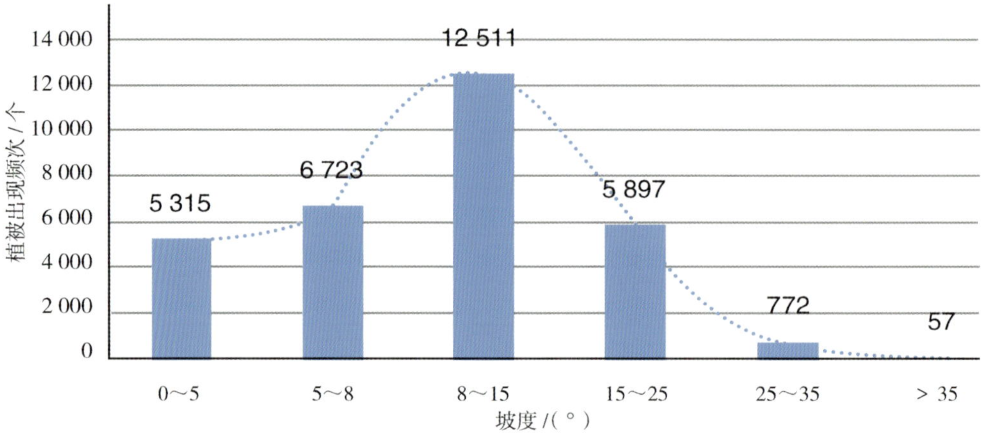

图 4-6 覆土砒砂岩区坡度与植被的响应关系

对不同坡度区间的植被点数进行拟合,可以得到拟合曲线方程:

$$V_f=-347.03S^5+6\,483.4S^4-45\,075S^3+141\,784S^2-194\,916S+97\,385 \quad (4\text{-}10)$$

式中:V_f 为植被出现频次(样点量),个;S 为坡度,(°)。

式(4-10)的 $R^2=0.987\,8$,为显著性相关。从而说明,覆土砒砂岩区植被与坡度的关系也是非常密切的,两者之间具有非线性关系。

4.3.3 覆沙砒砂岩区地形与植被耦合关系

4.3.3.1 海拔与植被耦合关系

覆沙砒砂岩区植被出现频次与海拔之间呈现出上凸抛物线分布(见图 4-7)。随着海拔的增加,植被出现频次呈现出先增大后减小的趋势。植被主要分布在 1 200~1 300 m 的海拔区间地带,出现频次为 4 153 个,占到了总有效样点数的 32.13%;海拔

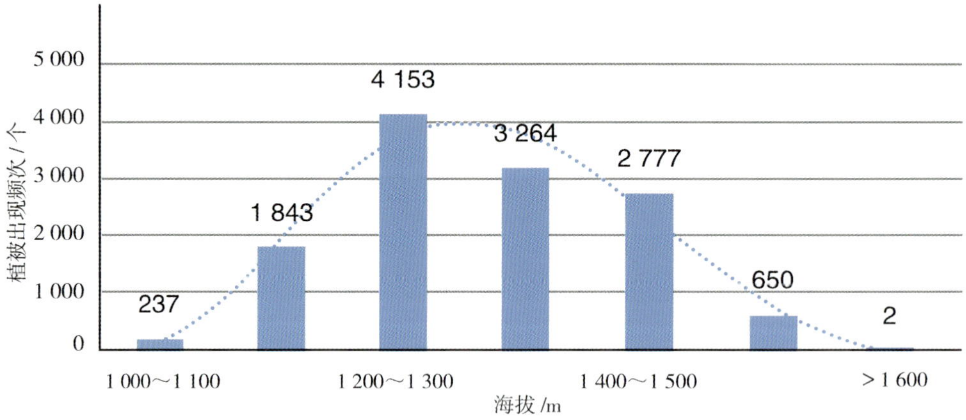

图 4-7 覆沙砒砂岩区植被出现频次与海拔之间的关系

在 1 300~1 500 m 的有效样点数占到了总点数的 46. 74%；海拔在 1 100 m 之下、1 600 m 之上的植被样点数大为减少，仅有 237 个、2 个，分别占总数的 1. 83%、0. 02%。

从增量与海拔的关系看，海拔从 1 100~1 200 m 到 1 200~1 300 m 的样点增量为 2 310 个，而从 1 400~1 500 m 到 1 500~1 600 m，反而减少 2 127 个。显然，在这个两个海拔区间变化范围内，植被量变化程度十分剧烈。分析其原因，除海拔区间面积不同外，覆沙砒砂岩区海拔对植被的生长也有一定的影响。覆沙砒砂岩区在海拔 1 200 m 到 1 500 m 之间的植被以低覆盖度草地为主。

覆沙砒砂岩区的植被以覆盖度在 5%~20%的低覆盖度天然草地为主，此类草地水分缺乏，草被稀疏，牧业利用条件差。其次为覆盖度 20%~50%的中覆盖度草地。覆沙砒砂岩区各植被类型相应占比从大到小排列顺序为：低覆盖度草地>中覆盖度草地>高覆盖度草地>有林地>疏木林>灌木林地>其他林地（见表 4-4）。

表 4-4　覆沙砒砂岩区各植被类型占比

植被类型	有林地	灌木林地	疏林地	其他林地	高覆盖度草地	中覆盖度草地	低覆盖度草地	合计
出现频次/个	550	172	318	86	1 384	4 803	5 613	12 926
比例/%	4. 25	1. 33	2. 46	0. 67	10. 71	37. 16	43. 42	100

通过统计分析，覆沙砒砂岩区海拔与植被出现频次的拟合关系为：

$$V_f=-9.7625E_{ls}^5+232.3E_{ls}^4-1976E_{ls}^3+6916.3E_{ls}^2-8311.4E_{ls}+3359.6 \tag{4-11}$$

式中：V_f 为植被出现频次，个；E_{ls} 为覆沙区海拔，m。

式（4-11）的 $R^2=0.9603$，达到显著性相关。

4.3.3.2　地形起伏度与植被耦合关系

覆沙砒砂岩区植被出现频次与地形起伏度之间呈现递减的分布特征（见图 4-8）。随着地形起伏度的增大，植被出现频次呈现出不断减小的趋势，并且植被主要分布在 0~40 m 的起伏度区间，有效样点有 8 660 个，占到总有效样点数的 67. 00%。覆沙区中等起伏度以上的部分占总体的 8. 19%，反映出覆沙区特有的起伏度变化主要以沙包为主的特征，地形差异较小，起伏度较低。

在 40~80 m 的中等起伏度等级内，地貌类型以深沟和坡面为主；40 m 之下的起伏度为低起伏度，地貌类型以沟壑、小沙包为主；80~105 m 的地形起伏度区间为高起伏度，地貌类型以丘陵为主；105 m 之上的地形起伏度区间为极高起伏度，地貌类型以低山为主。

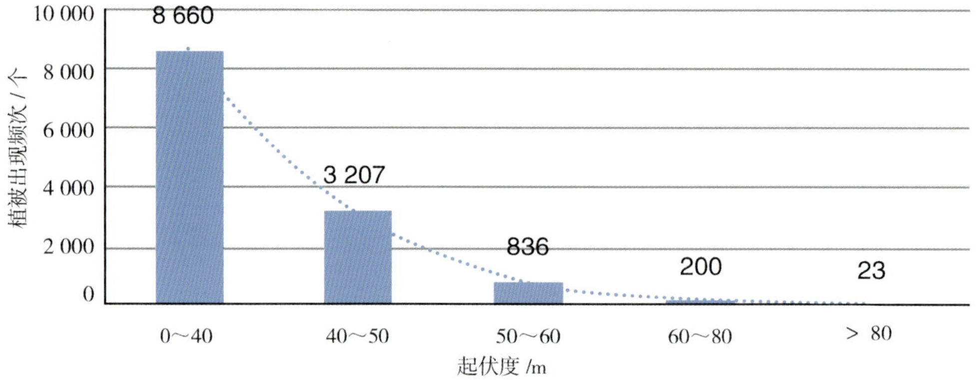

图 4-8　覆沙砒砂岩区植被出现频次与地形起伏度关系

覆沙砒砂岩区中起伏度集中分布在 0~40 m，并且起伏度变化程度较小，反映出覆沙砒砂岩区植被类型较为适宜在起伏度 0~40 m 的范围内生存。

通过统计分析，覆沙砒砂岩区起伏度与植被出现频次的关系为：

$$V_f = -218.58R_{els}^3 + 2\,844.9R_{els}^2 - 12\,453R_{els} + 18\,485 \quad (4\text{-}12)$$

式中：V_f 为植被出现频次，个；R_{els} 为地形起伏度，m。

式(4-12)的 $R^2 = 0.998\,8$，为显著性相关，说明覆沙区植被受地形起伏度的影响很大。

4.3.3.3　坡度与植被耦合关系

调查分析表明，覆沙砒砂岩区植被覆盖度在不同坡度区间的分布具有一定的规律性，随着坡度的不断增大，植被出现频次呈现出不断减小的趋势(见图 4-9)。

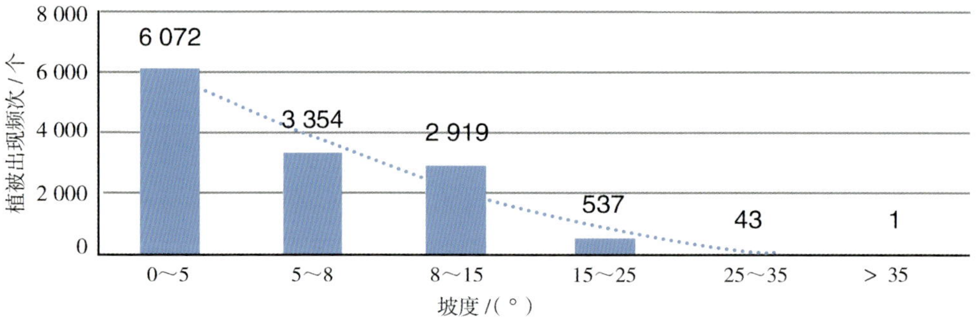

图 4-9　覆沙砒砂岩区植被出现频次与坡度关系

在调查样地内，共有 12 926 个植被出现频次，其中主要分布在 0°~5°的坡度范围内，有效植被样点有 6 072 个，占到了总有效样点数的 46.98%；5°~15°缓坡区间的有效样点数占到总点数的 48.53%；在 15°~35°的陡坡范围内，植被样点数有 580 个，约占总样点数的 4.50%。因此，在覆沙砒砂岩区，植被主要分布于缓坡上，这一部分多为坡顶及沟床，尤其沟床是植被比较集中的区域，因为这一区域除坡度较缓外，由覆沙坡顶下渗的水分在沟道内滞蓄相对较多也是一个主要因素。

覆沙砒砂岩区植被与坡度的统计关系为：

$$V_f = 21.759s_s^3 + 6.2421s_s^2 - 2172.4s_s + 8063.7 \tag{4-13}$$

式中：V_f 为植被出现频次，个；s_s 为覆沙砒砂岩区坡度，(°)。

式(4-13)的 $R^2 = 0.9661$，说明覆沙区植被的分布随坡度的变化是显著相关的。

4.3.4 裸露砒砂岩区地形与植被耦合关系

4.3.4.1 强度侵蚀区

1. 海拔与植被耦合关系

在裸露砒砂岩区的强度侵蚀区内，植被覆盖度与海拔之间有着复杂的非线性分布关系，随着海拔的增加，植被出现频次呈现出先增大后减小的趋势，当海拔大于某一高度后，植被开始急剧减少（见图 4-10）。

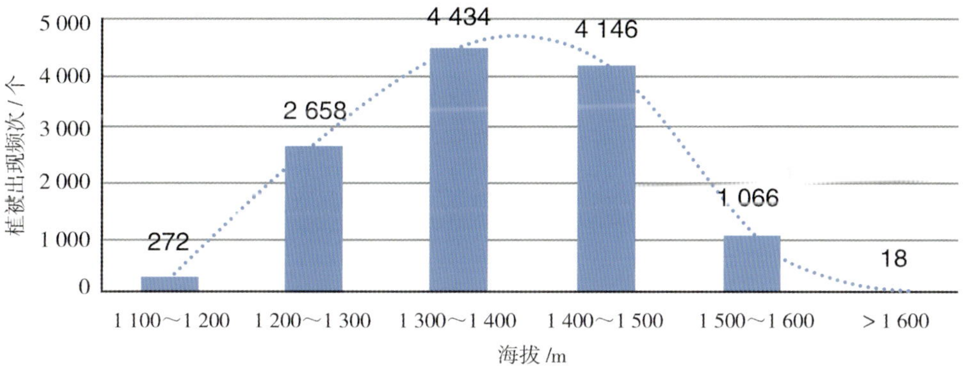

图 4-10　裸露砒砂岩区强度侵蚀区植被与海拔的关系

植被主要分布在 1 300~1 500 m 的海拔区间，其有效植被样点有 8 580 个，占到总有效样点 12 594 的 68.13%，其中海拔在 1 300~1 400 m 的有效样点数最多，达到 4 434 个，占比为 35.21%，其次为 1 400~1 500 m 的高程范围内，占到 32.92%。在海拔 1 200 m 之下和 1 600 m 之上的植被样点数减少很多，仅有 290 个，占总数的 2.30%。

从不同海拔变化下植被出现频次的增量来看，有明显的变化规律，海拔从 1 100~1 200 m 到 1 200~1 300 m，植被样点增量为 2 386 个，而 1 400~1 500 m 到 1 500~1 600 m，反而减少 3 080 个。在这两级海拔范围内，植被量变化程度十分剧烈。

调查发现,在裸露砒砂岩区的强度侵蚀区内,很少有林地,其占比仅有 2.64%,以草地为主,草地占该区植被的 97.36%,其中中覆盖度草地与低覆盖度草地占到了总植被的 90.75%。因此,植被以低覆盖度草地、中覆盖度草地为主,对于低覆盖度、中覆盖度的天然草地,其草被均比较稀疏,是土壤侵蚀比较严重的区域。该区各植被类型相应占比从大到小排列顺序为:低覆盖度草地>中覆盖度草地>高覆盖度草地>有林地>灌木林地>疏林地>其他林地(见表 4-5)。

表 4-5　裸露砒砂岩区强度侵蚀区各植被类型占比

植被类型	有林地	灌木林地	疏林地	其他林地	高覆盖度草地	中覆盖度草地	低覆盖度草地	合计
出现频次/个	116	113	75	29	832	5 688	5 741	12 594
比例/%	0.91	0.90	0.60	0.23	6.61	45.16	45.59	100

通过统计分析,裸露砒砂岩区强度侵蚀区植被点数与海拔的关系为

$$V_f = 40.217E_{le}^5 - 573E_{le}^4 + 2\,873.6E_{le}^3 - 6\,841E_{le}^2 + 10\,142E_{le} - 5\,370 \qquad (4\text{-}14)$$

式中:V_f 为植被出现频次,个;E_{le} 为裸露砒砂岩区强度侵蚀区海拔,m。

式(4-14)的 $R^2 = 0.989\,9$,为显著性相关。

2. 地形起伏度与植被耦合关系

图 4-11 为裸露砒砂岩区强度侵蚀区植被与地形起伏度的关系。随着地形起伏度的增加,植被分布呈现递减趋势,而且起伏度大于 60 m 以后,植被出现频次急剧减少。

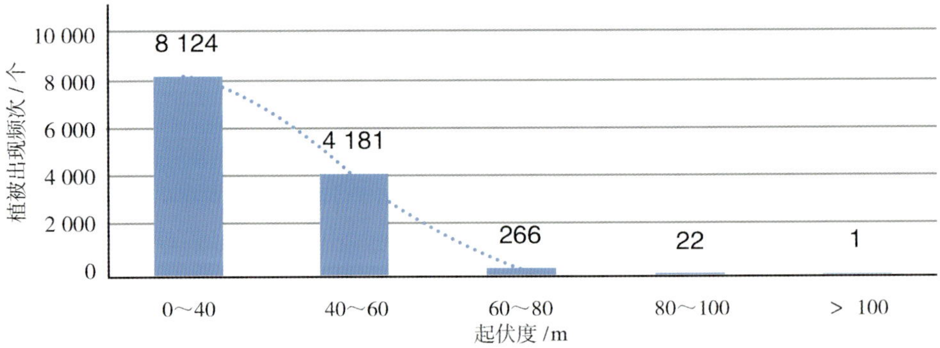

图 4-11　裸露砒砂岩区强度侵蚀区植被与地形起伏度关系

植被主要分布在起伏度 0~60 m 的区域,有效植被样点有 12 305 个,占到总有效样点 12 594 个的 97.71%,其中以地形起伏度 0~40 m 区间分布最多,有效样点为 8 124 个,占比达到 64.51%。大于 60 m 以后,植被样点数仅有 289 个,仅占总样点数

的 2.29%，特别是地形起伏度大于 80 以后，植被已经很少分布，不足 0.2%。也就是说，地形起伏度对植被分布具有很大影响：植被主要分布于低、中起伏度区域，在此区域的地貌类型以深沟和小起伏度山坡为主；40 m 之下的起伏度为低起伏度，地貌类型以沟壑为主；80～100 m 为高起伏度，地貌类型以山丘为主；100 m 之上的地形属于低山区。由此说明裸露砒砂岩区强度侵蚀区的植被主要分布在沟壑区域内。

利用 Excel 的数据分析功能，对不同起伏度区间的植被点数进行拟合，可以得到裸露砒砂岩区强度侵蚀区地形起伏度与植被的关系为：

$$V_f = -295.46R_{ele}^4 + 3\,561.8R_{ele}^3 - 13\,970R_{ele}^2 + 17\,467R_{ele} + 1\,361 \tag{4-15}$$

式中：V_f 为植被出现频次，个；R_{ele} 为裸露砒砂岩区强度侵蚀区地形起伏度，m。

式(4-15)的 $R^2 = 0.981\,0$，其耦合关系非常密切。

3. 坡度与植被耦合关系

分析表明，随着坡度的不断增大，植被分布呈现出不断减少的趋势(见图 4-12)，尤其是在陡坡范围内，植被分布急剧减少，15°以上仅有 529 个有效样点，不足 8°～15°的 3 641 个有效样点的 15%。

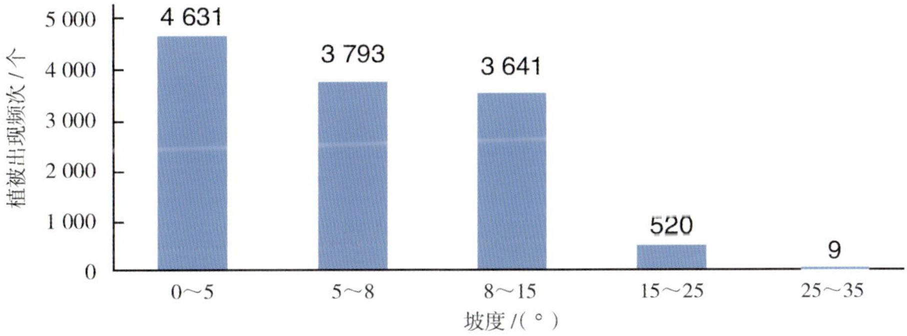

图 4-12　裸露砒砂岩区强度侵蚀区植被与坡度关系

总体来说，裸露砒砂岩区强度侵蚀区的植被主要分布在 0°～5°的平坡地带，有效植被样点有 4 631 个，占到总有效样点数 12 594 个的 36.77%，该区主要是坡顶和沟床，水分条件相对较好，有利于植物的生长。在 5°～15°的缓坡地带，植被分布相对也比较集中，有效样点数占到总点数 12 594 个的 59.03%。而且在 5°～8°和 8°～15°两个部位的植被分布差别不大，后者仅较前者减少 4.00%。>15°的植被样点数仅占总样点数的 4.20%。

裸露砒砂岩区强度侵蚀区以低覆盖度草地为主要植被类型，植被覆盖度较低，说明不适宜植物的生存。即使有草被分布，也主要适宜于平坡和缓坡上生存。

由图 4-12 看出，在调查数据范围内，裸露砒砂岩区强度侵蚀区的植被与坡度的关系是比较复杂的，在>15°时出现一个明显的拐点，是植被分布明显减少的临界坡度。

4.3.4.2 剧烈侵蚀区

1. 海拔与植被耦合关系

分析表明(见图 4-13),裸露砒砂岩区剧烈侵蚀区植被与海拔的关系为非线性的上凸抛物线关系,植被出现频次呈现出先增大后减小的趋势,存在一个植被分布集中区,即海拔在 1 300~1 400 m 的区域,大于该海拔后,植被分布数量随海拔增加而逐渐减少。

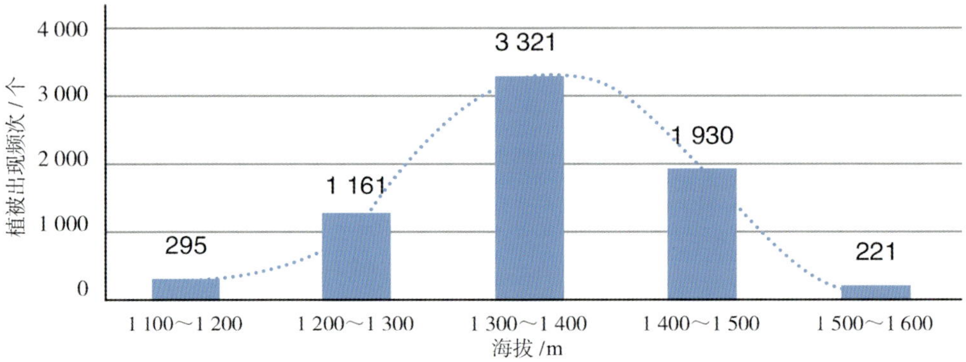

图 4-13　裸露砒砂岩区剧烈侵蚀区植被与海拔关系

在 1 400 m 以下的海拔内,有效植被样点有 4 777 个,占到总有效样点 6 928 个的 68.95%,其中在 1 100~1 200 m、1 200~1 300 m 两个区间分别分布有 295 个和 1 161 个,分别占总数的 4.26%和 16.76%;海拔在 1 400~1 500 m、1 500~1 600 m 两个区间分别分布有 1 930 个和 221 个,分别占总数的 27.86%和 3.19%。在 1 100 m 到 1 600 m 的区间内,植被分布大体上呈现正态分布的趋势。调查表明,在相同的调查方式下,相同高程范围内,剧烈侵蚀区的有效植被样点远低于强度侵蚀区的,说明前者的立地条件更差。

裸露砒砂岩区剧烈侵蚀区的植被以中覆盖度草地为主,此类草地一般水分不足,草被较稀疏。各植被类型相应占比从大到小排列顺序为:中覆盖度草地>低覆盖度草地>疏林地>高覆盖度草地>有林地>灌木林地>其他林地(见表 4-6)。裸露砒砂岩区剧烈侵蚀区草地占总植被的 92.79%,中、低覆盖度的草地占总植被的 90.75%,而覆盖度更高的草地仅占 2.04%;在林地中,有林地很少,有林地的占比仅有 1.96%,但疏林地有 3.39%,而且这些林地也大多为人工建植的。这在一定程度上说明裸露砒砂岩区剧烈侵蚀区不适宜植物生长,相对来说仅适合于低覆盖度的草类生长,难以适宜较高覆盖度的植物生长,生态退化程度要比强度侵蚀区更严重。

表 4-6　裸露砒砂岩区剧烈侵蚀区各植被类型占比

植被类型	有林地	灌木林地	疏林地	其他林地	高覆盖度草地	中覆盖度草地	低覆盖度草地	合计
出现频次/个	136	106	235	23	141	3 546	2 741	6 928
比例/%	1.96	1.53	3.39	0.33	2.04	51.18	39.57	100

利用 Excel 的数据分析功能，对调查数据进行统计分析，拟合不同海拔区间的植被分布关系，得到裸露砒砂岩区剧烈侵蚀区海拔与植被分布的关系为：

$$V_f = 336.58E_{lvs}^4 - 4\ 173.3E_{lvs}^3 + 17\ 272E_{lvs}^2 - 26\ 787E_{lvs} + 13\ 646 \qquad (4\text{-}16)$$

式中：V_f 为植被出现频次，个；E_{lvs} 为裸露砒砂岩区剧烈侵蚀区海拔，m。

式(4-16)的 $R^2 = 0.998\ 5$，说明裸露砒砂岩区剧烈侵蚀区的植被分布与海拔具有密切关系。

2. 地形起伏度与植被耦合关系

裸露砒砂岩区剧烈侵蚀区植被分布与地形起伏度之间具有一定的耦合关系（见图 4-14），随着地形起伏度的增大，植被有效样点数呈现先增大后减小的趋势，在 40～60 m 区间分布最多，之后随起伏度增加而快速减少。

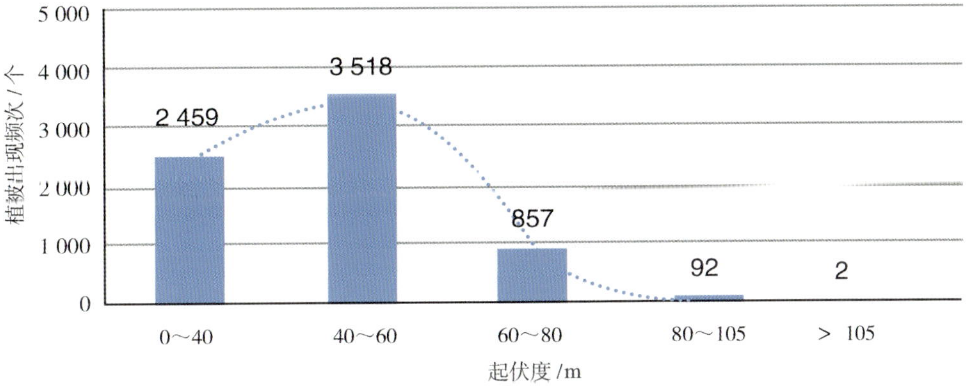

图 4-14　裸露砒砂岩区剧烈侵蚀区植被与地形起伏度关系

在 0～40 m 的起伏度区间，植被出现频次为 2 459 个，占到总样点数 6 928 个的 35.49%；到 40～60 m 的起伏度区间，有效植被样点增加至 3 518 个，占到总有效样点数的 50.78%。从第一级起伏度到第二级起伏度，有效样点数增加 1 059 个，平均来说，单位起伏度的增量是 35.3 个/m。在 40～60 m 区间达到高峰后，到 60～80 m 区间，有效样点数降至 857 个，仅为总有效样点数的 12.37%，较上一级起伏度降低了 2 661 个，单位起伏度减少量为 133.05 个/m，变化率是前两个起伏度变化区间的 3.8 倍。由 60～80 m 的起伏度增加为 80～105 m 时，有效样点数仅有 92 个，减少 765 个，其单位起伏度减少量达到 33.3 个/m，降低也是非常明显的。超过 105 m 以后，已经基本上没有植被分布了。

在研究区内,40~80 m 为中等起伏度,地貌类型以深沟和起伏度相对较低的山坡为主;40 m 以下为低起伏度,地貌类型以沟壑为主。由此说明,裸露砒砂岩区剧烈侵蚀区的植被主要分布于起伏度较低的山坡和沟壑内,而对于 80 m 以上的高起伏度区间,是不适于植物生长的。

利用 Excel 的分析功能,对不同起伏度区间的植被点数进行拟合,可以得到裸露砒砂岩区剧烈侵蚀区地形起伏度与植被分布的关系为:

$$V_f=-284.88R_{es}^4+3\ 784.8R_{es}^3-17\ 447R_{es}^2+31\ 179R_{es}-14\ 773 \qquad (4\text{-}17)$$

式中:V_f 为植被出现频次,个;R_{es} 为裸露砒砂岩区剧烈侵蚀区地形起伏度,m。

式(4-17)的 $R^2=0.989\ 7$,说明植被的空间分布与地形起伏度的变化是密切的。

3. 坡度与植被耦合关系

与图 4-12 相比,裸露砒砂岩区剧烈侵蚀区的植被分布与坡度的关系不同于强度侵蚀区(见图 4-15),强度侵蚀区的植被出现频次随坡度增加呈不断减少的趋势,而剧烈侵蚀区的植被分布则存在一个坡度临界,在<15°条件下,植被出现频次随坡度增加而不断增加,之后则大幅减少,这与强度侵蚀区的分布规律是一致的。以此推断,侵蚀强度也是影响植被分布格局的因素之一。在裸露砒砂岩区剧烈侵蚀区,植被主要分布在 8°~15°的坡度区间,有效植被样点有 2 572 个,占到了总有效样点数 6 928 个的 37.12%;坡度在 5°~15°的缓坡区间的有效样点数 4 492 个,占到总点数的 64.84%,是植被集中分布的区间;在 15°~35°的陡坡区间,植被样点数只有 609 个,仅占总数的 8.79%,也反映出了陡坡区间不适于植物生长的规律。总体来说,0°~15°区间适合植物生长,有 90%以上的植被出现在该区间内。

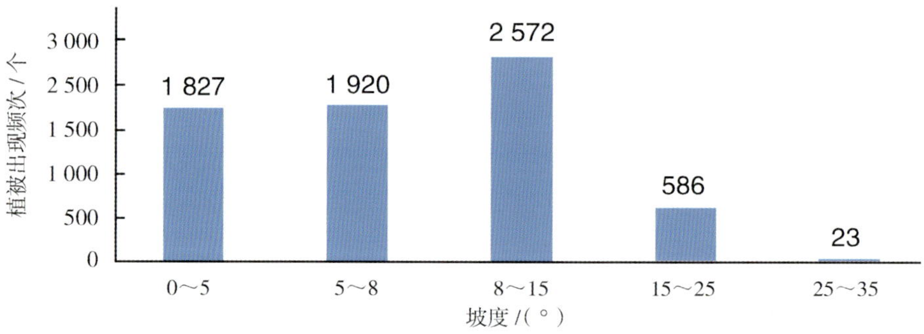

图 4-15 裸露砒砂岩区剧烈侵蚀区植被与坡度关系

裸露砒砂岩区剧烈侵蚀区仍以低覆盖度草地为主要植被类型,很少有乔灌分布,植被稀疏,覆盖度低。这些低覆盖度草地也主要分布于坡顶和沟床区域,在坡面上很少有植被分布。由此可以看出,裸露砒砂岩区剧烈侵蚀区的生境条件是非常恶劣的，很难适宜植物生长。

4.3.5 沟道小流域植被与地形因子关系

上述分析表明，在砒砂岩区沟坡系统，海拔对植被的影响规律为随着海拔的上升，植被类型呈减少的趋势；砒砂岩区坡度对植被的影响规律为随着坡度的上升，植被类型减少，但是优势种不发生变化；砒砂岩区地表起伏度对植被的影响规律为随着起伏度的变大，植被类型减少。同样，砒砂岩区沟道小流域的植被与地形因子关系，具有相同的耦合规律。

(1)与坡沟系统相同，砒砂岩区沟道小流域尺度下植被覆盖与海拔、起伏度、坡度的相关性也比较明显。植被覆盖分别与海拔、起伏度、坡度有一定的统计关系，随着海拔、起伏度、坡度的变化，植被覆盖呈现出一定的规律性。

(2)覆土砒砂岩区植被主要分布在海拔 1 000~1 300 m，以中覆盖度草地为主，较为适宜在起伏度 40~80 m 的缓坡上生存。

覆沙砒砂岩区植被主要分布在海拔 1 200~1 500 m，以低覆盖度草地为主，较为适宜在起伏度 0~40 m 的缓坡上生存。

裸露砒砂岩区(强度侵蚀)植被主要分布在海拔 1 200~1 500 m，以低覆盖度草地与中覆盖度草地为主，较为适宜在缓坡与微坡上生存。

裸露砒砂岩区(剧烈侵蚀)植被主要分布在海拔 1 300~1 400 m，以中覆盖度草地为主。本区并不适宜植被生长，存在少数覆盖度较低的草地，林地很少，难以支持较大覆盖度的植被生长。

(3)在沟道不同坡位的植被量呈现出“U”形，即沟底的植被种类最少，沟坡和沟顶较多。植被种类出现的频率在不同坡位有明显差别，高出现等级的植被排序为：针茅>胡枝子>万年蒿>蒙古冰草>草木樨状黄芪>金丝草>灯芯草>白莲蒿>沙棘>百里香>远志>白茅>锦鸡儿>蒙古莸。

(4)阳坡的植被种类要少于阴坡的植被种类，且阴坡的植被量要大于阳坡的植被量。植被种类出现的频率在阳坡阴坡有明显差别，阳坡高出现等级植被有 12 种，排序情况为：胡枝子>针茅>万年蒿>灯芯草>金丝草>蒙古冰草>草木樨状黄芪>百里香>沙棘>锦鸡儿>白莲蒿>远志；阴坡高出现等级植被有 15 种，排序情况为：针茅>胡枝子>草木樨状黄芪>蒙古冰草>万年蒿>白莲蒿>沙棘>白茅>金丝草>灯芯草>远志>百里香>播娘蒿>蒙古莸>斜茎黄芪。

(5)海拔对植被的影响在不同区域不同沟道表现不同，以研究区 3 个典型小流域为例，在覆土区二老虎沟小流域，高出现等级植被排序情况为：沙棘>灯芯草>万年蒿>白莲蒿>胡枝子>播娘蒿>草木樨状黄芪>蒙古冰草>蒙古莸>金丝草。相对于坡顶和坡面,1 177 m 左右的沟底上出现植被的总量和类型都最多。

在裸露区什布尔太沟小流域,高出现等级植被排序情况为:胡枝子>白莲蒿>蒙古冰草>灯芯草>蓝刺头>白茅>沙棘>草木樨状黄芪>长蕊石头花>远志。相对于坡面和坡底,1 215 m 左右的沟顶上出现植被的总量和类型都最多。

在覆沙区壕堑梁小流域,没有出现等级较高的植被,中出现等级的植被排序为:针茅>灯芯草>百里香>白莲蒿>草木樨状黄芪。1 020 m 左右的沟底上出现植被的种类最多,1 034 m 左右的沟顶上植被量最高。

4.4 植物群落多样性与土壤耦合关系

利用 Pearson 相关性分析方法(又称皮尔逊相关系数法),建立土壤与群落丰富度和多样性的关系(见表 4-7)。统计表明,土壤黏粒、土壤水分和土壤有机碳与群落丰富度和多样性指标均显著正相关,而容重与这些指标显著负相关,表明这些因素是影响该区域植被群落多样性的关键因子。土壤水分、有机碳及黏粒含量高有利于提高植物群落的丰富度和多样性,尤其是对于处于干旱半干旱过渡区的砒砂岩区,降雨是土壤水分的唯一来源,土壤水分是植物生长的决定性因子,当降水充足时,大多数掩埋在土壤中的植物种子发芽、生长,从而表现出较高的多样性。砂粒含量较高的土壤发生干旱的概率较大,不过,沙土因移动性高和大孔隙多而储存有丰富的种子库,为植物群落形成提供了物种来源。由于该地区以砒砂岩质地土壤为主,容重较高,肥力低下,反而不利于植物生长。研究认为,土壤氮素决定着植物群落的生产力、多样性和物种入侵能力,而磷素对物种组成和生物量方面的影响通常表现为限制性作用。研究区土壤有机碳、全氮、全磷含量的平均值分别为 2.75 g/kg、0.31 g/kg 和 0.28 g/kg,均处于较低水平,显然不利于植物生长,其植物群落多样性指数低,群落结构单一。

表 4-7 植物群落多样性与土壤因子的耦合关系

指数	黏粒	粉粒	砂粒	容重	水分	有机碳	全氮	全磷
R_c	0.28	0.36*	−0.33	−0.44*	0.31	0.27	0.07	0.49**
D_c	0.30	0.43*	−0.31	−0.49**	0.49**	0.47**	0.26	0.31
H_c	0.29	0.40*	−0.30	−0.56**	0.48**	0.48**	0.29	0.39*
J_c	0.21	0.33	−0.20	−0.38*	0.42*	0.49**	0.32	0.06

注:R_c 为 Gleason 物种丰富度指数;D_c 为 Simpson 优势度指数;H_c 为 Shannon-Wiener 多样性指数;J_c 为 Pielou 均匀度指数;** 表示 $p< 0.01$;* 表示 $p< 0.05$。

4.5　植被与土壤侵蚀耦合关系

4.5.1　研究方法

4.5.1.1　植物根系固土抗蚀性能试验方法

1. 取样

选择人工种植 3~4 年、生长良好、空间分布均匀的沙棘、柠条、白沙蒿、沙柳、沙地柏等 5 类植物样地,每一种植物随机抽取 20 株作为样本,对每株植物重复 3 次测其株高、冠幅等指标,取各指标均值作为衡量该株植物的综合指标。在各样地内选取与综合指标相近的植株作为标准株。

根系取自标准株,每种植物根系选取侧根分支处直径≥0.2 mm,长约 50 mm,且具有一个侧根分支的根作为试验根。试验根分为鲱骨型和二分枝型 2 种根型,分别取 2 种根型开展试验。将试验根以每隔 0.5 mm 为一个径级进行分级,每一径级取 20 根做轴向拉伸试验,当直径>5 mm 时,每一径级取 10 根,每种植物取 200 根做瞬时轴向拉伸试验。每个试验根以分支处为中心,每隔 5 mm 作标记,用游标卡尺依次量取 10 个标记点直径。分支处每隔 120°测量一次,取 3 次平均值作为分支处的直径;其他 9 个标记点:正交方向上各测量一次直径,取每点的直径平均值作为该点直径。

2. 侧根分支处抗拉力试验

通过模拟瞬时大风、地面突然塌陷、位移等外力驱动作用,开展侧根分支处抗拉力试验。选取 YG(B)026H-250 型织物强力机(精度为 0.01,拉力量程为 0~2 500 N)的拉伸速度 200 mm/min 作为瞬时试验的拉伸速度,判断试验根受拉断裂状态。根系断裂处远离夹口的数据作为有效数据。

拉伸过程中,注意观察试验根的断裂情况,取断裂处前后两个标记点直径的平均值作为断裂处的直径。

3. 植物单根提高土体残余抗剪特性试验

每种植物选择 3 株标准株,选取 4 个根径范围,分别为代表根径级。试验根长约 2 cm。试验选择基础布根数量为 4 根,对照布根数量为 2、6、8 根。

采用筛析法与密度计法联合测定样地的土样。按照土工试验规范制备土样,将土样风干并过孔径为 2 mm 的筛子。依据《土力学试验指导》计算每个试样所需风干土质量和各个含水率梯度下应加的水量。

生长 3~4 年的植物根系分布深度约在 2 m 范围内,根系密集分布层一般在 80~150 cm,根据土力学自重应力公式推求出埋深 80 cm 和 1.5 m 处的自重应力分别为 12.5 kPa、25.0 kPa 左右,参照直剪试验的要求选取其余的两级压力为 50 kPa 和 100 kPa。由于植物根系在土中生长,每条根轴线的方向都是随机的,为研究方便,将 4 根基础布根数与剪切力方向关系方式简化为 4 种形式(见表 4-8)。

表 4-8　根–土复合体布根方式

布根方式	根轴线与剪切力方向关系
垂直布根*	4 条根沿铅垂方向布设,根轴线与剪切面呈直角
45°正向	4 条根与水平面呈 45°角,且根轴线与剪切力方向呈钝角
45°侧向	4 条根与水平面呈 45°角,且根轴线与剪切力方向呈直角
45°逆向	4 条根与水平面呈 45°角,且根轴线与剪切力方向呈锐角

注:* 表示基础布根方式。

4. 根–土复合体强度特性试验

选取粉土质砂、含细粒土砂、低液限粉土、低液限黏土与砒砂岩风化土共 5 种土壤,以 3~4 年生柠条作为试验材料。试验仪器为经过改装的 ZJ 型四联应变控制式数采电动直剪仪。在砒砂岩样地内挖取 1 m×1 m×1 m 的土壤剖面,分 5 层取样,即每 20 cm 为一层,共取 5 组土样(见表 4-9)。

表 4-9　试验土壤机械组成百分比　%

土样编号	粒径/mm					
	>2	2~1	1~0.5	0.5~0.25	0.25~0.075	<0.075
土样 1	0.53	0.13	3.28	21.20	64.84	10.02
土样 2	11.26	5.32	12.73	11.02	29.11	30.56
土样 3	0.75	7.02	9.92	5.98	19.75	56.58
土样 4	5.47	3.74	5.39	3.86	9.86	71.68
土样 5	3.63	9.44	7.74	20.37	11.31	47.51

所有土样均过 2 mm 的筛子。采用 LP–100 型数显液塑限联合测定仪测定土壤液塑限(见表 4-10)。

表 4-10　试验土壤界限含水率

测试指标	试验土壤界限含水率/%				
	土样 1	土样 2	土样 3	土样 4	土样 5
液限 W_L	—	21.31	24.11	32.51	27.47
塑限 W_P	—	17.16	19.01	23.07	20.70
塑性指数 I_P	—	4.15	5.10	9.44	6.77

按《土工试验方法标准》(GB/T 50123—2019)命名土壤，土样 1 为粉土质砂(简称粉砂)，土样 2 为含细粒土砂(简称细砂)，土样 3 为低液限粉土(简称粉土)，土样 4 为低液限黏土(简称黏土)，土样 5 为砒砂岩风化土。

根据观测，3~4 年生柠条根系的代表根径级范围为 0.5~1.0 mm，为形成对照分析，试验采用径级为 0.75 mm 左右的直根段。直剪摩阻试样的制备方法为：取根径为 3~5 mm 的柠条直根，用刀片将其表皮取下，粘在与剪切盒下盒形状相同的圆形木块上，保证粘有根表皮的木块与剪切盒下盒的上表面齐平。剪切盒分为上盒、下盒两层，上盒为土样，下盒为根样，上盒是可以做平移剪切运动的，剪切时根轴线方向与剪切仪移动的方向相同。

剪切速率试验采用快剪(剪切速率为 0.8 mm/min)方式，模拟暴雨过程中或暴雨过后土壤含水率迅速增加且短时间内无法排出的情况，测定孔隙水在承受压力状况下土体发生位移或错动时素土及根-土复合体的强度。

4.5.1.2　植被-侵蚀耦合模型构建

以砒砂岩区皇甫川流域为研究区域，利用数学模型模拟反演的方法，研究了表征植被覆盖度的因子 NDVI(归一化植被指数)与土壤侵蚀的关系，即植被与土壤侵蚀的互馈作用机制。

植被-侵蚀耦合模型的构建原理是利用模块化技术，将 SWAT 模型、WEPP 模型和 EPIC 模型的不同功能进行耦合，形成可以模拟土地利用、植被变化和土壤侵蚀过程的分布式水文模型。

SWAT (soil and water assessment tool)模型是由美国农业部(USDA)农业研究中心开发的半分布式流域水文模型，具有连续模拟、系统完善、界面友好、功能丰富、适用性强等优点。随着模型开发和应用的不断完善，SWAT 模型在气候和人类活动对水沙过程的影响评价中得到了广泛的应用。

WEPP (water erosion prediction project)因其基于 EPIC (erosion-productivity impact calculator)模型构建的植被生长模块，在区分植被措施的减水减沙效益时得到广泛的应用。在计算流域产沙时，WEPP 使用的稳态泥沙连续方程相比于基于经验公式 MUSLE（modified universal soil loss equation）具有更加明确的物理意义。GeoWEPP（the geo-spatial interface for WEPP）模型是基于 WEPP 开发的流域尺度的半分布式水力侵蚀模型，可有效模拟侵蚀模数在空间上的分布。

EPIC 模型是美国农业部农业研究局（USDA-ARS）在 1984 年开发的一种用于模拟土壤侵蚀与土地生产力耦合关系的模型。EPIC 模型中的植物生长模型是一个植物生长通用模型，根据各种植物生理生态过程的共性研制而成模型的主体框架，再结合植物的生长参数和田间管理参数分别进行各种植物的生长模拟。植物与土壤管理模块能够对种植密度、播期、施肥、灌溉、土壤耕作等措施进行模拟与优化，能够模拟植物混作和轮作，可用于评价土地利用方式和种植方式对土壤侵蚀与植物生产力的影响。

基于 SWAT 模型和 EPIC 模型构建植被–侵蚀耦合模型，其框架见图 4-16。模型主要包括下渗、地表径流、土壤侵蚀和植被生长 4 个模块，其中下渗和地表径流共同影响土壤含水率，土壤侵蚀造成土壤养分含量的变化。同时，气温、土壤含水量和土壤养分含量分别对植被生长产生温度、水分和养分胁迫作用，影响植被生物量和覆盖度。另外，植被生长状况的改变导致降水时冠层截留量的变化及土壤导水率的变化，进而导致下渗、地表径流和土壤侵蚀过程发生变化，影响流域产流产沙。

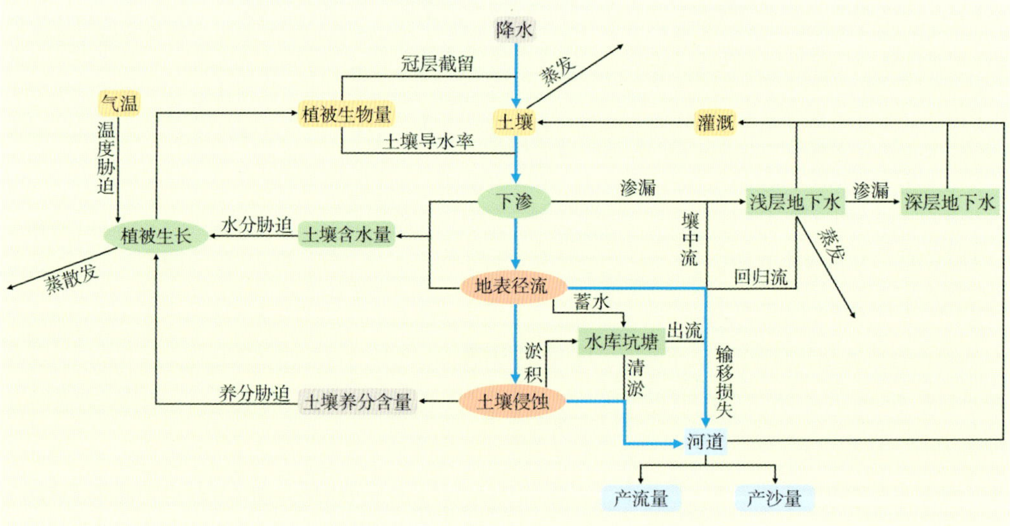

图 4-16 植被–侵蚀耦合模型框架

SWAT 模型基础数据库包括空间数据库和属性数据库两大类别。研究流域的数字高程模型、土地利用等数据构成了空间数据库；属性数据库则指的是土壤类型和气象数据，其中降水、相对湿度等数据包括在气象数据之内。

数字高程模型（digital elevation model，DEM）是模型运行的基础数据，主要用于流域河网的生成、子流域的划分及坡度、坡向的提取。在此应用地理信息软件 ArcGIS 10.2 对研究区进行图像融合拼接、流域边界提取、填洼等处理，得到子流域和河网（见图 4-17）。

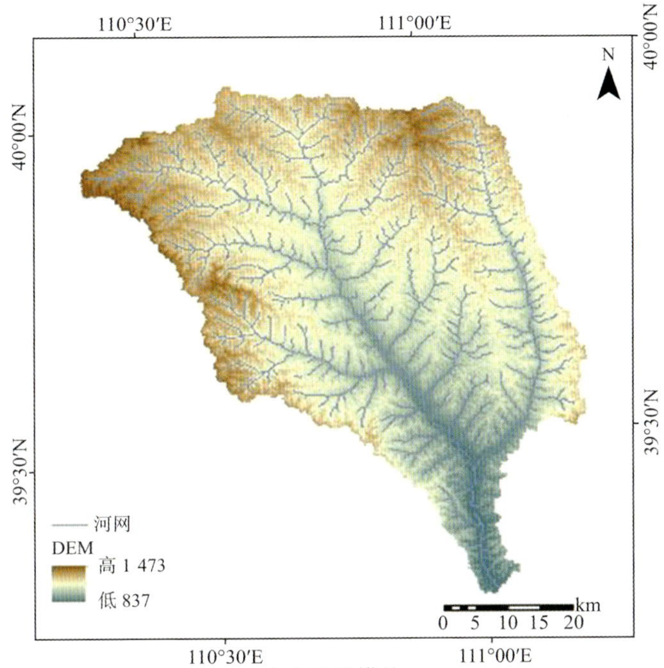

（a）地形模块

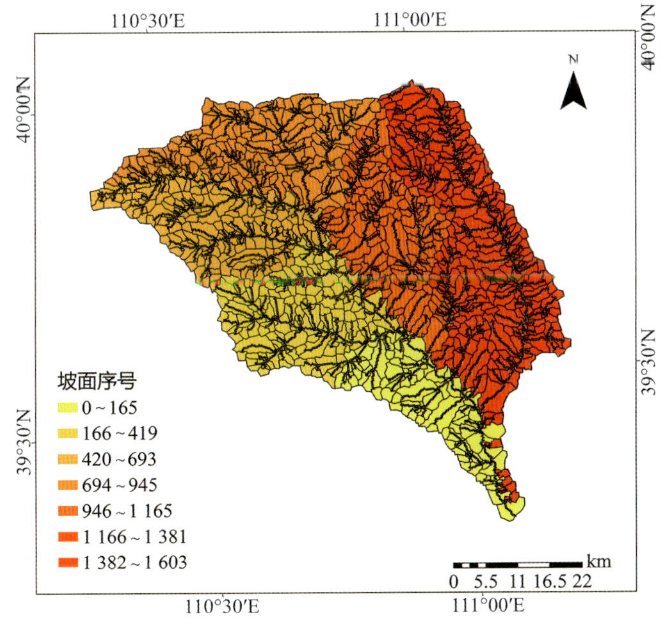

（b）河网坡面

图 4-17　地形模块 DEM 及河网坡面

基于提取地表水流径流模型的水流方向、水流长度、汇流累积、河流网络及对研究区的流域分割等，通过反复尝试设定流域的最小集水面积为 3 000 hm^2。

基于 1984 年、2000 年和 2020 年共 3 期土地利用图，对皇甫川流域土地利用类型进行重分类，分为草地、耕地、林地、居民地、沙地、水体和未利用地，其中草地面积占比最大，为 79.97%，其次为未利用地和沙地，分别占 7.66%和 4.89%。

1∶500 000 土壤类型分布图来源于黄土高原水土保持专业数据库，通过对原图按流域边界分割，得到研究区流域尺度的土壤类型分布。研究区土壤类型共有 7 类，分别为黑垆土、栗钙土、黄绵土、新积土、风沙土、粗骨土和石质土，各类土壤所占比例分别为 0.63%、3.31%、19.31%、29.8%、17.99%、24.4%、4.56%，新积土与粗骨土所占比例最高。

SWAT 模型根据提取河网时生成的节点划分不同的子流域，根据流域实际情况，最终划分成 51 个子流域，子流域的出口在 51 号子流域。在子流域内共划分出 1 043 个水文响应单元。

所有气象输入数据均来自流域内河曲和东胜 2 个气象站点 1981—2020 年逐日的实测数据。研究区降水资料来自流域空间分布均匀、数据序列相对完整的 10 个雨量站的 1976—2020 年逐日降水资料，资料的缺测值在输入模型时会自动识别，并用天气发生器补全这些缺测值。水文资料（径流量、输沙量）选取流域出口水文站——皇甫川站的 1976—2020 年逐月径流及输沙量数据，用于模型的适用性评价。降水及水文数据来自黄河水文年鉴和黄河水利委员会。

GeoWEPP 模型由美国农业部农业研究司开发，由地形参数化工具（Topaz Video AI 软件）和 TOPWEPP 软件产品组成。Topaz Video AI 软件可实现 DEM 的参数化，形成产流产沙的坡面计算单元和汇流输沙的沟道单元。TOPWEPP 可将土壤属性、土地利用、植被覆盖等空间数据参数化，作为属性赋值给坡面，在每个坡面上具有相同土壤属性和土地利用类型的基本计算单元为“坡面流元素”（OFE，overland flow element），每个 OFE 内可模拟降雨、产流，土壤的侵蚀、搬运与沉积，以及植被生长过程。随后，GeoWEPP 按照 OFE 坡面沟道的拓扑顺序估算整个流域的水沙过程，最终得到流域径流和输沙量的空间分布以及流域出口的日径流和输沙量过程。

气象数据文件为 CLI（ASCII）格式。以地形模块的数字高程模型为基础，使用 ArcMap 中的填洼（fill）、流向（flow-direction）、流量（flow-accumulation）和栅格计算器（raster calculator）获得流域的河网栅格，作为模型最小计算单元。

选用 SWAT-CUP 的 SUFI-2 算法（sequential uncertainty fitting version 2）对 SWAT 模型进行参数率定和敏感性分析。表 4-11 所示为前 13 个敏感性参数。

表 4-11　皇甫川流域水沙参数敏感分析

参数名称	描述	范围	最适值	敏感性
CANMX	最大冠层截流量	(0, 100)	44.167	1
SOL_K	土壤饱和传导率	(0, 2 000)	856.667	2
GWQMN	浅层地下水发生回流的阈值	(0, 5 000)	4 675	3
GW_DELAY	地下水滞后时间	(0, 500)	144.167	4
ESCO	土壤蒸发补偿系数	(0, 1)	0.468	5
ALPHA_BF	基流消退系数	(0, 1)	0.778	6
CN2	SCS 径流曲线数	(−1, 1)	0.193	7
USLE_P	土壤侵蚀 P 因子	(0, 1)	0.112	8
SPEXP	河道泥沙运移方程中的指数参数	(1, 1.5)	1.006	9
GW_REVAP	地下水再蒸发系数	(0.02, 0.2)	0.116	10
SPCON	河道泥沙运移方程中的线性参数	(−0.000 1, 0.01)	0.009	11
USLE_K	土壤侵蚀 K 因子	(0, 0.65)	0.075	12
SOL_AWC	土壤饱和导水率	(0, 1)	0.341	13

采用基于扰动分析的相对灵敏度分析方法进行 GeoWEPP 模型参数敏感性分析及率定。率定结果(见表 4-12)表明,敏感性参数的取值是较优的。根据对皇甫川流域径流、泥沙验证的实测值和模拟值的拟合分析,径流的实测值与模拟值的 R^2 为 0.660 2,而泥沙的实测值与模拟值的 R^2 为 0.792 4,具有较高的模拟精度。

表 4-12　基于 SWAT 的皇甫川流域水沙模拟评价指标

指数	率定期(1981—1982 年)				验证期(1983—1989 年)			
	径流/(m^3/s)		泥沙/(t/m^3)		径流/(m^3/s)		泥沙/(t/m^3)	
	实测	模拟	实测	模拟	实测	模拟	实测	模拟
Avg	5.23	5.53	5.38E+07	5.15E+07	3.57	4.97	2.56E+07	3.65E+07
STD	11.45	11.45	1.81E+08	1.23E+08	9.08	9.18	8.99E+07	8.31E+07
CV	2.19	2.07	3.37	2.39	2.54	1.85	3.51	2.28
RMS	12.59	12.72	1.89E+08	1.33E+08	9.76	10.44	9.35E+07	9.07E+07
RMSE	4.26		8.40E+07		6.59		4.33E+07	
RSR	0.37		0.46		0.73		0.48	
RE	5.73%		−4.20%		39.39%		42.44%	
NS	0.86		0.79		0.47		0.77	

对 GeoWEPP 模型的率定、验证表明，径流在率定期和验证期的 NS 分别为 0.86 和 0.47；输沙率在率定期和验证期的 NS 分别为 0.79 和 0.77。模拟的径流和输沙模数能较好地符合实测值，说明模型在该流域是适用的。

4.5.2 植物根系固土抗蚀生物力学机制

研究影响植物固土抗蚀的主要因素，揭示植物固土抗蚀生物力学机制是认识植被与土壤侵蚀耦合关系的基础。

4.5.2.1 植物侧根分支处抗拉力学特性

根据 5 种植物的测试，根系的拉伸断裂方式有很大的相似性，多数在侧根分支处断裂，其中白沙蒿侧根分支处断裂数占有效试验根数的 73.75%，沙柳占 96.36%，柠条占 98.98%，沙地柏占 79.45%，沙棘占 64.52%，说明侧根分支处抵抗拉力的能力不及相邻的直段根。

进一步对侧根分支处与相邻直段根抗拉力的试验表明，两者具有幂函数关系，其中柠条直段根抗拉力约为侧根分支处的 1.39 倍，沙柳为 1.33 倍，沙地柏为 1.46 倍，白沙蒿为 1.63 倍，沙棘约 1.91 倍。同时直段根抗拉力与直径关系也具有幂函数变化规律（见表 4-13），只是在相同粗细的直根条件下，直段根的抗拉力要比侧根的大，同时直段根抗拉力随根径增加的递增率要比侧根的大，前者是后者的 1.2~1.5 倍。

表 4-13　根系抗拉力关系

植物名称	侧根分支处抗拉力与相邻直段根径关系	直段根抗拉力与直径关系	备注
柠条	$F_{柠条}=32.049D^{1.5170}$	$F_{柠条}=44.706D^{1.2786}$	F 为抗拉力，N；D 为根径，mm。相关系数均在 0.9 以上
沙柳	$F_{沙柳}=16.741D^{1.7413}$	$F_{沙柳}=22.253D^{1.5397}$	
沙地柏	$F_{沙地柏}=10.555D^{1.4274}$	$F_{沙地柏}=15.436D^{1.4610}$	
白沙蒿	$F_{白沙蒿}=7.818D^{1.7569}$	$F_{白沙蒿}=12.754D^{1.4101}$	
沙棘	$F_{沙棘}=6.047D^{1.3770}$	$F_{沙棘}=11.565D^{1.0406}$	

同理，可以测得 5 种试验植物的抗拉强度，其侧根分支处与直段根的抗拉强度在 $\alpha=0.05$ 水平下差异性均显著。相同径级侧根分支处强度与直段根强度之比表明（见表 4-14），柠条和沙柳侧根分支处的抗拉强度与直段根相比下降较少，特别是当根径在 2.5 mm 的时候，侧根分支处的抗拉强度约为直段根的 90%，白沙蒿的降为 84%，沙棘和沙地柏的仅约 70%，根系网力学性能较差。由此说明，柠条、沙柳抗风蚀能力更强。

表 4-14　侧根分支处抗拉强度与直段根抗拉强度之比

根径/mm	侧根分支处抗拉强度/直段根抗拉强度/%				
	柠条	沙柳	白沙蒿	沙棘	沙地柏
1.0	71.69	75.23	61.29	52.29	68.55
1.5	78.98	81.62	70.55	60.56	67.78
2.0	84.60	86.48	77.96	67.20	67.23
2.5	89.24	90.44	84.23	72.86	66.81

从 5 种植物鲱骨型侧根分支处抗拉力与该处直径的变化规律看(见图 4-18),鲱骨型侧根分支处抗拉力均随该处直径的增大呈增加趋势,柠条侧根分支处抗拉力的增加幅度最为明显,沙柳次之,再次为沙地柏,白沙蒿和沙棘最小。

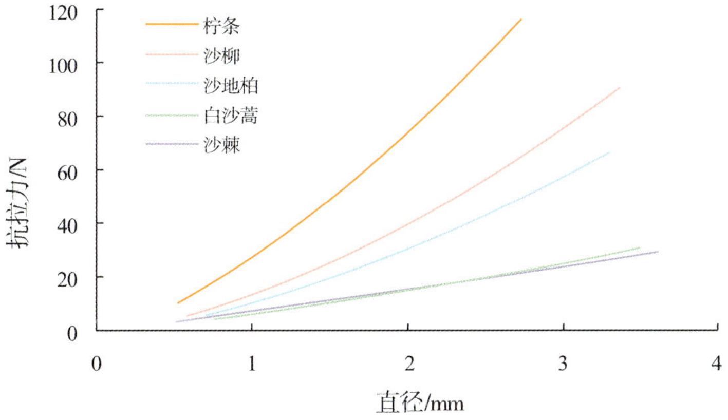

图 4-18　5 种植物鲱骨型侧根分支处的抗拉力

柠条、沙柳、沙地柏、白沙蒿和沙棘鲱骨型侧根分支处抗拉力与直径之间也呈现幂函数的关系。5 种植物鲱骨型侧根分支处的抗拉强度与直径的关系在 $\alpha=0.001$ 水平下成反比关系。

在直径 0.5~4 mm 的范围内,当取直径 $D=1$ mm 时,柠条、沙柳、沙地柏、白沙蒿和沙棘鲱骨型侧根分支处的抗拉力分别为 26.845 N、13.193 N、10.543 N、6.275 N 和 7.265 N,柠条侧根分支处抗拉力约为沙柳的 2 倍、沙地柏的 2.5 倍,沙柳侧根分支处的抗拉力约为沙地柏的 1.3 倍、白沙蒿和沙棘的 2 倍。

进一步分析表明,影响植物侧根分支处抗拉力的影响因素主要包括根径、土壤含水量、生长时期等。如前所述,植物侧根分支处的抗拉力与该处的直径呈显著正相关关系,同一种植物侧根分支处的抗拉力随分支处直径的增加而增大;5 种植物侧根分支处的抗拉强度和分支处直径之间存在幂函数负相关关系,其相关系数达 0.75 以上。土壤含水量对 5 种植物侧根分支处抗拉力和抗拉强度也有很大影响,在土壤含水量分别为0、6.8%、18.8%和26.6%时,5种植物侧根分支处的抗拉力表现为:土壤含水量为0的最大,土壤含水量6.8%的次之,然后是18.8%的土壤含水量,土壤含水量26.6%的最小。不同含水量下5种植物侧根分支处的抗拉力在$\alpha=0.01$水平下差异性显著。生长期对植物侧根分支处的抗拉力的影响视不同植物有所不同,例如对于沙地柏和沙棘,生长季初期侧根分支处抗拉力大于生长旺盛期,而柠条、白沙蒿等植物的是生长旺盛期大于生长季初期。

4.5.2.2 植物单根对提高土体残余抗剪特性的作用

利用模拟降雨,采用快剪(0.8 mm/min)方法测试柠条、沙棘和白沙蒿3种植物在土壤含水率较高条件下土体发生位移或错动时的孔隙水承压力。3种植物根-土复合体试样含水率均为10.77%,土壤干密度为1.35 g/cm^3,植物根系径级均为1.75 mm左右。

在4种不同垂直荷载作用下,3种植物根-土复合体的残余强度值均高于素土,其中柠条根-土复合体的残余强度值最大,白沙蒿最小,沙棘次之。同时3种植物根-土复合体的残余黏聚力值均高于素土,变化范围为5.78~7.18 kPa,且复合体的残余内摩擦角值也均高于素土,变化范围为40.27°~40.55°(见表4-15)。

表4-15 植物根-土复合体残余强度及强度指标

类型	C/kPa	φ/(°)	τ_f/12.5 kPa	τ_f/25 kPa	τ_f/50 kPa	τ_f/100 kPa
柠条根-土复合体	7.18	40.55	16.21	24.79	58.51	89.59
沙棘根-土复合体	6.14	40.29	15.09	24.62	55.47	88.33
白沙蒿根-土复合体	5.78	40.27	14.83	24.43	54.65	88.08
素土	5.25	36.20	14.27	21.31	45.44	77.22

注:C为残余黏聚力;φ为残余内摩擦角;τ_f为剪应力。

3种植物根-土复合体中,以柠条根-土复合体的残余黏聚力相对于素土的增长率值最大,为36.76%;白沙蒿根-土复合体的残余黏聚力相对于素土的增长率值最小,为10.10%;沙棘根-土复合体残余黏聚力相对于素土的增长率值居中,为16.95%。3种植物根-土复合体之间的残余内摩擦角相对于素土的增长率值变化不明显(见图4-19)。

通过慢剪(0.02 mm/min)方式,进一步模拟土壤干旱状态下根系提高复合体残余强度的特征。3种植物根-土复合体试样的含水率为10.77%,土壤干密度、布根方式、布根数量及根系直径与快剪试验相同。结果表明,3种植物根-土复合体的残余黏聚力均大于素土。在垂直荷载为12.5 kPa和25 kPa的浅层土压力下,3种植物根-土复合体的残余强度值变化幅度很小。同时,其根-土复合体的残余强度相对于

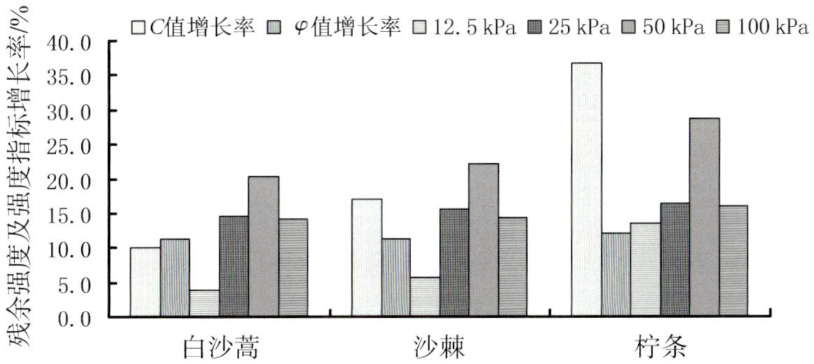

图 4-19　植物根-土复合体残余强度及强度指标增长率

素土的增长率变化并不明显，柠条的增长率分别为 1.69%、2.52%，沙棘的为 2.57%、6.78%，白沙蒿的为 2.95%、6.78%。由此说明，植物固土抗蚀的力学机制在于提高了土壤的黏聚力，增强了土壤的抗蚀性。

进一步分析表明，土壤含水率、土壤干密度、根系构成对 3 种植物根-土复合体残余特性有很大影响。在 12.5 kPa 和 25 kPa 荷载下，当土壤干密度为 1.35 g/cm^3、剪切速率为 0.8 mm/min、垂直布根 4 条及土壤含水率梯度为 4.34%、10.77%、17.19%和 24.30%时，柠条、白沙蒿和沙棘的根-土复合体的残余强度明显大于素土。在 12.5 kPa 和 25.0 kPa 荷载下，柠条根-土复合体残余强度相对于素土的增长率最大，分别为 13.59%、16.33%；沙棘的增长率次之，分别为 5.75%、15.53%；白沙蒿的增长率最小，分别为 3.92%、14.64%。但是，随着土体含水率的增加，在 12.5 kPa 和 25 kPa 荷载下，无论是素土还是柠条、白沙蒿和沙棘的根-土复合体残余强度都呈现出先增大后减少的趋势。素土与柠条、白沙蒿、沙棘 3 种根-土复合体的残余强度均在含水率为 10.77%左右时达到最大值，例如在 12.5 kPa 荷载下分别为 14.27 kPa、16.21 kPa、14.83 kPa 和 15.09 kPa。

在 4 种含水率梯度下，素土及柠条、白沙蒿和沙棘的根-土复合体的残余黏聚力均随着含水率变化呈现先增大后减小的特点。在含水率为 10.77%左右时，柠条、白沙蒿、沙棘的根-土复合体的残余黏聚力均达到最大值，且含水率为 24.30%左右时残余黏聚力值最小。

4 种含水率 3 种植物的根-土复合体残余内摩擦角的多重均值测验结果表明，在 0.05 的显著水平下，含水率梯度为 4.34%、17.19%和 10.77%左右时，沙棘的根-土复合体残余内摩擦角差异性不显著；含水率梯度为 4.34%和 10.77%左右时，白沙蒿的残余内摩擦角差异性不显著；含水率梯度为 10.77%和 17.19%左右时，柠条的差异性不显著。

根据设定的土壤含水率为 10.77%，剪切速率为 0.8 mm/min，垂直布根数量为 4

根,土壤干密度梯度为 1.35 g/cm^3、1.45 g/cm^3 和 1.55 g/cm^3 的试验监测结果,在垂直荷载为 12.5 kPa 和 25 kPa 浅层土压力下,3 种植物根-土复合体的残余强度均高于素土,且均随土壤干密度的增加而增大。

3 种植物根-土复合体残余黏聚力多重均值检测结果表明,根-土复合体的残余黏聚力、残余内摩擦角均存在着极显著的差异。另外,在 0.05 的显著水平下,柠条根-土复合体残余黏聚力差异性不显著,说明在高密度下,根-土复合体内的土粒之间结构较紧密,咬合力比较强,所以黏聚力差异不明显。

根系构成包括根系直径、根系的布根方式、根系的布根数量等。选择土壤含水率为 10.77%,土壤干密度为 1.35 g/cm^3,布根数量为 4 根,布根方式为垂直布根,仪器剪切速率为 0.8 mm/min 的试验条件,对根径 0.5~1 mm、1~1.5 mm、1.5~2 mm、2~2.5 mm 的代表性植物根开展直剪试验。从图 4-20 可见,在上述的浅层土压力下,3 种植物根-土复合体在 4 种根径梯度下的残余强度值都大于素土。柠条、沙棘和白沙蒿根-土复合体的残余强度值随着其根系直径的增加而增大;且柠条根-土复合体的残余强度值均大于沙棘、白沙蒿的根-土复合体。

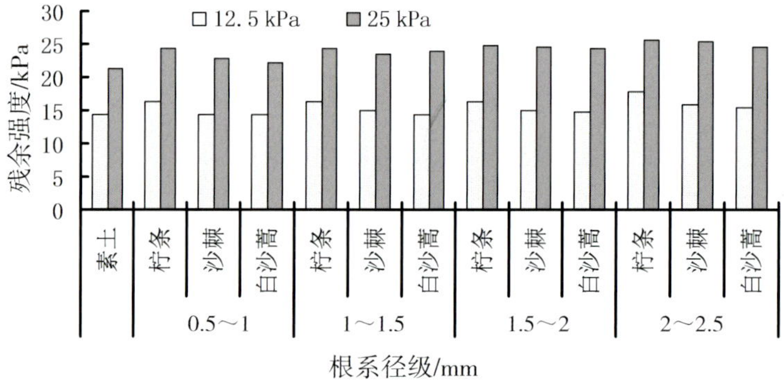

图 4-20 根系径级与残余强度关系

同时,3 种植物根-土复合体的残余黏聚力均大于素土,在同一径级范围内,柠条根-土复合体的残余黏聚力值最大,沙棘次之,白沙蒿的最小;3 种植物根-土复合体的残余内摩擦角均大于素土,且 3 种植物根-土复合体残余内摩擦角的变化趋势随着不同根径的增加表现不明显。

通过对单根、2 根、4 根、6 根和 8 根不同的布根数量的直剪试验了解到,3 种植物的根-土复合体的残余强度值随着布根条数的增加而明显增大,但是在荷载增大为 12.5 kPa 时,随着布根条数的增加,其残余强度增势趋缓。柠条的根-土复合体的残余强度值最大,白沙蒿的居中,沙棘的最小。

在所有布根数量范围内,3 种植物代表根-土复合体的残余黏聚力和残余内摩擦角明显高于素土,均随着布根条数的增加而增大。

4.5.2.3　布根方式对根-土复合体残余特性的影响

按垂直布根、侧向(45°)布根、逆向(45°)布根、正向(45°)布根的方式,通过直剪试验表明,在浅层土压力下,同一种布根方式下,3 种试验植物的根-土复合体残余强度值均大于素土,且柠条的最大,白沙蒿的次之,沙棘的最小。而且,逆向(45°)布根>垂直布根>侧向(45°)布根>正向(45°)布根(见图 4-21)。

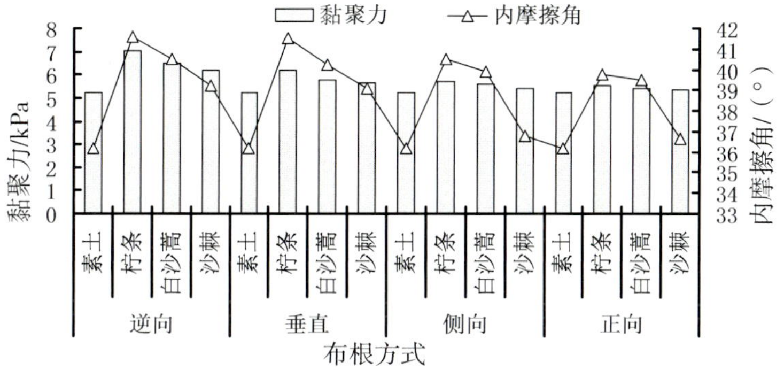

图 4-21　不同布根方式下 3 种植物根-土复合体的残余强度

同时,根-土复合体的残余黏聚力均大于素土。且逆向(45°)布根方式下代表根的根-土复合体残余黏聚力最大,垂直布根次之,侧向(45°)布根与正向(45°)布根较小。

4.5.2.4　影响植物根系固土的主要因子

采用主成分分析探讨影响固土的主要因子,对拉拔摩阻特性、直根和侧根分支处的抗拉强度不再分 3 个径级,各采用平均值作为评价指标。

模拟春季土壤干旱条件,前 3 个主成分的方差贡献率分别为 49.21%、27.82%和 14.47%,累计方差贡献率为 91.50%;模拟夏季土壤干旱条件,前 3 个主成分的方差贡献率分别为 48.72%、26.88%和 15.59%,累计方差贡献率为 91.19%;模拟夏季暴雨条件,前 3 个主成分的方差贡献率分别为 45.46%、30.25%和 17.50%,累计方差贡献率为 93.21%。

前 3 个主成分各因子影响系数见表 4-16。对于模拟春季土壤干旱条件,第一主成分中,代表根本构特征(X_4)、直根抗拉强度(X_5)、侧根分支处抗拉强度(X_6)和代表根弹性模量(X_3)的影响系数分别为 0.437、0.434、0.431、0.416,这 4 个指标对第一主成分的影响较大,第一主成分为根系抗拉特性。第二主成分中,累计根表面积(X_2)、直剪摩擦系数(X_8)和单根拉拔摩阻特性(X_7)的影响系数为 0.545、0.534、0.467,对第二主成分的影响较大,第二主成分为根-土界面摩阻特性。第三主成分中,累计根长(X_1)与根-土复合体黏聚力(X_9)的影响系数为 0.632 和 0.499,对第三主成分的影响较大，第三主成分为根量和根-土复合体抗剪特性。

表 4-16　前 3 个主成分各因子影响系数

研究条件	主成分	X_1 累计根长	X_2 累计根表面积	X_3 代表根弹性模量	X_4 代表根本构特征	X_5 直根抗拉强度	X_6 侧根分支处抗拉强度	X_7 单根拉拔摩阻特性	X_8 直剪摩擦系数	X_9 根-土复合体黏聚力	X_{10} 根-土复合体内摩擦角
春季干旱	F_1	0. 217	-0. 082	<u>0. 416</u>	<u>0. 437</u>	<u>0. 434</u>	<u>0. 431</u>	0. 216	0. 051	0. 097	-0. 388
	F_2	0. 036	<u>0. 545</u>	-0. 142	-0. 072	0. 120	0. 105	<u>0. 467</u>	<u>0. 534</u>	-0. 348	0. 165
	F_3	<u>0. 632</u>	0. 293	-0. 149	-0. 053	0. 022	-0. 157	0. 282	-0. 333	<u>0. 499</u>	0. 160
夏季干旱	F_1	0. 200	-0. 190	<u>0. 451</u>	<u>0. 433</u>	<u>0. 439</u>	<u>0. 429</u>	0. 101	-0. 027	0. 073	-0. 375
	F_2	0. 112	<u>0. 525</u>	-0. 027	-0. 049	0. 103	0. 169	<u>0. 529</u>	<u>0. 537</u>	-0. 313	0. 062
	F_3	<u>0. 609</u>	0. 232	-0. 059	-0. 227	0. 019	-0. 077	0. 301	-0. 327	<u>0. 562</u>	0. 022
夏季暴雨	F_1	0. 213	-0. 208	<u>0. 464</u>	<u>0. 442</u>	<u>0. 448</u>	<u>0. 433</u>	0. 097	-0. 171	0. 176	0. 206
	F_2	<u>0. 346</u>	<u>0. 497</u>	-0. 037	-0. 124	0. 097	0. 107	<u>0. 531</u>	<u>0. 508</u>	-0. 006	0. 236
	F_3	0. 002	-0. 081	-0. 098	-0. 153	-0. 185	-0. 235	0. 040	-0. 189	<u>0. 696</u>	<u>0. 591</u>

注：下划线表示影响较大因子。

对于夏季土壤干旱条件，第一主成分也包括了全部的根系抗拉力学指标，只是 4 项影响因子的排序与春季土壤干旱条件略有差异，代表根弹性模量（X_3）、直根抗拉强度（X_5）、代表根本构特征（X_4）和侧根分支处抗拉强度（X_6）的影响系数分别为 0. 451、0. 439、0. 433、0. 429，对第一主成分的影响较大，第一主成分为根系抗拉特性。第二主成分包括了全部的根-土界面摩阻指标，只是 3 项影响因子的排序与春季土壤干旱条件略有差异，直剪摩擦系数（X_8）、单根拉拔摩阻特性（X_7）和累计根表面积（X_2）的影响系数为 0. 537、0. 529、0. 525，对第二主成分的影响较大，第二主成分为根-土界面摩阻特性。第三主成分与模拟春季土壤干旱条件完全相同，即第三主成分为根量和根-土复合体抗剪特性。

夏季暴雨条件下，第一主成分与夏季土壤干旱条件完全相同，即反映根系的抗拉特性。第二主成分中，单根拉拔摩阻特性（X_7）、直剪摩擦系数（X_8）、累计根表面积（X_2）和累计根长（X_1）对第二主成分的影响较大，第二主成分为根-土界面摩阻特性与根量。第三主成分中，根-土复合体黏聚力（X_9）与根-土复合体内摩擦角（X_{10}）均反映根-土复合体的抗剪特性，因此第三主成分为根-土复合体抗剪特性。

柠条固土效益指数在 5 种植物中排名第一，根系摩阻特性位居第二；沙柳的固土效益指数均排名第二，抗拉力学特性在 5 种植物中位居第二；沙棘固土效益指数始终居末位，是 5 种植物中各项力学特性最差的。

4. 5. 2. 5　不同类型土壤与根-土复合体强度关系

为探讨垂直荷载、剪切位移与根-土复合体强度特性之间的关系，以及根-土复合体的剪切模量，粉土质砂（简称粉砂）、含细粒土砂（简称细砂）、低液限粉土（简称粉土）、低液限黏土（简称黏土）与砒砂岩风化土（简称砒砂岩）等 5 种土壤的试验均选择饱和度 25%、干密度 1.45 g/cm^3，在土壤孔隙水承压时，剪切速率为 0.8 mm/min。

1. 不同土壤的根-土复合体抗剪强度与垂直荷载关系

试验表明，5 种土壤根-土复合体的抗剪强度、残余抗剪强度与垂直荷载的关系符合线性相关关系，均随垂直荷载的增加而增加。5 种土壤根-土复合体的抗剪强度、残余抗剪强度与垂直荷载的复相关系数均在 0.95 以上，表明 5 种土壤的根-土复合体的剪切关系服从土力学上的摩尔-库仑强度破坏准则，即

$$\tau=\sigma\tan\varphi+c \tag{4-18}$$

式中：τ 为抗剪强度，kPa；σ 为垂直荷载，kPa；φ 为内摩擦角，(°)；c 为黏聚力，kPa。

2. 不同土壤的根-土复合体剪应力与剪切位移

根-土复合体的剪应力随剪切位移的增加是非线性的，剪切初期，剪应力增加较为迅速，随着剪切位移的增大，剪应力的变化趋于平稳，不再有大幅增加的现象（见图 4-22）。这可能是因为根-土复合体剪切面是一种复杂的胶结结构，剪切初期剪应力的作用破坏了这种胶结作用，而胶结作用被破坏后，随着剪切位移的增加，根-土、土-土间的相对滑动所产生的摩阻力与破坏胶结作用所产生的力相当，因而剪应力的变化趋于平稳。5 种土壤根-土复合体的剪应力均随着垂直荷载的增加而增加。当根-土复合体的剪应变达到土力学中规定的破坏位移时，继续对根-土复合体施加垂直压力，随着剪切位移的增加，根-土复合体仍具有抵抗外部荷载的能力，根系仍发挥着其固土作用。

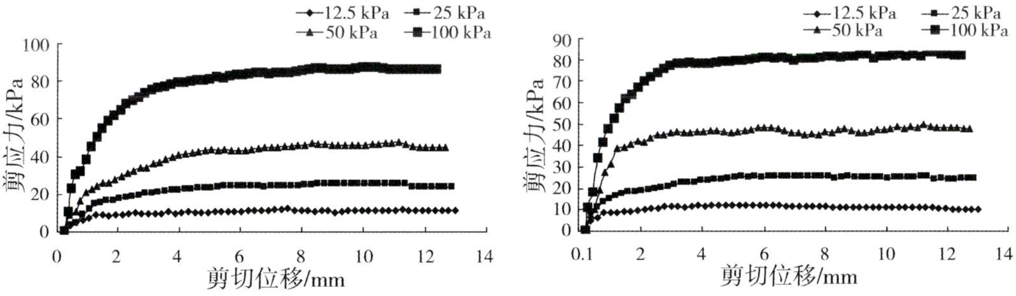

(a) 粉土质砂根-土复合体　　(b) 含细粒土砂根-土复合体

图 4-22　根-土复合体剪应力与剪切位移的关系

3. 不同土壤的根-土复合体剪切模量

在 4 种垂直荷载下，5 种土壤的根-土复合体的剪切模量（抗剪剪切模量、残余剪

切模量)均随垂直荷载的增加而增加,均在垂直荷载达到 100 kPa 时剪切模量达到最大值(见图 4-23),说明随着垂直荷载的增加,根-土复合体抵抗变形的能力增加。相同垂直荷载下,随着剪切位移增加,5 种土壤根-土复合体在较小位移(抗剪强度)时,抵抗变形的能力要大于在大位移(残余抗剪强度)时抵抗变形的能力。根系埋深 1.5 m 范围内,荷载为 12.5 kPa 和 25 kPa 时,5 种土壤根-土复合体的剪切模量基本上为黏土根-土复合体的最大,粉砂根-土复合体的最小,即 5 种土壤根-土复合体剪切变形的难易程度基本上表现为黏土根-土复合体>粉土根-土复合体>砒砂岩根-土复合体>细砂根-土复合体>粉砂根-土复合体,素土的变化趋势与根-土复合体相似。

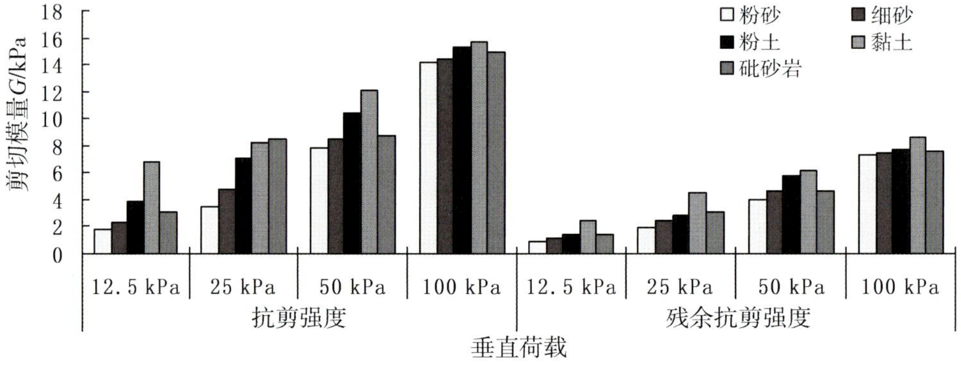

图 4-23 不同垂直压力下 5 种土壤根-土复合体的剪切模量

上述分析表明,深根系植物所形成的根-土复合体在相同的剪切位移下,相较于浅根系植物,抵抗剪切外力作用的能力要强得多,因此其具有更强的固土抗蚀作用。

4.5.2.6 饱和度对根-土复合体强度的影响

采用土壤干密度为 1.45 g/cm^3,设置 5 个不同土壤饱和度,分别为 25%、40%、55%、70%和 85%,试验剪切速率为 0.8 mm/min。

1. 不同饱和度下 5 种土壤根-土复合体的抗剪特性

试验表明,在不同饱和度的土壤中增加植物根系均能在一定程度上增强土壤的强度,但不能改变其土工性质,其强度值是由自身的理化性质决定的。在试验的两种垂直压力下,黏土根-土复合体均在土壤饱和度为 25%时,其抗剪强度达到最大值,粉砂、细砂、砒砂岩 3 种土壤根-土复合体的抗剪强度在土壤饱和度为 40%时达到最大值;在土壤饱和度为 55%时,粉土根-土复合体的抗剪强度达到最大值;当土壤饱和度在 25%~40%时,黏土根-土复合体的抗剪强度随土壤饱和度的增加而减小,粉土、粉砂、细砂、砒砂岩 4 种土壤根-土复合体的抗剪强度则均随土壤饱和度的增加而增加,5 种土壤根-土复合体的抗剪强度的大小排序为黏土>粉土>砒砂岩>细砂>粉砂；当土壤饱和度为 40%～55%时，粉土根-土复合体的抗剪强度随土壤饱和度的增加继续呈增加趋势，其余 4 种土壤黏土、粉砂、细砂、砒砂岩则随土壤饱和度的增加而逐渐减小。当土壤饱和度为 55%～70%时，5 种土壤根-土复合体的抗剪强度均随饱和度的增加而递减，其排序为粉土>黏土>砒砂岩>细砂>粉砂；当土壤饱和度为 70%～85%时，黏土根-土复合体的抗剪强度下降幅度较大，5 种土壤根-土复合体的抗剪强度表现为粉土根-土复合体的最大，砒砂岩根-土复合体的最小，其余居中。

从 5 种土壤根-土复合体在不同土壤饱和度下的黏聚力和内摩擦角来看（见表 4-17），粉砂、细砂、粉土、砒砂岩 4 种土壤根-土复合体的黏聚力均随土壤饱和度的增加而呈现先增后减趋势，粉砂、细砂、砒砂岩根-土复合体均在土壤饱和度为 40%时黏聚力达到最大值，粉土根-土复合体则在土壤饱和度为 55%时黏聚力最大。与上述 4 种根-土复合体黏聚力的变化情况有所不同，黏土根-土复合体的黏聚力随土壤饱和度的增加呈现渐减趋势，其最大值出现在土壤饱和度为 25%时。

表 4-17　根-土复合体在不同土壤饱和度下的抗剪强度指标

指标类型	复合体类型	不同土壤饱和度抗剪强度指标				
		25%	40%	55%	70%	85%
黏聚力/kPa	粉砂根-土复合体	1.24	5.07	3.74	2.35	1.36
	细砂根-土复合体	6.17	9.58	8.04	4.02	2.16
	粉土根-土复合体	15.98	18.73	22.79	18.69	12.64
	黏土根-土复合体	26.28	23.24	19.30	11.61	7.28
	砒砂岩根-土复合体	10.94	15.25	12.81	11.06	4.45
内摩擦角/(°)	粉砂根-土复合体	39.06	38.51	37.95	35.03	33.00
	细砂根-土复合体	38.28	37.59	37.08	34.38	30.62
	粉土根-土复合体	35.68	34.79	34.59	31.68	22.21
	黏土根-土复合体	35.30	33.67	32.64	30.01	18.47
	砒砂岩根-土复合体	40.40	38.69	36.67	30.26	25.08

5 种土壤根-土复合体的内摩擦角均随土壤饱和度的增加呈现渐减趋势，且在 25%饱和度时内摩擦角值均达最大。当土壤饱和度较低时，砒砂岩内摩擦角值较大，但当土壤饱和度增大时，其内摩擦角值下降，小于粉砂、细砂根-土复合体而大于粉土、黏土根-土复合体。

2. 不同饱和度下 5 种土壤根-土复合体的残余特性

5 种土壤根-土复合体的残余抗剪强度变化趋势与素土的残余抗剪强度变化趋势相似，但根-土复合体的强度变化主要还是由土壤自身的理化性质所决定的。与抗剪强度一致，垂直荷载为 25 kPa 时根-土复合体的残余抗剪强度值大于荷载为 12.5 kPa 时的强度值，即根-土复合体的残余抗剪强度随垂直荷载的变化规律与抗剪强度一致，均随土壤埋深的增加而增加。

黏土根-土复合体的残余抗剪强度随土壤饱和度的增加呈渐减趋势，粉砂、细砂、粉土、砒砂岩的根-土复合体的残余抗剪强度则均随土壤饱和度的增加而呈先增后减之势，说明这4种土壤的根-土复合体存在一个最佳的土壤饱和度使根-土复合体的残余抗剪强度达到最大值。两种垂直压力下，黏土根-土复合体的残余抗剪强度在土壤饱和度为25%时达到最大值，粉砂、细砂、砒砂岩3种土壤的根-土复合体在土壤饱和度为40%时，残余抗剪强度达到最大值。

土壤饱和度为25%~40%时，除黏土根-土复合体的残余抗剪强度随土壤饱和的增加而减小外，粉土、粉砂、细砂、砒砂岩根-土复合体的残余抗剪强度均随土壤饱和度的增加而增加，5种根-土复合体的残余抗剪强度大小排序为黏土>粉土>砒砂岩>细砂>粉砂。当土壤饱和度为40%~55%时，粉土根-土复合体的残余抗剪强度随土壤饱和度的增加而增加，其余4种则随土壤饱和度的增加而渐减。土壤饱和度为55%~70%时，5种土壤根-土复合体的残余抗剪强度均随饱和度的增加而递减。

根据库伦公式计算5种土壤根-土复合体在不同土壤饱和度下的残余黏聚力、残余内摩擦角，结果表明（见表4-18），随土壤饱和度的增加，粉砂、细砂、粉土、砒砂岩根-土复合体的残余黏聚力均呈先增加后减小的变化规律，黏土根-土复合体的残余黏聚力则随土壤饱和度的增加而逐渐减小。粉砂、细砂、砒砂岩根-土复合体均在土壤饱和度为40%时，残余黏聚力达到最大值，粉土根-土复合体则在土壤饱和度为55%时残余黏聚力最大，黏土根-土复合体的残余黏聚力在土壤饱和度为25%时最大。当土壤饱和度为25%和40%，相同土壤饱和度下5种土壤根-土复合体的残余黏聚力大小排序为黏土>粉土>砒砂岩>细砂>粉砂；当土壤饱和度为55%、70%和

表4-18 根-土复合体在不同土壤饱和度下的残余抗剪强度指标

强度指标	复合体类型	不同土壤饱和度残余抗剪强度指标				
		25%	40%	55%	70%	85%
残余黏聚力/kPa	粉砂根-土复合体	1.83	5.56	3.91	3.39	1.54
	细砂根-土复合体	6.88	9.79	7.95	4.89	2.09
	粉土根-土复合体	16.08	17.72	23.08	19.54	10.08
	黏土根-土复合体	26.05	23.53	19.78	13.41	8.66
	砒砂岩根-土复合体	9.82	16.49	14.17	10.34	5.20
残余内摩擦角/(°)	粉砂根-土复合体	39.10	38.63	38.44	35.21	33.01
	细砂根-土复合体	37.67	37.46	37.08	34.48	31.01
	粉土根-土复合体	35.04	34.77	34.10	31.47	22.64
	黏土根-土复合体	34.75	33.64	33.10	29.20	20.44
	砒砂岩根-土复合体	41.83	38.96	36.86	33.33	27.20

85%时,相同饱和度下 5 种土壤根-土复合体的残余黏聚力大小排序为粉土>黏土>砒砂岩>细砂>粉砂。

5 种土壤根-土复合体的残余内摩擦角随土壤饱和度的增加均呈现出逐渐递减的趋势,均在土壤饱和度为 25%时最大。当土壤饱和度为 25%和 40%时,5 种土壤根-土复合体的残余内摩擦角值大小排序为砒砂岩>粉砂>细砂>粉土>黏土;当土壤饱和度为 55%、70%和 85%时,残余内摩擦角值大小排序为粉砂>细砂>砒砂岩>粉土>黏土。

上述分析表明,在土壤含水量超过一定范围后,植物所形成的根-土复合体的抗蚀能力会降低,这也可能是当暴雨强度较大,降雨历时较长时,植被的减蚀作用明显降低的原因之一。

4.5.3　植被-土壤侵蚀耦合关系

土壤侵蚀强度主要取决于降水强度、降水侵蚀力及降水径流侵蚀力与植被类型、生物量、植被抗蚀力之间的对比关系。降水侵蚀力是降水特征的函数,一般而言,降水量越大,降水强度也越大,降水侵蚀力与降水径流侵蚀力也越大,两者之间呈现正相关关系。地表抗蚀力可以分解为地表植被抗蚀力和地表物质抗蚀力。前者直接取决于植被状况,后者则与地表物质的性质和粒度组成、土壤的物理化学性质相关。在一定程度上,因为成土过程与植被作用紧密相关,故土壤特性与植被特征之间也具有一定联系。植被是一种地带性的自然地理要素,其宏观空间分布格局与降水之间有着十分紧密的关系。降水决定着天然植被的类型、生物量积累和植被对地表的覆盖状况。一般而言,降水量越大,则植被的生物量越大、对地表的保护作用越强,因而由此产生的植被抗蚀力也越强。

由于植被作用的加入,降水与侵蚀强度之间的关系具有不确定性。当降水量较大时,降水所产生的侵蚀力也较大,因而可能导致较大的侵蚀强度。然而,当降水量较大时,与之相联系的天然植被的抗蚀力也较强,这也有可能导致较低的侵蚀强度(许炯心 等,2009)。换言之,如果在某一地点,降水侵蚀力的作用居于主导地位,植被的抗蚀力居于次要地位,则降水量和侵蚀强度的关系可表现为正相关;如果在另一区域,植被抗蚀力的作用居于主导地位,而降水侵蚀力的作用居于次要地位,则降水量和侵蚀强度之间的关系可表现为负相关。

采用皇甫川流域月最大 NDVI 作为植被覆盖指标,同时基于流域月降水数据,绘制植被与降水关系(见图 4-24),表明 NDVI 与降水量之间具有极显著的正相关关系[NDVI 与降水量之间的决定系数 $R^2=0.65$($p<0.001$)],同时也表明植被抗蚀力与降水量之间存在正相关关系。同时,降水量和 NDVI 的关系并非线性的。虽然图 4-24 点较为分散,但大致可以用两条斜率不同的直线进行拟合,与转折点相对应

的临界降水量阈值大致为 100 mm。当降水量<100 mm 时,拟合直线的斜率较大并且拟合效果较好,这意味着 NDVI 随着降水量的增加而不断增加;当降水量>100 mm 时,拟合直线的斜率几乎为 0,这意味着 NDVI 随着降水量的增加几乎不再增加。这就是说,在降水量>100 mm 后,植被覆盖面积和植被量的增加已经减弱。

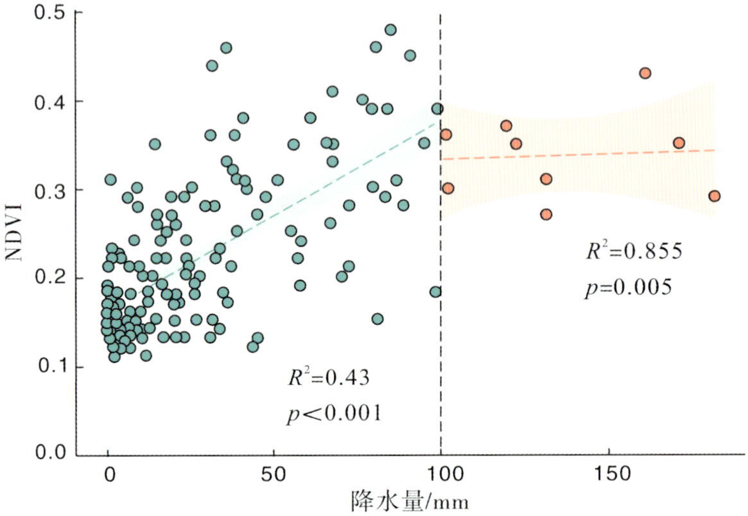

图 4-24 皇甫川流域月降水量与 NDVI 关系

皇甫川流域月输沙量与降水量关系以及月输沙量与 NDVI 关系见图 4-25。流域输沙量与降水量和 NDVI 均呈现非线性关系,在降水量为 100 mm 和 NDVI = 0.36 时有着明显的临界阈值,符合 Langbein-Schumm(朗宾-舒曼)定律。利用这两个阈值,可将输沙量和降水量的关系分为两个阶段:

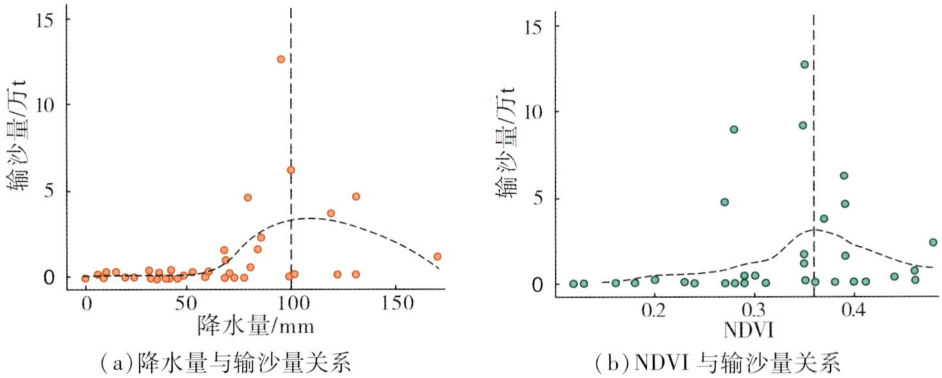

图 4-25 皇甫川流域月输沙量植被耦合关系

第一阶段,降水量<100 mm 和 NDVI<0.36。该阶段较低的 NDVI 与较小的降水量有关,植被也比较稀疏,难以有效保护土壤免受侵蚀。同时,降水不足难以产生明显的径流侵蚀。当降水量增加时,受到降水侵蚀增加的驱动因素,输沙量也会显著增加。当月降水量为 100 mm 左右时,侵蚀产沙强度最大。在这一阶段,植被覆盖的

保护作用不够显著,因此降水对侵蚀产沙过程起到主导作用。

第二阶段,降水量>100 mm 和 NDVI>0.36。在此阶段,虽说随降水量增加植被覆盖面积变化不大,但是此时植被覆盖已经可以为地表提供显著的保护作用,输沙量显著减少,植被覆盖在这一阶段的作用比降水的作用更为重要。当降水量进一步增加时,植被对土壤侵蚀和产沙有着较大的阻控作用,植被的控制作用逐渐接近并最终超过降水侵蚀力的作用,进而居于主导地位。当植被的主导作用开始出现后,输沙量随降水量增加而变化的方向发生了改变,即由增加变为减小,这一变化对应图 4-25(a)的峰值。对于一个特定的区域,植被具有独特的、相对稳定的物候变化,不同时段防止水土流失的作用不同,而降水相对于植被的变化,其波动性更大。

在降水量<100 mm 和 NDVI<0.36 时,降水侵蚀力在侵蚀过程中居于主导地位,植被抗蚀力居于次要地位,侵蚀强度变化趋势主要是由前者所决定的。因此,在这样的区域,侵蚀治理不应该以造林和植被措施作为主要手段,而应该以工程措施比如梯田、淤地坝修建等为主,植被措施也应以种植灌木和恢复草被为主。而在降水量>100 mm 和 NDVI>0.36 时,降水量比较大,植被因素成为控制侵蚀过程的主控因素,这时候应将植被措施作为侵蚀治理的主要手段。

上述分析表明,植被退化与复合侵蚀的耦合不是单一线性关系,侵蚀不仅取决于植被状况,而且与降水有关,不同降水量条件下,植被与侵蚀之间有着不同的制约关系,形成了植被-降雨-侵蚀的多维临界耦合关系。

4.6　植被退化机制与稳定性维持机制

4.6.1　植被退化主要影响因素及驱动机制

结合前述章节介绍的野外植被调查方法,利用 2019 年第 241 天的 MOD13Q1[美国国家航空航天局(NASA)的地球观测系统(EOS)提供的一种遥感植被指数产品]植被指数数据建模,提取各样点的归一化植被指数 NDVI 值,然后利用实测生物量数据,构建一元线性方程,从而获取砒砂岩区整个区域的地上生物量空间分布。利用生物量反演模型,获取了砒砂岩区及不同类型区 2000—2018 年每月生物量、4—10 月累积生物量分布数据。研究表明,覆沙区的退化面积比例最大,约占覆沙区总面积的 5.89%(见表 4-19);其次为裸露区,约占裸露区总面积的 4.47%;覆土区退化区面积最小,约占覆土区总面积的 2.31%。

裸露区植被生长状况空间格局以基本不变为主,其面积为 3 534.399 km^2,约占本区总面积的比例为 77.78%,有 806.563 km^2 的面积为改善区,占本区面积的

17.75%；覆沙区植被生长状况空间格局也以基本不变为主，其面积 2 025.216 km²，约占本区总面积的 54.39%，有 1 479.063 km² 的面积为改善区，占本区面积比例为 39.72%，改善区面积比例较裸露区大；覆土区植被生长状况空间格局也以改善为主，其面积为 4 559.688 km²，约占本区总面积的 54.07%，有 3 677.773 km² 的面积为基本不变区，占本区面积的 43.61%。

表 4-19　砒砂岩区 2000—2018 年植被不同生长状况空间分布格局

类型区	砒砂岩分区面积/km²			
	全区	覆土区	覆沙区	裸露区
特重度波动退化区	0.750	0.688	0.062	0
重度波动退化区	13.563	9.000	3.688	0.875
中度波动退化区	79.875	31.875	30.000	18.000
轻度波动退化区	273.063	77.188	98.187	97.688
正常波动退化区	250.063	76.188	87.500	86.375
基本不变区	9 237.388	3 677.773	2 025.216	3 534.399
正常波动改善区	2 482.625	1 882.875	545.750	54.000
轻度波动改善区	4 164.875	2 622.750	858.125	684.000
中度波动改善区	179.688	46.500	70.688	62.500
重度波动改善区	15.438	5.438	4.312	5.688
特重度波动改善区	2.688	2.125	0.188	0.375

不同类型区的植被生长状况变化是不同的(见图 4-26)，主要原因是不同类型区植被类型有所差异，覆土区耕地和林地面积较大，地形较平坦，水分及土壤养分条件好，有利于植物生长和植被恢复，而覆沙区和裸露区灌木较多，水分及土壤养分条件较差，植被生长和植被恢复难度较覆土区大。

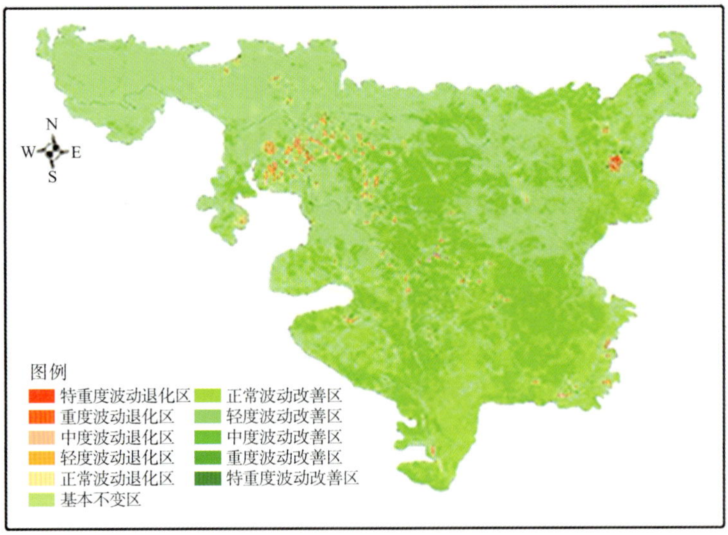

图 4-26　2000—2018 年砒砂岩区植被生长状况变化空间格局

根据 2000—2018 年砒砂岩地区植被生长空间分异特征，分别统计砒砂岩全区、覆土区、覆沙区、裸露区不同趋势和不同波动程度区域的面积和所占的比例表明，研究时段内砒砂岩区植被生长空间分异以基本不变和改善为主要趋势。其中：特重度波动退化区面积仅为 3 km^2；重度波动退化区面积为 54.25 km^2，占全区面积的 0.08%；中度波动退化区面积为 319.50 km^2，占全区面积的 0.47%，零星分布在准格尔旗周边及鄂尔多斯东胜区的部分地区。轻度波动退化区和正常波动退化区面积分别为 1 092.25 km^2 和 1 000.25 km^2，分别占 1.61% 和 1.48%，零星分布在准格尔旗、鄂尔多斯市东胜区及区域内东南部、南部的煤矿集中分布区。改善区集中分布在区域的中部及南部地区，面积约为 27 381.25 km^2，约占区域总面积的 40.46%。基本不变区面积为 37 823.75 km^2，约占全区总面积的 55.89%。

4.6.2　砒砂岩区植被稳定性格局形成机制

鄂尔多斯高原地处半干旱区到干旱区的过渡带。在半干旱区，水分是植物群落生存和发展的关键因子（张新时，1994）。植物如何利用有限的水分，不仅关系到自身生存，而且影响种间关系和植被动态。因此，水分利用策略是群落中不同类型植物共存的关键因素之一。利用稳定同位素技术的研究表明，半干旱区植物可以利用的水分来源主要有降雨补充的浅层土壤水（Cheng et al.，2006），降雨或降雪补充的深层土壤水（Yang et al.，2011）及地下水（Ohte et al.，2003；Wei et al.，2013；Su et al.，2014；Song et al.，2014；Zhu et al.，2016）。浅层土壤水一般来源于降雨，深层土壤水则来自大雨、降雪或者地下水。此外，对于 C_3 植物而言，叶片的稳定碳同位素值和长期水分利用效率呈正相关，干旱时一些植物可以通过提高水分利用效率来适应环境变化（林光辉，2013）。所谓 C_3 植物，是指最初产物是 3-磷酸甘油酸的植物，也称为碳 3 植物。另外，CO_2 同化的最初产物不是光合碳循环中的 3 碳化合物 3-磷酸甘油酸，而是 4 碳化合物苹果酸或天门冬氨酸的植物，又称 C_4 植物。

水分是鄂尔多斯高原植被分布的重要影响因子。固沙灌木和水土保持树种通过资源依赖型水分利用策略共存。沙棘和沙地柏的耗水特征体现了其对半干旱环境的适应。固沙林和水土保持林的植被稳定性分别受围封和造林年限影响。

降水影响鄂尔多斯高原的植被格局。克隆植物的物种数量、占物种总数的比例和重要值均与降水量呈显著正相关。5 种优势植物克氏针茅、本氏针茅、黑沙蒿、赖草和短花针茅均为克隆植物，其分布也受降水影响。降水增加促进前 4 种植物生长，抑制短花针茅生长。

砒砂岩区的灌木通过采取资源依赖型水分利用策略适应半干旱环境而生存。其中，覆沙砒砂岩区的沙地柏、黑沙蒿和沙柳 3 种灌木群落在生长季的不同季节，根据土壤水的可利用性，选择性地利用不同深度的土壤水。半灌木羊柴与黑沙蒿或沙柳伴生时均存在水分竞争。沙地柏的长期水分利用效率高于其他 3 种灌木。沙棘、油松和山杏 3 种水土保持林在不同季节根据土壤水或雨水的可利用性，同样是选择性地利用不同深度的土壤水或雨水。沙棘的水分利用效率高于油松和山杏。

太阳辐射和水分影响砒砂岩区灌木的耗水量。在覆沙砒砂岩区，沙地柏的耗水量晴天呈单峰曲线，干旱时呈双峰曲线，雨天呈单峰或双峰曲线。沙地柏耗水量主要受光合有效辐射 PAR、饱和水气压差 VPD、相对湿度、降雨和气温影响。生长季沙地柏的单株总耗水量平均值为 95.04 kg。因此，需要注意沙地柏灌丛的保护，避免因植被盖度过大和土壤水分过度消耗导致的植被衰退，从而确保沙地柏灌丛的长期稳定。在覆土砒砂岩区，晴天沙棘耗水量日变化呈单峰或双峰曲线。沙棘耗水量主要受 PAR、气温、VPD、风速和相对湿度影响。生长季沙棘的单株总耗水量平均值为 206.58 kg。因此，维持沙棘林的合理密度，及时采取间伐或平茬等措施，避免人工林因过度消耗水分导致植被衰退是重要的途径。

在覆沙砒砂岩区，围封明显改善了黑沙蒿群落的结构与功能，从而提高了群落的稳定性。沙丘和丘间地两种生境的沙柳和沙地柏的群落结构与功能差异显著，而黑沙蒿在两种生境下的群落结构与功能接近，不过，两种生境三种植物的群落稳定性都类似。在覆土砒砂岩区，随着水土保持林的生长，山杏林和油松林的群落结构与功能都逐渐改善，稳定性也逐渐提高。

显然，砒砂岩区优势物种具有分时分层利用土壤水分的特性，自调节分取土壤水源，形成了适应环境脆弱性砒砂岩区的稳定性维持机制。

4.7 生态承载力演变过程

4.7.1 生态承载力评价方法

采用修正的生态足迹评价方法，分析砒砂岩区生态承载力的变化过程。生态足迹可表示为：

$$E_f = Ne_f = N\sum r_j(c_i/p_i) \tag{4-19}$$

式中：E_f 为总的生态足迹；N 为人口数；e_f 为人均生态足迹；r_j 为均衡因子；j 为生物生产性土地类型，$j=1,2,\cdots,6$；c_i 为第 i 种商品的人均消费量；p_i 为第 i 种消费商品的全球平均生产能力；i 为消费商品和投入的类型，$i=1,2,\cdots,n$。

采用 2000 年、2005 年、2010 年和 2015 年多个时间节点对比，研究生态足迹的变化过程。

生态承载力表征了某一地区的生态容量，是所能提供给人类的生态生产性土地的面积总和。随着当地的经济发展和科技进步，人类对当地资源环境利用的广度和深度发生较大程度的改变，为此，在生态承载力计算时采用综合考虑社会经济系统发展的生态承载力修正模型，表示为：

$$F=XYZ \tag{4-20}$$

式中：F 为社会经济系统发展指数；X 为技术指数，用高新技术产业产值占工业总产值的比重表示；Y 为人力资源指数，用劳动力资源占总人口比重表示；Z 为经济能力指数，用当年与前一年的国内生产总值比值表示。

$$E_{\mathrm{c}} = Ne_{\mathrm{c}} = (1 - 12\%)N(\sum a_j r_j y_j)\mathrm{e}^F \tag{4-21}$$

式中：E_{c} 为总的生态承载力；e_{c} 为人均生态承载力；a_j 为人均生物生产性面积；y_j 为产量因子；F 为社会经济系统发展指数；e 为自然常数。

为使不同区域计算结果具有可比性，采用 William 等提出的均衡因子和产量因子，其中均衡因子取值为：耕地和建筑用地 2.8、林地和化石能源地 1.1、草地 0.5、水域 0.2；产量因子取值为：耕地和建筑用地 1.66、林地 0.91、草地 0.19、水域 1.00、化石能源地 0，对于未利用土地类型，由于其产出比较低，取 0 值，在计算时总面积中扣除 12%的生物多样性保护面积。

生态赤字是消费所需的生物生产性土地面积超出生态承载力可提供的生态足迹量，即

$$E_{\mathrm{d}}=E_{\mathrm{f}}-E_{\mathrm{c}} \tag{4-22}$$

式中：E_{d} 为生态赤字。如 $E_{\mathrm{d}}>0$ 说明生态足迹大于生态承载力，存在生态赤字；如 $E_{\mathrm{d}}<0$，生态足迹小于生态承载力，存在生态盈余。

根据 2000 年、2005 年、2010 年、2015 年 4 期土地利用类型图，分别计算 2000—2005 年、2005—2010 年、2010—2015 年的土地利用转移矩阵和各类土地生态承载力。生态足迹计算时按生物资源消耗和能源消耗分为两类：生物资源主要生态产品为粮食、甜菜、蔬菜、油料、水果、奶类、蛋类、猪肉、牛肉、羊肉、山羊毛、绵羊毛、羊绒和水产；能源消耗主要包括原煤、焦炭、洗精煤、汽油、天然气、热力和电力。根据 2000 年、2005 年、2010 年和 2015 年《鄂尔多斯市统计年鉴》数据，计算 4 个时期生物资源产量及能源消费量。

4.7.2　砒砂岩区生态承载力评价

砒砂岩区主要包括内蒙古自治区鄂尔多斯市的准格尔旗、东胜区、达拉特旗、杭锦旗及伊金霍洛旗，此外，还零星分布于陕西省的神木市、府谷县，山西省的河曲县、保德县，以及内蒙古的清水河县。以砒砂岩分布面积相对最大的鄂尔多斯市准格尔

旗、东胜区、达拉特旗、杭锦旗及伊金霍洛旗作为研究对象(见图4-27),范围东至黄河,西到杭锦旗的毛不拉孔兑,南至伊金霍洛旗,北达库布齐沙漠南缘,涵盖了裸露砒砂岩区、覆沙砒砂岩区和覆土砒砂岩区全部3种类型。

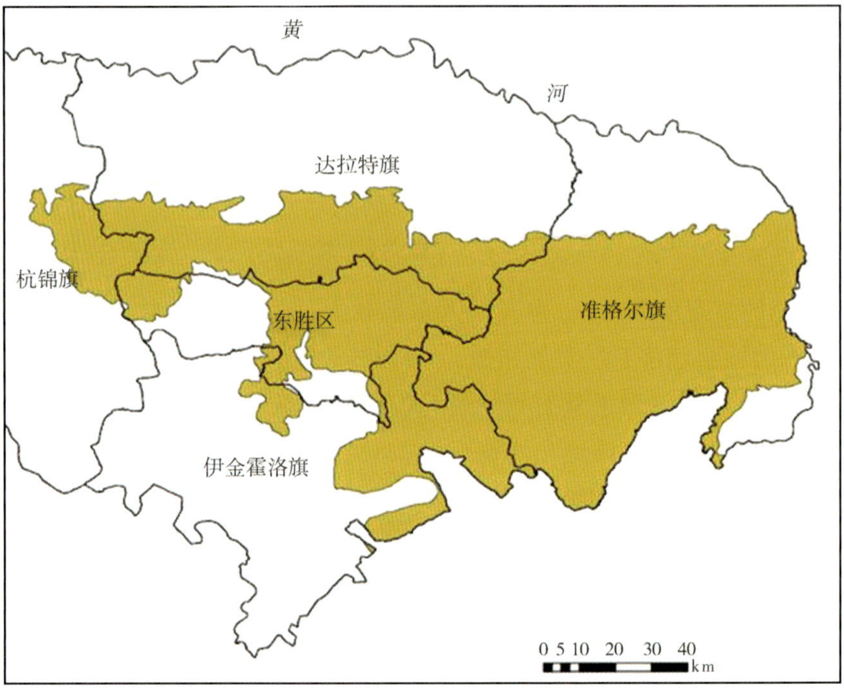

图4-27 研究区示意图

4.7.2.1 砒砂岩区2000—2015年生态承载力时序变化

研究区2000年、2005年、2010年和2015年总生态承载力分别为0.704×10^6 hm^2、1.392×10^6 hm^2、0.692×10^6 hm^2和0.853×10^6 hm^2。2000—2015年砒砂岩区总生态承载力从2000年开始快速增加,在2005年达到最高值,增幅近1倍,然后快速下降,其降幅超过50%,之后缓增,到2015年为0.853×10^6 hm^2,总生态承载力增加了21%(见图4-28)。2000—2015年生态承载力时序动态表现出明显的年际波动性,且变异性极大,变幅在20%~50%,说明砒砂岩区生态承载力稳定性差。

准格尔旗、东胜区、达拉特旗、杭锦旗及伊金霍洛旗生态承载力在2000—2015年的时序特征表现一致,即表现为先增加后降低,再缓升。相对来说,准格尔旗具有较高的生态承载力(见图4-29),4个典型年生态承载力分别是1.030×10^6 hm^2、2.078×10^6 hm^2、1.031×10^6 hm^2、1.179×10^6 hm^2,其生态承载力是伊金霍洛旗的2~3倍。伊金霍洛旗的生态承载力最低,4个典型年分别是0.337×10^6 hm^2、0.622×10^6 hm^2、0.314×10^6 hm^2、0.518×10^6 hm^2。东胜区生态承载力居于第二位,4个典型年分别是

0. 898×10^6 hm^2、1. 830×10^6 hm^2、0. 910×10^6 hm^2、1. 207×10^6 hm^2。达拉特旗、杭锦旗居中，生态承载力水平是伊金霍洛旗的 1～2 倍，特别是 2000—2010 年均接近于 2 倍，但是 2010—2015 年降低为 1 倍多。

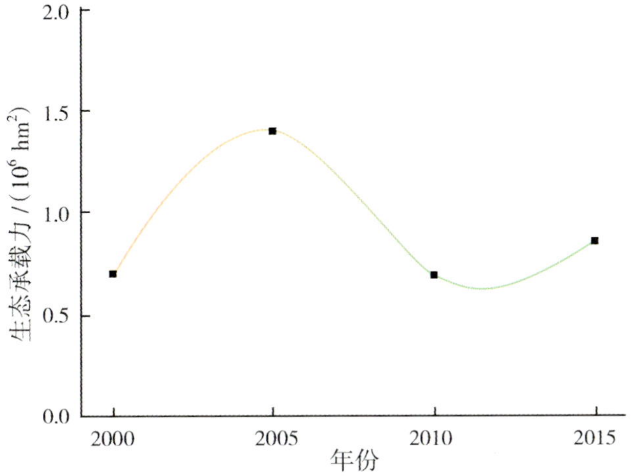

图 4-28　砒砂岩区 2000—2015 年生态承载力

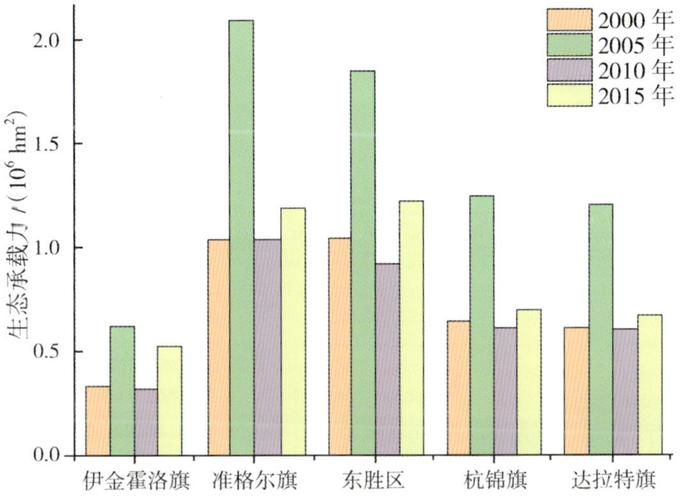

图 4-29　砒砂岩区各地区 2000—2015 年生态承载力

4.7.2.2　砒砂岩区 2000—2015 年生态承载力空间分布

研究区生态承载力水平总体偏低（见图 4-30），4 个典型年生态承载力低值区像元所占比例均超过 70%，如低值区像元比例在 2000 年、2005 年、2010 年和 2015 年分别达 74. 1%、73. 9%、73. 9%、71. 4%。除 2005 年外，生态承载力绝对值在 2000 年、2010 年和 2015 年均低于 0. 1×10^4 hm^2，而 2005 年增加近 2 倍，这一规律与砒砂岩区域的生态承载力时序动态基本一致。

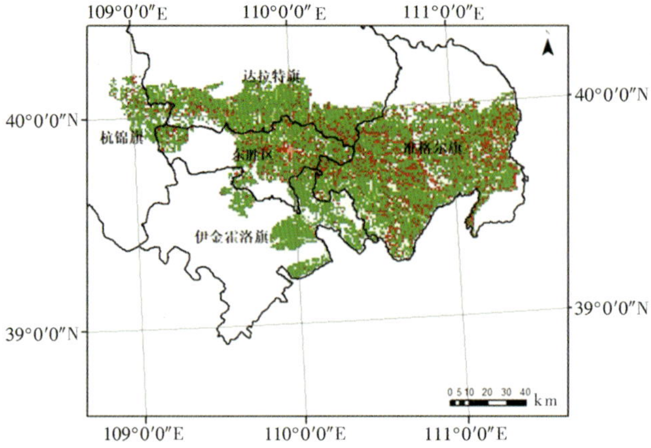

图例/(10⁶ hm²)	像元百分比/%
4.186 9	15.6
3.758 1	1.6
0.901 7	5.1
0.180 1	3.6
0.085 5	74.1

(a)2000 年

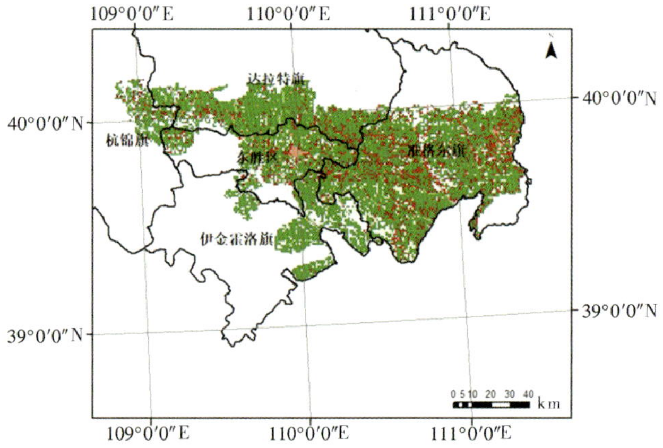

图例/(10⁶ hm²)	像元百分比/%
8.457 0	14.9
7.590 9	1.9
1.821 3	5.9
0.363 8	3.4
0.172 8	73.9

(b)2005 年

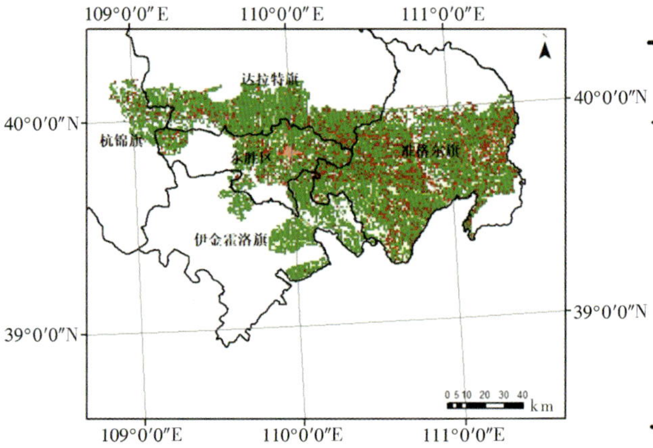

图例/(10⁶ hm²)	像元百分比/%
4.189 9	14.8
3.760 8	2.0
0.902 3	5.9
0.180 2	3.4
0.085 6	73.9

(c)2010 年

图 4-30　砒砂岩区生态承载力空间分布

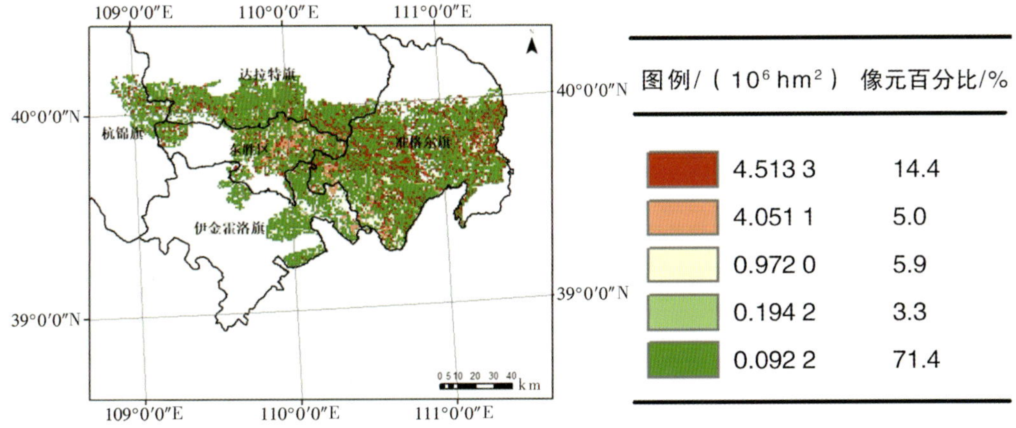

(d)2015 年

续图 4-30

4 个典型年生态承载力高值区像元所占比例均在 14%～16%，如果将生态承载力高值区和较高值区域叠加，比例超过 16%。高值区像元比例在 2000 年、2005 年、2010 年和 2015 年分别达 15.6%、14.9%、14.8%、14.4%，表明部分地区具有较高的生态承载力，且稳定性相对较好。类似地，生态承载力绝对值最高出现在 2005 年，高达 8.457×10^6 hm^2，远高于其他 3 个典型年。

空间上，2000 年、2005 年、2010 年生态承载力高值区和较高值区域分布格局类似，主要出现在准格尔旗的东部、西南部及中部地区，面积较大；东胜区的中东部地区，分布较为集中；在达拉特旗的南部、杭锦旗的东北部和伊金霍洛旗的东北部地区也有出现。而在 2015 年时，除上述地区生态承载力较高外，在准格尔旗西部、东胜区东南部及伊金霍洛旗东北部地区生态承载力增加明显，体现出研究区生态承载力在增加的趋势。

4.7.3　砒砂岩区生态承载力阈值

通过建立砒砂岩区生态承载力阈值指标，确定其生态承载力阈值。第一级指标根据砒砂岩地表物质覆盖状况，划为覆土区、覆沙区、裸露区 3 个类型；第二级指标根据海拔划分为 3 类；第三级指标根据坡度划分为≤15°、15°～25°、>25°等 3 个等级；第四级指标根据坡向划分为半阳坡、阳坡、半阴坡和阴坡 4 个坡向。据此，提出砒砂岩区生态承载力指标体系，根据砒砂岩区植被盖度的地形效应，利用分类掩膜提取技术计算 3 种砒砂岩类型区生态承载力阈值。

不同区域生态承载力阈值除根据采用指标体系评价外，同时，还需要充分参考 2016 年以来覆土区、覆沙区、裸露区植被恢复示范区的试验观测结果，进而综合确定生态承载力阈值。

在准格尔旗东部覆土砒砂岩区，海拔≤1 200 m，坡度≤15°的区域，可达最大生态承载力阈值，约为0.6(见表4-20)。覆土区主要植被为锦鸡儿灌丛、百里香、白羊草等，建议在植被恢复建植中，优选草类为锦鸡儿、百里香、披碱草、赖草、针茅、白羊草等，优选灌木类为柠条、沙棘、蒙古莸等。

表4-20　覆土区生态承载力阈值

海拔/m	坡度/(°)	坡向			
		阴坡	半阳坡	阳坡	半阴坡
≤1 200	≤15	0.597	0.570	0.550	0.592
	15~25	0.567	0.505	0.571	0.577
	>25	0.458	0.475	0.461	0.480
1 200~1 300	≤15	0.547	0.543	0.543	0.546
	15~25	0.428	0.440	0.435	0.436
	>25	0.422	0.435	0.431	0.456
>1 300	≤15	0.505	0.508	0.507	0.513
	15~25	0.411	0.415	0.406	0.401
	>25	0.422	0.436	0.417	0.396

在陕西省神木市北部的覆沙砒砂岩区，海拔1 000~1 500 m，坡度≤15°的区域，可达最大生态承载力阈值，约为0.5(见表4-21)。该地区主要草类植物为沙蒿、沙蓬、冰草、披碱草、赖草等，建议将这些作为该区域植被恢复的优选草类。另外，根据灌木分布情况，建议将沙柳、油蒿、细枝岩黄芪等作为优选植物。

表4-21　覆沙区生态承载力阈值

海拔/m	坡度/(°)	坡向			
		阴坡	半阳坡	阳坡	半阴坡
≤1 000	≤15	0.520	0.500	—	0.500
	15~25	—	—	—	—
	>25	—	—	—	—
1 000~1 500	≤15	0.528	0.500	0.430	0.500
	15~25	0.414	0.412	0.414	0.404
	>25	0.392	0.420	0.418	0.395
>1 500	≤15	0.455	0.460	0.459	0.473
	15~25	0.412	0.394	—	0.404
	>25	—	—	—	—

对于内蒙古自治区达拉特旗西南部裸露砒砂岩区,海拔 1 000~1 500 m,坡度≤15°的地区,可达最大生态承载力阈值,约为 0.4(见表 4-22)。根据当地原生植被类型,在植被恢复工程建设中,建议复播百里香、赖草、柠条、甘草、芨芨草、披碱草、丛生隐子草等草灌植物。

表 4-22　裸露砒砂岩区生态承载力阈值

海拔/m	坡度/(°)	坡向			
		阴坡	半阳坡	阳坡	半阴坡
≤1 000	≤15	—	—	—	—
	15~25	—	—	—	—
	>25	—	—	—	—
1 000~1 500	≤15	0. 368	0. 379	0. 370	0. 378
	15~25	0. 367	0. 366	0. 364	0. 370
	>25	0. 330	0. 363	0. 365	0. 386
>1 500	≤15	0. 320	0. 320	0. 320	0. 323
	15~25	0. 314	0. 342	0. 340	0. 322
	>25	—	—	—	—

通过对不同类型区生态承载力阈值的综合评价,以及根据砒砂岩三大类型区的示范区观测,覆土区的承载力相对较高,裸露区的最低;三个类型区以阴坡的较高而阳坡的低,同时以低海拔、低坡度的地貌单元的承载力较高,随坡度、海拔的增加,承载力逐渐降低。因此,在砒砂岩区植被建设中,应以覆土区为重点,以低海拔区、低坡度区为重点。同时,灌草的选择应充分考虑不同分区生物重要性高的植物,以及优势物种。

4.8　小　结

通过样方调查和理论分析,辨识了砒砂岩区主要植物群落结构特征和植被演替特征,建立了植被与地形、土壤、土壤侵蚀耦合关系,揭示了砒砂岩区植被退化机制与稳定性维持机制,并基于改进的足迹评价方法,对砒砂岩区生态承载力进行了评价。

(1)砒砂岩区位于半干旱区草原向干旱区荒漠草原的过渡带,分布的植被基本上属于半干旱草原植被类型。砒砂岩区主要的植物生活型是耐旱的灌木、半灌木、多年生草本和一年生草本植物。砒砂岩区在自然演替及人为扰动作用下形成了特有的乔灌木群落和草本群落，大约有植物2门5纲19目22科50属60种。

(2)通过群丛水平聚类分析，结合除趋势典范对应分析方法(DCCA)进行排序所得出的退耕年限表明，砒砂岩区撂荒演替的阶段大致有以下几种情况：5~15年为一年生杂类草群丛→一年生杂类草+丛生禾草群丛→一年生杂类草+多年生草本群丛(或根茎禾草群)；12~30年为多年生草本群丛→多年生草本+小灌木群丛；15~40年为根茎丛生型禾草+小灌木群丛(阳坡)或小灌木+多年生草本群丛→小灌木群丛(阳坡)或多年生草本+丛生禾草群丛。代表性群落依次为：硬皮葱→硬皮葱+狗尾草→猪毛蒿+狗尾草→冰草+猪毛蒿(刺藜+羊草)→冰草+赖草→长芒草+达乌里胡枝子→达乌里胡枝子+长芒草→大针茅+达乌里胡枝子(蒙古莸)。

(3)根据群落距离指数分析，退耕地初期演替速度较快，后期越来越慢，直至群落达到稳定状态。不同退耕年限分阶段样地间Bray-Curtis群落距离指数平均值呈下降趋势，演替表现为趋同性，演替虽然会有不同的路径和轨迹，但终将走向顶级状态。不过，仅通过自然修复，是无法根本改善砒砂岩区，尤其是覆沙区、裸露区植物群落结构的。

(4)影响砒砂岩区退耕地植被演替的主要环境因子为坡向、土壤含水量、全氮、碱解氮、有机质等。在所有影响群落演替的环境因子中，随着撂荒年限的增加，土壤含水量趋于降低。土壤全氮、土壤有机质、土壤碱解氮都呈先增加后降低再增加的趋势。

(5)除植被地上部分可以起到截雨增阻，减少水土流失的作用外，地下根系及其形成的根-土复合体也具有固土抗蚀的作用。试验表明，侧根分支处与相邻直段根抗拉力之间具有幂函数关系，而且具有相同粗细直根条件下，直段根的抗拉力要比侧根的大，同时直段根抗拉力随根茎增加的递增率要比侧根的大，鲱骨型侧根分支处抗拉力随所处位置主根直径的增大而增加。影响植物侧根分支处抗拉力的因素主要包括根径、土壤含水量、生长时期等。

与素土相比，在相同垂直荷载作用下，柠条、沙棘、白沙蒿3种植物根-土复合体的残余强度值均高于素土，根-土复合体的残余黏聚力、残余强度、残余内摩擦角均有提高，以柠条根-土复合体的残余强度值为最大，白沙蒿的最小。土壤含水率、土壤干密度、根系构成对3种植物根-土复合体残余特性有很大影响。随土壤含水率变化，素土及柠条、白沙蒿和沙棘的根-土复合体的残余黏聚力均先增后减；残余强度随土壤干密度、布根条数的增加而增大。在垂直布根、侧向(45°)布根、逆向(45°)布根、正向(45°)布根的方式条件下，根-土复合体残余强度值均大于素土，且柠条的最大，沙棘的最小。

根据砒砂岩、粉砂、细砂、粉土、黏土等5种土壤根-土复合体的试验，其抗剪强度、残余抗剪强度均随垂直荷载的增加而增加，但是，根-土复合体的剪应力随剪切位移的增加是非线性的，试验初期的剪应力增加较快，但随剪切位移增大增幅趋缓。5 种土壤根-土复合体的抗剪剪切模量、残余剪切模量也均随垂直荷载的增加而增加，均在垂直荷载达到 100 kPa 时剪切模量达到最大。在不同饱和度的土壤中增加植物根系均能在一定程度上增强土壤的强度，但不能改变其土工性质，因此在不同饱和度条件下，根-土复合体的抗剪强度响应关系是与土壤类型有关的。在土壤饱和度为 25%时，黏土根-土复合体抗剪强度达到最大；粉砂、细砂、砒砂岩根-土复合体的抗剪强度在土壤饱和度为 40%时达到最大；粉土根-土复合体的抗剪强度是在土壤饱和度为 55%时达到最大；当土壤饱和度在 25%~40%时，黏土根-土复合体的抗剪强度随土壤饱和度的增加而减小，但粉土、粉砂、细砂、砒砂岩则均随土壤饱和度增加而增加。残余黏聚力、残余内摩擦角的变化也有此规律。5 种土壤根-土复合体的残余内摩擦角随土壤饱和度的增加均呈现递减的趋势，均在土壤饱和度为 25%时达最大。

植物可以提高根-土复合体的土壤黏聚力和残余抗剪强度，进而增加了土壤抗蚀力。这种作用与植物类型、根网结构、土壤含水量、根系分布深度等因素有关，但均存在临界效应。因此，通过人工建植修复植被时，优选适配植物种类至关重要。

（6）覆土砒砂岩区植被覆盖与海拔、地形起伏度、坡度之间均具有不对称的橄榄形相关关系，随着海拔、地形起伏度、坡度的增加，植被覆盖呈现出先由小增大，后转为减小的趋势。植被主要分布在海拔 1 000~1 300 m、起伏度为 40~60 m、5°~15°缓坡的区域，植被以中覆盖度草地为主。

覆沙区地形与植被分布的耦合关系较为复杂，植被出现频次与海拔之间呈现出上凸抛物线分布，随着海拔的增加，植被覆盖呈现出先增大后减小的趋势，植被主要分布于海拔 1 200~1 500 m，以低覆盖度草地为主；植被出现频次与地形起伏度、坡度之间呈单调递减的分布关系，将近 7 成的植被分布在 0~40 m 的起伏度区间，约有一半的植被分布在 0°~5°的坡度范围。

在裸露砒砂岩区的强度侵蚀区内，植被覆盖与海拔之间有着复杂的非线性分布关系，随着海拔的增加，植被覆盖呈现出先增大后减小的趋势，当海拔大于某一高程后，植被开始急剧减少，约 70%的植被主要分布在 1 300~1 500 m 的海拔区间；植被与地形起伏度基本上符合单调递减的关系，随着地形起伏度增加，植被出现频次递减，尤其是起伏度大于 60 m 以后，植被出现频次急剧减少；随着坡度增大，植被分布虽然减少，但在小于 15°的缓坡坡度分级间的递减率比较低，当大于 15°后，突然急剧减少。显然，裸露砒砂岩强度侵蚀区的植被主要分布于中海拔、低起伏度、低坡度的范围。

在裸露砒砂岩剧烈侵蚀区，植被与海拔的关系为非线性上凸抛物线关系，植被分布主要集中在高程 1 300~1 400 m 的区域内，大于 1 400 m 高程后，植被分布数量随高程增加而逐渐减少；植被分布与地形起伏度之间的耦合关系呈半橄榄形，在 0~40 m 范围内，出现频次在 35%以上，在 40~60 m 范围内出现频次达到最高，占到 50%，之后随起伏度增加而大幅降低；裸露砒砂岩剧烈侵蚀区的植被分布与坡度的关系存在一个坡度临界，在小于 15°条件下，植被出现频次随坡度增加而不断增加，之后则大幅减少。

(7)砒砂岩区沟道小流域尺度下植被覆盖度与海拔、起伏度、坡度的相关性也比较明显。植被覆盖度分别与海拔、起伏度、坡度具有一定显著的非线性相关关系，呈现出一定的变化规律。覆土砒砂岩区植被主要分布在海拔 1 000~1 300 m，以中覆盖度草地为主，适宜于起伏度为 40~80 m 的缓坡上。覆沙砒砂岩区植被主要分布在海拔 1 200~1 500 m，以低覆盖度草地为主，较为适宜在起伏度 0~40 m 的缓坡上生存。裸露砒砂岩区(强度侵蚀)植被主要分布在海拔 1 200~1 500 m，以低覆盖度草地与中覆盖度草地为主，较为适宜在缓坡与微坡上生存。裸露砒砂岩区(剧烈侵蚀)植被主要分布在海拔 1 300~1 400 m，以中覆盖度草地为主。

沟道沟底的植被种类最少，沟坡和沟顶较多。植被种类出现的频率在不同坡位有明显差别，以针茅出现频次最高，而以蒙古莸出现频次最低。沟道尺度阳坡的植被种类要少于阴坡的植被种类，且阴坡的植被量大于阳坡的植被量。阳坡出现频次最高的是胡枝子，最低的是远志；阴坡出现频次最高的是针茅，出现频次最低的是斜茎黄芪。沟道尺度海拔对植被的影响在不同区域不同沟道表现不同，在覆土区，相对于坡顶和坡面，1 177 m 左右的沟底植被分布较多；在裸露区，相对于坡面和坡底，1 215 m 左右的沟顶上出现植被的总量和类型都最多；在覆沙区，1 020 m 左右的沟底上出现植被的种类最多，1 034 m 左右的沟顶上植被量最高。

(8)土壤黏粒、土壤水分和土壤有机碳与群落丰富度和多样性指标有着显著的正相关关系，而容重与其显著负相关。土壤水分、有机碳及黏粒含量高有利于提高植物群落的丰富度和多样性。砒砂岩质地土壤容重高，不利于植物生长。同时，土壤有机碳、全氮、全磷含量均处于较低水平，不利于植物生长，植物群落多样性指数低，群落结构单一。因此，劣质的土壤下垫面条件是砒砂岩区生态退化的主要原因之一。

(9)土壤侵蚀与植被退化存在互馈关系。一般而言，降水量越大，则植被的生物量越大，对地表的保护作用越强，因而由此产生的植被抗蚀力也越强，随降水量增加侵蚀量反而减少；但是，当降水量大于某一量级时，降水所产生的侵蚀力就会大幅增加，以致大于植被的抗蚀力，因而则可能导致较大的侵蚀强度。换言之，如果降水侵蚀力作用居于主导地位，植被的抗蚀力居于次要地位，则降水量和侵蚀强度的关系可表现为正相关；如果植被抗蚀力的作用居于主导地位，而降水侵蚀力的作用居于次要地位，则降水量和侵蚀强度之间的关系可表现为负相关。

（10）覆沙区的植被退化面积比例最大，其次为裸露区，覆土区退化面积最小，不过退化面积均不超过各类型区的 6%。总体来说，砒砂岩区植被生长空间分异以基本不变和改善为主要趋势。

（11）水分是砒砂岩区植被分布的重要影响因子，决定了植被格局。太阳辐射和水分主要影响砒砂岩区灌木的耗水量，维持沙棘林的合理密度，及时采取间伐或平茬等措施，是避免植被退化的重要途径。砒砂岩区优势物种具有分时分层利用土壤水分的特性，自调节分取土壤水源，形成了适应环境脆弱性砒砂岩区的稳定性维持机制。

（12）提出了综合考虑经济社会系统发展的生态承载力足迹评价修正模型。通过评价表明，2000—2015 年砒砂岩区总生态承载力从 2000 年开始快速增加，在 2005 年达到最高值，增幅近 1 倍，然后快速下降，其降幅超过 50%，之后又处于缓增过程，生态承载力表现出稳定性差的特点。生态承载力高值区和较高值区主要分布在准格尔旗东部、西南部及中部，达拉特旗南部、杭锦旗东北部和伊金霍洛旗东北部地区，以及东胜区的中东部地区。覆土区的承载力相对较高，裸露区的最低。覆土、覆沙、裸露 3 个类型区以阴坡的生态承载力较高而阳坡的低，同时以低海拔、低坡度的地貌单元的承载力较高。总体来说，砒砂岩区的生态承载力呈现波动性增加态势，但增幅相对不大。在砒砂岩区植被建设中应以覆土区为重点，以低海拔区、低坡度区为重点。

第 5 章　砒砂岩区土壤侵蚀类型及时空分异特征

砒砂岩区特殊的侵蚀环境,使其成为黄河流域典型的复合侵蚀地区,水力、风力、冻融、重力耦合作用,不仅造成了强烈的复合土壤侵蚀,而且严重加剧了植被的退化。认识砒砂岩区土壤侵蚀类型及其时空分异特征,对于治理措施研发、措施配置优化都具有重要意义。本章分析了砒砂岩不同类型区主要土壤侵蚀类型,水力-风力-冻融复合侵蚀过程,水力、风力、冻融对坡沟系统的侵蚀贡献率和侵蚀动力临界,同时,进一步揭示了块体状重力侵蚀时空分异特征及发生机制。

5.1　水力-风力-冻融复合侵蚀试验方法

在覆土砒砂岩区二老虎沟流域典型坡面建设 4 个复合侵蚀原位观测小区,小区规格为长 12.5 m、宽 2.5 m,坡度约 37.5°。4 个复合侵蚀原位观测小区从左到右依次为水(力)+冻(融)复合侵蚀小区、全要素[风(力)+水(力)+冻(融)]复合侵蚀小区、全要素植被措施小区(对照)和冻融侵蚀小区(见图 5-1)。各小区动力控制技术为(肖培青 等,2021):①水+冻复合侵蚀小区:通过采取白铁皮挡风,控制风力侵蚀因素,只保留降雨和冻融侵蚀因素;②全要素(水+风+冻)复合侵蚀小区:不控制任何动力条件,采取常规小区围挡方式;③全要素植被措施小区(对照):比较植被因素对复合侵蚀过程的影响;④冻融侵蚀小区:通过特殊材料,控制风力因素和降雨径流侵蚀影响,保证水分和气温交换不受影响,只保留冻融侵蚀因素。

5.2　不同类型区主要土壤侵蚀类型

5.2.1　覆土砒砂岩区

覆土砒砂岩区地貌多呈黄土丘陵沟壑,植被覆盖较裸露区好,上覆黄土或浮沙,沿坡从上到下逐渐变薄。沟壑密度在 3~6 km/km^2。除部分梁峁和缓坡地为耕地

图 5-1 砒砂岩复合侵蚀野外观测小区

外，多为天然草地，植被覆盖度为 20%左右，侵蚀模数 1.5 万 t/(km^2·a)，属剧烈侵蚀区，以水蚀为主，水蚀、风蚀和重力侵蚀交替发生。砒砂岩主要在沟缘线以下的沟谷中出露，而且切割深，呈典型的“V”字形沟道，坡度在 35°以上。

5.2.2 裸露砒砂岩区

裸露砒砂岩区地貌多呈岗状丘陵，沟壑密度平均为 5~7 km/km^2，植被较少，覆盖度较低，上覆薄层的黄土或浮沙，基岩大面积裸露。侵蚀模数 2.1 万 t/(km^2·a)左右，以水蚀为主，复合侵蚀严重。砒砂岩不仅在沟谷中出露，而且在坡面上出露。岩性为砾岩、砂岩及泥岩，交错层理发育，颜色混杂，有棕红色、紫红色、黄绿色、白色、灰白色，风蚀与水蚀都很严重。

5.2.3 覆沙砒砂岩区

覆沙砒砂岩区平均沟壑密度为 1~3 km/km^2，地表沙化严重，侵蚀模数 0.8 万 t/(km^2·a)，以风蚀为主，呈现出风蚀、水蚀复合侵蚀的景观。覆沙区与裸露区及覆土区的区别就是地表黄土覆盖薄且有浮沙覆盖，地表水系不发育。因此，从遥感图像看，沟道阴影较轻，有明显沙地的影像特征。岩性为泥岩、含砾砂岩、页岩及长石砂岩，胶结疏松，颜色有紫红色、咖啡色、灰白色、姜黄色，风化剥蚀严重。

5.3　水力-风力-冻融复合侵蚀过程

5.3.1　单一动力侵蚀过程

5.3.1.1　水蚀过程

砒砂岩区水力侵蚀多发生于夏季 7—8 月，此时降雨集中且多为暴雨，其降雨量约占全年总降雨量的 64%。从水蚀作用下砒砂岩坡面侵蚀产沙过程（见图 5-2）看，水蚀单独作用使砒砂岩坡面产沙量呈先波动上升后波动下降再趋于相对稳定的时序规律。根据室内模型试验，坡面产沙开始于降雨约 8 min 后，产沙活跃时段为降雨后的 12~38 min，随着降雨持续，约 40 min 后坡面形态发育趋于稳定，相应的产沙量也逐渐趋于相对稳定，整个试验过程中坡面累计产沙量约为 330 kg。砒砂岩坡面在水蚀作用下的产沙过程与黄土坡面细沟产沙较为相似，即细沟发育活跃期产沙量迅速增大，随后达到平衡状态下相对稳定产沙量。

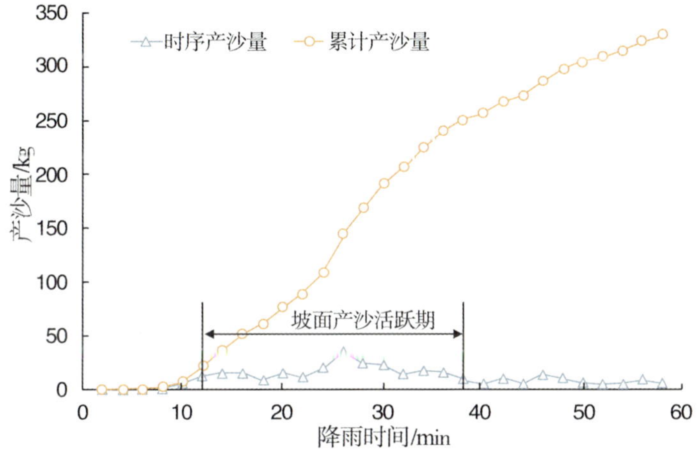

图 5-2　水蚀作用下砒砂岩坡面侵蚀产沙过程

5.3.1.2　冻融过程

砒砂岩区冻融侵蚀多发生于春季解冻期。在白天，随着气温升高表层土体解冻，到了夜晚，气温降低土体再次上冻，完成一次冻融循环，其持续时间基本维持在 24 h 左右。图 5-3 为冻融作用下砒砂岩坡面不同层次土体的冻融循环过程，其冻融循环试验历时 7 d。

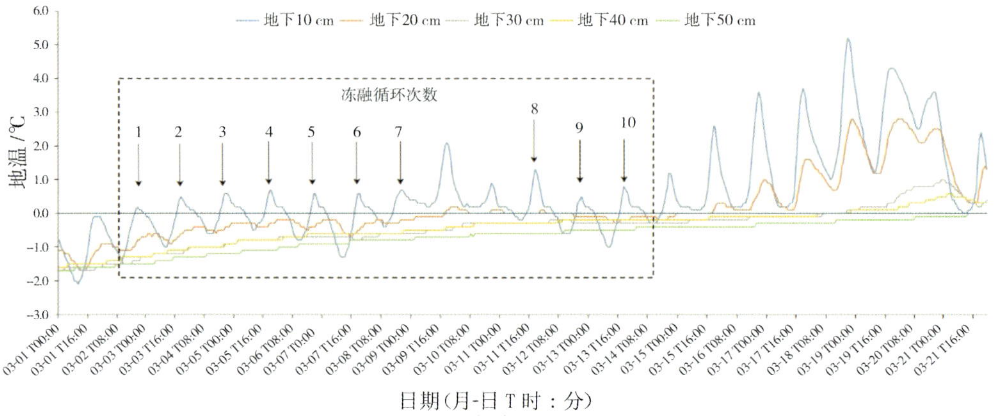

图 5-3 冻融作用下砒砂岩坡面不同层次土体的冻融循环过程(2019 年)

根据冻融循环过程试验观测,冻融循环影响厚度基本上只在表层 10 cm 内,更深层的土体则一直处于冰冻状态。根据土力学基本原理,由于温度变化,表层 10 cm 内的土体水分会发生由液态(固态)到固态(液态)的相变过程,进而引起体积不均匀膨胀,可造成土体机械性破坏。不过,在这一过程中并未观测到坡面产沙,而且置于野外现场坡顶的天然砒砂岩块体在经历了一次冻融循环后,其形态、质量也并未发生明显变化。这一现象说明,单一冻融作用可能并不会导致坡面产沙量明显增加,但其对砒砂岩表层结构的破坏可以为水蚀提供更为充足的物质来源,也就是说,冻融作用只有在水力、重力等驱动因子的复合作用下才能使坡面冻融物质被搬运、堆积。

5.3.1.3 风蚀过程

砒砂岩区风力侵蚀的主要作用时段在每年的 3—5 月,此时随着春季气温逐渐回升,地表冻土开始融化,且降雨稀少,植被覆盖度低,平均风速 2.4 m/s,最大风速可达 15~16 m/s。自然界中风蚀过程分为风积和风化两个方面,其中风化作用是在大气条件下使砒砂岩的物理性状和化学成分发生变化,风积作用是风力所挟带的沙粒发生堆积。在单一风蚀试验中,由于砒砂岩土壤的颗粒较粗,风积产沙量非常小。同时,根据现场观测,在风力作用环境下的天然砒砂岩块体形态、质量并未出现明显变化。这一现象说明,单一风蚀作用也可能不会造成砒砂岩坡面产沙量的明显增加,只有在水力等作用下,风蚀对砒砂岩表层的风化影响才会显现。当然,对这一现象还需要深化研究。

5.3.2　砒砂岩区水力、风力、冻融多动力复合侵蚀过程

砒砂岩区侵蚀环境因子呈明显的季节性变化特征，水力、风力、冻融侵蚀过程在时间上交替、在空间上叠加，延长了侵蚀时间，加剧了侵蚀程度。要揭示水力-风力-冻融的驱动叠加效应，需要通过与不同侵蚀动力组合的对比分析，定量分离风蚀、冻融与水蚀过程的叠加关系。

以“冻-水”表示冻融、水力二者的复合侵蚀产沙量，以“冻-风-水”表示冻融、风力、水力三者的复合侵蚀产沙量，由“冻+水/冻+风+水”表示冻融与水蚀（或冻融与风蚀和水蚀）过程相加的产沙量。根据不同动力组合作用下砒砂岩坡面侵蚀产沙过程分析（见图 5-4），由于试验过程中单一风蚀过程产沙量极少，因此“冻+水”和“冻+风+水”两条线基本上重合、“风蚀”和“冻融”两条线重合。也说明在单一的冻融、风蚀作用下砒砂岩坡面产沙量甚微。“冻+水/冻+风+水”产沙过程较复合侵蚀产沙量明显偏小，且累计产沙量的增加过程较为平缓；“冻-水”和“冻-风-水”产沙过程较“冻+水/冻+风+水”过程增加明显，且在降雨开始后的 14~42 min 累计产沙量剧烈增加，而此时正是坡面侵蚀形态发育的活跃阶段，说明多动力交互作用下的复合侵蚀会导致砒砂岩坡面产沙的明显增加，尤其是对坡面侵蚀形态发育活跃期的侵蚀产沙量影响显著。

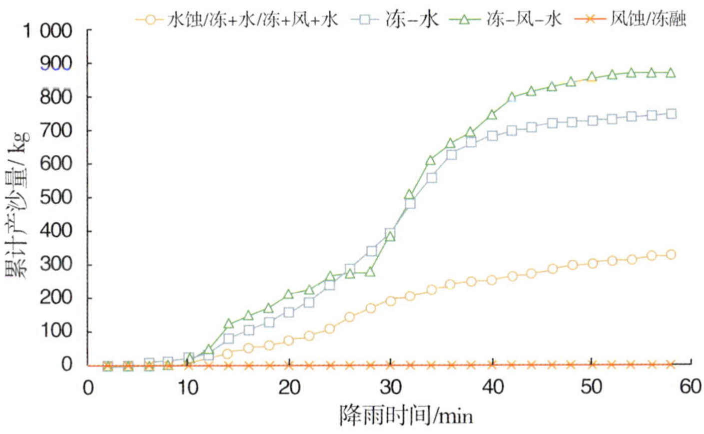

图 5-4　不同动力组合作用下砒砂岩坡面侵蚀产沙过程

从水力、风力、冻融多动力交互作用下砒砂岩坡面复合侵蚀叠加效应看，在“冻+水”作用下，砒砂岩坡面产沙量约为 330 kg，“冻-水”复合作用下的产沙量约为 748 kg，“冻-水”叠加效应约放大了 127%；在“冻+风+水”作用下，砒砂岩坡面产沙量约为 329 kg，“冻-风-水”复合作用下的产沙量约为 868 kg，“冻-风-水”叠加效应放大了 164%。说明复合侵蚀作用存在着叠加放大效应，两相或三相作用力的交互能使砒砂

岩坡面的产沙量增加 1 倍以上。

5.4 水力、风力、冻融对坡沟系统的侵蚀贡献率

通过横向对比试验小区的侵蚀量,可分离不同季节侵蚀动力对原状坡面的侵蚀贡献。以冻融侵蚀小区为基准,水力+冻融复合侵蚀小区侵蚀量减去冻融侵蚀小区侵蚀量即剥离出水力单因子的侵蚀量,水力+冻融+风力复合侵蚀小区侵蚀量减去水力+冻融复合侵蚀小区侵蚀量即剥离出风力单因子的侵蚀量。以 2018 年 3 月至 2019 年 4 月的观测为例,分析多动力对侵蚀的贡献率(见表 5-1)。在 2018 年 3—6 月期间,3—4 月冻融交替日数达 20 d,冻融作用强烈;3—5 月强风也较多,风速超过 10 m/s 的风在 3—5 月共出现 29 d;4—6 月出现降雨,共计 97.7 mm。

表 5-1 不同季节坡面小区侵蚀量

坡面小区	2018-03—2018-06		2018-07—2018-10		2018-11—2019-04		侵蚀量合计/kg
	侵蚀量/kg	比例/%	侵蚀量/kg	比例/%	侵蚀量/kg	比例/%	
冻融	6.27	31.91	5.63	28.65	7.75	39.44	19.65
水力+冻融	8.85	10.42	66.71	78.57	9.34	11.00	84.90
水力+冻融+风力	11.81	10.58	85.52	76.61	14.3	12.81	111.63

在 3—6 月,原状坡面同时受到冻融侵蚀、风力侵蚀和水力侵蚀作用,冻融侵蚀、风力侵蚀、水力侵蚀对原状坡面侵蚀贡献率(各动力侵蚀量占总侵蚀量的比例)分别为 53.09%、25.06%和 21.85%,说明此段时间内砒砂岩坡面以冻融侵蚀作用为主,冻融侵蚀贡献为风蚀或水蚀作用的 2 倍以上。

在 2018 年 7—10 月,降雨量达到 353.8 mm,其中 7、8 月分别为 161.6 mm、129 mm;9—10 月 10 m/s 以上的风出现 14 d;10 月底最低温出现负值,冻融作用开始出现。7—10 月水力侵蚀、风力侵蚀、冻融侵蚀对原状坡面侵蚀贡献率分别为 71.42%、21.99%和 6.58%,即此段时间内砒砂岩坡面以水力侵蚀为主,风力侵蚀次之(水蚀贡献是风蚀的 3 倍以上),且 10 月底存在少量冻融侵蚀。

从 11 月开始,砒砂岩坡面进入土冻期,一直到翌年的 3、4 月才缓缓解冻。2019 年 3—4 月冻融交替日数达 31 d,冻融作用很强烈;超 10 m/s 的强风在 3—4 月出现 16 d。2019 年 4 月出现 31.3 mm 的降雨。因此,2018 年 11 月至 2019 年 4 月原状坡面也同时受到冻融侵蚀、风力侵蚀和水力侵蚀作用,冻融侵蚀、风力侵蚀、水力侵蚀对原状坡面侵蚀贡献率分别为 54.20%、34.69%和 11.12%。可见,此时间段砒砂岩坡面以冻融侵蚀和风力侵蚀为主,冻融侵蚀分别为风蚀、水蚀作用的 1.56 倍和 4.87

倍。冻融侵蚀、风蚀的增大，导致了 2018 年 11 月至 2019 年 4 月的侵蚀量略大于 2018 年 3—6 月的侵蚀量。对砒砂岩原状坡面而言，3—6 月、11 月至翌年 4 月，冻融侵蚀量最大，然后为风力侵蚀量、水力侵蚀量；7—10 月，水力侵蚀量最大，然后为风力侵蚀量、冻融侵蚀量。计算各动力总侵蚀量和坡面总侵蚀量得知，在 2018 年 3 月至 2019 年 4 月整个研究期，原状坡面侵蚀量中水蚀占 58.45%，冻融和风蚀共占 41.55%，水蚀对坡面侵蚀影响最大。就 2018 年而言，水蚀作用对坡面的影响最大，冻融侵蚀作用次之，风蚀作用最小。

5.5　水力-风力-冻融复合侵蚀动力临界

5.5.1　水力侵蚀临界

在连续降雨下，当降雨侵蚀力不足以打破抗蚀力平衡时，坡面产流保持相对稳定，不会发生明显变化。但随着降雨持续，即使降雨强度不变，这种相对平衡也会被打破。试验表明，即使在同一降雨强度下，随着降雨过程持续，产流过程会经历 5 个明显的阶段（见图 5-5）：第 1 阶段发生在降雨初期，在这一段的开始短时段内，一旦开始产流，径流量有一个突然增加的过程，但很快趋缓；进入到第 2 阶段，产流量基本上会维持在一个相对低的水平；在第 3 阶段，虽然产流量变化不是太大，但有低幅增加趋势；如果降雨持续，产流量会由第 3 阶段的低幅增加，突然在第 4 阶段的初期大幅增加，并很快进入一个相对高的状态；之后相对稳定一个阶段后，又会进入相对趋

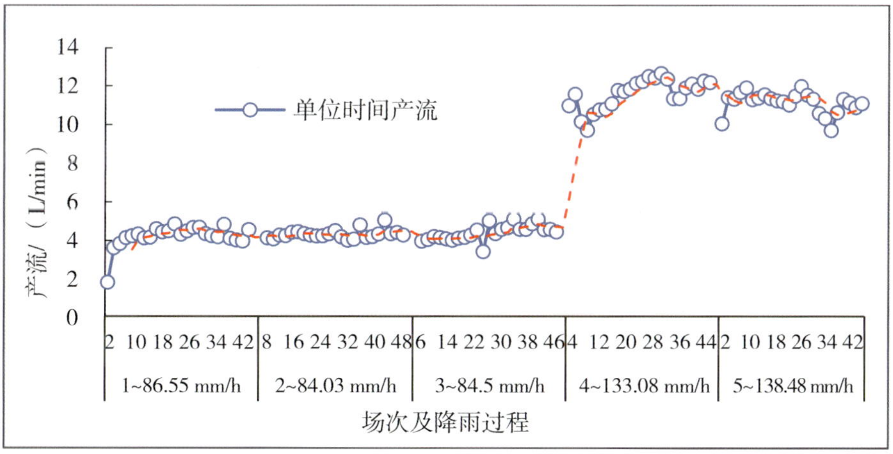

注：图中，1～86.55 mm/h 含义：1 代表场次，86.55 mm/h 为雨强；2、10、18、26、34、42 等数字代表时间，单位为 min。余同。

图 5-5　连续模拟降雨下坡面产流过程

稳走低的第5阶段，但变幅相对不大，处于一个相对稳定的状态。

图5-6是相应的产沙过程，与图5-5的产流过程对比，两者有一定的相似之处。总体来说，前3个阶段的变化规律是基本一致的，有一定区别的是后两个阶段，其中在第4个阶段的初期，产沙量突然出现大幅跃升，在过程线上出现间断点，并很快进入产沙高峰，其最大产沙量是第4阶段初期跃升值1 200 g/min的1.5倍，约达到1 700 g/min，但很快又急剧连续降低，并随降雨持续，降低到一个相对较低水平后，进入第5阶段，并在这一阶段的前期一直保持一个相对稳定的状态，但是在第5阶段的后半期，产沙量又震荡走高，但未达到第4阶段的高峰值，随后则又趋稳。大体上来说，产沙过程经历了两次突破侵蚀临界现象，分别是侵蚀力陡增初期的强剥蚀阶段和持续降雨作用下的冲刷平衡被打破阶段。根据试验过程中坡面地形演变过程来看，两次临界分别与坡面溅蚀-跌坎形成阶段和细沟侵蚀发育阶段相对应。因为试验降雨强度是相对稳定的，因此含沙量变化过程与产沙量过程是一致的。根据以往开展的相关研究（姚文艺 等，2017），砒砂岩区坡面产流产沙过程的变化与其相比是有相似之处的，即总体趋势上都有一个增加期、高峰期和最后阶段的趋缓走平期。

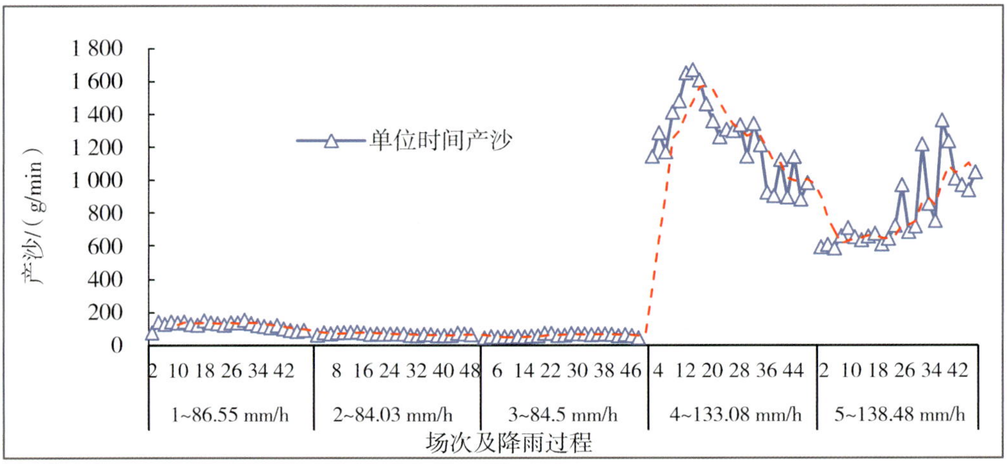

图5-6 连续模拟降雨下坡面产沙过程

试验表明，无论单动力或是多动力，水力侵蚀的发生前提是降雨产流和径流对泥沙颗粒的分散能力。结合试验观测，产流发生时土壤含水量在40%左右，即达到饱和含水量即产流。土壤前期含水量和土壤的入渗系数及入渗深度是影响一定降雨情景下坡面能否产流和产流强度的关键因素。

根据试验观测数据计算（见表5-2），就50 cm土层而言，产流产沙的临界雨量条件为34 mm。

表 5-2　产流土壤含水量

土层厚度/cm	前期含水量/%	产流含水量/%	土壤干密度/(g/cm^3)	土壤水储量/mm
10	15.6	25	1.4	13.16
20	37.7	44.7	1.4	9.80
30	38.5	42.2	1.4	5.18
40	34.2	37.3	1.4	4.34
50	30.8	32.2	1.4	1.96
合计				34.44

从理论上来说，当降雨强度大于土壤入渗率时，坡面即开始产流，因此影响土壤入渗性能的参数也决定了降雨侵蚀临界现象的发生。

从超渗产流角度分析，结合不同密度不同含水量条件下土壤初渗率、稳渗率及土壤渗透系数等参数，以及参考其他相关研究成果（见表 5-3），产流临界降雨强度应大于当时土壤含水量条件下的入渗率。因此，在土壤含水量较高的条件下，产流的雨强应达到 1.2～1.4 mm/min，或在土壤含水量较低的条件下，产流雨强应达到 3.12～4.2 mm/min。

表 5-3　砒砂岩区不同类型土壤及入渗参数的相关研究成果

数据来源	采样地点	土壤含水量/%	土壤密度/(g/cm^3)	初渗率/(mm/min)	渗透系数/(cm/min)	备注
马文梅 等，2018	准格尔旗表层土	4 4.3	1.40 1.40	4.2 7.1		原状土 填装土
常平 等，2018	准格尔旗圪坨店沟	7.7～8.83	1.85～1.96	3.12	0.312	
刘挨刚 等，1998	某土料室土工试验	18 16	2.65 2.65		4.02×10^{-3} 3.42×10^{-3}	红色砒砂岩风化土 白色砒砂岩风化土
本研究	准格尔旗	36.5～36.9	1.3	1.2～1.4	4.7×10^{-2} 4.3×10^{-2} 4.5×10^{-2}	红色砒砂岩填装土

5.5.2　风力侵蚀临界

风力侵蚀发生的条件是风力大于起沙风速，起沙风速大小受沙粒直径、地表粗糙度和土壤湿度影响。根据已有研究成果，对于普通泥沙颗粒：$d<0.5$ mm，起沙风速为

4.78 m/s；d<0.25 mm，起沙风速为 4.25 m/s；d<0.1 mm，起沙风速为 3.39 m/s；d<0.07 mm，起沙风速为 3.03 m/s。

根据野外采样和泥沙颗粒分析可知，砒砂岩颗粒粒径< 0.5 mm 的颗粒占总体质量的 90.42%～97.89%（见表 5-4）。因此，在区域风力资源全年均有分布的气象条件下，砒砂岩区域裸露及松散边坡风蚀全年均有发生。

表 5-4　砒砂岩土壤颗粒特征

取样位置	d<0.5 mm 含量/%	取样位置	d<0.5 mm 含量/%
风化堆积土	90.69	支沟沟道	90.42
坡面表层土	90.83	坝前淤积土	97.89

5.5.3　冻融侵蚀临界

根据前述分析，自然环境下年内土壤温度经历下降至低于 0 ℃时段和上升至高于 0 ℃时段，分别出现在 11 月中下旬和次年的 3 月中下旬。

随着气温变化，冻结过程始于 11 月中下旬，温度在 0 ℃上下交替，表土层进入冻融交替过程至完全冻结（上冻期）（见图 5-7）；12 月，表层及以下土层进入完全冻结状态；至次年 3 月中下旬，表土层再次处于冻融交替状态，直至完全融解（解冻期）；其他层冻结和融解过程交替变化不及表层明显。通过对上冻期和解冻期地温 0 ℃上下交替次数发现，年度内，土壤在上冻期和解冻期分别经历多次冻融过程。

冻融的侵蚀作用表现在冻融风化的过程，同时改变砒砂岩的孔隙率和入渗性能。影响冻融侵蚀作用的因素有含水率和冻融次数。冻融作用随含水率的增加而增强，冻胀率随冻融次数增加而增大。

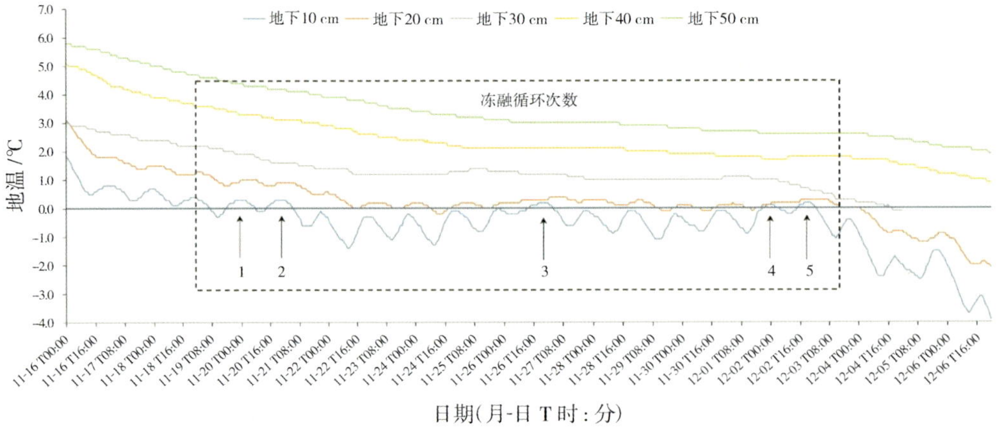

图 5-7　上冻期土壤冻融次数（2018 年）

结合冻融试验观测和已有以往相关研究成果，含水率<8.56%时冻胀量很小，含水率>10.27%时冻胀破坏明显。表层土孔隙率及渗透系数随冻融次数的增加呈先减小、再增加，再到稳定状态。在砒砂岩区封冻期，表层及浅层土含水量>12%，上冻期和融解期冻融次数大多在 10 次以上。

5.6　块体状重力侵蚀时空分异特征及发生机制

5.6.1　砒砂岩重力侵蚀

砒砂岩在风蚀、水蚀、冻融、化学及重力侵蚀交互作用下，呈现复合侵蚀模式，其中重力侵蚀占总侵蚀量的 30%～50% 以上，是砒砂岩区主要侵蚀类型。砒砂岩区重力侵蚀的表现形式主要有泻溜和崩塌。

5.6.1.1　泻溜

泻溜是崖壁和陡坡上的土石经风化形成的碎屑，在重力作用下，沿着坡面向坡下滑落的现象（见图 5-8）。在砒砂岩区，由于冻融侵蚀严重，加之风化作用，在砒砂岩坡面相对较缓处往往形成大量的碎屑物质，为泻溜发生提供了侵蚀物质。

图 5-8　泻溜

5.6.1.2 崩塌

崩塌是较陡斜坡上的岩土体在重力作用下突然脱离母体崩落、滚动、堆积在坡脚（或沟谷）的地质现象（见图 5-9）。砒砂岩岩体存在大量的裂隙，尤其是在坡上段的裂隙非常发育，一旦有降水径流进入裂隙，往往会导致崩塌发生，而且砒砂岩区发生崩塌的形式往往是大规模块体状，可将其称之为“块体状重力侵蚀”。

图 5-9 崩塌

5.6.2 块体状重力侵蚀及其发生机制

5.6.2.1 块体状重力侵蚀概念

在砒砂岩重力侵蚀中，以崩塌为主要形式的块体状重力侵蚀现象十分突出，其发生具有突然性，侵蚀量和破坏性较大，是侵蚀产沙的主要来源之一。

所谓块体状重力侵蚀，是指在砒砂岩区由重力作用所引起的大体状的崩塌侵蚀现象，其中“块体状”主要是为了与一般的破碎状重力侵蚀体相比，而强调两者之间在崩塌体规模上的区别。块体状重力侵蚀往往是裂隙发育所导致的，而一般的破碎状重力侵蚀往往是表层砒砂岩风化而形成的。

砒砂岩块体状重力侵蚀一般发生在坡度>70°的高陡边坡上，崩塌的块体尺度比较大，多数都是 1 m^3 以上（见图 5-10）。

图 5-10　块体状重力侵蚀崩塌体

根据侵蚀规模可划分为小型、中型、大型、特大型块体状重力侵蚀。

5.6.2.2　诱发块体状重力侵蚀的主要因素

诱发重力侵蚀的因素均会导致块体状重力侵蚀的发生，除常见因素外，导致砒砂岩块体状重力侵蚀的主要原因可概括为地形地貌、岩性、地质构造等方面。

1. 地形地貌

砒砂岩区大小冲沟发育、密集，沟边坡陡立。许多坡面坡度>70°，十分陡峭，为崩塌发生创造了条件（见图 5-11）。

图 5-11 砒砂岩区块体状重力侵蚀发育在高陡边坡

2. 岩性

成岩程度低，尤其是泥岩层颗粒间胶结程度差，结构强度低，蒙脱石含量高，遇水易膨胀崩解泥化（见图 5-12）。

图 5-12 砒砂岩风化崩解

3. 竖向裂隙发育

竖向裂隙发育，裂隙长度几十厘米到几米不等，导致砒砂岩整体抗风化能力降低，加速基岩风化。一方面导致临坡面砒砂岩与母体分离，降低其稳定性；另一方面构成水流通道，水流沿裂隙下渗，加剧砒砂岩尤其是泥岩层侵蚀，导致上部砂岩层悬空、突出，丧失支撑，成为潜在崩塌体（见图 3-5）。

4. 层状结构，岩性差异大

砒砂岩属软硬相间地层，其中砂岩层强度相对较高，稳定性较好，而泥岩、砂质泥岩层成岩程度差，遇水很容易崩解，且崩解速度快，对整个岩体的稳定性十分不利。泥岩在沟坡上形成凹陷，上部的砂岩则相对突出，呈悬挑状，成为潜在崩塌体（见图 5-13）。

图 5-13 砒砂岩软硬相间层状结构

5.6.2.3 砒砂岩块体状重力侵蚀发生机制

砒砂岩裂隙发育，在裸露砒砂岩坡面随处可以看到众多的裂隙（见图 5-13），而且这些竖向裂隙还都比较宽，同时沿水平、垂直方向的发育比较深，构成了水流下渗的通道，在水力、冻融和风化等作用下，岩层不断剥落而导致上部岩体渐失支撑，形成倾覆力矩，裂隙间岩石块体重心不断外移，构成倾覆崩塌态势。随着后侧裂隙逐渐扩大，在重力作用下，当岩块倾覆力矩大于稳定力矩时，骤然发生倾倒式的大块体积的崩塌，呈现出以顺坡翻滚方式向下崩落至坡脚（或沟谷）的现象。这就是块体状重力侵蚀（见图 5-14）。

砒砂岩块体状重力侵蚀的表现为倾倒式崩塌，主要原因在于砒砂岩由砂岩和泥岩互层构成，属软硬相间地层，泥岩层侵蚀速度快，强度下降，逐渐剥落，导致上部砂岩层渐渐失去支撑，呈悬挑状，为重力侵蚀发生提供了重要的边界条件。因为在未受到遇水浸泡条件下，岩体相对坚固，在重力作用大于抗倾力矩时，就会出现规模较大的崩塌侵蚀体。

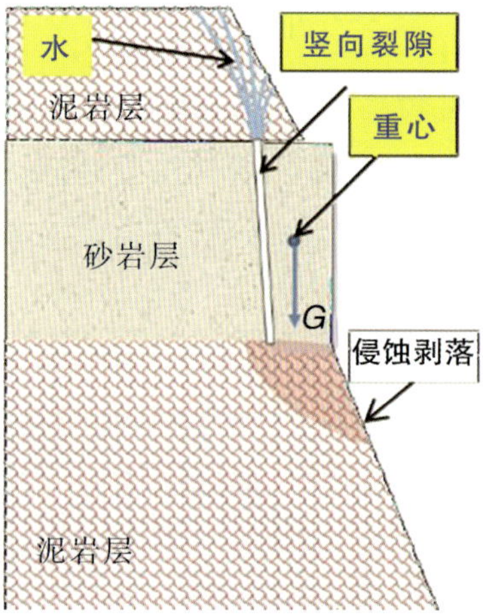

(a)初始状态

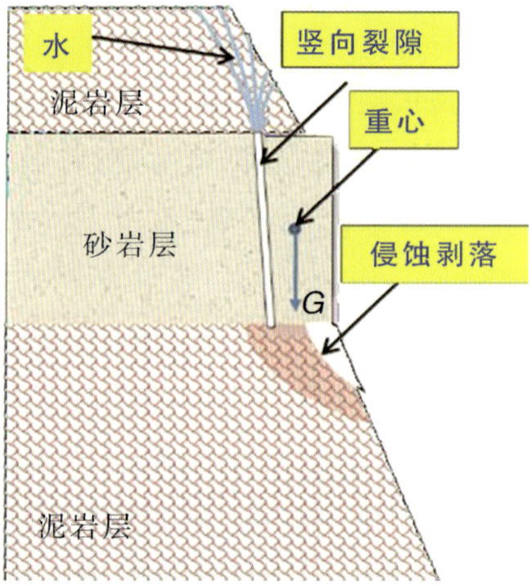

(b)泥岩层侵蚀剥落

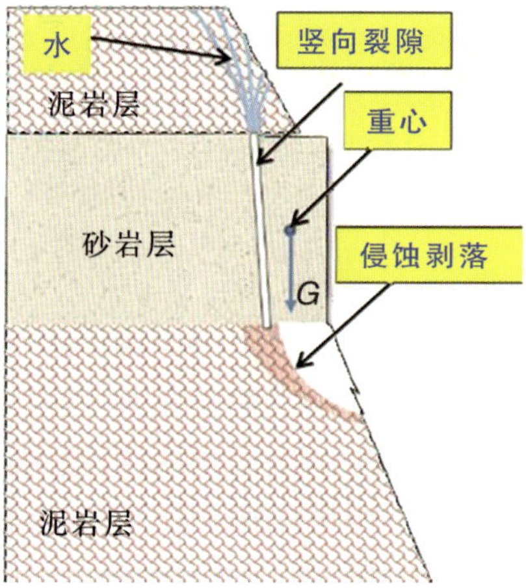

(c)泥岩层侵蚀发展,砂岩层悬挑

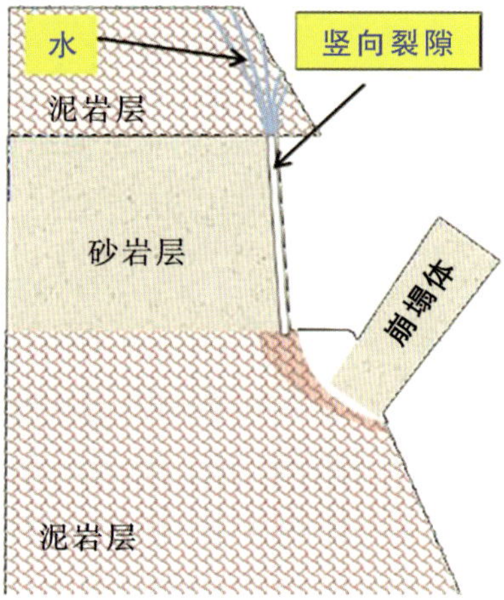

(d)砂岩块体失稳倾覆

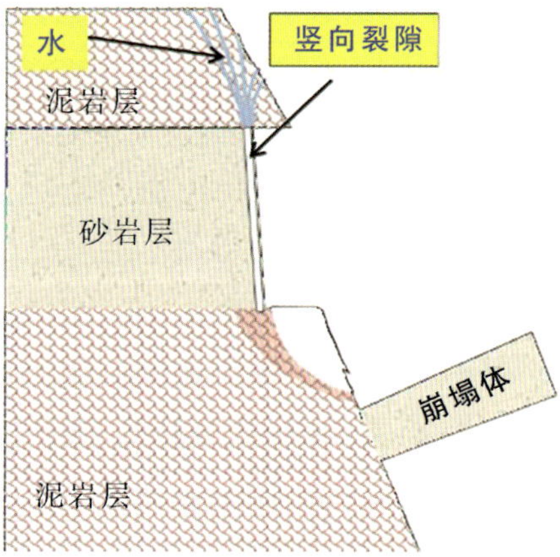

(e)砂岩块体滚落

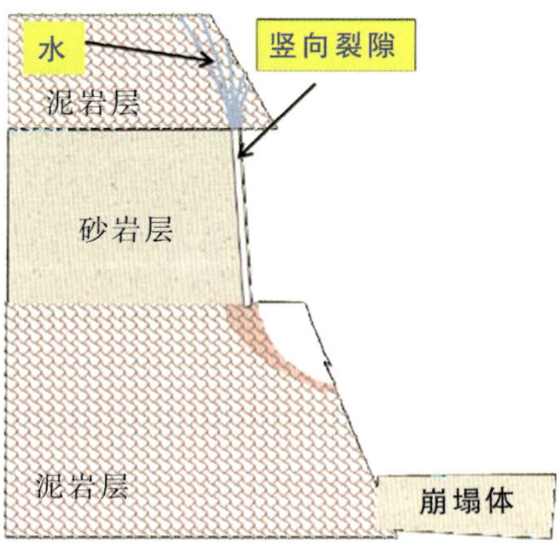

(f)砂岩块体堆积于坡脚或沟底

图 5-14　砒砂岩块体状重力侵蚀发生机制

5.6.2.4　不同砒砂岩类型区块体状重力侵蚀分布特征

为掌握覆土、覆砂、裸露三类砒砂岩区块体状重力侵蚀的分布特征，在覆土区二老虎沟、覆沙区特拉沟、裸露区什布尔太沟等 3 个小流域开展了现场调查与勘测，重点调查了砂岩层竖向裂隙发育情况，勘测统计了对块体状重力侵蚀规模影响较大的裂隙深度、裂隙长度、裂隙间距等关键参数。

裂隙深度表示裂隙面沿竖直方向发育尺寸，裂隙长度表示裂隙沿水平方向的延展尺寸，裂隙间距表示沿裂隙面法线方向相邻两裂隙面的平均间距。裂隙深度越大、水平长度越长，块体状重力侵蚀规模就会越大；裂隙间距越大，则崩塌块体的厚度越大。

1. 覆土砒砂岩区

对覆土区二老虎沟的调查统计结果见图 5-15、表 5-5。

在覆土砒砂岩区 5 000 m^2 的样区内，共有 167 处竖向裂隙，裂隙深度平均值 0. 29 m，长度平均值 0. 21 m，平均裂隙间距 0. 14 m。其中 157 处裂隙深度在 0. 2～0. 8 m 范围内，10 处裂隙深度达到 0. 8～1. 6 m，裂隙开度平均 0. 005 m，裂隙密度 17 条/km。覆土区临坡面砒砂岩裂隙较发育，岩块较为破碎，潜在的块体状重力侵蚀多为小型（占比 94%），少量中型（占比 6%），没有大型或超大型侵蚀。

图 5-15　覆土砒砂岩区岩体裂隙

表 5-5 覆土砒砂岩区竖向裂隙发育情况

块体状重力侵蚀等级	裂隙深度		裂隙长度		裂隙间距	
	尺寸范围/m	统计数量/个	尺寸范围/m	统计数量/个	尺寸范围/m	统计数量/个
小型	0.2~0.8	157	0.2~0.6	159	0.1~0.2	151
中型	0.8~1.6	10	0.6~1.2	8	0.2~0.4	16
大型	1.6~3.2	0	1.2~2.4	0	0.4~1	0
超大型	>3.2	0	>2.4	0	>1	0

2. 覆沙砒砂岩区

对覆沙区特拉沟流域调查统计结果分别见图 5-16、表 5-6。

图 5-16 覆沙砒砂岩区岩层裂隙

覆沙砒砂岩区样区内发育 171 处竖向裂隙，裂隙深度平均值 0.41 m，长度平均值 0.32 m，平均裂隙间距 0.23 m。其中 136 处裂隙深度在 0.2~0.8 m 范围内，25 处

表 5-6　覆沙砒砂岩区竖向裂隙发育情况

块体状重力侵蚀等级	裂隙深度		裂隙长度		裂隙间距	
	尺寸范围/m	统计数量/个	尺寸范围/m	统计数量/个	尺寸范围/m	统计数量/个
小型	0.2~0.8	136	0.2~0.6	133	0.1~0.2	132
中型	0.8~1.6	25	1.6~1.2	29	0.2~0.4	31
大型	1.6~3.2	8	1.2~2.4	7	0.4~1	6
超大型	>3.2	2	>2.4	2	>1	2

裂隙深度达到 0.8~1.6 m，8 处达到 1.6~3.2 m，2 处超过 3.2 m，表明潜在的块体状重力侵蚀多为小型和中型（占比分别为 79.5%和 14.6%），有少量大型或超大型侵蚀（占比分别为 4.7%和 1.2%）。裂隙密度也为 17 条/km。

3. 裸露砒砂岩区

在 5 000 m^2 的裸露砒砂岩区样区内，共发育 184 处竖向裂隙，根据调查统计（见图 5-17、表 5-7），裂隙深度平均值 0.48 m，长度平均值 0.39 m，平均裂隙间距 0.29 m，其中 127 处裂隙深度在 0.2~0.8 m 范围内，35 处裂隙深度达到 0.8~1.6 m，14 处达到 1.6~3.2 m，8 处超过 3.2 m，表明潜在的块体状重力侵蚀多为小型（69%）和中型（19%），有少量大型或超大型侵蚀，占比分别为 7.6%和 4.4%。其水平长度平均 0.48 m，垂直深度大多在 2 m 以上，裂隙开度平均 0.015 m，密度为 18 条/km。

图 5-17　裸露砒砂岩区岩层裂隙

表 5-7 裸露砒砂岩区竖向裂隙发育情况

块体状重力侵蚀等级	裂隙深度		裂隙长度		裂隙间距	
	尺寸范围/m	统计数量/个	尺寸范围/m	统计数量/个	尺寸范围/m	统计数量/个
小型	0.2~0.8	127	0.2~0.6	131	0.1~0.2	128
中型	0.8~1.6	35	0.6~1.2	37	0.2~0.4	42
大型	1.6~3.2	14	1.2~2.4	10	0.4~1	11
超大型	>3.2	8	>2.4	6	>1	3

5.6.2.5 砒砂岩区块体状重力侵蚀分布特征

根据现场调查的统计资料,砒砂岩覆土、覆沙、裸露三大分区的块体状重力侵蚀规模存在明显区别:覆土区块体状重力侵蚀多为小型,占比 94%,少量中型,占比6%;覆沙区块体状重力侵蚀多为小型和中型,占比分别为 79.5%和 14.6%,有少量大型或超大型侵蚀,占比分别为 4.7%和 1.2%,与覆土区相比,其小型侵蚀比例显著降低,中型侵蚀比例明显增大;裸露区块体状重力侵蚀与覆沙区的相比,小型侵蚀占比进一步降低为 69%,中型侵蚀占比增大至 19%,大型和超大型侵蚀占比明显上升,分别为 7.6%和 4.4%。导致上述差别的主要原因在于三大类型区岩层竖向裂隙发育情况存在较大不同,覆土区裂隙深度、长度、间距平均值相对较小,覆沙区、裸露区相应的裂隙参数逐渐增大,大型裂隙所占比例相对较大,使得潜在侵蚀规模变大。

5.7 小　结

砒砂岩区为黄河流域典型的多动力复合侵蚀区,水力、风力、冻融、重力侵蚀均十分严重,且具有显著的时空分异性。

(1)砒砂岩覆土区以水蚀为主,水蚀、风蚀和重力侵蚀交替发生;裸露区以水蚀为主,风蚀与水蚀都很严重;覆沙区地表水系不发育,以风蚀为主,呈现出风蚀、水蚀复合侵蚀的景观。三个类型区的重力侵蚀均十分严重。

(2)砒砂岩区水力侵蚀多发生于夏季 7—8 月的暴雨集中期;冻融侵蚀多发生于春季解冻期,根据对野外 6 次完整的冻融循环过程观测,冻融循环影响的土层厚度基本上只在 10 cm 内,更深层的土体则一直处于冰冻状态;风力侵蚀主要发生在每年的3—5 月,不过,在没有降水条件下,风蚀作用很弱,只有在水力等作用下,风蚀对砒砂岩表层的风化影响才会显现,砒砂岩坡面产沙量明显增加。多动力复合作用存在着侵蚀叠加放大效应,两相或三相作用力的交互能使砒砂岩坡面的产沙量增加 1 倍以上。冻融侵蚀量为水力+冻融+风力侵蚀量的 17.6%,水力+冻融侵蚀量为三项动力复合侵蚀量的 76.1%。

(3)砒砂岩区水力、风力、冻融复合侵蚀存在动力临界，水力侵蚀发生的前提条件是径流对泥沙颗粒的分散能力，产流产沙的临界雨量条件为连续降雨量达到 34 mm。同时，降雨强度也是重要指标，在土壤含水率达到 36%左右较高的条件下，产流的雨强应达到 1.2~1.4 mm/min；在土壤低含水率为 4%左右较低的条件下，产流雨强应达到 3.12~4.2 mm/min。对于风蚀来说，粒径< 0.5 mm 的砒砂岩风化土壤颗粒占总体质量的 90.42%~97.89%，起沙风速不足 5 m/s。因此，在风力资源全年均有分布的气象条件下，砒砂岩裸露区域及松散边坡风蚀全年均可能发生。含水率<8.56%时冻胀量很小，含水率>10.27%时，冻胀破坏明显。在砒砂岩区封冻期，表层及浅层土含水量>12%，上冻期和融解期冻融次数多在 10 次以上。

(4)砒砂岩区存在严重的块体状重力侵蚀。块体状重力侵蚀是由重力作用所引起的大体状的崩塌侵蚀现象，其中“块体状”是区别于一般破碎状重力侵蚀体而言的。块体状重力侵蚀多是砒砂岩裂隙发育所导致的，多数发生在坡顶与坡面交接带坡度>70°的陡崖上。导致砒砂岩块体状重力侵蚀的主要原因为地形地貌、岩性、地质构造等方面。砒砂岩裂隙发育，而且其竖向裂隙比较宽，沿水平、垂直方向的发育比较深，构成了水流下渗的通道。在水力、冻融和风化等作用下，岩层不断剥落而导致上部岩体渐失支撑，形成倾覆力矩，裂隙间岩石块体重心不断外移。随着后侧裂隙逐渐扩大，在重力作用下，当岩块倾覆力矩大于稳定力矩时，骤然发生倾倒式的大块体积的崩塌，呈现出以顺坡翻滚方式向下崩落至坡脚(或沟谷)的现象，块体状重力侵蚀就会发生。

(5)覆土砒砂岩区发育的裂隙深度平均值 0.29 m，长度平均值 0.21 m，平均裂隙间距 0.14 m，裂隙密度 17 条/km；覆沙区样区裂隙深度平均值 0.41 m，长度平均值 0.32 m，平均裂隙间距 0.23 m，裂隙密度也为 17 条/km；裸露区裂隙深度平均值 0.48 m，长度平均值 0.39 m，平均裂隙间距 0.29 m，裂隙密度为 18 条/km。可以看出，尽管砒砂岩三大类型区的侵蚀类型、严重程度和植被类型与结构等具有分异性，但是其地质发育特征是一致的。

(6)砒砂岩覆土、覆沙、裸露三大分区的块体状重力侵蚀规模存在明显区别，覆土区块体状重力侵蚀多为小型，占比 94%；覆沙区块体状重力侵蚀多为小型和中型，占比分别为 79.5%和 14.6%，有少量大型以上，占比为 5.9%；裸露区块体状重力侵蚀与覆沙区的相比，中型侵蚀占比增大至 19%，大型以上为 12.0%。

第 6 章　块体状重力侵蚀注浆治理新材料及其特性

砒砂岩发育的裂隙为块体状重力侵蚀发生提供了边界条件，由此也增加了块体状重力侵蚀的治理难度，仅靠现有的常规治理措施要么很难见效，要么造价太高，因此有必要根据砒砂岩岩性特征和裂隙特征，针对块体状重力侵蚀发生规模大、边界复杂和遇水易崩解的问题，研发新的治理途径与措施。本章介绍了研发的块体状重力侵蚀注浆治理的原理、新材料，以及新材料的扩散特征和阻控重力侵蚀的力学性能。

6.1　技术原理

高聚物注浆是 20 世纪 70 年代发展起来的用于治理诸如地基等建筑物工程脱空、裂损病害的技术，其原理是：将双组分材料混合后制成一种高聚物浆液，将其注射到裂隙后，可迅速发生化学反应而释放热能，浆液温度不断升高，溶解的物理发泡剂则随之逐渐汽化形成大量微小闭孔气泡并悬浮于浆液中，遂使浆液体积不断膨胀，进而填充整个裂隙。然而，对于砒砂岩裂隙的治理而言，是不能直接用此类高聚物的。由于砒砂岩对水敏感，传统的注浆材料如水泥浆、水玻璃、水泥砂浆等均以水作为溶剂或主要反应成分，会对砒砂岩结构造成破坏，使得加固效果被严重削弱，甚至完全丧失加固作用，必须对浆液膨胀进行有效调控，使之处于低压膨胀过程，因此如何利用注浆方式防治砒砂岩块体状重力侵蚀是一个技术难题。

针对这一难题，基于无水注浆理念，把高聚物注浆材料应用到块体状重力侵蚀治理中，研发砒砂岩竖向裂隙高聚物注浆技术。为此，利用聚合反应原理，对异氰酸酯、多元醇、催化剂和物理发泡剂（汽化剂）等多料剂类型和配比进行优化设计，成功研发了反应速率、胶凝时间、膨胀性能可调可控且具有凝聚内拉作用的适用于砒砂岩块体状重力侵蚀治理的高聚物注浆材料。同时，结合砒砂岩裂隙发育程度、块体状重力侵蚀形式等特征，研发的注浆方式包括高聚物竖向裂隙注浆、高聚物锚固注浆和高聚物渗透注浆，根据不同注浆方式对浆液性能的需求，分别研制了相应的快膨胀高黏结型、慢膨胀高锚固型和低黏度型三种高聚物注浆材料和施工技术。

6.2 高聚物注浆材料的设计及性能

6.2.1 高聚物浆液聚合反应原理

高聚物浆液被注射后，迅速发生化学反应，释放大量热能，浆液温度不断升高。随着温度上升，浆液中溶解的物理发泡剂逐渐汽化形成大量微小闭孔气泡并悬浮于浆液中，使浆液体积不断膨胀，驱动浆体流动。

高聚物浆液的化学反应十分复杂，主要反应为异氰酸酯和多元醇之间的聚合反应，其化学反应方程式为

$$n\mathrm{NCO{-}R{-}NCO}+n\mathrm{HO{-}R'{-}OH}\longrightarrow{-}[\mathrm{O{-}R'{-}O{-}CONH{-}R{-}NHCO}]_n{-} \tag{6-1}$$

忽略分子扩散所产生的影响，其化学反应动力学模型为

$$\frac{\mathrm{d}X_{\mathrm{OH}}}{\mathrm{d}t}=A_{\mathrm{OH}}\exp\left(-\frac{E_{\mathrm{OH}}}{R_{\mathrm{g}}T}\right)c_{\mathrm{OH},0}(1-X_{\mathrm{OH}})\left(\frac{c_{\mathrm{NCO},0}}{c_{\mathrm{OH},0}}-X_{\mathrm{OH}}\right) \tag{6-2}$$

式中：A_{OH} 为指数函数前的常系数或简称常数；E_{OH} 为活化能；R_{g} 为气体常数；T 为绝对温度；X_{OH} 为多元醇的反应转化率；$c_{\mathrm{NCO},0}$、$c_{\mathrm{OH},0}$ 分别为异氰酸酯和多元醇在反应混合物中的初始摩尔浓度；exp 表示以 e 为底的指数。其中

$$X_{\mathrm{OH}}=\frac{c_{\mathrm{OH},0}-c_{\mathrm{OH}}}{c_{\mathrm{OH},0}}$$

高聚物在反应过程中满足如下热能平衡方程：

$$(C_{\mathrm{P}}+r_{\mathrm{BG}}C_{\mathrm{BG}}+r_{\mathrm{BL}}C_{\mathrm{BL}})\frac{\mathrm{d}T}{\mathrm{d}t}=\left[\frac{(-\Delta H)_{\mathrm{OH}}c_{\mathrm{OH},0}}{\rho_{\mathrm{P}}}\right]\frac{\mathrm{d}X_{\mathrm{OH}}}{\mathrm{d}t}-\lambda\left(-\frac{\mathrm{d}r_{\mathrm{BL}}}{\mathrm{d}t}\right) \tag{6-3}$$

式中：ρ_{P} 为聚氨酯密度；C_{P} 为混合浆液的比热；$(-\Delta H)_{\mathrm{OH}}$ 为胶凝反应热；C_{BL} 为当前时刻液态物理发泡剂的比热；C_{BG} 为当前时刻气态物理发泡剂的比热；r_{BL} 为当前时刻液态物理发泡剂的质量分数；r_{BG} 为当前时刻气态物理发泡剂的质量分数；X_{OH} 为多元醇的反应转化率；$c_{\mathrm{OH},0}$ 为多元醇在反应混合物中的初始摩尔浓度；λ 为物理发泡剂的蒸发热；T 为绝对温度；t 为反应时间。

在宏观上可以把高聚物浆液视为两种液体和一种气体混合而成的均匀流体。其中，液体部分由聚氨酯混合液及溶解在浆液中的液态物理发泡剂混合而成，气体部分为蒸发形成的气态物理发泡剂，任意时刻高聚物浆液密度的计算式为

$$\rho=\frac{1+r_{\mathrm{BL},0}}{\dfrac{r_{\mathrm{BG}}1\,000RT}{pM_{\mathrm{B}}}+\dfrac{r_{\mathrm{BL}}}{\rho_{\mathrm{BL}}}+\dfrac{1}{\rho_{\mathrm{P}}}} \tag{6-4}$$

式中：ρ 为任意时刻高聚物浆液的密度；ρ_P 为聚氨酯密度；ρ_{BL} 为溶解在液体中的物理发泡剂密度；$r_{BL,0}$ 为初始时刻液态物理发泡剂的初始质量分数；r_{BL} 为当前时刻液态物理发泡剂的质量分数；r_{BG} 为当前时刻气态物理发泡剂的质量分数，$r_{BG}=r_{BL,0}-r_{BL}$；p 为压力；M_B 为摩尔质量；R 为理想气体常数；T 为温度。

异氰酸酯转化率的计算公式为

$$X_{NCO}=\frac{c_{NCO,0}-c_{NCO}}{c_{NCO,0}} \tag{6-5}$$

式中：X_{NCO} 为异氰酸酯的转化率；$c_{NCO,0}$ 为异氰酸酯的初始摩尔浓度；c_{NCO} 为异氰酸酯的当前摩尔浓度。

异氰酸酯浓度与多元醇转化率之间满足

$$c_{NCO}=c_{OH,0}\left(\frac{c_{NCO,0}}{c_{OH,0}}-X_{OH}\right) \tag{6-6}$$

6.2.2　高聚物浆液优化设计

注浆加固是治理块体状重力侵蚀的一个重要途径。由于砒砂岩岩性特殊，对水敏感，传统的注浆材料如水泥浆、水玻璃、水泥砂浆等，均以水作为溶剂或主要反应成分，会对砒砂岩结构造成破坏，使得加固效果被严重削弱甚至完全丧失加固作用，因此如何对砒砂岩块体状重力侵蚀进行防治一直是个难题。

针对这一问题，需要研发新型非水反应高聚物注浆材料。结合砒砂岩块体状重力侵蚀治理裂隙注浆、锚固注浆和渗透注浆等措施对高聚物浆液的性能要求，基于聚合反应原理，对异氰酸酯、多元醇、催化剂和物理发泡剂（汽化剂）等多料剂类型和配比进行了优化设计，研发了反应速率、胶凝时间、膨胀性能可调可控，适用于砒砂岩块体状重力侵蚀治理的高聚物注浆材料。

6.2.2.1　基于粒子群算法的高聚物浆液化学反应动力学参数反演

为实现高聚物浆液性能的量身定制，基于聚合反应机制，开展了高聚物浆液化学反应动力学参数反演，为建立高聚物浆液扩散过程仿真方法、优化浆液配比设计奠定基础。

粒子群算法起源于对鸟群捕食的行为研究，其基本思想是通过群体中个体之间的协作和信息共享来寻找最优解。假设在一个 d 维的目标搜索空间中，有 n 个粒子组成一个群落，其中第 i 个粒子的当前位置可表示为一个 d 维向量 $\boldsymbol{x}_i=(x_{i1},x_{i2},\cdots,x_{id})$，与之对应的适应值记为 f_i，粒子 i 到目前为止搜索到的最优位置为 $\boldsymbol{p}_i=(p_{i1},p_{i2},\cdots,p_{id})$，整个粒子群迄今为止搜索到的最好位置为 $\boldsymbol{p}_g=(p_{g1},p_{g2},\cdots,p_{gd})$，与向量

$\boldsymbol{p}_i$ 和 $\boldsymbol{p}_g$ 对应的适应值分别记为 f_{pi} 和 f_g，第 i 个粒子的飞翔速度为 $\boldsymbol{v}_i=(v_{i1},v_{i2},\cdots,v_{id})$，粒子群中的粒子在搜索空间反复飞行迭代，每一次迭代这些粒子都通过以下两式来调整自己的空间位置

$$\boldsymbol{v}_i^t=w\boldsymbol{v}_i^{t-1}+c_1r_1(\boldsymbol{p}_i^{t-1}-\boldsymbol{x}_i^{t-1})+c_2r_2(\boldsymbol{p}_g^{t-1}-\boldsymbol{x}_g^{t-1}) \tag{6-7}$$

$$\boldsymbol{x}_i^t=\boldsymbol{x}_i^{t-1}+\boldsymbol{v}_i^t \tag{6-8}$$

式中：t 表示迭代次数；r_1、r_2 表示随机因子，取值范围为[0,1]；c_1、c_2 为算法的学习因子，通常取两个相同的非负常数，取值范围为 0~4；w 为惯性权重，用来控制速度，平衡算法的整体和局部搜索能力。

利用粒子群算法对两个化学反应动力学参数反演计算的主要步骤如下：

(1)设置种群规模 n，粒子维数 d，最大迭代次数 T，学习因子 c_1、c_2，当前迭代次数 $t=0$，收敛精度 ε。

(2)初始化每个粒子的速度、位置、适应值、个体历史最优值和群体历史最优值，其具体步骤如下：

①在求解空间即化学反应动力学参数取值可行域内随机产生种群的每个粒子，其形式为 $\boldsymbol{x}_i^t=(A_{\mathrm{OH}},E_{\mathrm{OH}})$，$i=1,2,3,\cdots,n$。

②在求解空间即化学反应动力学参数取值可行域内随机产生种群中每个粒子的速度，其形式为 $\boldsymbol{v}_i^t=(v_{i1},\ v_{i2})$，$i=1,2,3,\cdots,n$。

③赋予每个粒子的个体历史最优值和整个粒子群的群体历史最优值的初始值：将计算粒子初始适应值 f_i^0 作为各粒子历史最优值 f_{pi} 的初值，选择其中的最小值作为群体历史最优值 f_g 的初值。

(3)更新每个粒子的位置，计算每个粒子新位置所对应的适应值，根据新适应值与个体历史最优值及群体历史最优值的大小关系，确定是否更新个体历史最优值及群体历史最优值；更新每个粒子的速度，具体步骤如下：

①计算每个粒子的新位置。

②计算每个粒子的适应值 f_i^t，计算公式如下：

$$f_i^t=\sum_{i=1}^{m}|T_k-T_k'| \tag{6-9}$$

式中：T_k 为实际温度值；T_k' 为反算温度值；k 为温度记录点序列号；m 为温度记录点总数。

反算温度值的求解通过联立式(6-8)和式(6-9)，采用四阶龙格-库塔算法求得。

③比较粒子当前适应值 f_i^t 和自身历史最优值 f_{pi}，如果 $f_i^t<f_{pi}$，则更新 f_{pi} 为 $f_{pi}=f_i^t$，p_i 用当前位置 $\boldsymbol{x}_i^t$ 替换。

④如果 f_{pi} 更新，进一步比较其与群体最优值 f_g 的大小，若 $f_{pi}<f_g$，则更新 $f_g=f_{pi}$，

对应位置 $\boldsymbol{p}_g$ 也相应替换为 $\boldsymbol{p}_i$。

⑤更新每个粒子的速度，惯性权重 w 的计算式为

$$w=(T-t)\times 1.0/T \tag{6-10}$$

（4）判断是否执行了预定次数的运算或群体历史最优值是否达到了精度要求，若是，则执行步骤（5）；若否，则执行步骤（3）。

（5）输出群体历史最优适应值粒子对应的化学反应动力学参数，即为反演所得参数。

首先通过理论算例证明该粒子群反演算法的可行性，对假设的理论化学反应动力学参数进行反演，并通过对比理论参数对应的温度值和反算参数得到的温度值判断该算法的可行性和精度。之后，设计不同配比的高聚物浆液，通过试验测得浆液反应过程中的温度变化，根据提出的粒子群反演算法反算高聚物浆液化学反应动力学参数，从而得到高聚物的化学反应动力学参数。

计算所用的参数见表 6-1。设置种群规模 $n=60$，粒子维数 $d=2$，最大迭代次数 $T=50$，学习因子 $c_1=0.5$、$c_2=0.5$，当前迭代次数 $t=0$，收敛精度 $\varepsilon=0.000\ 01$。

表 6-1　高聚物浆液相关参数

模型算例	$c_{OH,0}$/(mol/m^3)	$c_{NCO,0}$/(mol/m^3)	ρ_P/(kg/m^3)	初始温度/K	反应热/(J/mol)	比热/[J/(kg·K)]
理论算例 1	4 000	4 000	900	299.35	7.49×10^4	1 800
理论算例 2	3 200	3 200	900	299.35	7.49×10^4	1 800
理论算例 3	2 800	2 800	900	299.35	7.49×10^4	1 800
理论算例 4	3 000	3 000	900	299.35	7.49×10^4	1 800
理论算例 5	3 400	3 400	900	299.35	7.49×10^4	1 800
理论算例 6	3 700	3 700	900	298.00	7.49×10^4	1 800
试验算例 1	2 886	3 226	900	299.35	7.49×10^4	1 800
试验算例 2	3 220	3 300	1 000	298.95	7.49×10^4	1 800
试验算例 3	2 110	4 600	1 000	298.45	7.49×10^4	1 800

6.2.2.2　理论数据反演

以下给出其中的 5 组理论数据模型，每一组理论模型对应 2 个化学反应动力学参数值。首先根据理论参数值通过联立式（6-8）、式（6-9），计算理论温度值。之

后，在求解可行域中利用上述粒子群算法对 2 个参数进行反演，得到化学反应动力学参数反算值，并通过反算参数值求得相应反演温度值。进行迭代计算，不断缩小搜索范围，直到满足精度要求，输出群体历史最优适应值粒子对应的化学反应动力学参数，即为反演得到的参数。表 6-2、表 6-3 给出了这 5 组理论数据模型的反演结果。

表 6-2 理论数据反演 A_{OH} 结果

理论算例	理论参数值/[m^3/(s · mol)]	反演取值/[m^3/(s · mol)]		反演参数值/[m^3/(s · mol)]	反演相对误差/%
		最小值	最大值		
1	1 800	1 700	1 900	1 817. 479	-0. 971
2	2 900	2 500	3 000	2 871. 396	0. 986
3	2 300	900	3 000	2 283. 999	0. 696
4	2 000	1 900	2 500	2 029. 579	-1. 479
5	2 100	2 000	2 200	2 084. 058	0. 759

表 6-3 理论数据反演 E_{OH} 结果

理论算例	理论参数值/[J/(mol · K)]	反演取值/[J/(mol · K)]		反演参数值/[J/(mol · K)]	反演相对误差/%
		最小值	最大值		
1	55 000	49 870	59 870	55 069. 684	-0. 127
2	54 000	49 870	56 870	53 943. 656	0. 104
3	54 600	49 000	59 000	54 540. 051	0. 90
4	55 000	54 900	56 200	55 030. 746	-0. 056
5	55 400	55 300	55 500	55 379. 570	0. 037

从表 6-2、表 6-3 可以看出，基于粒子群算法的化学反应动力学特性参数反演方法具有较好的稳定性，在不同配比的高聚物浆液中都能较好地收敛到全局最优解，5 组算例中最大反演误差不超过 1. 5%，说明算法具有较高的反演精度。

图 6-1 是这 5 组理论数据算例的理论温度值与反演温度值的对比。5 组不同配比高聚物浆液的理论温度变化与反演温度变化较为吻合，证明了提出的基于粒子群算法的化学反应动力学参数反演方法的有效性。

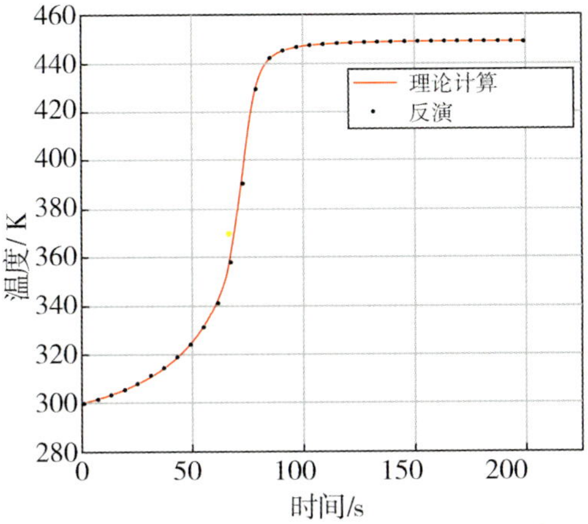

（a）第 1 组

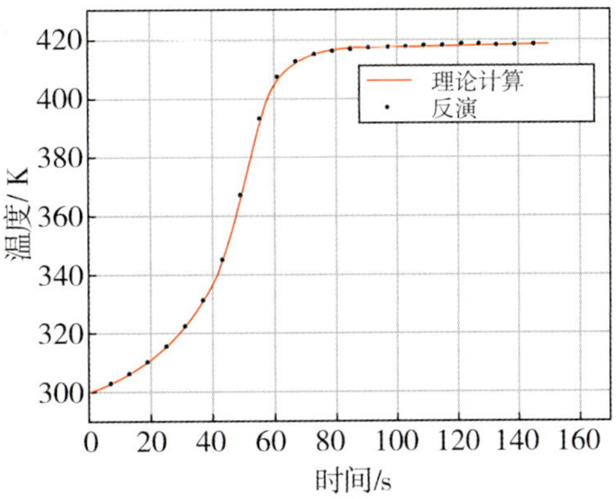

（b）第 2 组

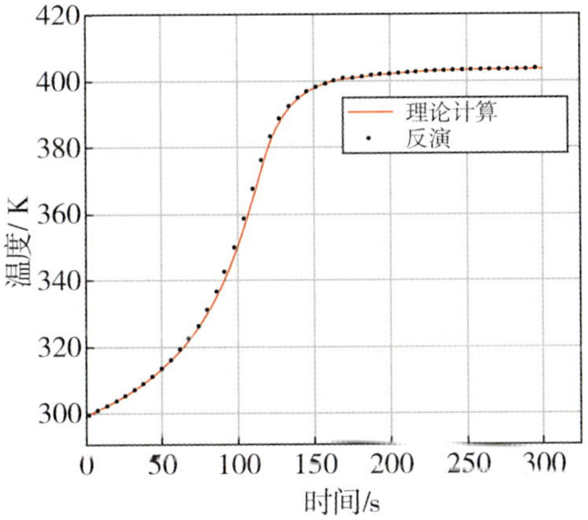

（c）第 3 组

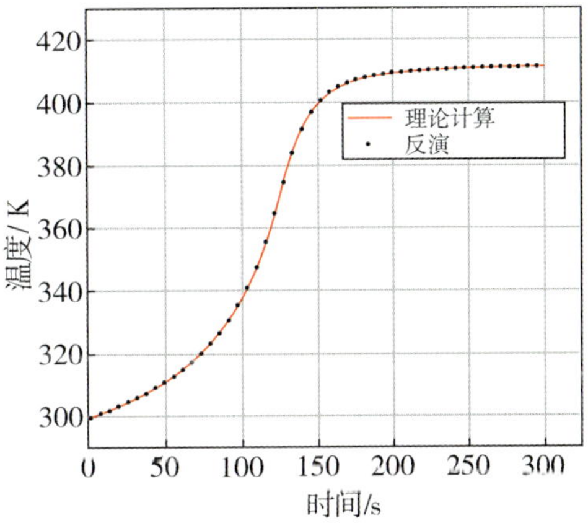

（d）第 4 组

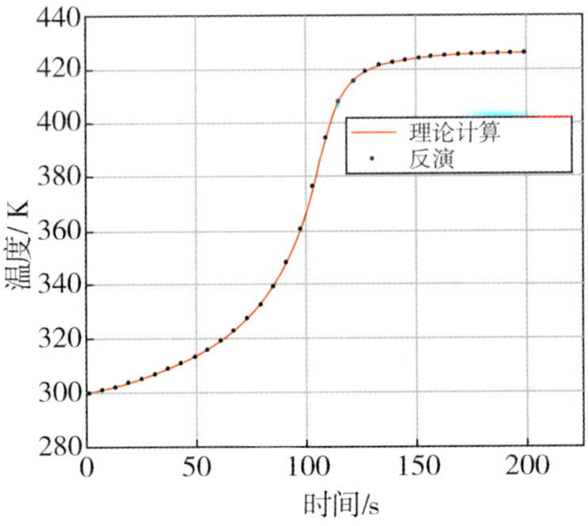

（e）第 5 组

图 6-1　高聚物浆液理论温度值与反演温度值对比

6.2.2.3 实测数据反演

针对 3 组不同配比的高聚物浆液,分别测得了 3 种浆液在反应过程中温度值随时间的变化过程。图 6-2、图 6-3、图 6-4 分别为 3 组试验的浆液反应过程。

(a)t=60 s

(b)t=120 s

(c)t =180 s

(d)t =240 s

图 6-2 第 1 组高聚物浆液反应过程

第 1 组试验,高聚物浆液反应的初始温度为 26. 3 ℃,浆液反应时间为 300 s,最高温度达 135 ℃。

(a)t=30 s

(b)t=40 s

图 6-3 第 2 组高聚物浆液反应过程

(c)$t=60$ s

(d)$t=90$ s

续图 6-3

(a)$t=30$ s

(b)$t=60$ s

(c)$t=120$ s

(d)$t=300$ s

图 6-4　第 3 组高聚物浆液反应过程

第 2 组试验,高聚物浆液反应的初始温度为 25.8 ℃,反应总过程为 150 s,最高温度达 162 ℃。

第 3 组试验,高聚物浆液反应的初始温度为 25.3 ℃,浆液反应时间为 300 s,最高温度为 97.1 ℃。利用粒子群算法对 3 种高聚物浆液化学反应动力学参数进行反演,得到的化学反应动力学参数值见表 6-4。

表 6-4　试验模型数据反演分析

试验算例	A_{OH}/[m³/(s·mol)]			E_{OH}/[J/(mol·K)]		
	反演取值范围		反演参数值	反演取值范围		反演参数值
	最小值	最大值		最小值	最大值	
1	1 805	2 535	2 517. 907 23	49 870	59 870	56 796. 050 8
2	965	3 065	298. 458 01	49 870	59 870	53 625. 847 7
3	965	3 065	2 371. 280 27	49 870	59 870	56 519. 402 3

通过反演参数值求相应反演温度变化,并与实测浆液反应温度变化做对比(见图 6-5)。

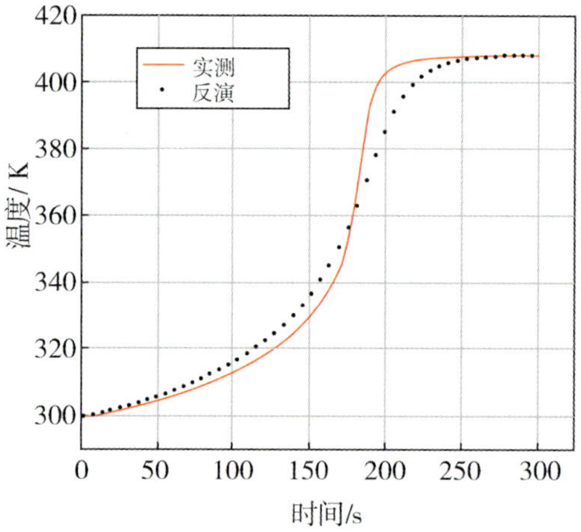

(a)第 1 组

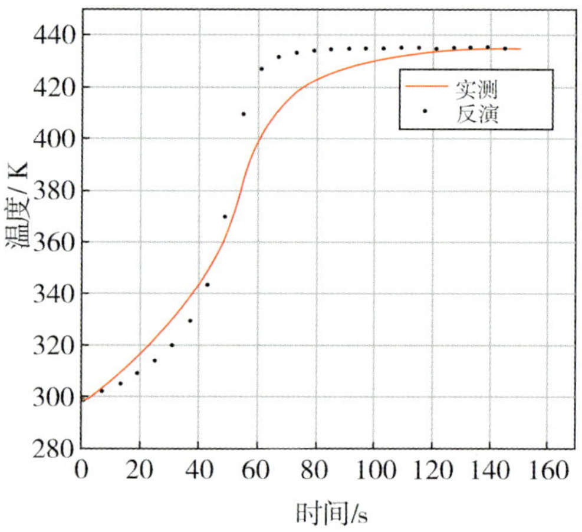

(b)第 2 组

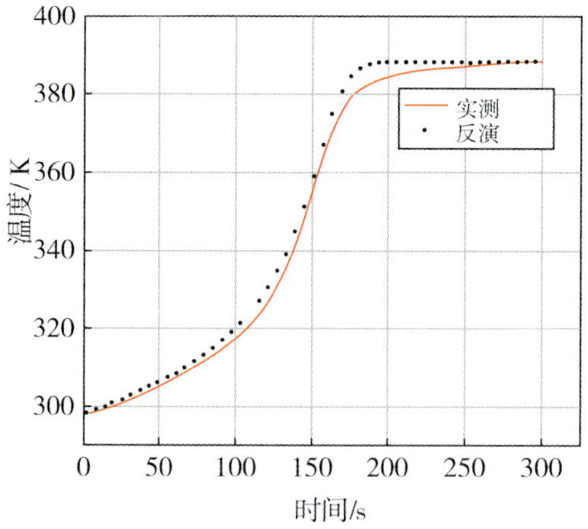

(c)第 3 组

图 6-5　高聚物浆液实测反应温度与反演温度随时间变化值对比

利用反演参数计算得到的温度变化曲线与实测浆液反应温度变化曲线较为接近，总体误差在可接受范围内，由此证明了反演得到的化学反应动力学参数值是有效的。

6.2.2.4　高聚物注浆材料配制

结合高聚物竖向裂隙注浆、高聚物锚固注浆和高聚物渗透注浆 3 种注浆方式对浆液性能的需求，基于高聚物浆液化学反应原理及粒子群算法的反演优化方法，通过对异氰酸酯、多元醇、催化剂和物理发泡剂（汽化剂）等多料剂类型和配比进行优化设计，分别配制了高膨胀型、低膨胀型和低黏度型 3 种高聚物注浆材料，分别用于裂隙注浆、锚固注浆和渗透注浆。

高膨胀型高聚物常温下反应时间为 40～80 s，体积膨胀率为 10～20 倍，用于填充竖向裂隙，阻断水流通道，避免水流下渗对裂隙面的侵蚀，同时借助高聚物浆液固化后所产生的黏结力，使裂隙两侧岩块黏接在一起，提高临坡面岩块的稳定性。

低膨胀型高聚物常温下反应时间为 1～2 min，体积膨胀率为 2～6 倍，用于充填锚孔，利用浆液固化后的锚固作用所产生的抗拔力，为临坡面砒砂岩块体提供抗倾覆力，从而提高其稳定性，避免失稳后发生崩塌。

低黏度型高聚物常温下反应时间为 5～15 min，浆液黏度较低，流动性好，用于渗透注浆，加固结构较为松散、强度相对较低的红色泥岩层。浆液固化后形成胶结骨架，阻断水汽渗入，增强红色砒砂岩的整体性、强度和抗风化侵蚀能力，避免上部岩层失去支撑，发生崩塌。

6.3　注浆材料力学性能试验

6.3.1　抗拉强度测试

6.3.1.1　抗拉强度测试方法

参照《塑料 拉伸性能的测定 第 1 部分：总则》（GB/T 1040.1—2018），设计试样形状为哑铃形。先组装注浆模具，将丝扣帽分别扣在钢管的两端，中间用一个加强喉箍把对开钢管紧密扣在一起。注浆设备开启后，直接把注浆枪接到丝扣帽一端的注浆孔上开始注浆，注浆完毕后使钢管冷却后再去掉喉箍和丝扣帽，打开对开钢管，取出高聚物凝固材料，然后在精密车床上把高聚物凝固材料横向切割成哑铃形试件。

选用微机控制电子万能试验机，采用应变控制式，加荷速率设为 2 mm/min，在压缩机的其中一块平板上安装传感器,连续测定试样对平板的作用力 F(在测试时所产生的自身形变可忽略不计)。试验机装有能连续测定活动板位移的装置。

6.3.1.2 抗拉强度试验结果

通过试验得到高聚物注浆材料试件的最大负荷,计算抗拉强度,部分试验结果见图 6-6。试样破坏时,断口基本平整,断裂截面不但均没有出现明显的"细颈"现象,而且量测后发现断裂截面面积基本没有变化。

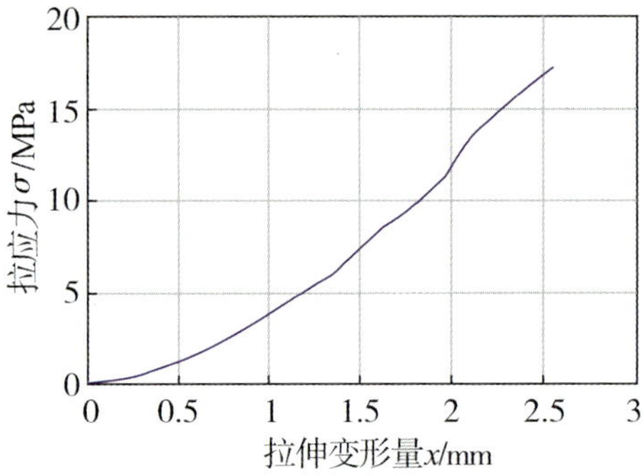

(a)第 1 组

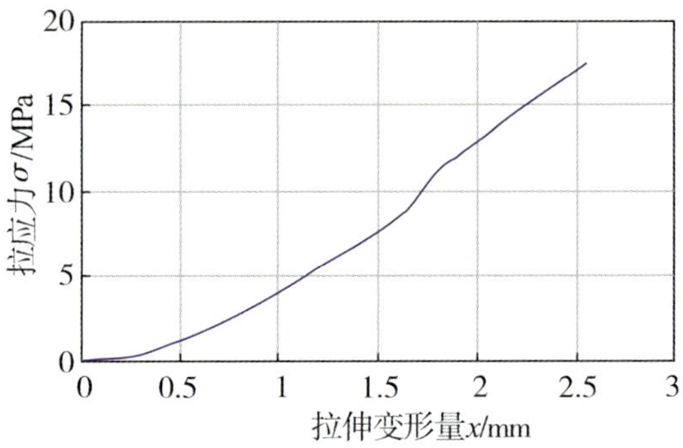

(b)第 2 组

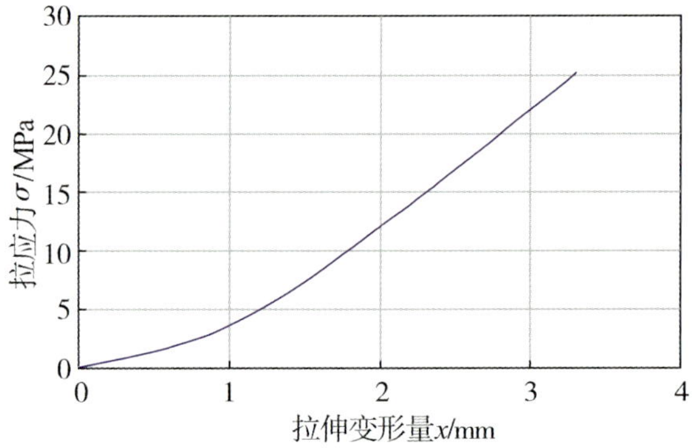

(c)第 3 组

图 6-6 抗拉强度测试结果

试件的破坏特点是应力随应变呈非线性增加,试件有适当的伸长率,伸长率一般不大于 5%,且是被均匀拉长,抗拉强度和弹性模量较大,达到屈服点之后便断裂,基本没有应变软化或应变硬化阶段。

在注浆材料常用的密度范围内,其抗拉强度可达到 3~10 MPa,该强度指标可完全满足各种注浆加固工程的需要。

6.3.2　流变特性测试

6.3.2.1　试验步骤

采用 SNB-2 数字旋转黏度计测量高聚物浆液膨胀过程中的黏度变化，并用热电偶温度计测量高聚物浆液的温度变化。数字旋转黏度计通过电机驱动转子以恒定的速度移动，以此来检测待测液体中转子的黏度电阻，并将其转化成黏度后显示在屏幕上。黏度计能够适应黏度的剧烈变化，其测量范围为 1~6 000 000 mPa·s。不同的转子组合和转速对应不同的测量最大值。测量精度为最大测量值的±2%，测量误差为±1%，重复误差为±0.5%。

首先为黏度计选择合适的转子组合和转速，使其能够获得足够多的准确数据。当高聚物浆液的黏度达到 10 Pa·s 时其流变性消失。因此，将最大测量值设为 10 Pa·s，转子设置为 4#，相应的转速为 60 r/min。用于测试的 A、B 组分分别取 100 mL。在每次试验开始时，将两种组分在培养箱中调整至特定的温度值（20 ℃ /25 ℃ /30 ℃ /35 ℃）。然后将两种组分混合并搅拌 10 s，并将其放置在仪器中。当浆液的液面与转子槽位平齐时开始记录黏度，直到接近 10 Pa·s。在一组测量结束时，应立刻关闭黏度计，拔出转子并清除上边的半固态高聚物浆液。

6.3.2.2　试验结果与分析

A、B 组分在常温下的黏度见图 6-7。两种组分的黏度在试验初始都会很快增加，在 5 s 左右，即基本上处于恒定状态，之后没有明显增加。组分 B 的黏度在初始

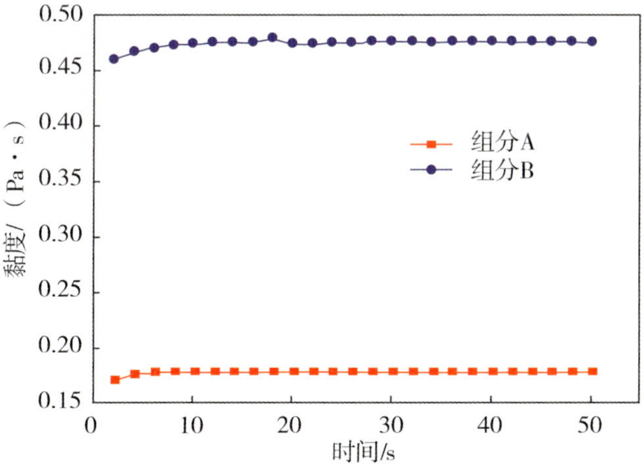

图 6-7　常温下 A、B 组分黏度

就远高于组分 A，说明组分 B 的设计方案优于组分 A。在相同的试验时间，组分 B 的黏度远远大于组分 A 的。在试验末期两种组分的黏度已经非常稳定，其中组分 A 的黏度为 0.179 Pa·s，组分 B 的黏度为 0.476 Pa·s，平均约为组分 A 的 2.7 倍。

表 6-5~表 6-8 为不同初始温度下高聚物的黏度随时间变化的情况。高聚物黏度的时变特性是相似的。以 30 ℃的表 6-7 为例，在 32 s 之前，高聚物的黏度变化较小，变幅为 0.039 Pa·s，相对最低黏度，最大黏度仅增加了 8%。但在之后，开始明显增大，接下来的 17 s 内，黏度急剧增加了 1 Pa·s，达到 1.491 Pa·s。之后，高聚物的黏度随时间变化增大，最大接近 10 Pa·s。

表 6-5　初始温度为 20 ℃时高聚物黏度随时间变化关系

时间/s	2.0	21.0	48.0	67.0	77.0	88.1	90.3	92.8
黏度/(Pa·s)	0.707	0.667	0.688	0.864	1.063	2.125	3.871	9.641

表 6-6　初始温度为 25 ℃时高聚物黏度随时间变化关系

时间/s	1.9	23.9	44.9	52.9	61.0	66.1	69.8
黏度/(Pa·s)	0.522	0.507	0.503	0.583	1.124	2.296	9.538

表 6-7　初始温度为 30 ℃时高聚物黏度随时间变化关系

时间/s	1.0	9.0	22.0	32.0	42.0	49.1	53.8
黏度/(Pa·s)	0.470	0.465	0.462	0.501	0.751	1.491	9.534

表 6-8　初始温度为 35 ℃时高聚物黏度随时间变化关系

时间/s	1.8	5.8	10.8	15.8	21.8	27.0	29.7
黏度/(Pa·s)	0.437	0.385	0.431	0.453	0.661	2.669	9.652

图 6-8 为不同初始温度下高聚物黏度随时间的变化过程。黏度变化分为两个阶段，胶凝前的黏度变化不大，因此可将其看作一个常数，在 1 Pa·s 以下；胶凝后，黏度迅速增加，流动性迅速降低。曲线的拐点可以看作胶凝点，不同初始温度的胶凝点不同，初始温度越高，胶凝点的时间越短。例如，20 ℃的大约需要 90 s，而 35 ℃的仅约 27 s。从图 6-9 中可以进一步看出，随着初始温度的升高，高聚物的胶凝时间是逐渐减少的。

另外，尽管不同初始温度的胶凝点阈值不同，但是胶凝点对应的黏度是基本上相同的，约为 1 Pa·s。通过拟合，黏度与时间之间符合指数关系：

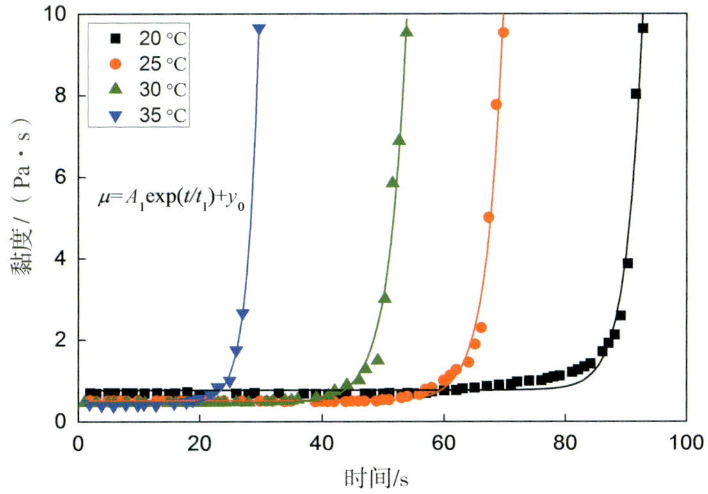

图 6-8　不同初始温度下高聚物黏度随时间变化过程

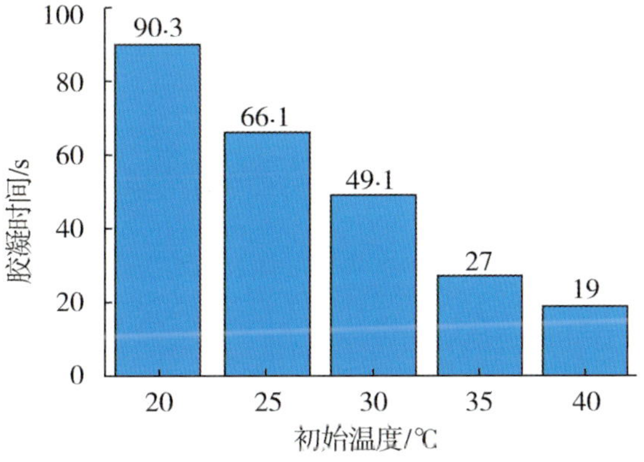

图 6-9　胶凝时间随初始温度变化关系

$$\eta_a = A_1 e^{t/t_1} + \eta \tag{6-11}$$

式中：η_a 为黏度，Pa·s；t 为时间，s；A_1、t_1 为系数，单位分别为 Pa·s、s；η 为初始黏度，Pa·s。

表 6-9 为不同初始温度下的系数。拟合公式与实测数据的决定系数均大于 0.974 4，表明该模型可以较好地描述高聚物黏度的变化规律。

表 6-9　黏度变化模型系数

初始温度/℃	η/(Pa·s)	A_1/(Pa·s)	t_1/s	决定系数 R^2
20	0.775 47	1.241 02E−14	2.710 09	0.974 41
25	0.516 16	2.031 52E−10	2.838 71	0.981 73
30	0.461 80	1.365 92E−7	2.981 74	0.982 62
35	0.447 89	1.191 43E−6	1.871 88	0.998 93

图 6-10 为初始黏度与初始温度值的关系,随着初始温度的升高,高聚物浆液的初始黏度呈指数下降的变化趋势。

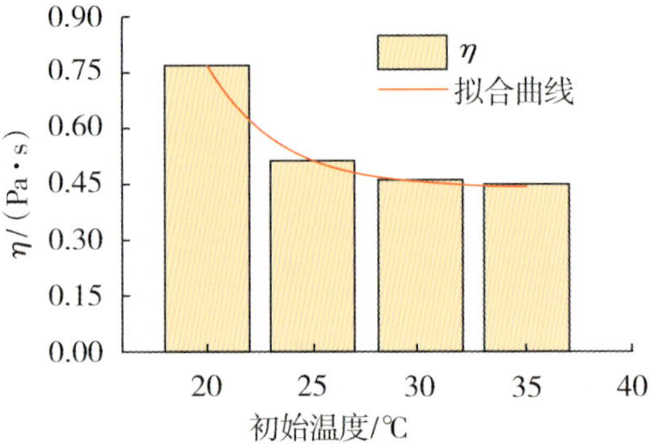

图 6-10　高聚物初始黏度与初始温度关系

6.4　注浆材料在裂隙中扩散特征试验与仿真模拟

6.4.1　高聚物注浆在裂隙中的扩散试验方法

6.4.1.1　注浆扩散特征试验装置设计

通过设计高聚物浆液竖向裂隙注浆模型试验装置,开展高聚物裂隙注浆封堵裂隙的作用原理试验。使用高清摄像机拍摄高聚物浆液流动扩散全过程信息,利用压力监测系统采集高聚物浆液在不同扩散范围和不同时刻的压力分布数据。

基于试验数据,分析竖向裂隙的注浆量对扩散行为的影响,研究高聚物浆液在竖向裂隙中的流动扩散规律与作用原理。采用流体动力学理论,建立高聚物浆液在竖向裂隙中流动扩散的理论模型,为研发竖向裂隙加固、竖向裂隙防渗等高聚物注浆技术提供理论依据。

所采用的高聚物浆液竖向裂隙注浆模型试验装置分别由可视化竖向裂隙注浆试验台、高聚物注浆系统、压力监测系统、数字摄像装置和小型龙门吊等部分组成[见图 6-11(a)]。可视化竖向裂隙注浆试验台由两块钢板制作成的格栅、两块透明的亚克力板和两块连接钢板等部分共同组成,实现了高聚物浆液注浆扩散过程可视化[见图 6-11(b)];高聚物注浆系统采用的是集成式高聚物注浆设备;压力监测系统采用的是高精度智能压力传感器,可以实时监控高聚物扩散过程中的流场压力变化情况;高聚物浆液在竖向裂隙中的流动扩散过程和反应完成后的拆卸过程全部由高清数字摄像机实时记录,与流场的压力监测同时进行;模型试验装置的安装与拆卸由小型龙门吊来辅助进行，以保证试验操作过程中的安全。

(a)装置现场照片

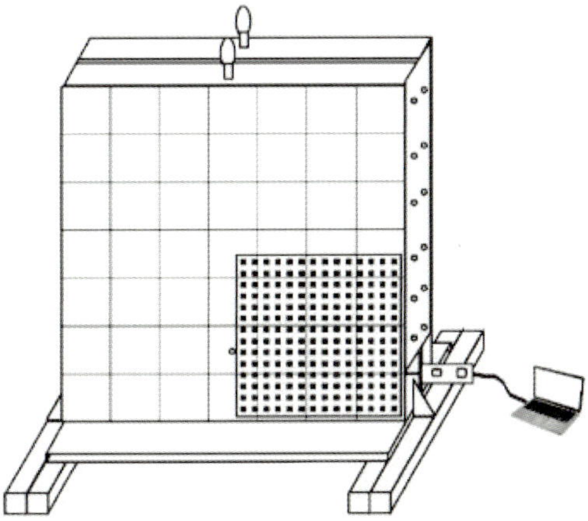

(b)试验装置示意图

图 6-11　高聚物浆液竖向裂隙注浆模型试验装置

1. 可视化竖向裂隙注浆试验台

可视化竖向裂隙注浆试验台是高聚物浆液竖向裂隙注浆模型试验装置的主体部分(见图 6-12)，整个试验台由前后两块钢格栅、两块亚克力板、两块连接钢板、底座以及橡胶垫片组成。钢格栅板的尺寸大小为 1 m×1 m，由共计 7×7 个钢格栅单元组成，每个钢格栅单元板厚 15 mm，每个钢格栅单元内部宽度约为 125 mm。亚克力板的尺寸大小为 1 m× 1 m，厚度为 10 mm。钢格栅和亚克力板的组合强度完全符合试验需求。底座主要是为了给上部提供稳定支撑。橡胶垫片放入两块亚克力板之间间隙的四周，可在两块亚克力板之间形成裂隙开度。

图 6-12　可视化竖向裂隙注浆试验台

注浆试验时,首先用螺栓连接两块钢格栅板、两块连接钢板和底座,在两块钢格栅板中间放入两块透明的亚克力板。试验过程中,透过亚克力板实时观测浆液扩散过程。螺栓也可起到压紧亚克力板的作用。

试验过程中,在其中一块亚克力板上贴上薄膜压力传感器,以便实时监测高聚物浆液扩散过程中的压力变化。同时,在亚克力板上均匀涂抹一层砒砂岩粉末,以模拟实际工程中的砒砂岩裂隙面。

在外侧的亚克力板上,预设一个注浆孔,注浆孔的位置位于试验台的中下部(约距离底面 200 mm)。注浆孔的主要作用是连接注浆头和高聚物注浆系统,使注浆操作过程更加简便。

2. 压力监测系统

压力监测系统采用美国 Tekscan 公司生产的型号为 5315 的薄膜压力传感器,其监测系统原理见图 6-13。图 6-14 是 Tekscan 公司 5315 型薄膜压力传感器照片、感应区域详解图以及采集数据使用的手柄。试验中要使用专用的手柄和电脑软件 I-Scan 转换、显示和存储传感器数据。薄膜压力传感器是一种基于矩阵的压阻式传感系统,电阻变化会转换为模拟电压测量值,并换算为数字传输到数据采集软件 I-Scan。I-Scan 软件根据传感器校准结果将数字数组转换为压力的彩色分布图并记录存储。

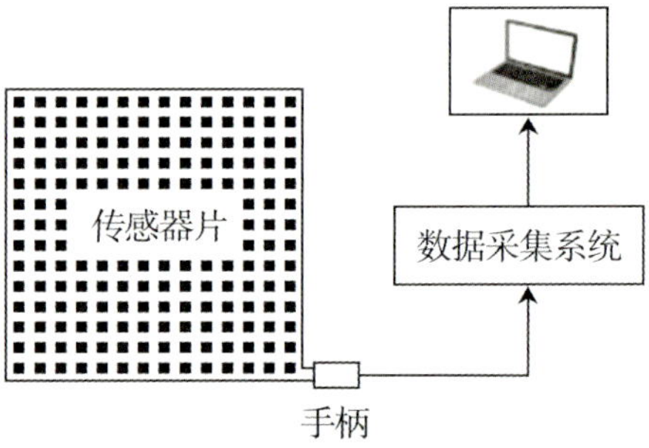

图 6-13 压力监测系统工作原理示意图

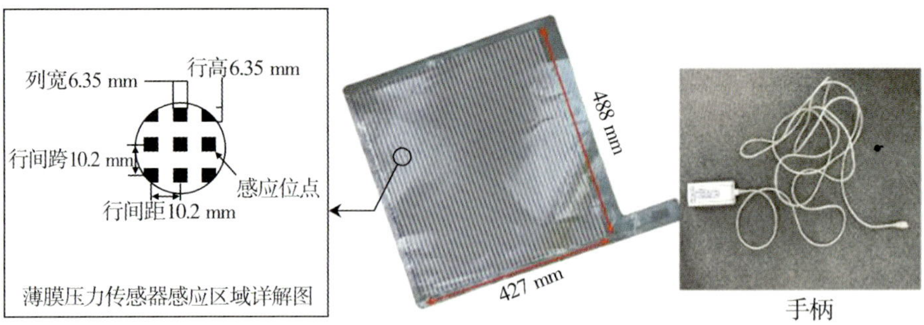

图 6-14 薄膜压力传感器

薄膜压力传感器在使用前需要调节、平衡和校准。调节通常采用静液压或者气动装置，将薄膜压力传感器反复几次加载至高于或等于其测试荷载水平，以减少传感器读数的漂移，提高可重复性。调节之后需要进行平衡设定，平衡设定完成之后需要校准传感器。在校准过程中，需均匀施加压力，使加载时传感器的电阻发生变化。来自感应区域的模拟读数会被转换成数值，I-Scan 软件根据施加压力的大小将该值与工程单位相关联。试验中采用双负载进行校准，然后使用指数方程式与校准点进行拟合，以确定方程式中的参数 A、b，见式(6-12)：

$$Y=AX^{b} \tag{6-12}$$

式中：Y 代表施加的力或荷载；A 为比例因子；X 为原始数字输出；b 为指数。

考虑到高聚物浆液竖向裂隙注浆模型试验装置左右结构的轴对称性，以及传感器标签条长度的局限性，将薄膜压力传感器布置在竖向裂隙注浆模型试验装置一侧的下半部分，使其与高聚物浆液一侧的流动扩散方向相一致。同时，在薄膜压力传感器上覆盖透明塑料薄膜，保护压力传感器。竖向裂隙注浆模型试验装置是用钢格栅、亚克力板通过连接钢板组合到一起的，采用橡胶垫片模拟裂隙开度，可以有效防止裂隙变形。试验开始后，向裂隙中注入定量高聚物浆液，通过 I-Scan 数据处理软件记录高聚物在竖向裂隙中的膨胀扩散距离和压力的彩色分布变化(见图 6-15)。

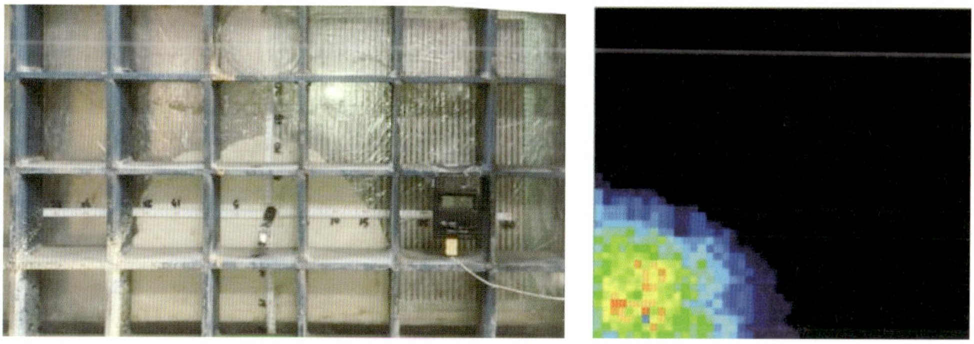

图 6-15　高聚物固化形态及对应压力监测系统的压力分布

图 6-16 为可视化竖向裂隙注浆试验台及压力传感器监测布置方式。

图 6-16　可视化竖向裂隙注浆试验台及压力传感器监测布置方式

3. 数字摄像装置

在试验台前方 1.5 m 处左右架设高清数字摄像机,实时拍摄记录高聚物浆液在竖向裂隙中的膨胀扩散过程。拍摄时,需要保持摄像机镜头与竖向裂隙平面平行,以免在后期处理试验数据时产生较大误差。通过高清数字摄像机的摄像能够对高聚物浆液在竖向裂隙中扩散的整个过程有清晰的直观认识。根据亚克力板上标注的刻度以及钢格栅尺寸可判断高聚物扩散范围。

4. 小型龙门吊

试验设备的两块钢格栅质量高达 500 kg。为了保证试验人员与试验设备的安全,采用承重 1.5 t 的小型龙门吊安装和拆卸格栅钢板。小型龙门吊的支架采用厚钢板焊接而成,完全满足试验要求。

6.4.1.2 试验方案

1. 试验参数组合

采用单因素试验方法测量不同注浆量条件下高聚物在竖向裂隙中的扩散特性。试验时,设置环境温度为室温 27 ℃。根据现场调查,砒砂岩区不同坡面位置竖向裂隙开度分布有所不同,结合实验室试验条件,试验中将裂隙开度设置为 3 mm。试验分 3 种注浆量的试验工况,具体试验参数组合方案见表 6-10。

表 6-10　试验参数

工况编号	温度/℃	裂隙开度/mm	注浆量/g
1	27	3	120
2	27	3	227
3	27	3	350

2. 试验步骤

试验过程分为 5 部分,即组装试验装置、注浆设备连接、注浆、数据采集、试验后处理。

(1)组装试验装置。试验开始前,先组装可视化竖向裂隙注浆试验台。在内侧的亚克力板上粘贴上薄膜压力传感器,并在传感器上贴一层透明塑料薄膜(薄膜保护薄膜压力传感器,保证其能够循环使用),同时在两块亚克力板的间隙四周安放一圈 3 mm 厚的橡胶垫片。在竖向裂隙注浆试验台底部埋设一根温度导线,连接到外部的温度传感器。最后,安放好亚克力板和钢格栅板,用电动扳手把试验台两侧的连接钢板用固定螺栓拧紧。

(2)注浆设备连接。组装完成试验装置后,把注浆头安装在亚克力板预留的注浆孔上,将注浆枪与注浆头进行连接。同时,把数据采集手柄连接到薄膜压力传感器和笔记本电脑上。

(3)注浆。打开数字摄像装置,摄像头要与试验台保持平行,保证摄像头在注浆孔的正前方。调节好注浆设备并进行注浆,通过提示,向试验台裂隙中注入高聚物浆液,观察其在竖向裂隙中的膨胀扩散过程。

(4)数据采集。通过摄像系统观察高聚物扩散过程,直到其基本处于固化状态,关闭图像采集系统。等待约 30 min,拆卸试验台,将固化成型的薄片状高聚物取下,拍下扩散形态,并称重,核实注浆量。

(5)试验后处理。清理试验台及周围环境,汇总并整理试验数据。

6.4.2　高聚物注浆在裂隙中扩散仿真模拟方法

近年来,基于计算流体动力学理论,把浆液扩散过程视为多相流,考虑浆气或浆水驱替作用,对浆液扩散过程进行精细化模拟的数值研究日益引起人们关注。李晓龙等(2015)采用有限体积法离散浆液-水两相流动系统控制方程,用 Youngs 分裂算法追踪浆水移动界面,建立了自膨胀浆液二维流场仿真分析方法。在浆液流动过程中,浆气或浆水界面不断变化,对浆液流动界面进行准确追踪,是实现此类精细化仿真分析的关键。

以自膨胀浆液在平板裂隙中的流动扩散过程为对象,针对传统 Youngs 分裂算法不考虑斜角方向流体输运因而制约移动界面追踪精度的问题,以该算法为基础,引入不分裂界面推进思想,推导结构化网格下考虑斜角方向流体输运的不分裂界面推进算法公式,以实现对浆液流动界面的准确追踪。利用已知密度随时间变化规律的理想自膨胀浆液在平板裂隙中自由扩散算例对该方法进行测试,验证本方法应用于自膨胀浆液运动界面追踪的有效性及其求解精度。

6.4.2.1　Youngs 不分裂算法

1. VOF 原理

移动界面追踪是两相或多相流体流动分析中必然面对的一个问题。目前常用的界面处理方法有 MAC 法、Level-Set 法、VOF 法等,其中 VOF 法采用计算网格中流体所占的体积比表示流体体积函数,通过流体体积函数随时间的变化对界面进行重构,进而确定运动界面在每个时刻的位置、形状和变化,从而达到界面追踪的目的,被广泛应用于描述界面。

在二维体系中，设计算区域是 Ω，流体 A 所在的区域记为 Ω_1，流体 B 所在的区域记为 Ω_2，定义一个标量函数：

$$\lambda(x,y,t)=\begin{cases}1 & (x,y)\in\Omega_1\\ 0 & (x,y)\in\Omega_2\end{cases} \tag{6-13}$$

对于两种不相溶的流体组成的流场，标量函数满足连续方程：

$$\frac{\partial\lambda}{\partial t}+u\frac{\partial\lambda}{\partial x}+v\frac{\partial\lambda}{\partial y}=0 \tag{6-14}$$

式中：t 为时间；u 为 x 方向速度；v 为 y 方向速度。

将计算区域划分为多个不重合的网格，设 ΔV_{ij} 为单个网格的体积，F_{ij} 为 $\lambda(x,y,t)$ 在每个网格上 I_{ij} 的积分，有

$$F_{ij}=\frac{1}{\Delta V_{ij}}\int_{I_{ij}}\lambda(x,y,t)\,\mathrm{d}V \tag{6-15}$$

称 F 为 VOF 函数，它同样满足连续方程：

$$\frac{\partial F}{\partial t}+u\frac{\partial F}{\partial x}+v\frac{\partial F}{\partial y}=0 \tag{6-16}$$

式(6-16)即为 VOF 方程，求解该方程，得出流体体积函数 F。若 $F=1$，则流体占据整个网格；若 $F=0$，则为空网格；若 $0<F<1$，表示网格内部有两相流体，该网格为界面网格。每个网格中的 F 值一旦求出，则可根据 F 值构造出相应的分界面。

2. Youngs 方法与不分裂算法

显然，运用 VOF 方法追踪移动界面的关键在于求解 VOF 方程，目前对 VOF 方程的求解方法有多种，如 Hirt-Nichols 法、Flair 法、Youngs 法和 FCT 法等。实践表明，与其他几种方法相比，基于几何学原理的 Youngs 法具有较高的计算精度。但是，Youngs 分裂算法只考虑了流体由中心网格向上、下、左、右 4 个相邻网格的输运，并未考虑流体向斜角方向网格的流动，与流体真实运动状态不尽相符，不可避免会带来一定计算误差。

针对分裂算法存在的不足，胡影影等(2002)引入了算子不分裂算法推进界面，其基本思想是不仅要计算中心网格对上、下、左、右网格的输运，同时还应考虑对右上、左上、左下、右下 4 个斜角方向网格的输运(见图 6-17)。8 个输运量分别记为 C_t，C_b，C_l，C_r，C_{cor1}，C_{cor2}，C_{cor3}，C_{cor4}，其中下标 cor1，cor2，cor3 和 cor4 分别表示右上角、左上角、左下角和右下角。

但关于 C_{cor1}，C_{cor2}，C_{cor3}，C_{cor4} 的计算方法未完全明确给出，为此，在深入分析网格流体流动状态类型基础上，推导了 Youngs 不分裂算法界面推进计算公式。计算过程如下：

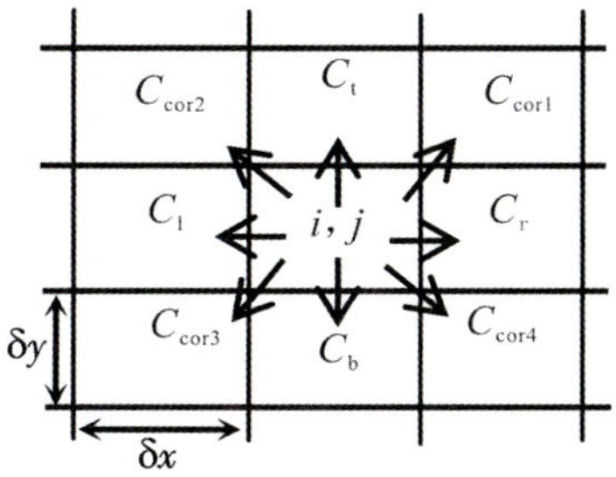

图 6-17　Youngs 不分裂算法流体输运计算网格

设流体从中心网格向 4 个正向相邻网格的输运量分别为 C_t, C_b, C_l, C_r。图 6-18 为流体在 t^n 到 t^{n+1} 时段内从中心网格向右上方、左上方、左下方、右下方的网格输运路径。显然，存在如下关系式：

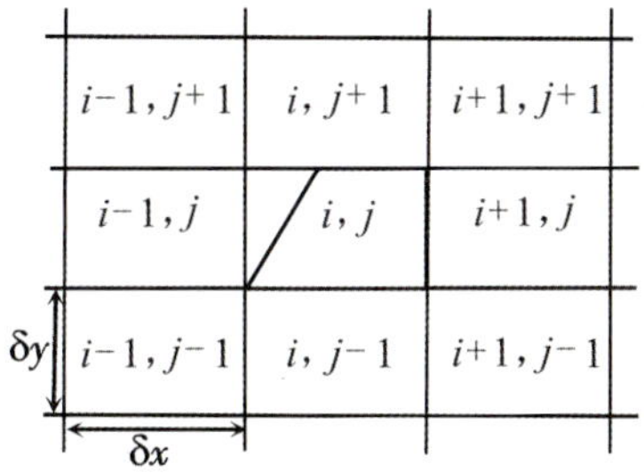

(a) t^n 时刻流体位置

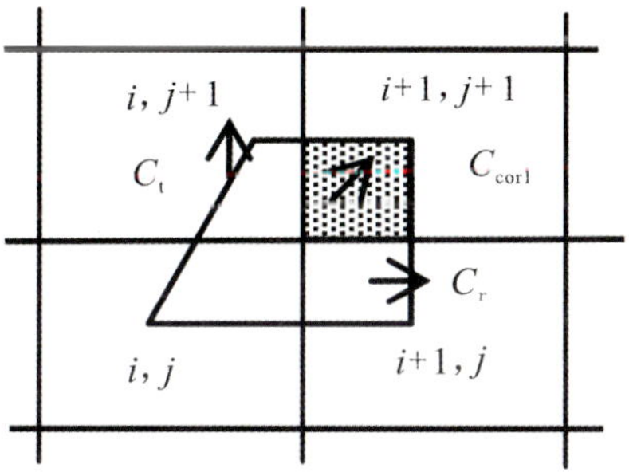

(b) t^{n+1} 流体右上方位置

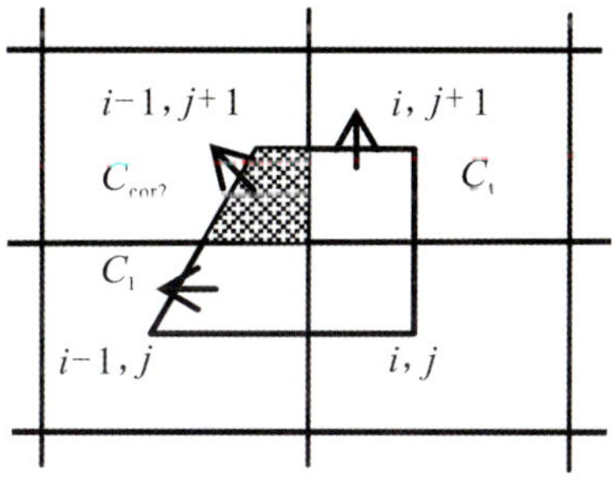

(c) t^{n+1} 流体左上方位置

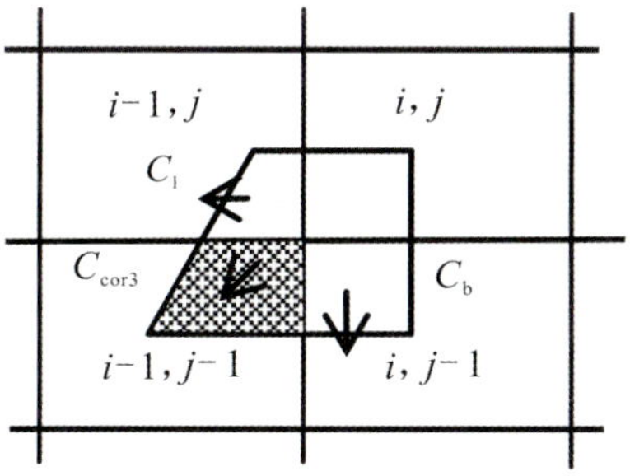

(d) t^{n+1} 流体左下方位置

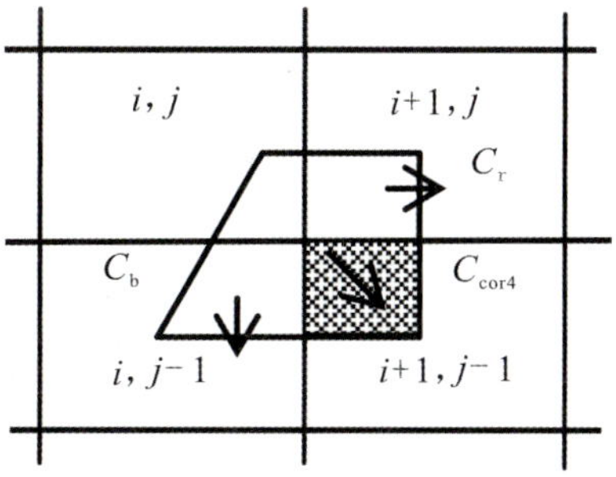

(e) t^{n+1} 流体右下方位置

图 6-18　δt 时段内流体从中心网格 (i,j) 向 4 个斜向网格输运路径

$$C_t = f_t - C_{cor1}, C_r = f_r - C_{cor1} \tag{6-17}$$

$$C_t = f_t - C_{cor2}, C_l = f_l - C_{cor2} \tag{6-18}$$

$$C_l = f_l - C_{cor3}, C_b = f_b - C_{cor3} \tag{6-19}$$

$$C_r = f_r - C_{cor4}, C_b = f_b - C_{cor4} \tag{6-20}$$

式中：f_t, f_b, f_l, f_r 分别为δt 时段后由流体运动引起网格$(i,j+1)$,$(i,j-1)$,$(i-1,j)$,$(i+1,j)$的流体体积增加量，由此可计算 $t+\delta t$ 时刻单位网格内体积分数为

$$F^{t+\delta t}(i,j) = F^t(i,j) - (f_t + f_b + f_l + f_r)/(\delta x \delta y) \tag{6-21}$$

4 个相邻网格 $t+\delta t$ 时刻的流体体积分数分别修正为

$$\left.\begin{aligned} F^{t+\delta t}(i,j+1) &= F^t(i,j+1) + f_t/(\delta x \delta y) \\ F^{t+\delta t}(i,j-1) &= F^t(i,j-1) + f_b/(\delta x \delta y) \\ F^{t+\delta t}(i+1,j) &= F^t(i+1,j) + f_r/(\delta x \delta y) \\ F^{t+\delta t}(i-1,j) &= F^t(i-1,j) + f_l/(\delta x \delta y) \end{aligned}\right\} \tag{6-22}$$

需要进一步说明的是，式(6-17)~式(6-20)分别为 4 种工况下所涉及的相邻控制体输运量的计算表达式，各工况间会涉及共用的控制体，因此即使因变量参数相同，所对应的控制体参数即自变量参数也可能会有相同的，也会有不同的。

6.4.2.2 基于有限体积法的准三维控制方程离散

1. 高聚物注浆材料流动控制方程

高聚物注浆材料在膨胀扩散的过程中可视作一种均匀连续变密度的流体，其流动扩散过程遵循如下动量守恒定律：

$$\begin{aligned} \frac{\partial(\rho u)}{\partial t} + \mathrm{div}(\rho u \boldsymbol{u}) &= \mathrm{div}(\mu \mathrm{grad} u) - \frac{\partial p}{\partial x} + S_u \\ \frac{\partial(\rho v)}{\partial t} + \mathrm{div}(\rho v \boldsymbol{u}) &= \mathrm{div}(\mu \mathrm{grad} v) - \frac{\partial p}{\partial y} + S_v \\ \frac{\partial(\rho w)}{\partial t} + \mathrm{div}(\rho w \boldsymbol{u}) &= \mathrm{div}(\mu \mathrm{grad} w) - \frac{\partial p}{\partial y} + S_w \end{aligned} \tag{6-23}$$

式中：ρ 为密度；p 为压力；t 为时间；μ 为黏度；u,v,w 为速度矢量 $\boldsymbol{u}$ 在 x,y,z 3 个方向上的速度分量；S_u, S_v, S_w 分别为 x,y,z 3 个方向的源项。

若将压力项归于源项中，则可得到如下通用控制方程：

$$\frac{\partial(\rho\phi)}{\partial t} + \mathrm{div}(\rho \boldsymbol{u} \phi) = \mathrm{div}(\Gamma \mathrm{grad}\phi) + S \tag{6-24}$$

式中：ϕ 为通用变量；Γ 为广义扩散系数，在动量方程里广义扩散系数代表黏度 μ；S 为广义源项。

仿真过程中密度计算采用陈广巩(2019)的经验表达式:

$$\mu=1+e^{0.015\times(t-40)} \tag{6-25}$$

式中:μ 为高聚物浆液的黏度;t 为时间,s;e 为自然对数。

2. 控制方程离散

图 6-19 为采用同位网格时三维控制体积,速度 u,v 及压力 p 储存在控制体积 P 中,e,w,s,n,t,b 分别代表控制体积 P 的东、西、南、北、上、下 6 个边界面,E,W,S,N,T,B 分别代表控制体积 P 的东、西、南、北、上、下 6 个相邻控制体积。

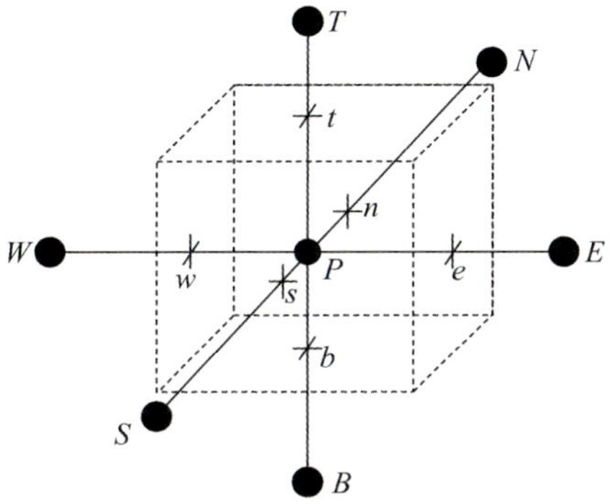

图 6-19　三维控制体积

在使用准三维扩散模型时,作如下假定:①浆液在扩散的过程中是连续的;②浆液在扩散过程中处于层流状态;③浆液为牛顿流体;④裂隙壁面为刚性的,在浆液压力作用下不发生变形;⑤裂隙上下壁面不发生滑移;⑥在 z 方向的浆液速度为零。

因为假定浆液在 z 方向的速度为零,所以有

$$\frac{\partial p}{\partial z}=0 \tag{6-26}$$

由于砒砂岩裂隙开度远小于其长度和宽度,因此浆液在裂隙中的流动可视为惯性项很小而以黏性项为主的一种极限情形的 Hele-Shaw 流动,结合上述假定,浆液在 x,y 方向上的流动速度为

$$\begin{aligned}\left.\frac{\partial u}{\partial z}\right|_{z=h/2}&=-\left.\frac{\partial u}{\partial z}\right|_{z=-h/2}=-\frac{6}{h}\bar{u}\\ \left.\frac{\partial v}{\partial z}\right|_{z=h/2}&=-\left.\frac{\partial v}{\partial z}\right|_{z=-h/2}=-\frac{6}{h}\bar{v}\end{aligned} \tag{6-27}$$

将速度变量替换为通用变量,则式(6-27)可转化为

$$\frac{\partial \phi}{\partial z}=\frac{6}{h}\phi \tag{6-28}$$

现通过一个控制体积来对有限体积法作描述,在控制体积上对控制方程积分可得到

$$\int_{t}^{t+\Delta t}\int_{\Delta v}\frac{\partial(\rho\phi)}{\partial t}\mathrm{d}V\mathrm{d}t = \int_{t}^{t+\Delta t}\int_{\Delta v}\mathrm{div}(\rho\boldsymbol{u}\phi)\mathrm{d}V\mathrm{d}t = \int_{t}^{t+\Delta t}\int_{\Delta v}\mathrm{div}(\mu\mathrm{grad}\phi)\mathrm{d}V\mathrm{d}t + \int_{t}^{t+\Delta t}\int_{\Delta v}S\mathrm{d}V\mathrm{d}t \tag{6-29}$$

式中:从左到右的 4 项依次为瞬态项、对流项、扩散项和源项。

假定变量 ϕ 在整个控制体积上均有节点值 ϕ_P,则式(6-29)中的瞬态项可表示为

$$\int_{t}^{t+\Delta t}\int_{\Delta v}\frac{\partial(\rho\phi)}{\partial t}\mathrm{d}V\mathrm{d}t = \rho_P^0(\phi_P - \phi_P^0)\Delta V \tag{6-30}$$

式中:ρ_P^0 表示物理量在 t 时刻的值;ϕ_P 表示物理量在 $t+\Delta t$ 时刻的值,物理量取值均从控制体积 P 的节点处取值。

根据 Gauss 散度定理,可将体积积分转化为面积分,由于假定在 z 方向浆液的速度为零,故有

$$\int_{t}^{t+\Delta t}\int_{\Delta v}\mathrm{div}(\rho\boldsymbol{u}\phi)\mathrm{d}V\mathrm{d}t = \int_{t}^{t+\Delta t}[(\rho u)_e A_e\phi_e - (\rho u)_w A_w\phi_w + (\rho v)_n A_n\phi_n - (\rho v)_s A_s\phi_s]\mathrm{d}t \tag{6-31}$$

式中:A 为控制体积界面处的面积,其下标表示不同方向的界面(见图 6-19)。

同样地,扩散项根据 Gauss 散度定理可以表示为

$$\int_{t}^{t+\Delta t}\int_{\Delta v}\mathrm{div}(\mu\mathrm{grad}\phi)\mathrm{d}V\mathrm{d}t = \int_{t}^{t+\Delta t}\begin{bmatrix}\mu_e A_e\dfrac{\phi_E - \phi_P}{(\delta x)_e} - \mu_w A_w\dfrac{\phi_P - \phi_W}{(\delta x)_e} + \\ \mu_n A_n\dfrac{\phi_N - \phi_P}{(\delta y)_n} - \mu_s A_s\dfrac{\phi_P - \phi_S}{(\delta x)_S} + \\ (-\mu_t A_t\dfrac{6\phi_P}{h}) - (\mu_b A_b\dfrac{6\phi_P}{h})\end{bmatrix}\mathrm{d}t \tag{6-32}$$

对源项进行线性化处理后可表示为

$$\int_{t}^{t+\Delta t}\int_{\Delta v}S\mathrm{d}V\mathrm{d}t = \int_{t}^{t+\Delta t}(S_c\Delta V + S_P\phi_P\Delta V)\mathrm{d}t \tag{6-33}$$

式中:S_c 为源项 S 局部线性化后的常数部分;S_P 为 S 随 ϕ 变化的曲线在控制体积 P 中心处的斜率。

对于积分控制方程中的对流项、扩散项和源项,引入全隐式的时间积分方案,并引入如下符号:

$$\left.\begin{aligned}&F_w = (\rho u)_w A_w, F_e = (\rho u)_e A_e, F_n = (\rho u)_n A_n, F_s = (\rho u)_s A_s\\&D_w = \frac{\mu_w A_w}{(\delta x)_w}, D_e = \frac{\mu_e A_e}{(\delta x)_e}, D_n = \frac{\mu_n A_n}{(\delta y)_n}, D_s = \frac{\mu_s A_s}{(\delta y)_s}\end{aligned}\right\} \tag{6-34}$$

这样,积分控制方程(6-29)可变为

$$a_P\phi_P = a_W\phi_W + a_E\phi_E + a_S\phi_S + a_N\phi_N + b \tag{6-35}$$

式中:$a_P, a_W, a_E, a_S, a_N, b$ 为系数,系数的取值取决于采取的离散形式。

若采用一阶迎风格式，则系数的取值为

$$\left.\begin{aligned}
&a_W = D_w + \max(0, F_w)\\
&a_E = D_e + \max(0, F_e)\\
&a_S = D_s + \max(0, F_s)\\
&a_N = D_n + \max(0, F_n)\\
&b = S_C \Delta V + a_P^0 \phi_P^0\\
&a_P = a_W + a_E + a_S + a_N + \mu A \frac{12}{h} + (F_e - F_w) + (F_n - F_s) + a_P^0
\end{aligned}\right\} \tag{6-36}$$

其中

$$a_P^0 = \frac{\rho_P^0 \Delta V}{\Delta t}$$

6.4.2.3　验证分析

选取自膨胀浆液在平板裂隙中自由扩散算例对 Youngs 不分裂算法的追踪能力做测试验证。

取四周均为流动出口的正方形平板裂隙[见图 6-20(a)]，裂隙长、宽及开度分别为 1.6 m、1.6 m 及 3 mm，注浆孔位于正方形平板中心。假设裂隙最初充满空气，通过注浆孔在极短时间内向裂隙注入一定量理想自膨胀浆液，浆液初始充填区域为半径 R_0 的一个圆。已知浆液密度随时间的变化规律为

$$\rho_t = \frac{\rho_0}{1+\alpha t} \tag{6-37}$$

式中：ρ_0 是浆液的初始密度；α 为膨胀系数；t 表示时间，ρ_t 为 t 时刻的密度。

浆液黏度在固化前基本保持不变，为 1.0 Pa·s。浆液通过高压注入裂隙内，由于该过程历时短暂，可认为浆液尚未发生膨胀。

考虑结构的对称性，为减少计算工作量，取右上角 1/4 部分作为分析区域[见图 6-20(b)]，左侧和底部设置为对称边界，顶部和右侧设置为压力出口边界。

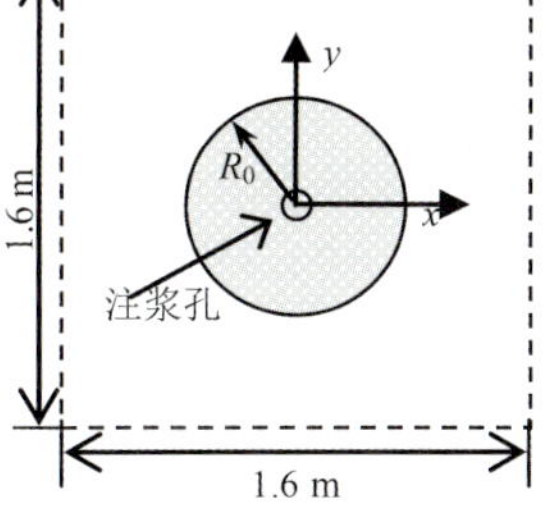

(a)正方形平板裂隙

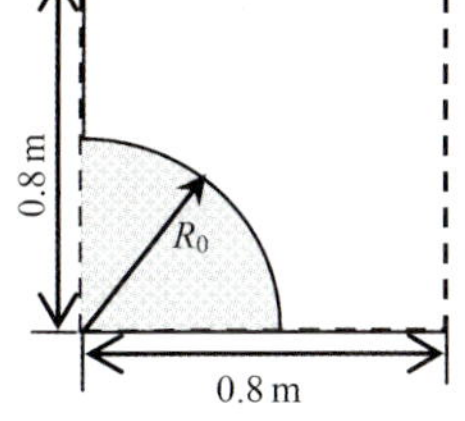

(b)1/4 裂隙

图 6-20　平板裂隙模型

由于平板裂隙结构对称,浆液注入后呈圆形扩散。根据浆液膨胀过程中总质量守恒原理,易得到不同时刻浆液扩散范围的理论解。由于总质量保持不变,对任意 t 时刻有:

$$\pi R_0^2 h\rho_0 = \pi R_1^2 h\rho_1 \text{ 即 } R_0^2\rho_0 = R_t^2\rho_t \tag{6-38}$$

式中:h 为裂隙开度;R_0 为浆液初始充填半径;R_t 为 t 时刻浆液的扩散半径。

将式(6-37)代入式(6-38),得

$$R_t = R_0\sqrt{1+\alpha t} \tag{6-39}$$

已知浆液的初始充填半径和膨胀系数,即可根据式(6-39)预测不同时刻浆液的扩散范围。

选取不同初始充填半径和浆液膨胀系数的 4 种工况:

工况 1:R_0=0.1 m,α=0.25; 工况 2:R_0=0.1 m,α=0.55;

工况 3:R_0=0.2 m,α=0.25; 工况 4:R_0=0.2 m,α=0.55。

以 0.01 m 为单位长度将求解区域划分为 6 400 个控制体单元进行求解。浆液初始密度为 1 100 kg/m^3,浆液固化前黏度为 1.0 Pa·s,取常温下空气密度为 1.205 kg/m^3,黏度为 1.8×10^{-5} Pa·s。

采用有限体积法对求解区域进行离散,主要计算流程如下:

(1)初始化每个单元流体体积函数,设置边界条件;初始化速度向量和压力。

(2)根据时间和流体体积函数确定各单元流体材料特性参数。

(3)求解动量离散方程得到当前流速。

(4)求解压力修正方程得到压力修正值。

(5)更新当前流速和压力值。

(6)重复第(3)、第(4)、第(5)步,直至流场收敛。

(7)采用 Youngs 不分裂算法更新流体体积函数,推进移动界面。

(8)返回第(2)步,更新时间,开始新一轮求解。

由于 4 种工况下浆液扩散速度存在较大差异,受模型求解区域限制,对工况 1~4 分别完成了 240 s、100 s、55 s 和 24 s 的模拟。

图 6-21~图 6-24 分别为工况 1(t=80 s、160 s、240 s)、工况 2(t=20 s、60 s、100 s)、工况 3(t=15 s、35 s、55 s)和工况 4(t=8 s、16 s、24 s)模拟得到的自膨胀浆液扩散过程。不同工况下浆液扩散速度虽然存在较大差异,但均以注浆孔为中心,呈圆形放射状向周围对称扩散,与理论扩散形态一致。采用 Youngs 不分裂算法得到的浆液扩散范围与解析解吻合良好,浆液锋面轮廓线两者几乎完全重合。

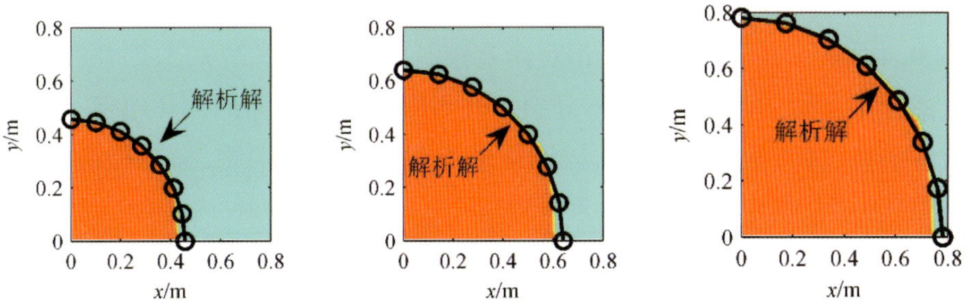

(a) $t=80$ s　(b) $t=160$ s　(c) $t=240$ s

图 6-21　工况 1 不同时刻浆液扩散形态和范围

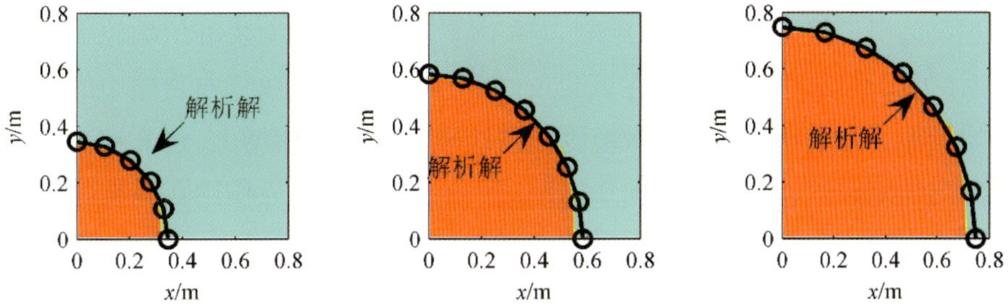

(a) $t=20$ s　(b) $t=60$ s　(c) $t=100$ s

图 6-22　工况 2 不同时刻浆液扩散形态和范围

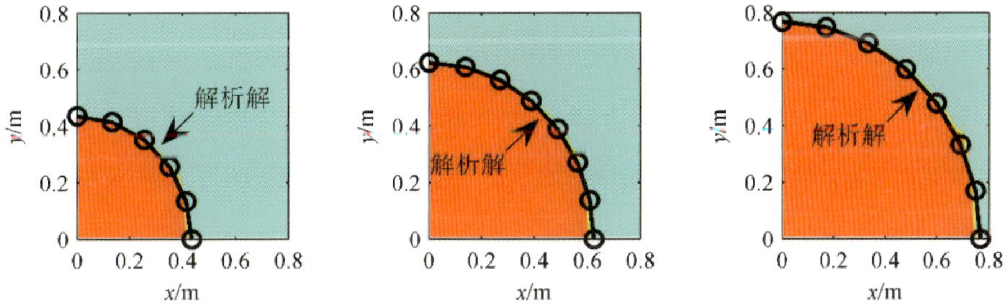

(a) $t=15$ s　(b) $t=35$ s　(c) $t=55$ s

图 6-23　工况 3 不同时刻浆液扩散形态和范围

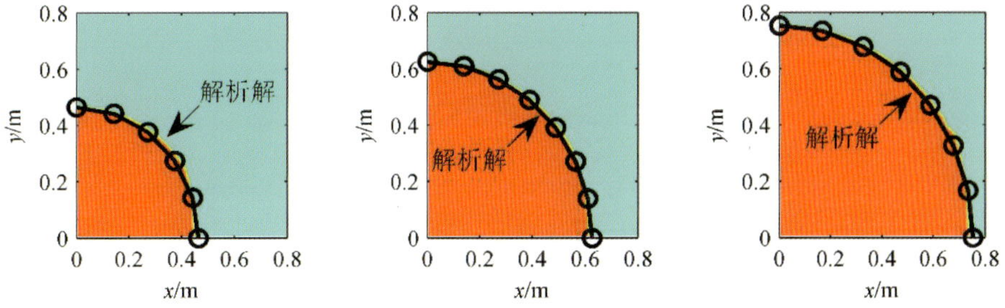

(a) $t=8$ s　(b) $t=16$ s　(c) $t=24$ s

图 6-24　工况 4 不同时刻浆液扩散形态和范围

4 种工况不同时刻浆液平均扩散半径的计算最大绝对误差分别为 0. 92 cm、1. 1 cm、0. 41 cm 和 0. 26 cm，最大相对误差分别为 2. 14%、2. 37%、1. 21%和 0. 85%。

上述计算表明，由于 Youngs 不分裂算法考虑了斜角方向的流体输运，较好地保证了流体流动过程中的质量守恒，因而能够有效降低计算误差，显著提高浆液运动界面的追踪精度，取得良好的界面追踪效果。

6.4.3 高聚物注浆扩散特征试验结果

6.4.3.1 扩散形态

根据高清摄像机拍摄的实况，绘制 3 种不同工况下高聚物浆液扩散轮廓随时间的变化关系（见图 6-25~图 6-27）。在试验条件下，高聚物浆液在竖向裂隙中的扩散形态近似为半圆形。高聚物浆液的扩散范围随着注浆量的增大而增大，浆液填充区域呈现出水平方向的距离稍大于垂直方向 2 倍距离的现象，表明重力作用在高聚物浆液流动扩散的过程中起到了重要的作用。尽管水平方向的距离大于垂直方向的距离，但是在水平方向以注浆孔所在的垂直线为对称轴观察时，发现对称轴两侧的扩散距离基本相等，扩散形态呈现对称性。注浆量越大，水平方向的扩散距离也越大。

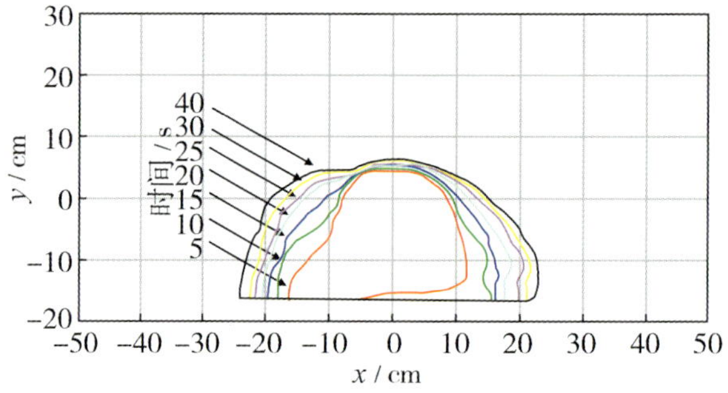

图 6-25 工况 1 不同时刻高聚物浆液扩散轮廓

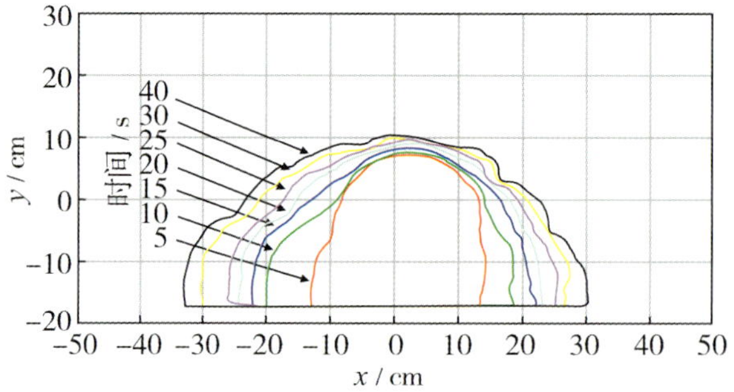

图 6-26 工况 2 不同时刻高聚物浆液扩散轮廓

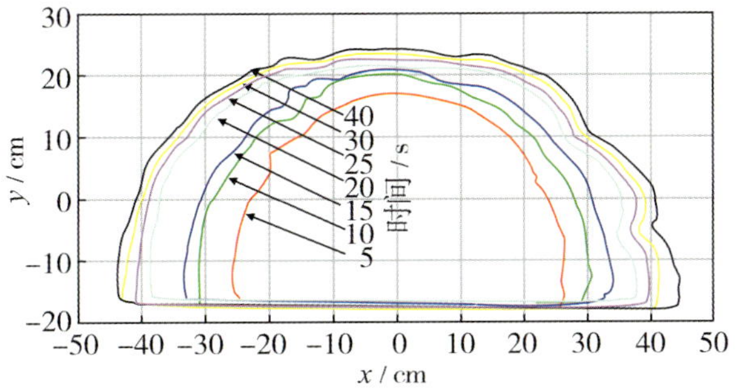

图 6-27　工况 3 不同时刻高聚物浆液扩散轮廓

在重力作用及高聚物的膨胀作用力下，高聚物浆液向下方及水平方向扩散。在同一种工况下，随着时间的增加，高聚物浆液的扩散范围增大。在不同的工况下，注浆量越大，相同时刻的高聚物浆液的扩散范围越大。

高聚物浆液在化学反应的发泡过程中，颜色会随反应时间发生变化，其颜色由开始时的黄色透明液体，逐渐变成棕黄色不透明固体。在高聚物浆液被注入竖向裂隙之后，其流动扩散一方面要受到重力作用，另一方面，高聚物浆液自膨胀产生的二次加压作用会驱动着高聚物浆液不断推进，向外扩散。总的来看，高聚物浆液在竖向裂隙中的反应过程，主要可以分为 3 个阶段，即乳化阶段、膨胀阶段和胶结阶段。高聚物浆液的乳化阶段在 10 s 内完成，膨胀阶段在 10～40 s，40 s 之后为胶结阶段。

高聚物浆液注入竖向裂隙中之后，反应的第一阶段是乳化阶段。在这一阶段开始时，高聚物浆液刚从注浆枪内充分混合并被喷射出来，呈现液态，液态的高聚物浆液受到注浆枪内喷射的压力作用和重力作用的双重影响，向注浆孔周围以及下方流动。此时高聚物浆液为透明黄色液体，没有明显的化学反应特征，温度也比较低。几秒钟之后，高聚物浆液开始发生化学反应，产生气泡，并开始出现乳化现象，高聚物浆液由原来透明的黄色液体逐渐变成乳白色不透明液体，此时温度开始升高。在这一阶段，高聚物浆液受到注浆枪喷射压力和重力作用的影响较大，扩散方式以流动扩散为主，高聚物浆液形态近似于半圆形。

高聚物浆液注入到竖向裂隙之后的第二阶段是膨胀阶段。在这一阶段中，高聚物浆液的化学反应非常剧烈，体积迅速膨胀。化学反应中产生大量的热量，导致高聚物温度急剧升高。高聚物的颜色由原来的乳白色不透明液体逐渐变成棕色固体。高聚物体积的膨胀会产生膨胀压力，形成二次加压，推动高聚物的膨胀扩散。但是，高聚物浆液在膨胀扩散的过程中，会受到竖向裂隙壁面的约束作用。同时，由于配方设计中考虑到了其膨胀压力问题，为使膨胀作用不对裂隙产生过大的压力，防止可能造成的二次破坏作用，通过优化配方使其膨胀压力大小可控，保证不会产生二次膨胀破坏。

高聚物浆液在二次加压作用下沿裂隙壁面间空隙向上方及远处流动扩散。此阶段中高聚物浆液的流动扩散主要依靠反应过程中的膨胀压力推动,其扩散形态近似半圆形。这一阶段的持续时间一般在 30 s 左右。

高聚物浆液在竖向裂隙中反应的第三阶段是胶结阶段。高聚物浆液经过前两个阶段的反应,其膨胀力由持续增长直至趋于可控态的平稳状态。高聚物浆液胶连在一起,逐渐硬化,最终形成棕黄色偏白且表面光滑的半圆状固态聚合物。胶结阶段反应时间比较长,反应十分缓慢,释放的热量逐渐减少。该阶段扩散已经基本完成,但是反应还在进行,高聚物的强度、稳定性进一步增强。

由于扩散过程中造成的非均匀性,高聚物浆液扩散的最终形态边缘会有一些小的不规则凸起。从整体来看,高聚物的厚度相差并不大,较为均匀。在 3 种试验工况下,随着注入高聚物浆液质量的增大,固化后的最终扩散范围也变大。

6.4.3.2 注浆量对高聚物浆液扩散行为的影响

1. 注浆孔周围高聚物扩散距离

注浆量是影响高聚物浆液在竖向裂隙中扩散范围大小的重要因素之一,而高聚物浆液的扩散范围又对竖向裂隙的填充加固具有决定性的作用。图 6-28 ~ 图 6-30 为 3 种工况的扩散范围。裂隙中注入不同质量的高聚物浆液后,从高聚物浆液在注浆孔正右侧、正左侧及正上方的不同时刻,注浆孔扩散距离的变化可以看出,在注浆孔的每一侧,扩散距离都是随时间逐渐增大,注浆量越大,扩散距离也越大。在前 30 s 内,高聚物浆液的扩散范围急剧增大,30 ~ 40 s 范围内的扩散速率逐渐变慢,直至 40 s 左右,扩散范围趋于平稳。

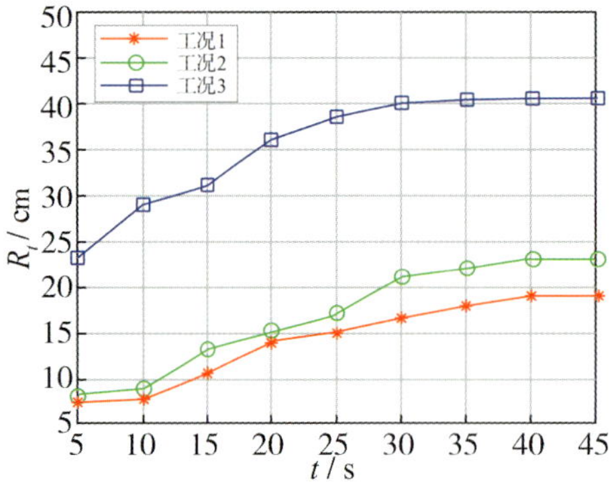

图 6-28 注浆孔正右侧扩散距离与时间关系

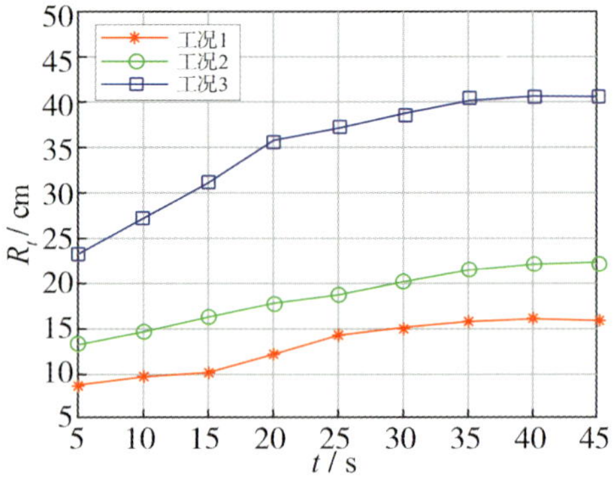

图 6-29 注浆孔正左侧扩散距离与时间关系

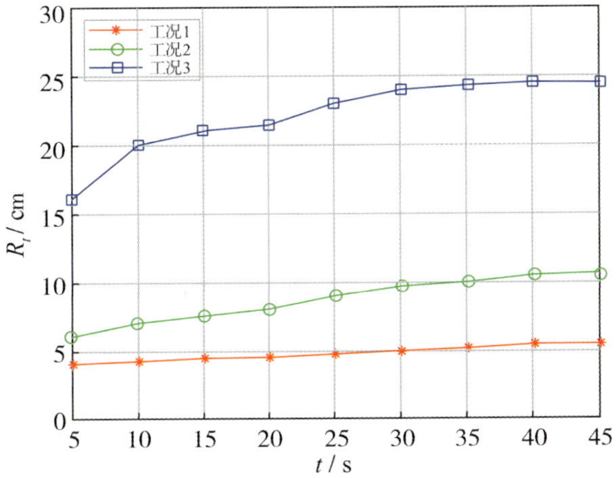

图 6-30　注浆孔正上方扩散距离与时间关系

2. 注浆孔所在轴线周围高聚物的扩散距离

图 6-31、图 6-32 分别为以注浆孔所在的中心线为轴进行观测时，高聚物浆液最底部正右侧、正左侧在不同时刻的扩散距离的变化。在裂隙右侧由于受到薄膜压力传感器的影响，扩散距离比左侧的扩散距离要小。但是对于每一侧来说，其扩散距离与时间变化是成正比的。

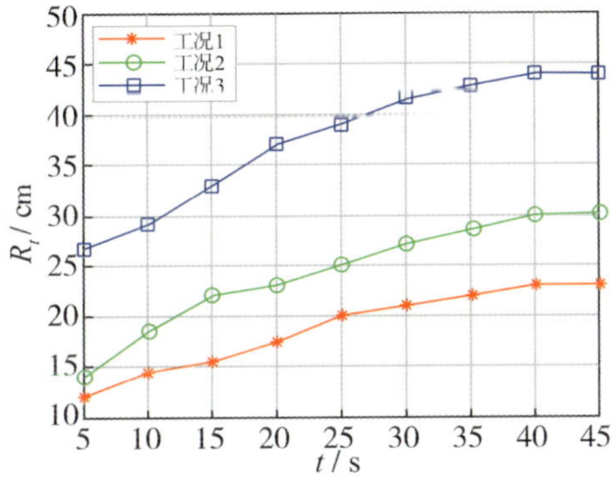

图 6-31　底部正右侧扩散距离与时间关系

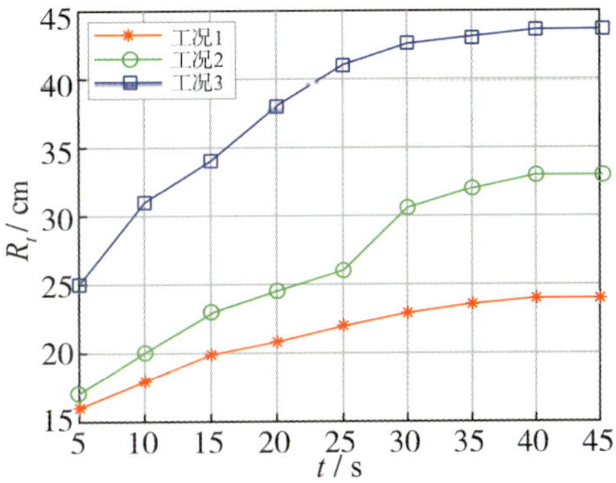

图 6-32　底部正左侧扩散距离与时间关系

6.4.3.3　扩散压力场变化特征

采用压力监测系统监测了不同工况下高聚物浆液膨胀扩散过程中在不同位置的压力变化。以注浆孔位置为监测点 1，以注浆孔下方 15 cm 位置为监测点 2，以注浆孔右侧 15 cm 位置为监测点 3，以前 3 个监测点为顶点组成的正方形的第四点为监测点 4。其中，监测点 2 和监测点 4 位于浆液流动扩散的下边缘，压力监测点分布见图 6-33。

a—监测点1；b—监测点2；c—监测点3；d—监测点4。

图 6-33 压力监测点分布

图 6-34～图 6-36 分别为 3 种工况下相邻监测点的压力对比。位于高聚物浆液扩散中心区域的监测点 1 和监测点 3 的最大压力相对较大，位于高聚物浆液扩散区域底部边缘的监测点 2 和监测点 4 的最大压力相对较小，并且底部边缘的监测点 2 和监测点 4 的压力变化规律基本一致，最大压力相差不大。

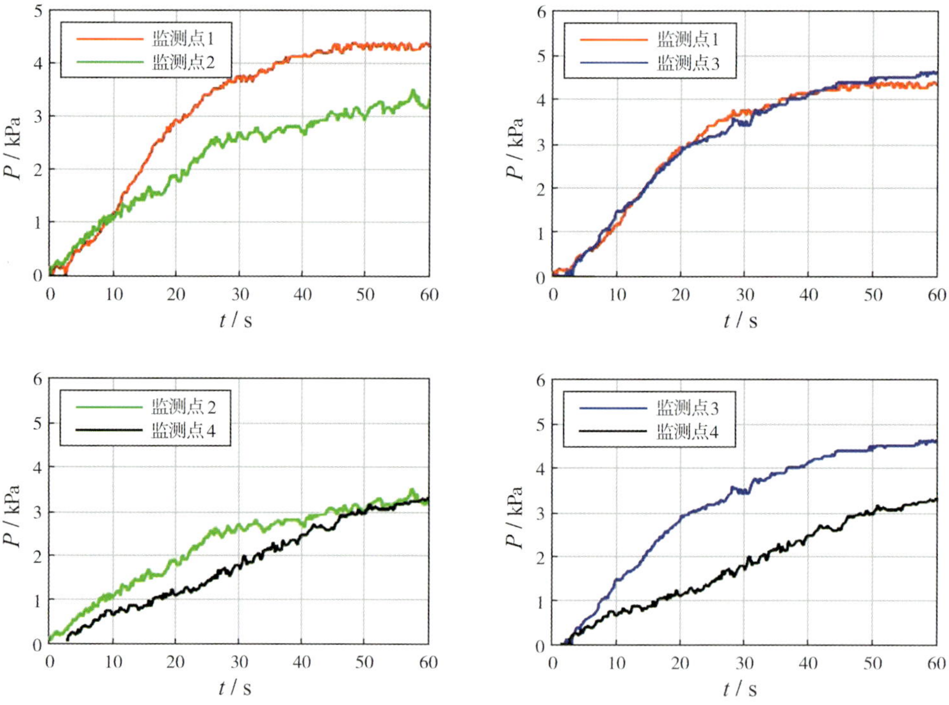

图 6-34 工况 1 各监测点处的压力变化对比

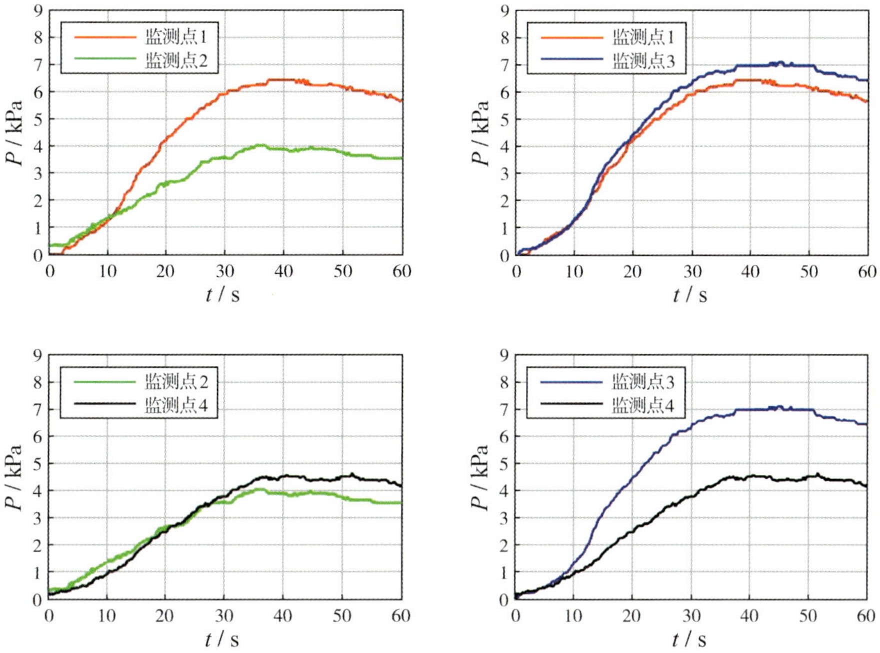

图 6-35　工况 2 各监测点处的压力变化对比

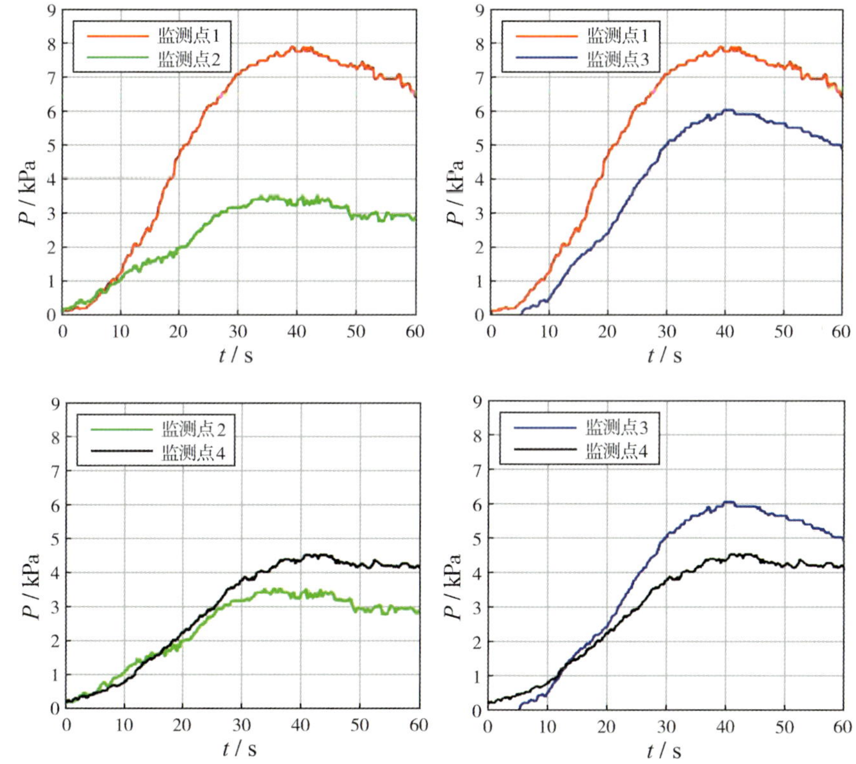

图 6-36　工况 3 各监测点处的压力变化对比

高聚物浆液监测点压力在0~30 s时段内急剧增大,30~40 s时段内压力持续上升,但是增长趋势放缓,并在40 s左右时压力达到最大值,其中工况1的最大压力约达到4.2 kPa,工况2的最大压力能达到7 kPa,工况3的最大压力能达到7.9 kPa;在40 s之后监测点压力趋于稳定或者缓慢减小,高聚物浆液不再膨胀,监测到的压力基本达到最大值,但是高聚物浆液内部反应仍旧在缓慢进行,还会对压力传感器造成一定的加压,使得监测到的压力趋于稳定,然而当加压小于向外界耗散的压力时,监测到的压力就会缓慢减小。

图6-37是3种工况下注浆孔附近监测点1的压力变化对比。注浆量越大,注浆孔压力的峰值也越大。对于注浆孔附近的压力,0~30 s时段内压力急剧升高,30~40 s时段内压力持续升高但上升趋势减缓,至40 s左右压力达到最大值,在40 s之后,高聚物浆液压力逐渐降低。由此可知,为达到膨胀压力可控,在高聚物浆液设计中,应重点对注浆后40 s左右的配方物料及配比进行优化设计,以达到对膨胀压力最大临界值的有效控制。

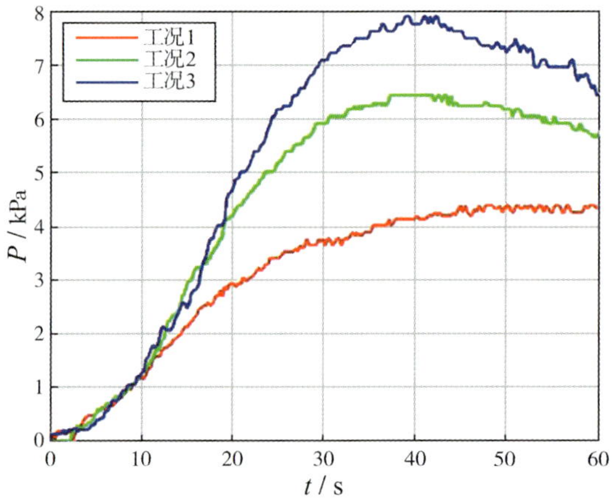

图6-37　监测点1压力变化过程

6.4.3.4　扩散温度变化特征

试验过程中,控制初始环境温度为27 ℃。通过温度传感器实时监测扩散过程中高聚物浆液的温度变化。从3种工况下高聚物浆液的温度随时间的变化过程(见图6-38)可以看出,开始时温度急剧升高,之后升高趋缓,直至达到最高,之后温度会缓降。其中,工况1最高温度达53.1 ℃,工况2最高温度达56 ℃,工况3最高温度达61.8 ℃。注浆量越大,同一时刻温度也越高,达到温度最高值所需的时间也越长。同时,随着高聚物浆液注入量的增加,反应所需的时间会相应增加,高聚物的化学反应中释放的热量也越多,温度也越高。

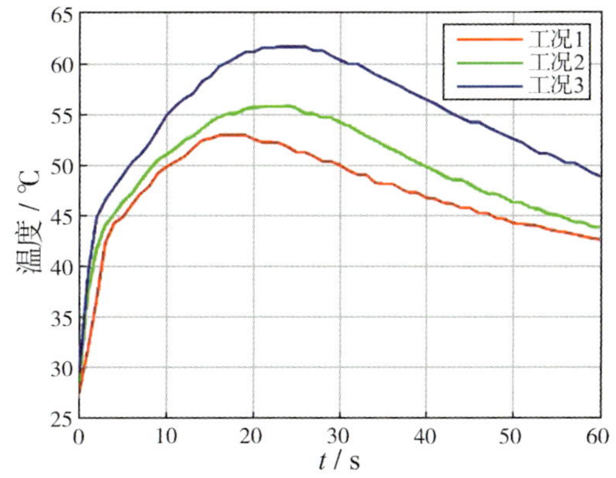

图 6-38　监测点的温度随时间变化过程

6.4.3.5　密度变化特征

根据高聚物浆液在不同工况和不同时刻的扩散轮廓图可计算高聚物浆液的扩散面积。然后，通过高聚物的扩散面积和扩散厚度算出体积，再通过高聚物的最终质量和体积求出密度，最后对高聚物浆液扩散过程中的密度变化和时间关系进行拟合。

高聚物浆液的密度计算式为

$$\rho=\frac{m}{Sd} \tag{6-40}$$

式中：ρ 为密度；m 为高聚物的最终质量；S 为某时刻的面积；d 为裂隙宽度，试验取为 3 mm。

图 6-39 为工况 1、工况 2 和工况 3 的密度曲线。在试验条件下，从高聚物浆液注入到裂隙中开始反应直至整个扩散过程结束，高聚物固结体的密度为 0.37～0.43 g/cm^3。总体来看，不同工况下高聚物浆液扩散时的密度变化规律基本保持一致。

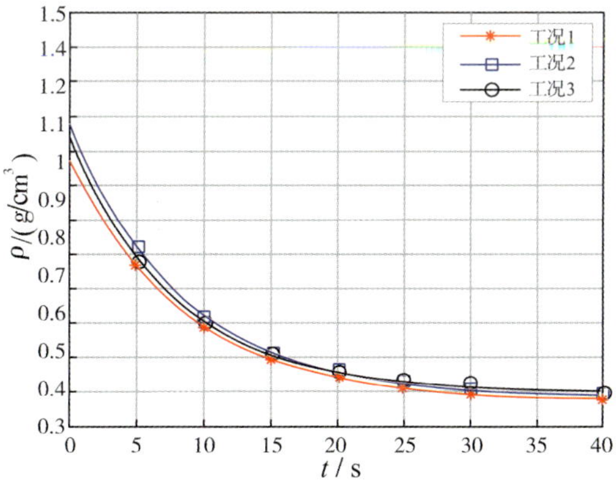

图 6-39　密度曲线

用 MATLAB 拟合出了高聚物浆液扩散过程中密度的变化表达式，为

$$\rho=0.3976+0.7359e^{(-0.1281t)} \tag{6-41}$$

式中：ρ 为密度，g/cm^3；t 为时间，s；e 为自然对数。

6.4.4 高聚物浆液在竖向裂隙中注浆扩散特征仿真分析

6.4.4.1 扩散形态

算例一：根据高聚物浆液竖向裂隙扩散模型试验中的工况 1，考虑到浆液扩散区域和形态基本沿注浆孔所在垂线左右对称，选取右侧 1/2 区域建立仿真分析模型，设置裂隙开度为 3 mm，注浆量为 120 g，裂隙尺寸为 0.5 m×0.5 m。注浆枪将高聚物浆液从注浆孔注入竖向裂隙的时间为 2 s，因此模拟的初始值设定为 2 s 时的扩散状态。图 6-40 为高聚物浆液的初始填充区域。

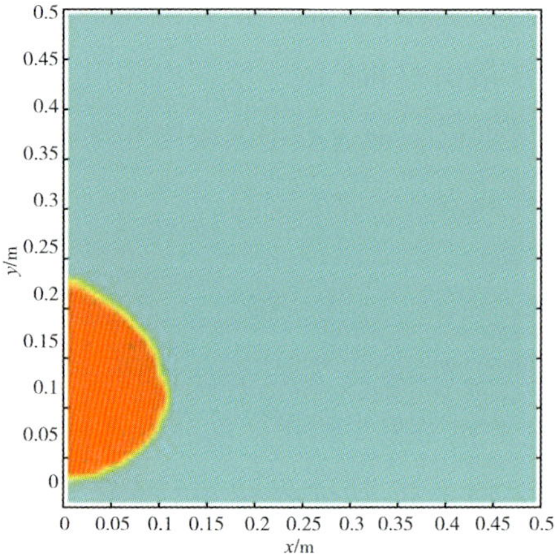

图 6-40　算例一浆液初始填充区域

图 6-41 为 5 s、10 s、15 s、20 s、25 s、30 s 和 40 s 时刻高聚物浆液的扩散云图与模型试验中浆液扩散形态的对比。其中，黑实线为不同时刻实测的高聚物浆液扩散轮廓图，蓝色箭头为速度矢量场。可以看出，在仿真模拟的计算中，高聚物浆液的扩散区域随着时间的增大而增大，最终的扩散区域近似为半圆形。

图 6-42、图 6-43 分别为不同时刻浆液底部方向与垂直方向扩散距离试验值与计算值的对比曲线。每一时间点浆液扩散距离与扩散形态的模拟计算数值相差不大。高聚物浆液在竖向裂隙中膨胀扩散的过程中，浆液扩散距离随着时间的增大而增大。因会受到重力的作用，最终底部方向的扩散距离比垂直方向的距离稍大，与模型试验结果基本吻合，表明所建立的浆液在竖向裂隙中流动扩散仿真模型能够较好地反映浆液的流体力学特征。

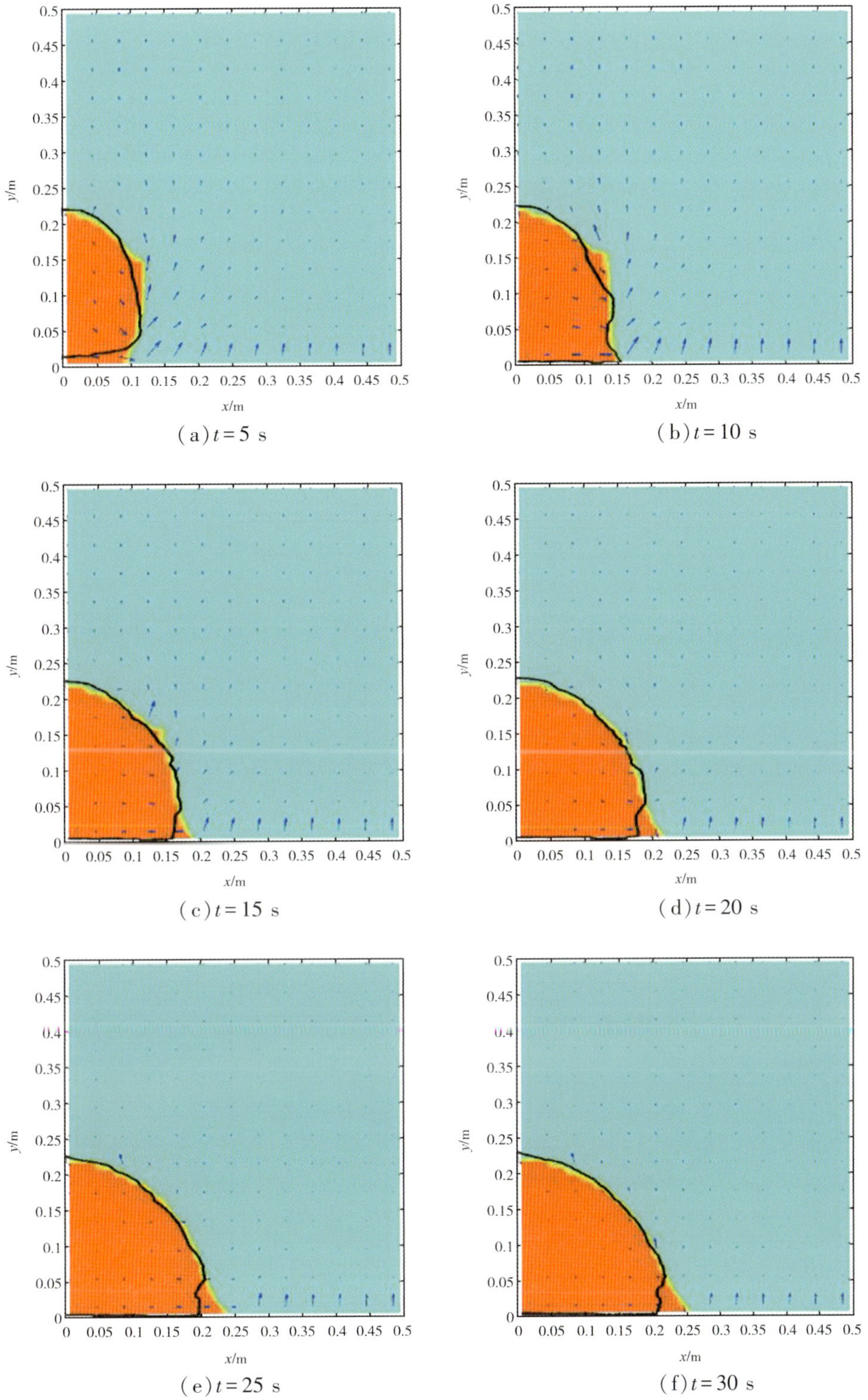

图 6-41　算例一模拟浆液扩散形态与试验扩散形态的比较

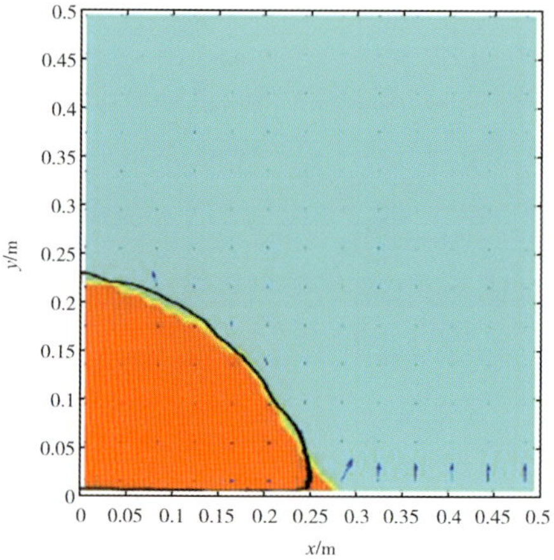

(g) $t=40$ s

续图 6-41

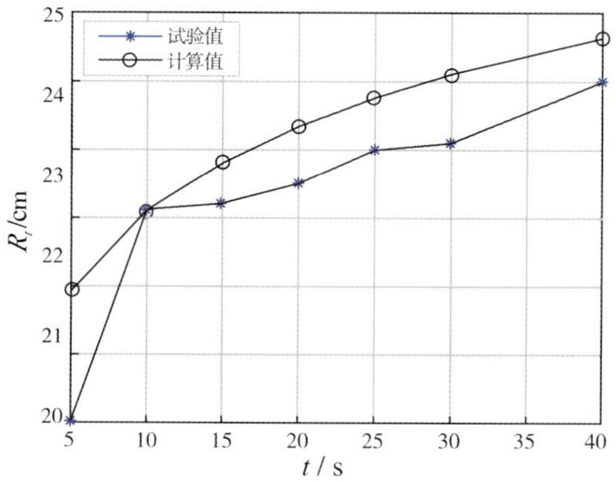

图 6-42　算例一底部方向扩散距离的试验值与计算值比较

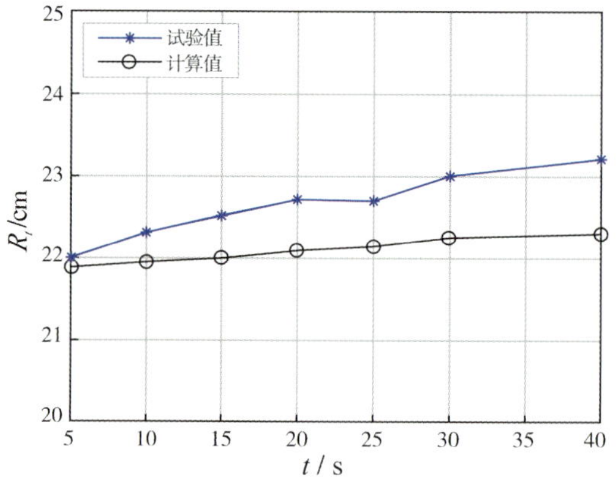

图 6-43　算例一垂直方向扩散距离的试验值与计算值比较

算例二：根据高聚物浆液竖向裂隙扩散模型试验中的工况 2，设置裂隙开度为 3 mm，考虑对称性，重点分析右侧 1/2 区域。裂隙尺寸为 0.5 m×0.5 m，注浆量为 227 g。注浆模型试验时，注浆枪将高聚物浆液从注浆孔注入竖向裂隙的时间为 2 s，因此初始值设定为 2 s 时的扩散状态。图 6-44 为浆液的初始填充区域。

图 6-45 为 5 s、10 s、15 s、20 s、25 s、30 s 和 40 s 时刻高聚物浆液的扩散云图与模型试验中浆液扩散形态的对比。其中，黑实线为不同时刻实测的高聚物浆液扩散轮廓图，蓝色箭头为速度矢量场。根据不同时刻浆液底部方向与垂直方向扩散距离试验值与计算值的对比曲线（见图 6-46）可以看出，各个时间点浆液扩散距离与扩散形态的模拟计算数值相差不大。高聚物浆液的扩散区域随着时间的增大而增大，最终的扩散区域约为半圆形。

在重力的作用下，高聚物浆液主要是向下和右侧扩散，最终固化时，水平方向的扩散距离会稍大于垂直方向的扩散距离。

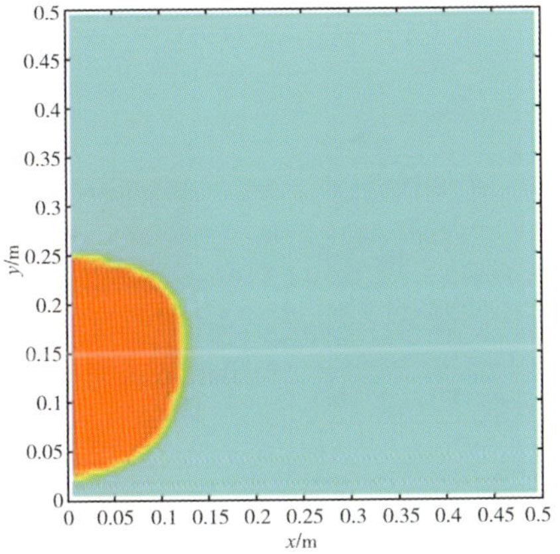

图 6-44　算例二浆液初始填充区域

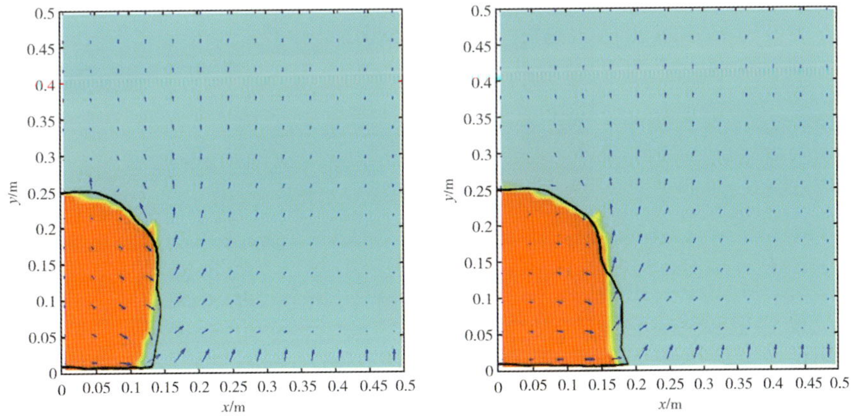

(a) t=5 s　　(b) t=10 s

图 6-45　算例二模拟浆液扩散形态与试验扩散形态的比较

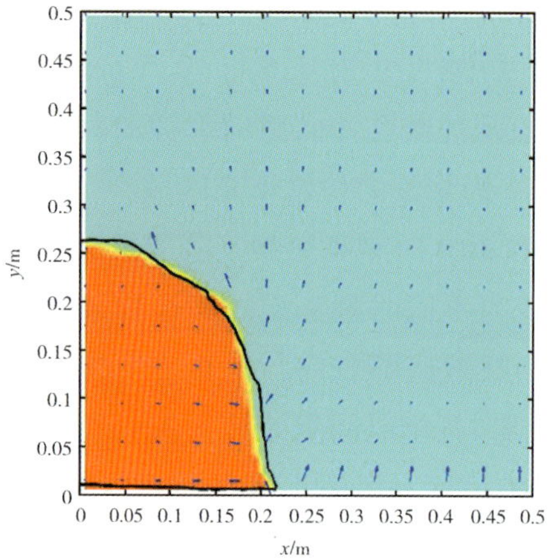

(c) $t=15$ s

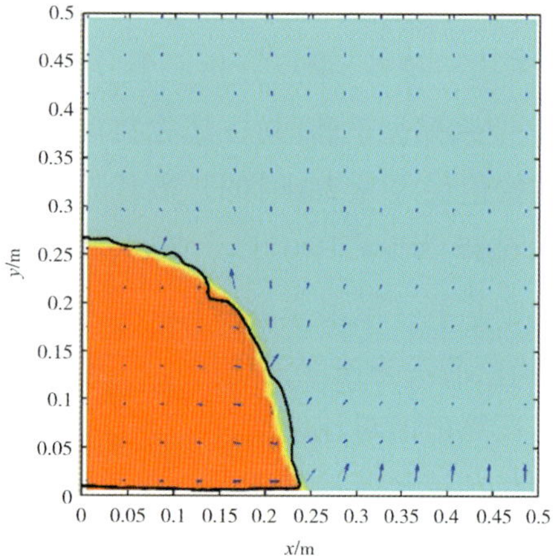

(d) $t=20$ s

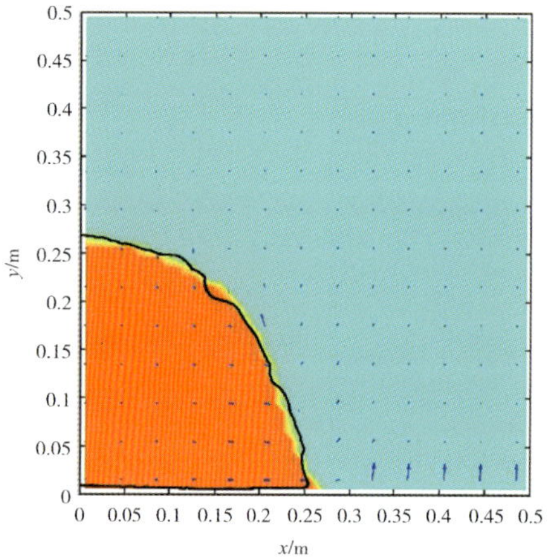

(e) $t=25$ s

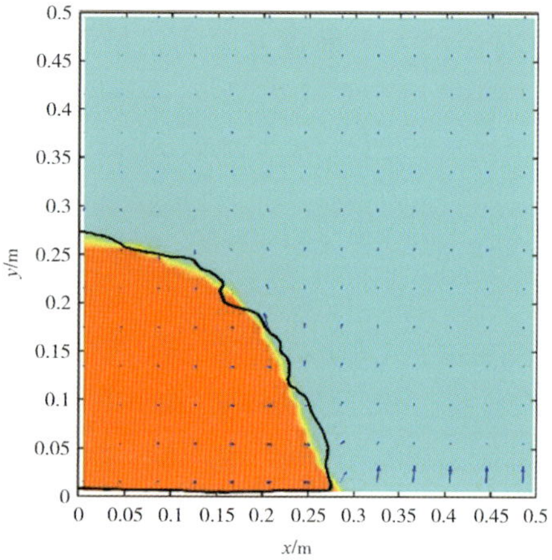

(f) $t=30$ s

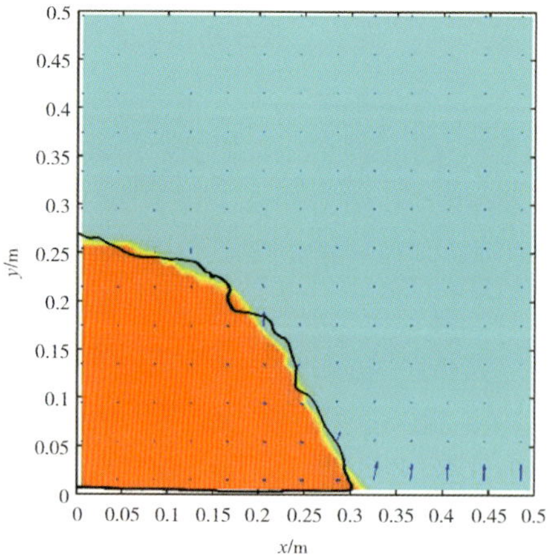

(g) $t=40$ s

续图 6-45

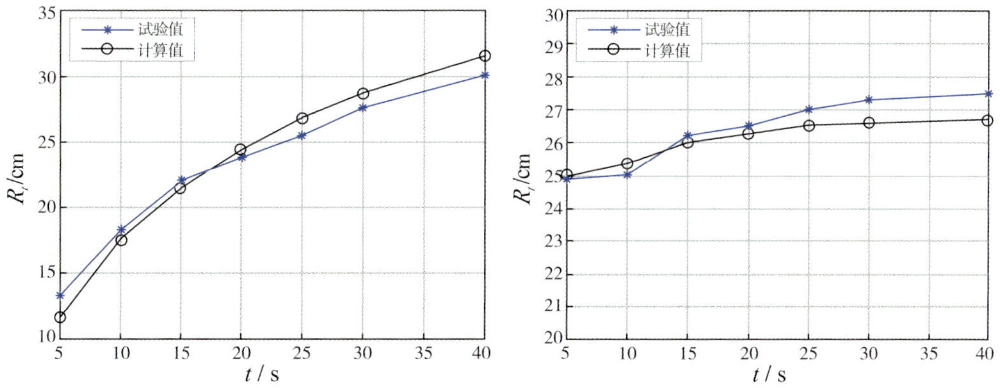

（a）底部方向　　（b）垂直方向

图 6-46　算例二扩散距离的试验值与计算值比较

算例三：设置裂隙开度为 3 mm，注浆量为 350 g，重点分析右侧 1/2 区域，裂隙尺寸为 0. 5 m×0. 5 m。模拟初始值设定为 2 s 时的扩散状态。初始填充区域是注浆 2 s 后高聚物浆液在竖向裂隙中的填充区域，填充图像见图 6-47。

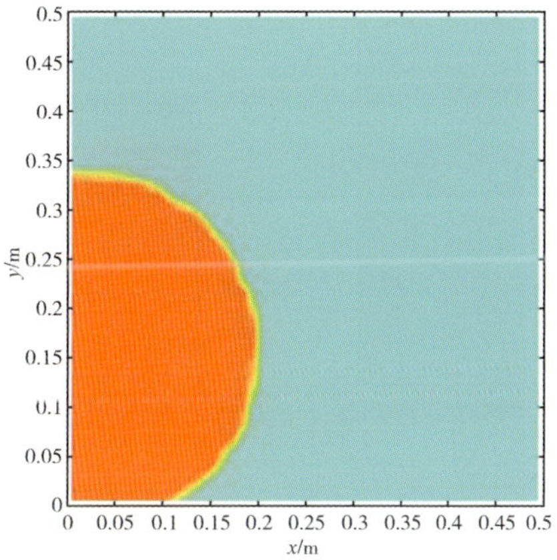

图 6-47　算例三浆液初始填充区域

图 6-48 为 5 s、10 s、15 s、20 s、25 s、30 s 和 40 s 时刻高聚物浆液的扩散云图与模型试验中浆液扩散形态的对比。其中，黑实线为不同时刻实测的高聚物浆液扩散轮廓图，蓝色箭头为速度矢量场。根据图 6-49 分析，各个时间点浆液扩散距离与扩散形态的模拟计算数值相差不大，表明所建立的高聚物浆液在竖向裂隙中流动扩散仿真模型能够较好地反映浆液的流体力学特征。

不同时间点高聚物浆液的扩散形态近似为半圆形；高聚物浆液在竖向裂隙中膨胀扩散的过程中，浆液扩散距离随着时间的增大而增大；高聚物浆液在膨胀扩散的过程中，会受到重力的作用，底部方向的扩散距离会比垂直方向的距离要稍大一些，与模型试验结果相符合。

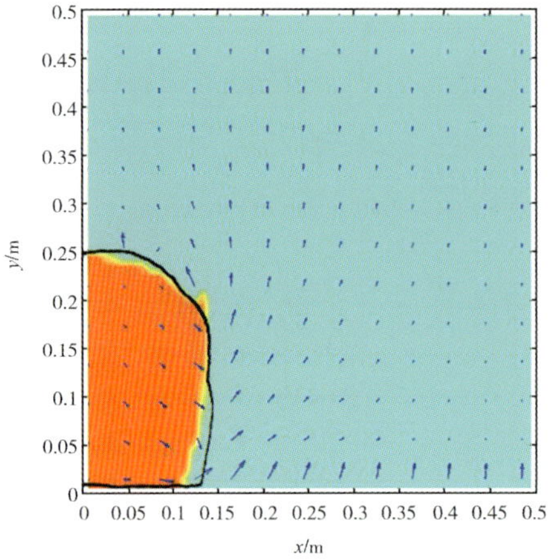

(a) t=5 s

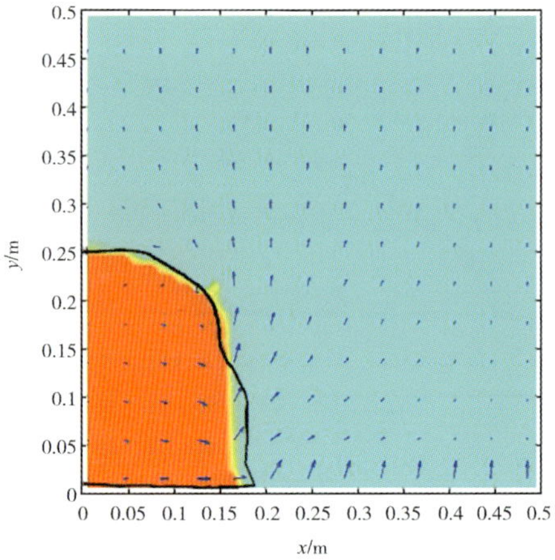

(b) t=10 s

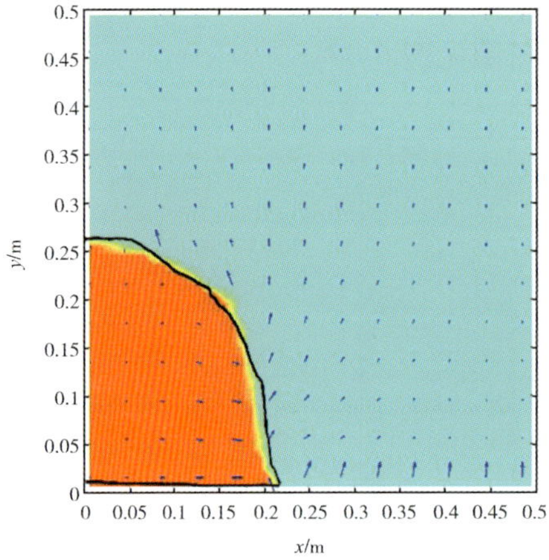

(c) t=15 s

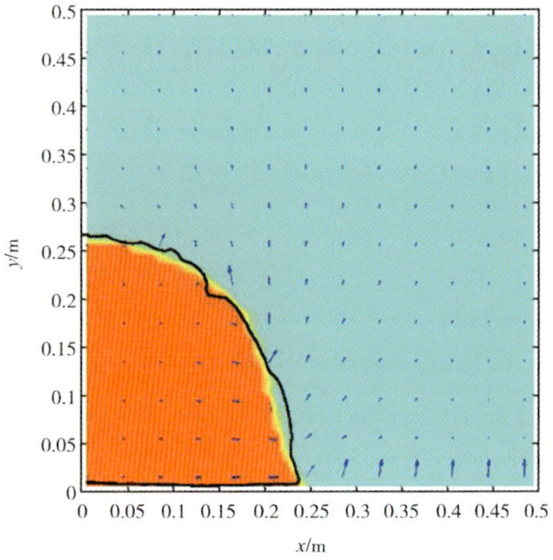

(d) t=20 s

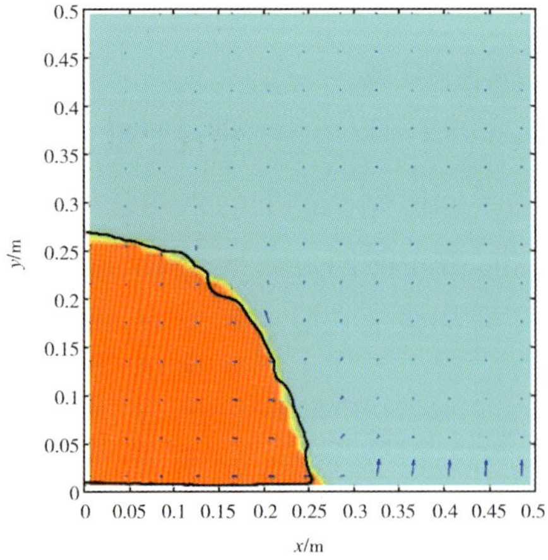

(e) t=25 s

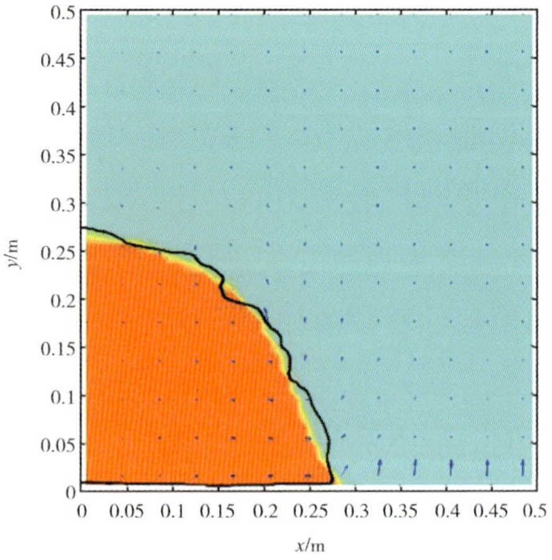

(f) t=30 s

图 6-48　算例三模拟浆液扩散形态与试验扩散形态的比较

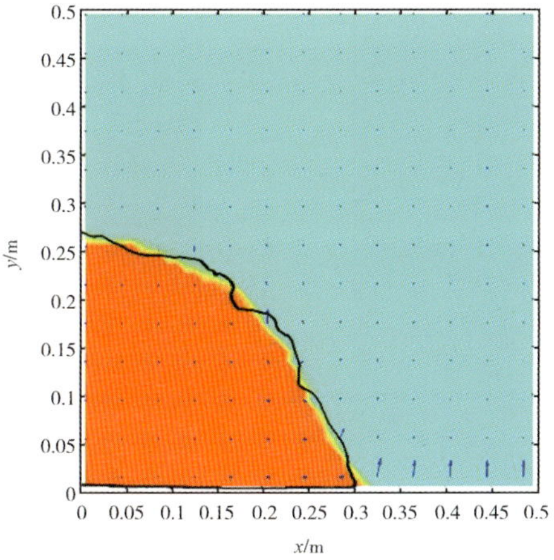

(g) t=40 s

续图 6-48

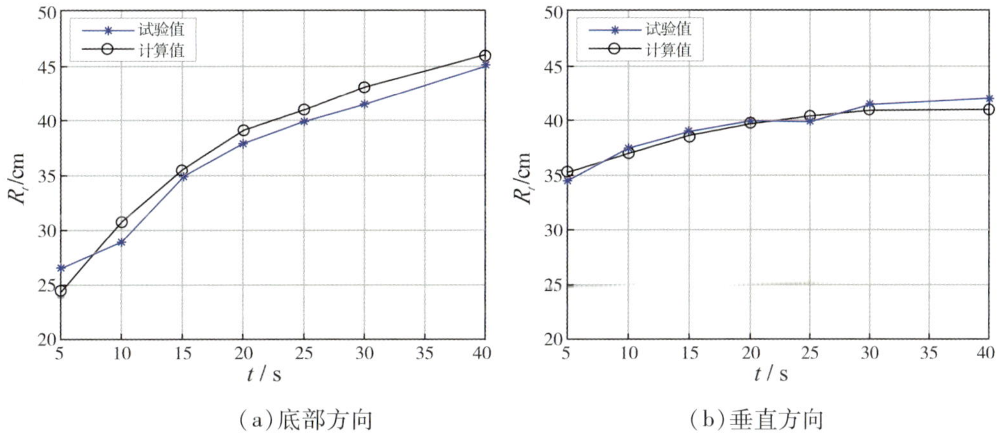

图 6-49　算例三扩散距离的试验值与计算值比较

6.4.4.2　重力作用对流动扩散的影响

设置算例的裂隙开度为 3 mm，注浆量为 350 g，裂隙尺寸为 0.5 m×0.5 m，但不考虑重力作用，进行仿真分析。图 6-50 为 5 s、10 s、15 s、20 s、25 s、30 s 和 40 s 时刻浆液的扩散云图。图 6-51 和图 6-52 分别为此算例中不考虑重力的竖向裂隙模拟与上文算例三中考虑重力的竖向裂隙模拟横轴与纵轴方向扩散距离的比较。在相同填充区域，与无重力作用相比，在重力作用下垂直方向扩散距离的最大差距可达 6.8 cm，水平方向的扩散距离的最大差距可以达到 10 cm。

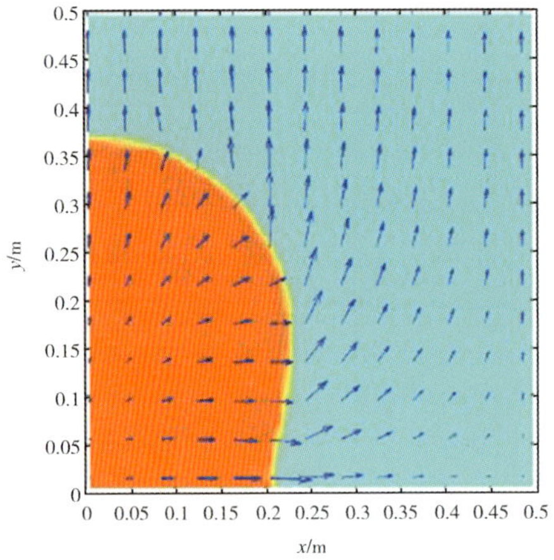

(a) $t=5$ s

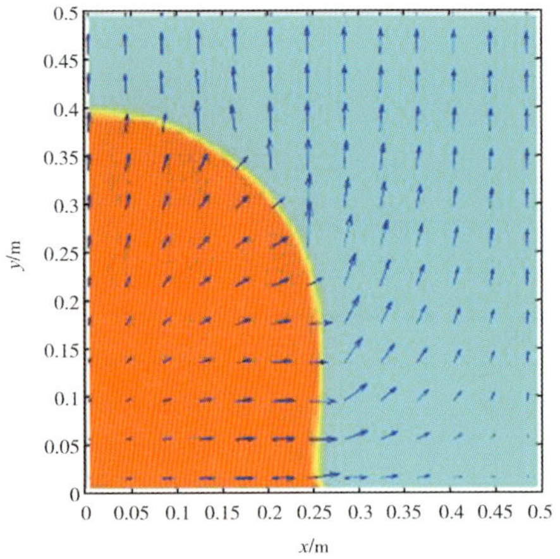

(b) $t=10$ s

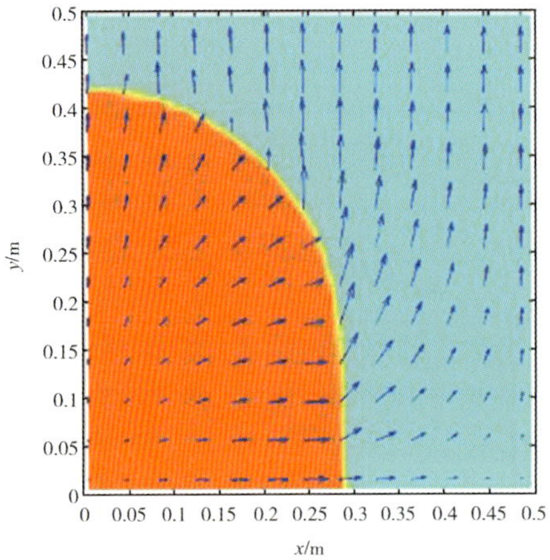

(c) $t=15$ s

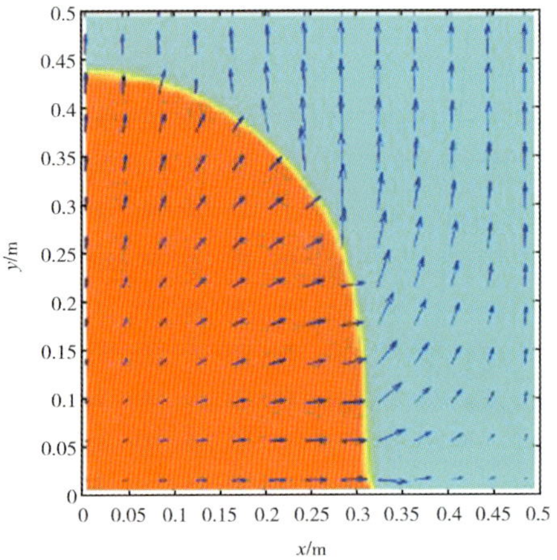

(d) $t=20$ s

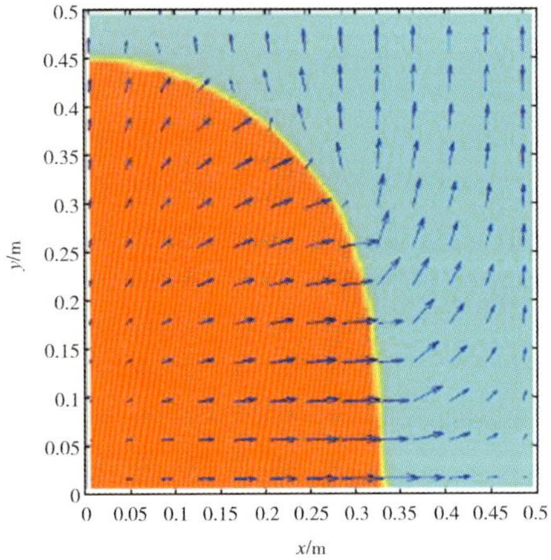

(e) $t=25$ s

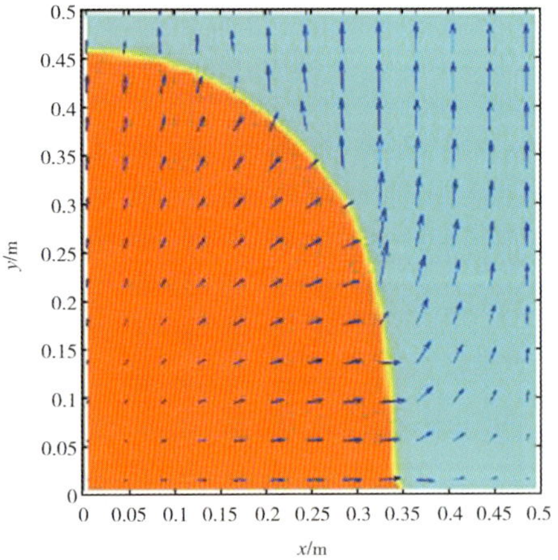

(f) $t=30$ s

图 6-50　不考虑重力作用竖向裂隙仿真分析模型中浆液扩散形态

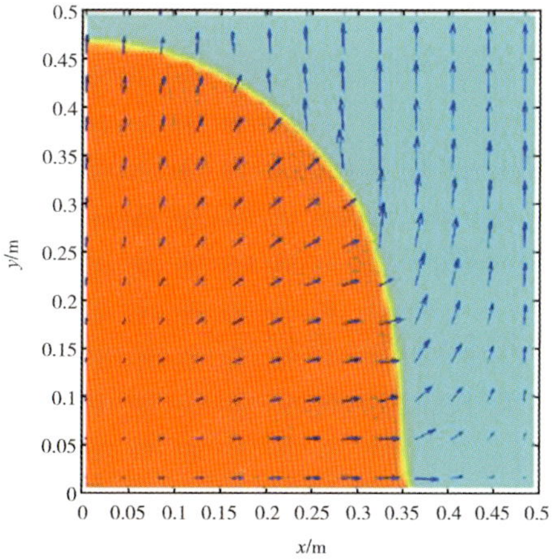

(g) t=40 s

续图 6-50

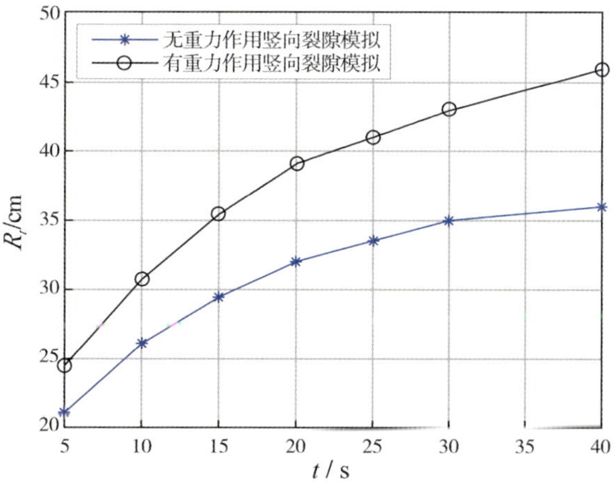

图 6-51　有无重力作用水平方向扩散距离

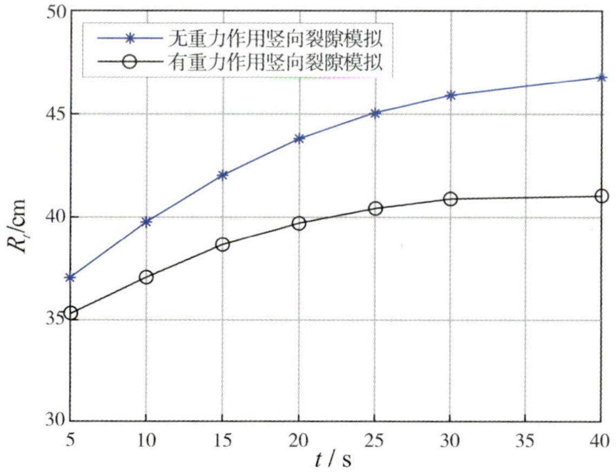

图 6-52　有无重力作用垂直方向扩散距离

6.5 小　结

通过设计的高聚物浆液竖向裂隙膨胀扩散模型试验装置和建立的高聚物浆液在竖向裂隙中流动扩散数值模型,研究了设计的高聚物浆液在竖向裂隙中的扩散特性。

(1)高聚物浆液的扩散形态近似呈现半圆形,浆液扩散范围随注浆量的增大而增大,水平方向的扩散距离大于垂直方向的距离,浆液扩散形态和范围近似以注浆孔所在的垂直线为中心呈对称分布。

(2)浆液被注入裂隙后沿水平和竖直方向同步流动扩散的范围随着时间的增大而增大,水平方向为浆液相对优势扩散方向,沿水平方向的扩散速度略大于垂直方向的扩散速度,且浆液扩散速度和范围随注浆量的增大而增大。考虑重力作用情况下,浆液在水平方向的扩散距离大于不考虑重力作用下的扩散距离,而沿垂直方向的扩散情况则相反,考虑重力作用情况下的扩散距离小于不考虑重力作用下的扩散距离。

(3)高聚物浆液的扩散速率具有阶段性特征,在 0~30 s 时间段内扩散速率最快,在 30~40 s 时间段内扩散速率逐渐降低,至 40 s 时基本稳定。

(4)高聚物浆液监测点压力在 0~30 s 时间段内急剧增大,30~40 s 内膨胀持续上升,在 40 s 左右时压力基本达到最高值,之后的压力趋于不变或者缓慢降低。高聚物浆液的压力与扩散速率的阶段性特征基本一致,最大压力基本位于注浆孔附近。因此,40 s 左右是设计控制高聚物浆液膨胀压力的阈值点。

(5)注浆量越大,高聚物化学反应过程中释放的热量越多,高聚物浆液温度相应越高。

(6)不同工况下高聚物浆液的密度变化趋势基本一致,均呈负指数规律变化,浆液固化后的最终密度也较为接近。因此,设计的高聚物浆液在砒砂岩裂隙中的固结作用是均匀分布的。

黄河砒砂岩区

生态治理-衍生产业

协同发展关键技术

第 7 章　块体状重力侵蚀注浆治理关键技术与应用

利用高聚物注浆材料治理础砂岩块体状重力侵蚀是一种新的途径,由于础砂岩遇水成泥和抗拉性能极低,因此注浆治理仍面临着施工原理、施工技术及其工艺等方面的问题。本章介绍了利用高聚物微型锚杆锚固础砂岩块体的机制、高聚物浆液在础砂岩泥岩层中的扩散状况,以及块体状重力侵蚀高聚物注浆治理技术和施工工艺,并提供了础砂岩块体状重力侵蚀治理应用案例。

7.1　高聚物微型锚杆对础砂岩块体的锚固机制

锚固是治理崩塌等重力侵蚀的重要措施之一。然而传统锚固方法多采用水泥砂浆作为锚固材料,由于水泥砂浆含水,会破坏础砂岩结构,严重削弱锚固效果甚至完全丧失加固作用。针对这一问题,将高聚物注浆技术和岩土锚固技术相结合,采用高聚物微型锚杆对临坡面处于倾覆分离状态的础砂岩岩体实施加固,这是一种新的锚固治理途径。采取现场拉拔试验、数值模拟分析与理论分析相结合的方式研究高聚物微型锚杆对础砂岩块体的锚固机制,旨在为研发础砂岩块体状重力侵蚀治理高聚物锚固注浆技术提供理论参考。

7.1.1　高聚物锚固性能试验设计

7.1.1.1　试验目的

试验场地位于内蒙古鄂尔多斯市准格尔旗沙圪堵镇特拉沟。通过对高聚物微型锚杆锚固系统进行现场拉拔试验,测其在不同杆体种类(镀锌管、光圆钢筋、竹筋)、不同锚固体(高聚物)密度(0.6 g/cm^3、1.2 g/cm^3)、不同锚固体直径(12 mm、16 mm、25 mm)、不同锚固体长度(0.3~0.7 m)组合条件下锚固系统失效的主要形式和极限抗拔力。同时为研究高聚物微型锚杆的力学传递机制,分析镀锌管、光圆钢筋两种不同材质微型锚杆的应力分布情况,以及随荷载增大应力分布的演化过程,为高聚物微型锚杆的参数设计提供数据支持,为施工工艺研究奠定理论基础。

7.1.1.2 试验方案设计

1. 试验设备

(1)成孔装置:选用 TE70-AVR 电钻,功率 1 600 W,钻头直径有 3 种类型:12 mm、16 mm、25 mm。

(2)注浆装置:采用高压防水注浆机(见图 7-1),其功率为 1 100 W,输出压力为 18 000 psi(美制单位,1 psi=6.895 kPa),具有快速上压、性能稳定、灵活性强、效率高、注浆效果好的特点。该注浆机还包括高压管注浆枪。

图 7-1 高压防水注浆机

(3)拉拔试验装置:采用 SW-100 锚杆拉拔仪,其由耐高压橡胶皮管、穿心式千斤顶以及油泵 3 部分组成。试验前根据《液压千斤顶检定规程》(JJG 621—2012)中的规定和性能要求对其进行严格标定。

(4)耐高温应变片:应变片为 BAB120-1AA-W250(11)-3Q30G1K,属于 BAB250 ℃系列耐高温应变片,三线制,目的是消除导线对应变片的影响。最高工作温度 250 ℃,电阻 350 Ω,敏感栅尺寸 1.0 mm×1.5 mm,基底尺寸 4.0 mm×2.7 mm,灵敏系数(1.81±1)%,高温引线 1 m 长。

(5)静态数据采集仪:采集仪选用 DH3816N 型,该系统可实现全智能化巡回数据采集。测量应变范围:±19 999 με,测量误差在测量值的 0.5%±3 με。

(6)锚杆:包括镀锌管、光圆钢筋、竹筋 3 种不同材质的锚杆。其中镀锌管采用直径 8 mm 的中空镀锌管,表面光滑,弹性模量 $E=0.32\times10^5$ MPa,长度 $L=1\ 000$ mm,使用时按照要求进行打磨加工。此镀锌管既可作锚杆,也可当注浆管。光圆钢筋采用Φ8 mm 的钢筋，表面光滑，弹性模量 $E=2.0\times10^5$ MPa，长度 $L=1\ 000$ mm，使用时按照要求进行打磨加工。竹筋尽量采用直径 8 mm、粗细均匀、线条较好的竹竿。

(7)反力支撑装置：包括枕木、钢垫板等，其主要作用是将千斤顶支垫平稳，保证整套张拉设备牢固可靠。

2. 试验方案

锚固注浆试验区选在内蒙古鄂尔多斯市准格尔旗沙圪堵镇块体状重力侵蚀比较严重的覆沙区特拉沟流域。通过采用锚杆中心拉拔的试验方案，将不同杆体种类(镀锌管、光圆钢筋、竹筋)、不同锚固体(高聚物)密度(0.6 g/cm^3、1.2 g/cm^3)、不同锚固体直径(12 mm、16 mm、25 mm)、不同锚固体长度(0.3~0.7 m)组合条件下的高聚物微型锚杆从砒砂岩中拔出。现场试验过程要保证单一变量，准确记录试验过程和结果。为了提高量测精度，在每种工况下，设置 3 个平行试验，对每种工况下的 3 个平行试验结果取平均值作为微型锚杆极限抗拔承载力标准值。若在记录的试验结果中，存在高聚物微型锚杆极限抗拔承载力的极差超过其平均值 15%，应当将该结果舍弃，再适当增加该种工况下微型锚杆的数量。

试验设计选取了镀锌管 18 组，共 54 根，分别将不同锚固体长度、不同高聚物密度、不同锚固体直径条件下的镀锌管从砒砂岩中拔出。试件参数见表 7-1。

表 7-1　镀锌管试件参数

编号	锚杆直径/mm	锚固体直径/mm	高聚物密度/(g/cm^3)	锚固体长度/m
1	8	16	0.6	0.3
2	8	16	0.6	0.4
3	8	16	0.6	0.5
4	8	16	0.6	0.6
5	8	16	0.6	0.7
6	8	16	1.2	0.3
7	8	16	1.2	0.4
8	8	16	1.2	0.5
9	8	16	1.2	0.6
10	8	16	1.2	0.7
11	8	12	1.2	0.3
12	8	25	1.2	0.3
13	8	12	1.2	0.4
14	8	25	1.2	0.4
15	8	12	1.2	0.5
16	8	25	1.2	0.5
17	8	12	1.2	0.6
18	8	25	1.2	0.6

试验设计选取15组光圆钢筋，共45根，分别将不同锚固体长度和不同锚固体直径条件下的光圆钢筋从砒砂岩中拔出。具体试件参数见表7-2。

表7-2　光圆钢筋试件参数

编号	锚杆直径/mm	锚固体直径/mm	高聚物密度/(g/cm^3)	锚固体长度/m
1	8	12	1.2	0.3
2	8	12	1.2	0.4
3	8	12	1.2	0.5
4	8	12	1.2	0.6
5	8	12	1.2	0.7
6	8	16	1.2	0.3
7	8	16	1.2	0.4
8	8	16	1.2	0.5
9	8	16	1.2	0.6
10	8	16	1.2	0.7
11	8	25	1.2	0.3
12	8	25	1.2	0.4
13	8	25	1.2	0.5
14	8	25	1.2	0.6
15	8	25	1.2	0.7

试验设计选取8组竹筋，共24根，分别将不同锚固体长度和不同锚固体直径条件下的竹筋从砒砂岩中拔出。试件参数见表7-3。

表7-3　竹筋试件参数

编号	锚杆直径/mm	锚固体直径/mm	高聚物密度/(g/cm^3)	锚固体长度/m
1	8	16	1.2	0.3
2	8	16	1.2	0.4
3	8	16	1.2	0.5
4	8	16	1.2	0.6
5	8	25	1.2	0.3
6	8	25	1.2	0.4
7	8	25	1.2	0.5
8	8	25	1.2	0.6

3. 高聚物注浆锚固试验

1) 轴力和剪应力计算方法

在工程试验现场采用锚杆拉拔的方法,测试高聚物微型锚杆的极限拉拔荷载,了解锚固性能。同时采用沿杆长轴方向均匀地布置应变片的方法,测试高聚物微型锚杆在拉拔过程中沿杆长轴力和剪应力的分布,由式(7-1)计算相应点轴力及轴力分布曲线:

$$p_a = E\varepsilon_j \pi (d/2)^2 \tag{7-1}$$

式中:p_a 为第 j 点的轴力;E 为微型锚杆的弹性模量;d 为微型锚杆直径;ε_j 分别为第 j 点的应变值;π 为圆周率。

微型锚杆沿杆长的剪应力由相邻两点的应变值计算:

$$\tau_i = \frac{(\varepsilon_j - \varepsilon_{j+1})EA}{\pi d \Delta L} \tag{7-2}$$

式中:τ_i 为第 j 点和第 j+1 点之间的平均剪应力;E 为微型锚杆的弹性模量;A 为微型锚杆横截面面积;d 为微型锚杆直径;ΔL 为应变片的间距;ε_j,ε_{j+1} 分别为第 j 点和第 j+1 点的应变值;π 为圆周率。

考虑到锚杆的实际受荷特征,高聚物微型锚杆现场拉拔试验采用不间断匀速逐级加载方式。当出现下列 3 种情况时,认为锚固系统破坏,终止试验:第一种情况是微型锚杆断裂;第二种是拉力继续增加,但是锚杆产生的位移量比上一次增大了 2 倍或者 2 倍以上;第三种是施加在微型锚杆上的拉拔力不再增加,而微型锚杆的位移却不断增加。

2) 现场拉拔试验步骤

第一步,制作锚杆。在使用前进行外观检测,其表面不得存在裂纹、结疤。为保证微型锚杆与高聚物有效黏结,先将杆体调直,然后用砂纸对锚固范围内的锚杆去污处理,保证贴片处清洁、干燥。

第二步,粘贴耐高温应变片。用放大镜或者肉眼观察所有耐高温应变片的外观是否完好及平整,剔除存在断路、折痕、划伤等缺陷的应变片。再用万用表测量耐高温应变片的电阻,确保所用应变片阻值满足试验设定的要求。将应变片交错粘贴在锚杆上,贴片前先用镊子夹住蘸有无水酒精和丙酮的棉花球,对锚杆进行反复擦洗,待丙酮挥发后,在耐高温应变片上均匀地涂上一层进口的高温黏结剂 B-711,用镊子夹住耐高温应变片的引线,将其贴在锚杆的具体位置(见图 7-2)。随后在耐高温应变片上覆盖一层聚乙烯薄膜,用手指轻轻按压薄膜挤出耐高温应变片的气泡以及多余的高温黏结剂 B-711。保持轻压 1~2 min,等到耐高温应变片粘贴牢固后松开手指,将聚乙烯薄膜揭下。为防止耐高温应变片及引线裸露部位被其他具有腐蚀性的物质污染，或者在空气中受潮，对耐高温应变片及引线裸露部位涂抹704硅胶进行防护。这样做不仅可以使耐高温应变片阻值相对稳定，而且还能隔离引线，起到固定的作用。

第三步，锚杆成孔。通过现场调查选定临坡面砒砂岩块体，确定锚杆布置数量和锚孔间距，确定时应注意避免相邻锚杆拉拔时的影响，用电钻钻出直径为12 mm、16 mm、25 mm的不同孔洞，孔洞的深度根据锚固长度确定。成孔完成后，用高压气枪清孔，并保证高聚物浇灌时孔内无杂质。

第四步，高聚物注浆。将贴有应变片的微型锚杆完全提起，竖直对准孔口轻缓平稳地置入钻孔。微型锚杆下放完毕后应再次进行检查，确保有效锚固长度符合设计要求，最后用注浆机进行注浆。

第五步，做线路连接及检查。首先进行导线桥接，在导线和应变采集仪焊接前，使用万用表对导线进行检测，避免异常应变片接入仪器引起电桥失衡。正常导线按照1/4桥接线的方法接入应变采集仪，并设置公共补偿片。然后进行参数设置，连接检查无误后接通电源，将应变采集仪预热40~60 min，打开数据分析软件，试验前设置相应参数，如应变片电阻、灵敏度系数等。

最后一步，加载和测量。试验开始前，需要标定加载装置中高精度液压表。另外，需要对放置试验用千斤顶的基面进行整平，可以在千斤顶底座下放置钢垫板，这样在轴向拉拔的过程中，锚杆始终与力的作用方向一致。用拉拔仪进行微型锚杆现场拉拔应力测试。拉拔仪施加力的方式为分级单调加载，每级增加的荷载为1 kN。随着拉拔力的不断增加，如果锚杆位移稳定，则继续加载；如果锚杆位移持续增加且不收敛，则停止加载。现场数据采集见图7-3。

图7-2 粘贴应变片后的微型锚杆

图7-3 现场采集数据

7.1.2　高聚物锚固性能试验分析

7.1.2.1　镀锌管-高聚物锚固体对砒砂岩黏结强度的影响

1. 高聚物密度的影响

试验发现,在钻孔直径、锚固体长度、地质条件相同的情况下,不同高聚物密度下锚固系统失效形式主要有两大类,一类是高聚物锚固体与砒砂岩交界面发生黏结破坏,另一类是镀锌管被拉断(见表 7-4)。当高聚物密度为 0.6 g/cm^3 时,大部分高聚物锚固体被拔出,镀锌管与高聚物间未产生相对滑移,锚固体与砒砂岩界面发生黏结破坏。当锚固体长度较长时,镀锌管被拉断。而当高聚物密度为 1.2 g/cm^3 时,镀锌管与高聚物交界面以及高聚物锚固体与砒砂岩交界面之间均未产生相对滑移,而是镀锌管被拉断。说明高聚物密度越大,镀锌管、锚固体及砒砂岩表面结合越紧密,高聚物微型锚杆的极限抗拔承载力越大。试验结束后把整个锚固体拔出,发现有的锚固体下部有不同程度损坏,说明锚固系统破坏形式呈现复杂性。

表 7-4　高聚物微型锚杆锚固系统的失效形式(镀锌管)

编号	高聚物密度/(g/cm^3)	锚固体长度/m	锚固体直径/mm	破坏形式
1	0.6	0.3	16	锚固体与砒砂岩交界面黏结破坏
2	0.6	0.4	16	
3	0.6	0.5	16	
4	0.6	0.6	16	镀锌管被拉断
5	0.6	0.7	16	
6	1.2	0.3	16	
7	1.2	0.4	16	
8	1.2	0.5	16	
9	1.2	0.6	16	
10	1.2	0.7	16	

图 7-4 为不同高聚物密度下不同锚固体长度的微型锚杆极限抗拔承载力。当锚固体长度相对较短时(0.5 m 以下),微型锚杆极限抗拔力随着高聚物密度的增大而增大。但当锚固体长度相对较长时(大于 0.5 m),不同高聚物密度下镀锌管的极限抗拔承载力相同,这是镀锌管自身强度不足,发生断裂导致的。

2. 锚固体直径的影响

不同孔径下高聚物微型锚杆锚固系统的试验失效形式为镀锌管被拉断。

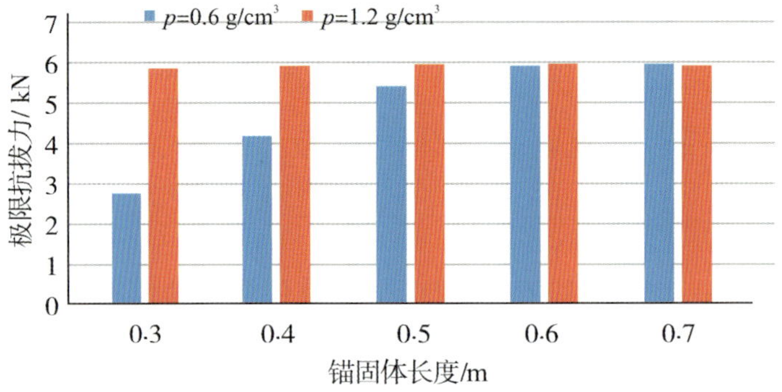

图 7-4　锚固体长度与极限抗拔力关系

在高聚物密度为 1.2 g/cm^3、锚固体长度相同(0.3~0.6 m)的条件下，12 mm、16 mm、25 mm 孔径的高聚物微型锚杆锚固系统失效形式均为镀锌管被拉断。说明在这种工况下，镀锌管、高聚物锚固体和砒砂岩三者之间的黏结性较好，镀锌管自身强度不足。

图 7-5 为不同锚固体直径、不同锚固体长度的微型锚杆极限抗拔承载力。

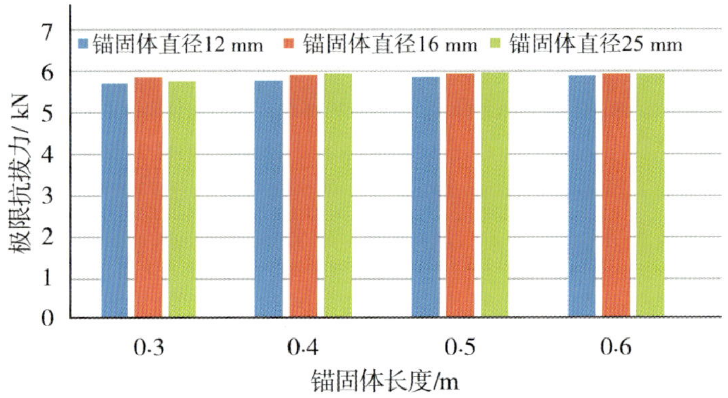

图 7-5　锚固体直径、锚固体长度与锚杆极限抗拔力关系

在相同锚固体长度(0.3~0.6 m)条件下，12 mm、16 mm、25 mm 锚固体直径的高聚物微型锚杆极限抗拔承载力几乎相同，这是镀锌管自身的强度不足而发生屈服破坏导致的。

3. 镀锌管长度的影响

试验表明，当高聚物密度为 0.6 g/cm^3 时，锚固体长度较短时(0.3~0.5 m)，高聚物锚固体与砒砂岩交界面产生相对滑移。但当锚固体长度增加到 0.6 m 以上时镀锌管被拉断，说明镀锌管长度不能太短，随着有效锚固体长度的增加，高聚物微型锚杆的极限抗拔承载力随之增加，并且大于镀锌管自身强度，镀锌管被拉断。工程应用中建议使用比较长的高聚物微型锚杆，以此获得比较高的抗拔承载力。

在高聚物密度为 1.2 g/cm^3，钻孔直径相同的条件下，不同锚固体长度的高聚物微型锚杆锚固系统失效形式均为镀锌管被拉断。说明即使在较短的锚固体长度下(0.3 m)，镀锌管与高聚物交界面以及高聚物锚固体与砒砂岩交界面的黏结强度高，所提供的抗拔承载力大于镀锌管自身强度，导致镀锌管被拉断。

在高聚物密度为 0.6 g/cm^3，钻孔直径为 16 mm 条件下，不同锚固体长度下高聚物微型锚杆的极限抗拔承载力和平均黏结强度见图 7-6。

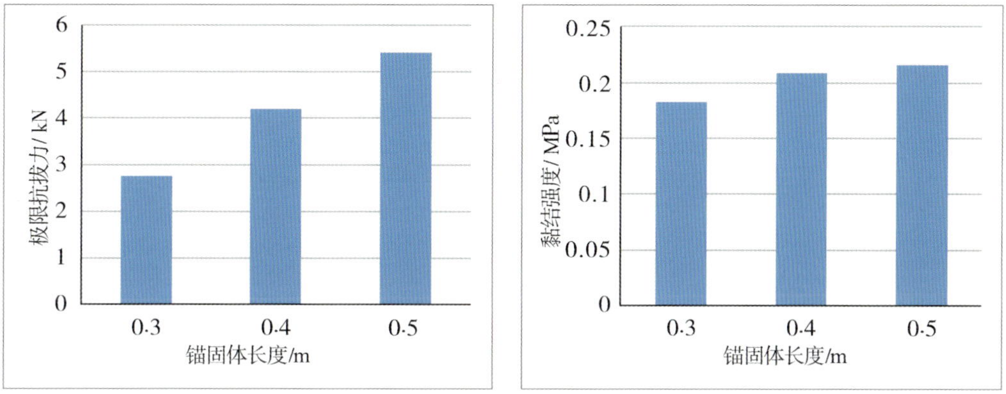

(a)极限抗拔力　　(b)黏结强度

图 7-6　不同锚固体长度下锚杆极限抗拔力与黏结强度(高聚物密度 0.6 g/cm^3)

高聚物微型锚杆的极限抗拔承载力随着锚固体长度的增加而增大，高聚物锚固体与砒砂岩间的黏结强度也同时随之增加，这是由于随着锚固体长度的增加，高聚物与砒砂岩的接触面积增加，使化学黏结力和摩擦力增大，从而抵抗荷载能力增大。试验进一步表明，荷载增幅大于接触面积的增幅。

在高聚物密度为 1.2 g/cm^3，钻孔直径为 16 mm 条件下，不同锚固体长度下高聚物微型锚杆的极限抗拔承载力和平均黏结强度见图 7-7。随锚固体长度的增加，高

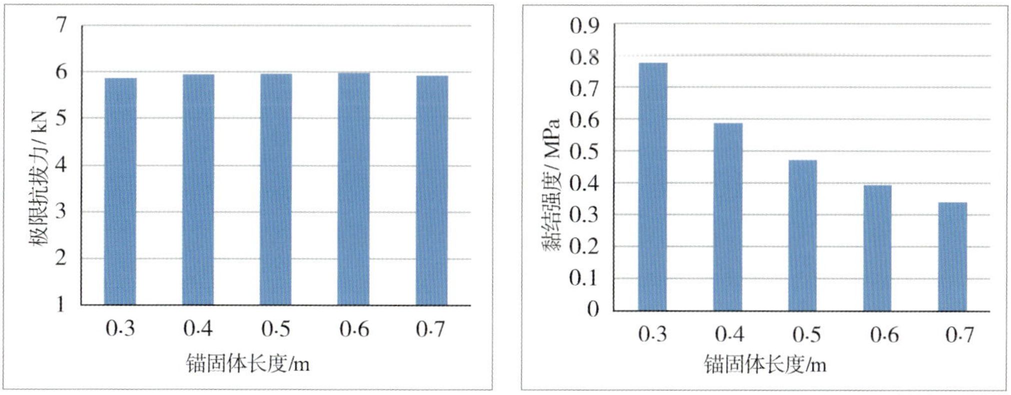

(a)极限抗拔力　　(b)黏结强度

图 7-7　不同锚固体长度下锚杆极限抗拔力与黏结强度(高聚物密度 1.2 g/cm^3)

聚物微型锚杆的极限抗拔承载力几乎无变化，同时镀锌管与高聚物间的平均黏结强度随之逐渐减小，这主要是镀锌管自身强度不足而发生屈服破坏。

在高聚物密度为 0.6 g/cm^3，钻孔直径为 16 mm，锚固体长度为 0.3 m、0.4 m、0.5 m 条件下，高聚物锚固体与砒砂岩间发生黏结破坏。不同锚固体长度下微型锚杆轴力和剪应力在不同荷载作用下沿杆体分布曲线见图 7-8。

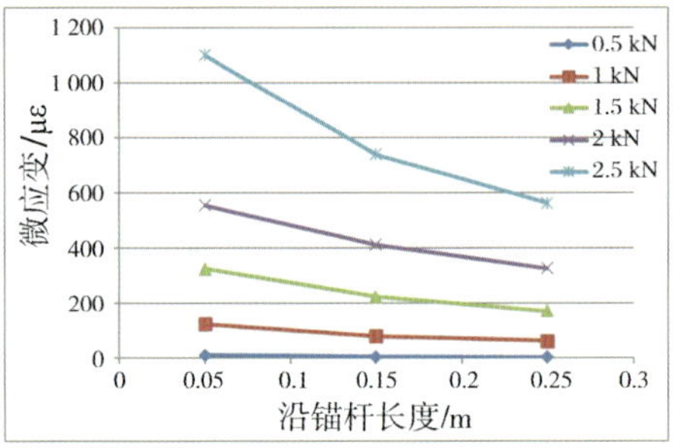

(a)轴力分布(锚固体长度 0.3 m)

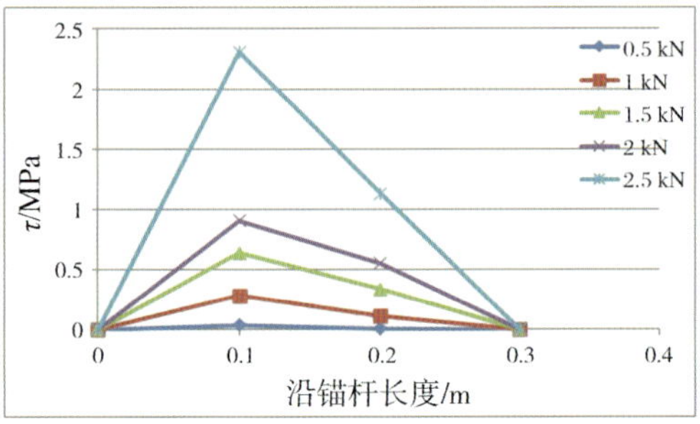

(b)剪应力分布(锚固体长度 0.3 m)

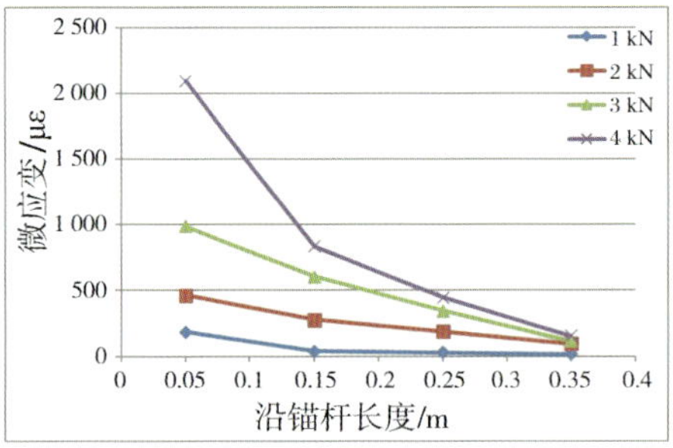

(c)轴力分布(锚固体长度 0.4 m)

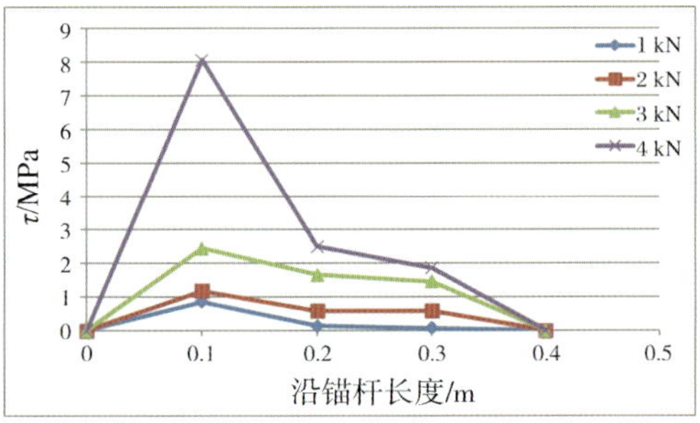

(d)剪应力分布(锚固体长度 0.4 m)

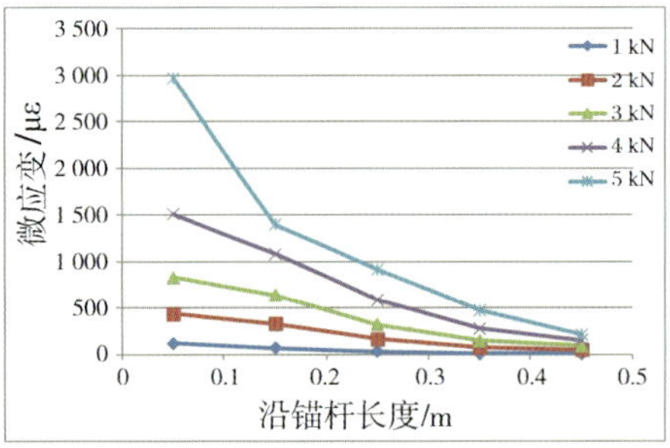

(e)轴力分布(锚固体长度 0.5 m)

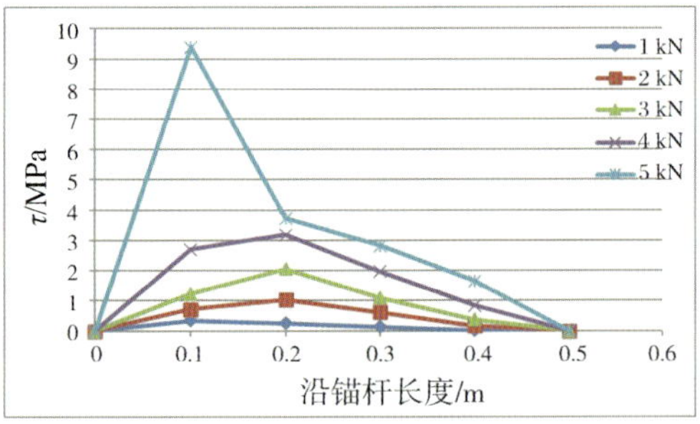

(f)剪应力分布(锚固体长度 0.5 m)

图 7-8　不同长度微型锚杆的轴力与剪应力分布(高聚物密度 0.6 g/cm^3)

试验表明，镀锌管的轴力在加载端最大，然后从加载端沿着锚杆轴向方向逐渐减小，但锚固段的最底端轴力并不为 0。随着拉拔力的不断增加，微型锚杆杆体各部分轴力也都随之增加。离锚固体底部越近，每级荷载轴力增幅越小。当锚固体长度为 0.5 m 时，相比锚固体长度为 0.3 m、0.4 m，镀锌管杆体中轴力值较小部分的长度占锚固体总长度的比重大，说明离镀锌管底部越近，锚固体长度越长，镀锌管越难以有效发挥杆体的抗拉强度及杆体与锚固浆材之间的黏结性能。根据镀锌管上各测点应变数据,可计算不同长度微型锚杆的剪应力在不同荷载条件下沿杆体的分布。分析表明,不同长度的锚固体,镀锌管与高聚物锚固体交界面的剪应力沿杆体轴向分布是不均匀的,在加载端镀锌管的剪应力为 0,在加载端以下剪应力急剧增大,然后沿镀锌管长度方向逐渐降低,最终趋于 0。剪应力集中分布于加载端附近。相同锚固体长度下,随拉拔力增加剪应力峰值随之增加,同时剪应力较大部分的分布范围也随之增加。在锚固体长度为 0.5 m 且拉拔力较小时,微型锚杆剪应力并不作用在整个锚固段,随拉拔力增加而向锚固体底端转移。

在高聚物密度为 1.2 g/cm^3,钻孔直径为 16 mm,锚固体长度为 0.3 m、0.4 m、0.5 m 的试验条件下,高聚物微型锚杆破坏的方式均为镀锌管被拉断。根据镀锌管各测点的应变数据,可由式(7-1)、式(7-2)计算不同锚固体长度下微型锚杆的轴力和剪应力沿杆体的分布(见图 7-9)。分析表明,高聚物密度为 1.2 g/cm^3 的微型锚杆轴力分布与高聚物密度为 0.6 g/cm^3 的微型锚杆轴力分布相比较,整体的变化趋势相一致。随拉拔力的逐渐增大,高聚物微型锚杆各部分轴力也都随之增大,且每级荷载增加的轴力变化趋势相比于高聚物密度为 0.6 g/cm^3 的微型锚杆的轴力变化更加规律。这是由于镀锌管自身强度不足发生屈服破坏,使镀锌管与高聚物交界面未发生相对滑动,应变片受到影响小。

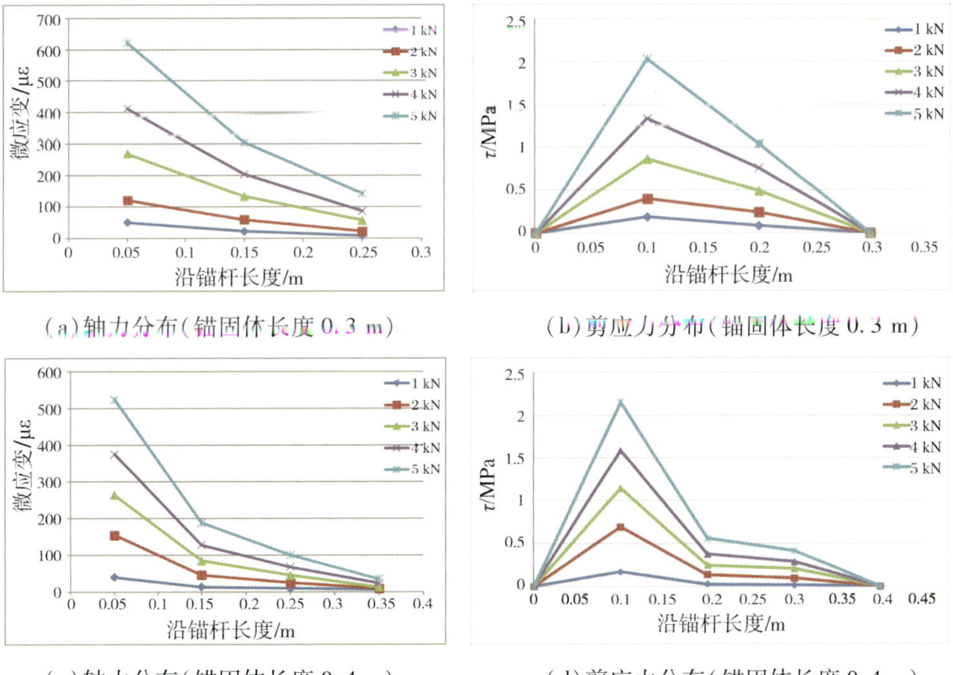

(a)轴力分布(锚固体长度 0.3 m)　(b)剪应力分布(锚固体长度 0.3 m)

(c)轴力分布(锚固体长度 0.4 m)　(d)剪应力分布(锚固体长度 0.4 m)

图 7-9　不同长度微型锚杆的轴力与剪应力分布(高聚物密度 1.2 g/cm^3)

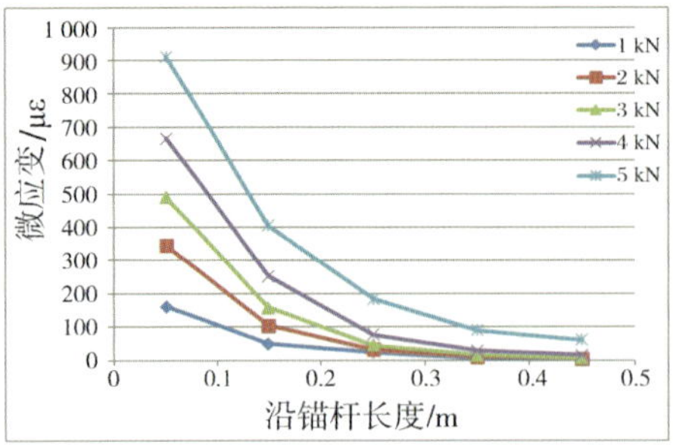

(e)轴力分布(锚固体长度 0.5 m)

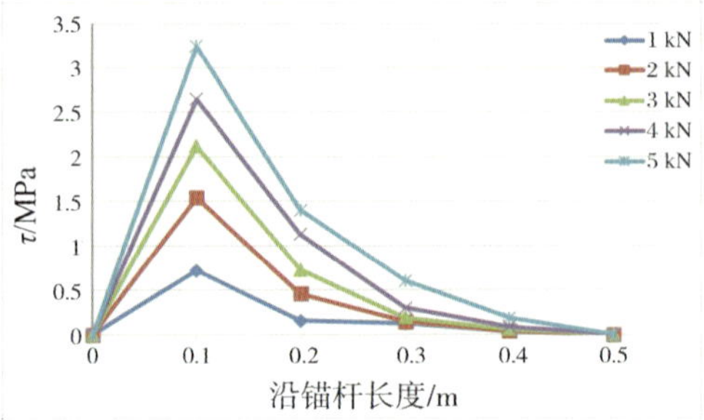

(f)剪应力分布(锚固体长度 0.5 m)

续图 7-9

相同锚固体长度下(0.3 m、0.4 m、0.5 m),最大微应变相较于高聚物密度为 0.6 g/cm³ 的微型锚杆的小,也是由于高聚物密度大时,镀锌管、锚固体以及砒砂岩表面结合紧密,而镀锌管强度不足被拉断,导致应变片变形小。

随着拉拔力的逐渐增大,微型锚杆杆体各部分轴力随之增大,当锚固体长度为 0.5 m 时,与锚固体长度 0.3 m、0.4 m 相比,镀锌管杆体中轴力值较小部分的长度占锚固体总长度的比重大,表明短锚杆能有效发挥杆体的抗拉强度。

将镀锌管上各测点的应变数据代入式(7-2),计算不同长度微型锚杆的剪应力在不同荷载条件下沿杆体的分布。分析表明,高聚物密度为 1.2 g/cm³ 的微型锚杆剪应力分布与高聚物密度为 0.6 g/cm³ 的微型锚杆剪应力分布相比较,整体变化趋势相一致。在锚固体长度相同的情况下,峰值剪应力相较于高聚物密度为 0.6 g/cm³ 的微型锚杆有所降低。随着拉拔力不断增加,剪应力分布区随之增大;随镀锌管长度增加,峰值剪应力也随之增大,但增幅并不显著,剪应力主要集中分布在靠近加载端,具有最大剪应力数值大和较大剪应力区范围小的特点。

7.1.2.2 光圆钢筋-高聚物锚固体对砒砂岩黏结强度的影响

在微型锚杆的制作、砒砂岩成孔、高聚物注浆等各项操作符合现场试验要求条件下,所得到的拉拔荷载作用下高聚物微型锚杆锚固系统的失效形式主要为光圆钢筋与高聚物间黏结破坏。

在相同的高聚物密度以及地质条件下,锚固体直径、锚固体长度与锚杆极限抗拔承载力的关系见图 7-10。

1. 锚固体直径的影响

在高聚物密度为 1.2 g/cm³,锚固体长度相同(0.3~0.7 m)条件下,不同锚固体直径(12 mm、16 mm、25 mm)的高聚物微型锚杆锚固系统失效形式均为光圆钢筋与高聚物锚固体交界面发生滑移而形成黏结破坏,说明光圆钢筋与高聚物锚固体交界

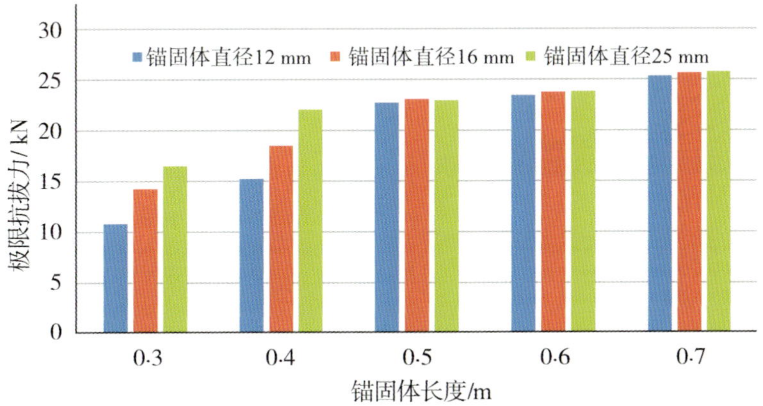

图 7-10　不同锚固体直径及不同锚固体长度的锚杆极限抗拔力

面是整个锚固系统的一个薄弱环节。

锚固体长度相对较短时，高聚物微型锚杆极限抗拔承载力随着锚固体直径增大而增大；锚固体长度相对较长时（大于 0.5 m），随着锚固体直径增大，高聚物微型锚杆极限抗拔承载力几乎无变化。这是由于随着锚杆长度的增加，高聚物材料达到其极限强度。

在高聚物密度为 1.2 g/cm^3，锚固体长度为 0.4 m，锚固体直径为 12 mm、16 mm、25 mm 的试验条件下，光圆钢筋与高聚物间发生黏结破坏。根据光圆钢筋上各测点的应变数据可计算出不同锚固体直径下微型锚杆的轴力沿杆体的分布（见图 7-11）。光圆钢筋轴力沿锚固长度方向总体呈现出非线性衰减的趋势。随着锚固体直径的增加，微型锚杆杆体各部分轴力也都随之增大，但增加幅度小。

根据光圆钢筋上各测点的应变数据代入式（7-2）可计算不同锚固体直径下微型锚杆的剪应力沿杆体分布曲线（见图 7-11）。不同锚固体直径下的光圆钢筋与高聚物锚固体界面的剪应力沿杆体轴向分布是不均匀的，在加载端光圆钢筋的剪应力为 0，但在加载端以下剪应力急剧增大并达到最大值。然后沿着光圆钢筋长度方向逐渐降低，最终趋于 0。

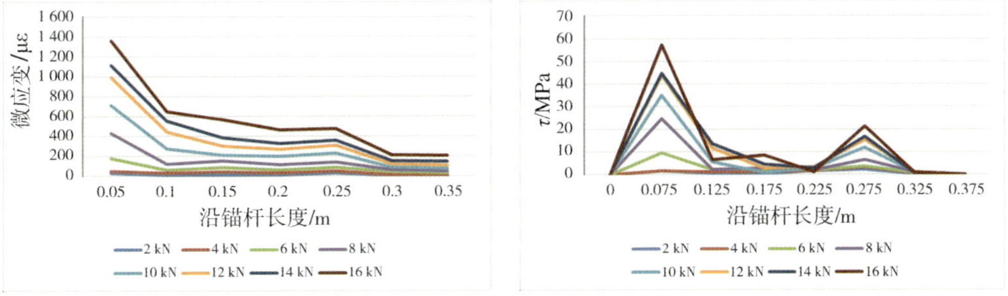

（a）轴力分布（锚固体直径 12 mm）　　（b）剪应力分布（锚固体直径 12 mm）

图 7-11　不同直径微型锚杆的轴力与剪应力分布

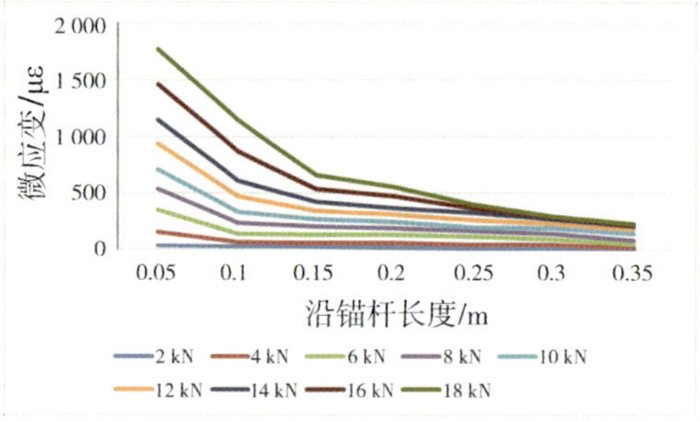

(c)轴力分布(锚固体直径 16 mm)

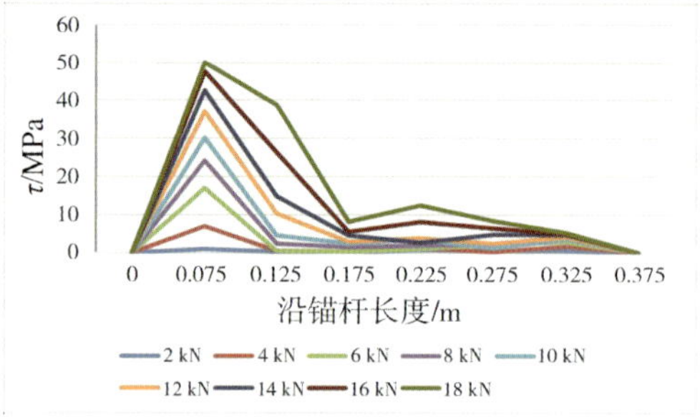

(d)剪应力分布(锚固体直径 16 mm)

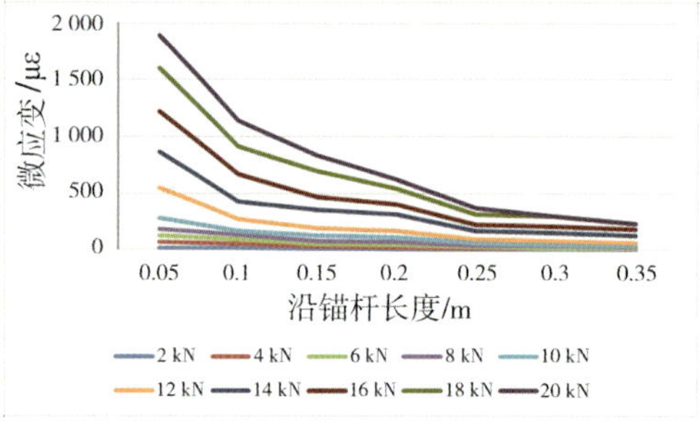

(e)轴力分布(锚固体直径 25 mm)

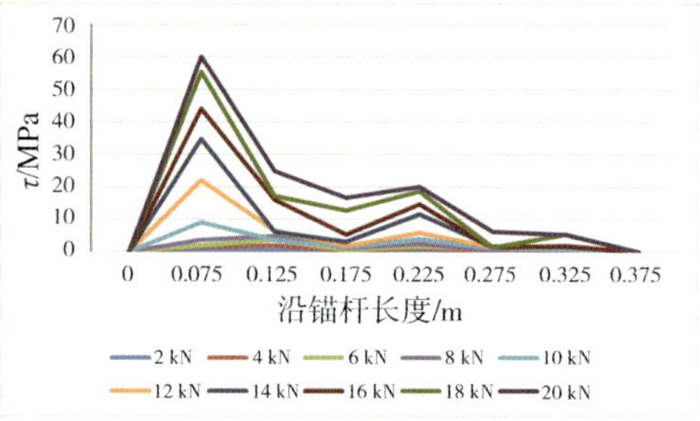

(f)剪应力分布(锚固体直径 25 mm)

续图 7-11

当高聚物微型锚杆所受拉力较小时,剪应力主要集中分布在靠近加载端,具有数值小且分布范围小的特点,远端的剪应力为零。随拉拔力不断增加,峰值剪应力也随之增大,远端的剪应力也增加到一定值,说明随着拉拔力的增加,荷载将沿着微型锚杆杆体以渐进的方式向锚固体底端转移。随着锚固体直径的增加,剪应力分布区随之增大,较大的剪应力区范围不断向荷载远端扩大。

2. 锚固体长度的影响

在高聚物密度为 1.2 g/cm^3,钻孔直径相同的条件下,不同锚固体长度的高聚物微型锚杆锚固系统失效形式均为光圆钢筋与高聚物交界面黏结破坏。在不同锚固体长度下,高聚物与础砂岩交界面的黏结强度高于光圆钢筋与高聚物交界面的黏结强度,导致光圆钢筋与高聚物交界面发生滑移破坏,说明光圆钢筋与高聚物交界面是整个锚固系统的一个薄弱环节。

在高聚物密度为 1.2 g/cm^3,钻孔直径为 16 mm,锚固体长度为 0.3 m、0.4 m、0.5 m、0.6 m、0.7 m 的条件下,高聚物微型锚杆的极限抗拔承载力和平均黏结强度见图 7-12。

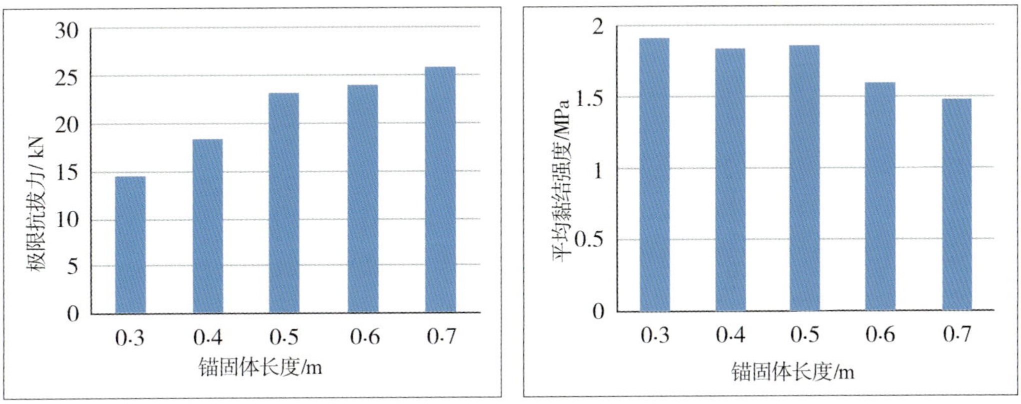

(a)极限抗拔力　　(b)黏结强度

图 7-12　不同锚固体长度下锚杆极限抗拔力与黏结强度

高聚物微型锚杆的极限抗拔承载力随着锚固体长度的增加而增大,但增加速率逐渐减小,二者之间的函数关系是非线性的,其力学机制主要是随荷载的增加,加载端光圆钢筋和高聚物先达到剪应力峰值而脱黏,抗拔承载力将沿着光圆钢筋的轴向向深部转移,由于在脱黏段界面摩擦力起主要作用,而摩擦力小于黏结作用力,因此总体上,微型锚杆极限抗拔承载力增幅较小。

随锚固体长度的增加,光圆钢筋与高聚物间的黏结强度减小。锚固体长度由 0.3 m 增加到 0.7 m,极限抗拔承载力增大了 1.8 倍,而微型锚杆和高聚物接触面积增大了 2.3 倍,则平均黏结强度降低了 21%。因此,应适当控制锚固长度。

微型锚杆的轴力和剪应力沿杆体轴向分布的试验表明,高聚物微型锚杆的轴力在加载端最大,然后从加载端沿着锚杆轴向逐渐减小,但锚固段最底端轴力和镀锌管的相同,并不为 0。随着拉拔力的不断增加,相同锚杆长度下的轴力也都随之增加,但离杆体底部越近,每级荷载增量下的轴力增幅越小。说明随着拉拔力的增加,力将沿着光圆钢筋杆体向深部转移,但是转移的程度随锚固深度逐渐减小。

光圆钢筋轴力并非沿整个锚固段内均匀分配,离杆体底部越近,锚固体长度越长,光圆钢筋越不能有效发挥杆体的抗拉强度及杆体与锚固浆材之间的黏结性能,长锚杆的有效锚固长度有限,微型锚杆存在临界锚固长度,而短锚杆能有效发挥杆体的抗拉强度。

不同锚固体长度下,光圆钢筋与高聚物锚固体交界面的剪应力沿杆体轴向分布是不均匀的,在加载端处光圆钢筋的剪应力与镀锌管的也相同,基本为 0,但在加载端以下剪应力急剧增大并达到最大值,然后沿着光圆钢筋长度方向逐渐降低,最终趋于 0,主要的剪应力分布集中在靠近加载端。

在锚固体长度相同的情况下，随拉拔力不断增加，峰值剪应力随之增加，同时剪应力较大部分的分布范围也随之增加，但增幅并不显著。随光圆钢筋长度增加，峰值剪应力随之增大，但增幅也并不显著，同时剪应力分布范围也随之增大。原因是光圆钢筋长度适当增加不会降低黏结作用。

对于 0.3 m 的锚固体长度，剪应力分布区所占有效锚固体长度的比例大，说明短锚杆能有效发挥杆体的抗拉强度。锚固体长度为 0.7 m 时，如果拉拔力较小，微型锚杆剪应力并不作用在整个锚固段上，随拉拔力的进一步增加，剪应力则以渐进的方式向锚固体底端转移。

7.1.2.3 竹筋-高聚物锚固体对砒砂岩黏结强度的影响

在拉拔荷载作用下，不同条件下高聚物微型（竹筋）锚杆锚固系统的失效形式主要为竹筋被拔出。

在高聚物密度为 1.2 g/cm^3，竹筋长度为 0.3 m、0.4 m、0.5 m、0.6 m，锚固体直径为 16 mm、25 mm 条件下，高聚物微型锚杆锚固系统失效形式主要有两类，一类是竹筋被拔出，另一类是竹筋被拉断（见图 7-13）。

（a）竹筋被拔出　（b）竹筋被拉断

图 7-13　竹筋-高聚物微型锚杆锚固系统失效形式

当锚固体直径为 16 mm，锚固体长度较短（0.3~0.5 m）时，大部分竹筋被拔出，竹筋与高聚物界面发生黏结破坏。锚固体长度增加到 0.6 m 时，竹筋被拉断。当锚固体直径为 25 mm 时，所有锚杆的失效形式均为竹筋被拉断，说明锚固体直径越大，竹筋与高聚物表面结合越紧密，黏结性越好。

不同锚固体长度的锚杆极限抗拔承载力见图 7-14。

高聚物微型锚杆极限抗拔承载力随着锚固体直径增大而增大。在锚固体直径

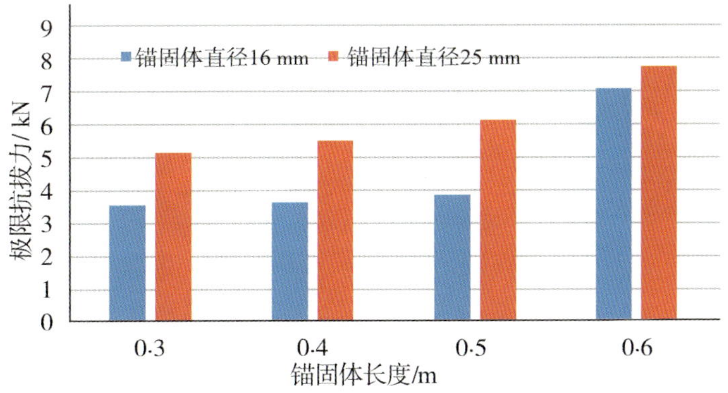

图 7-14　不同锚固体直径下不同锚固体长度的极限抗拔力(竹筋)

为 16 mm 时,锚固体长度相对较短时,极限抗拔承载力随着锚固体长度的增加变化较小。在锚固体直径为 25 mm 时,高聚物微型锚杆的极限抗拔承载力随着锚固体长度的增加而增大。

7.2　高聚物浆液在砒砂岩岩层中的扩散特性

高聚物浆液在岩层中的渗透特性对于固结效果具有很大决定意义,是研发高聚物渗透注浆技术的重要基础性问题。

7.2.1　试验方案

选取典型坡段岩层开展渗透注浆试验,试验设备包括:成孔设备,为 TE70-AVR 电钻,功率 1 600 W,钻杆直径 10 mm;注浆设备为高压防水注浆机,功率 1 100 W,输出压力 18 000 psi;采用的空气压缩机是奥突斯(OTS)空压机,电压 220 V,功率 750 W,储气量 30 L。

设置 200 mL、400 mL、800 mL 共 3 种注浆量。钻孔深度为 0.4 m。

现场试验步骤为(见图 7-15):

(1)试验准备。检查各试验设备,确保各设备良好;然后连接电源、空压机、电钻和注浆机。

(2)布孔。按 2 m 间距布置注浆孔。

(3)钻孔。在设计孔位按设计孔深依次钻孔。

(4)清孔。启动空压机,将高压风枪插入钻孔,吹出孔内岩屑,依次清孔。

(5)配制浆材。按照 1:1 体积比将 A、B 料混合,倒入注浆机料筒。

(6)注浆。把注浆枪插入注浆孔,启动注浆机,按设计注浆量依次注浆。

(a)试验准备

(b)布孔

(c)钻孔

图 7-15　砒砂岩岩层高聚物渗透注浆加固现场试验步骤

(d)清孔

(e)注浆

(f)现场开挖

续图 7-15

(7)开挖。达到设计养护时间后再行开挖,把浆液扩散范围内的砒砂岩岩体完整挖出,用钢尺量测加固区域长、宽、高尺寸,并拍照记录。

7.2.2 注浆扩散特性

试验表明，渗透型高聚物浆液在砒砂岩泥岩层中的扩散形态近似呈枣核状（见图 7-16）。以注浆孔为中心，浆液向四周扩散，其形状类似枣核，水平方向扩散距离较远，而竖直方向扩散范围相对较小。

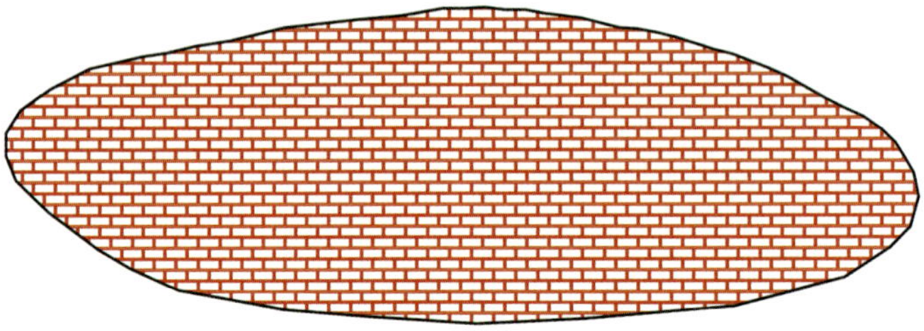

（a）侧视图

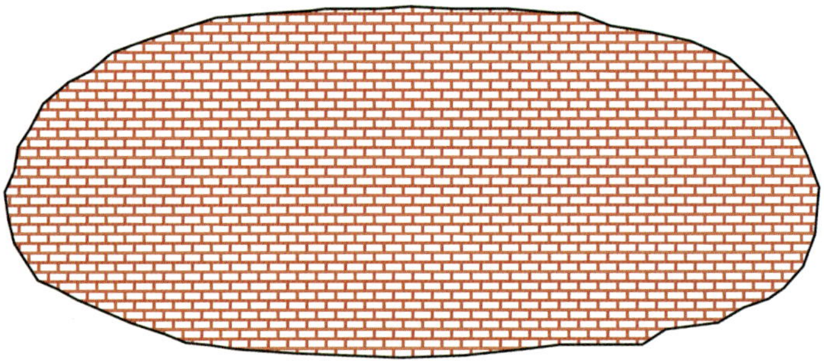

（b）俯视图

图 7-16 渗透型高聚物浆液扩散形态

不同工况下浆液扩散范围见表 7-5。随着注浆量从 200 mL 增大到 800 mL，浆液的纵向和竖向扩散范围逐渐增加，纵向尺寸从 30 cm 增大到 60 cm，竖向尺寸从 10 cm 增大到 20 cm，而横向扩散范围相同，均为 30 cm，与注浆孔有效长度相同（注浆孔总深度 40 cm，其中封孔段长度 10 cm，其余部分为有效长度）。

表 7-5 不同工况下浆液扩散范围

注浆量/mL	长度/cm	宽度/cm	高度/cm
200	30	30	10
400	40	30	15
800	60	30	20

总体来看，在砒砂岩岩层中高聚物浆液的渗透扩散以水平方向为优势方向，其水平向扩散范围几乎为竖直方向扩散范围的 3 倍，显示出相对较快的扩散速度，使得浆液整体扩散形态呈枣核状。这与经典的柱状扩散假设并不相符，分析其原因在于

砒砂岩岩层属沉积岩，尽管在风化、冻融侵蚀等作用下岩层中同时存在竖向和水平节理，但与竖向节理相比，其水平层理更为发育，属控制性节理，因而构成了浆液的主要渗透通道，使得高聚物浆液在水平方向具有更快的扩散速度和更大的扩散范围，最终形成了枣核状扩散形态。

因此，高聚物浆液在岩层中的扩散形态以注浆孔为中心，近似呈枣核状，不符合经典的柱状扩散假设，浆液扩散范围随注浆量的增大而增大，水平方向是浆液扩散的优势方向，其扩散距离显著大于竖直方向扩散距离。这一扩散特征与砒砂岩岩层水平层理发育密切相关，表明不能将砒砂岩岩层视为理想的多孔均匀介质，具有明显的各向异性特征。试验结果为研发高聚物渗透注浆技术提供了重要依据。

7.3　新型块体状重力侵蚀高聚物注浆治理技术

针对砒砂岩块体状重力侵蚀治理，研发了高聚物裂隙注浆技术、高聚物锚固注浆技术、高聚物渗透注浆技术，以及相应的施工工艺，形成了砒砂岩区陡坡块体状重力侵蚀注浆综合防控技术。

7.3.1　高聚物裂隙注浆技术

7.3.1.1　参数确定

针对砂岩层中存在的竖向裂隙，采用膨胀固结型高聚物浆液实施注浆加固，其工艺原理是通过浆液注射系统和注浆导管，向裂隙中注射双组分高聚物浆液，高聚物被注入裂隙中之后，迅速发生反应，充填整个裂隙并快速凝固，从而封闭水流通道，避免水流下渗对裂隙面的侵蚀，阻止裂隙下切。同时，借助高聚物浆液固化后所产生的黏结力，使裂隙两侧岩块黏结在一起，提高临坡面岩块的稳定性。

由于高聚物具有自膨胀特性，浆液膨胀过程中会对裂隙面产生膨胀压力，在裂隙开度一定的情况下，如果单孔浆液注入量过多，将使裂隙面受到过大的膨胀压力，因此需要合理控制浆液单孔注入量；另一方面，由于高聚物浆液反应速度快，一定量浆液从注浆孔注入后迅速膨胀固化，形成一定扩散范围，为保证从不同注浆孔注入的高聚物浆液固化后能够相互搭接，有效充填裂隙，需要合理确定注浆孔间距，以保证注浆施工质量。

高聚物竖向裂隙注浆参数确定流程见图 7-17。

参数确定的具体要求有：

(1) 根据岩体竖向裂隙注浆模型，设置不同裂隙开度、不同的注浆量试验工况，

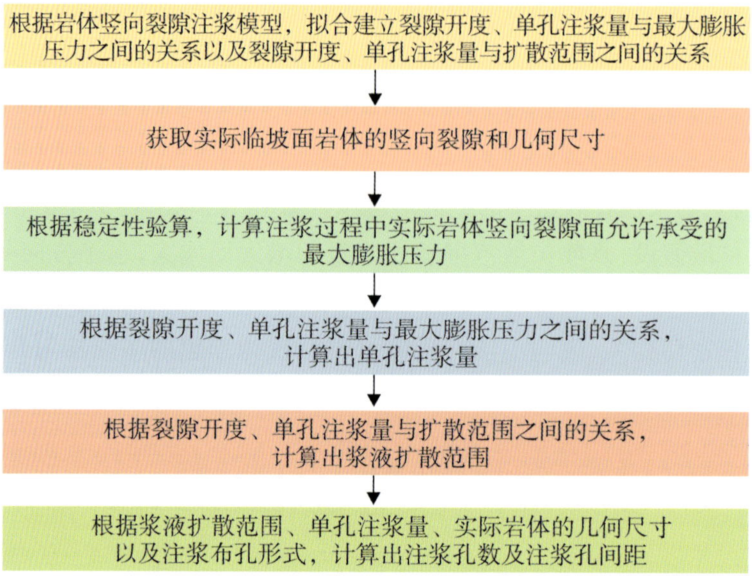

图 7-17　高聚物竖向裂隙注浆参数确定流程

试验得到对应的最大膨胀压力以及浆液扩散范围数据。将不同裂隙开度、不同的注浆量条件下对应的最大膨胀压力及浆液扩散范围数据进行函数拟合，得到裂隙开度、单孔注浆量与最大膨胀压力之间的关系以及裂隙开度、单孔注浆量与扩散范围之间的关系。

（2）获取实际临坡面竖向裂隙和几何尺寸，岩体几何尺寸包括高度、垂直于坡面走向的岩体横断面尺寸。

（3）根据稳定性验算，计算注浆过程中实际岩体竖向裂隙面允许承受的最大膨胀压力，计算流程为：

①计算平行于坡面走向的单位长度岩体质量，计算公式为

$$G=\rho A_{岩} \tag{7-3}$$

式中：ρ 为岩体密度；$A_{岩}$ 为垂直于坡面走向的岩体横断面面积。

②根据垂直于坡面走向的岩体横断面几何尺寸确定其重心横坐标位置。

③将裂隙面上作用的膨胀压力视为均布荷载，岩体绕旋转点倾覆，计算岩体抗倾覆力矩 M_1 和倾覆力矩 M_2；判断平行于坡面走向的单位长度岩体是否满足抗倾覆稳定性要求，确定裂隙面允许承受的单位面积上的膨胀压力 q_1。抗倾覆力矩 M_1 和倾覆力矩 M_2 按下式计算：

$$M_1=Z_G G \tag{7-4}$$

$$M_2=q_1 h^2/2 \tag{7-5}$$

式中：Z_G 为旋转点到重心的距离；h 为竖向裂隙高度；q_1 为单位面积上的允许膨胀

压力。

④计算滑动力 F_2，判断平行于坡面走向的单位长度岩体是否满足抗滑移稳定性要求，确定裂隙面允许承受的单位面积上的膨胀压力 q_2。滑动力 F_2、抗滑移稳定性判断、单位面积上的允许膨胀压力 q_2 分别按下式计算：

$$F_2 = q_2 h \tag{7-6}$$

$$F_2 \leqslant \lambda F_1 \tag{7-7}$$

$$q_2 \leqslant \lambda \mu G/h \tag{7-8}$$

式中：λ 为安全系数，$\lambda \leqslant 1$；μ 为岩体与下部支撑土层之间的摩擦系数，$\mu \leqslant 1$。

⑤取 q_1 与 q_2 之间最小值作为裂隙面允许承受的单位面积上的膨胀压力 q。

（4）根据裂隙开度、单孔注浆量与最大膨胀压力的关系计算出单孔注浆量。

（5）根据裂隙开度、单孔注浆量与扩散范围的关系，计算出浆液扩散范围。

（6）根据浆液扩散范围、单孔注浆量、实际岩体的几何尺寸以及注浆布孔形式，其中注浆布孔形式可采用正三角形、梅花形以及矩形中的一种，由式（7-9）计算注浆孔数及注浆孔间距：

$$L = \sqrt{3} R \tag{7-9}$$

式中：R 为浆液扩散半径；L 为注浆孔间距。

7.3.1.2　施工工艺

高聚物裂隙注浆利用高聚物浆液快速膨胀特性充填白色砒砂岩中的竖向裂隙，封闭水流通道，避免水流下渗对砂岩的侵蚀作用，同时借助浆液固化后的黏结作用增强临坡面砒砂岩块体的稳定性，避免发生崩塌。其施工工艺流程见图 7-18。

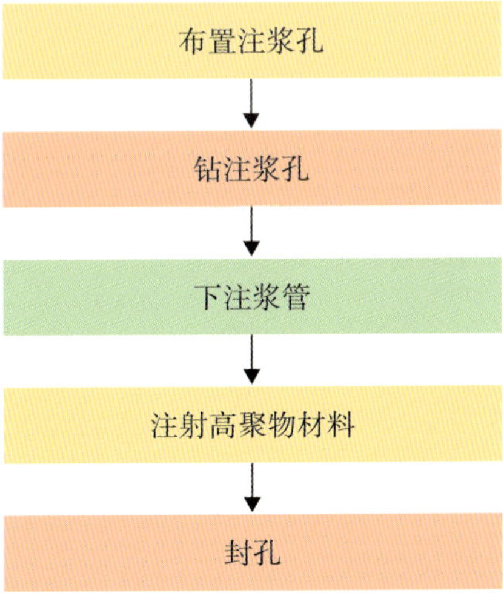

图 7-18　高聚物裂隙注浆施工工艺流程

现场施工情景见图 7-19、图 7-20。首先按照设计间距布置注浆孔。通常采取三角形布孔，注浆孔间距、层数根据设计的单孔注浆量、裂隙尺寸综合确定。接着钻注浆孔。在设计的注浆孔位置用钻机钻注浆孔，钻孔直径 12 mm，深至裂隙面位置，钻孔与水平方向夹角 5°~10°。其次是在裂隙位置下注浆管，再次注射高聚物浆液。要按照从下到上、逐排间隔顺序，依据设定的单孔注浆量逐孔注入高聚物浆液，两注浆孔注浆间隔时间不小于浆料初凝时间。当有相互平行或近似平行的多层竖向裂隙时，按从外向内的顺序，逐层实施注浆填充。最后是封孔。拔出注浆管，向注浆孔内注入一定量高聚物浆液，浆液膨胀固化封闭注浆孔。

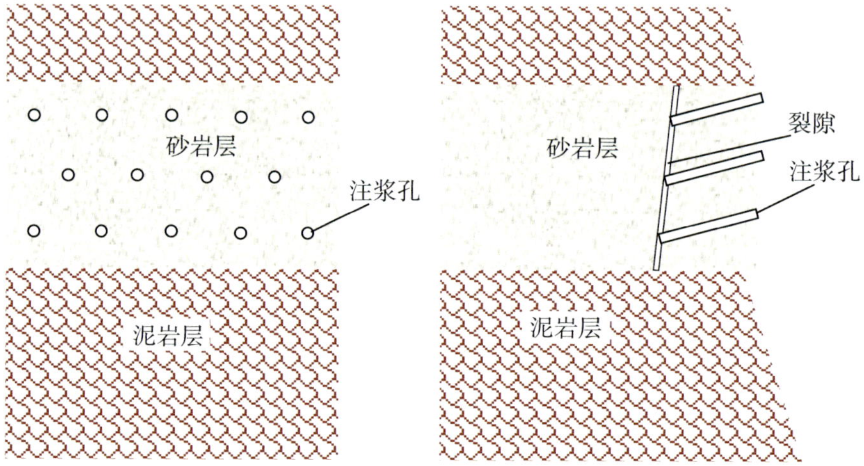

(a) 正视图　　(b) 侧视图

图 7-19　岩层竖向裂隙注浆孔布置示意图

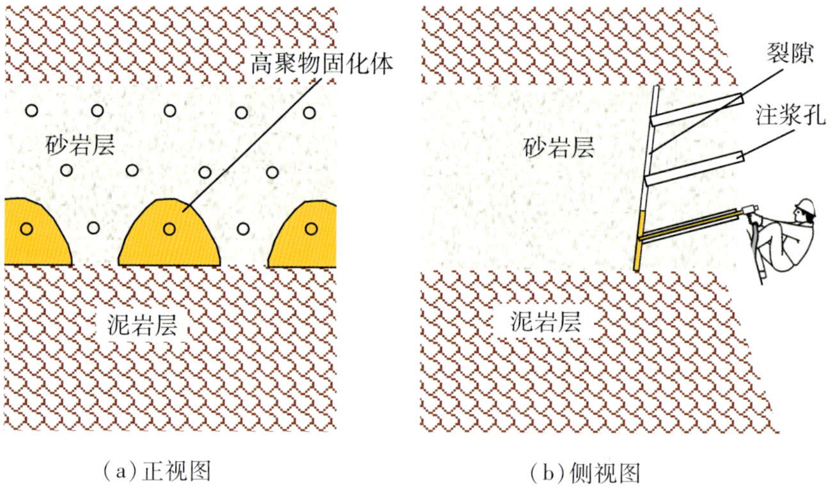

(a) 正视图　　(b) 侧视图

图 7-20　砂岩层竖向裂隙注浆加固区域示意图

7.3.2　高聚物锚固注浆技术

7.3.2.1　注浆参数确定

高聚物锚固注浆参数确定流程遵循以下步骤：

(1)获取待测临坡面岩体的岩体高度、岩体水平横断面等几何尺寸，以及临坡面岩体的竖向裂隙开度。

(2)根据岩体水平横断面几何尺寸确定岩体重心位置，以及岩体水平方向单位长度重力 G。

(3)根据岩体水平方向单位长度重力 G 计算岩体倾覆力矩 M，计算方法为：

将岩体底面内侧距截面重心 O 水平距离为 a 的点标记为 E，岩体底面内侧点 C 距截面重心 O 的水平距离为 z_g，根据岩体水平方向单位长度重力 G 计算岩体倾覆力矩 M：

①当 $z_g<a$ 时，以岩体底面内侧点 C 作为倾覆旋转中心，以截面重心至 C 点的水平距离 z_g 作为旋转力臂，按 $M=Gz_g$ 计算倾覆力矩。

②当 $z_g>a$ 时，以岩体底面内侧距截面重心水平距离为 a 的 E 点为倾覆旋转中心，以 a 为倾覆旋转力臂，按 $M=Ga$ 计算倾覆力矩。其中，a 的取值范围为 $0.1\ \text{m} \leqslant a \leqslant 0.5\ \text{m}$。

(4)根据岩体高度 h、倾覆力矩 M、竖向裂隙开度 b 计算所需锚杆数量、锚孔间距以及锚杆杆体长度，计算步骤为：

①当 $h<0.5$ m 时，所需锚杆数量为 0。

②当岩体高度 $0.5\ \text{m} \leqslant h<0.75$ m 时，预设一横排锚杆，计算所需一横排锚杆数量以及锚孔间距，计算方法为：

a. 给定特定的杆体断面尺寸 c，得到相应的容许锚固力 F_m 以及容许锚固体长度 l_m。

b. 在距岩体上边缘 0.25 m，设一横排锚孔，倾角为水平方向向下 15°～20°，根据抗倾覆稳定性按 $F_1=M_1/z_1$，计算单位长度岩体所需总锚固力 F_1，其中，z_1 为锚杆相对于旋转轴的力臂长度。

c. 竖向裂隙外侧岩体内锚孔长度 l_1 大于容许锚固体长度 l_m 时，单根锚杆所能提供的锚固力 F_2 取容许锚固力 F_m，即 $F_2=F_m$；当竖向裂隙外侧岩体内锚孔长度 l_1 小于容许锚固体长度 l_m 时，单根锚杆所能提供的锚固力为 $F_2=\tau c l_1$，其中，τ 为杆体与高聚物锚固体之间的黏结强度。

d. 计算单根锚杆所需提供的锚固力 F_3：

若 $F_1/F_2 \leqslant 1.0$，则沿水平方向单位长度内需设置 1 根锚杆，锚孔水平间距 1.0 m，单根锚杆所需提供的锚固力为 $F_3=F_1$。

若 $1.0<F_1/F_2 \leqslant 2.0$，则沿水平方向单位长度内需设置 2 根锚杆，锚孔水平间距 0.5 m，单根锚杆所需提供的锚固力为 $F_3=F_1/2$。

若 $2.0<F_1/F_2 \leqslant 3.0$，则沿水平方向单位长度内需设置 3 根锚杆，锚孔水平间距 0.33 m，单根锚杆所需提供的锚固力为 $F_3=F_1/3$。

若 $F_1/F_2>3.0$，增大锚杆杆体横断面尺寸，并得到相应的容许锚固力及锚固长度；再次计算单根锚杆所能提供的锚固力 F_2，单根锚杆所需提供的锚固力 F_3 及锚孔水平间距，直至增大的锚杆杆体横断面的尺寸满足 $F_3 \leqslant F_2$。

③当岩体高度 $h \geqslant 0.75$ m 时，计算所需锚杆数量以及锚孔间距：

a. 给定特定的杆体断面尺寸 c，得到相应的容许锚固力 F_m 以及容许锚固体长度 l_m。

b. 在距岩体上边缘 0.25 m，设定的锚杆排数 $k=1$，倾角为水平方向向下 15°~20°，按 $F_1=M_1/z_1$ 计算单位长度岩体所需总锚固力 F_1，其中，z_1 为第一排锚杆相对于旋转轴的力臂长度。

c. 当竖向裂隙外侧岩体内锚孔长度 l_1 大于容许锚固体长度 l_m 时，单根锚杆所能提供的锚固力 F_2 取容许锚固力 F_m，即 $F_2=F_m$；当竖向裂隙外侧岩体内锚孔长度 l_1 小于容许锚固体长度 l_m 时，单根锚杆所能提供的锚固力为 $F_2=\tau c l_1$，其中，τ 为杆体与高聚物锚固体之间的黏结强度。

d. 计算单根锚杆所需提供的锚固力 F_3：

若 $F_1/F_2 \leqslant 1.0$，则沿水平方向单位长度内需设置 1 根锚杆，锚孔水平间距 1.0 m，单根锚杆所需提供的锚固力为 $F_3=F_1$。

若 $1.0<F_1/F_2 \leqslant 2.0$，则沿水平方向单位长度内需设置 2 根锚杆，锚孔水平间距 0.5 m，单根锚杆所需提供的锚固力为 $F_3=F_1/2$。

若 $2.0<F_1/F_2 \leqslant 3.0$，则沿水平方向单位长度内需设置 3 根锚杆，锚孔水平间距 0.33 m，单根锚杆所需提供的锚固力为 $F_3=F_1/3$。

若 $F_1/F_2>3.0$，根据具体情况增大锚杆杆体横断面尺寸，并得到相应的容许锚固力以及锚固长度，再次计算单根锚杆所能提供的锚固力 F_2 或增加一横排锚杆和单根锚杆所需提供的锚固力 F_3，以及锚孔水平间距。

当 $h-0.25(k+1)<0.25$ m 时，增大锚杆杆体横断面尺寸，并得到相应的容许锚固力以及锚固长度，其中 k 为设计过程中当前设定的锚杆排数；按照 $h \geqslant 0.75$ m 的计算步骤再次计算单根锚杆所能提供的锚固力 F_2、单根锚杆所需提供的锚固力 F_3 及锚孔水平间距，直至增大的锚杆杆体横断面的尺寸满足 $F_3 \leqslant F_2$。

当 $h-0.25\ (k+1)\geqslant 0.25$ m 时，采用 0.25 m 的竖向间距在当前最底排锚孔下方增设 1 排锚孔，此时，$k=k+1$，按下式验算单根锚杆所需提供的锚固力 F_3：

$$F_3 = M_1 \bigg/ \left(\sum_{i=1}^{k} 3z_i \right) \tag{7-10}$$

式中：z_i 为第 i 排锚杆相对于倾覆旋转中心的力臂长度。

若 $F_3 \leqslant F_2$，单根锚杆所需提供的锚固力满足要求。

若 $F_3 > F_2$，当 $h-0.25\ (k+1)\ <0.25$ m 时，同上述相同岩体高度 h 条件的步骤，直至将锚杆杆体横断面的尺寸调整为满足 $F_3 \leqslant F_2$。

7.3.2.2 施工工艺

高聚物锚固注浆用于加固因竖向裂隙发育而与母体分离，存在倾覆趋势的岩体块，利用浆液固化后的锚固作用所产生的抗拔力，为临坡面岩体提供抗倾覆力，从而提高其稳定性，防止发生崩塌。其施工工艺流程见图 7-21。

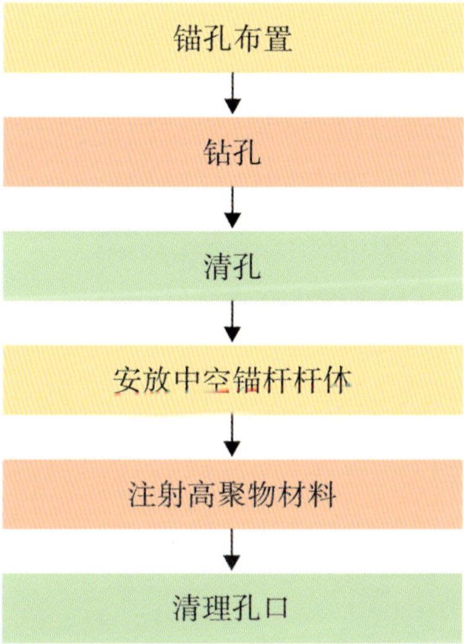

图 7-21 高聚物锚固注浆施工工艺流程

图 7-22 是施工过程的现场情景。第一步布置锚孔。一般情况下锚孔采用矩形或梅花形布置方案，锚孔水平间距 0.4~1.0 m，竖向间距 0.25~0.4 m，锚孔距岩块边缘 0.25 m。锚孔排数和列数根据岩块尺寸和稳定性计算确定。当块体高度小于 0.5 m 时，沿块体水平中线设置一行锚孔；当块体宽度小于 0.5 m 时，沿块体竖向中线设置一列锚孔。第二步钻孔。在设定的锚孔位置用钻机钻孔至设计深度，孔径 16 mm，钻孔与水平面夹角 10°~15°，锚孔水平和竖向位置偏差均应控制在±3 cm 以内。第三步清孔。利用空气压缩机通过气管向锚孔内吹高压风，清除孔内岩粉、土屑。第四步放

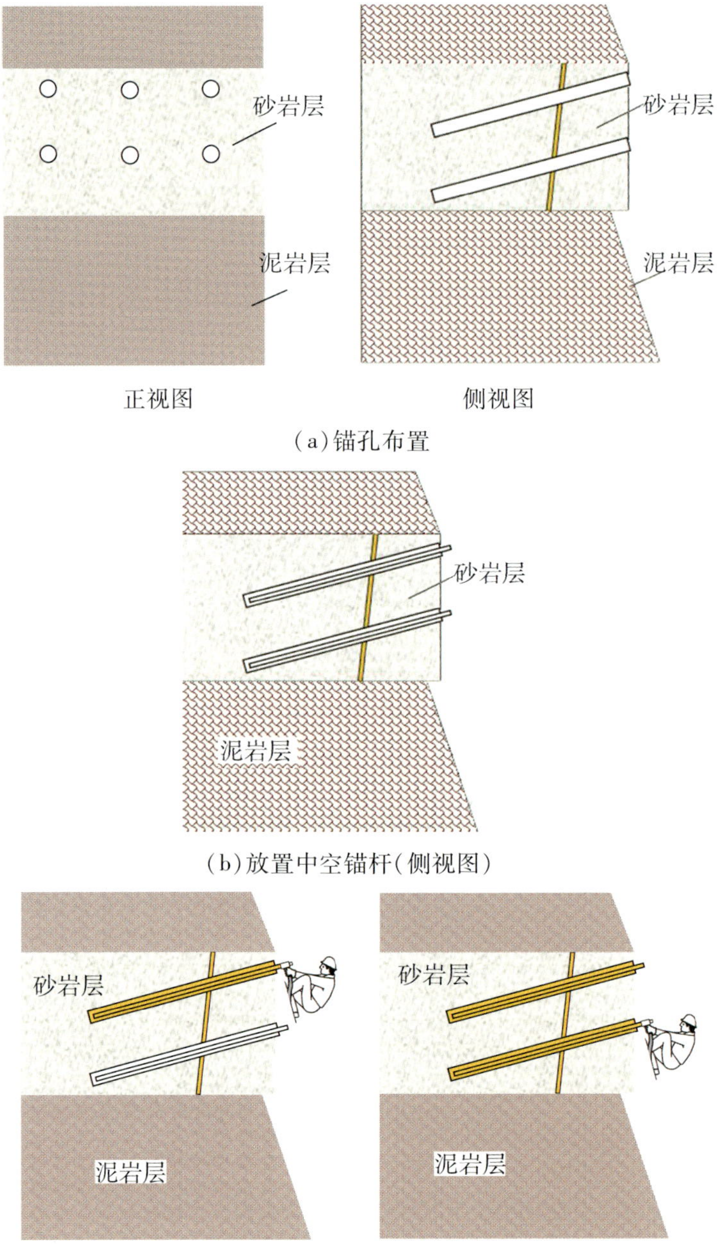

(a)锚孔布置

(b)放置中空锚杆(侧视图)

(c)实施高聚物锚固注浆　　(d)锚固注浆结束

图 7-22　高聚物锚固注浆过程

置中空锚杆杆体。把直径 8 mm 的中空杆体放入锚孔内,杆末端到达孔底处,为避免杆体插入锚孔过程中中心孔道被堵塞,杆体放置就位后,连接高压气管对杆体进行清孔。为保证中空杆体位于锚孔中心,须在杆体上安设定位支架。第五步注射高聚物材料。把注浆管与注浆接头相连接,启动注浆机,高聚物浆液经注浆管注入,沿中空杆体中心孔道进入锚孔底部,然后自下而上,逐渐充填整个锚孔。高聚物浆液在

15 min 内固化，在此段时间内不得敲击、碰撞或牵拉。最后是清理孔口。将伸出锚孔孔口部分的杆体和溢出孔口的高聚物剪断清除，使孔口与坡面保持平齐。

7.3.3　高聚物渗透注浆技术

对结构相对松散、孔隙率高的岩层，利用高聚物浆液实施渗透注浆加固，以提高其抗侵蚀能力，增强其稳定性。

其工艺原理是通过注射设备系统和注浆导管，将双组分高聚物浆液注射到待加固的红色砒砂岩内，浆液发生化学反应，在膨胀压力作用下沿砒砂岩孔隙渗透扩散，填塞孔隙，挤密土体，固化后形成胶结骨架，阻断水汽渗入，增强红色砒砂岩的整体性、强度和抗风化侵蚀能力，避免上部砂岩层失去支撑、发生崩塌。

然而，目前泥岩层高聚物渗透注浆缺乏适用的参数设计方法。如果加固深度、厚度设计值过小，注浆孔间距过大，将达不到加固效果；反之，将造成浪费。现有的注浆加固范围、单孔注浆量和注浆孔间距的确定都是依赖操作人员的经验，存在极大不确定性，需要不断探索，加以完善。

7.3.3.1　注浆参数确定

高聚物渗透注浆参数确定流程见图 7-23。

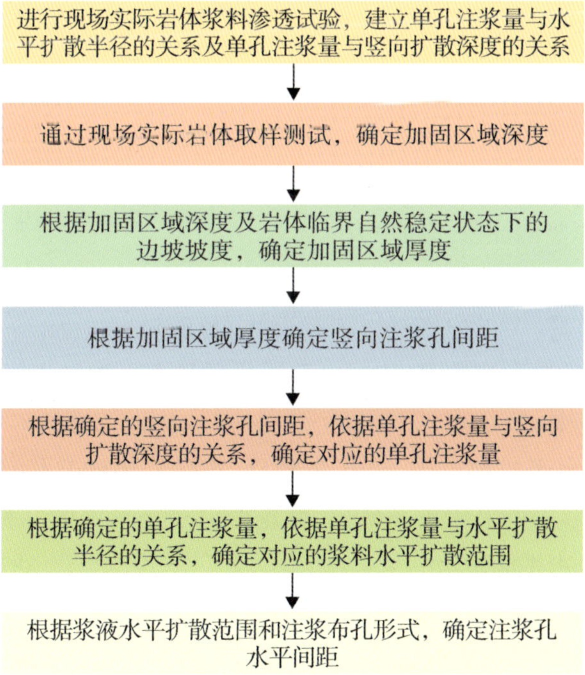

图 7-23　高聚物渗透注浆参数确定流程

(1)做现场岩体浆料渗透试验。设定不同的单孔注浆量,浆料固化后,挖开岩体,观察浆液的扩散范围及扩散形态,记录浆液水平扩散半径及竖向扩散深度。根据不同的单孔注浆量及对应的不同浆液水平扩散半径和竖向扩散深度,做数据拟合,得到单孔注浆量与水平扩散半径的关系,以及单孔注浆量与竖向扩散深度的关系。

(2)通过现场岩体取样测试,确定加固区域深度。实际岩体节理垂直于坡面,需要由表及里,逐段钻取芯样,测芯样干密度 ρ,与标准岩体最大干密度 ρ_{max} 比较,ρ/ρ_{max} 大于或等于特定值 ξ 时,停止取样,芯样位置至坡面的水平距离,即为待加固岩体深度 L,特定值 ξ 范围为 $1>\xi>0.9$。

(3)根据加固区域深度及岩体临界自然稳定状态下的边坡坡度确定加固区域厚度。在待加固岩体最顶端深度 L 处,以岩体临界自然稳定状态下的边坡坡度引斜线,与待加固岩体坡面或其延长线相交。当交点与岩体顶端之间的垂直距离大于或等于岩体实际高度时,待加固岩体即为岩体厚度实际高度;当该交点与岩体顶端之间的垂直距离小于岩体实际高度时,待加固岩体厚度为交点与岩体顶端之间的垂直距离。

(4)根据加固区域厚度确定竖向注浆孔间距。

当加固岩体厚度 H 小于或等于 βh_{max} 时,即 $H\leqslant\beta h_{max}$,只需设1层注浆孔,不需确定竖向注浆孔间距。

当加固岩体厚度 H 大于 βh_{max} 时,即 $H>\beta h_{max}$,需分多层实施注浆,层数 n 计算式为:

$$n=I_{nt}[H/(\beta h_{max})]+1 \tag{7-11}$$

式中:I_{nt} 表示取小数整数部分的函数;h_{max} 为最大竖向扩散深度;β 为折减系数,$0.6\leqslant\beta\leqslant1.0$。

根据 H/n 计算竖向注浆孔间距 H_g。

(5)根据确定的竖向注浆孔间距 H_g,依据单孔注浆量与竖向扩散深度的关系,确定对应的单孔注浆量。

(6)根据确定的单孔注浆量,依据单孔注浆量与水平扩散半径的关系,确定对应的浆料水平扩散范围。

(7)根据浆液水平扩散范围、单孔注浆量、实际岩体的几何尺寸及注浆布孔形式,其中注浆布孔形式可采用正三角形、梅花形以及矩形中的一种,由式(7-9)计算注浆孔数及注浆孔水平间距。

7.3.3.2 施工工艺

高聚物渗透注浆用于加固砂岩层底部结构松散、孔隙率高、抗侵蚀能力弱、风化速度较快的泥岩层。利用低黏度高聚物材料膨胀性能,使其在红色砒砂岩中流动扩散,填塞孔隙,挤密土体,形成胶结骨架,阻断水汽渗入,增强红色砒砂岩的整体性、强度和抗风化侵蚀能力,避免上部白色砂岩失去支撑。其施工工艺流程见图 7-24、图 7-25。

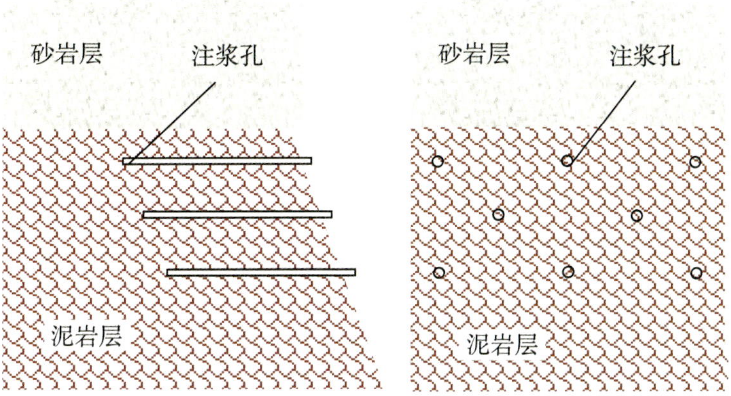

(a)侧视图　(b)正视图

图 7-24　注浆孔布置示意图

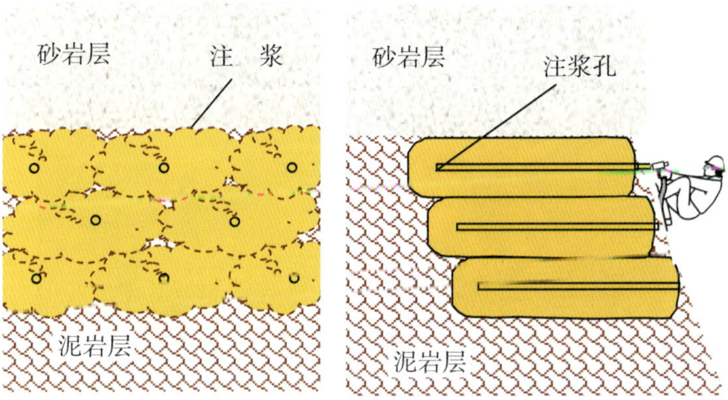

(a)正视图　(b)侧视图

图 7-25　注浆加固区域示意图

1. 注浆孔布置

采取正三角形布孔,注浆孔间距 25～50 cm,根据待加固区域厚度和注浆孔间距确定注浆孔层数。

2. 钻注浆孔

用钻机按设计的注浆孔位置钻孔,钻孔至设计深度,孔径 12 mm。注浆孔相对于水平方向倾角为-5°～5°,孔位偏差不大于 3 cm。

3. 清孔

利用空气压缩机清除孔内土屑。

4. 下注浆导管

在钻孔内插入直径 8 mm 的注浆导管,注浆导管长度应大于注浆孔深度 5 cm。

5. 实施注浆

先对最底层注浆孔实施注浆,然后由下往上,逐层注浆;对每一排注浆孔均按从左向右的顺序,采取跳孔间隔注浆的方式,先注射相间孔,再注射其余孔。

7.4 砒砂岩块体状重力侵蚀治理应用案例

7.4.1 二老虎沟块体状重力侵蚀治理案例(覆土区)

二老虎沟流域位于内蒙古鄂尔多斯市准格尔旗沙圪堵镇,属覆土砒砂岩区。如前有关章节所述,砒砂岩在沟谷出露,形成“黄土盖帽,砒砂穿裙”的特殊地貌景观。该区土壤侵蚀以水蚀为主,水蚀、风蚀和重力侵蚀交替发生,属于土壤侵蚀异常严重地区。该区沟谷切割很深,呈“V”字形沟道,处在沟道侵蚀生长期,沟壑十分发育。为此,选择该流域开展了高聚物注浆治理示范工程建设(见图 7-26)。

图 7-26 二老虎沟块体状重力侵蚀治理现场

高聚物注浆治理之后,对治理区域进行了持续监测。与未治理区域的侵蚀状况的对比分析表明,治理后砒砂岩块体稳定性得到了明显的增强,受重力侵蚀影响程度显著降低。示范工程建设于 2017 年,至 2022 年虽经 2019 年、2020 年、2022 年多次暴雨,但示范工程试验区没再发生大块砒砂岩重力侵蚀现象,有效防治了砒砂岩崩塌,为砒砂岩坡面抗蚀促生治理创造了良好条件。

7.4.2 特拉沟流域块体状重力侵蚀治理案例(覆沙区)

特拉沟流域位于内蒙古自治区准格尔旗,为典型的覆沙区,是皇甫川流域一级支沟,流域面积 128.2 km^2。流域内大部分地表为黄土、风沙土所覆盖。上游梁峁顶较平缓,沟道切割深而窄,沟壑较发育,沟岸砒砂岩大面积裸露;中游为平缓的沙丘洼地,局部有零星流动沙丘,支毛沟较少;下游主沟道两岸和各级支沟岸坡较陡,均为砒砂岩沟谷,支毛沟密集,多呈短、深、窄状,主沟道沟床呈 U 形,支毛沟多呈 V 形,沟壑密度 3.7 kg/km^2。流域出口处地势平坦,两岸均为川台地。流域内沟谷地约占总面积的 25%。

流域内风力、水力和重力侵蚀并存,侵蚀强度属强烈及以上,块体状重力侵蚀十分严重。从侵蚀部位看,梁峁顶和梁峁坡较平缓,侵蚀相对轻微,沟谷地坡度大,侵蚀剧烈。流域内土壤侵蚀量大多来源于沟谷地,其侵蚀量占流域总侵蚀量的 60%~70%。

选取试验段实施了砒砂岩块体状重力侵蚀治理高聚物注浆示范工程(见图 7-27)。示范效果表明,在观测期内虽经多次暴雨,但是示范工程建设区没有再发生明显的块体状重力侵蚀,有效防治了砒砂岩大型块体状岩体的崩塌和滑塌。

图 7-27　特拉沟块体状重力侵蚀治理

7.4.3　什布尔太沟块体状重力侵蚀治理案例(裸露区)

示范试验区小流域面积 1.65 km^2,为典型的裸露区。该区域砒砂岩出露严重,坡顶很少有土壤覆盖,坡面陡立,坡度大多在 50°~60°,甚至更陡,很难将坡面、沟坡区分开,除坡顶相对平缓外,其余都是陡立状的地形,没有明显的缓坡坡面,对坡面很难利用植物措施治理。坡面分布有很多砒砂岩垂直节理形成的裂隙,块体状重力侵蚀问题突出,发生频率高,治理难度大。因此,采取高聚物注浆的措施,对其块体状重力侵蚀开展了治理示范工程建设(见图 7-28)。

自 2017 年开展治理示范工程建设,之后对其治理效果开展了持续的现场监测。经过长期观测,治理效果是非常明显的,虽然其间经历了 2019 年、2020 年、2022 年等

图 7-28　什布尔太沟块体状重力侵蚀治理案例

多次暴雨,但治理区域没有发生明显的块体状重力侵蚀,减少侵蚀量达到 80%以上。而在没有治理的区域,发生多起块体状重力侵蚀,单位长度发生的中型以上块体状重力侵蚀达 0.36 处/m,崩塌、滑塌现象都比较严重。由此说明,高聚物注浆是治理砒砂岩区块体状重力侵蚀的一种有效途径。

7.5　小　结

本章对块体状高聚物注浆治理技术的应用进行了研究,揭示了注浆锚杆对砒砂岩岩体的锚固机制,提出了施工工艺和施工方法。

(1)系统研究了镀锌管、光圆钢筋、竹筋 3 种不同材质的微型锚杆在拉拔荷载作用下,不同锚固体长度、锚固体(高聚物)密度、锚固体直径组合条件下锚固系统的失效方式和原因。对于镀锌管,当高聚物密度较小,锚固体长度较短时,锚固体与砒砂岩界面发生黏结破坏,当锚固体长度较长时,镀锌管被拉断。当高聚物密度较大时,在锚固体长度较短的情况下镀锌管被拉断,说明高聚物锚固体与砒砂岩间的黏结强度随着锚固体密度增大而增大。高聚物密度大时,镀锌管、高聚物锚固体与砒砂岩三者之间的黏结性较好,工程应用中建议高聚物密度使用 1.2 g/cm^3。

(2)对于光圆钢筋,失效形式均为光圆钢筋与高聚物间黏结破坏。当微型锚杆受到较小外力时,外力主要是由微型锚杆与周围高聚物初始接触端附近区域的黏结力承担,剪应力最初在加载端的近端发生作用,而远端则保持原状。随着外力的增加,当峰值剪应力超出了非水反应高聚物材料的屈服极限,高聚物进入塑性状态,微型锚杆与高聚物发生脱黏，界面剪应力最大值的位置移向锚固段的远端，同时剪应力逐渐向锚杆远端传递，调动远端杆体和周围高聚物之间的黏结力来提供锚固力，微型锚杆以渐进的方式发生滑动并改变着应力的分布形式。当界面黏结力逐步失效，剩余的有效锚固体长度不足以提供大于外力的黏结力时，微型锚杆将完全失效，发生破坏。对于竹筋，失效形式有两种，一种是竹筋被拔出，另一种是竹筋被拉断，说明锚固体直径越大，竹筋与高聚物表面结合越紧密，黏结性越好。

(3)当高聚物密度较大时，高聚物锚固体与砒砂岩交界面之间的黏结力远大于微型锚杆和高聚物锚固体交界面之间的黏结应力，其锚固系统破坏形式主要是微型锚杆和高聚物锚固体之间产生滑脱，说明光圆钢筋与高聚物锚固体交界面是整个锚固系统的一个薄弱环节。因此，高聚物微型锚杆对砒砂岩的锚固能力由高聚物微型锚杆黏结强度控制，建议对微型锚杆进行一些处理，如微型锚杆使用螺纹钢筋、在其末端焊接小挡板、采用对中支架等，最终确保高聚物微型锚杆锚固性能充分发挥。

(4)随着锚固体长度的增加，高聚物微型锚杆极限抗拔承载力增大。但是，微型锚杆存在临界锚固长度，即当锚固体长度增大到一定值后，继续增加锚固体长度意义不大。微型锚杆的锚固体长度也不能太短，其长度要保证砒砂岩与锚固体黏结应力的充分发挥。当光圆钢筋锚固体长度小于 0.5 m 时，可有效发挥杆体的抗拉强度，锚固效果好。锚固体长度相对较短时，高聚物微型锚杆极限抗拔承载力随着锚固体直径增大而增大；锚固体长度相对较长时，随着锚固体直径增大，高聚物微型锚杆极限抗拔承载力几乎无变化。

(5)不同工况作用下，高聚物微型锚杆轴力和剪应力的分布形态基本一致。锚杆轴力并非在整个锚固段内均匀分配，在加载端最大，沿着锚杆轴向方向逐渐减小，但锚固段的最底端轴力并不为 0；随着拉拔力的不断增加，微型锚杆杆体各部分轴力也都随之增加；且离锚固体底部越近，每级荷载增量下的轴力增幅越小。高聚物与微型锚杆接触界面剪应力非均匀分布，其分布形态基本一致，沿锚固深度先增后减，其峰值出现在荷载近端。拉拔力越大，峰值剪应力越大。

(6)渗透型高聚物在砒砂岩岩层中的扩散特性现场试验表明，高聚物浆液在砒砂岩岩层中的扩散形态以注浆孔为中心，近似呈枣核状，不符合经典的柱状扩散假设。浆液扩散范围随注浆量的增大而增大，水平方向是浆液扩散的优势方向，其扩散距离显著大于竖直方向扩散距离。这一扩散特征与砒砂岩岩层水平层理发育密切相关，表明不能将砒砂岩岩层视为理想的多孔均匀介质，其具有明显的各向异性特征。

(7)针对砒砂岩区块体状重力侵蚀治理，研发了高聚物注浆施工工艺，包括高聚物竖向裂隙注浆、锚固注浆及渗透注浆参数设计方法，开发了岩体裂隙防渗高聚物注浆技术、高聚物锚固注浆技术、高聚物渗透注浆技术，形成了砒砂岩区陡坡块体状重力侵蚀综合防控技术，研发了相应的施工工艺，形成了施工工法。

针对岩层中竖向裂隙，采用膨胀型高聚物浆液进行注浆加固，其工艺原理是通过浆液注射系统和注浆导管，向裂隙中注射双组分高聚物浆液，高聚物浆液被注入裂隙后，迅速发生低压膨胀反应，充填整个裂隙，从而封闭水流通道，避免水流下渗对裂隙面的侵蚀，阻止裂隙下切。同时借助高聚物浆液固化后所产生的黏结力，使裂隙两侧岩块黏结在一起，起到内拉作用，进而提高临坡面岩块的稳定性。施工工艺流程包括布置注浆孔、钻注浆孔、下注浆管、注射高聚物材料和封孔等几个步骤。通常采取三角形布孔，根据设计的单孔注浆量、裂隙尺寸综合确定注浆孔间距、层数。钻孔直径一般为 12 mm，深至裂隙面位置，钻孔与水平方向夹角 5°~10°。按照从下到上、逐排间隔顺序，依据设定的单孔注浆量逐孔注浆，相邻两注浆孔注浆间隔时间不小于浆料初凝时间。当有相互平行或近似平行的多层竖向裂隙时，按从外向内的顺序逐层注浆。

高聚物锚固注浆方法主要是利用钻机向块体状侵蚀岩体钻孔，然后向锚孔内放入中空锚筋，通过注射设备向锚孔注射双组分低膨胀高聚物浆液，利用浆液固化后的锚固作用所产生的抗拔力，为临坡面砒砂岩块体提供抗倾覆力，从而提高其稳定性。施工设计的主要步骤是：首先确定发生块体状重力侵蚀岩体的几何尺寸、裂隙开度，然后计算所需锚孔数量、锚孔间距和锚杆长度。一般情况下采用矩形或梅花形布置锚孔，锚孔水平间距 0.4~1.0 m，竖向间距 0.25~0.4 m，锚孔距岩块边缘 0.25 m。根据岩块尺寸和稳定性计算确定锚孔排数、列数。当块体高度小于 0.5 m 时，沿块体水平中线设置一行锚孔；当块体宽度小于 0.5 m 时，沿块体竖向中线设置一列锚孔。

高聚物渗透注浆技术适用于对结构松散、孔隙率高的岩层进行渗透注浆固结。通过注射系统和注浆导管，将双组分高聚物浆液注射到待加固的砒砂岩岩体内，沿砒砂岩孔隙渗透扩散，填塞孔隙，固化后形成胶结骨架，阻断水分渗入，增强砒砂岩的整体性、强度和抗风化侵蚀能力。注浆参数确定主要包括：确定单孔注浆量与水平扩散半径的关系，以及单孔注浆量与竖向扩散深度的关系；确定加固区深度；根据加固区深度及岩体临界自然稳定状态下的边坡坡度，确定加固区域厚度；根据加固区域厚度确定竖向注浆孔间距，依据单孔注浆量与竖向扩散深度的关系确定对应的单孔注浆量及对应的浆料水平扩散范围；计算注浆孔间距。

(8)在内蒙古自治区准格尔旗的二老虎沟、特拉沟、什布尔太沟等小流域实施了砒砂岩重力侵蚀治理示范工程。跟踪观测表明，与未治理区域侵蚀情况的对比分析表明，治理后砒砂岩块体稳定性得到了明显增强，受重力侵蚀影响程度显著降低，有效防止了砒砂岩崩塌现象发生，为砒砂岩坡面抗蚀促生治理创造了良好条件。

第 8 章　砒砂岩物化特性及结构重组-水化能力抑制双改性技术

通过改性技术，将具有遇水膨胀特性的砒砂岩变为可以作为修建淤地坝、护坡等水土保持、交通等工程材料，无论对于砒砂岩资源利用，还是解决砒砂岩区生态工程建设缺乏当地建筑材料问题都是很有意义的。本章在前期研究基础上，进一步深化分析了砒砂岩的基本工程性能和潜在活性等特性，迭代研发了结构重组-水化胶凝的改性关键技术等。

8.1　砒砂岩基本特性

认识砒砂岩的基本性能是研究砒砂岩结构组成和改性的基础。通过对砒砂岩的微观结构、粒度分布、氧化物组成、矿物成分、剪切形貌特征、黏聚力及内摩擦角和抗剪强度等物理性能等的分析，进一步明确砒砂岩的岩性，为碱激发改性试验奠定基础。

8.1.1　试验方法

8.1.1.1　砒砂岩材料

试验选用的砒砂岩岩样均取自位于准格尔旗的鄂尔多斯水土保持科技示范园（见图 8-1）。准格尔旗位于鄂尔多斯市东部，库布齐沙漠东南端。北与包头市、东与呼和浩特市隔黄河相望，东南、南部与山西省的偏关县和河曲县以黄河为界，西南与陕西省的府谷县隔长城接壤，西部与伊金霍洛旗、东胜区、达拉特旗搭界。准格尔旗位于东经 110°05′～110°27′、北纬 39°16′～40°20′，旗境南北长 116.5 km，东西宽 115.2 km，总面积 7 692 km^2。准格尔旗地貌以砒砂岩丘陵沟壑区为主，占 74%；北部是库布齐沙漠尾端和黄河冲积平原，称“七山二沙一分田”。

鄂尔多斯水土保持科技示范园区内不同区域砒砂岩颜色各异，开展砒砂岩基本性能试验分析采用的砒砂岩岩样均来自该示范园区，按颜色可划分为红色、白色砒

图 8-1 研究区所处位置示意图

砂岩。

8.1.1.2 试验方案及仪器设备

将砒砂岩原岩在电热鼓风干燥箱内经 24 h、105 ℃干燥处理冷却后，用密封袋保存，然后制样备用。使用 D8 Advance X 射线粉末衍射仪（XRD）分析砒砂岩原岩及经高温粉磨处理砒砂岩试样的矿物物相；使用 XRF-1800 型 X 射线荧光光谱仪分析砒砂岩原岩试样固体物相氧化物组成及含量；选用 EQUINOX55 型傅里叶红外光谱仪分析试样的红外光谱特性（见表 8-1）。

表 8-1 试验测试仪器和方法

试验仪器	测试方法及测试目的
D8 Advance X 射线衍射仪	扫描范围 5°~60°，扫描速率为 2°/min，步长 0.02°，分析样品矿物成分
XRF-1800 型 X 射线荧光光谱仪	发射靶为 Cu Kα 射线，测试试验材料化学成分
QUANTA 450 型钨灯丝扫描电镜	观察样品微观形貌
EQUINOX55 型傅里叶红外光谱仪	测试分辨率为 4 cm^{-1}，扫描次数 64 次，测试范围 400~4 000 cm^{-1}，分析官能团或化学键的特征频率

8.1.2 砒砂岩基本特性

8.1.2.1 氧化物组成

利用 X 射线荧光光谱仪对砒砂岩氧化物成分的测试结果见表 8-2。

表 8-2　砒砂岩的氧化物组成　　(质量分数,%)

砒砂岩色类	烧失量	SiO_2	Al_2O_3	Fe_2O_3	CaO	MgO	K_2O	Na_2O	TiO_2	P_2O_5
红色	0.50	57.31	15.37	8.67	6.97	5.37	3.92	0.85	0.88	0.16
白色	0.18	78.25	11.09	2.7	1.37	2.34	3.1	0.27	0.63	0.07

砒砂岩主要氧化物成分为 SiO_2、Al_2O_3、MgO、Fe_2O_3,并有非游离状态的 K_2O 和 CaO 等,和前期研究结果是一致的(姚文艺 等,2021)。其中 SiO_2 的含量最多,其质量百分比在 57.31%~78.25%,其次是 Al_2O_3,含量在 11.09% ~15.37%,其余各氧化物成分都在 10%以下。由于砒砂岩为非均一性岩体,其物化成分具有显著的空间异质性,因此表 8-2 的结果可能和以往测试的结果有一定的差别,其主要原因也就是取样不同所造成的(姚文艺 等,2021)。两种砒砂岩所含氧化物种类并没有差别,但是主要氧化物的含量差别比较大。白色砒砂岩中除了 SiO_2 含量高于红色砒砂岩中的 SiO_2 含量,其余氧化物均低于红色砒砂岩中的含量,差别最为明显的是 Fe_2O_3 和 CaO 的含量:红色砒砂岩中的 Fe_2O_3 含量是白色砒砂岩的 3.21 倍,这可能是引起两者颜色上存在显著差异的主要原因之一。同时,红色砒砂岩 CaO 的含量是白色砒砂岩的 5.09 倍,作为不稳定活性成分,其性质较为活泼,在一定的气候条件、水的参与下易发生迁移,严重影响砒砂岩力学性能。

8.1.2.2 矿物组成及特性

红、白砒砂岩的衍射图谱见图 8-2。不同颜色砒砂岩的矿物成分均为石英、蒙脱石、钠长石、钾长石、黑云母及碳酸钙,矿物种类基本相同(区别在于红色砒砂岩含有绿泥石而白色砒砂岩未含),其中以石英、蒙脱石、钠长石、钾长石和黑云母为主。白色砒砂岩石英衍射强度相比红色砒砂岩更强,说明白色砒砂岩中石英的结晶度要远高于红色砒砂岩,即白色砒砂岩中石英发育更好。

石英、钾长石、钠长石、黑云母、氧化铁及碳酸钙等均为原生矿物,而蒙脱石和高岭石(亦称高岭土)等为次生矿物(原生矿物经过风化作用形成)。

钾长石属于单斜晶系,通常呈现肉红色、白色或灰色。其化学式是 $K_2O \cdot Al_2O_3 \cdot 6SiO_2$,强度较高、硬度较大,但是极难溶于水,是砒砂岩中主要的颗粒状晶体之一,参与形成砒砂岩的骨架。钠长石的化学式为 $NaAlSi_3O_8$,是构成砒砂岩骨架的颗粒状晶

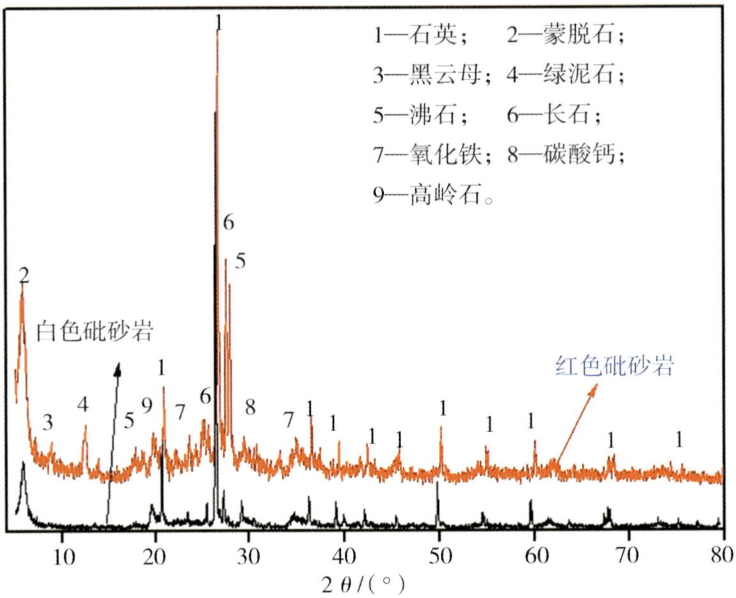

图 8-2 红、白砒砂岩 XRD 衍射图谱

体之一，含量较少。两者在一定的碱性或酸性条件下都极易风化，风化过程非常复杂，但是最终会形成氧化铝等矿物。

SiO_2 晶体中硅原子的 4 个价电子与 4 个氧原子形成 4 个共价键，硅原子位于正四面体的中心，4 个氧原子位于正四面体的 4 个顶角上，为原子晶体，其强度高、硬度较大、耐水性能好，在砒砂岩基体中与其他晶体共同形成坚固的骨架。此外，砒砂岩中的颗粒状晶体还包括少量碳酸钙，与石英、钠长石和钾长石共同组成砒砂岩的骨架结构。SiO_2 晶体不易风化，稳定性好。

蒙脱石是常见的黏土类矿物之一，是 2∶1 型层状结构的铝硅酸盐矿物，即两层硅氧四面体中间夹着一层铝氧八面体，是砒砂岩基体中最主要的胶结物质。蒙脱石颗粒细小，粒径为 0.2~1 μm，具胶体分散特性。蒙脱石吸收水分后体积会发生剧烈的膨胀，体积自由膨胀率最大可达 4 000%，也是砒砂岩的主要膨胀源，同时蒙脱石吸水后会逐步软化并失去胶结能力。

高岭石是长石和其他硅酸盐矿物天然蚀变的产物，是一种含水的铝硅酸盐。其化学组成为 $Al_4[Si_4O_{10}]\cdot(OH)_8$，晶体属三斜晶系的层状结构硅酸盐矿物，其颗粒粒度一般小于 10 μm，呈现白或浅灰、浅绿、浅黄、浅红等颜色，吸水性强，遇水迅速软化并产生膨胀，同时失去胶结能力，且具有很强的可塑性。它在砒砂岩中含量较少，为砒砂岩中的胶结物质之一。

蒙脱石、高岭石以及绿泥石等膨胀黏土在一定的条件下也极易风化。在湿热条件下,经过长期的风化作用会分解为氧化硅和氧化铝。

黑云母是钾、镁等金属的铝硅酸盐,都是层状结构。黑云母柔软且富有弹性的成层薄片为含水的铝硅酸盐,是砒砂岩中的胶结物质之一。此外,砒砂岩中起到胶结作用的还包括氧化铁等土壤中常见的胶结矿物。黑云母在一定的酸碱环境下也能游离出 K_2O 和部分 SiO_2,并水化成水云母,最后转变为高岭石,在碱性条件下可变为蒙脱石。

在图 8-3(a)中可以清晰地看到,白色砒砂岩中含有大量发育良好、色泽白净透明的石英,同时砒砂岩基体主要由各种颗粒状晶体构成,晶体界限较为明显,仅依靠粒度更小的亲水弱胶结黏土矿物成分胶结在一起。结合 XRD 矿物组成分析及基本的岩相可以判断,白色砒砂岩中绝大部分是颗粒状晶体(白色透明的是石英,浅红色的是钠长石,深红色的是钾长石),构成了砒砂岩的骨架结构,颗粒状晶体依靠颗粒更为细小的颗粒状或片状的黏土矿物胶结在一起,形成砒砂岩,如蒙脱石(晶体表面分布的大量白色粉末状固体)及黑云母,同时其基体存在大量的孔隙结构,这是砒砂岩结构强度低的根本原因。图 8-3(c)为块体白色砒砂岩表面 3D 光学显微扫描后的形态,可以发现白色砒砂岩以白色透明的颗粒状石英晶体为主,同时含有极少量的颜色较深的钠长石和钾长石颗粒状晶体,颗粒状晶体间主要依靠白色黏土物质(蒙脱石等)胶结在一起。而图 8-3(b)中红色砒砂岩块体也由大量的颗粒状晶体构成,颗粒状晶体间界限特别明显,仅仅靠粒度更小的亲水弱胶结黏土矿物胶结在一起。然而与白色砒砂岩不同的是,颗粒状晶体除了石英,还含有大量红色的钾长石和颜色较深的钠长石,这是砒砂岩呈现红色的原因。红色砒砂岩颗粒状晶体间主要依靠蒙脱石和黑云母等亲水弱胶结矿物胶结在一起。图 8-3(d)为块体红色砒砂岩表面 3D 光学显微扫描后的形态,可以发现红色砒砂岩中为石英与钠长石、钾长石粒状晶体共存,整体呈红色,颗粒状晶体间通过白色(蒙脱石)和红色(氧化铁)矿物等弱胶结矿物胶结在一起。然而红色砒砂岩中基体相比白色砒砂岩孔隙率较小,这是红色砒砂岩强度高于白色砒砂岩的主要原因。

综上可知,砒砂岩实际上是颗粒状晶体(石英、钠长石和钾长石)依靠蒙脱石、氧化铁及黑云母等亲水弱胶结物质的胶结作用,以及晶体间的摩擦力和机械咬合力作用所形成的固体混合物。

利用 X 射线衍射分析软件 TOPS 4. 2 分析,可得两种颜色砒砂岩的矿物含量组成(见表 8-3)。

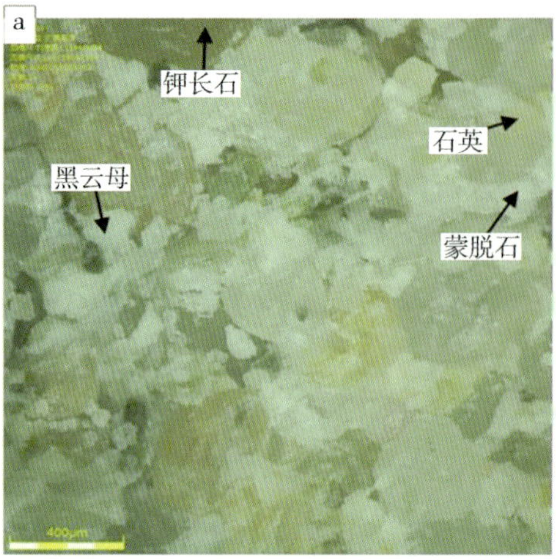

(a)白色砒砂岩块体

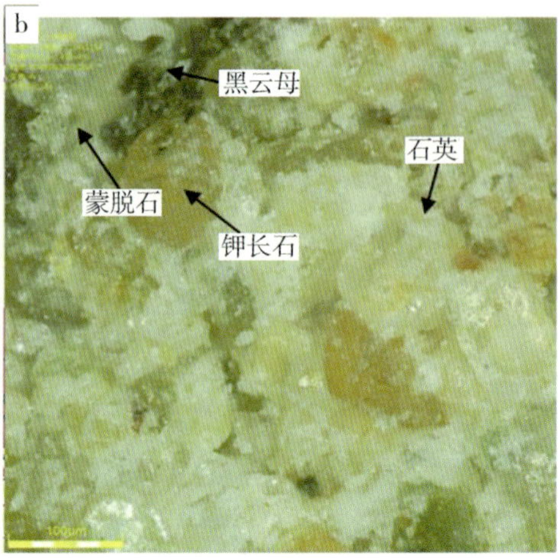

(b)红色砒砂岩块体

(c)白色砒砂岩表面 3D 光学显微扫描

(d)红色砒砂岩表面 3D 光学显微扫描

图 8-3　砒砂岩光学显微镜分析

表 8-3　两种颜色砒砂岩的矿物含量

粒径与色别	含量/%								
	石英	蒙脱石	高岭石	钾长石	钠长石	黑云母	氧化铁	绿泥石	碳酸钙
>0.6 mm,白色	88.91	0	0	10.21	0.88	0	0	0	0
0.3~0.6 mm,白色	84.67	0	0	11.76	1.77	0	0	0	1.81
0.15~0.3 mm,白色	56.59	0	0	30	3.57	1.35	1.59	0	6.88
0.075~0.15 mm,白色	13.12	57.1	8.06	5.92	2.76	14.03	0	0	0
<0.075 mm,白色	5.23	80.23	8.21	3.47	1.81	1.05	0	0	0
白色砒砂岩	69.2	9.24	1.04	14.52	2.03	0.99	0.35	0	2.33
>0.15 mm,红色	31.38	26.57	2.64	4.67	1.35	15.53	1.36	0	16.5
0.075~0.15 mm,红色	20.27	40.17	2.34	12.9	0.84	13.22	2.64	7.62	0
0.075 mm,红色	30.79	42.04	2.38	10.21	1.72	8.88	1.05	2.93	0
红色砒砂岩	29.97	40.06	2.4	9.97	1.62	9.79	1.21	3.07	1.37

不同颜色砒砂岩在各粒径范围内矿物类型及其含量存在很大的差别。白色砒砂岩中含有大量的石英，占各个粒径范围的比例随着粒径的减小而减小，主要分布在大于 0. 15 mm 的粒径范围内。值得注意的是当颗粒粒径大于 0. 15 mm 时，白色砒砂岩不存在蒙脱石和高岭石，其主要分布在小于 0. 15 mm 的粒径范围内。在粒径小于 0. 15 mm 且大于 0. 075 mm 的白色砒砂岩中，蒙脱石含量达到 57. 1%。在粒径小于 0. 075 mm 时，蒙脱石质量分数达到 80. 23%。同时，白色砒砂岩的钾长石和钠长石在各粒径范围也都有分布，碳酸钙只分布在 0. 15~0. 6 mm 的粒径范围内。黑云母在粒径小于 0. 3 mm 的各区间均有分布，而氧化铁仅分布在 0. 15~0. 3 mm 区间。然而，红色砒砂岩的平均粒径远小于白色砒砂岩的平均粒径。

红色砒砂岩的碳酸钙只分布在粒径大于 0. 15 mm 的区间内，绿泥石分布在小于 0. 15 mm 的区间，其他矿物在每个粒径区间均有分布。红色砒砂岩中蒙脱石的含量远高于其他矿物含量，是石英含量的 1. 33 倍。红色砒砂岩和白色砒砂岩主要的矿物都是石英、蒙脱石和钾长石，但是含量差别很大。白色砒砂岩中的石英是红色砒砂岩中的 2. 31 倍，钾长石是红色砒砂岩中的 1. 46 倍。然而红色砒砂岩中的蒙脱石是白色砒砂岩中的 4. 34 倍，黑云母是白色砒砂岩中的 9. 89 倍。

8. 1. 2. 3　基本物理性能

参照《土工试验方法标准》(GB/T 50123—2019)测试砒砂岩基本物理性能。分别采用筛分法分析颗粒粒径分布、蜡封法测自然密度、比重瓶法测表观密度、重型击实法测最大干密度和最优含水率。砒砂岩的自然密度、表观密度、颗粒不均匀系数、曲率系数、自然含水率、最优含水率及最大干密度测试结果见表 8-4。红、白砒砂岩的表观密度和自然密度非常接近。红色砒砂岩颗粒组成分布较广泛，且颗粒级配不连续。白色砒砂岩级配不良，但颗粒级配连续。同时，白色砒砂岩和红色砒砂岩拥有相近的最优含水率和最大干密度。

表 8-4　砒砂岩基本物理性能指标

色别	表观密度/(g/cm^3)	自然密度/(g/cm^3)	颗料不均匀系数	曲率系数	自然含水率/%	最优含水率/%	最大干密度/(g/cm^3)
红色	2. 65	2. 28	23. 9	0. 51	11	12. 4	1. 95
白色	2. 68	2. 32	2. 55	0. 94	7	11. 6	2. 03

砒砂岩粒径分布见图 8-4，白色砒砂岩可归类为级配不良砂，红色砒砂岩归类为含细粒土砂。

参照《土工试验方法标准》(GB/T 50123—2019)，采用轻型击实试验得到的砒砂岩含水率与干密度的关系见图 8-5。砒砂岩干密度有较为明显的峰值点。白色砒砂岩的最优含水率 $w_{op}=11.6\%$,最大干密度 $\rho_{dmax}=2.03\ g/cm^3$;红色砒砂岩最优含水率 $w_{op}=12.4\%$,最大干密度 $\rho_{dmax}=1.95\ g/cm^3$。两种砒砂岩的这些参数相差不大,较为接近。同时,在含水率较低、较高条件下,两者的干密度都相对较低。另外,总体来说,白色砒砂岩的干密度相对红色的要大一些。

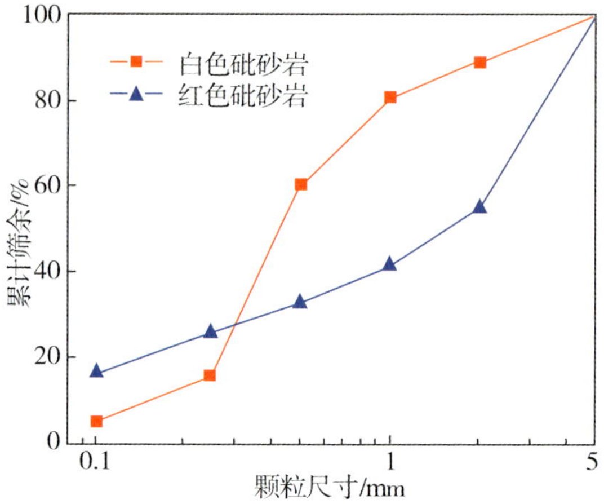

图 8-4 砒砂岩粒径级配曲线

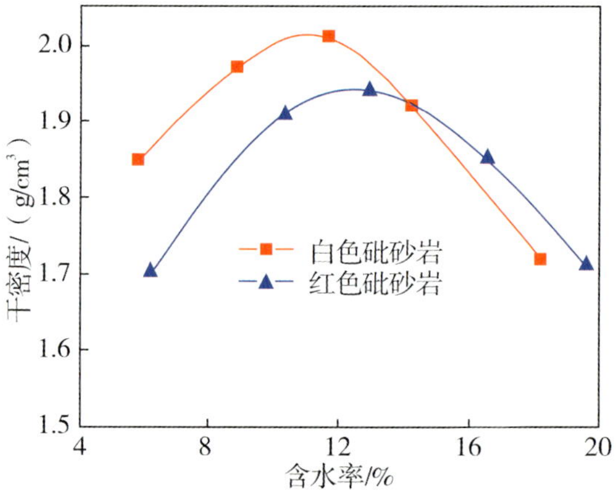

图 8-5 砒砂岩干密度与含水率关系

将砒砂岩块体切割成 3 块近似 150 mm×150 mm×150 mm 的立方体试样,在压力试验机上进行无侧限抗压试验(见图 8-6)。白色砒砂岩立方体抗压强度为 0.4~1.2 MPa,红色砒砂岩立方体的为 0.9~2.8 MPa。砒砂岩块体强度较为离散,变化较大。红色砒砂岩强度略高于白色砒砂岩,总体来说砒砂岩的无侧限抗压强度非常低。同时,砒砂岩遇水强烈的膨胀和溃散性能,导致其饱水无侧限抗压强度为 0。

图 8-6　砒砂岩无侧限抗压强度测试

8.1.2.4　剪切形貌特征

施加 300 kPa 竖向压力，对试样做直剪试验，其试样形貌见图 8-7。随着不断施加剪切，砒砂岩颗粒不断被挤压，孔隙率变小，垂直方向的颗粒不断被压密，当颗粒间接触力不能抵抗水平推力时，发生剪切破坏。红色砒砂岩剪切后基本上保持了原有形貌，没有出现破碎或裂缝等现象，而白色砒砂岩试样则出现了明显的约 2 cm 的裂痕和缺损现象，产生的破碎颗粒较多，其重量是红色砒砂岩试样的 2 倍，说明红色砒砂岩的强度较白色的大。

(a)红色砒砂岩　　(b)白色砒砂岩

图 8-7　剪切试验后砒砂岩形貌

8.1.2.5　黏聚力及内摩擦角特性

黏聚力和内摩擦角是构成土体抗剪强度的重要指标。根据试验数据，利用莫尔应力圆公式

$$\tau_f = c + \sigma \tan\varphi \tag{8-1}$$

计算了红色砒砂岩和白色砒砂岩含水率分别在 5%、8%、11%、14%条件下的黏聚力

和内摩擦角(见图 8-8、图 8-9)。式中:τ_f 为抗剪强度,kPa;σ 为滑动面上的法向应力,kPa;c 为黏聚力,kPa;j 为内摩擦角,(°)。

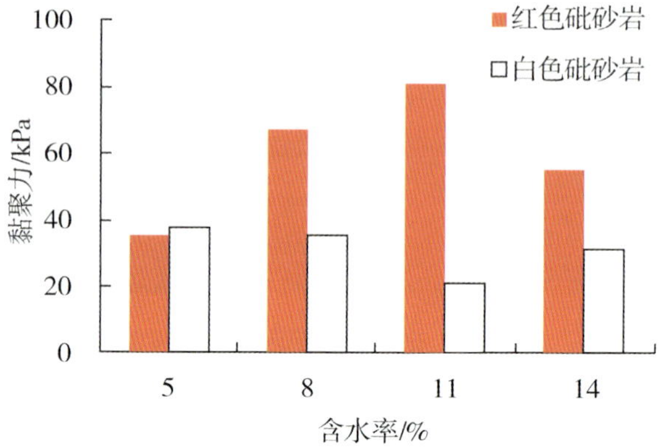

图 8-8 含水率与黏聚力关系

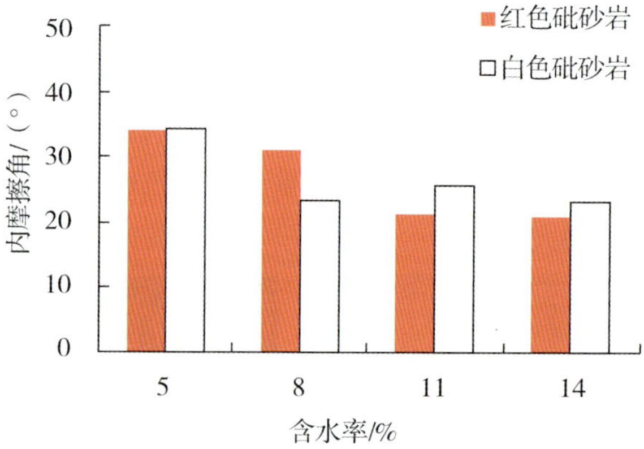

图 8-9 含水率与内摩擦角关系

对于两种颜色的砒砂岩来说,黏聚力随含水率的变化规律是完全不同的。红色砒砂岩的黏聚力随含水率变化的曲线呈现为上凸型,即先增大而后减小;而白色砒砂岩的则呈下凹型,即低含水率和高含水率时黏聚力大,而中等含水率时为小。例如,对于红色砒砂岩试样而言,含水率从 5%增加到 11%时,黏聚力从 35.0 kPa 增大到 81.0 kPa;含水率为 11%时,黏聚力达到最大,随后黏聚力随着含水率的进一步增大反而降低,而此含水率的白色砒砂岩黏聚力最低,仅约为红色砒砂岩的 27%。试样含水率较低时,砒砂岩颗粒间只存在联结力较大的强结合水,并随着含水率的增大而增大。随含水率进一步增加,砒砂岩颗粒间的弱结合水含量开始增大,联结力下降,黏聚力随之减小,此时的试样具有一定的可塑性。当含水率继续增加,砒砂岩中薄膜水层越来越厚,甚至开始存在自由水时,砒砂岩颗粒间的联结力大幅降低,黏聚力也急剧降低。

白色础砂岩的黏聚力随着含水率的增大先减小而后增大。例如,随着含水率从5%增加到 11%,黏聚力从 37.5 kPa 减小至 21.1 kPa;含水率为 11%时,黏聚力达到最小值,仅约为 5%含水率的 56%,随后黏聚力随着含水率的进一步增大而增大,在含水率为 14%时,增加到 30 kPa 以上。与红色础砂岩相比,由于白色础砂岩黏粒较少、离散大,故含水率对其黏聚力影响相对较小。

整体来看,红色础砂岩的黏聚力明显高于白色础砂岩的黏聚力,说明白色础砂岩颗粒之间的连接牢固程度较低。不过,红、白两种颜色的础砂岩的内摩擦角随含水率的变化规律则基本一致,均随含水率的增大整体呈减小趋势,只是当含水率大于 10%以后,红色础砂岩试样的内摩擦角递减率较白色的大。随含水率增加内摩擦角减小的主要原因是,随着含水率的增加,础砂岩颗粒间的水膜会增厚,润滑作用增大,从而削弱了摩擦力和咬合力。

8.1.2.6 坑剪强度特性

图 8-10、图 8-11 分别是在 5%、8%、11%、14% 含水率和 100 kPa、200 kPa、300 kPa 和 400 kPa 竖向压力下红色、白色础砂岩试样的直剪试验结果。含水率对红色、白色础砂岩抗剪强度的影响均是明显的,随含水率增加,除红色础砂岩在 8%的含水率条件下较 5%的有所增大外,两种础砂岩试样抗剪强度均随含水率增大而减小。但是,两者的变化过程有一定差别。红色础砂岩试样的含水率从 5%增加至 8%时,其抗剪强度处于微增状态,其后则随含水率增加而不断降低,且降低较明显;白色础砂岩试样的含水率从 5%增加至 8%时,抗剪强度明显降低,其后又趋于平稳,变化相对不大。不过,两者的抗剪强度均在含水率为 8%时发生了转折,这表明含水率 8%可能是础砂岩抗剪强度变化的临界。当然,这还有待更多的试验加以验证。

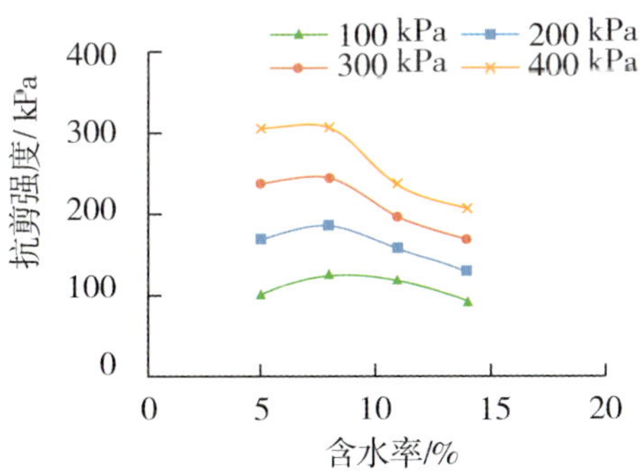

图 8-10 红色础砂岩抗剪强度与含水率关系

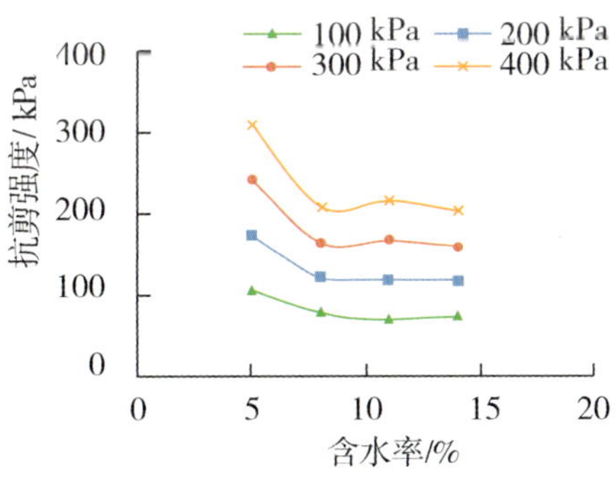

图 8-11 白色础砂岩抗剪强度与含水率关系

8.2 砒砂岩潜在活性

8.2.1 砒砂岩风化过程

根据研究，海陆相沉积岩经过冻融循环及热胀冷缩等自然物理作用，破碎成含长石、石英、云母、碳酸钙等原生矿物的碎屑物质，这些碎屑物质在不完全的风化作用后产生蒙脱石、高岭石及绿泥石等，然后发生不完全风化后的碎屑物质经历地层变动，通过湖相沉积作用，发生不完全的成岩过程，遂形成了砒砂岩。

砒砂岩中的蒙脱石、高岭石、长石和云母都能够在一定条件下发生风化。在自然风化条件下，各种矿物经过漫长的风化作用最终都能形成强度较高且不具膨胀特性的疏水矿物（如氧化铝及蛋白石，见图 8-12）。同时，在室内条件下，通过提高反应温度和改变酸碱度，可以加速砒砂岩矿物的风化进程，这为砒砂岩改性的可行性提供了理论基础。

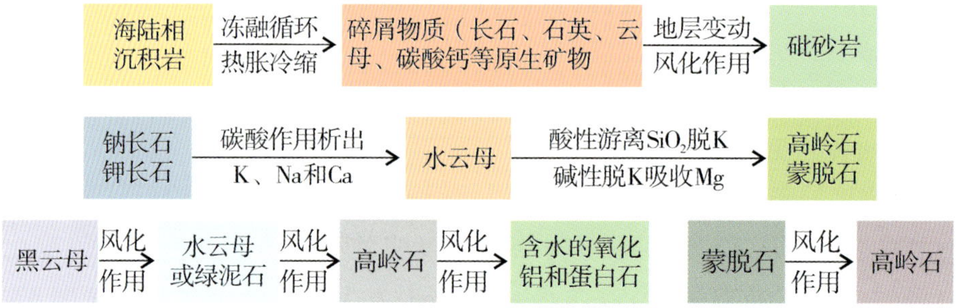

图 8-12　自然条件下砒砂岩及其矿物的风化过程

8.2.2 砒砂岩活性成分试验分析

8.2.2.1 试验方案

根据前述分析，从矿物组成上看，砒砂岩是一种铝硅酸盐的混合物，其主要的氧化物组成是 SiO_2、Al_2O_3 和 CaO。认识砒砂岩在不同酸碱性环境下各种主要元素的溶出、迁变及重组规律，验证砒砂岩中的有效活性成分，对于砒砂岩改性材料研发具有重要意义。为此，开展砒砂岩的主要矿物蒙脱石、钾长石和黑云母激发试验，通过改变酸碱环境和反应温度揭示砒砂岩主要矿物的激发条件及反应规律。

试验原材料选用的 NaOH、H_2SO_4、蒙脱石和黑云母均为分析纯，钾长石含少量的石英和钠长石，试剂及原材料均由南昌化学试剂有限公司提供。蒙脱石、钾长石和黑云母分别使用行星球磨机磨细过 45 μm 筛子，收集样品备用以待试验。

分别配置 2 mol/L 的 H_2SO_4 溶液和 NaOH 溶液（考虑到蒙脱石为主要改性成分，故在碱性环境中设计了 0.1 mol/L、1 mol/L 和 2 mol/L 3 个 NaOH 浓度），用天平分别称量 5 g 蒙脱石、钾长石、黑云母。将称量好的蒙脱石、钾长石、黑云母放入容器中，然后向容器中分别加入 100 mL 的 2 mol/L H_2SO_4 溶液和 NaOH 溶液，空白对照组加入 100 mL 的蒸馏水。并将所有的容器进行密封处理，放入 80 ℃ 的烘箱中充分反应 7 d，在产物过滤烘干以后进行 XRD、SEM 的相关测试。

8.2.2.2　活性成分激发特征

1. 单一矿物激发水热反应

经过 7 d 的加速风化水热反应后，对照组中的蒙脱石、钾长石及黑云母等依然为粉状颗粒且颜色没有发生改变，而处于酸性和碱性环境下的风化样品发生显著变化，且不同环境条件下各矿物呈现出不同的变化情况。钾长石在 2 mol/L 的 H_2SO_4 溶液中由淡红色变成红色的胶状产物，这种胶体具有较为显著的胶凝特性。然而，其在 2 mol/L 的 NaOH 溶液中反应后由粉状颗粒固体变成了坚硬的块体，这说明钾长石在该条件下形成了具有很强胶结能力的产物。

蒙脱石和黑云母经过酸碱风化后也发生明显变化，在 2 mol/L 的 H_2SO_4 溶液中，蒙脱石由白色粉末状固体转变成淡黄色颗粒状固体，而在 2 mol/L 的 NaOH 溶液中，蒙脱石由白色粉末转变成深灰色块体，且质地较为坚硬；黑云母在 2 mol/L 的 H_2SO_4 溶液中转变为白色粉末，而在 2 mol/L 的 NaOH 溶液中经过 7 d 的水热反应由黑色粉末转变成黑色块体。

综上试验结果，钾长石无论在酸性环境还是碱性环境中均能通过水热风化反应生成具有较强胶凝性能的产物，但在碱性环境下反应更为完全，产物胶凝性能好，且强度更高；蒙脱石和黑云母在碱性环境中反应，产物也表现出更高的强度和良好的胶凝性能。

2. 单一矿物激发试验 XRD 特征

图 8-13 为单一矿物激发试验 XRD 衍射图谱。在空白对照组中，蒸馏水不会对所有试验矿物成分水热风化反应起到催化或促进作用，即使在温度高达 80 ℃ 的中性环境中，蒙脱石、钾长石、云母也无法被激活并生成胶凝物质。

根据 XRD 衍射图谱（见图 8-14、图 8-15）分析，钾长石在温度为 80 ℃ 的碱性环境下，经过 7 d 的水热风化反应后，反应产物大多为新物相或无定型矿物，包括羟基钙霞石、钠沸石、云母等。结合衍射强度变化过程，可以发现，钾长石、石英和钠长石的衍射峰消弱较为显著，意味着钾长石基体中大量的钾长石、石英和钠长石由于参与水热反应而被消耗，而反应产物中未出现 NaOH 的衍射峰，表明 NaOH 完全参加反应。钾长石在温度为 80 ℃的酸性环境下，经过 7 d 的水热风化反应后，最强衍射峰由钾长石和钠长石转变成石英，并出现一个较微弱的云母新衍射峰。即大量的钾长石和钠长石在酸性条件下易被激活并生成大量的具有胶结能力的无定型矿物和少量的云母，而石英则未参加水热风化反应。

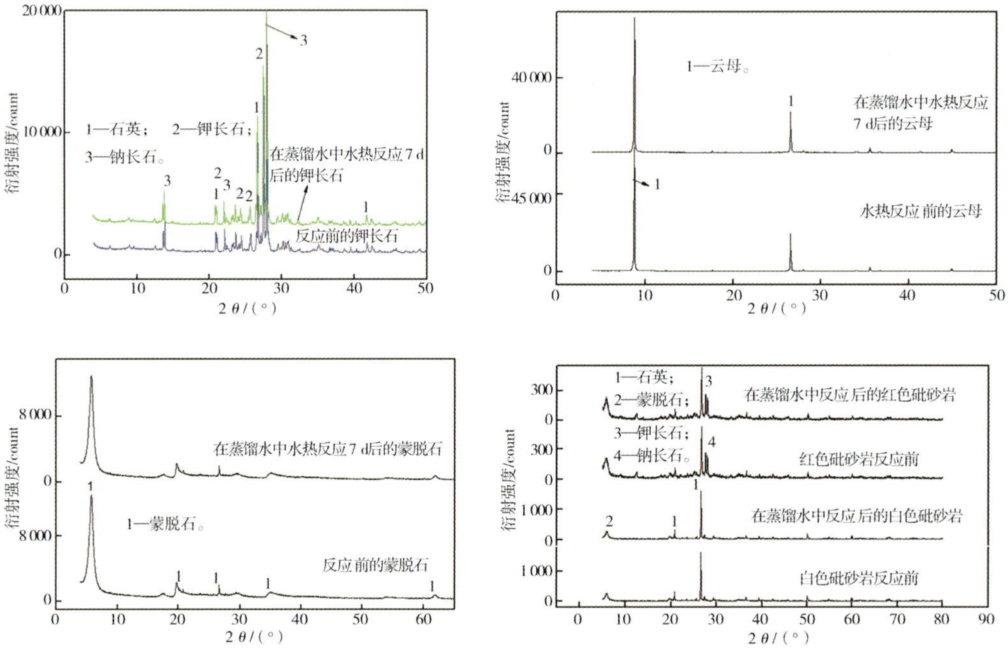

图 8-13　中性环境中蒙脱石、钾长石、云母和砒砂岩水热风化反应 XRD 衍射图谱

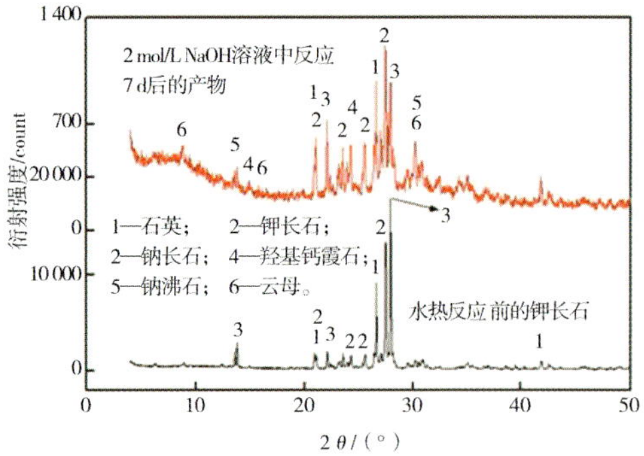

图 8-14　NaOH 溶液中钾长石 XRD 衍射图谱

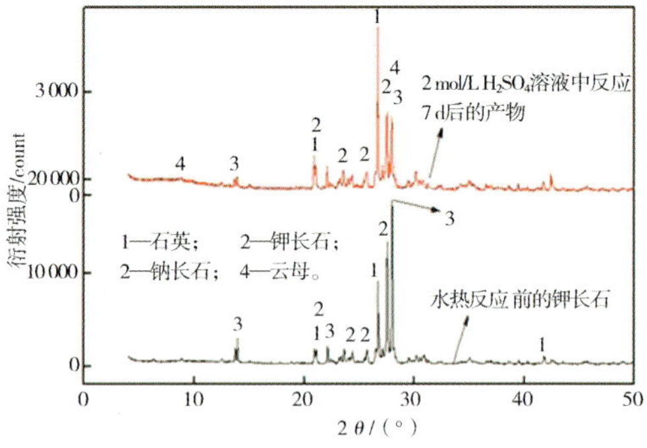

图 8-15　H_2SO_4 溶液中钾长石 XRD 衍射图谱

根据图 8-16、图 8-17 的 XRD 衍射图谱分析，云母在温度为 80 ℃的碱性环境下，水热风化反应后衍射峰强度相较反应前明显被削弱，同时反应产物中未出现 NaOH 衍射峰，表明 NaOH 和云母发生反应并生成具有胶凝能力和一定强度的无定型矿物。

云母在温度为 80 ℃的酸性环境下，其物相变化较为显著，云母的衍射特征峰基本消失，同时出现石英、多水高岭土和珍珠云母等物相，外貌特征也由黑色粉末转变成白色粉末。这也验证了云母在酸性条件下不稳定的特性，易风化成石英、多水高岭石和珍珠云母等不具有胶结能力的矿物。

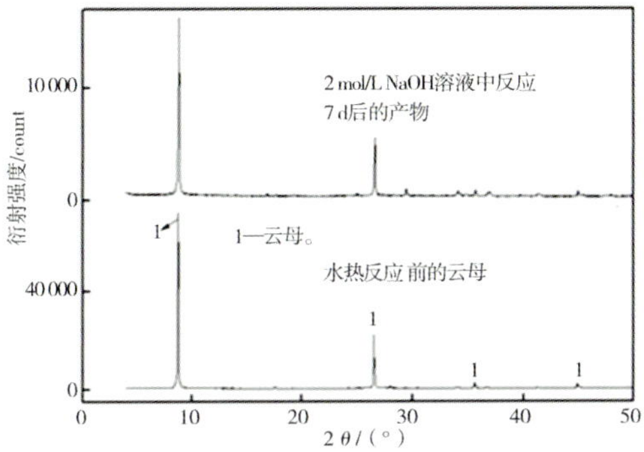

图 8-16　NaOH 溶液中云母 XRD 图谱

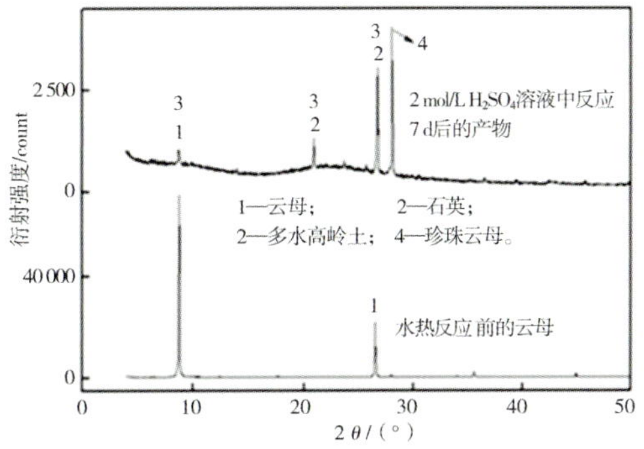

图 8-17　H_2SO_4 溶液中云母 XRD 图谱

由 XRD 衍射图谱（见图 8-18、图 8-19）分析表明，在温度为 80 ℃的碱性环境下，不同浓度的 NaOH 溶液直接影响着水热反应的物相变化特征。当 NaOH 溶液浓度为 0.1 mol/L 时，蒙脱石衍射特征峰由 5.7°偏移到 6.4°，同时峰型由“尖锐”型逐步向“馒头”型过渡，峰强显著减弱。这就意味着在 NaOH 溶液的激活作用下，结晶态蒙脱石结构发生破坏，转变成为具有一定膨胀特性的多水高岭石等无定型态矿物。当 NaOH 溶液浓度为 1 mol/L 时，蒙脱石的衍射特征峰消失，并伴随着新的物相生成。即蒙脱石与 NaOH 溶液通过水热风化反应生成了结晶程度较低的水化硅铝酸钙和结晶态的十字沸石，而水化硅铝酸钙和十字沸石都是耐水和胶结性能好的高强度矿物。随着 NaOH 溶液浓度增大到 2 mol/L，结晶程度较低的水化硅铝酸钙完全转变成无定型态的水化硅铝酸钙，同时十字沸石物相消失，转变成具备更强胶结能力和更高力学强度的羟基钙霞石。然而，蒙脱石在 80 ℃的酸性环境下，物相变化与碱性环境截然不同。蒙脱石的特征衍射峰完全消失，同时只有石英相生成，由此表明在酸性

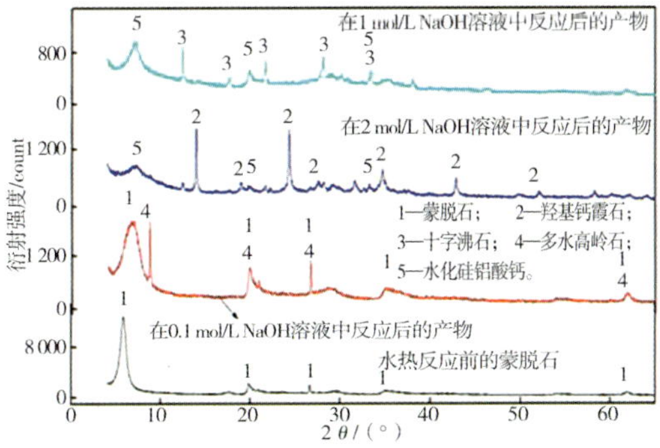

图 8-18　NaOH 溶液中蒙脱石 XRD 图谱

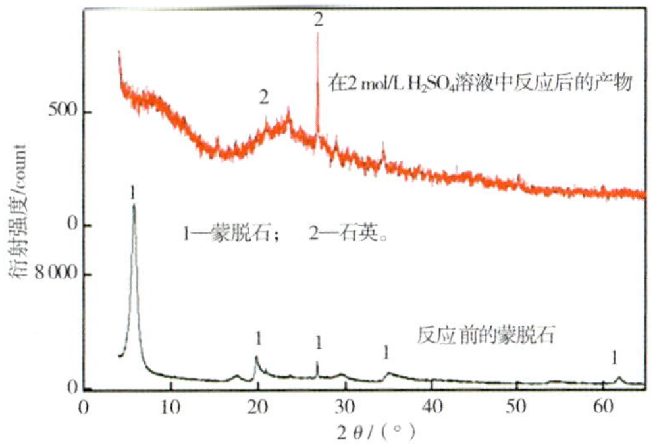

图 8-19　H_2SO_4 溶液中蒙脱石 XRD 图谱

环境下,蒙脱石经水热风化反应被完全消耗掉,生成了大量无定型矿物和石英。

3. 单一矿物激发试验 SEM 特征

图 8-20~图 8-22 为黑云母、钾长石、蒙脱石经过加速风化及激活反应后产物的扫描电镜图像。对图中编号位置用能谱仪(EDS)对元素组成面扫,得到的平均摩尔比值见表 8-5。

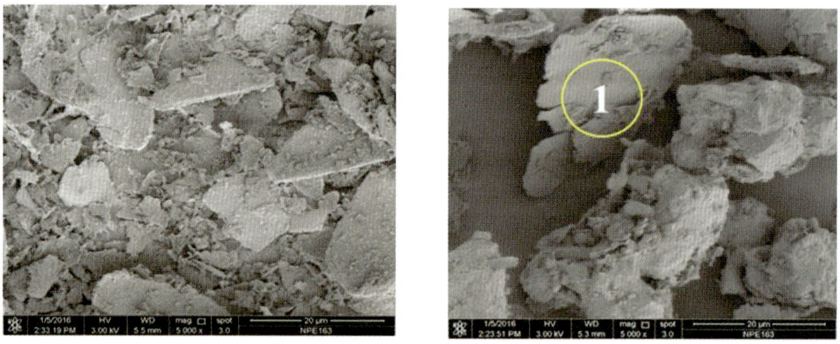

(a)2 mol/L NaOH 溶液　　(b)H_2SO_4 溶液

图 8-20　黑云母反应后的产物

(a)2 mol/L NaOH 溶液　　(b)H_2SO_4 溶液

图 8-21　钾长石反应后的产物

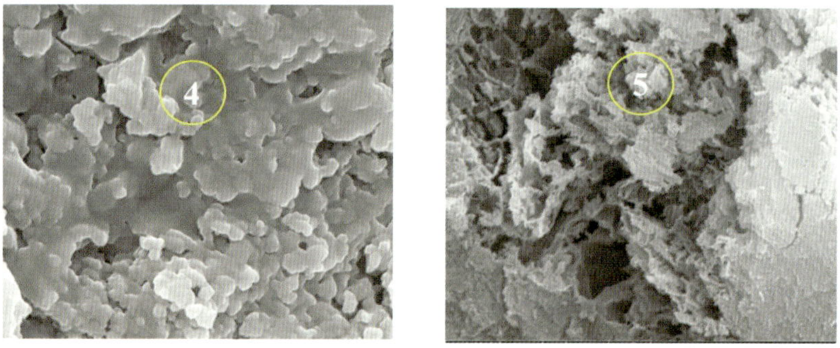

(a)2 mol/L NaOH 溶液　　(b)H_2SO_4 溶液

图 8-22　蒙脱石反应后的产物

表 8-5　基本元素的平均摩尔比值

编号	C	O	Na	Mg	Al	Si	K	Ca	Fe
1	15.5	60.24	1.67	0.3	3.98	13.92	2.98	1.41	0
2	19.6	52.45	4.38	0	4.2	15.59	3.62	0	0.18
3	0	65.23	5.44	0	5.22	19.4	4.5	0	1.09
4	48.38	32.48	4.76	0.29	1.05	7.29	0.42	5.05	0.73
5	0	63.74	0	0.81	3.18	30.73	0	0.43	0.26

黑云母在 2 mol/L NaOH 溶液中反应后，其形貌发生了较为明显的变化。反应产物中的 Ca/Si 和 Al/Si 的值分别为 1∶9.9(1.41∶13.92)和 1∶3.5(3.98∶13.92)。这个比值与原生矿物黑云母[$K(Mg,Fe)_3AlSi_3O_{10}(F,OH)_2$]中的 Ca/Si 和 Al/Si 的比值差别很大，结合 XRD 的分析结果可以推断出，黑云母在水热风化反应中生成了一种低钙硅比的无定型矿物。

钾长石在 2 mol/L NaOH 和 H_2SO_4 溶液反应后的产物呈现出完全不同的形貌特征。在 NaOH 溶液中反应的产物基体比较密实，裂缝和孔隙较少，然而在 H_2SO_4 溶液中反应后的产物呈现出多孔的结构。碱性条件下其反应产物是云母、钠沸石和羟基钙霞石及一些无定型矿物的混合物，而在酸性条件下其反应产物为云母和一些无定型矿物的混合物。

从蒙脱石[$(Al,Mg)_2Si_4O_{10}(OH)_2 \cdot nH_2O$]在 2 mol/L NaOH 和 H_2SO_4 溶液反应后的产物来看，二者从形貌结构上表现出完全不同的特性。在碱性条件下蒙脱石与 NaOH 溶液发生反应生成大量凝胶状无定型矿物，而在酸性环境下，生成了一种多孔结构的矿物。根据 XRD 分析，可以确定多孔结构矿物是无定型 SiO_2。在酸性条件下反应产物不含钙元素，表明在酸性环境下，蒙脱石层间 Ca^{2+} 析出到溶液中，而在碱性环境下蒙脱石层间 Ca^{2+} 开始富集并转移到反应产物中。结合 XRD 分析结果，可以推断出这种凝胶态矿物是水化硅铝酸钙[羟基钙霞石($Na_4AlSiO_{43}OH \cdot H_2O$)中不含钙]。

因此，砒砂岩中的活性矿物成分主要为钾长石和黏土类矿物(蒙脱石、高岭石等)。另外，溶液的酸碱环境是加速矿物发生转化，生成胶凝物质的关键要素，相较于酸性环境，在碱性环境中，各矿物水热风化反应较为完全，可生成较多具有胶凝特性和一定力学强度的不定型矿物，有助于加速砒砂岩改性反应进程。

8.2.2.3　砒砂岩溶出特性

砒砂岩改性实质上就是将砒砂岩中的膨胀源(蒙脱石等亲水弱胶结物质)转化成无膨胀特性的强胶结物质，也就是激发过程对砒砂岩主要元素的溶出及重新组合，改变其物质结构。砒砂岩主要氧化物 SiO_2、Al_2O_3 和非游离态 CaO 在碱性条件下的溶出规律能够反映砒砂岩改性的难易、反应的规律及机制。因而探究砒砂岩中活性 SiO_2、Al_2O_3 和非游离态 CaO 在碱性环境中的溶出特性有助于砒砂岩的改性研究。

1. 溶解率测试方法

将红色和白色砒砂岩原料磨细过 75 μm 筛子，将过筛的砒砂岩在 105 ℃下恒温 24 h 烘干，称取烘干后两种颜色砒砂岩各 12 份，每份 1 g。将砒砂岩试样分别置于 500 mL 烧瓶中，并分别加入浓度为 0.5 mol/L、2 mol/L、4 mol/L、6 mol/L、8 mol/L 和 10 mol/L 的 NaOH 溶液 350 mL 后密封，将其分成 2 组。其中一组置于温度为 20 ℃的条件下，另一组置于温度为 80 ℃的条件下，充分反应 24 h 后，将烧瓶中的悬浊液过滤，用蒸馏水将滤液定容到 500 mL 量瓶中。用 25 mL 移液管取 25 mL 溶液至 250 mL 量瓶中，用蒸馏水定容、摇匀，得到待测液。采用 VISTA-MPX 型电感耦合等离子体原子发射光谱仪（ICP-OES）对待测液中 Ca、Si 和 Al 元素含量进行分析，依次计算样品中 SiO_2、Al_2O_3 和 CaO 的溶出量，进而折算出溶解率（溶出量与砒砂岩中该氧化物量的比值），以确定各种颜色砒砂岩中活性 SiO_2 和 Al_2O_3 的含量。

2. 砒砂岩氧化物溶解率

表 8-6 为两种试样在不同温度和 NaOH 浓度下活性成分 Al_2O_3、SiO_2 非游离态 CaO 的溶解率，相同条件下，Al_2O_3、SiO_2 和 CaO 的溶解率是不同的。提高温度能够显著提高砒砂岩中 Al_2O_3 和 SiO_2 的溶解率，但是却会降低 CaO 溶解率。另一方面，提高 NaOH 浓度能显著提高砒砂岩中 Al_2O_3、SiO_2 和 CaO 的溶解率。

表 8-6 砒砂岩中 SiO_2、Al_2O_3 和 CaO 的溶解率

温度/℃	氧化物	不同 NaOH 浓度（mol/L）对应氧化物的溶解率/%						色别
		0.5	2	4	6	8	10	
80	SiO_2	2.32	9.78	16.3	20.18	22.1	36.9	白色
		1.87	6.76	17.31	26.58	27.82	48.51	红色
	Al_2O_3	3.27	7.32	10.48	10.69	11.27	18.94	白色
		3.21	3.42	4.01	12.19	19.05	60.98	红色
	CaO	0.16	0.21	0.24	0.25	0.44	0.62	白色
		0.04	0.08	0.11	0.12	0.25	0.6	红色
20	SiO_2	0.32	0.51	0.53	0.86	1.62	7.19	白色
		0.13	0.85	0.72	0.74	1.87	6.36	红色
	Al_2O_3	0.02	0.05	0.06	0.07	0.27	1.23	白色
		0.51	0.56	1.11	2.35	3.58	5.43	红色
	CaO	1.11	2.51	3.3	3.9	7.6	9.9	白色
		0.13	0.35	1.3	1.78	2.4	3	红色

在 80 ℃的条件下，两种试样中 SiO_2 和 Al_2O_3 的溶解率随 NaOH 溶液浓度的不断

增大而增大。当 NaOH 溶液浓度不大于 2 mol/L 时，白色砒砂岩中 SiO_2 和 Al_2O_3 的溶解率高于红色砒砂岩中 SiO_2 和 Al_2O_3 的溶解率。这可能是由于红色砒砂岩中黏土类矿物含量比较高，其中大部分黏土矿物转变成难溶于水的无定型矿物，而白色砒砂岩黏土含量较少，可近似认为其矿物成分全部溶出。

当反应温度为 20 ℃ 时，白色、红色砒砂岩中 SiO_2 和 Al_2O_3 的溶解率同样随 NaOH 溶液浓度的不断增大而增大。其中白色砒砂岩中 Al_2O_3 的溶解度随着 NaOH 溶液的浓度由 0.5 mol/L 增加到 8 mol/L 时几乎保持不变，且数值相对较小，接近于 0；当 NaOH 溶液浓度为 10 mol/L 时，白色砒砂岩中 Al_2O_3 的溶解度发生突变式增长，高达 1.23%；当 NaOH 溶液浓度不大于 6 mol/L 时，红色、白色砒砂岩中 SiO_2 的溶解率均小于 1%。砒砂岩中的 SiO_2 和 Al_2O_3 的溶解率都非常低，表明在常温条件下，砒砂岩活性较低。

上述试验表明，砒砂岩反应活性受到环境温度的影响，其在 80 ℃ 条件下反应活性远远高于 20 ℃。

8.3　砒砂岩双改性关键技术

上述试验表明，砒砂岩本身具备一定的潜在活性，通过激发的方式将砒砂岩改性并成为具备一定强度的新型建材是可行的。由于砒砂岩活性成分较为有限，胶凝改性强度是否能满足工程要求是必须解决的关键问题。因此，通过外加掺合料的方式来提高混合材料的火山灰活性，生成更多的水化硅酸钙及硅铝酸钙凝胶，对砒砂岩进行结构再造和水化能力抑制，以此来提升砒砂岩改性材料的力学强度成为拟选的一种双改性途径。

为此，分别设置直接激发砒砂岩、外加粉煤灰激发砒砂岩及外加矿粉激发砒砂岩三组试验方案，探讨不同掺合料种类及用量下砒砂岩改性试件力学性能的强度变化规律，并分析激发剂用量和用水量等配比因素对砒砂岩改性试件力学性能的影响，进一步结合耐水性、抗冻融性、抗硫酸盐侵蚀性等耐久指标测试，定量确定砒砂岩改性试验中掺合料、激发剂及用水量等的最佳配合参数。

8.3.1　掺合料及激发剂

8.3.1.1　掺合料

1. 物理特性

选用的掺合料为粉煤灰和矿粉，粉煤灰为二级 F 类粉煤灰，矿粉为 S95 高炉矿渣粉(见图 8-23)。试验样品的性能参数见表 8-7。

(a)粉煤灰　　(b)矿粉

图 8-23　试验掺合料外观形貌

表 8-7　掺合料性能指标

掺合料	密度/(g/cm^3)	比表面积/(cm^2/g)	含水率/%	烧失量/%
粉煤灰	2.7	3 570	0.1	1.5
矿粉	2.9	4 320	0.1	1.4

2. 化学组成

粉煤灰、矿粉的化学组成见表 8-8。

表 8-8　掺合料化学组成　%

掺合料	SiO_2	Al_2O_3	Fe_2O_3	CaO	MgO	K_2O	其他
粉煤灰	54.36	24.43	5.15	5.63	1.58	1.08	7.77
矿粉	32.11	12.45	0.65	39.62	9.51	0.71	4.95

3. 火山灰活性

粉煤灰及矿粉的活性可通过活性指数 K_a 进行表征,依据《用于水泥和混凝土中的粉煤灰》(GB/T 1596—2017)及《用于水泥、砂浆和混凝土中的粒化高炉矿渣粉》(GB/T 18046—2017)进行活性指数测定。测定表明,粉煤灰、矿粉的火山灰活性指数分别为 72、98,说明矿粉与粉煤灰的活性指数都比较高,而且矿粉具有更高的火山灰活性。

8.3.1.2　激发剂

选用的激发剂为碱激发剂 NaOH。另外,试验用水为工业、生活用自来水。

8.3.2 试验仪器设备

试验仪器及测试方法见表 8-9。

表 8-9 试验仪器和测试方法

试验仪器	测试方法
自动砂浆搅拌机	物料搅拌
CDT1305-2 型微机控制电子压力试验机	试块压制成型
标准养护箱	试件养护
50 kN 电子万能试验机	测试块抗压强度

8.3.3 试件成型方法和试验测试方法

8.3.3.1 试件成型方法

采用压力成型方法，自制钢模具（见图 8-24）。主体模具的内径 50 mm、外径 70 mm、高度 130 mm，为中空圆柱体；压片和垫片均为直径 40 mm 的实心圆柱体；脱模采用电动脱模机。压制成型后试件尺寸：直径 50 mm，高度 50 mm。

（a）压力成型模具

（b）混合均匀的物料

图 8-24 压力成型模具及混合物料

8.3.3.2 试验方法

先利用砂浆搅拌机将原材料搅拌均匀，试件密度为 2 100 kg/m^3，试块体积为 98.1 cm^3，每块试件的质量为 206.1 g。称取物料 206.1 g，然后将砒砂岩、掺合料混合后在砂浆搅拌机中预搅拌 30 s，加入激发剂和水后低速搅拌 30 s，接着改为高速搅拌 180 s，分层多次放入底部垫好垫片的模具中，捣实并进行抛毛处理。使用压力试验机以恒定的加载速度对模具加压。待将压片压至与筒顶齐平位置停止加压，保持压力 5 min 后，使用电动脱模机对挤压成型的试件脱模。

脱模后，对试件编号，放在标准养护箱中按温度(20±3)℃、相对湿度(70±5)%进行养护，成型后试件见图 8-25(a)，试件养护一段时间后见图 8-25(b)。

(a)刚成型的试件

(b)养护一段时间后试件

图 8-25　成型后试件

8.3.3.3　试件测试方法

压制成型后的砒砂岩试件为直径 50 mm、高度 50 mm 的圆柱体，对其测定抗压强度。考虑到砒砂岩材料尚未有明确规定的力学测定标准，且砒砂岩遭受侵蚀后属于黄河泥沙的范畴，对此，依照《水泥胶砂强度检验方法(ISO 法)》(GB/T 17671—2021)检测砒砂岩的抗压强度。

将已达到规定养护龄期的试件移出养护箱放至待测区域，通过 CDT1305-2 微机控制电子压力试验机测定抗压强度。已成型砒砂岩属柱体试样，选取对应抗压夹具，放置试件于夹具中心，同时保持试件中心与压力机压头中心对中，以 2 400 N/s 的加载速率均匀加载至试件破坏，测试得出砒砂岩破坏时最大荷载值 F_c，通过下式计算抗压强度 R_c：

$$R_c=\frac{F_c}{A_0} \tag{8-2}$$

式中：R_c 为试件抗压强度，MPa；F_c 为试件破坏时最大荷载值，N；A_0 为试件受压截面面积，mm^2。

为保证测试数据的准确性，每组试件取 3 个同配比试件进行抗压强度测定，计算平均值作为该配比的砒砂岩最终强度值。若出现有一个与中间值的差超过中间值的 15%，则把最大值及最小值一并舍去，取中间值作为该组试件的抗压强度值；如果有两个测值与中间值的差均超过中间值的 15%，则该组试件的测试结果无效，试件重新制备进行强度测定。

8.3.4　直接碱激发对砒砂岩改性试件力学性能的影响

碱激发是一种将具有火山灰活性的原料转变为地聚物材料(Geopolymer)的技术手段。砒砂岩中有些成分本身具有一定的火山灰活性,因此可以通过碱激发的方式对砒砂岩进行改性,从而使其形成具有一定强度的建筑材料。

8.3.4.1　直接碱激发试验设计

试验目的是分析 NaOH 掺量及用水量对改性试件抗压强度的影响。为此,分别以 NaOH 掺量和用水量作为变量,按两组单因素做试验(见表 8-10、表 8-11)。

表 8-10　NaOH 掺量试验设计

编号	砒砂岩/%	NaOH 掺量/%	用水量/%
1-1	90.0	0	10.0
1-2	89.0	1.0	
1-3	88.5	1.5	
1-4	88.0	2.0	
1-5	87.5	2.5	
1-6	87.0	3.0	

表 8-11　用水量试验设计

编号	砒砂岩/%	NaOH 掺量/%	用水量/%
2-1	88.5	2.5	9
2-2	87.5		10
2-3	86.5		11
2-4	85.5		12
2-5	84.5		13

8.3.4.2　NaOH 掺量对砒砂岩改性试件抗压强度的影响

不同 NaOH 掺量下砒砂岩改性试件的强度试验结果见表 8-12。

相比未掺入 NaOH 的改性试件,在掺入 1%的 NaOH 后,砒砂岩改性试件的 3 d、7 d 抗压强度均提高了约 110%,掺入 3%的 NaOH 砒砂岩改性试件的 3 d、7 d、28 d 抗压强度分别提高了 598%、376%、494%。根据 NaOH 掺量对砒砂岩改性试件抗压强度的影响曲线分析(见图 8-26),随着 NaOH 掺量的提高,砒砂岩改性试件的抗压强度呈现增长趋势,在 3%的 NaOH 掺量时,28 d 抗压强度达到 0.695 MPa。在 NaOH

掺量小于2.5%时,随养护龄期增长,改性试件的抗压强度增幅变缓。

表8-12 不同NaOH掺量下砒砂岩改性试件抗压强度

编号	砒砂岩/%	NaOH掺量/%	用水量/%	不同养护期抗压强度/MPa		
				3 d	7 d	28 d
1-1	90.0	0	10.0	0.063	0.068	0.117
1-2	89.0	1.0		0.134	0.144	0.194
1-3	88.5	1.5		0.149	0.185	0.229
1-4	88.0	2.0		0.132	0.189	0.391
1-5	87.5	2.5		0.403	0.313	0.542
1-6	87.0	3.0		0.440	0.324	0.695

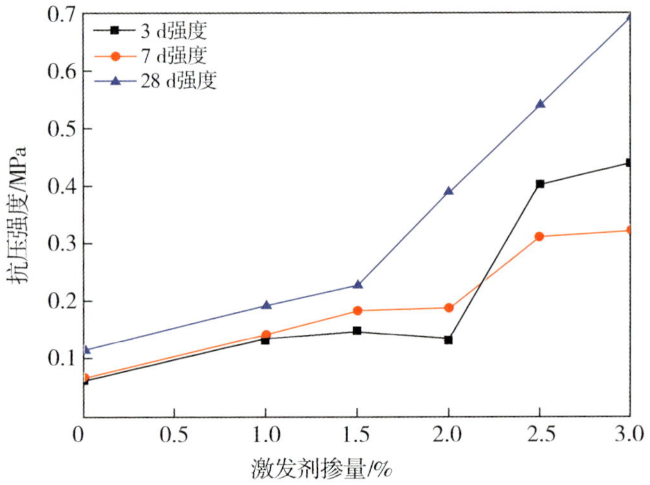

图8-26 NaOH掺量与砒砂岩改性试件抗压强度关系

2.5%的NaOH掺量、养护7 d的试件表面有少量白色晶体析出;NaOH掺量为3%时,试件表面出现泛碱现象(见图8-27)。这说明NaOH掺量可能超出了合适范围,过量的NaOH逐渐吸收空气中的CO_2,从而形成了碳酸钠(Na_2CO_3)晶体。

图8-27 试件泛碱现象

8.3.4.3　用水量对砒砂岩改性试件抗压强度的影响

表 8-13 为不同用水量砒砂岩改性试件的强度。在密度为 2.1 g/cm^3、NaOH 掺量为 2.5%时，碱激发改性试件的 3 d、7 d、28 d 抗压强度均呈递减趋势，但随用水量增大，强度下降愈发明显（见图 8-28）。这是由于砒砂岩中含有蒙脱石和高岭石等亲水性黏土胶结物，这些黏土胶结物在水中发生溶解和膨胀，因而造成自身胶结能力丧失。同时，水分会降低基体内部颗粒间的摩擦力及机械咬合力，极大地削弱基体结构的承压能力，因此在用水量较高时砒砂岩改性试件的力学性能明显降低。

表 8-13　不同用水量砒砂岩改性试件抗压强度

编号	砒砂岩/%	NaOH 掺量/%	用水量/%	不同养护期抗压强度/MPa		
				3 d	7 d	28 d
2-1	88.5	2.5	9	0.510	0.627	0.669
2-2	87.5		10	0.479	0.535	0.557
2-3	86.5		11	0.440	0.515	0.482
2-4	85.5		12	0.437	0.476	0.457
2-5	84.5		13	0.435	0.462	0.409

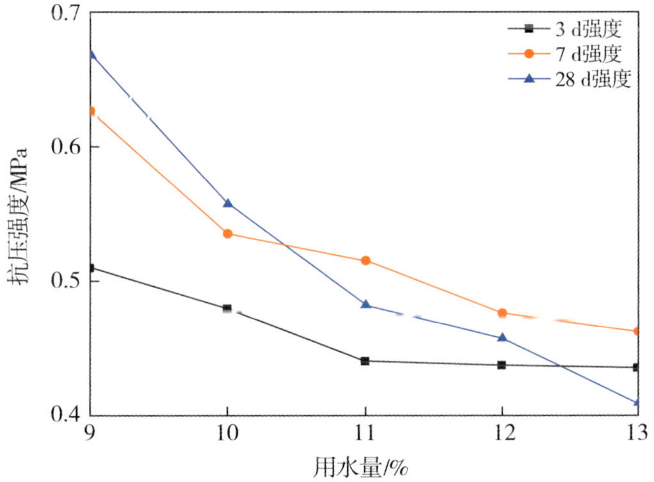

图 8-28　用水量与砒砂岩改性试件抗压强度关系

8.3.5　碱激发砒砂岩-粉煤灰复合材料力学性能

粉煤灰是燃料燃烧所产生烟气灰分中的细微固体颗粒物，其活性成分的绝大部分是玻璃体状 SiO_2 和 Al_2O_3。粉煤灰中的硅（铝）氧网络在碱性条件下被破坏，玻璃体结构解离，在粉煤灰表面形成许多硅酸根离子和铝酸根离子，并与钙离子反应，生成水化硅酸钙、水化铝酸钙等产物。这些成分可将砒砂岩固结成块,从而起到提高砒砂岩改性试件强度的作用。

8.3.5.1 粉煤灰掺量对砒砂岩改性试件抗压强度的影响

以粉煤灰掺量为变量,控制 NaOH 掺量及用水量,设计粉煤灰掺量对砒砂岩-粉煤灰复合改性材料力学性能影响的试验方案。表 8-14 为不同配合比下试件抗压强度。

表 8-14 不同粉煤灰掺量下改性砒砂岩抗压强度

编号	砒砂岩/%	粉煤灰掺量/%	NaOH 掺量/%	用水量/%	不同养护期抗压强度/MPa			
					3 d	7 d	28 d	90 d
3-1	87	0	3	10	0.64	0.89	1.14	1.15
3-2	77	10			1.80	2.28	3.26	3.34
3-3	67	20			1.82	2.39	3.41	3.46
3-4	57	30			1.98	2.42	3.65	3.69
3-5	47	40			1.99	2.65	3.77	3.81

在 NaOH 掺量为 3%、用水量为 10%时,未掺粉煤灰的砒砂岩改性试件 90 d 抗压强度仅为 1.15 MPa。掺入 10%、20%、30%、40%的粉煤灰后,相较未掺粉煤灰时砒砂岩改性试件的强度,3 d 强度分别提高了约 181%、184%、209%、211%;28 d 强度增长了约 185%、199%、220%、231%。在粉煤灰掺量为 40%且龄期 90 d 时强度达到最高,为 3.81 MPa。

根据图 8-29 进一步分析,在粉煤灰掺量小于 10%条件下,强度提高显著,增幅较

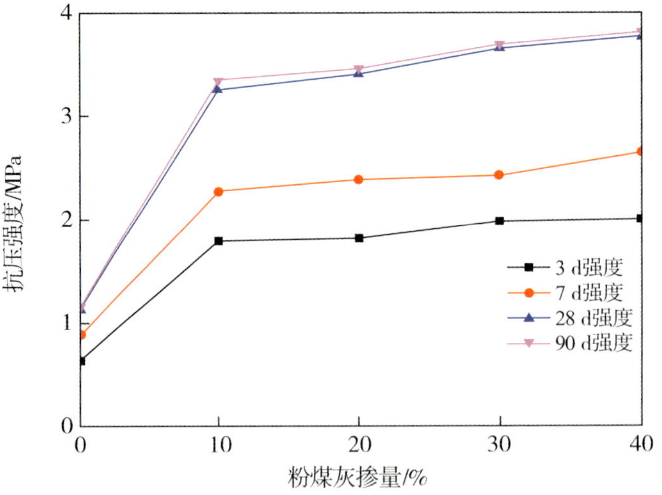

图 8-29 粉煤灰掺量与砒砂岩改性试件抗压强度关系

大。但是,大于 10%以后,随着粉煤灰掺量的提高,各龄期强度增幅趋缓。在养护期 90 d 时,粉煤灰掺量增加对砒砂岩改性试件的抗压强度提升作用已经不明显。这是由于粉煤灰虽然具有一定的潜在活性,但其内部玻璃体结构呈高聚合的稳定状态,能够参与反应的活性成分较少,即使增加粉煤灰掺量,能提供的活性组分也十分有限,因此限制了砒砂岩改性试件抗压强度的增长。

8.3.5.2　NaOH 掺量对砒砂岩改性试件抗压强度的影响

表 8-15 为砒砂岩、NaOH 不同配合比下不同龄期的试件抗压强度。在 NaOH 掺量 4%范围内,改性砒砂岩的抗压强度随 NaOH 掺量的增加而增强,但是当掺量大于 4%时试件强度反而降低。NaOH 掺量 1%时较未激发试件 3 d、7 d、28 d 强度分别提高了 98.9%、39.7%、43.5%,前期强度增长幅度较大;NaOH 掺量 4%时较未激发试件 3 d、7 d、28 d 强度分别提高了 134.8%、66.7%、111.4%。在 NaOH 掺量为 4%且 28 d 龄期的砒砂岩改性试件强度达到最高值 3.89 MPa。

表 8-15　不同 NaOH 掺量下砒砂岩改性试件抗压强度

编号	砒砂岩/%	NaOH/%	粉煤灰/%	用水量/%	不同养护期抗压强度/MPa			
					3 d	7 d	28 d	90 d
4-1	60	0	30	10	0.89	1.56	1.84	1.91
4-2	59	1			1.77	2.18	2.64	2.74
4-3	58	2			1.86	2.37	3.18	3.22
4-4	57	3			1.98	2.42	3.65	3.69
4-5	56	4			2.09	2.60	3.89	3.88
4-6	55	5			2.23	2.52	3.55	3.59

从图 8-30 可以看出,改性试件在 NaOH 掺量 1%时强度提升显著,在 1%~4%掺

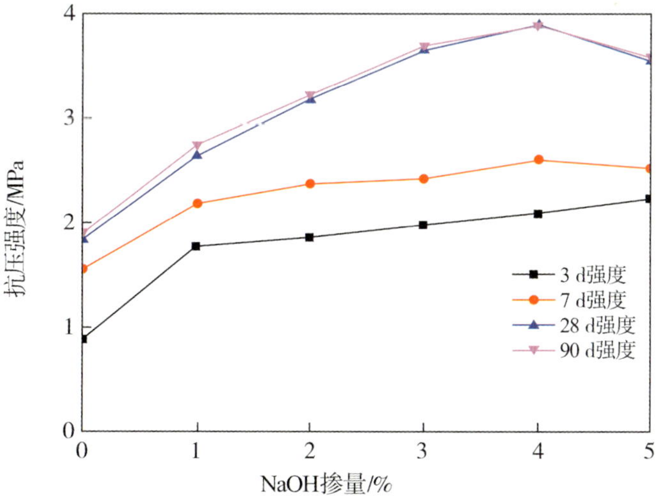

图 8-30　NaOH 掺量与砒砂岩改性试件抗压强度关系

量范围内强度呈缓增趋势，掺量5%时试件强度反而降低，这说明粉煤灰掺量30%时，NaOH的合适掺量为4%左右。在NaOH掺量5%试件养护期间可观察到试件表面出现泛碱现象，说明NaOH过量会吸收CO_2，形成Na_2CO_3晶体在表面析出，从而影响了改性试件的强度。

8.3.5.3 用水量对砒砂岩改性试件抗压强度的影响

以用水量为变量，控制NaOH用量和粉煤灰掺量，在设计试验方案下不同配合比、不同养护龄期的试件抗压强度见表8-16。

表8-16 不同用水量下砒砂岩改性试件抗压强度

编号	砒砂岩/%	用水量/%	粉煤灰/%	NaOH/%	抗压强度/MPa			
					3 d	7 d	28 d	90 d
5-1	58	9	30	3	2.01	2.18	3.59	3.78
5-2	57	10			1.98	2.42	3.65	3.69
5-3	56	11			1.57	1.84	2.41	2.90
5-4	55	12			1.15	1.61	1.94	2.41
5-5	54	13			0.96	1.20	1.31	1.78

在用水量低于10%时，10%较9%的改性试件前期强度提高，是因为粉煤灰掺入后水化反应需要一定的水分，用水量为10%时基体内部反应效率相对充分，使之出现早期强度较高的现象。用水量大于10%时，随着用水量的提高，砒砂岩改性试件各龄期强度降低。用水量为12%、13%的砒砂岩改性试件较用水量为10%试件的28 d抗压强度分别降低了约46.8%、64.1%，用水量为13%时试件90 d强度降至最低1.78 MPa。这是由于砒砂岩内部结构遇水膨胀，骨架结构破坏，导致强度降低（见图8-31）。

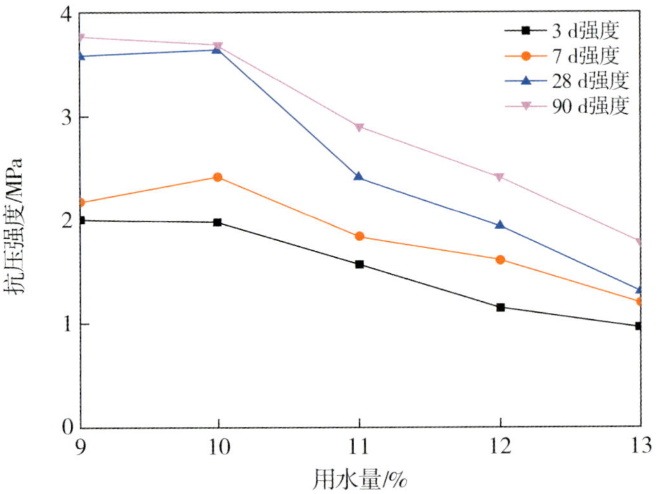

图8-31 用水量与砒砂岩改性试件抗压强度关系

8.3.6　碱激发砒砂岩-矿粉复合材料力学性能

矿粉是用水淬高炉矿渣，经干燥、粉磨等工艺处理后得到的高细度、高活性粉料，通常作为优质的矿物掺合料掺加于水泥混合材及混凝土中，在配制高强度材料中发挥着不可替代的作用。矿粉与粉煤灰同样具有火山灰活性，且矿粉含有更多的活性 CaO、SiO_2 和 Al_2O_3，另外矿粉中 Ca_2SiO_4 及 Ca_3SiO_5 可以发生水化反应生成大量的水化硅酸钙凝胶，提高砒砂岩的抗压强度。

8.3.6.1　矿粉掺量对砒砂岩改性试件抗压强度的影响

以矿粉掺量为变量，控制 NaOH 掺量和用水量，设计矿粉掺量对砒砂岩-矿粉复合材料改性试件力学性能影响的试验方案。表 8-17 为不同矿粉掺量条件下砒砂岩改性试件的强度测试结果。

表 8-17　不同矿粉掺量下砒砂岩改性试件的抗压强度

编号	砒砂岩/%	矿粉/%	NaOH/%	用水量/%	抗压强度/MPa			
					3 d	7 d	28 d	90 d
6-1	87	0	5	8	1.08	1.25	1.31	1.38
6-2	77	10			5.84	8.37	10.26	10.72
6-3	72	15			8.19	11.29	12.73	13.15
6-4	67	20			10.36	13.23	17.06	18.02
6-5	62	25			13.53	16.11	17.74	18.39
6-6	57	30			14.31	18.09	20.15	21.01
6-7	52	35			15.17	18.30	21.96	22.53
6-8	47	40			16.26	18.67	22.34	22.71

矿粉的掺入可以显著提高砒砂岩改性试件的抗压强度。矿粉掺量不大于 20% 时，试件强度基本呈线性增长，10%、20% 矿粉掺量的砒砂岩改性试件相比未掺矿粉试件 3 d 强度分别提升 441%、859%，养护期 7 d 的强度提升 570%、958%；矿粉掺量由 25%增加到 40%时，强度较 25%掺量之前增加趋势变缓，掺量由 35%增加至 40% 时试件强度基本持平；矿粉掺量由 30%增加至 35%时，试件 90 d 强度提升约 8%；在矿粉掺量为 40%、NaOH 掺量为 5%、用水量为 8%的条件下，试件 90 d 强度可达到 22.71 MPa（见图 8-32）。考虑到掺量由 30%增加为 40%强度提升较小，综合考量砒砂岩中矿粉的掺量控制为 30% 比较合适，而且相比粉煤灰，矿粉对试件的强度增强作用更为显著。

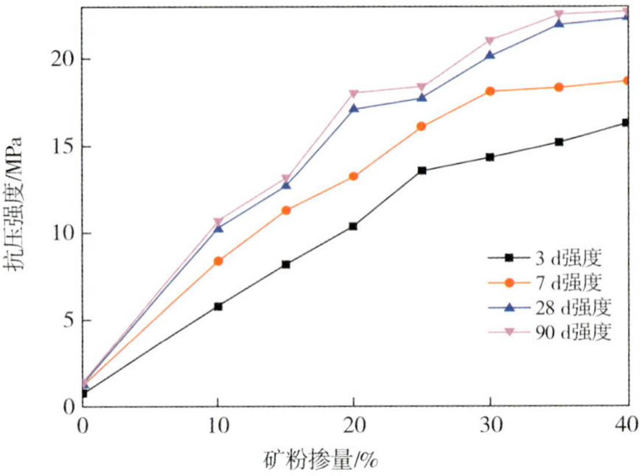

图 8-32 矿粉掺量与砒砂岩改性试件抗压强度关系

8.3.6.2 NaOH 掺量对砒砂岩改性试件抗压强度的影响

不同 NaOH 掺量条件下砒砂岩改性试件的强度试验结果见表 8-18。

表 8-18 不同 NaOH 掺量下砒砂岩改性试件的抗压强度

编号	砒砂岩/%	NaOH/%	矿粉/%	用水量/%	抗压强度/MPa			
					3 d	7 d	28 d	90 d
7-1	60	0	30	10	1.08	2.26	2.67	2.93
7-2	59	1			3.56	5.98	7.12	8.06
7-3	58	2			6.49	8.52	10.18	11.02
7-4	57	3			10.04	12.97	15.41	16.12
7-5	56	4			12.68	14.9	18.49	19.26
7-6	55	5			14.14	16.58	22.08	22.67

未掺 NaOH 时,砒砂岩改性试件的 28 d 抗压强度仅为 2.67 MPa,掺入 1% NaOH 后试件强度有明显增长,28 d 抗压强度提高了约 167%;掺入 3% NaOH 的砒砂岩改性试件较未激发砒砂岩的 7 d、28 d 抗压强度分别提高了 474%、477%,这是由于掺入 NaOH 将砒砂岩中更多的活性组分 SiO_2 及 Al_2O_3 溶解出来,活性组分间发生聚合反应形成地聚物,从而提高砒砂岩改性试件的强度。

随 NaOH 掺量提高,砒砂岩改性试件的抗压强度呈增长趋势,在 NaOH 掺量小于 3%范围内强度增长较快;而在掺量大于 3%时增长趋势开始略微放缓;在 NaOH 掺量为 5%时,改性试件 90 d 抗压强度达到 22.67 MPa(见图 8-33)。

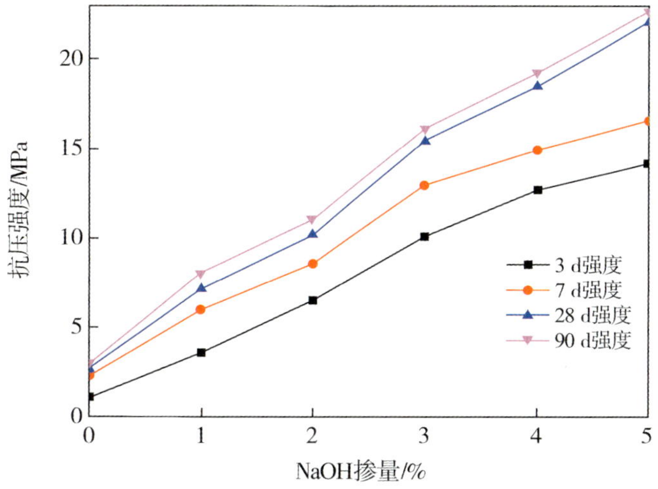

图 8-33 NaOH 掺量与砒砂岩改性试件抗压强度关系

8.3.6.3 用水量对砒砂岩改性试件抗压强度的影响

表 8-19 表明，NaOH 掺量 3%，矿粉掺量 30%，不同用水量条件下砒砂岩改性试件 90 d 强度均在 10 MPa 以上，其中用水量为 11%时 90 d 强度最高，达到 20.56 MPa。用水量由 7%增加至 12%时，改性试件强度总体呈曲折变化的趋势(见图 8-34)。3 d 强度砒砂岩改性试件先增加后降低，在用水量为 9%时强度最高，这是因为在矿粉掺入砒砂岩后，内部发生水化反应需要一定的用水量，9%的用水量已能够满足材料反应用水需求，而继续加大用水量后，水量已超出反应用量，砒砂岩发生吸水膨胀会使强度呈劣化趋势，因此强度降低。随着龄期逐渐增加，养护 7 d 砒砂岩改性试件均已达到一定的强度，强度变化比较平稳，而在养护 28 d、90 d 龄期后，随着用水量的增加，改性试件抗压强度呈增加趋势，掺量 11%时 90 d 试件强度达到最高，用水量增加到 12%时强度有所降低。

表 8-19 不同用水量下砒砂岩改性试件的抗压强度

编号	砒砂岩/%	用水量/%	矿粉/%	NaOH/%	抗压强度/MPa			
					3 d	7 d	28 d	90 d
8-1	60	7	30	3	7.21	10.86	11.91	12.08
8-2	59	8			8.53	11.56	12.89	13.15
8-3	58	9			10.46	12.77	14.36	15.21
8-4	57	10			10.04	12.97	15.41	16.12
8-5	56	11			9.18	12.8	18.95	20.56
8-6	55	12			8.61	12.36	18.32	19.61

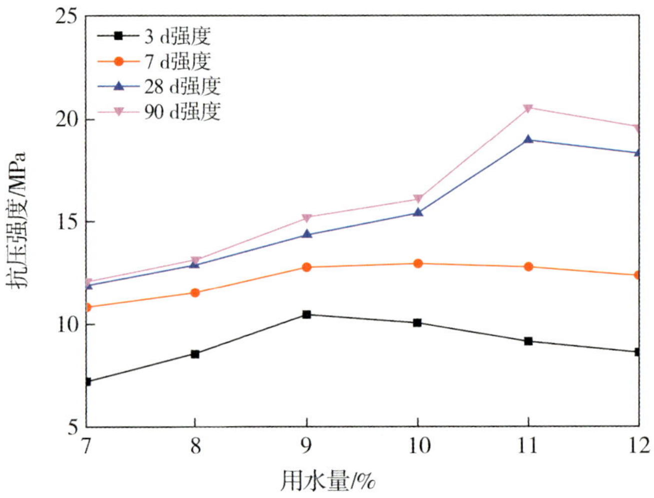

图 8-34　用水量与砒砂岩改性试件抗压强度关系

反应的后期阶段,用水量较低时没有足够的水分支撑反应,会影响矿粉及砒砂岩的碱激发反应速率,因此强度增加幅度较小,通过试验结果确定最佳用水量为 11%。

8.3.7　龄期对砒砂岩改性试件抗压强度的影响

图 8-35 是以编号 8-4 组试件为例分析得到的龄期与抗压强度关系。

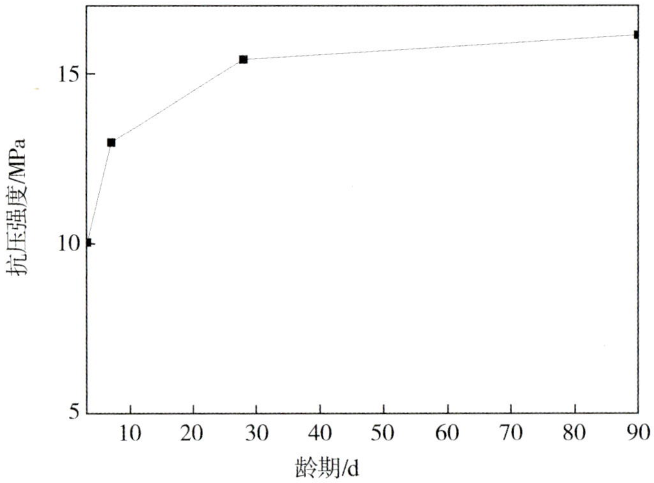

图 8-35　龄期与砒砂岩改性试件抗压强度关系

随着养护龄期的增加,砒砂岩改性试件抗压强度增大。7 d 抗压强度相比 3 d 强度增长约 29%,28 d 强度增长为 19%,90 d 强度增长 5%,可以看出砒砂岩改性试件强度在早期增长较快,后期强度增长速率变慢。由此推测砒砂岩水化反应主要发生在前期。

8.3.8　密度对砒砂岩改性试件抗压强度的影响

控制矿粉掺量 30%、NaOH 掺量 3%、用水量 10%，设计不同成型密度对砒砂岩改性试件抗压强度影响的试验方案（见表 8-20）。

表 8-20　不同密度条件下砒砂岩改性试件的抗压强度

编号	密度/(g/cm^3)	抗压强度/MPa			较 1.8 g/cm^3 强度增长率/%	
		3 d	7 d	28 d	7 d	28 d
9-1	1.8	4.10	6.33	8.65	—	—
9-2	1.9	6.21	8.52	10.54	35	22
9-3	2.0	7.60	10.02	13.82	18	31
9-4	2.1	10.04	12.97	15.41	29	12
9-5	2.2	13.20	15.88	21.97	22	43

随着密度的提高，砒砂岩改性试件抗压强度呈均匀增长趋势（见图 8-36），这是由于密度的提高能够挤压孔隙气体，使砒砂岩内部结构更加密实，基体间联系更为紧密，显著提升颗粒与颗粒之间的黏合摩擦力，内部不容易出现裂纹缝隙，因此试件强度能够提高。

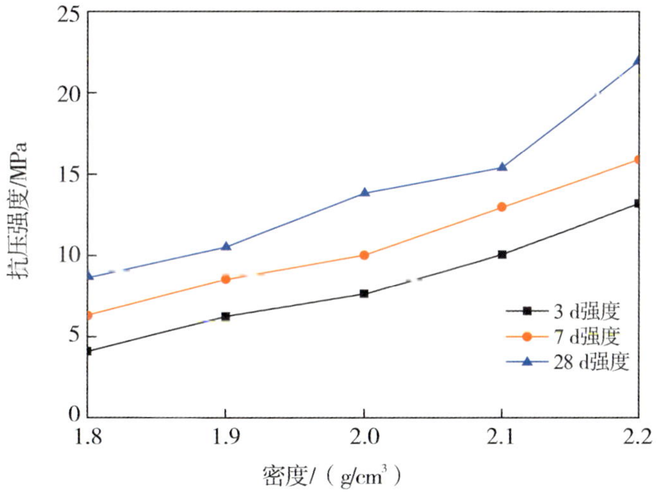

图 8-36　密度与砒砂岩改性试件抗压强度关系

8.3.9　砒砂岩改性材料耐久性

耐久性是衡量建筑材料优劣性的一项重要指标，是检验建筑材料经久耐用程度的标准，同时也关乎到改性材料结构的稳定性。砒砂岩最大的特点是干燥时质地坚硬，但遇水会崩解坍塌，溃散成沙，因此砒砂岩改性材料是否耐水十分重要。考虑到砒砂岩所在区域受风蚀、水蚀、冻蚀复合侵蚀较为严重，若要实现砒砂岩改性利用，必须要测试抗冻性能。同时，作为刚性护坡材料等难免会与雨水等溶液充分接触，这对于砒砂岩抗硫酸盐侵蚀性能也是一种考验。因此，需要测试砒砂岩改性材料的耐水性、抗冻性及抗硫酸盐侵蚀性能，力求使砒砂岩改性试件达到高强度、高耐久性和结构稳定性的目标。结合碱激发改性试验掺合料种类及用量、激发剂用量及用水量等对砒砂岩改性试件力学性能的影响，确定的砒砂岩改性材料的改性激发试验配合比参数见表 8-21。

表 8-21　砒砂岩改性材料耐久性试验配合比

试件编号	试验材料配比/%			
	矿粉	NaOH	砒砂岩	用水量
1	0	3	87	10
2	10	3	77	10
3	20	3	67	10
4	30	3	57	10

各项耐久性测试均采用直径 50 mm、高度 50 mm 的圆柱体试件，采用压力成型的方式制作试件，每组配合比成型 50 块试件，试件成型后对试件进行编号，并将试件放在标准养护箱中[温度(20±3)℃，相对湿度(70±5)%]养护。养护结束后，同一组取 3 块试件进行各项耐久性试验并取平均值，测定试件抗压强度。

8.3.9.1　耐水性测试

通常用软化系数衡量耐水性，即饱和与干燥状态下的岩石试件单轴抗压强度之比。软化系数越小，说明材料吸水饱和后强度降低得越多，其耐水性越差。鉴于当地工程的需求，砒砂岩改性材料 28 d 养护龄期的软化系数应达到 0.70 以上。将 4 组不同配合比的砒砂岩改性试件各取出 15 块，分别养护 1 d、3 d、7 d、28 d、90 d，并在(20±5)℃的水中浸泡至饱水状态，取出滤干后进行抗压强度试验，试验结果见表 8-22 和图 8-37。

表 8-22　砒砂岩改性材料不同龄期软化系数

试件编号	改性材料不同龄期软化系数				
	1 d	3 d	7 d	28 d	90 d
1	0.4	0.5	0.55	0.59	0.63
2	0.45	0.55	0.63	0.725	0.81
3	0.61	0.67	0.75	0.86	0.93
4	0.65	0.72	0.83	0.93	0.98

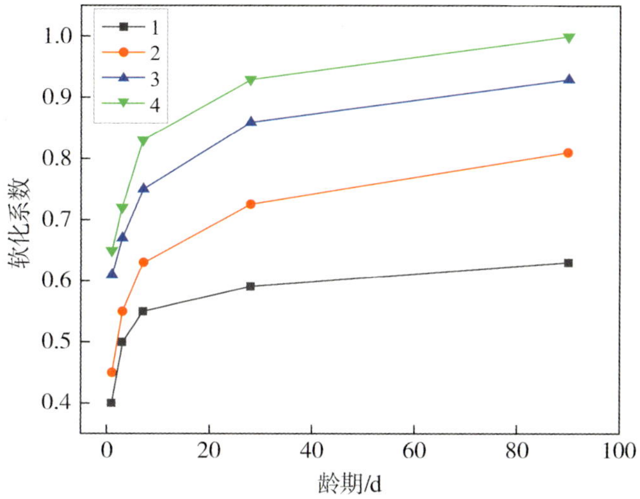

图 8-37　砒砂岩改性材料软化系数

直接激发砒砂岩改性材料的软化系数较原岩软化系数(基本为 0)提升幅度较大,且随着养护龄期的增长不断增加。不过总体来说,其软化系数偏低,90 d 龄期砒砂岩改性试件软化系数仅为 0.63,无法满足工程需求。当矿粉掺量为 10%时,砒砂岩改性材料 28 d 龄期软化系数达到 0.725,能够满足工程需求,并且其软化系数随着养护龄期而显著提高。但是砒砂岩改性材料早期的软化系数比较低。当矿粉掺量为 20%时,碱激发砒砂岩改性材料表现出优异的耐水性能,28 d 软化系数为 0.86,90 d 软化系数达到 0.93。

当矿粉掺量为 30%时,碱激发砒砂岩改性材料在 3 d 养护龄期软化系数就高于 0.7,90 d 时软化系数接近 1,其耐水性最优。对同龄期试件而言,软化系数随矿粉掺量的增加而增长,矿粉掺量高的试件耐水性相对较好。软化系数随养护龄期的增长变化不大,其值随着龄期增长在 0.6~1.0,这是由于矿粉能够为地聚物材料提供更多 SiO_2 和 Al_2O_3 等活性成分,促进了聚合反应的进行,同时矿粉自身在碱性环境中水化反应会产生大量的 C-S-H 凝胶,而 C-S-H 凝胶和地聚物都有优良的耐水性能,从而也有效地增强了砒砂岩改性材料结构的稳定性。

8.3.9.2　抗冻性测试

根据相关规范,采用慢冻法做砒砂岩改性试件的抗冻性试验。达到规定养护龄期前 2 d,对冻融试件和对比试件进行外观检查并记录其原始状况,随后放入 15~20 ℃的水中浸泡。对比试件放回原养护条件下继续养护,直到完成冻融循环。冻融试件在浸泡 2 d 后取出并用拧干的湿毛巾轻轻擦去表面水分,对其进行编号,称其质量,然后进行冻融试验。每次冻结时间为 4 h,冷冻时温度保持在-20~-15 ℃范围内,冻结完成后立即从冷冻箱内取出试件,并立即放入能使水温保持在 15~20 ℃的水槽内进行融化。试件在水中融化的时间应不小于 4 h。融化完毕即为一次冻融循环。取出试件,并用拧干的湿毛巾轻轻擦去表面水分,放进冷冻箱做下一次循环试验,依次连续进行直至设计规定次数。对比试件提前 2 d 浸水,且与冻融试件同时进行抗压强度试验。在试验过程中发现有冻融达到预定的循环次数、强度损失率超过 25%、质量损失率达 5%以上的情况时即可停止试验。每次达到规定循环次数后对试件外观进行目测观察,同时对其抗压强度进行测试及称重,通过强度及质量损失表征砒砂岩的抗冻性能。

试验结束后,按下式计算强度损失率和质量损失率:

$$\Delta f_m = \frac{f_{m1} - f_{m2}}{f_{m1}} \times 100 \tag{8-3}$$

$$\Delta m_m = \frac{m_0 - m_n}{m_0} \times 100 \tag{8-4}$$

式中:Δf_m 为 n 次冻融循环后试件的强度损失率(精确至 1%),%;f_{m1} 为对比试件的抗压强度平均值,MPa;f_{m2} 为经 n 次冻融循环后 3 块试件抗压强度的算术平均值,MPa;Δm_m 为 n 次冻融循环后试件质量损失率,以 3 块试件的算术平均值计算(精确至 1%),%;m_0 为冻融循环试验前试件质量,g;m_n 为 n 次冻融循环后试件质量,g。

循环次数分别为 0、10、15、20、25 次,每次循环均取 3 块试件,试验结果见表 8-23、图 8-38、图 8-39。

表 8-23 砒砂岩改性材料冻融循环试验结果

试件编号	0 次循环		10 次循环		15 次循环		20 次循环		25 次循环	
	质量/g	强度/MPa	质量/g	强度/MPa	质量/g	强度/MPa	质量/g	强度/MPa	质量/g	强度/MPa
1	206. 2	8. 7	204. 4	8. 2	195	6. 9	0	0	0	0
2	206. 2	10. 9	205. 3	10. 5	201. 3	9. 6	192. 1	8. 6	0	0
3	206. 2	15. 9	205. 8	15. 5	203. 4	15. 1	199. 2	14. 4	193. 9	13. 5
4	206. 2	16. 1	206	16. 0	205. 4	15. 7	204. 0	15. 5	201. 9	15. 2

对于相同矿粉掺量的砒砂岩改性材料而言,其抗压强度及质量随冻融循环次数的增多均有所下降。随着冻融试验次数增加,砒砂岩改性试件质量损失率及强度损失率逐渐升高。矿粉掺量为 0 时,经过 15 次循环试验,质量损失率及强度损失率分别为 4. 60%和 15. 85%,试件上表面砒砂岩大部分颗粒已剥落,且试件四周部位受冻融影响颗粒有少许剥落,冻融侵蚀后试件破损严重,已不能满足工程要求。矿粉掺量 10%改性试件,经过 20 次循环试验,质量损失率及强度损失率分别为 4. 57%和

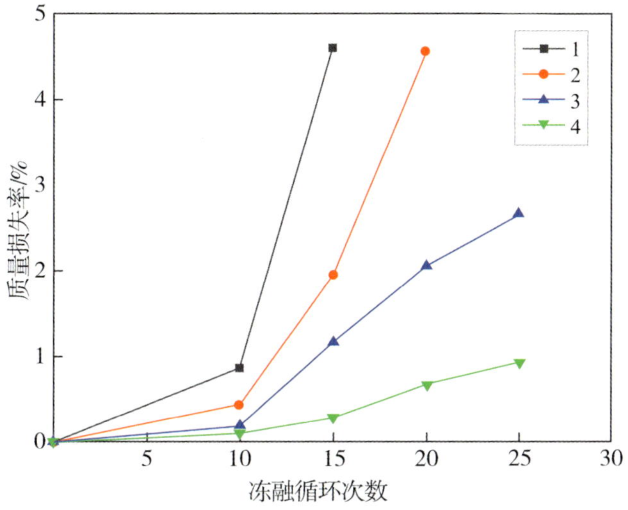

图 8-38　改性材料冻融循环质量损失率

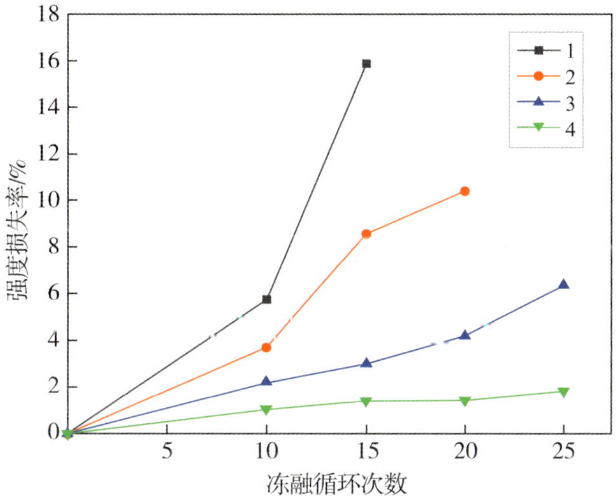

图 8-39　改性材料冻融循环强度损失率

10.42%，试件表面边缘部分也有明显剥落，存在细小砒砂岩颗粒裸露现象，基本无法满足工程要求。而当矿粉掺量进一步增加至 20%，改性试件经过 25 次循环试验时，质量损失率及强度损失率分别为 2.06%和 6.37%，试件外观保持良好。矿粉掺量为 30%时，砒砂岩改性试件抗冻融性能更为优越，基本不受冻融影响，质量损失率和强度损失率均保持在 2%以下，试件整体结构无破坏，未发现有颗粒剥落情况，外观与试验前无明显差异。

另一方面，从质量和强度损失率折线图可以看出，随矿粉用量增加，质量和强度损失率增加幅度有逐渐变缓的趋势，表明砒砂岩改性试件受冻融试验的影响也在逐渐减小，即砒砂岩的抗冻融性能随矿粉掺量增加而显著增强。

上述试验表明，经过一定次数冻融循环后，改性试件结冰膨胀，膨胀压力挤压未结冰的水分渗入毛细孔内，残余水分结冰时体积膨胀量更大，膨胀压力促使内部原生孔隙结构破坏，产生贯通性裂缝，试件抗压强度降低，直至完全丧失。矿粉能够提高砒砂岩改性材料抗冻融性能的原因主要在于矿粉颗粒较细，掺入砒砂岩能够提高材料密实度，同时可反应生成凝胶类产物，填充内部结构裂纹缝隙，使基体更加密实，阻止水分难以渗入基体结构内部，限制水分冻结结晶膨胀空间。

8.3.9.3 抗硫酸盐侵蚀性能

抗硫酸盐侵蚀性能是衡量材料耐久性的另一重要指标。砒砂岩改性试件发生硫酸盐侵蚀的同时受到物理作用和化学作用两方面的破坏，当含有有害离子的溶液进入试件结构内部时，由于水分的蒸发作用，基体内部有部分盐类晶体析出，产生结晶应力进而引起砒砂岩改性试件的开裂。另外，当溶液中含有 SO_4^{2-} 离子时，会与基体一些组分发生化学反应，生成钙矾石和石膏等膨胀性物质，从而引起改性材料结构发生破坏。

目前尚缺乏有关砒砂岩抗硫酸盐侵蚀试验的标准规范，为此，参照《水泥抗硫酸盐侵蚀试验方法》(GB/T 749—2008)开展试验。将 4 组不同配合比的砒砂岩改性试件分别取出 18 块，将试件边缘易损部分清理干净，然后一半试件浸泡在浓度为 5% 的 Na_2SO_4 溶液中，一半试件浸泡在水中自然养护，测定试件在浸泡 1 d、28 d 和 60 d 时的抗压强度。以强度损失率评价砒砂岩改性材料的抗硫酸盐侵蚀能力。同组试验取 3 块试件进行试验测取平均值。

图 8-40 为试验结果。在两种溶液中浸泡的试件抗压强度减弱速率均随龄期延长由慢转快，但在水中浸泡的改性试件在前期养护阶段强度减弱幅度较缓，而在 5% Na_2SO_4 溶液中浸泡的改性试件强度则在前期出现较为显著的下降趋势。这是由于 Na_2SO_4 溶液中 SO_4^{2-} 离子不断与 $Ca(OH)_2$ 发生反应生成钙矾石，钙矾石结晶膨胀使砒砂岩基体产生微裂纹，在一定程度上抑制了结构强度发展的趋势，同时 Na_2SO_4 与 $Ca(OH)_2$ 反应生成的 Ca_2SO_4 也会有一部分在空隙中结晶成二水石膏，引起体积膨胀，对改性试件强度产生影响，导致抗压强度出现显著的降低。另外，砒砂岩中含有少量的 MgO 成分，在 Na_2SO_4 溶液中的一部分 Mg^{2+} 会和体系中的 $Ca(OH)_2$ 发生反应生成 $Mg(OH)_2$，$Mg(OH)_2$ 是一种难溶解的材料，会在砒砂岩材料表面形成保护层，阻止溶液 SO_4^{2-} 的渗入。但随着时间的推移，反应生成的石膏和钙矾石越来越多，由此产生体积膨胀，使砒砂岩表面产生微裂缝，也会对改性砒砂岩材料抗压强度产生影响。

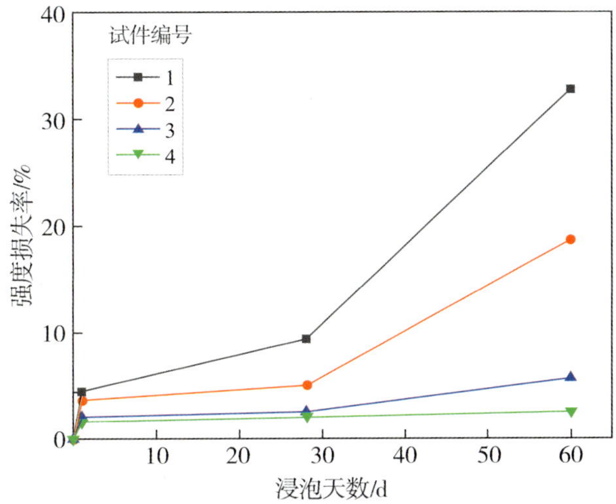

图 8-40　砒砂岩改性材料硫酸盐侵蚀试验强度损失率

当两种溶液浸泡 1 d,改性试件抗压强度损失率基本保持一致时,可以推断出硫酸盐内部侵蚀反应是一个循序渐进的过程,需要一定的时间才能体现出对强度劣化的影响。随着浸泡时间增加,28 d 时两种溶液浸泡下的改性试件抗压强度呈现出明显优劣差距,硫酸盐会严重影响材料强度维持。这说明随着矿粉掺量的增加,改性试件抗硫酸盐侵蚀性能逐渐增强。即矿粉掺入砒砂岩改性生成的不定型物质可以极大提升内部结构密实程度,改善砒砂岩改性材料的结构,使 SO_4^{2-} 渗入孔隙的难度加大,因此砒砂岩改性试件不容易受到硫酸盐的侵蚀,强度减弱幅度较小,抗硫酸盐侵蚀能力较强。

8.4　小　结

在系统分析砒砂岩基本性能的基础上,采用室内试验和现场试验相结合的方式分析砒砂岩活性成分及其迁变溶析规律,研究了在碱激发改性试验中掺合料种类及用量、激发剂用量及用水量对砒砂岩改性试件抗压强度的影响,确定最佳配合比,实现了对砒砂岩的结构重构-水化胶凝增强的双改性。

(1)砒砂岩主要氧化物组成是 SiO_2、Al_2O_3 和非游离态 CaO,其余各氧化物成分都在 10%以下,氧化物含量的差别会导致砒砂岩颜色发生变化。

(2)提高反应温度和改变酸碱度可以极大地加速砒砂岩矿物的风化进程,相较于酸性环境,在碱性环境中,各矿物水热风化反应较为完全,可生成较多具有胶凝特性和一定力学强度的不定型矿物。

(3)在碱性环境下砒砂岩中活性成分(SiO_2、Al_2O_3)能够被激活,并反应生成类

Si-Al 凝胶、水化硅铝酸钙凝胶及类沸石等强胶结物，这些凝胶物质起到包裹和胶结石英等支撑颗粒物的作用，从而增强砒砂岩改性材料的强度。碱激发剂掺量过低会影响水化反应进行，掺量过高则会出现泛碱现象；随用水量的增加，砒砂岩改性试件强度呈降低趋势；砒砂岩分别与粉煤灰及矿粉复合后强度均有明显提升，相比粉煤灰，矿粉对砒砂岩的强度增强作用更为显著；龄期对砒砂岩改性试件早期强度影响显著，试件强度随龄期增长而增大，表明砒砂岩水化反应主要在早期进行；随着材料密度的提高，砒砂岩改性试件抗压强度呈均匀增加趋势。

(4)改性砒砂岩强度及质量随着冻融循环次数的增加均呈降低趋势，砒砂岩的抗冻融能力随着矿粉用量的增加而显著增强。在矿粉掺量不小于 30%时，经 25 次循环试验试件强度仍能保持在 15 MPa 以上。随着矿粉掺量的增加，改性试件抗硫酸盐侵蚀性能有所增强。总体来看，砒砂岩改性材料耐水性、抗冻性、抗硫酸盐侵蚀性等耐久性指标均较为优越，可满足建筑材料使用要求，具备工程应用潜力。

(5)砒砂岩改性材料最优配合比为砒砂岩 57%，矿粉掺量 30%，用水量 10%，NaOH 掺量 3%，最佳密度为 2.1 g/cm^3。

通过上述改性材料配比和控制参数优化，可以达到对砒砂岩结构重构和水化聚合反应的有效抑制。

黄河砒砂岩区

生态治理–衍生产业

协同发展关键技术

第9章　微生物改良砒砂岩质地土壤技术

微生物措施作为改良土壤的重要手段和方式之一,在贫瘠性土壤改良方面已经具有较多的研究,而对砒砂岩质地土壤即劣地的改良研究还很少,针对砒砂岩质地土壤特性,有必要对其试验价值和应用潜力开展探讨。本章分析了砒砂岩质地土壤特性,砒砂岩区生物种群特征,生物菌对提升砒砂岩质地土壤营养成分的机制,液体、固体微生物菌剂提质砒砂岩质地土壤地力技术与效果等,为砒砂岩区生态恢复与农业发展提供土壤改良技术支撑。

9.1　砒砂岩质地土壤特性

9.1.1　土壤特性测试方法

9.1.1.1　化学成分测试

委托黄河水利委员会基本建设工程质量检测中心测试砒砂岩氧化物成分,包括二氧化硅 SiO_2、三氧化二铁 Fe_2O_3、三氧化二铝 Al_2O_3、氧化钙 CaO、氧化镁 MgO、二氧化钛 TiO_2、氧化钾 K_2O、氧化钠 Na_2O。SiO_2 用盐酸一次脱水滤液比色法;Fe_2O_3 用 EDTA 容量法(络合滴定法);Al_2O_3 用锌盐回滴法;CaO、MgO 用 EDTA 容量法;K_2O、Na_2O 用火焰光度法;TiO_2 用二安替比林甲烷比色法。

委托河南省农业科学院检测砒砂岩质地土壤养分含量,包括碱解氮 NH_4^+-N、速效磷 AP、速效钾 AK、全氮 TN、全磷 TP、全钾 TK、有机质 OM。NH_4^+-N 用蒸馏法;AP 用碳酸氢铵浸提-流动分析仪测定方法;AK 用乙酸铵浸提火焰光度法;TN 用酸消解-流动分析仪测定方法;TP 用酸消解-流动分析仪测定方法;TK 用酸消解-ICP 测定方法;OM 用重铬酸钾法。

9.1.1.2　矿物组成测试

砒砂岩的矿物成分(石英、钾长石、斜长石、蒙脱石、伊利石、高岭石、方解石、白云石、赤铁矿）分析测试工作由河南省地矿分析测试中心完成，使用设备为 D/max-2500 PC 的 X 射线衍射仪。扫描范围选为 5°~80°，扫描速率为 2°/min，扫描步长为 0.02°。衍射图纵坐标设为 X 射线衍射强度（I）与最强衍射峰强度（I_0）的比值（I/I_0），由此生成用于矿物成分分析的 X 射线衍射图。

根据从 X 射线衍射图提取的晶面间距（d）、强度、峰形等衍射特征参数，以标准矿物成分的衍射特征作为基准，对两者进行定性对比。在此基础上，计算各矿物成分的含量。

9.1.1.3 数据质量控制

为提高样品采集质量，在野外取样时，按 5%采集了重复样，送测样品中插入了密码样。除此之外，采样日常自检、互检率均为 100%，并填写自检、互检表。各类检查表齐全、数据录入规范，均达到规范要求。

表 9-1 为分析氧化物含量时，同一试样平行分析结果允许误差。在允许误差以内，取其平均值。在进行分析时，应随同试样做空白试验，修正百分含量。

表 9-1 氧化物分析结果允许的误差范围

化学成分	含量范围/%	允许误差/%	含量范围/%	允许误差/%
SiO_2	40~55	0.30	55~70	0.35
Al_2O_3	10~25	0.30	25~40	0.35
Fe_2O_3	0.1~1	0.06	1~2.5	0.10
	2.5~4	0.15	4~6	0.20
	6~10	0.25		
TiO_2	0.1~0.5	0.05	0.5~1.0	0.08
	1~2	0.12		
CaO、MgO	0.1~0.5	0.05	0.5~1.0	0.10
	1~3	0.15	3~5	0.20
K_2O、Na_2O	0.1~0.5	0.06	0.5~1	0.10
	1~3	0.15		

分析养分含量时，同一试样平行分析结果允许误差应满足表 9-2 的要求。

表 9-2　养分含量平行测定结果允许误差

成分	浓度范围	允许差
全钾	—	绝对差≤0.05 %
全磷	—	绝对差≤0.005%
全氮	—	绝对差≤0.004%
速效钾	—	相对差≤5%
缓效钾	—	相对差≤8%
速效磷	<10 mg/kg	绝对差<0.5 mg/kg
	10~20 mg/kg	绝对差<1.0 mg/kg
	>20 mg/kg	相对差<5%
有机质	<10 g/kg	绝对差≤0.5 g/kg
	10~40 g/kg	绝对差≤1.0 g/kg
	40~70 g/kg	绝对差≤3.0 g/kg
	>70 g/kg	绝对差≤5.0 g/kg

9.1.2　砒砂岩质地土壤基本特性

9.1.2.1　土壤矿物成分

试样测试结果(见表 9-3)表明,因砒砂岩原岩类同,砒砂岩质地土壤主要矿物是石英、长石、蒙脱石和方解石。其中石英的质量分数为 13%~55%,且白色砒砂岩的石英含量最高,平均值为 45%;长石(钾长石+斜长石)含量在 23%~56%;蒙脱石含量在 5%~28%,远高于伊利石和高岭石,反映了岩石风化成壤程度较低,与石英含量相反,白色砒砂岩的蒙脱石含量较其他颜色砒砂岩低;方解石含量在 1%~25%。石英含量相对较低,说明砒砂岩发育不够成熟。从不同的矿物含量看,砒砂岩质地土壤仍然保留了砒砂岩的矿物属性。

表 9-3　砒砂岩表层土壤矿物成分

砒砂岩色别	含量范围	矿物含量/%								
		石英	长石		方解石	白云石	黏土矿物			赤铁矿
			钾长石	斜长石			蒙脱石	伊利石	高岭石	
紫色 (*n*=5)	最大值	45	23	33	25	5	25	3	4	1
	最小值	25	13	10	1	1	10	1	2	1
	平均值	31	16	18	10	2	18	1	3	1

续表

砒砂岩色别	含量范围	矿物含量/%								
		石英	长石		方解石	白云石	黏土矿物			赤铁矿
			钾长石	斜长石			蒙脱石	伊利石	高岭石	
白色（$n=5$）	最大值	55	23	25	15	3	10	1	2	1
	最小值	38	15	10	2	1	5	1	2	1
	平均值	45	19	16	7	2	8	1	2	1
粉色（$n=5$）	最大值	26	25	23	20	2	23	2	3	1
	最小值	13	23	18	10	1	13	1	1	1
	平均值	19	23	19	16	1	17	1	2	1
灰色（$n=5$）	最大值	40	20	20	2	3	28	1	4	
	最小值	22	18	13	2	1	18	1	3	
	平均值	31	19	16	2	2	23	1	4	少

注：n 为试样数，下同。

9.1.2.2 砒砂岩表层土壤化学成分

由于土壤矿物质来自岩石的风化，所以土壤矿物质的化学组成与岩石的化学组成有相似之处，但也存在一定的差别（见表 9-4）。原生矿物中含有丰富的 Ca、Mg、K、Na、P、S 等常量元素和多种微量元素，经过风化作用释放供植物和微生物吸收利用，在土壤中含量极低。不同种类的原生矿物，由于其构造特点及元素组成不同，抗风化能力及提供养分的能力也不同。砒砂岩质地土壤化学成分以 SiO_2、Al_2O_3、Fe_2O_3 为主，不同颜色砒砂岩土壤同一化学组分的含量最大、最小值相差明显。白色砒砂岩的 SiO_2 含量最高，平均值为 62.3%；紫色、粉色和灰色砒砂岩 SiO_2 含量为 50%~55%，低于一般土壤中 SiO_2 的含量。Al_2O_3 含量在 7.7%~16.1%，Fe_2O_3 含量在 1.6%~6.8%，铁铝氧化物的含量高低影响土壤中负离子的吸附作用。尽管 Na_2O、K_2O、CaO 的总含量仅为 3.4%~15%，但性质活泼。

表 9-4 砒砂岩表层土壤化学成分

色别	含量范围	不同化学成分含量/%							
		SiO_2	Fe_2O_3	Al_2O_3	CaO	MgO	TiO_2	K_2O	Na_2O
紫色（$n=5$）	最大值	60.6	6.8	16.1	10.9	16.1	0.9	2.3	1.8
	最小值	42.1	1.6	7.7	1.2	1.0	0.2	1.3	0.9
	平均值	54.9	4.9	13.4	3.9	4.0	0.6	1.9	1.3

续表

色别	含量范围	不同化学成分含量/%							
		SiO_2	Fe_2O_3	Al_2O_3	CaO	MgO	TiO_2	K_2O	Na_2O
白色（n=5）	最大值	66.9	2.0	12.7	4.1	2.6	0.4	2.4	1.9
	最小值	57.5	1.6	10.8	1.7	1.7	0.3	1.8	1.4
	平均值	62.3	1.8	12.1	2.4	2.1	0.4	2.0	1.6
粉色（n=5）	最大值	55.0	6.3	13.0	10.2	6.3	1.0	1.8	2.1
	最小值	46.0	2.5	9.0	3.4	1.3	0.3	1.6	1.4
	平均值	51.2	4.6	11.3	7.0	3.5	0.6	1.7	1.7
灰色（n=5）	最大值	54.8	3.7	14.5	1.6	4.6	0.6	2.3	1.4
	最小值	53.3	3.3	14.1	1.2	4.0	0.4	2.3	1.2
	平均值	54.0	3.5	14.3	1.4	4.3	0.5	2.3	1.3

9.1.2.3　表层土壤养分含量特征

从表 9-5 可以看出，表层土壤 pH 值为 8.91～10.04，属碱性土壤，有机质含量在 0.15%～0.78%，全氮含量为 0.017%～0.054%，全磷含量在 3.5×10^{-6}%～1.9×10^{-5}%，全钾含量在 9.07×10^{-5}%～2.75×10^{-4}%，速效磷含量在 0.10～0.91 mg/kg，速效氮含量在 39.6～53.8 mg/kg，速效钾含量在 27.3～80.8 mg/kg。按全国统一的六级制土壤养分含量分级标准（见表 9-6），砒砂岩质地土壤的 pH 值、有机质、全氮、全磷、全钾和速效磷为六级，速效氮为五级，速效钾为四级，砒砂岩土壤总体养分含量非常低，和以往分析成果是基本一致的（姚文艺 等，2021）。

表 9-5　砒砂岩表层土壤养分含量

颜色	含量范围	pH 值	有机质/%	全氮/%	全磷/%	全钾/%	速效氮/(mg/kg)	速效磷/(mg/kg)	速效钾/(mg/kg)
紫色（n=5）	最大值	10.04	0.78	0.054	9.5×10^{-6}	2.75×10^{-4}	53.8	0.31	78.5
	最小值	8.91	0.17	0.017	3.5×10^{-6}	9.07×10^{-5}	42.4	0.10	55.2
	平均值	9.51	0.44	0.026	6.6×10^{-6}	2.04×10^{-4}	47.9	0.20	62.8
白色（n=5）	最大值	9.56	0.47	0.037	7.7×10^{-6}	2.60×10^{-4}	53.8	0.60	80.8
	最小值	8.97	0.18	0.018	6.4×10^{-6}	1.84×10^{-4}	39.6	0.25	62.3
	平均值	9.20	0.28	0.026	6.9×10^{-6}	2.11×10^{-4}	47.1	0.41	74.8
粉色（n=5）	最大值	9.15	0.20	0.036	1.9×10^{-5}	2.42×10^{-4}	50.9	0.91	52.6
	最小值	9.00	0.15	0.020	5.9×10^{-6}	9.22×10^{-5}	48.1	0.69	27.3
	平均值	9.08	0.17	0.030	1.2×10^{-5}	1.67×10^{-4}	49.5	0.77	44.8
灰色（n=5）	最大值	9.40	0.46	0.026	1.1×10^{-5}	2.18×10^{-4}	43.9	0.64	71.5
	最小值	9.30	0.20	0.020	5.8×10^{-6}	1.87×10^{-4}	42.4	0.38	52.7
	平均值	9.35	0.33	0.023	8.3×10^{-6}	2.03×10^{-4}	43.2	0.51	58.2

表 9-6　土壤养分含量分级标准

分级	pH 值	有机质/%	全氮/%	全磷/%	全钾/%	速效氮/(mg/kg)	速效磷/(mg/kg)	速效钾/(mg/kg)
一级	<4.5	>4.00	>0.200	>0.200	>3.00	>150	>40	>165
二级	4.51~5.50	3.01~4.00	0.151~0.200	0.161~0.200	2.41~3.00	120~150	20~40	125~165
三级	5.51~6.50	2.01~3.00	0.101~0.150	0.121~0.160	1.81~2.40	90~120	10~20	85~125
四级	6.51~7.50	1.01~2.00	0.076~0.100	0.081~0.120	1.21~1.80	60~90	5~10	40~85
五级	7.51~8.50	0.60~1.00	0.050~0.075	0.040~0.080	0.60~1.20	30~60	3~5	25~40
六级	>8.50	<0.60	<0.050	<0.040	<0.60	<30	<3	<25

9.1.2.4　砒砂岩矿物组成对土壤养分含量的影响

砒砂岩自身的矿物组成和化学成分对砒砂岩形成的土壤养分含量具有明显影响。

按照土壤矿物质来源不同,可以分为原生矿物和次生矿物两大类。在风化成土过程中未改变化学组成的原始造岩矿物,称为原生矿物。原生矿物在风化后释放出营养元素,供植物和微生物吸收利用,是土壤中各种化学元素的最初来源。另外,由于原生矿物颗粒较粗,比表面积小,所以它们给土壤带来疏松通透的物理性质。根据前述砒砂岩矿物成分试验分析,其主要原生矿物为石英和长石,原生矿物成分较单一集中,导致矿物营养元素来源较为贫乏(见表 9-7),且未能形成良好的土壤结构。石英含量较低,说明砒砂岩发育程度不高。长石在当地恶劣的气候条件下,极易风化,导致岩石结构被破坏,抵抗侵蚀能力减弱。

表 9-7　砒砂岩原生矿物及主要元素

原生矿物	分子式	常量元素	微量元素
石英	SiO_2	Si	
斜长石	$Na(AlSi_3O_8)-Ca(Al_2Si_2O_8)$	Ca,Na,Al,Si	Sr,Cu,Ga,Mo
正长石	$KAlSi_3O_8$	K,Al,Si	Ra,Ba,Sr,Cu,Ga

在岩石风化和成土过程中,原生矿物经化学蚀变或由其分解产物重新合成,形成次生矿物,其中大部分为黏土矿物。分析其次生矿物,特别是黏土矿物,对进一步了解土壤吸湿性、可塑性、胀缩性、离子吸附性等一系列理化性状,判断土壤肥力是必要的。

土壤中的硅酸盐黏土矿物一般以带负电荷为主,吸附阳离子,黏土矿物的数量与土壤肥力之间有着密切的关系。黏土矿物根据晶层类型分为 1:1 型、2:1 型和 2:1:1 型,砒砂岩中黏土矿物主要有蒙脱石,其次为高岭石和伊利石,分别为 2:1 型和 1∶1 型,其特征差异明显。黏土矿物数量越多,土壤肥力通常也越高,同晶替代现象在 2∶1 型(如蒙脱石)和 2∶1∶1 型(如绿泥石)黏土矿物中较普遍,而 1∶1 型(如高岭石)黏土矿物中相对较少。所以,土壤中黏土矿物的类型与土壤肥力的关系也很大。从砒砂岩的矿物成分分析可以看出,砒砂岩中的主要黏土矿物为蒙脱石,其特点是胀缩性大,电荷数量大,胶体特性突出。表 9-3 显示紫色砒砂岩的蒙脱石含量较白色高,与表 9-5 中紫色砒砂岩有机质、全氮、全磷及全钾含量较白色砒砂岩中略高结果一致。在水蚀长期作用下,方解石与岩体裂缝、孔隙中的 H_2O 和 CO_2 发生反应,生成易溶的 $Ca(HCO_3)_2$ 并溶解流失,造成岩石破坏,方解石含量变化较大,其与 H_2O、CO_2 的反应程度有关。

在当地的气候及自然条件下,长石的易于风化,蒙脱石的遇水膨胀及方解石的易分解,都使本来胶结较弱的砒砂岩更是脆弱,导致岩体破碎不堪,进而使岩体完全失去抵御水流冲刷的能力,从而引起水土流失,土壤养分随之急剧减少。

坚硬的岩石经过破碎分解,经一系列物理、化学、生物作用及人为活动影响逐渐形成土壤。与岩石相比,土壤中有些化学元素在成土过程中增加,如 O、Si、Fe、Mn、C、N 等,有的元素含量则减少,如 Ca、Mg、K、Na 等。碱金属与碱土金属在原生矿物水解后,易发生溶解进入水体,随着土壤侵蚀而严重流失。Fe、Mn、Al 等氧化物是在表生环境中新生成的矿物,稳定性强,且比表面积大,对土壤中阳离子和阴离子的富集有重要作用,如对土壤中磷酸根离子的吸附,使磷被固定,失去其有效性。

此外,在引起砒砂岩区土壤退化的诸因素中,土壤中供给植物生长需要的有效水分含量的减少,对土壤生产力的影响也不可忽略。砒砂岩区属典型的大陆性季风气候,主要特点是冬季寒冷漫长,夏季炎热短暂,春季多风沙,以西北风为主,降雨少而变频大。加之在侵蚀发展的后期,土壤中黏粒含量极少(特别是白色砒砂岩),土壤所保持的水分均较少。同时,在旱季,地表蒸发强烈,土壤中的水分含量极低,地表难以生长植被。因此,在砒砂岩区生态修复时需要研发抗蚀保水增肥的生态修复材料。

9.2　微生物菌株优选与菌剂培制技术

9.2.1　菌株来源

从准格尔旗 109 国道道路边坡砒砂岩、某煤矿复垦土壤和紫花苜蓿根部样品中初步筛选 12 株芽孢杆菌,其中在某煤矿复垦土壤选取 4 株、国道边坡选取 4 株、紫花苜蓿根部选取 4 株(见表 9-8)。

表 9-8 供试菌株的编号及来源

菌株编号	来源
B29	某煤矿复垦土壤
C46	某煤矿复垦土壤
C47	某煤矿复垦土壤
C48	某煤矿复垦土壤
F83	109 国道道路边坡砒砂岩
F84	109 国道道路边坡砒砂岩
G36	109 国道道路边坡砒砂岩
G37	109 国道道路边坡砒砂岩
P23	紫花苜蓿根部
P75	紫花苜蓿根部
P76	紫花苜蓿根部
P77	紫花苜蓿根部

9.2.2 菌株分离筛选方法

9.2.2.1 土壤中芽孢杆菌分离筛选方法

分别称取砒砂岩和煤矿复垦土壤样品各 1 g,置于锥形瓶中,添加 99 mL 无菌水,在 160 r/min 条件下充分振荡 30 min 后置于 85 ℃的恒温水浴锅中 15 min,制成土壤悬液,编号为 10-2。取该土壤悬液 1 mL 移至已装有 9 mL 无菌水的试管中,再充分振荡以均匀混合。按此方法依次稀释各个梯度的土壤悬液稀释液,分别编号 10-3、10-4、10-5、10-6、10-7。然后取稀释液 0.1 mL 涂布到 LB 平板(一种用于培养细菌的固体培养基)上,培养 72 h 后挑选含有适量菌落数的 LB 平板,随机选取生长状况良好的细菌单菌落,多次划线以进行分离纯化,冷藏保存。

9.2.2.2 植物根部芽孢杆菌的分离筛选方法

参照庞海东等(2017)的方法,首先用去离子水将紫花苜蓿根部冲洗干净,分别用 75%的乙醇和 2.5%的次氯酸钠溶液依次消毒,接着用无菌水对其多次浸洗。消毒结束后,取紫花苜蓿根部 0.1 g 放入无菌研钵内,慢慢研磨至匀浆状态后加入 1 mL 无菌水,混匀后置于 85 ℃恒温水浴锅中 15 min。取 0.1 mL 悬液涂布于 LB 平板上。此外,将最后一遍浸洗的 0.1 mL 无菌水涂于 LB 平板上,以检验植物根部的表面是否消毒完全。在 28 ℃条件下培养 72 h，如果涂布无菌水的平板上没有细菌生长，则从菌落数量适当的 LB 平板上选取生长情况良好的细菌单菌落，进行多次划线以分离纯化，冷藏保存。

9.2.3　菌落形态和产生物膜能力

所有 12 株供试芽孢杆菌的菌落形态见图 9-1(a)和表 9-9。

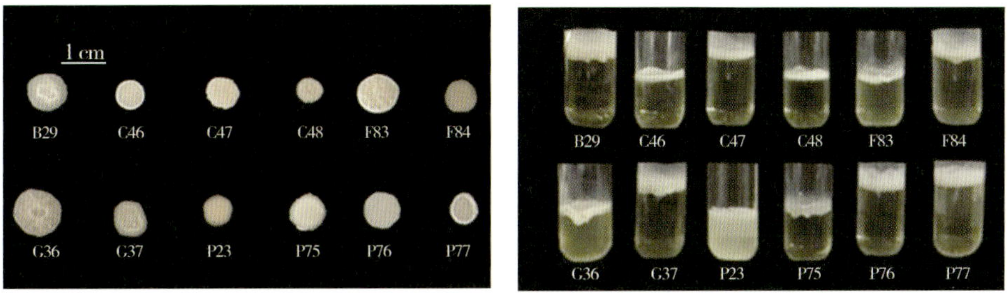

(a)菌落形态　　(b)物膜状态

图 9-1　供试菌株菌落形态及其物膜

表 9-9　供试菌株的菌落形态

编号	形状	颜色	光泽	边缘
B29	圆形，边缘不规则	乳白色	不光滑，表面有褶皱	不太圆滑
C46	圆形	乳白色	平整无褶皱	较圆滑且规则
C47	圆形，边缘不规则	乳白色偏黄	不光滑，表面有透明环状	不太圆滑
C48	圆形，边缘不规则	乳白色偏黄	不光滑，表面有透明环状	不太圆滑
F83	椭圆形	乳白色偏黄	不光滑，表面有褶皱	较圆滑且规则
F84	圆形	乳白色偏暗黄	平整无褶皱	较圆滑且规则
G36	圆形，边缘不规则	乳白色偏黄	不光滑，表面有褶皱	不太圆滑
G37	不规则	乳白色偏黄	不光滑，表面有褶皱	不圆滑
P23	圆形	乳白色偏暗黄	平整无褶皱	较圆滑
P75	圆形，边缘不规则	中间乳白色，边缘白色略，透明	平整无褶皱	不太圆滑
P76	圆形，边缘不规则	乳白色	有光泽，无褶皱	不圆滑
P77	椭圆形	乳白色	中间较光滑，边缘起褶皱	不圆滑

12 支试管内的培养基表面均有生物膜产生，见图 9-1(b)，但生物膜的产生量有着明显的差异，说明这 12 株芽孢杆菌具有不同的产生生物膜能力。除接种菌株 P23 的 LB 液体培养基的下层呈浑浊状态外，其余 LB 液体培养基的下层均比较澄清，说

明菌株 P23 产生的生物膜较少,即产生生物膜能力较弱,而其他菌株都具有很强的产生生物膜能力。生物膜是由菌株产生的一层位于 LB 液体培养基和空气交界处的厚厚的膜,是产生物膜细菌的主要生存聚集处,这也是 LB 液体培养基下层保持澄清的原因。对于不能形成良好生物膜的菌株,LB 液体下层培养基则会变得浑浊。供试芽孢杆菌产生的生物膜,不仅能够提高其对外界环境胁迫的抵抗性,还有利于植物根系的定植生长(Vlamakis et al. ,2013; Xu,2014)。

9.2.4 菌株的促生特性

植物促生细菌能够产生或合成某些促进植物生长的化学物质,如吲哚乙酸(简称 IAA)和铁载体,其中 IAA 是一种植物生长素,低浓度时能够促进植物生长,而铁载体能够结合 Fe^{3+},为植物生长和微生物的生命活动提供铁元素(刘丹丹 等,2016)。所有供试菌株都具备产生吲哚乙酸和铁载体的能力(见表 9-10)。除菌株 P76 产铁载体的能力较弱以外,其他菌株都具有比较强的产铁载体能力,其中以菌株 F84 产铁载体的能力最强。此外,12 株供试芽孢杆菌的 IAA 产量为 23. 9~49. 5 mg/L,其中菌株 P75 的 IAA 产量为 23. 9 mg/L,菌株 F83 的 IAA 产量为 49. 5 mg/L。

表 9-10 供试菌株产吲哚乙酸和铁载体的能力

菌株	铁载体	吲哚乙酸/(mg/L)
B29	+++	28. 1
C46	++	28. 3
C47	++	45. 6
C48	++	47. 8
F83	++++	49. 5
F84	+++++	40. 9
G36	++	44. 9
G37	+++	28. 2
P23	+++	39. 6
P75	++	23. 9
P76	+	35. 1
P77	++++	42. 6

9.2.5 菌株系统进化树

以供试芽孢杆菌总 DNA 为模板,采用 16S rRNA(核糖体 RNA 的一个亚基)通用引物进行 PCR 扩增，对扩增产物进行测序，用 BLAST 软件将测序结果与 GenBank（美国国家生物技术信息中心 DNA 序列数据库）中的细菌基因序列做同源性比对分析。根据图 9-2，菌株 P75、P76、P77、F83 和 F84 与 *Bacillus halotolerans* 的同源性相近，达到 99.9%，且菌株 P75 与 F83、菌株 P76 与 P77 的同源性达到 100%。菌株 C46、C47、C48 与 *Bacillus siamensis* 的同源性相近，而菌株 B29、G36、G37 与 *Bacillus atrophaeus* 的同源性更近，达到 99.9%。菌株 P23 与 *Bacillus zhangzhouensis* 的同源性为 99.9%，而与其他菌株的同源性均比较远。

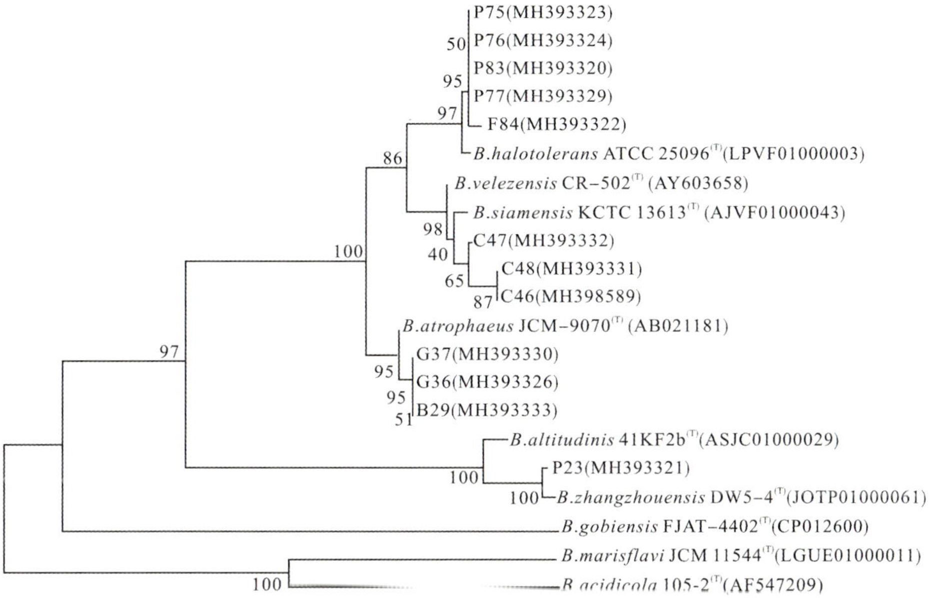

注：图中 *B.* 为 *Bacillus* 简写。

图 9-2　基于供试菌株 16S rRNA 序列构建的系统进化树

9.2.6　菌株对改良砒砂岩质地土壤的作用

9.2.6.1　对土壤性质的影响

土壤性质主要包括物理、化学和生物性质三方面。通过测定的指标，主要有土壤有机质、速效磷、速效钾、土壤细菌数量和蔗糖酶活性，分析供试芽孢杆菌对砒砂岩土壤性质的影响和改良作用。土壤细菌数量、有机质、速效磷和速效钾含量能够反映土壤的营养水平和质量，蔗糖酶活性能够反映土壤中有机碳的分解转化能力。

与不接菌对照组（CK）相比[见图 9-3(a)]，接种菌株 B29、C46、C48 和 P23 对砒砂岩质地土壤（简称砒砂岩土壤）中有机质含量无明显提升效果，而其余供试菌株都能够使砒砂岩土壤中的有机质含量显著增加，增幅为 5.0%～24.7%，其中接种菌株 G37 和 P75 能够使得砒砂岩土壤中有机质含量分别增加 23.9% 和 24.7%。与不接菌对照组（CK）相比［见图 9-3（b）］，接种菌株 B29、C46、G36 和 G37 对砒砂岩土壤中速效磷含量无明显提升效果，其余供试菌株均能使砒砂岩土壤中速效磷含量显著增加，增幅为 7.2% ~ 17.1%，其中接种菌株 C47、F84、P23、P75 和 P77 的效果更好，砒砂岩土壤中速效磷含量增加 10%以上。与不接菌对照组相比［见图 9-4（c）］，接种菌株 C47、C48、F83、P75 和 P77 能够使砒砂岩土壤中速效钾含量显著增加，增幅为 4.3%~21.0%，其中接种菌株 P75 的增幅最大，为 21.0%，其余菌株对砒砂岩土壤中速效钾含量无明显提升作用。此外，与不接菌对照（CK）相比［见图 9-3（d）］，除接种菌株 C46、C47 和 C48 的处理组以外，接种其他供试菌株都使得砒砂岩土壤中的细菌数量明显增加，其中接种菌株 B29、F83、G36、P23、P75、P76 和 P77 的处理均使砒砂岩土壤中细菌数量超过 10^7 CFU/g，且细菌数量最多的 3 个处理组分别接种了菌株 P23、P77 和 P75。接种供试菌株同样可以影响砒砂岩的土壤蔗糖酶活性［见图 9-3（e）］，与不接菌对照组（CK）相比，除接种菌株 C47、C48、G36、G37 和 P23 的处理组外，接种其他供试菌株能够显著增加砒砂岩土壤蔗糖酶活性，增幅为 42.4%~65.7%，其中增幅达到 50%以上的处理组有菌株 C46、F83、P75 和 P76。

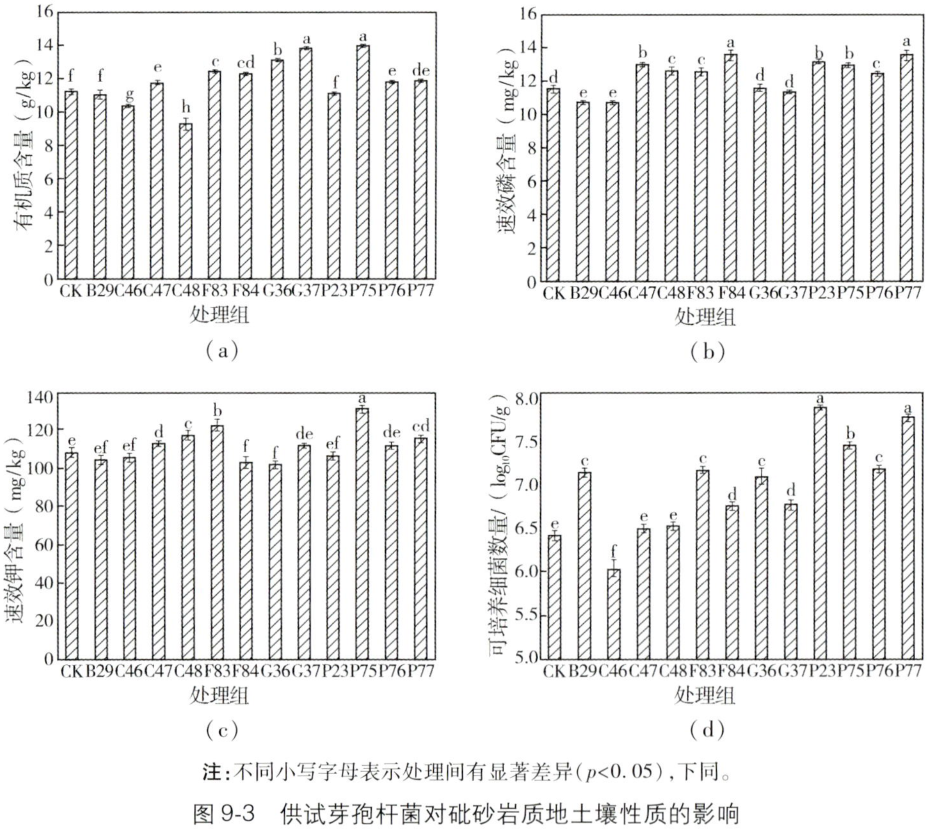

注：不同小写字母表示处理间有显著差异（$p<0.05$），下同。

图 9-3 供试芽孢杆菌对砒砂岩质地土壤性质的影响

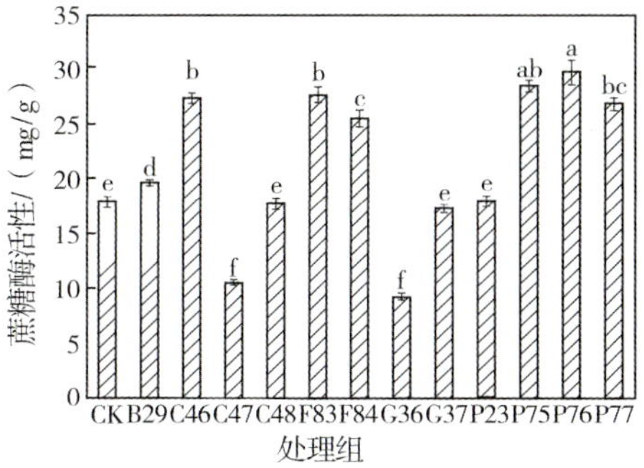

(e)

续图 9-3

综合以上，菌株 P75 对砒砂岩中有机质、速效磷和速效钾这 3 种营养成分均起到了较好的提升效果，同时能够使得砒砂岩土壤中细菌数量达到 10^7 CFU/g 以上，明显提高了砒砂岩土壤蔗糖酶活性，在砒砂岩土壤性质方面有着较好的改良作用。

9.2.6.2　对植物生长的促生作用

与不接菌对照组(CK)相比(见表 9-11)，供试菌株 F83、P75 和 P76 能够使紫花苜蓿地上部干重显著增加，增幅为 18.9%~27.0%，同时能够使紫花苜蓿根部干重显著增加，增幅为 55.1%~60.7%，其余处理组紫花苜蓿地上部和根部干重无显著增加。与对照组比较，菌株 P75 能够同时使黑麦草地上部和根部干重显著增加 22.3%和 29.9%，菌株 P76 仅能使黑麦草根部干重显著增加 18.2%，其余菌株对黑麦草无明显促生作用。因此，仅芽孢杆菌 P75 能够同时显著促进紫花苜蓿和黑麦草生长。

表 9-11　供试菌株对紫花苜蓿和黑麦草干重影响

处理	紫花苜蓿干重/g		黑麦草干重/g	
	地上部	根部	地上部	根部
CK	$0.12±0.01^{bc}$	$0.04±0.00^{bc}$	$0.33±0.02^{bc}$	$0.07±0.01^{bc}$
B29	$0.11±0.01^{bc}$	$0.03±0.00^{bc}$	$0.32±0.02^{c}$	$0.06±0.01^{bc}$
C46	$0.10±0.01^{c}$	$0.03±0.01^{c}$	$0.29±0.02^{d}$	$0.06±0.00^{c}$
C47	$0.11±0.01^{c}$	$0.03±0.01^{c}$	$0.29±0.02^{d}$	$0.06±0.01^{c}$
C48	$0.11±0.02^{bc}$	$0.03±0.00^{c}$	$0.31±0.02^{cd}$	$0.06±0.01^{c}$
F83	$0.15±0.02^{ab}$	$0.06±0.01^{a}$	$0.35±0.02^{b}$	$0.08±0.01^{ab}$
F84	$0.13±0.01^{bc}$	$0.03±0.00^{bc}$	$0.34±0.01^{bc}$	$0.07±0.00^{bc}$
G36	$0.12±0.02^{bc}$	$0.03±0.01^{bc}$	$0.31±0.02^{cd}$	$0.06±0.01^{c}$
G37	$0.13±0.01^{bc}$	$0.04±0.01^{b}$	$0.34±0.03^{bc}$	$0.07±0.02^{b}$
P23	$0.12±0.02^{bc}$	$0.04±0.01^{bc}$	$0.32±0.02^{cd}$	$0.06±0.00^{bc}$

续表

处理	紫花苜蓿干重/g		黑麦草干重/g	
	地上部	根部	地上部	根部
P75	0. 15±0. 01[ab]	0. 06±0. 01[a]	0. 40±0. 01[a]	0. 09±0. 00[a]
P76	0. 16±0. 02[a]	0. 06±0. 01[a]	0. 35±0. 01[bc]	0. 08±0. 00[ab]
P77	0. 13±0. 02[b]	0. 04±0. 01[b]	0. 34±0. 01[bc]	0. 07±0. 00[bc]

注:小写字母表示处理组间有显著差异($p<0.05$)。

9.2.7 目标功能菌株选择

经对 12 株供试芽孢杆菌的促生特性和对砒砂岩土壤性质、植物生长发育的影响试验分析,筛选和引入嗜盐芽孢杆菌(*Bacillus halotolerans*)P75、苜蓿中华根瘤菌(*Sinorhizobium meliloti*)D10、巨大芽孢杆菌(*Bacillus megaterium*)H3 和枯草芽孢杆菌(*Bacillus subtilis*)HB01 共计 4 种菌株作为目标菌。其中菌株 P75 是一株分离自砒砂岩区紫花苜蓿根系内的植物促生芽孢杆菌,能够在一定程度上改善砒砂岩的土壤性质;菌株 D10 属于根瘤菌类群,能够与豆科植物形成共生关系,通过强化植物的固氮作用来促进植物生长和提高土壤肥力;菌株 H3 是一种解磷菌,能够将难溶性磷转化为可溶性磷,增加土壤速效磷含量,供植物和微生物吸收利用;而菌株 HB01 可以抑制致病菌,增强植物的抗逆性。依据选择既能改良砒砂岩土壤性质,提高砒砂岩土壤肥力,又能促进植物生长的优先原则,选取嗜盐芽孢杆菌(*Bacillus halotolerans*)P75 作为目标功能菌株。

9.3 液体微生物菌剂改良砒砂岩的效果

微生物措施在植被恢复和生态修复的实际工程应用中,往往需要利用多种功能菌株混合制备成复合微生物菌剂,再添加到土壤中或与土壤进行复配改良,才能更好地发挥作用。根据前述分析,砒砂岩区土壤属碱性,选取嗜盐芽孢杆菌(*Bacillus halotolerans*)P75、苜蓿中华根瘤菌(*Sinorhizobium meliloti*)D10、巨大芽孢杆菌(*Bacillus megaterium*)H3 和枯草芽孢杆菌(*Bacillus subtilis*)HB01 共 4 种功能菌株开展试验。其中根瘤菌 D10 可以与豆科植物共生以强化固氮作用;H3 是一株解磷菌,具有解磷作用;HB01 是一株生防菌,可以抑制病原菌;P75 为目标功能菌株。

9.3.1 菌株活化及液体微生物菌剂制备

先将 LB 液体培养基和 TY 液体培养基(一种用于培养发根农杆菌的液体培养

基）置于温度为 121 ℃的高压灭菌锅中灭菌 25 min，温度降至常温后，再将供试菌株 P75、H3、HB01 接种于 LB 液体培养基中，供试菌株 D10 接种于 TY 液体培养基中，30 ℃、150 r/min 条件下振荡 18 h。然后，经 6 000 r/min 离心 10 min 后收集各菌株的菌体沉淀，再将各沉淀分别重悬于无菌水中，调节 $OD_{600}=1.0$，分别得 P75、D10、H3、HB01 菌悬液，将上述 4 种菌悬液按体积比 1∶1∶1∶1 均匀混合得复合菌液 CB。

9.3.2　液体微生物菌剂对生物量的影响

不同处理组对紫花苜蓿和柠条的促生效果表现出差异性。与不接菌对照组（CK）相比（见图 9-4），菌株 P75、H3 和复合菌（CB）能显著促进紫花苜蓿生长，增产 32.2%~45.6%，其中复合菌使紫花苜蓿增产 45.6%，而菌株 D10 和 HB01 对紫花苜蓿促生效果不显著。与不接菌对照组（CK）相比，菌株 P75、D10、H3 和复合菌（CB）能明显促进柠条生长，增产 24.1%~46.7%，其中复合菌（CB）使柠条增产 46.7%，而菌株 HB01 对柠条无显著促生效果。

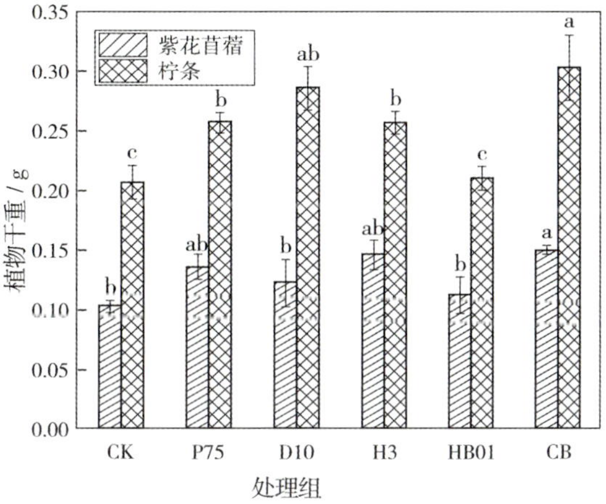

图 9-4　不同处理下的植物生物量

9.3.3　对砒砂岩质地土壤改质-肥力提升的作用

9.3.3.1　对砒砂岩土壤 pH 值影响

空白对照组（CK）的土壤 pH 值为 8.3 左右，属于碱性土壤。根据图 9-5 分析，对同一植物来说，与不接菌对照组（CK）相比，所有处理组的土壤 pH 值均有明显下降，且各个处理组之间 pH 值下降程度无显著差异。微生物本身活动产生有机酸或者刺激植物根系产生大量酸性物质，从而使得砒砂岩土壤 pH 值下降。此外，接菌处理对紫花苜蓿土壤 pH 值的影响明显大于对柠条土壤 pH 值的影响，前者使得土壤 pH 值下降 0.34~0.45 个单位，而后者使土壤 pH 值下降 0.21~0.31 个单位，说明供试菌株与紫花苜蓿根系共同作用对土壤碱性改良效果更为显著。

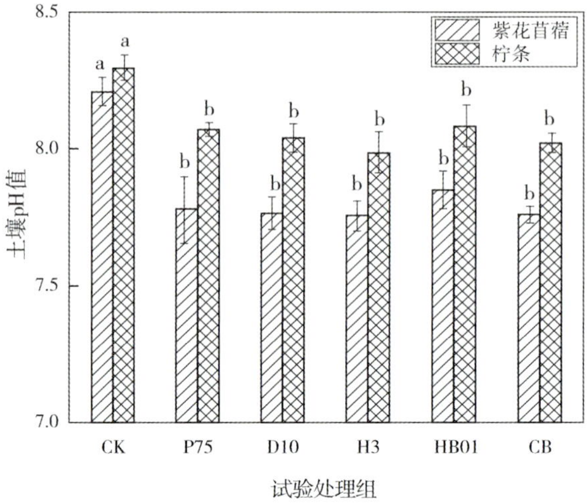

图 9-5 不同处理下的土壤 pH 值

9.3.3.2 对砒砂岩土壤有机质含量影响

与不接菌对照组（CK）相比，菌株 H3、HB01 和复合菌（CB）能显著提高紫花苜蓿土壤的有机质含量，增幅为 23.1%~38.5%，其中复合菌处理组的增幅为 38.5%，P75 和 D10 处理组土壤有机质含量无明显增加（见图 9-6）。与不接菌对照组（CK）相比，各处理组柠条土壤的有机质含量变化均不明显，增幅仅为 1.3%~7.0%，其中复合菌处理组的增幅为 6.7%。尽管含量变化多少不同，但在接种菌液后各处理组的土壤有机质含量都有一定的增加，提高了土壤有机质含量。

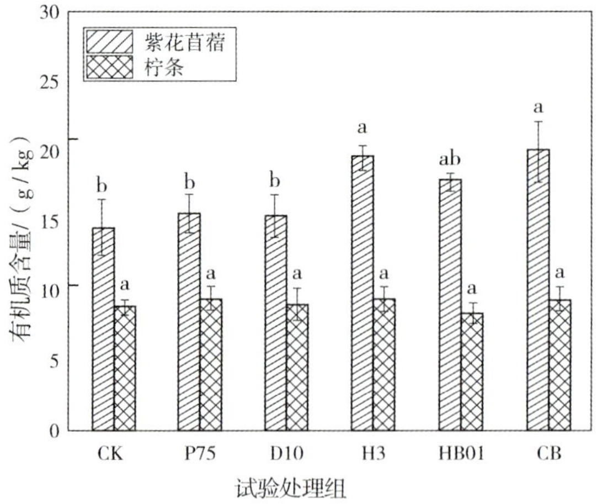

图 9-6 不同处理下的土壤有机质含量

9.3.3.3　对砒砂岩土壤氮磷钾含量影响

与不接菌对照组(CK)相比，P75 和复合菌处理组(CB)能够显著提高紫花苜蓿土壤中铵态氮含量,可使其增加 155.0%和 159.6%,其余处理组无明显增加[见图 9-7(a)]。与不接菌对照组(CK)相比,P75、H3、复合菌处理组(CB)能够明显提高柠条土壤的铵态氮含量,增幅为 25.2%~63.0%,其中复合菌处理组(CB)增幅为 60.5%,其余处理组无明显增加。与不接菌对照组(CK)相比[见图 9-7(b)],各个处理组均能够明显提高紫花苜蓿土壤的硝态氮含量,增幅为 16.3%~56.7%,其中复合菌处理组(CB)的效果最佳。与不接菌对照组相比,菌株 P75、H3、HB01 和复合菌处理组(CB)也能提高柠条土壤的硝态氮含量,增幅为 16.8%~21.9%,其中复合菌处理组(CB)效果最佳,而 D10 处理组无明显增加。与不接菌对照组(CK)相比[见图 9-7(c)],菌株 P75、H3 和复合菌处理组(CB)能够显著提高紫花苜蓿土壤的速效磷含量,增幅分别为 58.2%、93.9%和 76.3%。与不接菌对照组(CK)相比,每个处理组均能显

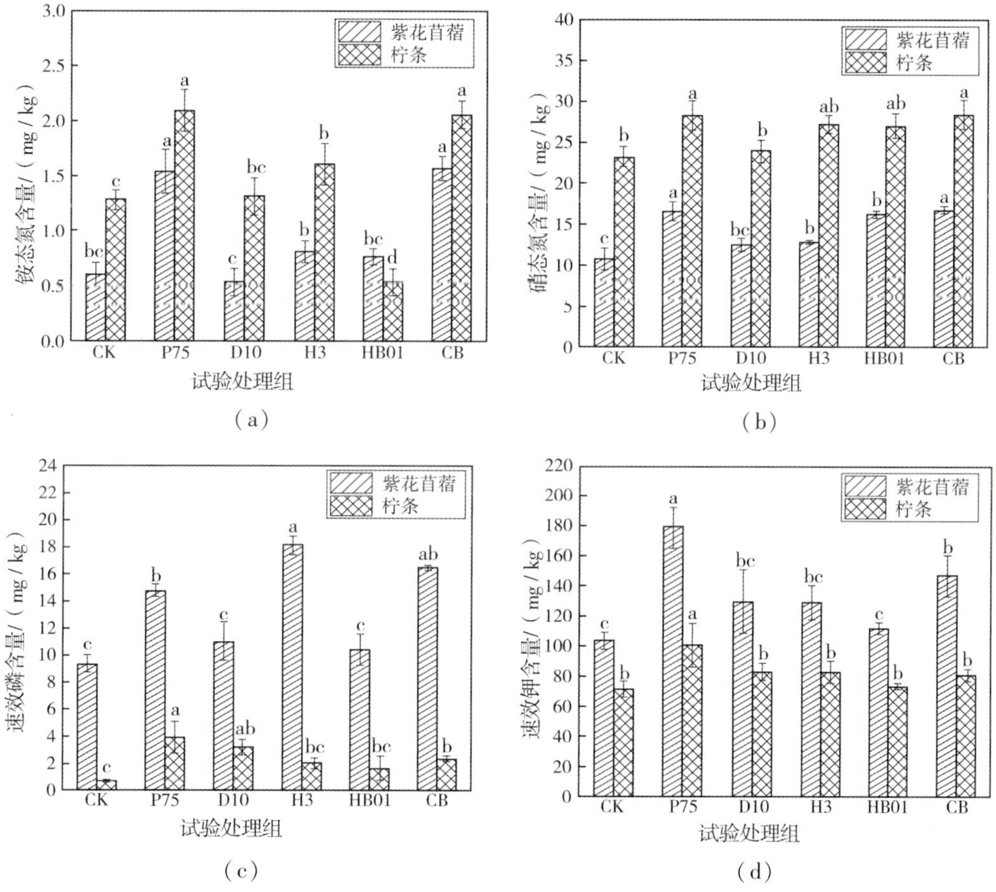

图 9-7　不同处理下的土壤氮磷钾含量

著提高柠条土壤的速效磷含量,其中复合菌处理组使其增加 201.2%。与不接菌对照组(CK)相比[见图 9-7(d)],处理组 P75 和复合菌处理组(CB)能够显著提高紫花苜蓿土壤的速效钾含量,增幅为 72.0%和 41.4%,其余处理组无明显变化。与不接菌对照组(CK)相比,处理组 P75 能够显著提高柠条土壤的速效钾含量,增幅为 40.6%,而复合菌处理组(CB)增幅为 12.6%。

9.3.3.4 对砒砂岩土壤酶活性的影响

所谓土壤酶活性,是指土壤酶催化物质转化的能力,提高土壤酶活性有利于土壤的改善。其中土壤蔗糖酶和脲酶在土壤碳氮元素循环过程中起到非常重要的作用,土壤蔗糖酶能够将蔗糖分解为葡萄糖和果糖,供植物和土壤微生物吸收利用,而土壤脲酶可以促进土壤中尿素的水解,水解生成的氨是植物生长所需氮素的主要来源。与不接菌对照组(CK)相比[见图 9-8(a)],处理组 P75、D10 和 H3 能显著提高紫花苜蓿土壤的蔗糖酶活性,增幅为 29.6%~36.8%,而复合菌处理组(CB)增幅为 22.6%,同时仅处理组 H3 和复合菌处理组(CB)能够使柠条土壤的蔗糖酶活性显著提高 30.5%和 36.9%,其余处理组无明显增加。与不接菌对照组(CK)相比[见图 9-8(b)],每个处理组均能显著提高紫花苜蓿土壤的脲酶活性,使其增加 104.7%~148.5%,其中复合菌处理组(CB)的增幅为 135.6%,处理组 P75、D10 和复合菌处理组(CB)能够明显提高柠条土壤的脲酶活性,增幅分别为 72.8%、37.9%和 57.5%,其余处理组无明显增加。

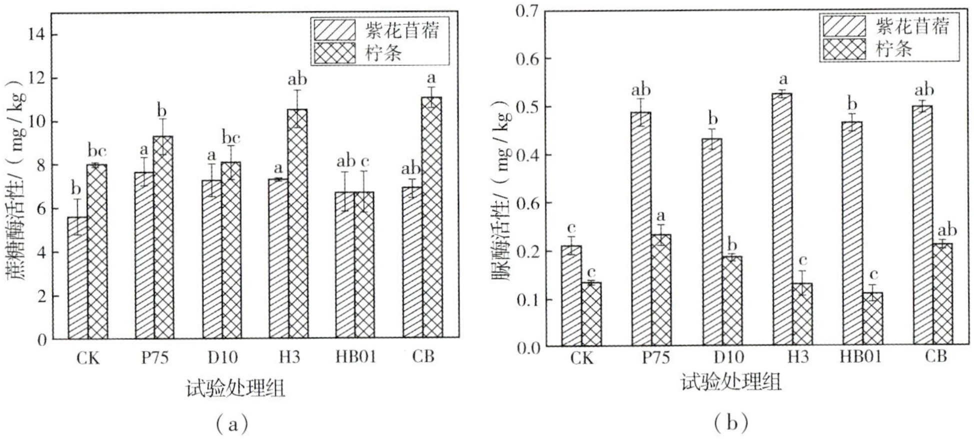

图 9-8　不同处理下的土壤酶活性

9.3.3.5 对砒砂岩土壤团聚体分布影响

土壤水稳性团聚体的分布,特别是粒径大于 0.25 mm 团聚体的质量分数可以反映土壤团聚体的水稳性,从而反映土壤结构的稳定性。如图 9-9(a)所示,与不接菌对照组(CK)相比,P75、D10、复合菌处理组(CB)的紫花苜蓿土壤中粒径>0.25 mm 团聚体质量分数有较明显的增加,增幅为 9%~14%,复合菌处理的柠条土壤中粒径>0.25 mm 团聚体质量分数增加 8%[见图 9-9(b)],说明接菌处理后砒砂岩土壤团聚体水稳性增强,土壤结构得到改善,有利于植物的生长和对侵蚀的抵抗,以达到防治水土流失的目的。

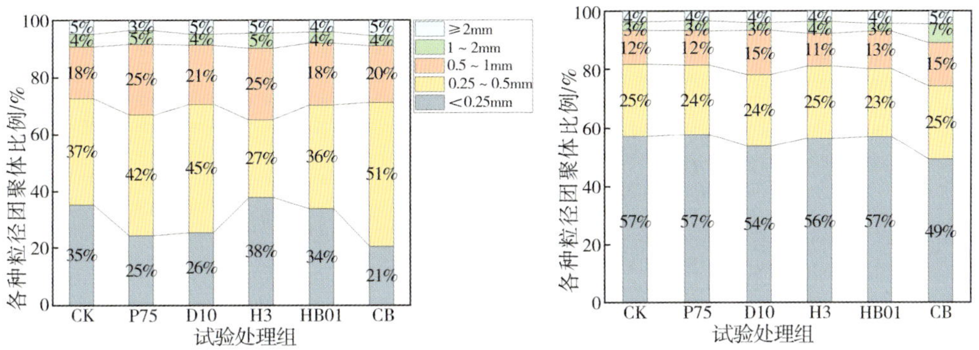

(a)紫花苜蓿　　(b)柠条

图 9-9　不同处理下的土壤团聚体粒径分布

接菌处理可以提高砒砂岩土壤的有机质和氮磷钾含量,增强土壤酶活性,同时促进紫花苜蓿和柠条生长,进而达到改良砒砂岩的效果,且接种复合菌的效果整体上优于接种单一菌的效果。

9.4　固体微生物菌剂的制备及改良砒砂岩土壤效果

9.4.1　菌株活化及固体微生物菌剂制备

将有机肥、草炭、粒径 2~4 mm 蛭石、保水剂按质量比 1∶1∶1∶0.01 均匀混合,草炭和蛭石在使用前需经过灭菌处理,此基材现配现用。

将供试菌株 P75、H3、HB01 分别接种至 LB 液体培养基中,供试菌株 D10 接种至 TY 液体培养基中,30 ℃、150 r/min 条件下振荡 18 h。然后,经 6 000 r/min 离心 10 min 后收集各菌株的菌体沉淀,再将各菌体沉淀分别重悬于无菌水中,调节 $OD_{600}=1.0$,分别得菌株 P75、D10、H3 和 HB01 的菌悬液。将菌株 P75、D10、H3 和 HB01 的菌悬液分别与供试生物基材按体积比 1∶1 充分混合均匀,在 37 ℃条件下烘干,得到 P75、D10、H3 和 HB01 四种单一固体微生物菌剂。然后将各单一菌剂按不同组合等体积混合成 11 种复合微生物菌剂(见表 9-12),菌剂中功能菌株的细菌密度约为 10^8 CFU/g。

表 9-12 微生物菌剂的名称及组分信息

菌剂名称	组成成分			
	P75	D10	H3	HB01
P75	+			
D10		+		
H3			+	
HB01				+
A2	+	+		
B2	+		+	
C2	+			+
D2		+	+	
E2		+		+
F2			+	+
A3	+	+	+	
B3	+	+		+
C3	+		+	+
D3		+	+	+
A4	+	+	+	+

注:"+"表示菌剂中含有该组分,空白表示不含该组分。当复合菌剂中存在多种组分时,各组分质量相等。

9.4.2 固体微生物菌剂对砒砂岩土壤改质-肥力提升的影响

9.4.2.1 对砒砂岩土壤 pH 值和有机质含量影响

从空白对照组(CK1)的数据可以看出[见图 9-10(a)],试验用的砒砂岩属于碱性土壤,pH 值接近 8.5。与空白对照组相比,生物基材组(CK2)和其余处理组的 pH 值均有显著下降,且下降 1.22~1.34 个单位,说明微生物菌剂添加能够改善土壤的酸碱性,但是生物基材组和其余处理组之间的效果差异不明显。与空白对照组相比[见图 9-10(b)],生物基材组的土壤有机质含量显著提高 23.9%,而与生物基材组相比,处理组 B2、D2、E2、A3、B3、C3、A4 的土壤有机质含量显著提高,增幅为 18.4%~30.0%,差异表现为 C3(18.4%)<A3(19.5%)<A4(21.5%)<E2(22.6%)<B2(22.8%)<B3(23.1%)<D2(30%),其余处理组与生物基材组相比无显著增加效果。

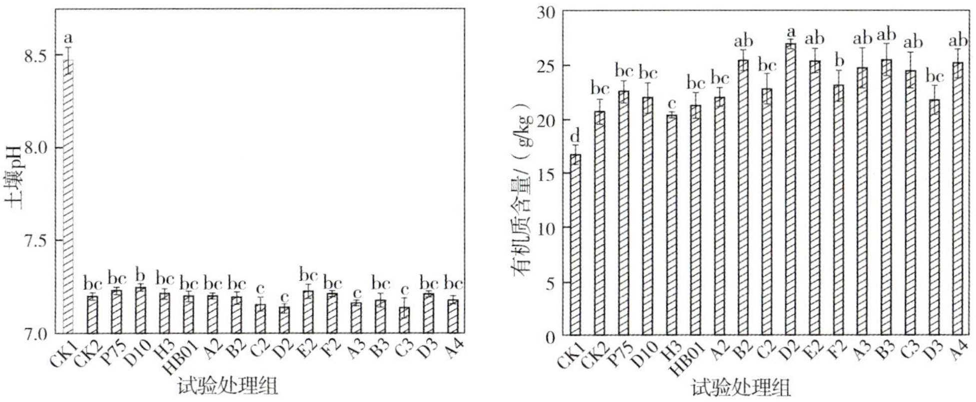

（a）　　　　　　　　　　　　　　　　（b）

图 9-10　固体微生物菌剂对砒砂岩土壤 pH 值和有机质含量影响

9.4.2.2　对砒砂岩土壤有效氮磷钾含量影响

与空白对照组（CK1）相比[见图 9-11（a）]，生物基材组（CK2）的土壤碱解氮含量增加 4.4 倍，而与生物基材组相比，处理组 P75、D10、A2、C2、C3、A4 的土壤碱解氮含量增幅为 19.7%～30.4%，差异表现为 P75（19.7%）<C2（21.2%）<A4（21.8%）<C3（23.2%）<D10（28.7%）<A2（30.4%），其余处理组与生物基材组相比无显著增加效果。与空白对照组相比[图 9-11（b）]，生物基材组的土壤速效磷含量增加 6.9 倍，而与生物基材组相比，其余处理组土壤的速效磷含量均显著增加，增幅为 12.4%～47.8%，其中部分处理组速效磷含量的增幅达到 30%以上，从小到大依次表现为 A3（34.2%）<HB01（34.4%）<P75（34.8%）<F2（42.7%）<A4（47.8%）。与空白对照组相比，生物基材组的土壤速效钾含量无明显增加[见图 9-11（c）]，而与生物基材组相

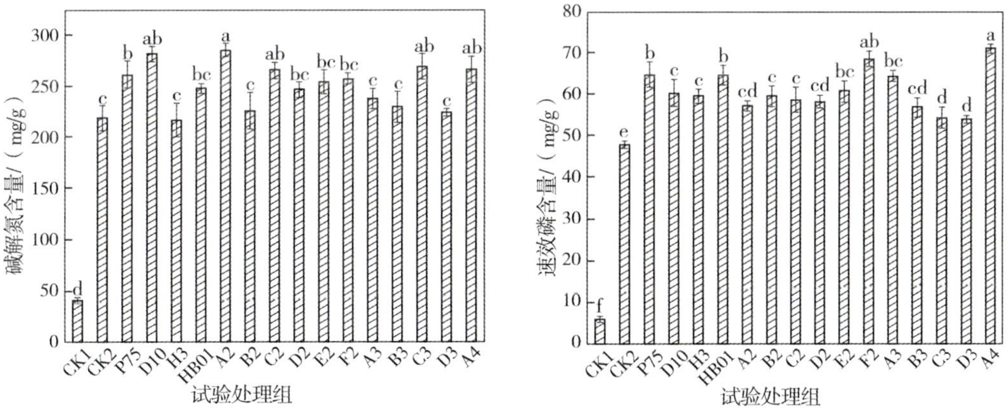

（a）　　　　　　　　　　　　　　　　（b）

图 9-11　不同微生物菌剂对砒砂岩土壤中有效氮磷钾含量影响

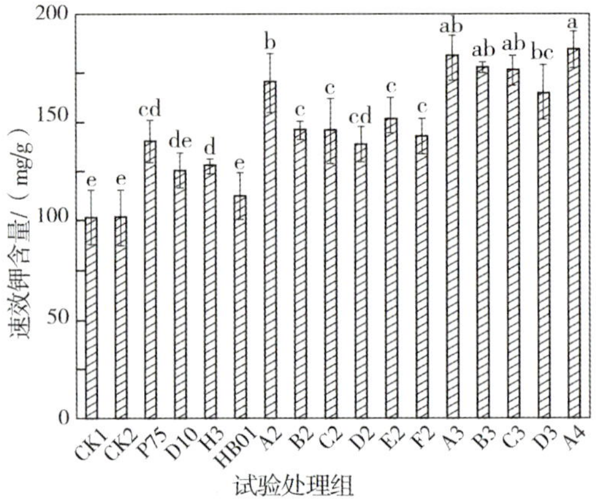

（c）

续图 9-11

比，除处理组 D10 和 HB01 的效果不明显以外，其余处理组的土壤速效钾含量均显著增加，增幅为 25.3%～82.9%，其中部分处理组速效钾含量的增幅达到 60%以上，从小到大依次表现为 D3（61.9%）<A2（66.5%）<C3（72.8%）<B3（73.6%）<A3（79.8%）<A4（82.9%）。

9.4.2.3 对砒砂岩土壤蔗糖酶和脲酶活性影响

与空白对照组（CK1）相比，生物基材组（CK2）的土壤蔗糖酶活性增加 41.2%［见图 9-12（a）］，而与生物基材组相比，除处理组 F2 和 B3 无明显增加以外，其余处理组均有增加，增幅为 13.2%～58.0%，从小到大依次表现为 C2（36.4%）<C3（49.7%）<A3（51.0%）<E2（56.5%）<B2（58.0%）［见图 9-12（b）］。与空白对照组相比，生物基材组的土壤脲酶活性增加 6.5 倍，而与生物基材组相比，除处理组 D3 的增加

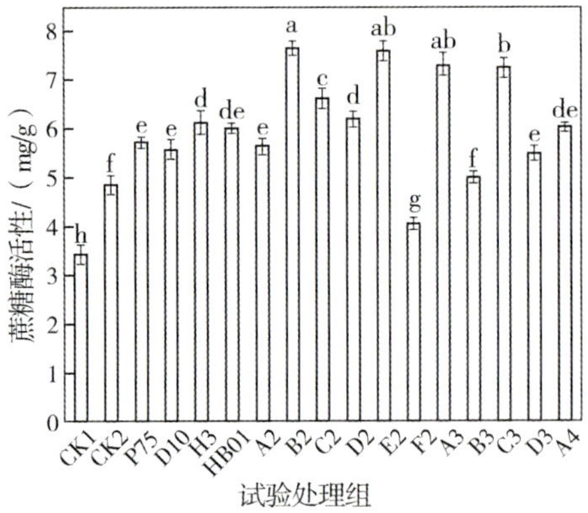

（a）

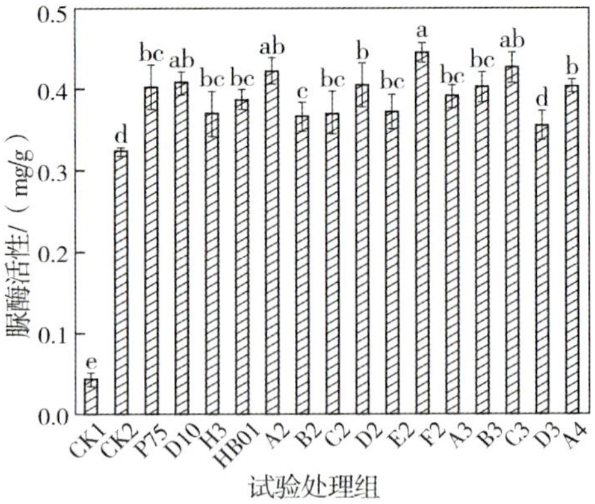

（b）

图 9-12 不同微生物菌剂对砒砂岩土壤蔗糖酶活性和脲酶活性影响

效果不明显外，其余处理组增幅为 13.0%~37.7%，其中部分处理组脲酶活性的增幅达到 25%以上，从小到大依次表现为 A4(25.0%)<D2(25.2%)<D10(26.0%)<A2(30.7%)<C3(32.1%)<F2(37.7%)。

9.4.2.4　对砒砂岩土壤细菌数量影响

土壤细菌数量可以体现土壤的生物活性，不同处理组中砒砂岩土壤基质的细菌数量见图 9-13。空白对照组(CK1)中土壤的细菌数量达到 10^5 CFU/g 以上，生物基材组(CK2)中土壤的细菌数量达到 10^6 CFU/g 以上。与生物基材组相比，处理组 C2、F2 和 D3 没有明显增加土壤细菌数量，其余处理组土壤中的细菌数量超过 10^7 CFU/g，且数量差异表现为 HB01<C3<P75<D10<H3<E2<A3<A4<B3<D2<A2<B2。

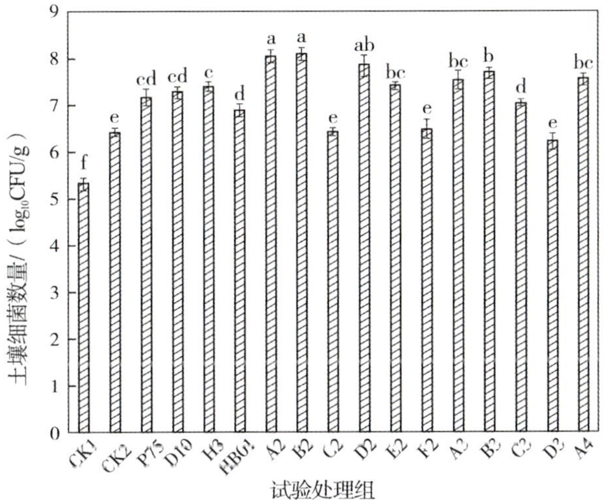

图 9-13　不同微生物菌剂对砒砂岩土壤细菌数量的影响

9.4.3　固体微生物菌剂对砒砂岩土壤育苗效果影响

微生物菌剂添加对紫花苜蓿幼苗的生长起到促进作用，但不同微生物菌剂复配的砒砂岩土壤基质对紫花苜蓿幼苗的培育效果表现出不同程度的差异。与空白对照组(CK1)相比，生物基材组(CK2)砒砂岩土壤中紫花苜蓿幼苗的株高、根长、地上部鲜重和地上部干重分别增加 29.7%、79.5%、124.8%和 136.8%(见表 9-13)。然而与生物基材组相比，微生物菌剂复配后的砒砂岩土壤中紫花苜蓿幼苗的株高、根长、地上部鲜重、根部鲜重、地上部干重和根部干重均有显著增加，增幅为 18.0%~39.2%、37.4%~70.5%、56.3%~94.1%、106.5%~234.6%、32.8%~90.5%、108.8%~301.2%，其中处理组 C3、A3 和 A4 的紫花苜蓿幼苗株高显著增加 37.4%、38.3%和 39.2%，处理组 A2、D3、A3 和 A4 的紫花苜蓿幼苗根长显著增加 61.3%、61.4%、

表 9-13　微生物菌剂改良下砒砂岩质地土壤育苗特征参数

处理组	株高/cm	根长/cm	鲜重/g		干重/g	
			地上部	根部	地上部	根部
CK1	3.89±0.27^{d}	1.84±0.29^{d}	0.30±0.04^{e}	0.03±0.01^{d}	0.025±0.004^{f}	0.003±0.001^{e}
CK2	5.05±0.29^{c}	3.30±0.38^{c}	0.66±0.03^{d}	0.05±0.00^{d}	0.060±0.003^{e}	0.006±0.000^{e}
P75	6.05±0.24^{b}	4.80±0.29^{b}	1.04±0.03^{c}	0.12±0.01^{bc}	0.080±0.003^{cd}	0.012±0.001^{cd}
D10	6.18±0.17^{b}	4.90±0.16^{b}	1.17±0.03^{b}	0.12±0.01^{bc}	0.087±0.003^{cd}	0.010±0.001^{d}
H3	5.96±0.16^{b}	4.81±0.14^{b}	1.04±0.04^{c}	0.12±0.02^{bc}	0.101±0.007^{b}	0.011±0.002^{cd}
HB01	6.09±0.44^{b}	4.53±0.35^{b}	1.13±0.02^{bc}	0.10±0.01^{c}	0.097±0.002^{bc}	0.012±0.002^{cd}
A2	6.53±0.38^{b}	5.32±0.38^{ab}	1.17±0.01^{b}	0.14±0.02^{b}	0.088±0.004^{cd}	0.014±0.002^{c}
B2	6.56±0.34^{ab}	5.19±0.17^{ab}	1.16±0.04^{b}	0.14±0.01^{ab}	0.089±0.006^{c}	0.021±0.001^{ab}
C2	6.18±0.39^{b}	4.62±0.22^{b}	1.10±0.01^{bc}	0.10±0.00^{c}	0.098±0.005^{b}	0.009±0.002^{d}
D2	6.36±0.16^{b}	5.04±0.09^{b}	1.11±0.04^{bc}	0.11±0.01^{bc}	0.079±0.004^{d}	0.021±0.002^{ab}
E2	6.53±0.18^{b}	4.83±0.26^{b}	1.15±0.04^{b}	0.10±0.00^{c}	0.100±0.005^{b}	0.015±0.002^{c}
F2	6.44±0.48^{b}	4.76±0.17^{b}	1.12±0.05^{bc}	0.11±0.01^{c}	0.082±0.005^{cd}	0.011±0.001^{d}
A3	6.98±0.19^{a}	5.48±0.26^{ab}	1.27±0.04^{ab}	0.16±0.01^{a}	0.114±0.003^{a}	0.023±0.001^{a}
B3	6.56±0.39^{ab}	5.18±0.29^{ab}	1.22±0.06^{ab}	0.14±0.02^{ab}	0.097±0.004^{bc}	0.013±0.002^{cd}
C3	6.94±0.34^{a}	5.10±0.17^{ab}	1.20±0.06^{ab}	0.14±0.03^{ab}	0.095±0.004^{bc}	0.018±0.004^{b}
D3	6.53±0.17^{b}	5.32±0.08^{ab}	1.19±0.06^{b}	0.13±0.01^{bc}	0.095±0.004^{bc}	0.023±0.003^{a}
A4	7.02±0.33^{a}	5.62±0.16^{a}	1.29±0.06^{a}	0.16±0.01^{ab}	0.114±0.003^{a}	0.022±0.001^{a}

注：小写字母表示处理组间有显著差异（$p<0.05$）。

66.3%和70.5%，处理组A3和A4的紫花苜蓿幼苗地上部鲜重显著增加90.8%和94.1%，处理组A4和A3的紫花苜蓿幼苗根部鲜重显著增加227.0%和234.6%，处理组A3和A4的紫花苜蓿幼苗地上部干重显著增加89.9%和90.5%，处理组A4、D3和A3的紫花苜蓿幼苗根部干重显著增加275.9%、291.4%和301.2%。与微生物菌剂A3或A4复配后，砒砂岩土壤基质对紫花苜蓿幼苗的培育效果更为突出。

结合不同微生物菌剂与砒砂岩复配后土壤性质的改良效果和不同土壤基质对紫花苜蓿幼苗的促生效果，最终确定微生物菌剂A4（P75+D10+H3+HB01）与砒砂岩的复配组合为改良砒砂岩和促进植物生长的最佳组合。

9.5 小　结

砒砂岩质地土壤贫瘠，立地条件差，是致使生态退化的主要环境因素之一。为此,探索利用微生物改良的途径,改善砒砂岩质地土壤结构、提质增肥的技术是非常有意义的。砒砂岩区生物改良土壤存在三大技术难题:一是砒砂岩土壤极度贫瘠,菌类少群落寡,难以遴选改良砒砂岩沙化土壤功能强、菌群结构合理的优势菌株;二是砒砂岩土壤养分全要素匮乏,构建结构合理、功能互补、菌落稳定的复合菌群也是主要技术难题;三是如何配制保量保质、菌群稳定、活性持久的复合菌液和砒砂岩生态基质。本章在分析砒砂岩质地土壤特性基础上,针对三个关键技术开展了系统探索。

(1)砒砂岩质地土壤矿物化学成分与砒砂岩的基本相同,矿物成分主要是石英、长石、蒙脱石和方解石,化学成分以 SiO_2、Al_2O_3、Fe_2O_3 为主。砒砂岩的矿物组成和化学成分对砒砂岩质地土壤的养分含量具有明显影响。砒砂岩主要原生矿物为石英和长石,其成分较单一集中,导致风化土壤的矿质营养元素来源较为贫乏;长石易于风化,蒙脱石遇水易于膨胀,方解石易于分解,使得砒砂岩风化形成的土壤中团聚体缺乏,抵御水流冲刷能力低,从而造成因水土流失而使土壤养分随之减少;风化土壤中 Ca、Mg、K、Na 等碱金属与碱土金属在原生矿物水解后,易发生溶解随水土流失而使土壤中这些营养成分减少;在表生环境中新生成的铁、锰、铝氧化物等比表面积大,对砒砂岩质地土壤中阳离子和阴离子的富集有重要作用,对土壤中磷酸根离子的吸附作用使磷被固定,失去其有效性。总体来说,砒砂岩质地土壤极为贫瘠,不利于植被恢复,因此很有必要对其进行改良,增肥提质。砒砂岩土壤属于碱性土壤。

(2)为实现生物改良砒砂岩质地土壤,根据砒砂岩土壤菌类少群落寡的问题,从砒砂岩质地土壤和苜蓿根茎中共分离得到均能在液体培养基 LB 表面形成生物膜的12 种优势菌群样本,其中包括植物促生芽孢杆菌、根瘤菌、解磷菌和枯草芽孢杆菌,同时也有砒砂岩土壤中的有益菌,从中遴选改良砒砂岩土壤的优势菌株。

(3)基于优势菌株,以供试芽孢杆菌的总 DNA 为模板,采用 16S rRNA 通用引物扩增 PCR,并对扩增产物测序,用 BLAST 软件将测序结果与 GenBank（美国国家生物技术信息中心 DNA 序列数据库）中的细菌基因序列比对同源性,研制包括液体、固体的微生物复合菌剂。

(4)通过菌株分离活化、功能融配调控和活性保量保质技术集成创新,将微生物菌剂分别与砒砂岩复配成土,制备含复合菌剂的砒砂岩土壤化改质-肥力提升的复合菌剂生态基质,其中生物基材含有机肥、草炭和蛭石等成分,既能够为供试菌株和植物生长提供一定的养分,又能在一定程度上提高砒砂岩土壤的养分含量和改良砒砂岩的结构组成。

(5)根据砒砂岩区地形地貌和土壤特征,确定了生态友好型液体、固体菌剂协同改良沙化土壤的途径。利用该技术研制的微生物菌剂能够有效提高砒砂岩土壤肥力,促进植物生长,例如可使苜蓿、黑麦草等幼苗株高增加 18.0%~39.2%,根长增加 37.4%~70.5%,土壤有机质含量增加 38.5%、铵态氮含量增加 159.6%、硝态氮含量增加 56.7%、速效磷含量增加 76.3%、速效钾含量增加 41.4%,土壤蔗糖酶和脲酶活性分别增加 22.6%、148.5%。同时,砒砂岩土壤的结构得到明显改善,粒径>0.25 mm 的团聚体质量分数为 63.4%,增加 14.2%。

黄河砒砂岩区

生态治理-衍生产业

协同发展关键技术

第10章 物理-化学-生物综合改良砒砂岩质地土壤技术

砒砂岩质地土壤养分多为五级、六级，非常贫瘠，立地条件差，为侵蚀劣地土壤，植被恢复困难且人工植被系统不稳定，为砒砂岩区生态治理带来极大挑战。本章重点介绍了砒砂岩质地土壤物化特性，利用污泥改良砒砂岩风化土壤、砒砂岩复配风沙土、物理-化学-生物三元耦合土壤综合地力提升等改良提质技术，分析了植被与土壤改良的响应关系，试验检测了砒砂岩质地土壤改良效果。

10.1　利用污泥改良砒砂岩风化土壤

污泥改良土壤技术就是将处理后的污泥转化为安全、稳定、有效的土壤改良材料，添加到土壤中，进而提高土壤肥力的一种途径。有关研究已经取得很多成果，但是其在砒砂岩质地土壤和砒砂岩风沙土上的应用研究很少。本节对脱水污泥在砒砂岩风化土壤改良中的应用技术进行了探索与实践应用。

10.1.1　供试污泥

选用脱水污泥作为改良试验添加材料，脱水污泥来源于江苏省南京市某污水处理厂。

该污水处理厂位于将军山风景带东侧，秦淮河畔，江宁开发区的北侧，日处理能力为8万t，处理后尾水达国家《城镇污水处理厂污染物排放标准》(GB 18918—2002)一级(B)标准，尾水排入秦淮新河。该污水处理厂分三期建设。其中一期工程日处理能力为2万t，采用Orbal(奥贝尔)氧化沟工艺；二期工程日处理能力为2万t，采用A2/O(厌氧-缺氧-好氧生物脱氮除磷工艺的简称)工艺；三期工程日处理能力为4万t，采用双沟氧化沟工艺。

试验所选用脱水污泥全部来源于江宁开发区污水处理厂三期脱水污泥。

10.1.2　污泥农用重金属风险评估

大多数重金属在土壤中相对稳定，一旦进入土壤，很难在生物物质循环和能量交换过程中分解,难以从土壤中迁出,从而对土壤的理化性质、土壤生物特性和微生物群落结构产生明显不良影响,影响土壤生态结构和功能的稳定。

同时,土壤中的重金属会对植物产生一定的毒害作用,引起株高、主根长度、叶面积等一系列生理特征的改变,高浓度的重金属会引起植物体营养不足、酶的有效性降低。因此,在使用污泥与砒砂岩复配之前,对污泥的重金属含量进行检测评估是十分必要的。

经分析检测对比,用于复配的污泥重金属含量满足《农用污泥污染物控制标准》(GB 4284—2018)A 级标准,满足耕地、园地、牧草地污泥农用的要求,可用于与砒砂岩复配基质的研究(见表 10-1)。

表 10-1　污泥重金属含量

级别	不同重金属含量/(mg/kg)							
	铜	锌	镉	镍	铅	铬	砷	汞
污泥	117	872	1.10	63	31.1	130	13.5	1.04
A 级	<500	<1 200	<3	<100	<300	<500	<30	<3
B 级	<1 500	<3 000	<15	<200	<1 000	<1 000	<75	<15

10.1.3　复配基质理化性质

10.1.3.1　密度

密度是衡量土壤肥效高低及耕作质量的重要指标,土壤越紧实密度越大,反之则越小;孔隙度越大,则密度越小。密度过高表明土壤紧实,孔隙度小,孔隙数目过少,土壤透水透气性较差,密度过低,土壤保水性能则差,这两种情况下土壤结构均不好。

从密度与污泥添量关系(见图 10-1)分析,随着风干污泥添量的增加,复配基质

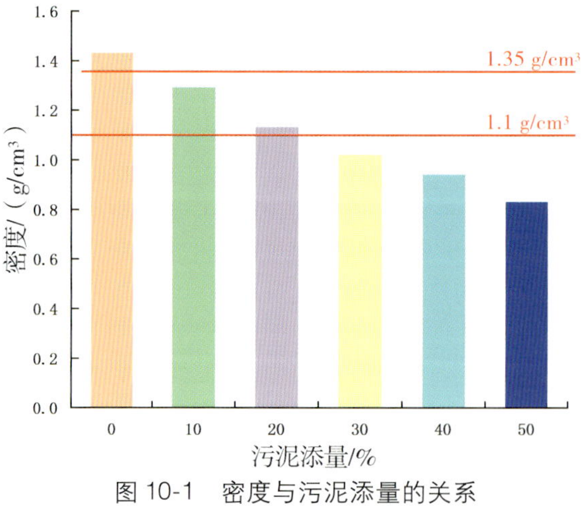

图 10-1　密度与污泥添量的关系

的密度逐渐降低。根据《绿化种植土壤》(CJ/T 340—2016)及相关研究,适宜植物根系生长的密度范围为 1.1~1.35 g/cm^3,从密度方面考虑,风干污泥的最佳添量为 10%~20%。

10.1.3.2 孔隙度

土壤总孔隙度是指土壤孔隙容积占土壤容积的百分比,土壤孔隙度影响着土壤的透水和透气性。总孔隙度反映了基质的孔隙状况,总孔隙度大,说明基质较轻、较疏松,容纳空气和水的量大,有利于根系生长,但植物易漂浮,锚定植物的效果较差;反之,则基质较重、较坚实,水分和空气的容纳量小,不利于根系伸展。

毛管孔隙是指直径小于 0.1 mm 的孔隙,毛管孔隙度指的是毛管孔隙占土壤体积的百分比。毛管孔隙是土壤储存水分较强的地方,因此该指标与土壤的持水性有很大的关系。若毛管孔隙度过小,土壤持水性差;反之,则持水性较高。在土壤孔隙分布合理的情况下,毛管孔隙度越高越适合植物生长。测试目的是探究复配基质总孔隙度及毛管孔隙度与风干污泥添量的关系。

从图 10-2 可以看出,随着风干污泥添量的增加,复配基质的总孔隙度、毛管孔隙度均逐渐升高。相关研究表明,适宜植物根系生长的总孔隙度范围为 49%~56%,因此从总孔隙度方面考虑,风干污泥的最佳添量为 10%。

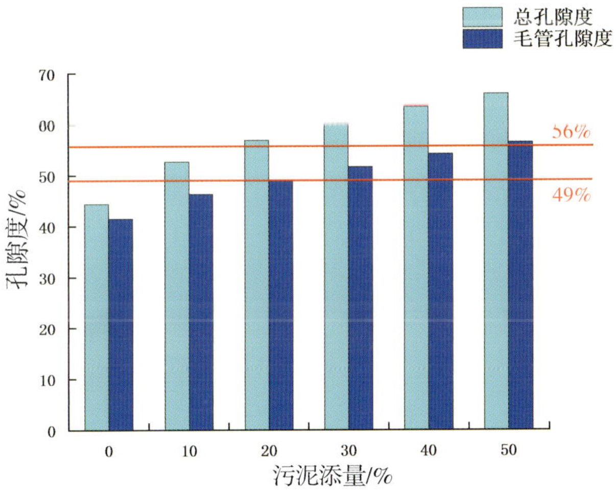

图 10-2 孔隙度与污泥添量的关系

10.1.3.3 保水性

保水性是指土壤保持其原有水分的能力,是影响植物根系生长的重要因素。为此,测试复配基质保水性与风干污泥添量的关系。根据图 10-3,砒砂岩及复配基质的含水率随着时间而降低,风化砒砂岩保水性较差,水分流失最多,在 30 d 内,含水率由最初的 23.28%降低至 7.64%,保水性能低于 5 种复配基质。其中保水性最高的为污泥添量为 50%的复配基质,含水率由最初的 24.16%降低至 14.71%,复配基质的保水性随着污泥添量的增加而增高。

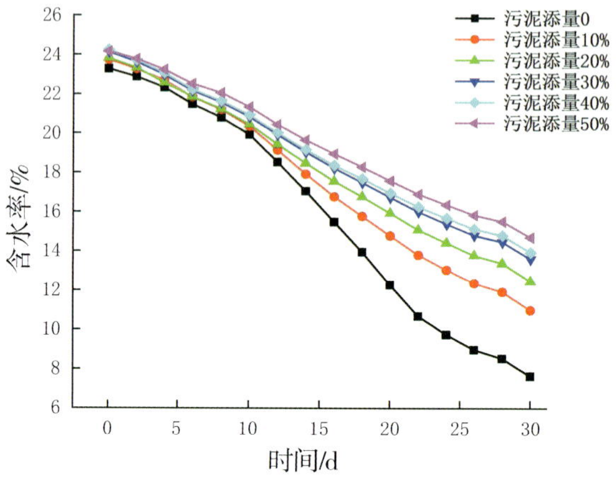

图 10-3　不同复配基质的保水性变化过程

10.1.3.4　最大含水率

土壤最大含水率与土壤质地、孔隙度、有机质含量有关,含水率低,植物容易缺水,但是含水率过高,植物则容易出现烂根的现象。测试的目的是探究复配基质最大含水率与风干污泥添量的关系。

从图 10-4 可以看出,复配基质的最大含水率随着污泥添量的增加而增高,风化砒砂岩最大含水率最低,为 17.14%,明显低于 5 种复配基质,其中最大含水率随着污泥添量的增加而增高,分别为 25.71%、33.03%、42.51%、51.93%、59.53%。

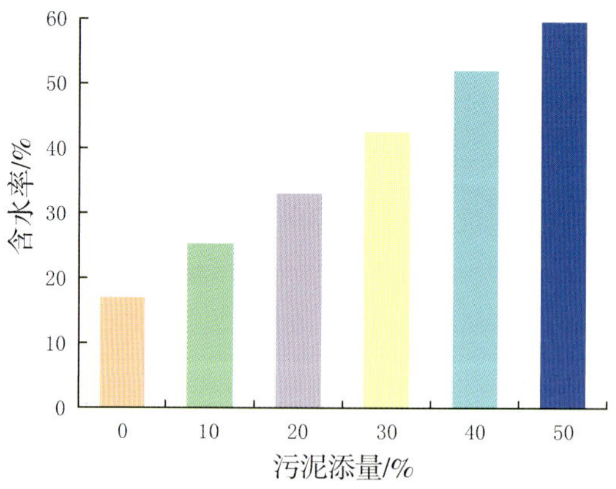

图 10-4　最大含水率与污泥添量的关系

10.1.3.5　pH 值

土壤 pH 值是重要的化学指标之一。测试分析表明(见图 10-5),复配基质的 pH 值随着污泥添量的增加而降低,砒砂岩风化物 pH 值最高,为 8.95,明显高于 5 种复配基质。

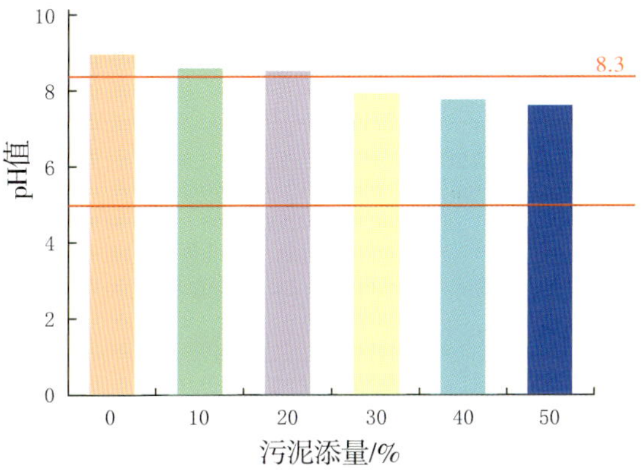

图 10-5　pH 值与污泥添量的关系

复配基质 pH 值随着污泥添量的增加而降低,分别为 8.57、8.5、7.91、7.75、7.6。根据《绿化种植土壤》(CJ/T 340—2016),适宜植物生长的 pH 值范围为 5.0~8.3,从 pH 值方面考虑,复配基质最佳污泥添量为 30%~50%。

10.1.3.6　有机质

土壤有机质是土壤中各种营养元素特别是氮、磷的重要来源,还含有刺激植物生长的胡敏酸类等物质。由于土壤有机质能吸附较多的阳离子,因而使土壤具有保肥力和缓冲性。同时,还能使土壤疏松,形成团粒结构,从而可改善土壤的物理性状。土壤有机质也是土壤微生物必不可少的碳源和能源。因而,除低洼地土壤外,一般来说,土壤有机质含量的多少,是土壤肥力高低的一个重要指标。为此,通过测试,探究复配基质有机质含量与风干污泥添量的关系,筛选出适宜的适合植物生长的复配比例,并将该比例用于后续的盆栽试验。

图 10-6 的测试结果表明,复配基质的有机质含量随着污泥添量的增加而增高,砒砂岩风化土壤有机质含量最低,为 0.3%,明显低于 5 种复配基质。有机质含量随着污泥添量的增加而增高,分别为 3.77%、5.22%、7.28%、9.86%、11.23%。根据《绿化种植土壤》(CJ/T 340—2016),适宜植物生长的有机质含量范围为 1.2%~8.0%,从有机质含量方面考虑,最佳污泥添量为 10%~30%。

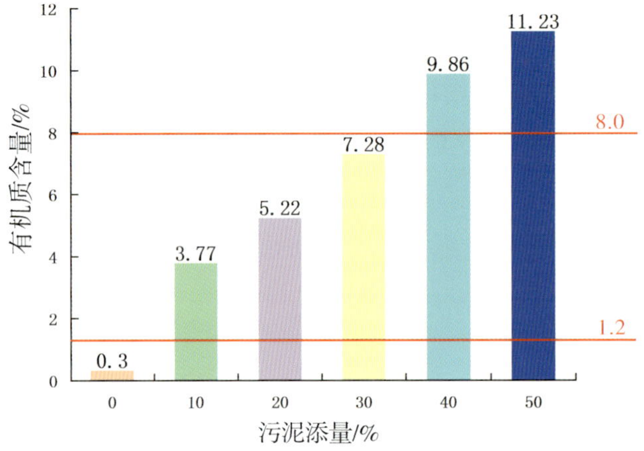

图 10-6　有机质含量与污泥添量的关系

10.1.3.7　水解氮

土壤有效氮包括无机的矿物态氮和部分有机质中易分解、比较简单的有机态氮。土壤有效氮是铵态氮、硝态氮、氨基氮、酰胺和易水解的蛋白质氮的总和，通常也称水解氮，用以反映土壤近期内氮素供应情况。通过土壤有机氮测试，探究复配基质水解氮含量与风干污泥添量的关系，筛选出适宜的适合植物生长的复配比例。

根据图 10-7，复配基质的水解氮含量随着污泥添量的增加而增高，风化砒砂岩水解氮含量最低，为 37.69 mg/kg，明显低于 5 种复配基质。有机质含量随着污泥添量的增加而增高，分别为 227.45 mg/kg、413.45 mg/kg、611.93 mg/kg、752.57 mg/kg、857.39 mg/kg。根据《绿化种植土壤》(CJ/T 340—2016)，适宜植物生长的水解氮含

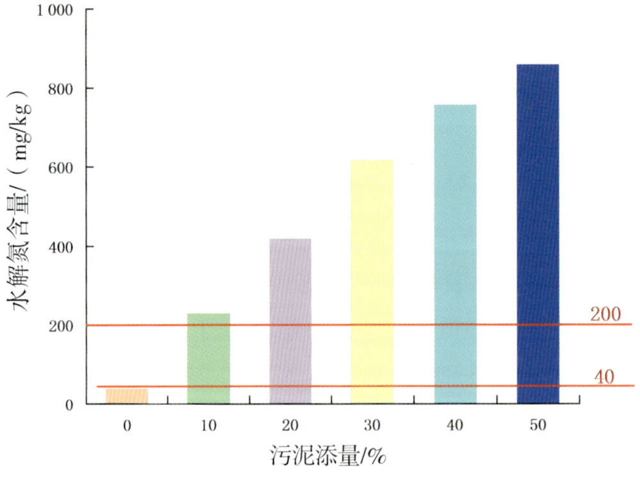

图 10-7　水解氮含量与污泥添量的关系

量范围为 40～200 mg/kg,从水解氮含量方面考虑,最佳污泥添量为 10%。

10.1.3.8　有效磷

土壤有效磷是土壤中可被植物吸收的磷组分,包括全部水溶性磷、部分吸附态磷及有机态磷,有的土壤中还包括某些沉淀态磷。根据测试(见图 10-8),复配基质的有效磷含量随着污泥添量的增加而增高。风化砒砂岩有效磷含量最低,为 2.79 mg/kg,明显低于 5 种复配基质。有机质含量随着污泥添量的增加而增高,分别为 71.18 mg/kg、123.44 mg/kg、181.83 mg/kg、252.2 mg/kg、308.50 mg/kg。根据《绿化种植土壤》(CJ/T 340—2016),适宜植物生长的有效磷含量范围为 5～60 mg/kg,从有效磷含量方面考虑,最佳污泥添量为 10%。

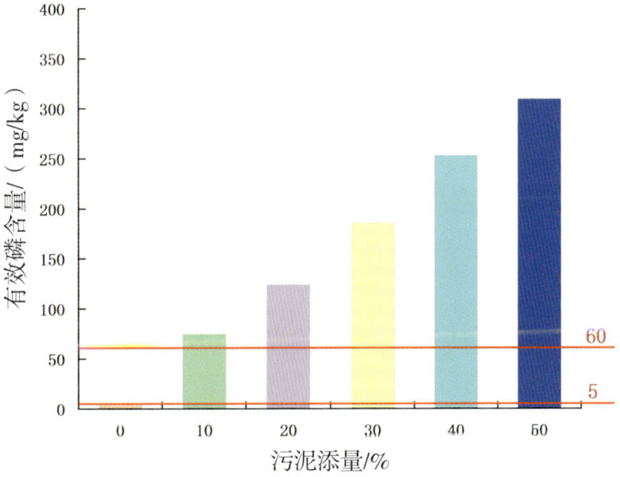

图 10-8　有效磷含量与污泥添量的关系

10.1.4　改良砒砂岩质地土壤与植物生长相互影响关系

参考前述试验分析结果,设置 4 个处理组,即 S1、S2、S3、S4,其污泥添量分别为 5%、10%、15%、20%,并设置砒砂岩风化土壤未添加污泥的对照组 CK。供试植株选取在砒砂岩地区较为常见的苜蓿、草木樨、披碱草共 3 种植物,分别研究各试验组植株的生长情况及种植前后土壤部分理化性质的变化情况。

苜蓿是豆科牧草,为一年生或多年生草本,具有抗旱、耐寒、保持水土等优良特性和较强的生态适应性,其根系具有很强的根瘤固氮作用,其根瘤菌和大量的根系可以为土壤提供腐殖质,从而有效增加土壤有机质的含量,改善土壤团粒结构。因此,苜蓿在黄土高原地区的种植面积逐渐扩大,对当地改善生态环境、提高土壤肥力和改善土壤结构有极为重要的作用。

草木樨为豆科牧草，二年生草本植物，属于深根性植物，根系发达，具有防风固沙、保持水土的作用。草木樨干草为各种家畜喜食，产量高，属于优质牧草，营养价值也较高，在我国栽培面积十分广泛。同时还具有清热、解毒、利小便等药用功效。

披碱草为禾本科牧草，多年生丛生草本植物，是草原和草甸的重要组成部分，具有耐寒、抗逆、抗虫、抗病等优质特性，广泛分布于高寒地区，对于维持高寒地区的生物多样性具有重要意义。披碱草也具有防风固沙、水土保持等生态作用，是一种优质饲用牧草，蛋白质、纤维素含量高，具有较高的饲用价值。

10.1.4.1　污泥添加量对试验植物生长影响

1. 苜蓿生长情况

在种植试验前期的 10 d 内，各试验组苜蓿株高差距不大，均为 1~3 cm，叶片大小也大致相同，各试验组之间生长状况无较大差距。在 10~30 d 的试验中期，CK（对照组）生长的苜蓿株高相对较矮小，分支数较少，叶片也相对较少，其余 4 个处理组之间相差不大。在试验后期的 30~50 d，CK 生长的苜蓿叶片有发黄的现象，分支数较少，主茎较细，叶片较稀疏；S1 的苜蓿生长状况优于 CK，叶片无发黄现象，茎叶状况略优于 CK，但相差不大；S2、S3、S4 叶片较为茂盛，分支数较多，茎较为粗壮，但 S4 生长的苜蓿存在倒伏的状况。

各改良组生长的苜蓿鲜重、干重均显著高于 CK（见图 10-9）。各试验组生长的苜蓿鲜重排序为 S2>S4>S3>S1>CK。S2 生长的苜蓿鲜重最大，达到 787.9 mg，CK 生

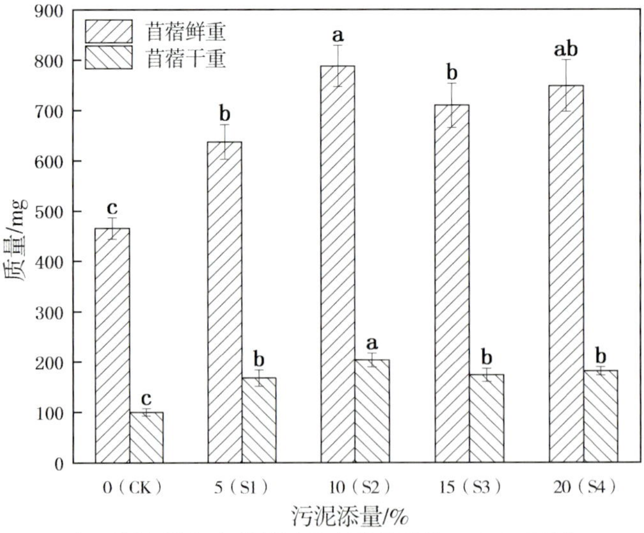

注：不同字母表示不同处理组间差异显著，$p<0.05$，下同。

图 10-9　苜蓿生物量

长的苜蓿鲜重最小,仅为 465.4 mg。S1、S2、S3、S4 生长的苜蓿鲜重相对 CK 分别提高了 36.9%、69.3%、52.4%、60.8%。由此可知,添加适量污泥能促进苜蓿在风化砒砂岩上的生长发育,提高苜蓿的鲜重。

各试验组苜蓿干重排序为 S2>S4>S3>S1>CK。CK 的干重最低,为 100.1 mg,S2 生长的苜蓿干重最高,为 203.6 mg。S1、S2、S3、S4 的苜蓿干重分别相对 CK 提高了 67.5%、103.4%、73.3%、81.1%。由此可知,添加适量污泥能促进苜蓿在风化砒砂岩上的生长发育,提高苜蓿的干重。

各改良组生长的苜蓿株高均显著高于 CK(见图 10-10)。各试验组苜蓿株高排序为 S2>S3>S4>S1>CK。CK 生长的苜蓿株高最小,为 5.3 cm,S2 生长的株高最大,为 12.2 cm。S1、S2、S3、S4 苜蓿株高相对 CK 分别提高了 47.2%、130.2%、105.7%、92.5%。由此可知,添加适量污泥能促进苜蓿在风化砒砂岩上的生长发育,提高苜蓿的株高。

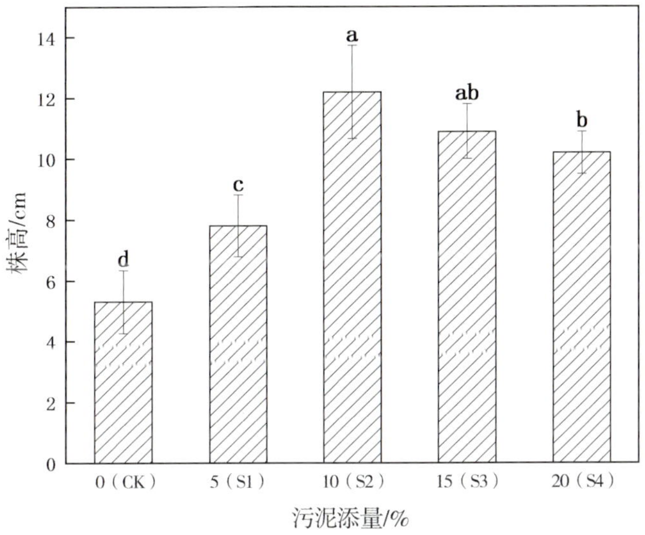

图 10-10　苜蓿株高

综上可知,污泥的施加能有效增加苜蓿在风化砒砂岩上生长的生物量,提高苜蓿的株高,说明污泥中含有的营养元素对苜蓿的生长有一定的促进作用,有利于改善风化砒砂岩的土壤环境。但是,污泥施加量过高可能会使苜蓿的生长受到一定的抑制作用,苜蓿生物量随着污泥添量的增加呈现先上升后下降的趋势,这可能是因为污泥添量过高会导致土壤电导率过高,对植物的生长产生非生物胁迫,同时过高的污泥添量会使重金属含量上升,从而抑制苜蓿在风化砒砂岩上的生长。

2. 草木樨生长情况

在种植试验前期的 10 d 以内,各试验组草木樨株高差距不大,叶片大小也大致相同,各试验组之间生长状况无较大差距。到了试验中期 10~30 d,CK(对照组)生长的草木樨株高相对较矮小,分支数较少,叶片也相对较少,其余 4 个处理组之间相差不大。试验后期的 30~50 d 内,差别就比较明显了,CK 生长的草木樨分支数较少,主茎较细,叶片较稀疏;S1、S2、S3、S4 叶片较为茂盛,分支数较多,茎较为粗壮,但 S3、S4 生长的草木樨存在倒伏的状况。

根据草木樨生物量测试(见图 10-11),各改良组生长的草木樨鲜重均显著高于 CK,而除 S4 外,各改良组生长的草木樨干重也均显著高于 CK。

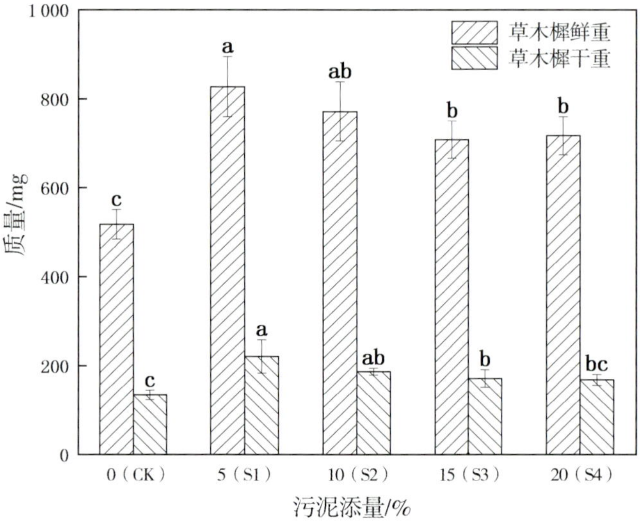

图 10-11 草木樨生物量

各试验组生长的草木樨鲜重排序为 S1>S2>S4>S3>CK。CK 生长的草木樨鲜重最低,为 523.9 mg,S1 的草木樨鲜重最高,为 827.3 mg。S1、S2、S3、S4 的草木樨鲜重相对 CK 分别提高了 57.9%、49.0%、36.7%、38.4%。因而,添加适量污泥能促进草木樨在风化砒砂岩上的生长发育,提高草木樨的鲜重。

各试验组草木樨的干重排序为 S1>S2>S3>S4>CK。CK 生长的草木樨干重最低,为 133.4 mg,S1 的草木樨干重最高,为 220.7 mg。S1、S2、S3、S4 生长的干重相对 CK 分别提高了的 65.4%、40.0%、28.4%、25.9%。由此可知,添加适量污泥能促进草木樨在风化砒砂岩上的生长发育,提高草木樨的干重,但是添量过高反而会使增加草木樨干重的效果有所降低。

图 10-12 是污泥添量与草木樨株高的关系,各改良组生长的草木樨株高均显著高于 CK。CK 的株高为 6.7 cm,S1 的草木樨株高最大,为 11.5 cm。S1、S2、S3、S4 的草木樨株高相对 CK 分别提高了 71.6%、53.7%、59.7%、19.4%。由此可知,添加适量污泥能促进草木樨在风化砒砂岩上的生长发育,提高草木樨的株高。

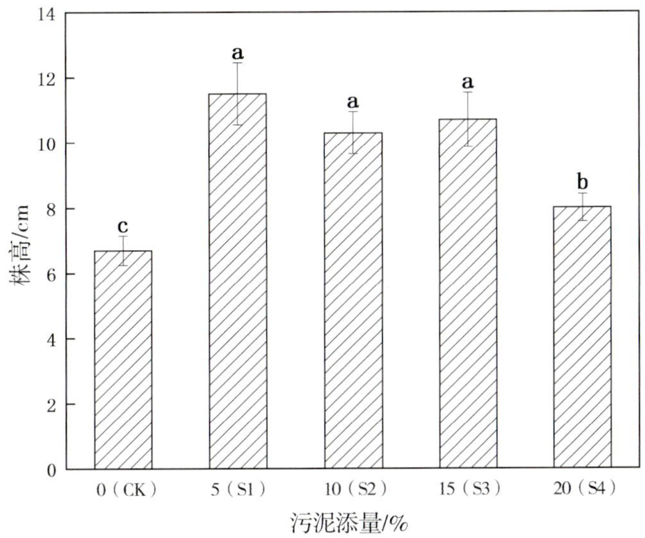

图 10-12　草木樨株高

上述分析表明，污泥的施加能有效增加草木樨在风化砒砂岩上生长的生物量，提高草木樨的株高。但是污泥施加量过高可能会使草木樨的生长受到一定的抑制作用，草木樨株高随着污泥添量的增加大致呈现先上升后下降的趋势，可见在进行污泥土地利用时，应根据实际情况适当调节污泥的添量，避免因污泥添量过高导致土壤重金属含量、电导率过高，从而对植物的生长产生抑制作用。

3. 披碱草生长情况

在种植试验前期的 30 d 内，各试验组间披碱草株高差距不大，叶片大小也大致相同，各试验组之间生长状况无较大差距。试验后期的 30～50 d 内，CK 生长的披碱草分支数较少，主茎较细，株高较低；S1、S2、S3、S4 叶片较为茂盛，分支数较多，主茎较为粗壮。

根据污泥添量与披碱草生物量关系（见图 10-13）分析，各改良组生长的披碱草鲜重、干重均显著高于 CK。

CK 的披碱草鲜重最低，为 505.2 mg，S2 的披碱草鲜重最高，为 856.9 mg。S1、S2、S3、S4 的披碱草鲜重相对 CK 分别提高了 51.4%、69.6%、58.1%、55.6%，因此添加适量污泥能促进披碱草在风化砒砂岩上的生长发育，提高披碱草的鲜重。

各试验组生长的披碱草干重以 CK 的最低，为 169.6 mg；S2 生长的披碱草干重最高，为 298.2 mg。S1、S2、S3、S4 的披碱草干重分别相对 CK 提高了 45.9%、75.8%、59.4%、51.4%。显然，添加适量污泥能促进披碱草在风化砒砂岩土壤上的生长发育，提高披碱草的干重。

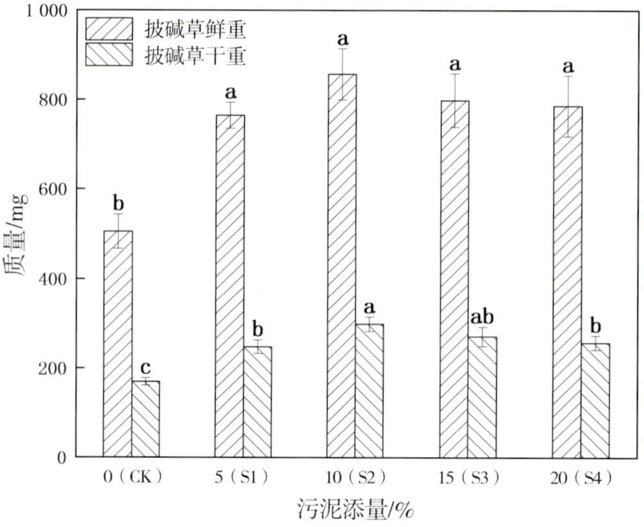

图 10-13　披碱草生物量

污泥添加量对披碱草株高有明显的影响（见图 10-14），各改良组生长的披碱草株高均显著高于 CK。

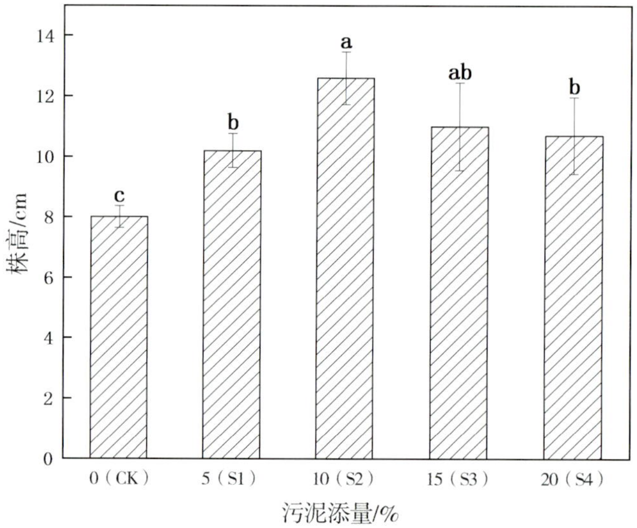

图 10-14　披碱草株高与污泥添加量关系

各试验组披碱草株高以 CK 的最低，为 8.0 cm，S2 的披碱草株高最高，为 12.6 cm。S1、S2、S3、S4 的披碱草株高相对 CK 分别提高了 27.5%、57.5%、37.5%、33.8%。

总的来说，污泥的施加能有效增加披碱草在风化砒砂岩上生长的生物量，提高披碱草的株高，有利于改善砒砂岩风化物对于披碱草生长的环境。与苜蓿、草木樨相比，因污泥施加量的增加导致披碱草的生长抑制作用较为不明显，且污泥对披碱草生长的促进作用集中体现在试验后期(30~50 d),说明污泥中的营养元素能促进披碱草的生长,但具有缓效性,这可能是因为污泥中含有对披碱草前期生长有一定抑制作用的物质,污泥促进作用不明显,待到试验后期,污泥的促进作用才明显体现出来。

10.1.4.2　植物对改良风化砒砂岩理化性质的影响

1. 污泥添量-密度-植物关系

根据图 10-15,种植 3 种植物后,各试验组的土壤密度均有一定的下降。CK 基值密度比较高,种植苜蓿和草木樨后土壤密度显著降低,而种植披碱草前后密度无显著性差异。S1、S3 种植 3 种植物前后密度均无显著性差异;S2 种植 3 种植物前后密度均有显著性差异;S4 种植苜蓿和披碱草前后密度无显著性差异,种植草木樨前后密度差异显著。

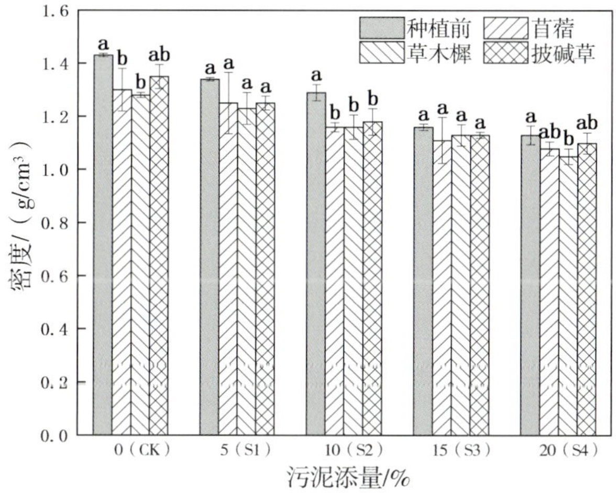

图 10-15　改良土壤种植前后密度变化

综合考虑同一植物对各试验组密度的影响可知,种植苜蓿后密度降幅平均为 6.9%,种植草木樨后各试验组密度平均下降 7.7%,种植披碱草后密度平均降幅为 5.2%,不同植物种植后土壤密度的变化不尽相同(见表 10-2)。出现这一现象主要是因为在植物生长过程中,其根系的穿透作用使得土壤疏松,同时根系与根际土壤的相互作用使得土壤团聚体含量增加,从而在一定程度上降低了土壤密度,而不同植物根系发育及延伸状况不同,且植被密度对土壤密度的降低也有一定的影响,故而 3 种植物对密度的影响具有差异。

表 10-2 种植前后改良风化砒砂岩密度变化

污泥添量/%	种植前后密度降幅/%				说明
	苜蓿	草木樨	披碱草	均值 1	
0(CK)	9.1	10.5	5.6	8.4	均值 1 表示不同植物同一污泥添量对改良土壤影响的平均值,均值 2 表示同种植物不同污泥添量影响的平均值。下同
5(S1)	6.7	8.2	6.7	7.2	
10(S2)	10.1	10.1	8.5	9.6	
15(S3)	4.3	2.6	2.6	3.2	
20(S4)	4.4	7.1	2.7	4.7	
均值 2	6.9	7.7	5.2		

从同一试验组密度受植物的影响看,S2 受到种植的影响最大,种植各植物后密度平均下降 9.6%,其次为 CK,平均降幅为 8.4%。这可能是因为 S2 的 3 种植物总体生长状况最优,其根部发育状况较好,侧根较多,根系穿透性较强,延伸性较好,所以对土壤密度的影响较大。

2. 植物-污泥添加量-土壤饱和持水量关系

根据图 10-16,种植 3 种植物后,各试验组的饱和持水量均有一定的上升。CK 饱和持水量偏低,种植 3 种植物后饱和持水量均有显著增高;S1 种植 3 种植物前后饱和持水量均有显著性差异;S2 种植苜蓿和草木樨前后饱和持水量差异显著,种植披碱草则无显著性差异;S3 种植 3 种植物前后饱和持水量无显著性差异;S4 种植草木樨前后饱和持水量差异显著,种植苜蓿和披碱草则无显著性差异。

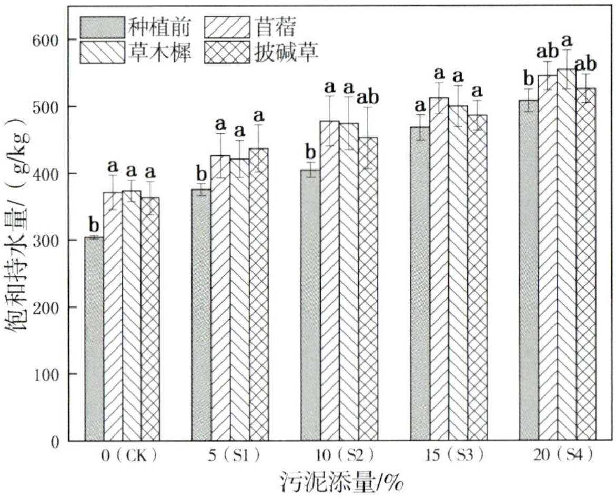

图 10-16 改良土壤种植前后饱和持水量变化

从各试验组植物对饱和持水量的影响看(见表 10-3),种植苜蓿后饱和持水量的平均增幅为 14.0%,种植草木樨后饱和持水量平均增幅为 13.6%,种植披碱草后饱和持水量平均增幅为 10.9%，显然，种植植物后各土壤饱和持水量均有所提高。这是因为土壤的饱和持水量与土壤密度密切相关，种植后，植物根系在土壤中的生长会导致土壤密度降低，土粒间距较大，土壤中形成较大的孔隙，这使得土壤储蓄水分的能力得到有效的提高，土壤饱和持水量提高。

表 10-3　种植前后改良土壤饱和持水量变化

污泥添量/%	种植前后土壤饱和持水量增幅/%			
	苜蓿	草木樨	披碱草	均值 1
0(CK)	22.0	22.7	19.2	21.3
5(S1)	13.6	12.3	23.5	14.2
10(S2)	18.0	23.1	11.7	15.6
15(S3)	9.3	6.8	3.8	6.6
20(S4)	7.2	9.1	3.5	6.6
均值 2	14.0	13.6	10.9	

CK 受种植植物的影响最大，饱和持水量平均增幅为 21.3%，其次为 S2，平均增幅为 15.6%，S3、S4 饱和持水量受种植植物的影响最小，平均增幅为 6.6%。这可能是因为 CK 本身总孔隙度偏小，在种植试验期间，植物根系的不断生长，使得 CK 土粒及团聚体之间的间距变大，总孔隙度增大，从而导致 CK 可贮存水分的空间增大，CK 饱和持水量增大。而其他试验组经过污泥改良后，本身总孔隙度有了一定的增长，植物根系生长对土壤孔隙的影响相对 CK 而言较小，故其饱和持水量的增幅相对较小，S2 饱和持水量增幅较其他改良组较大，可能是因为植物根系发育较好。

3. 植物-污泥添量-土壤孔隙度关系

种植 3 种植物后，各试验组的总孔隙度均有一定的上升（见表 10-4）。种植苜蓿后各试验组总孔隙度平均增幅为 5.9%，种植披碱草后平均增幅为 5.0%，种植草木樨后平均增幅为 4.7%。

表 10-4　种植前后改良土壤孔隙度变化

污泥添量/%	土壤总孔隙度/%							
	种植前	苜蓿	增幅百分比	草木樨	增幅百分比	披碱草	增幅百分比	增幅均值 1
0(CK)	43.6	48.2	10.6	47.8	9.6	49.0	12.4	10.9
5(S1)	50.0	53.1	6.2	51.7	3.4	54.7	9.4	6.3
10(S2)	52.1	55.4	6.3	54.9	5.4	53.2	2.1	4.6
15(S3)	54.5	56.8	4.2	56.5	3.7	54.9	0.7	2.9
20(S4)	57.5	58.8	2.3	58.2	1.2	57.8	0.5	1.3
增幅均值 2			5.9		4.7		5.0	

同时,随污泥添量增加,各试验组种植前后总孔隙度的增幅随之降低,CK 总孔隙度受种植的影响最大,其平均增幅为 10.9%;S4 总孔隙度受到的影响最小,为 1.3%。种植前后总孔隙度变化情况的原因与饱和持水量变化情况的原因类似,故不再赘述。

4. 植物–污泥添量–土壤 pH 值关系

由图 10-17 可见,种植 3 种植物后改良风化砒砂岩的 pH 值均有显著降低。CK 种植苜蓿后 pH 值由 8.96 下降至 8.49,种植草木樨后 pH 值下降至 8.46,种植披碱草后 pH 值下降至 8.55;S1 种植苜蓿后 pH 值由 8.70 下降至 8.34,种植草木樨后 pH 值下降至 8.40,种植披碱草后 pH 值下降至 8.43;S2 种植苜蓿后 pH 值由 8.57 下降至 8.03,种植草木樨后 pH 值下降至 8.13,种植披碱草后 pH 值下降至 8.12;S3 种植苜蓿后 pH 值由 8.50 下降至 8.08,种植草木樨后 pH 值下降至 7.86,种植披碱草后 pH 值下降至 7.96;S4 种植苜蓿后 pH 值由 8.33 下降至 7.87,种植草木樨后 pH 值下降至 7.73,种植披碱草后 pH 值下降至 7.75。

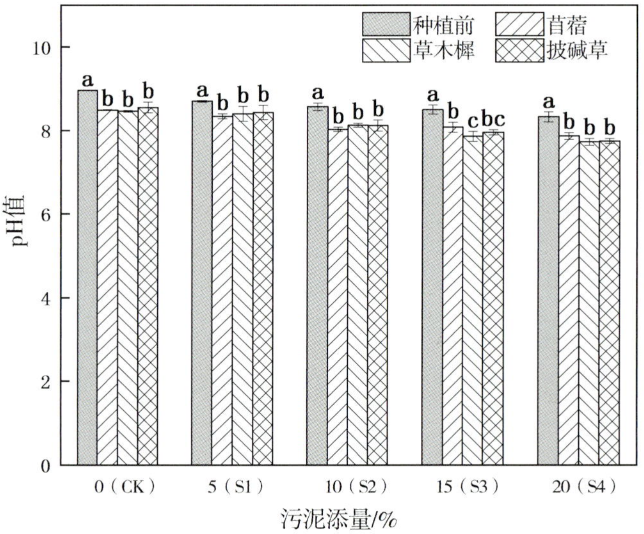

图 10-17 改良风化砒砂岩种植前后 pH 值变化

显然,种植植物能有效降低碱性土壤 pH 值,改善土壤生态环境,但对于其改善作用的机制目前鲜见报道,亟须进一步研究。

5. 植物–污泥添量–土壤电导率关系

CK 种植 3 种植物后电导率显著上升,S1、S3、S4 种植 3 种植物后其电导率均显著下降,S2 种植苜蓿前后电导率无显著性差异,种植草木樨和披碱草前后电导率差异显著(见图 10-18)。

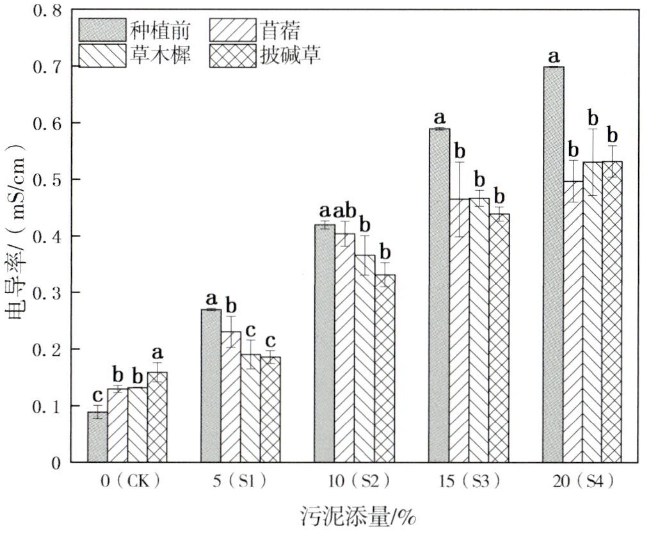

图 10-18 改良土壤种植前后电导率变化

从表 10-5 可知，除 CK 外，综合考虑植物种类对各试验组土壤电导率的影响，种植植物后土壤电导率均有下降，不过降幅不一样。例如，种植苜蓿后电导率平均降幅为 23.1%，种植草木樨后电导率平均降幅为 21.8%，种植披碱草后电导率平均降幅为 25.4%。这可能是因为植物根系对土壤的穿插和扩展，改善了土壤结构，在种植过程中随着浇水，土壤中的盐分会向下淋溶。同时，随着植物的生长，植物本身也能吸收土壤盐分，导致种植植物后土壤盐分含量降低，土壤电导率降低。

表 10-5 种植前后改良风化砒砂岩电导率变化

污泥添量/%	种植前后电导率变化幅度/%		
	苜蓿	草木樨	披碱草
0(CK)	45.5	48.3	78.7
5(S1)	-14.6	-29.4	-31.1
10(S2)	-3.8	-12.9	-21.0
15(S3)	-21.2	-20.8	-25.6
20(S4)	-28.9	-24.0	-23.9
均值	-23.1	-21.8	-25.4

10.2 砒砂岩复配风沙土的改良技术

针对目前对砒砂岩复配风沙土的改良技术存在的对不同深度土壤改良效果、土壤改良后多特征因子的复合影响关系等方面的研究还比较薄弱的问题，利用大田试验的方法，将0、30%、50%、80%和100%不同体积比例的砒砂岩添加到库布齐沙漠的风沙土中混合均匀，并以梭梭套种甘草为植被配置模式，研究不同添加比例条件下改良土壤的颗粒组成与分布、孔隙度、团聚体结构、持水特性及与土壤养分间的变化特征，研究分析不同掺入比例对不同深度风沙土的物理结构、养分特征的改良效果，以及多特征参数的复合关系，进而优化复配的最佳比例，为库布齐沙漠沙化及覆沙砒砂岩区土壤的治理、改良、利用及当地生态产业化建设等提供科学依据及技术支撑。

10.2.1 研究区与试验方法

10.2.1.1 试验区概括

研究区位于鄂尔多斯高原西北部库布齐沙漠腹地，行政区划上属杭锦旗独贵塔拉镇，坐标为N40°36′29.36″、E108°32′37.82″，属温带大陆性季风气候，季节变化显著，冬季寒冷干燥，夏季较为暖湿。年均气温9.38 ℃，极端最高气温38.1 ℃，极端最低温-30.5 ℃。年均日照时数3 087.4 h，≥10 ℃积温年均值为3 198.3 ℃。多年平均降水量为189.9 mm，春季降水量较少，降水多集中在6、7、8、9月，占全年降水量的69.77%。年均蒸发量3 074.2 mm，是降水量的16倍。无霜期135~150 d，海拔为1 100~1 039 m。研究区植被主要由以花棒、沙柳、柠条、梭梭、羊柴、甘草等植物为主的人工沙生灌丛及多年生草本植物所组成，试验选用的表层风沙土以中沙和粗沙为主。

10.2.1.2 样地设置与样品采集

在某企业阿木古龙甘草产业示范园设置砒砂岩与风沙土复配田间试验。试验样地均为人工机械推沙平整土地，原始地形地貌、植被群落特征、气候背景及生长环境基本相同，土壤类型均为风沙土，基础土壤养分状况基本一致。所用的砒砂岩来自国家重点研发计划项目“鄂尔多斯高原砒砂岩区生态综合治理技术”综合示范区二老虎沟小流域，该流域位于覆沙区。采用的砒砂岩风化土壤干密度为1.36~1.45 g/cm^3，含水率约为10.8%。将不同量的风化砒砂岩覆于风沙土表面，用翻耕机在30 cm左右土层翻耕，重复翻耕3次，将砒砂岩与风沙土混合均匀。试验样地设计中添加砒砂岩的体积比例分别为0、30%、50%、80%和100%共5个样地，每个样地的大小为0.7 hm^2，混合翻地后套种梭梭和甘草，并利用圈灌设施进行浇水养护，确保每块地浇水量相同。

在 5 块固定样地内分别设置 1 块标准地，标准地面积均为 50 m×50 m。沿每块标准地的对角线设置 3 个 10 m×10 m 调查样方，在每个调查样方中按“S”形布设 9 个样点取样，取样时间为混合后 1 个月，每个样点分别采集 0~10 cm、10~20 cm、20~30 cm 3 个土层的等量土壤，然后进行均匀混合，约取 1 kg 土壤，剔除植物凋落物和残根等，土样分装于塑料密封袋密封，带回实验室，风干、去杂、过 2 mm 筛，其中部分用于测定土壤颗粒组成，部分筛分土样研磨后再过 0.25 mm 筛，从而用于测定土壤有机质、速效氮和速效磷含量。此外，在每块调查样方内另取 0~30 cm 土层混合土样约 1 kg，带回实验室，用于测定土壤团聚体结构。

10.2.1.3　指标测定方法

土壤颗粒分布采用 Mastersizer 2000 激光粒度分析仪测定，按照国际制标准粒径分类，计算出黏粒（粒径 $d<0.002$ mm）、粉粒（0.002 mm $\leqslant d<0.05$ mm）及砂粒（0.05 mm$\leqslant d<2$ mm）百分比含量。田间持水量使用室内环刀法测定，毛管孔隙度采用环刀及溢水法测定。

土壤团聚体组成采用干筛法测定，得到粒径 $d<0.25$ mm 、0.25~0.5 mm、0.5~1 mm、1~3 mm、3~5 mm 和>5 mm 的土壤团聚体含量，计算各级土壤团聚体占土样总量的百分比。

土壤有机质含量的测定则是用重铬酸钾氧化分光光度法，速效氮测定用碱解扩散法，有效磷采用碳酸氢钠浸提，钼锑用抗比色法测定。

10.2.1.4　数据处理

利用 SPSS 20.0 软件做单因素方差分析（one-way ANOVA），利用 LSD 法进行多重比较（$p = 0.05$），采用 Origin8.5 软件制图。

10.2.2　掺入砒砂岩对不同深度土壤物理特征的影响

10.2.2.1　对不同深度土层物理结构的影响

试验观测表明，随着砒砂岩掺入比例的增加，黏粒和粉粒含量逐渐增加，而砂粒含量则逐渐减少。当砒砂岩掺入比例相同时，随着土壤深度的增加，3 种土壤颗粒含量无明显差异（见图 10-19），且均基本达到了显著差异水平（$p<0.05$）。其中，掺入比例为 30%、50%、80%和 100%的改良土壤较风沙土（无砒砂岩）0~10 cm 土层，黏粒含量分别增加了 370.59%、1 438.24%、1 882.36%和 2 179.41%，粉粒含量分别增加了 177.24%、834.15%、1 118.29%和 1 476.42%，而砂粒含量分别降低了 10.53%、

48.48%、67.99%和84.49%。

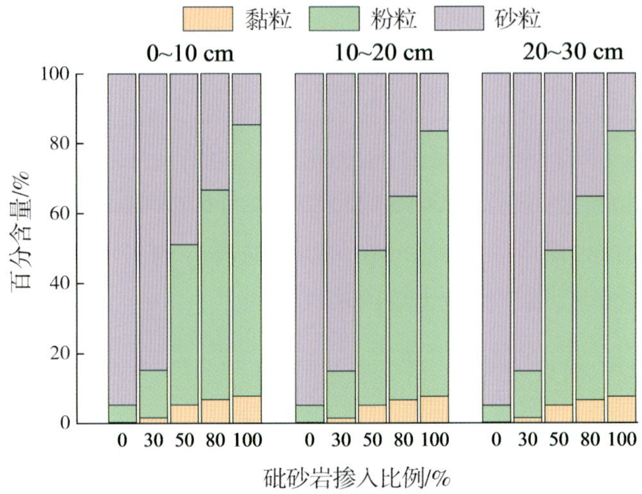

图 10-19　砒砂岩掺入比例与不同土层颗粒组成关系

随着砒砂岩掺入比例的增加，土壤密度逐渐减小，而毛管孔隙度及田间持水量逐渐增加，且增加较为明显。但是，同一砒砂岩掺入比例条件下，随着土层深度的增加，土壤密度、毛管孔隙度及田间持水量均增加，且随着掺入比例的增加，增幅逐渐减小，说明其垂直变异性较小（见图 10-20）。当砒砂岩掺入比例达到 50%后，土壤密度与风沙土达到了显著性差异（$p<0.05$），而毛管孔隙度及田间持水量在各添加比例间均达到了显著差异水平（$p<0.05$）。说明砒砂岩掺入比例达到 50%时，能够有效改善土壤密度，以及改变风沙土土壤的保水与持水能力，可作为改良风沙土的临界值。

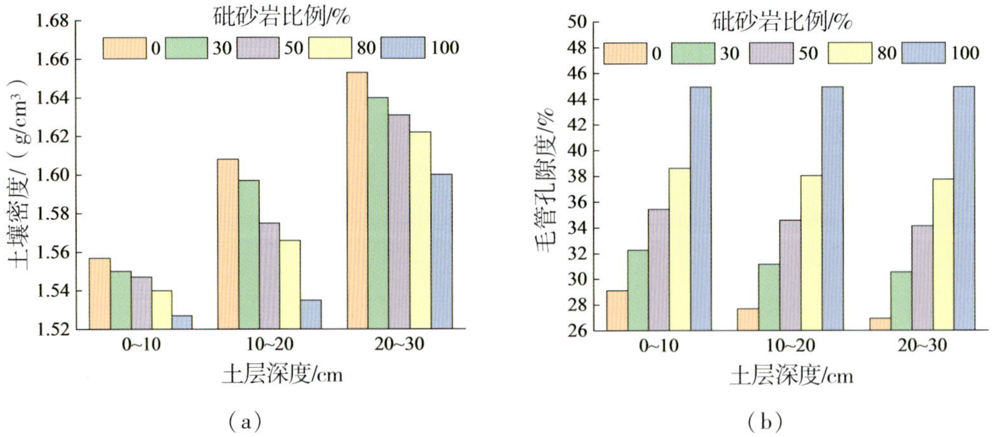

图 10-20　砒砂岩掺入比例与不同深度土壤结构特征关系

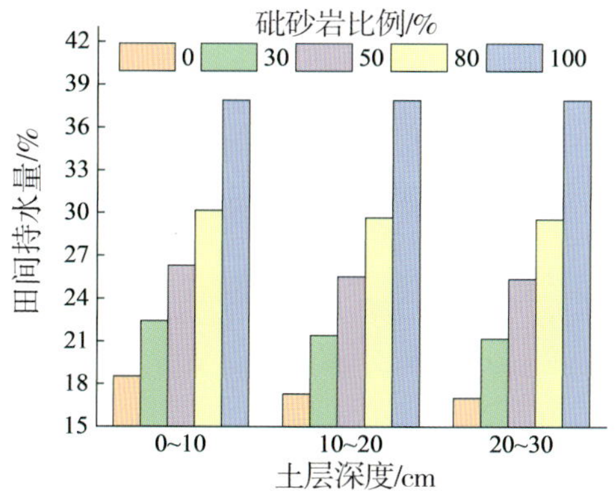

（c）

续图 10-20

随着砒砂岩掺入比例的增加，大部分径级土壤团聚体的含量呈增加趋势，其中粒径>5 mm 的增加较为明显，从添加比例 0 到 100%的过程中，可以从 1.63%增加至 9.5%，提高了近 5 倍，其余皆提高较少（见图 10-21）。此外，其中>5 mm 与 0.25～0.5 mm 两个粒径均表现为显著性差异，3～5 mm 粒径级在砒砂岩掺入比例达到 50%后团聚体含量表现差异显著（p<0.05），1～3 mm 和 0.5～1 mm 则在砒砂岩掺入比例达到 30%时表现为显著性差异，且随着复配比例的增加差异性进一步加大（见图 10-21）。

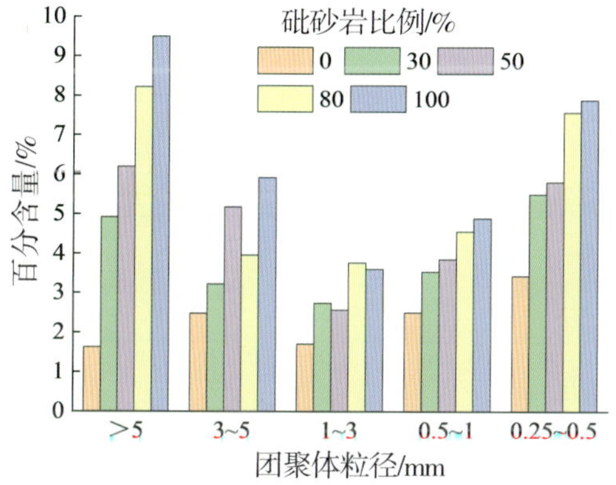

图 10-21　砒砂岩掺入比例与土壤团聚体关系

土壤颗粒组成、密度、孔隙度、田间持水能力及团聚体结构等土壤物理性状在土壤养分循环及植物生产中起着重要的作用，是评价土壤肥力和植物适宜性的重要依据。一方面，土壤中粉粒、黏粒、砂粒含量，密度，孔隙度，田间持水能力及团聚体结构通过影响土壤的空隙状况及土壤养分的稳定性，进而对土壤通气透水性和保水保肥性产生影响，并进一步影响到植物对水分和营养物质的吸收，导致生产力的变化；另一方面，上述土壤物理特征与土壤温湿度及透气性密切相关，直接影响土壤微生物及其他物种生长发育的生存环境，从而对土壤养分循环产生影响。以上试验观测表明，砒砂岩与风沙土两者存在一定互补性，随着砒砂岩复配比例的增加，土壤中粉粒、黏粒及团聚体含量增加，从而表现为土壤良好的透气、蓄水及保肥能力，其中当砒砂岩掺入比例达到50%时，对改善风沙土土壤颗粒组成、土壤密度、孔隙度、田间持水能力及团聚体结构等效果更为显著，但是随着深度增加，土壤密度、毛管孔隙度及田间持水量的垂直变异特征减小，表聚性显著。

10.2.2.2 对不同深度土层养分的影响

随着砒砂岩掺入比例的增大，土壤有机质、速效氮及有效磷含量均逐渐增加(见图10-22)，而在同一砒砂岩掺入比例条件下，随着土层深度的增加，土壤有机质、速效氮及有效磷逐渐降低，其中除在0~20 cm土层中的有机质含量及10 ~30 cm土层中有效磷含量无显著性差异($p>0.05$)外，其余皆表现出显著性差异($p<0.05$)，但是由于其改良土壤中没有加入更多的肥料，因此有机质含量、速效氮及有效磷的含量偏低。相对于风沙土，掺入砒砂岩比例为30%、50%、80%和100%对不同土层的养分含量都有明显提高，例如0 ~10 cm土层的土壤有机质分别增加18.42%、51.32%、72.37%与110.53%，速效氮分别增加31.64%、62.55%、108.73%和120.36%，速效磷分别增加2.69%、12.56%、47.53%和80.72%。

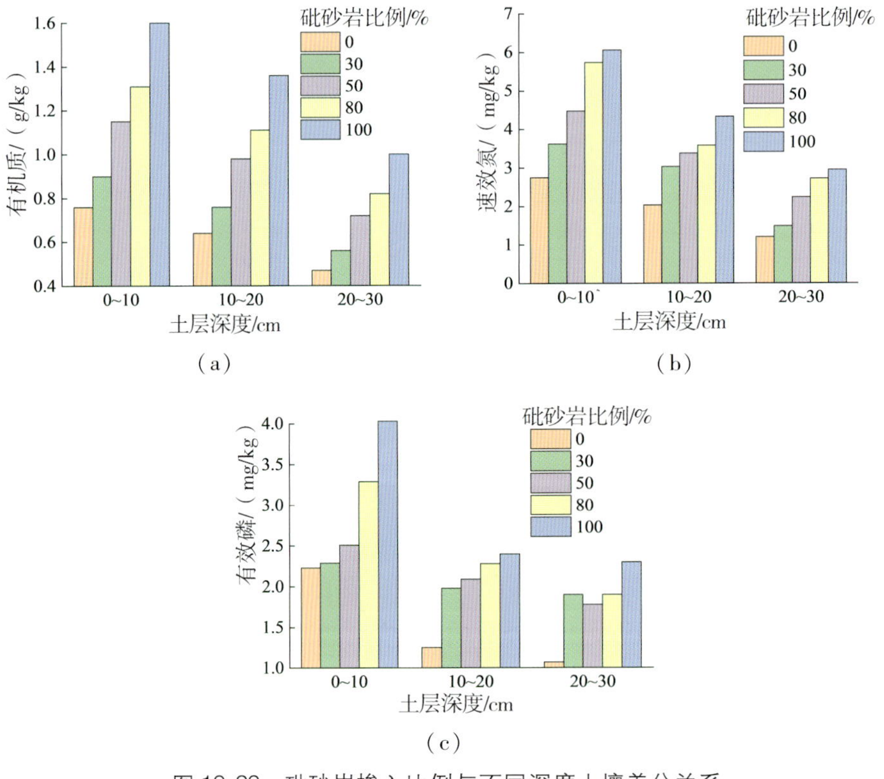

图10-22 砒砂岩掺入比例与不同深度土壤养分关系

土壤养分的稳定性与土壤中粉粒、黏粒及团聚体含量具有相关性。研究结果表明,添加不同比例的砒砂岩改善了风沙土的结构和质地,增加了土壤碳、氮、磷与颗粒的结合力,具有保肥的作用,同时也增加其在土壤中的稳定性,也能改变土壤水、热、气、肥等条件,为微生物及其他物种生长发育提供了有利的生存环境。此外,随土层深度增加,土壤透气性及土壤有机质、速效氮及有效磷等养分含量逐渐降低,微生物数量减少,导致同一复配比例的土壤有机质、速效氮和有效磷含量在垂直方向变化变异性较小。

10.2.2.3　掺入砒砂岩土壤物理特征耦合关系

土壤粒径与团聚体结构可以影响土壤性质与养分特征,且与黏粒含量的大小关系较为密切。统计分析表明(见表 10-6),土壤粒径分布与团聚体含量呈正相关,但不够显著。土壤中黏粒和粉粒与田间持水量、土壤毛管孔隙度、有机质含量、速效氮含量、有效磷含量极显著正相关($p<0.01$),且土壤团聚体对毛管孔隙度、田间持水量及土壤养分的影响显著。这主要是因为风沙土主要以砂粒为主,但是砒砂岩中黏粒和粉粒较多,保水效果显著,两者混合后,由于粒径分布的不均匀性,可以形成很好的互补作用,混合土壤的各项性能指标均有所提升,保持更多的养分含量,改善了风沙土的物理、养分特征,从而使得风沙土趋于土壤化。此外,由于砒砂岩和风沙土颗粒本身的黏结性都较差,因此所形成的改良土壤的团聚体含量不够显著,有待于添加具有黏结作用的材料进一步提高其团聚体含量,从而加速风沙土的土壤化改良。此外,在大田中种植固土植被也可以很好地改变土壤特征,添加肥料可以改善土壤中的养分含量,为植被生长提供土壤条件,对此还需进一步研究。随着砒砂岩的加入,改善了风沙土结构特征,可以促使土壤肥力、持水性能等土壤理化性质发生变化,最终使生物、土壤系统进入良性循环过程。

表 10-6　土壤改良后物理特征耦合关系

特征参数	黏粒	粉粒	密度	孔隙度	持水量	团聚体	有机质	速效氮	有效磷
黏粒	1	0.984**	-0.236	0.878**	0.880**	0.630*	0.619**	0.435**	0.430**
粉粒		1	-0.234	0.897**	0.900**	0.665**	0.614**	0.414**	0.412**
密度			1	-0.483**	-0.468**	0.44	-0.801**	-0.853**	-0.722**
孔隙度				1	0.981**	0.149	0.828**	0.662**	0.675**
持水量					1	0.227	0.808**	0.650**	0.669**
团聚体						1	-0.221	-0.105	-0.23
有机质							1	0.920**	0.861**
速效氮								1	0.887**
有效磷									1

注: * 代表 $p<0.05$; ** 代表 $p<0.01$。

10.3 物理-化学-生物三元耦合土壤综合地力提升改良技术

10.3.1 试验区与试验控制参数

与前述试验区相同,试验研究区位于鄂尔多斯高原西北部库布齐沙漠腹地,试验样地设置在某企业阿木古龙甘草产业示范园,通过砒砂岩与风沙土复配、种植甘草与添加有机肥料等多措施结合开展风沙土的改良试验研究。样地分为 5 块,每个样地为 0.7 hm^2,均为风沙土类型。2018 年开展试验研究。采用人工机械平整样地,保证每个样地参数的一致性。首先将质量比分别为 0、30%、50%、80%和 100%的砒砂岩覆于风沙土表面,用翻耕机在 0~30 cm 深土层进行翻耕,重复翻耕 3 次,确保最大程度地将砒砂岩与风沙土混合均匀。混合翻地后种植甘草,并利用喷灌设施进行浇水养护,每次确保每块地浇水量一致。2019 年 4 月植物返青前,在 5 块固定样地内分别随机选取 3 个 10 m×10 m 样方,通过沟施的方式对选取的样方追加有机肥及微生物菌剂,从而实现对样地综合措施的治理,其中沟施深度为 15~20 cm。

选用的发酵有机肥是由某企业经微生物发酵制备、采用好氧堆肥工艺生产的,其生产工艺流程见图 10-23。每亩施加量为 3 m^3。

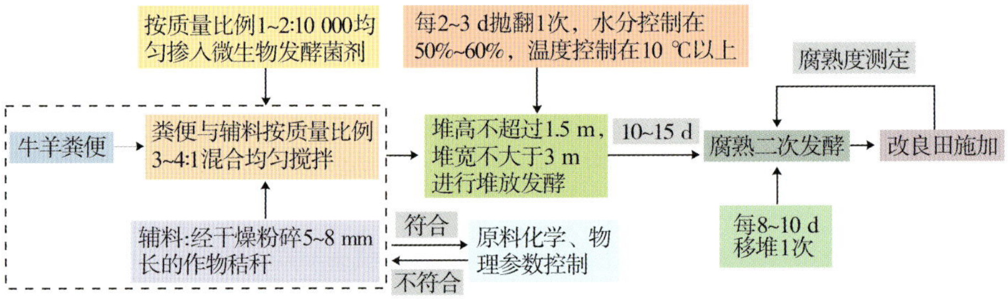

图 10-23 有机肥生产工艺流程

微生物发酵菌剂是从堆肥中分离出来的高温菌、中温菌、放线菌和真菌,微生物发酵菌剂添加可提高堆肥初期微生物群体数量,增强微生物活性。

好氧堆肥原料化学参数控制为:①碳氮比(C/N)为 25~35∶1,碳磷比(C/P)为 75~150∶1;②有机物含量为 20%~80%,较为合适的含量为 40%~60%;③适宜的氧浓度为 18%,最低不小于 8%;④堆肥微生物最佳的 pH 值为 5.5~8.5。

好氧堆肥原料物理参数控制为:①环境温度一般应不低于 10 ℃;②物料颗粒适宜的范围是 10~30 mm;③堆肥原料的最佳含水率在 50%~60%。

堆肥腐熟度的判断标准为：①碳氮比（C/N）不大于 20∶1；②含水率在 20%～35%；③好氧速率趋于稳定；④腐熟度大于等于Ⅳ级；⑤堆肥应符合国标《粪便无害化卫生要求》（GB 7959—2012）中关于无害化卫生要求的规定。

经过好氧堆肥工艺生产的有机肥，具有养分高效、有机质含量高、营养全面、可以调理土壤、激活土壤中微生物的活跃率、克服土壤板结、增加土壤空气通透性、减少水分流失与蒸发等优势，因而可促进作物生长发育。

高摩尔比脲甲醛缓释肥由黄河水利委员会黄河水利科学研究院生产，每亩施加量为 30 kg；复合微生物菌剂由东南大学研制，每亩施加量为 8 kg。

甘草是某企业自主研发半野生化栽培的，春季利用甘草平移机在试验田按行距 33 cm、株距 15 cm、深 25 cm 规格进行甘草苗木栽植，每亩甘草种植量为 60 kg，约 6 000 株/亩。

10.3.2　测试方法

采取的试验方案是将添加单一砒砂岩复配风沙土作为对比基点，对比添加好氧堆肥、生物菌剂、砒砂岩、高摩尔比脲甲醛缓释肥等改良剂的物理-化学-生物综合措施的效果。采取的测试方法主要是在每个 10 m×10 m 调查样方的中心位置、深度 10～20 cm 处取样，每个样方内取 3 个样品，样重 1 kg，风干、去杂、过筛后测定样品中的土壤有机质、速效氮和有效磷含量等养分含量。参考前述试验方法，在每个 10 m×10 m 调查样方中按“S”形布设 9 个样点进行取样，每个样点分别采集 0～10 cm、10～20 cm 和 20～30 cm 共 3 个土层的等量土壤，并均匀混合，剔除植物凋落物和残根等，分装于塑料密封袋密封，放置于装有冰盒的样品恒温冷藏箱中，带回实验室于 4 ℃冷藏，并在短期内测定土壤微生物数量及酶活性。

用重铬酸钾氧化分光光度法测定土壤有机质含量；用碱解扩散法测定速效氮；采用碳酸氢钠浸提测定有效磷，用抗比色法测定钼锑。土壤微生物生物量和酶活性送具有相关检测资质的某公司检测，其中细菌、真菌数量依据《微生物肥料产品检验规程》（NY/T 2321—2013）中的方法测定，依据《土壤微生物生物量测定方法及其应用》（吴金水 等，2006），测定脲酶、磷酸酶等。

每年与土壤取样时间同步调查甘草生长状况，分别沿每个 10 m×10 m 调查样方的对角线选 3 个 1 m×1 m 甘草调查样方，统计每个样方甘草株高、密度和盖度等。

10.3.3　综合改良技术效果

10.3.3.1　土壤养分变化

通过砒砂岩与风沙土复配，土壤有机质、速效氮及有效磷含量均有明显提升，当砒砂岩与风沙土复配时，含量先增加后减小，当添加比例达到50%时提升效果最好，而综合措施的提升效果更为显著，可比单独复配改良效果提升20%~30%，且当砒砂岩与风沙土复配达到50%后，有机质含量趋于稳定（见图10-24），说明此时土质结构为最优，有机质含量分布均匀。当砒砂岩与风沙土复配为50%时，两种措施下土壤有机质含量分别为2.07 g/kg和2.73 g/kg，速效氮分别为7.41 mg/kg和9.88 mg/kg，有效磷分别为6.11 mg/kg和7.49 mg/kg，分别增加31.9%、33.3%和22.6%。与单独的复配土相比，综合措施条件下的土壤有机质、速效氮及有效磷含量分别可提升165%、189%和149%。

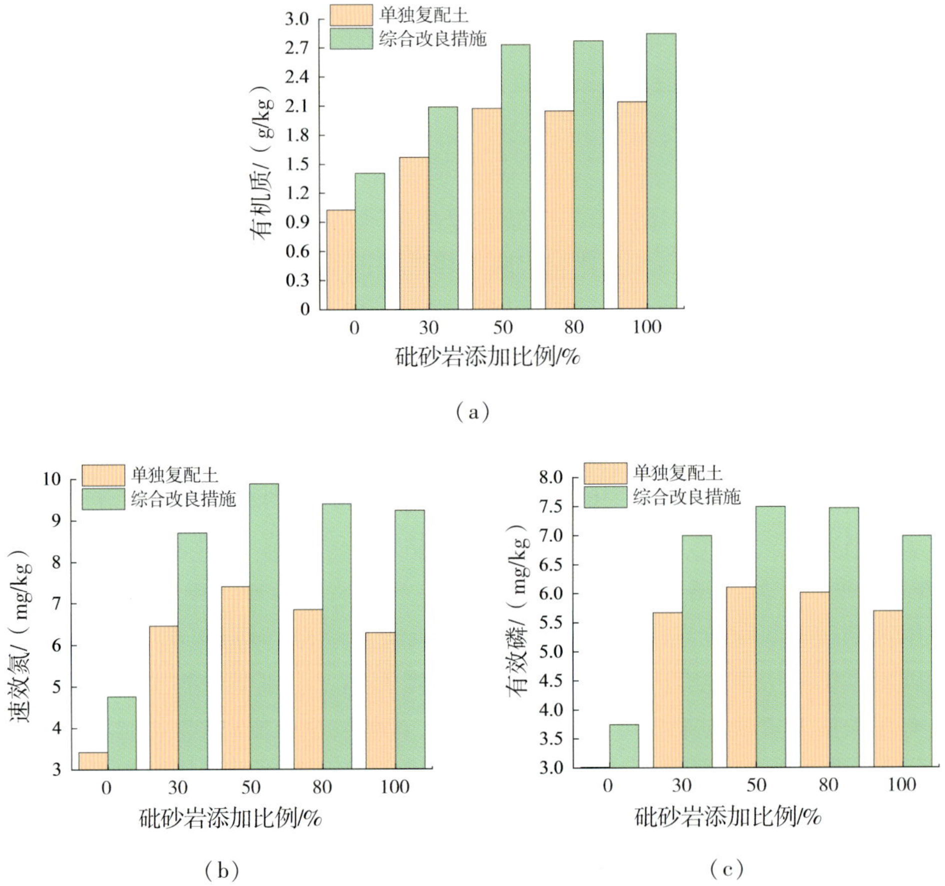

图10-24　添加单一砒砂岩与综合措施的土壤有机质、速效氮和有效磷效果对比

10.3.3.2　土壤微生物及酶活性变化

根据图10-25分析，通过砒砂岩与风沙土复配，细菌、真菌、脱氢酶和磷酸酶含量均有提升，随着砒砂岩添加比例的增大，土壤微生物及酶活性先是迅速增加，其后增加趋势逐渐变缓，趋于稳定。综合措施的效果非常显著，比单独复配改良效果提升

100%~400%,且在砒砂岩添加比例达到 50%时,微生物含量最多,酶活性最高,这也说明土质结构的改良效果最优,更加适合微生物的生长,从而提高酶含量和酶活性,对改良土壤具有重要作用。当砒砂岩与风沙土复配为 50%时,两种措施下细菌含量分别为 16.77×10^5 CFU/g、67.1×10^5 CFU/g,真菌分别为 23.2×10^5 CFU/g、109.3×10^5 CFU/g,脱氢酶分别为 135.77 μg/g、327.27 μg/g,磷酸酶分别为 13.52 μg/g、38.47 μg/g。

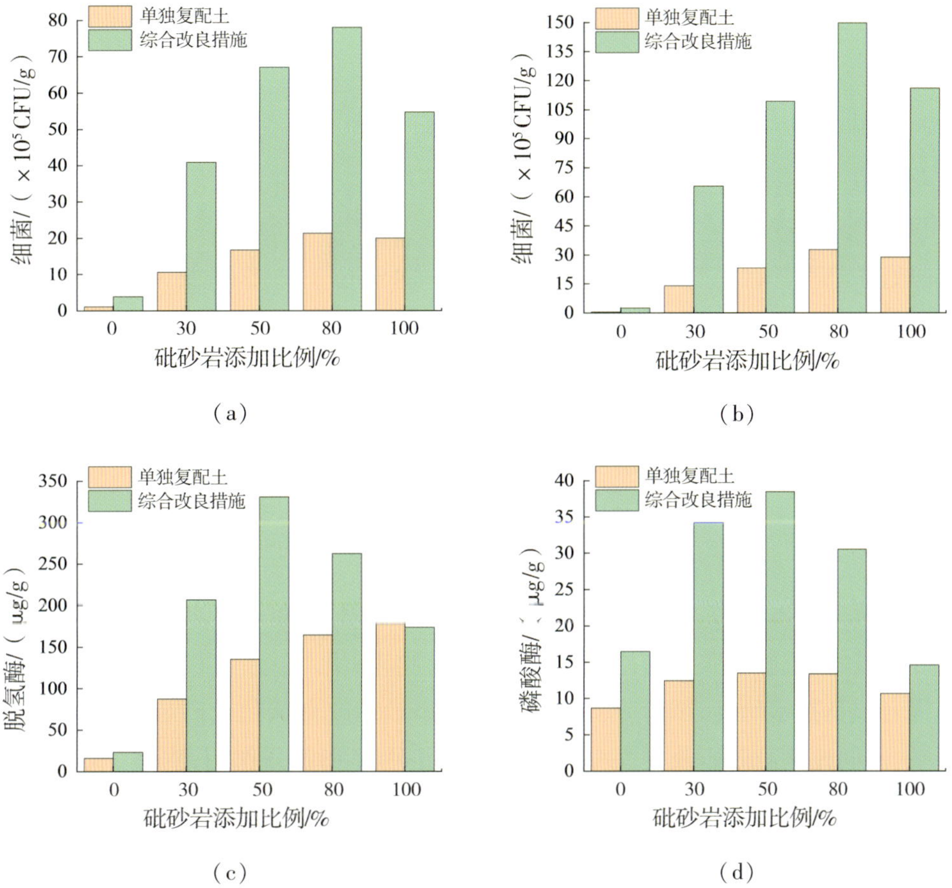

图 10-25 添加单一砒砂岩与综合措施下的土壤微生物及酶活性效果的对比

10.3.3.3 甘草长势

图 10-26 表明,通过砒砂岩与风沙土复配改善了土壤结构,团聚体含量增加,孔隙率和毛管孔隙度也得到了改善,更加适合植物根系发育,促进植被的生长。因此对风沙土复配改良后,甘草长势良好。当砒砂岩与风沙土复配达到 50%时,甘草的平均株高最高,而盖度则随着砒砂岩含量的增加逐渐提升。采用综合措施改良后,土壤有机质及微生物等含量均有更加明显的增加,甘草长势更好。当砒砂岩与风沙

土复配为50%时，两种措施下甘草的平均株高分别为39. 17 cm和55. 22 cm，平均盖度为65%和70%，分别增加40. 9%和7. 7%。与单独的风沙土相比，综合治理提升甘草平均株高和盖度分别为132%和40%。同时，甘草的生长会改良土壤结构，提高土壤中的有机质含量、微生物含量和种类等，从而更好地改善风沙土特征，为实现风沙土可持续肥力提升提供必要的途径。

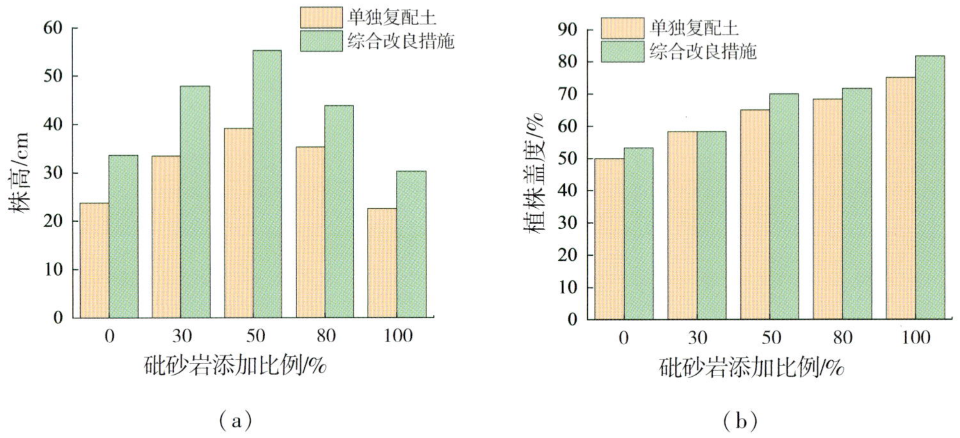

图 10-26　添加单一砒砂岩与综合改良的甘草长势对比

10. 4　小　结

在系统分析砒砂岩、风沙土、污泥基本性能的基础上，重点开展利用污泥改良风化砒砂岩技术、砒砂岩质土与沙复配改良技术，物理–化学–生物三元耦合土壤综合地力提升改良技术研发，试验分析了不同污泥添量的改良风化砒砂岩理化性质及肥力水平、不同比例砒砂岩改良库布齐沙漠风沙土物理和养分作用，物理–化学–生物三元耦合土壤综合地力提升改良技术对沙化土壤快速、持久、环保改良效果，取得以下主要认识：

(1)污泥的添加可有效改善风化砒砂岩的理化性质，提高其肥力水平。通过改良砒砂岩供试植株与对照组的生长态势对比，供试植株鲜重、干重、株高均有明显提高，但随着污泥添量的增加，其对植物生长的促进作用呈现下降的趋势。综合考虑改良风化砒砂岩的理化性质及肥力水平以及植被促进效果，污泥添量为10%时，风化砒砂岩改良效果最佳。

(2)种植植物能有效降低改良风化砒砂岩的密度、pH值，有效提高改良风化砒砂岩的总孔隙度、饱和持水量，有效改善土壤的电导率，达到生物改善的作用。

(3)砒砂岩可以有效提高风沙土中的黏粒含量、粉粒含量、毛管孔隙度、田间持水量,土壤团聚体、有机质、速效氮和有效磷含量,从而可以提高风沙土的持水、保水和保肥的能力,更好地适应植物的生长。

(4)砒砂岩与风沙土具有很好的互补作用,黏粒和粉粒含量与毛管孔隙度、田间持水量、有机质含量、速效氮含量、有效磷含量极显著正相关,但是与团聚体含量关系不显著,需要加入黏结材料或者种植固土材料实现风沙土的土壤化改良,为砒砂岩改良风沙土提供更好的环境条件。

(5)经过复配及综合措施改良风沙土后,砒砂岩与风沙土复配,并结合甘草可以有效改良风沙土的养分特征,其中砒砂岩添加比例 50%的效果较为显著。加入有机肥、高摩尔比脲甲醛缓释肥和微生物菌剂等改良剂后,土壤中的养分含量有所提升,可提升 20%以上,而微生物数量增加显著,最多可增加 2 倍以上,甘草的长势也有较为明显的提升。因此,通过物理-化学-生物综合措施可有效改良风沙土,这将为改良和治理风沙土提供一种切实可行的方法,同时对提高甘草产量具有重要意义。

黄河砒砂岩区

生态治理—衍生产业

协同发展关键技术

第 11 章　灌草平茬与利用关键技术

平茬是通过割除一些灌木的地上全部或部分植株，以促进其复壮和生长的一种措施，可以提高灌木的生长力和生态系统的稳定性，尤其适用于沙棘、柠条等。如何将平茬割除的灌木植株作为资源利用，是近年来生态治理与经济协同发展研究领域关注的重点问题之一。本章针对灌木平茬利用关键问题，通过大田试验筛选培育优质高效、适宜产业化推广种植的灌木和草本经济植物，研究了平茬最佳时机、平茬适宜高度、平茬灌草饲料加工等关键技术，为开展生物资源开发利用研究奠定基础。

11.1　灌草与土壤理化性质及生物学因子的关系

在鄂尔多斯砒砂岩区，尤其是覆沙区，生态适应性较好的灌草有沙棘、柠条、花棒、沙柳、梭梭、华北驼绒藜、羊柴、甘草等。为此，选择柠条、沙柳、花棒、梭梭、羊柴为研究植物样本，以流沙地为对照，研究不同灌木林地土壤理化性质和生物学特征，以期为砒砂岩边际性土地的植被恢复重建及其造林模式优化提供参考。

11.1.1　研究方法

从 2018 年起，对砒砂岩区优良灌木、草本植物，在 5 月下旬、7 月下旬、9 月下旬，对柠条、沙柳、花棒、梭梭、羊柴、华北驼绒藜、甘草等目标灌草物种对土壤理化性质及生物学因子的影响、饲用价值、刈割后植被恢复功能等方面进行调查研究。以流沙地作为对照样地，同一样地在典型地段随机设置 5 个平行采样点。在各个采样点用土钻取 0~10 cm 层土样，去除动植物残体后均匀混合，装入对应编号的无菌样品袋。对于用来分析理化性质和酶活性测定的样本，在实验室将其风干保存；对于用以分析土壤微生物的样品，需要通过冷藏的方式保存。

测定的土壤特征参数主要有土壤密度、总孔隙度、田间持水量、蒸发速率和入渗率、土壤含水量、电导率、pH 值、有机质、速效氮、速效磷、速效钾等。对于土壤密度、总孔隙度、田间持水量、蒸发速率和入渗率，均用环刀法测定；对于土壤含水量，采用烘干法测定;用电导法测定电导率;用电位法测定土壤 pH 值;对于有机质,用重铬酸钾容量法测定;分别用碱解扩散法、NH_4OAc(乙酸铵)浸提-火焰光度法、0.5 mol/L 碳酸氢钠法测定速效氮、速效钾和速效磷。

另外,用苯酚钠次氯酸钠显色法测定脲酶活性(以 24 h 后 1 g 土中 NH_4^+-N 的微克数表示),用 2,3,5—三苯基四氮唑氯化物 TTC 比色法测定脱氢酶(以 24 h 后 1 g 土壤生成 TTC 的微克数表示),用磷酸苯二钠比色法(以 24 h 后 1 g 土壤中释放出的酚的微克数表示)测定磷酸酶,蔗糖酶活性用 3,5-二硝基水杨酸比色法测定(以 24 h 后 1 g 土中葡萄糖的毫克数表示),多酚氧化酶用邻苯三酚比色法测定(以 24 h 后 1 g 土壤中紫色没食子素的毫克数表示)。

对于细菌、真菌与放线菌的数量,均采用稀释平板法分离。其中,细菌采用牛肉膏蛋白胨琼脂平板表面涂布法,真菌采用马丁氏(Martin)培养基平板表面涂布法,放线菌采用改良高氏 I 号合成培养基平板表面涂布法。

11.1.2 灌木对土壤特性的影响

对 5 种灌草林地土壤物理性质的测定表明,羊柴地和流动沙地的土壤密度显著大于花棒、柠条、沙柳和梭梭生长土壤的密度,而花棒、柠条、沙柳和梭梭之间无显著差异。土壤含水量与此相反,羊柴地和流动沙地的土壤含水量显著小于花棒、柠条、沙柳和梭梭生长地。其中,流动沙地的土壤含水量最低,为 0.54%,土壤含水量在花棒、柠条、沙柳和梭梭之间无显著差异(见表 11-1)。

表 11-1 不同灌草林地土壤物理性质

灌草林地	密度/(g/cm^3)	孔隙度/%	田间持水量/%	入渗率/(mm/min)	含水量/%
花棒	$1.53±0.02^{b}$	$36.32±0.68^{abc}$	$23.58±0.74^{ab}$	$8.21±0.34^{a}$	$3.05±0.13^{a}$
柠条	$1.53±0.03^{b}$	$36.04±0.96^{bc}$	$23.50±1.09^{ab}$	$7.44±0.38^{ab}$	$2.82±0.49^{a}$
沙柳	$1.54±0.04^{b}$	$37.49±0.77^{ab}$	$24.45±1.28^{a}$	$7.91±0.71^{a}$	$2.62±0.30^{a}$
梭梭	$1.53±0.02^{b}$	$38.21±1.47^{a}$	$25.11±1.34^{a}$	$6.47±0.50^{b}$	$2.79±0.49^{a}$
羊柴	$1.60±0.01^{a}$	$35.29±0.41^{c}$	$22.05±0.21^{b}$	$8.34±0.22^{a}$	$1.79±0.17^{b}$
流动沙地	$1.61±0.01^{a}$	$38.06±0.09^{a}$	$23.37±0.16^{ab}$	$4.88±0.49^{c}$	$0.54±0.18^{c}$

注:不同小写字母表示不同灌木林间差异显著($p<0.05$),下同。

各灌草林地土壤孔隙度的大小排序为:梭梭>流动沙地>沙柳>花棒>柠条>羊柴,梭梭林地和流动沙地的土壤孔隙度显著大于柠条和羊柴林地。各灌木林地土壤田间持水量的大小排序为:梭梭>沙柳>花棒>柠条>流动沙地>羊柴,梭梭和沙柳林地土壤田间持水量显著大于羊柴林地。各灌木林地土壤入渗率的大小排序为：羊柴>花棒>沙柳>柠条>梭梭>流动沙地，其中，羊柴、花棒和沙柳林地的土壤入渗率显著大于梭梭和流动沙地。

各灌草林地土壤 pH 值差异显著，其大小排序为：流动沙地>梭梭>沙柳>柠条>羊柴>花棒。柠条和梭梭林地土壤电导率显著大于沙柳和流动沙地，沙柳和流动沙地土壤电导率显著大于花棒和羊柴林地。灌木林地土壤速效氮含量的大小排序为：梭梭>羊柴>花棒>柠条>沙柳>流动沙地，流动沙地土壤速效氮含量显著小于其他灌木林地。花棒和羊柴林地土壤速效磷含量显著大于流动沙地，流动沙地土壤速效磷含量显著大于柠条、沙柳和梭梭林地。灌木林地土壤速效钾含量的大小顺序为：流动沙地>梭梭>柠条>沙柳>羊柴>花棒。流动沙地土壤有机质含量只有其他灌木林地的 1/3，其他灌木林地土壤有机质间无显著差异(见表 11-2)。

表 11-2　不同灌草林地土壤化学性质

样地	pH 值	电导率/(mS/m)	速效氮/(mg/kg)	速效磷/(mg/kg)	速效钾/(mg/kg)	有机质/%
花棒	$7.63±0.15^{e}$	$0.05±0.00^{c}$	$42.00±7.65^{bc}$	$23.64±1.53^{a}$	$9.21±0.80^{c}$	$2.99±1.42^{a}$
柠条	$8.30±0.06^{c}$	$0.07±0.00^{a}$	$40.67±3.58^{bc}$	$5.98±0.23^{c}$	$15.89±2.43^{bc}$	$2.45±0.37^{a}$
沙柳	$8.34±0.05^{c}$	$0.06±0.01^{b}$	$36.54±8.18^{c}$	$3.54±0.59^{c}$	$14.30±3.69^{c}$	$2.65±0.15^{a}$
梭梭	$8.49±0.07^{b}$	$0.07±0.00^{a}$	$51.94±2.70^{a}$	$2.71±1.32^{c}$	$21.13±1.72^{b}$	$3.14±0.18^{a}$
羊柴	$7.84±0.06^{d}$	$0.05±0.00^{c}$	$47.70±4.48^{ab}$	$22.25±9.10^{a}$	$9.68±2.50^{c}$	$2.51±0.30^{a}$
流动沙地	$8.69±0.08^{a}$	$0.06±0.00^{b}$	$16.33±0.57^{d}$	$11.39±0.02^{b}$	$28.77±3.14^{a}$	$0.91±0.17^{b}$

灌草林地土壤脱氢酶活性大小为：流动沙地>柠条>梭梭>羊柴>沙柳>花棒(见表 11-3)，柠条、梭梭和流动沙地的土壤脱氢酶活性显著大于花棒、沙柳和羊柴。土壤多酚氧化酶、蔗糖酶、脲酶和磷酸酶活性均在流动沙地中最低，土壤蔗糖酶、脲酶和磷酸酶活性均在柠条林地中最高。灌草林地土壤多酚氧化酶活性大小为：沙柳>柠条>羊柴>梭梭>花棒>流动沙地，各灌草林地土壤蔗糖酶、脲酶和磷酸酶活性大小为：柠条>沙柳/梭梭>羊柴/花棒>流动沙地。柠条林地土壤微生物总数高达 $405.56×10^{4}$ CFU/g，其次为沙柳和梭梭林地；花棒、羊柴和流动沙地的土壤微生物总数均在 $150.00×10^{4}$ CFU/g 左右，显著少于柠条林地。灌草林地土壤细菌数量的大小排序为：柠条>梭梭>沙柳>花棒>羊柴>流动沙地，其中，流动沙地土壤细菌数量最少，仅为 $4.75×10^{4}$ CFU/g。流动沙地土壤真菌数量约为其他灌木林地土壤的 15 倍。各灌木林地土壤放线菌数量的大小排序为：柠条>沙柳>梭梭>流动沙地>花棒>羊柴(见图 11-1)。

表 11-3 不同灌草林地土壤酶活性

样地	脱氢酶/(μg/g)	脲酶/(μg/g)	蔗糖酶/(mg/g)	多酚氧化酶/(mg/100g)	磷酸酶/(μg/g)
花棒	14.43±0.98[b]	29.07±2.06[cd]	0.58±0.03[cd]	27.07±5.04[c]	29.20±5.30[c]
柠条	51.90±12.31[a]	222.35±10.27[a]	4.63±0.44[a]	45.41±1.37[a]	120.23±12.64[a]
沙柳	17.45±0.69[b]	41.75±2.20[c]	4.36±0.15[a]	53.42±3.58[a]	105.80±12.54[ab]
梭梭	49.10±11.67[a]	174.79±15.51[b]	3.35±0.18[b]	28.23±6.11[bc]	87.00±9.57[b]
羊柴	24.40±0.89[b]	14.84±2.57[d]	0.85±0.09[c]	36.11±3.05[b]	11.23±2.19[cd]
流动沙地	58.54±3.48[a]	12.33±3.27[d]	0.14±0.03[d]	11.40±2.51[d]	5.90±2.27[d]

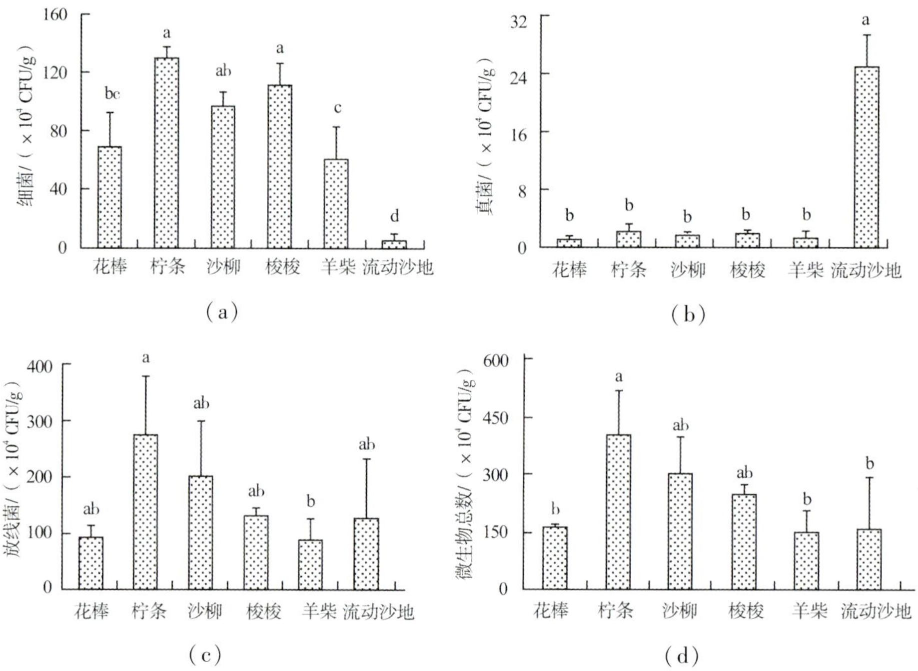

图 11-1 不同灌木林地土壤微生物数量

对不同灌木林地进行主成分分析，土壤肥力综合指数(IFI)的测算表明，灌木林地 IFI 值大小排序为：柠条林地(0.59)>沙柳林地(0.53)>花棒林地(0.47)>羊柴林地(0.39)，且差异显著(见图 11-2)。

采用综合指数法对 4 种灌木林地和流动沙地土壤进行了质量评价，结果表明，灌木林地和流动沙地土壤肥力高低为：柠条林地>沙柳林地>花棒林地>羊柴林地>流动沙地，不同灌木林的建植均能提高流动沙地土壤肥力质量，其中柠条林对提高土壤肥力质量效果最好。

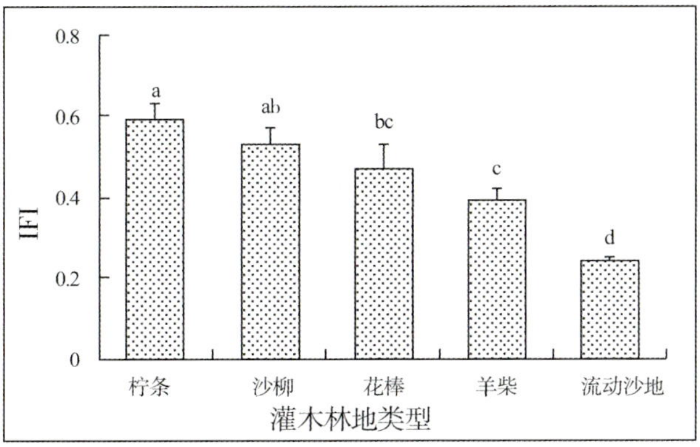

图 11-2　灌木林地土壤肥力质量表征指数(IFI)

11.1.3　不同灌草平茬复壮效果

合理的平茬复壮可有效促进沙生灌木的抚育更新,沙生灌木地上生物量大,生物质资源储量丰富,且枝叶适口性好,营养丰富,可以通过平茬收获大量枝条,作为家畜的一种饲料资源,有巨大的开发潜力。

以梭梭、羊柴、华北驼绒藜、花棒、沙柳、柠条和甘草为对象,观测平茬后植被恢复效果,为后续研发优质灌草饲料奠定基础。

于 2018 年 5 月、7 月和 9 月对梭梭、羊柴、华北驼绒藜、花棒、沙柳、柠条和甘草进行平茬,并对平茬后的恢复情况进行调查。在 2018 年对 5 月平茬的灌草共进行了 2 次恢复情况调查,对 7 月平茬的灌草进行了 1 次恢复情况调查。

观测指标包括灌草高度、冠幅/盖度、分蘖数、平茬后鲜重及干重、含水量等。

观测表明,各种灌草 5 月平茬后,在 2 个月内植株高度和冠幅的恢复情况远好于平茬后 2 个月至 4 个月的情况。5 月平茬后,2 个月内的恢复情况好于 7 月平茬后 2 个月内的恢复情况。5 月平茬的灌草中,华北驼绒藜 2 个月内恢复情况最好,其中,高度恢复了 114%,冠幅恢复了 63%。5 月平茬的甘草在 2 个月内恢复情况也较好,其高度恢复了 67%、冠幅恢复了 60%。

总体而言,除羊柴和华北驼绒藜外,各灌草的鲜重和干重在各月份间差异性不显著(见表 11-4),各灌草的含水量通常在 9 月最低,9 月各灌草中沙柳含水量最低。就各灌草而言,沙柳的单株鲜重和干重均最大。

表 11-4 灌草平茬及其恢复效果

灌草	平茬月份	平茬情况						2个月后恢复效果		4个月后恢复效果	
		高度/m	冠幅(m^2)/盖度(%)	分蘖数/个	鲜重/kg	干重/kg	含水量/%	高度/m	冠幅(m^2)/盖度(%)	高度/m	冠幅(m^2)/盖度(%)
梭梭	5	1.0^{b}	—	8	0.64^{a}	0.36^{a}	41.9^{ab}	0.6	0.27	0.7	0.52
	7	1.2^{a}	0.92	5	0.71^{a}	0.37^{a}	46.8^{a}	0.2	0.10	—	—
	9	1.3^{a}	0.91	—	0.54^{a}	0.38^{a}	38.5^{b}	—	—	—	—
羊柴	5	0.8^{b}	—	10	0.30	0.14^{a}	54.3	—	—	0.4	0.74
	7	0.6^{c}	0.67	8	—	0.03^{b}	—	0.2	0.12	—	—
	9	1.0^{a}	1.40	—	0.28	0.14^{a}	51.3	—	—	—	—
华北驼绒藜	5	0.7^{b}	0.83^{a}	48^{a}	0.66^{a}	0.44^{a}	33.4^{b}	0.8	0.52	1.0	1.35
	7	1.0^{a}	0.74^{a}	35^{a}	0.34^{b}	0.15^{b}	54.7^{a}	0.2	0.12	—	—
	9	0.9^{ab}	0.56^{a}	57^{a}	0.21^{b}	0.14^{b}	34.7^{b}	—	—	—	—
花棒	5	1.2^{a}	3.31^{a}	3^{a}	1.36^{a}	0.68^{a}	51.6^{a}	0.7	1.28	0.9	1.54
	7	1.4^{a}	3.03^{a}	5^{a}	1.29^{a}	0.59^{a}	55.0^{a}	0.3	0.09	—	—
	9	1.8^{a}	2.31^{a}	4^{a}	1.15^{a}	0.76^{a}	33.7^{b}	—	—	—	—
沙柳	5	2.5^{a}	5.16^{a}	43^{a}	3.67^{a}	2.48^{a}	53.2^{a}	1.2	1.26	1.4	2.28
	7	2.9^{a}	8.19^{a}	59^{a}	5.78^{a}	3.46^{a}	40.9^{b}	0.3	0.26	—	—
	9	2.3^{a}	3.55^{a}	52^{a}	1.34^{a}	0.94^{a}	32.1^{c}	—	—	—	—
柠条	5	2.1^{a}	3.04^{a}	24^{a}	4.06^{a}	1.85^{a}	50.1^{a}	0.5	0.36	0.9	0.89
	7	1.8^{a}	3.12^{a}	23^{a}	2.82^{a}	1.59^{a}	44.1^{a}	0.2	0.11	—	—
	9	2.7^{a}	2.09^{a}	24^{a}	2.82^{a}	1.45^{a}	43.1^{a}	—	—	—	—
甘草	5	0.3^{a}	50.0^{a}	28^{a}	—	0.10^{a}	—	0.2	30.0	0.2	27.5
	7	0.4^{a}	60.0^{a}	38^{a}	—	0.08^{a}	—	0.1	21.0	—	—
	9	0.4^{a}	51.7^{a}	33^{a}	0.22	0.10^{a}	53.7	—	—	—	—

注:"—"表示数据未测,不同小写字母表示同一种灌草不同月份间差异显著。

11.1.4 灌草饲用价值

饲用灌草可以为家畜提供丰富的营养物质,具有较高营养价值,是优质的粗饲料植物资源。豆科饲用灌木枝叶产量高、营养价值丰富、消化率高,能全年利用,具备较高的饲用价值,是饲草料的来源之一。粗纤维、粗蛋白、粗脂肪等有机营养成分含量的多少,决定了饲用植物营养水平和饲用价值的高低,因此重点对柠条、沙柳、花棒、梭梭、羊柴、甘草和华北驼绒藜等灌草的酸性洗涤纤维(ADF)、中性洗涤纤维(NDF)、粗蛋白(CP)、粗脂肪(EE)和相对饲用价值(RFV)进行了分析。在试验期间,这几种灌草经历了从生长盛期到生长末期的变化过程,完成了体内营养物质积累和转化的主要阶段。

11.1.4.1　试验方法

于植物返青季 5 月下旬、生长旺季 7 月下旬、生长末期 9 月下旬对上述几种灌草的地上部分进行平茬,留茬高度为 10 cm,测定粗蛋白、粗脂肪、酸性洗涤纤维及中性洗涤纤维含量,分析相对饲用价值。

酸性洗涤纤维的测定依据《饲料中酸性洗涤纤维的测定》(NY/T 1459—2022)中的方法;中性洗涤纤维的测定依据《饲料中中性洗涤纤维(NDF)的测定》(GB/T 20806—2022)中的方法;粗蛋白的测定依据《饲料中粗蛋白的测定 凯氏定氮法》(GB/T 6432—2018)中的方法;粗脂肪的测定依据《饲料中粗脂肪的测定》(GB/T 6433—2006)中的方法。

相对饲用价值(RFV,relative feed value)是 ADF 和 NDF 的综合反映,是评价饲料质量的一个指数,计算过程中盛花期苜蓿的相对饲用价值为 100,从而对比各种粗饲料可消化干物质的采食量。饲料的营养价值随着指数值的升高而升高,当值大于 100 时,饲料营养价值较好。

相关参数的计算公式为:

$$\text{消化性干物质(DDM)}/\% = 88.9 - 0.779\text{ADF} \tag{11-1}$$

$$\text{干物质采食量(DMI)}/\% = 120/\text{NDF} \tag{11-2}$$

$$\text{相对饲用价值(RFV)} = (\text{DDM} \times \text{DMI})/1.29 \tag{11-3}$$

式中:ADF、NDF 以干物质%表示。

11.1.4.2　不同灌草的饲用价值

在整个观测期内,柠条、沙柳、花棒、梭梭、羊柴、甘草、华北驼绒藜的酸性洗涤纤维(ADF)含量还是有一定差别的(见图 11-3),分别为 50.87%、50.64%、58.23%、43.43%、54.72%、42.04%、42.66%,其中花棒的 ADF 含量最高,甘草最低,花棒与羊柴之间差异不显著($p>0.05$),与其他各个灌草之间差异均达到显著性水平($p<0.05$)。柠条、沙柳、羊柴三者差异不显著($p>0.05$),梭梭、甘草、华北驼绒藜三者差异同样不显著($p>0.05$)。7 种灌草中性洗涤纤维(NDF)含量分别为 66.73%、

61.07%、68.62%、61.24%、65.22%、57.90%、66.20%，同样花棒的 NDF 含量最高，甘草最低，花棒与沙柳、梭梭、甘草三者之间的差异达到显著性水平($p<0.05$)，柠条、沙柳、梭梭、羊柴、华北驼绒藜这几种灌草之间差异不显著($p>0.05$)。灌草粗蛋白(CP)含量分别为 10.77%、6.30%、10.45%、9.50%、10.86%、12.50%、12.13%，甘草的 CP 含量最高，沙柳最低，甘草与沙柳、花棒、梭梭三者之间的差异显著($p<0.05$)，柠条、花棒、梭梭、羊柴之间差异不显著($p>0.05$)。灌草的粗脂肪(EE)含量分别为 8.90%、9.62%、9.68%、6.69%、8.50%、10.17%、8.69%，甘草的 EE 含量最高，梭梭最低，柠条、沙柳、花棒、甘草之间差异不显著($p>0.05$)，分别与梭梭、羊柴、华北驼绒藜之间差异达到显著性水平($p<0.05$)，梭梭、羊柴、华北驼绒藜三者之间差异不显著($p>0.05$)。

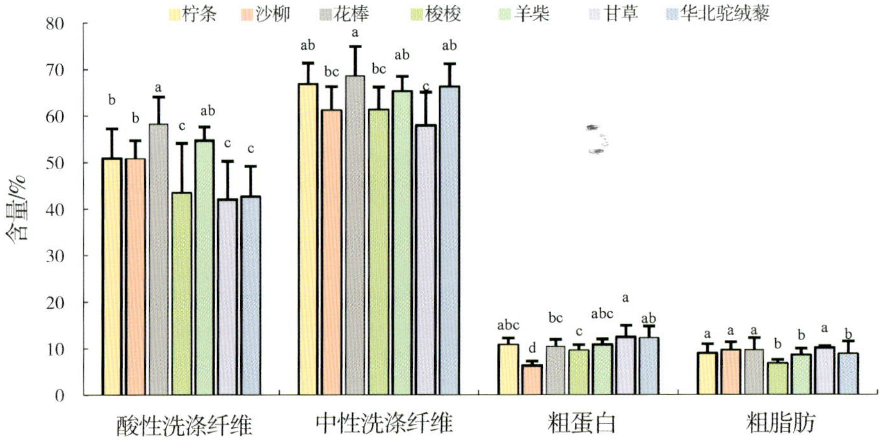

图 11-3 不同灌草营养价值含量

一般来讲，粗蛋白、粗脂肪含量越高，纤维性物质含量越低，营养品质较高，但纤维性物质是粗饲料的主要成分，含量过高影响消化率，过低也不能满足动物的正常需要。通过对各个灌草的相对饲用价值测验分析(见图 11-4)，几种试验灌草的 RFV 分别为 69.18、76.14、59.96、85.04、66.23、92.78、79.19，其中以甘草的 RFV 最高，花棒最低，甘草较花棒的 RFV 高出 32.82 个百分点。甘草与柠条、沙柳、花棒、羊柴之间差异显著($p<0.05$)，梭梭与柠条、花棒、羊柴之间差异显著($p<0.05$)，华北驼绒藜与柠条、沙柳、梭梭、羊柴之间差异不显著($p>0.05$)。

综上所述，花棒的 ADF 和 NDF 含量最高，梭梭、甘草、华北驼绒藜的 ADF 含量处于较低水平，沙柳、梭梭、甘草的 NDF 含量处于较低水平。甘草的 CP 和 EE 最大，沙柳和梭梭的 CP 含量处于相对较低的水平，其余灌草的 CP 含量处于相对较高水平且相差不大，梭梭的 EE 含量最低，其余灌草 EE 含量处于相对较高的水平且相差不大。不同灌草之间甘草的 RFV 最大，梭梭、华北驼绒藜、沙柳处于中等的水平，柠条、花

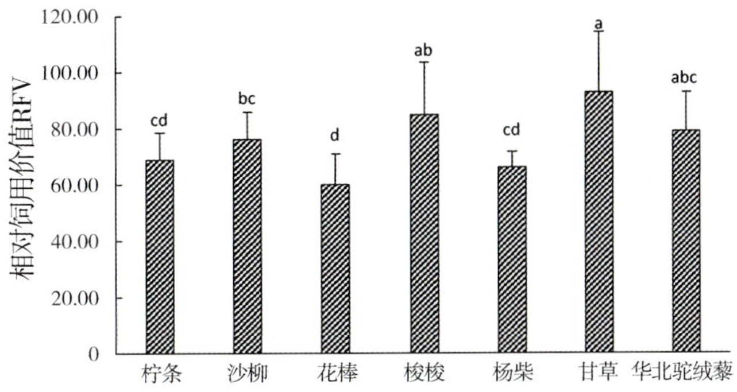

图 11-4　不同灌草相对饲用价值

棒、羊柴的 RFV 处于相对较低的水平。

11.1.5　灌草最佳刈割时间及刈割高度

以生长 4 年的柠条、沙柳、花棒、梭梭、羊柴、华北驼绒藜和甘草为样本，对不同刈割时间和不同留茬高度下 7 种植物茎叶中粗纤维、粗蛋白、粗脂肪等含量进行了测定，进而确定最佳刈割时间和留茬高度。

11.1.5.1　研究方法

结合不同植物生长情况选定标准株，按生产实践中的刈割方式，设计刈割时间与留茬高度 2 个处理，每个处理设 3 个水平，刈割时间分别为 2018 年 5 月 24 日、7 月 28 日、9 月 25 日，留茬高度为留茬 10 cm、植株高的 1/3 处、植株高的 2/3 处（由于甘草、华北驼绒藜植株较矮，故留茬高度不设梯度），共 9 个处理，每个处理重复 3 次。采集植物样风干后粉碎备用。

根据饲料检测标准对中性洗涤纤维（NDF）、酸性洗涤纤维（ADF）、粗蛋白（CP）、粗脂肪（EE）和相对饲用价值（RFV）等指标进行检测，检测方法同灌草饲用价值。

11.1.5.2　刈割最佳参数

1. 灌草最佳刈割时间

对 7 种沙生灌草不同刈割时间营养价值指标的分析表明，除沙柳、花棒以外，其他植物的 ADF 含量随月份均表现出增加的趋势，在 9 月 ADF 达到最大值。梭梭的 ADF 含量在生长初期与生长末期具有显著差异性（$p<0.05$），甘草的 ADF 含量在不同月份之间均表现为显著差异性（$p<0.05$），其余 5 种植物在生长季内的各月份之间差异不显著（$p>0.05$）。梭梭和甘草的 NDF 含量表现出随月份增加而增加的趋势，并在 9 月份达到最大值；柠条、梭梭、华北驼绒藜各个月份之间的 NDF 变化没有明显差异(p>0. 05),沙柳、花棒、羊柴、甘草的各个月份之间差异显著(p<0. 05)。梭梭、甘草和华北驼绒藜 CP 含量表现为生长初期>生长中期>生长末期,并表现出显著性差异(p<0. 05),说明植物的营养成分随着生长时间的增加逐渐降低,即由营养生长转变为生殖生长会降低枝叶的蛋白含量。柠条、沙柳、花棒和华北驼绒藜随月份的增加 EE 含量显著增加(p<0. 05),羊柴生长中期和生长末期 EE 含量基本不变(见表 11-5)。

表 11-5　不同刈割时间各植物营养价值指标含量

植物名称	刈割月份	酸性洗涤纤维/%	中性洗涤纤维/%	粗蛋白/%	粗脂肪/%	相对饲用价值
柠条	5	48. 33±7. 2^{a}	69. 33±4. 68^{a}	10. 49±1. 71^{a}	6. 17±0. 24^{b}	69. 29±10. 1^{a}
	7	48. 9±6. 1^{a}	63. 03±3. 63^{a}	10. 17±1. 47^{a}	9. 7±1. 02^{a}	75. 32±8. 94^{a}
	9	55. 37±1. 54^{a}	67. 83±2. 82^{a}	11. 66±0. 56^{a}	10. 83±0. 46^{a}	62. 93±3. 99^{a}
沙柳	5	53. 73±4. 44^{a}	64. 87±5. 47^{a}	6. 92±0. 14^{a}	7. 43±0. 97^{b}	68. 31±10. 07^{b}
	7	48. 4±2. 44^{a}	55. 5±0. 16^{b}	5. 72±1. 38^{a}	10. 03±0. 33^{a}	85. 81±3. 15^{a}
	9	49. 8±2. 84^{a}	62. 83±1. 64^{ab}	6. 25±0. 4^{a}	11. 4±0. 29^{a}	74. 31±5. 15^{ab}
花棒	5	61. 57±3. 3^{a}	76. 17±1. 94^{a}	9. 15±1. 72^{a}	6. 37±0. 62^{c}	50. 11±4. 35^{a}
	7	56. 9±3. 37^{a}	63. 9±1. 27^{b}	11. 14±0. 24^{a}	9. 97±0. 24^{b}	64. 93±4. 35^{a}
	9	56. 23±7. 85^{a}	65. 8±5. 06^{b}	11. 05±1. 23^{a}	12. 7±0. 08^{a}	64. 83±14. 14^{a}
梭梭	5	33. 43±4. 34^{b}	58±4. 22^{a}	11. 09±0. 56^{a}	5. 63±0. 4^{b}	101. 6±11. 33^{a}
	7	44. 37±5. 67^{ab}	59. 97±3. 32^{a}	9. 32±0. 49^{b}	7. 37±0. 33^{a}	84. 96±11. 99^{a}
	9	52. 5±10. 4^{a}	65. 77±3. 27^{a}	8. 11±0. 59^{b}	7. 07±0. 38^{a}	68. 56±14. 61^{b}
羊柴	5	52. 5±2. 94^{a}	66. 53±1. 91^{ab}	10. 93±0. 76^{a}	6. 57±0. 39^{b}	67. 26±5. 16^{a}
	7	54. 2±0. 88^{a}	61. 73±2. 89^{b}	11. 14±0. 89^{a}	9. 5±0. 37^{a}	70. 53±4. 15^{a}
	9	57. 47±1. 76^{a}	67. 4±1. 1^{a}	10. 51±1. 62^{a}	9. 43±1. 03^{a}	60. 9±0. 91^{a}
甘草	5	32. 33±2. 22c	49. 87±1. 88^{c}	15. 63±1. 14^{a}	10. 33±0. 33^{a}	119. 02±5. 35^{a}
	7	42. 7±1. 43^{b}	57. 6±2. 86^{b}	11. 41±0. 09^{b}	10. 3±0. 33^{a}	90. 17±6. 34^{b}
	9	51. 1±4. 36^{a}	66. 23±2. 74^{a}	10. 47±1. 36^{b}	9. 87±0. 4^{a}	69. 17±6. 6c
华北驼绒藜	5	39. 23±7. 73^{a}	65. 73±7. 05^{a}	14. 25±2. 39^{a}	5. 47±0. 48^{c}	84. 59±19^{a}
	7	40. 23±2. 48^{a}	64. 57±3. 37^{a}	12. 57±1. 25^{ab}	8. 43±0. 7^{b}	83. 2±5. 79^{a}
	9	48. 5±3. 36^{a}	68. 3±2. 54^{a}	9. 57±1. 64^{b}	12. 17±0. 76^{a}	69. 79±5. 28^{a}

注:同一列不同小写字母表示同一种植物在不同刈割时间下的差异性显著(p<0. 05)。

不同植物的相对饲用价值(RFV)表现出不同的规律。柠条、沙柳、花棒、羊柴的最大 RFV 出现在 7 月,而梭梭、甘草和华北驼绒藜的最大 RFV 则出现在 5 月;梭梭和甘草随月份的增加 RFV 逐渐减少，表现为显著差异性（$p<0.05$）。相对饲用价值与粗蛋白含量随时间变化基本一致。

综上所述，柠条、梭梭、羊柴、甘草和华北驼绒藜的粗纤维含量基本都随月份增大而增加，9 月粗纤维含量达到最高；沙柳、梭梭、甘草和华北驼绒藜的粗蛋白含量最高值出现在 5 月，表明梭梭、甘草和华北驼绒藜随着生长期的增长，粗蛋白不断转化为植物粗纤维。从植物相对饲用价值最高来说，不同植物的最佳平茬时间是不同的，从另一方面来说，不同时间平茬也可保证不同阶段有源源不断的饲料原料。7 种沙生灌草的粗脂肪 5 月到 9 月基本上都表现逐渐增大的趋势，并且在 5~7 月增加最快，7~9 月相对较小。说明此时植物的有机物主要在营养生长期快速积累，生物量增加。柠条在生长期内粗蛋白含量变化较小，但是纤维含量快速增加，应在 7 月选择平茬，既保证了动物的适口性，又使其营养价值最高；沙柳虽然在生长初期的粗蛋白含量最高，但是纤维含量也较高，所以在 7 月或 9 月平茬最合适；花棒、梭梭、羊柴应在 7 月平茬；甘草和华北驼绒藜在 5 月平茬。

2. 灌草最佳刈割高度

根据对 5 种植物不同留茬高度枝条的营养价值指标含量分析（见表 11-6），除羊柴 1/3 处刈割与留茬 10 cm 刈割、2/3 处刈割的 ADF 含量差异显著外（$p<0.05$），其他植物不同留茬高度的 ADF 相差不大。梭梭、花棒不同留茬高度的 NDF 含量具有显著差异（$p<0.05$），其余植物各留茬高度之间差异不显著（$p>0.05$）。沙柳和梭梭的 CP 含量在各自留茬高度下均处于较低的水平，尤其是沙柳的 CP 含量低于 6%，而其余植物的 CP 含量较高，基本都高于 10%。梭梭、花棒不同留茬高度的 CP 差异显著（$p<0.05$）。所有植物的 EE 含量相差不大，梭梭留茬 10 cm 刈割与 1/3 处刈割枝条的 EE 含量表现出显著性差异（$p<0.05$），其余各植物 EE 含量差异不显著（$p>0.05$）。

表 11-6　灌木枝条不同利用部位营养价值指标含量

植物名称	留茬高度	酸性洗涤纤维/%	中性洗涤纤维/%	粗蛋白/%	粗脂肪/%
柠条	留茬 10 cm	$52.13±5.5^a$	$65.43±4.04^a$	$10.92±1.34^a$	$10.27±0.98^a$
	植株高 1/3	$48.27±3.26^a$	$63.93±3.67^a$	$12.5±1.14^a$	$9.92±0.6^a$
	植株高 2/3	$50.03±3.03^a$	$62.48±3.8^a$	$12.53±1.43^a$	$10.48±0.79^a$
沙柳	留茬 10 cm	$49.1±2.74^a$	$59.17±3.85^a$	$5.99±1.05^a$	$10.72±0.75^a$
	植株高 1/3	$49.22±3.77^a$	$55.12±2.64^a$	$5.71±0.83^a$	$10.87±1.64^a$
	植株高 2/3	$47.37±4.01^a$	$55.15±4.73^a$	$5.76±1.01^a$	$10.65±1.38^a$

续表

植物名称	留茬高度	酸性洗涤纤维/%	中性洗涤纤维/%	粗蛋白/%	粗脂肪/%
梭梭	留茬 10 cm	48.43±9.31[a]	62.87±4.39[a]	8.71±0.81[a]	7.22±0.38[b]
	植株高 1/3	42.2±7.07[a]	55.45±2.32[b]	8.05±1.74[ab]	8.93±1.54[a]
	植株高 2/3	47.1±2.8[a]	58.7±6.8[ab]	6.44±1.45[b]	8.37±1.25[ab]
羊柴	留茬 10 cm	55.83±2.14[a]	64.57±3.58[a]	10.82±1.35[a]	9.47±0.78[a]
	植株高 1/3	49.77±4.49[b]	63.27±5.91[a]	11.12±1.16[a]	9.07±0.58[a]
	植株高 2/3	56.15±3.37[a]	64.27±4.72[a]	10.55±0.75[a]	9.7±0.71[a]
花棒	留茬 10 cm	56.57±6.05[a]	64.85±3.81[ab]	11.1±0.89[ab]	11.33±1.38[a]
	植株高 1/3	54.12±4.45[a]	62.5±3.72[b]	11.37±1.45[a]	10.53±1.74[a]
	植株高 2/3	59.18±4.09[a]	69.07±4.15[a]	9.9±0.57[b]	9.98±1.23[a]

注:同一列不同小写字母表示同一种植物在不同留茬高度下的差异性显著($p<0.05$)。

综上所述,各植物不同留茬高度的营养价值指标相差不大,并且基本都表现出差异不显著,由此可知不同的留茬高度对这5种植物的营养价值影响不大。除梭梭、甘草外,其他灌草最高相对饲用价值基本上都在7月,主要原因为酸性洗涤纤维与中性洗涤纤维增加。因此,在灌草饲料开发利用时,应结合植物营养价值、植被恢复情况、饲料开发需求等进行综合分析,选择最适合的刈割时间,留茬高度影响不大。

11.2 优良灌草饲料加工技术

在上述试验分析基础上,以沙柳、羊柴等灌草为样本,通过添加不同发酵材料,研究了平茬材料加工饲料的相关技术参数。

11.2.1 研究方法

选择沙柳、羊柴、花棒、甘草和大白柠条(也称柠条锦鸡儿)等5种灌草为研究样本。所有样本均全株采集,刈割留茬高度为10 cm。将所采集样品利用粉碎揉丝机进行切段揉丝,其中较为坚硬粗壮的茎多次粉碎揉丝备用;羊柴和花棒进行混合作为一种处理。

沙柳、羊柴、花棒、甘草和大白柠条均设对照组,组别为A,其余设计为:B组添加1‰乳酸菌;C组添加1‰乳酸菌和1‰纤维素酶;D组添加1‰乳酸菌和3%DM糖蜜;E组添加1‰纤维素酶;F组添加3%DM糖蜜;G组添加0.5‰青贮专用复合酶;H组添加30%水分;K组添加0.5‰青贮专用复合酶和3%DM糖蜜;M组添加1‰纤维素酶和 3%DM 糖蜜。

用揉丝机将沙柳、羊柴、花棒、甘草、大白柠条等青贮原料揉切成 2～5 cm 的细丝，拌匀添加剂，对菌种活化。青贮 60 d 后测定 pH 值、水分、氨基酸态氮、酸性洗涤纤维(ADF)、中性洗涤纤维(NDF)、酸性洗涤木质素(ADL)、乙酸、丙酸、丁酸、乳酸等。

11.2.2　发酵效果

不同灌草经过青贮发酵 60 d 后，检测不同处理的 pH 值，均在合理范围内，发酵情况良好(见图 11-5)。

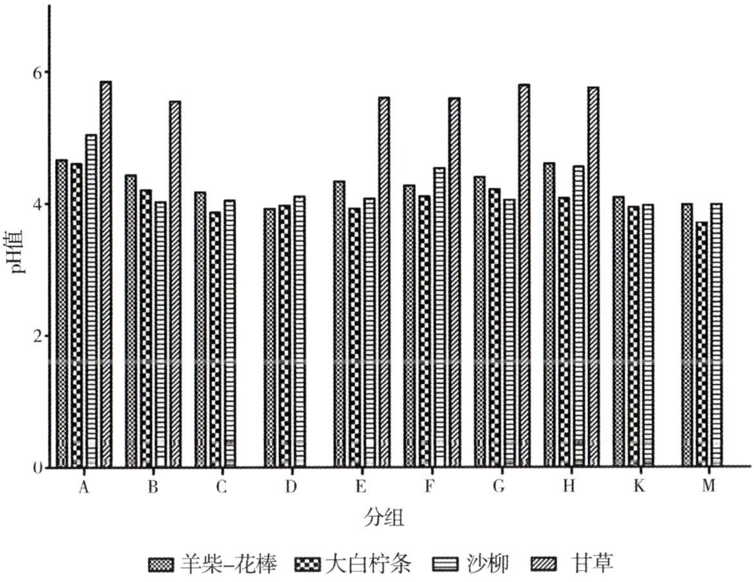

图 11-5　不同处理下 4 种灌草青贮 pH 值

对 4 种灌草不同处理下含水量的分析表明，发酵之后，水分含量变化较大，变化幅度在 33.34%～73.07%，其中甘草水分含量最高，羊柴-花棒水分含量偏低，其余两种水分含量居中，相对较为稳定，含水量也相似。基于此分析，可通过调节加水量或不同植物种类搭配调节水分(见图 11-6)。

氨基酸态氮含量在不同植物和不同处理中差异较大，甘草中 A、B、G、H 组处理较优；羊柴-花棒中 A、E 组处理较优；大白柠条中 A、B、C、E、H、K 组处理均显示较高的氨基酸态氮含量；沙柳 F、K、M 组处理较优，但整体氨基酸态氮含量较低，配方调制时应考虑其营养情况，适量添加(见图 11-7)。

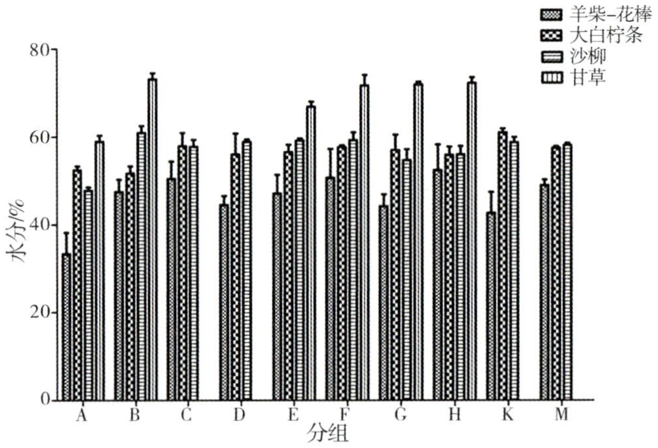

图 11-6 不同处理下 4 种灌草青贮水分含量

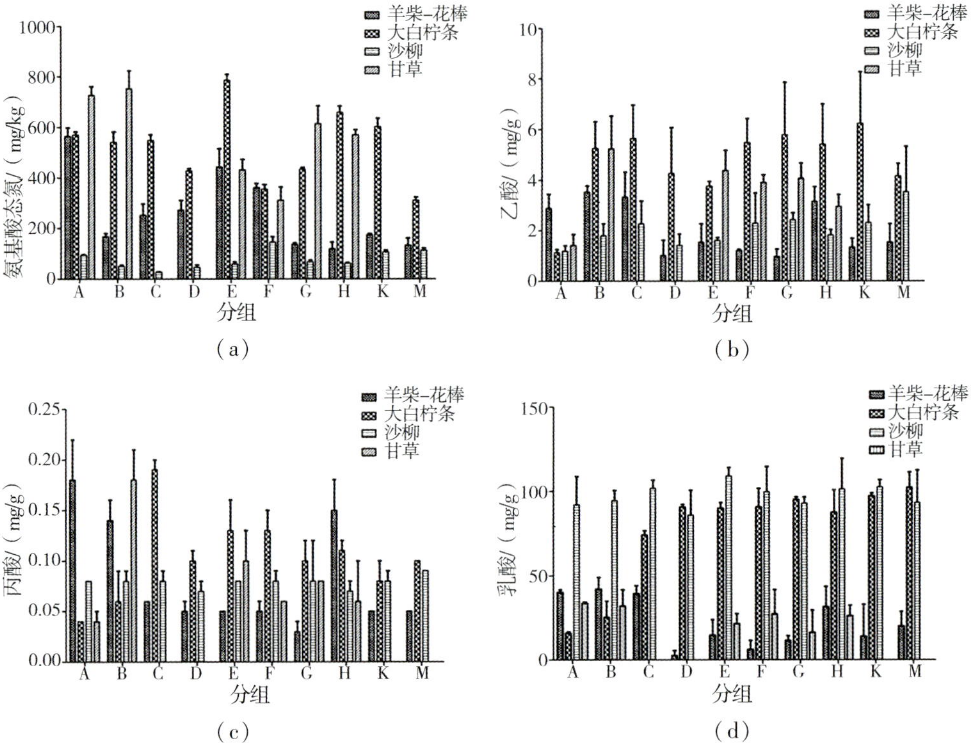

图 11-7 灌草饲料的氨基酸态氮含量和 3 种有机酸含量

对酸性洗涤纤维、中性洗涤纤维和酸性洗涤木质素含量的分析表明，纤维和木质素含量在各个植物中差异不大，其中杨柴-花棒显示高纤维和木质素含量，而甘草中则整体较低（见图 11-8）。

所有样品中均未检测出有害有机酸。虽然有机酸含量在不同处理中有差异，但均在合理范围内。在灌草饲料青贮过程中，可综合考虑植物种类和菌剂及酶的添加情况。

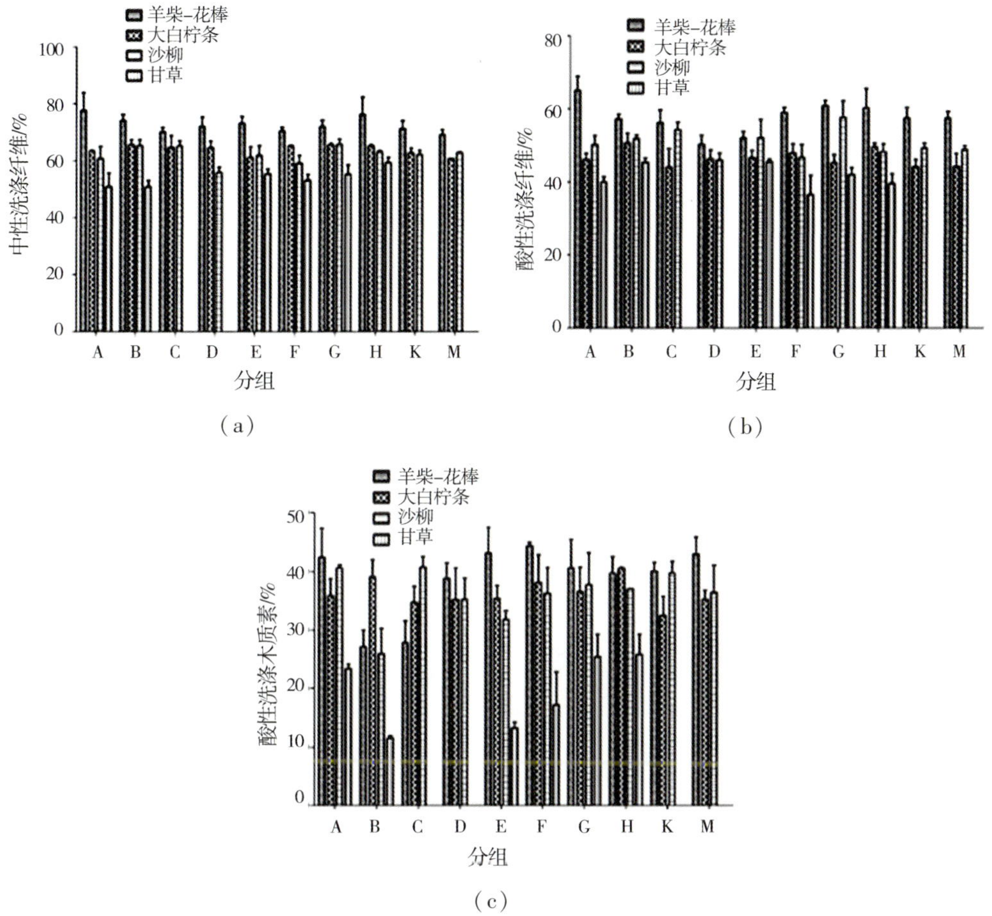

图 11-8　灌草饲料的纤维素和木质素含量

总体来看，灌草饲料经过青贮，pH 值均在合理范围内。发酵之后，水分含量变化较大，变化幅度为 33.34%~73.07%，其中甘草水分含量最高，羊柴-花棒水分含量偏低，配方调制时可通过调节加水量或不同植物种类搭配调节发酵饲料的水分。

氨基酸态氮含量在不同植物和不同处理中差异较大，大白柠条、甘草的氨基酸态氮含量较高，但沙柳整体氨基酸态氮含量较低，配方调制时考虑其营养情况，适量添加。

11.3　灌草饲料加工工艺

灌草饲料加工工艺流程主要包括确定优良灌草原料、原料除杂/粉碎揉丝、混合、发酵、烘干、微生物发酵、饲料原料准备和混合、制粒等流程(见图 11-9)。

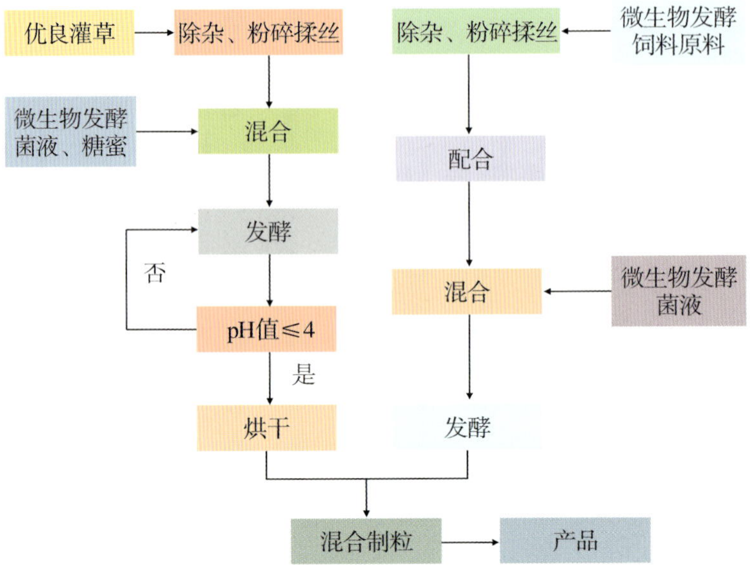

图 11-9 优质灌草饲料加工工艺流程

11.3.1 优良灌草草粉准备

11.3.1.1 优良灌草筛选

通过优良灌草筛选培育技术选出饲用价值较高的灌草，利用自主研发的自走灌木平茬机、履带式多功能灌木平茬机获取新鲜优良灌草枝条，为饲料提供原料。

11.3.1.2 除杂、粉碎揉丝

为提高饲料转化率且保证混合、制粒等工作顺利，要将选出的优良灌草进行除杂、粉碎揉丝工作。

11.3.1.3 混合

在粉碎过的饲料里添加 5%的玉米面粉、0.2%尿素、0.1%微生物发酵菌液喷雾和糖蜜等配料，并应用 SLHY4.0 单轴双螺带混合机混合，确保所添加配料在整批饲料中均匀分布。

11.3.1.4 发酵

将混合料在发酵罐进行厌氧发酵 20~35 d。温度控制在 25~50 ℃，水分控制在 65%~75%，要保证 pH 值在合理范围内。

11.3.1.5　烘干

待发酵后开窖，晾晒 2~3 d 后利用 1.2 m×10 m 圆筒烘干机烘干，将水分降至 12%以下，为混合制粒做准备。

11.3.2　微生物发酵菌料准备

11.3.2.1　微生物发酵底料配合

微生物发酵菌料配比占 80%，分别为：豆粕 24%、棉粕 10%、菜粕 10%、次小麦 10%、玉米 14%、饲料级石粉 5%、反刍动物预混料 3%（微量元素、维生素）、磷酸氢钙 4%，进行除杂、粉碎揉丝并配合。

11.3.2.2　添加剂与添加量

（1）青贮专用复合酶 J：由木聚糖酶、纤维素酶、β-葡聚糖酶、中性蛋白酶、甘露聚糖酶、葡萄糖氧化酶等组成，300~500 g 可发酵 1 t 饲料，据此选择 0.5 g/kg 的添加量。

（2）纤维素酶 CE：按 1 g/kg 添加。

（3）按质量浓度 3%添加糖蜜（M）类物质。

（4）乳酸菌的添加指标为 1 g/kg。

（5）自来水按质量浓度 30%添加。

11.3.2.3　混合制粒

将选出的优良灌草发酵草粉与微生物发酵菌料混合均匀，利用 SZYH20 强制喂料颗粒机制粒，温度控制在 65 ℃左右，利用 SKLN19×19 逆流式冷却器冷却 3~5 min 即可打包成品。

11.4　小　结

通过大田试验和室内检测分析的方法，对灌草与土壤理化性质及生物学因子的关系，灌草平茬时间、高度等优化参数，适于生物质利用灌草种类及加工工艺等开展了生物资源开发利用技术研究。取得的主要认识如下：

（1）试验的柠条、花棒、梭梭、羊柴、沙柳等 5 种灌草林地土壤物理性质有一定的差别，灌草对生长地的土壤密度影响作用与对土壤含水量的影响作用是相反，羊柴地和流动沙地的土壤含水量显著小于花棒、柠条、沙柳和梭梭生长地，而前者的土壤密度明显大于花棒、柠条、沙柳和梭梭生长土壤，不过花棒、柠条、沙柳和梭梭地之间的土壤密度、土壤含水量均无显著差异。

试验灌草林地的土壤脱氢酶活性大小与灌草种类有关，花棒、沙柳、羊柴地的土壤脱氢酶活性明显小于柠条、梭梭和流动沙地。对于土壤多酚氧化酶、蔗糖酶、脲酶和磷酸酶活性，以流动沙地的最低，而柠条林地的土壤蔗糖酶、脲酶和磷酸酶活性最高。

灌草林地土壤细菌数量以柠条林地的最高，而流动沙地土壤细菌数量最少，但是流动沙地土壤真菌数量最多，约为其他灌草林地土壤的 15 倍。对于土壤放线菌数量，以柠条地的最多，而以杨柴地的最少。

从土壤肥力质量综合指数看，以柠条林地的最高，而以流动沙地的最少，各种林地之间差异显著，且最高不大于 0.6。

(2)花棒的酸性洗涤纤维 ADF 和中性洗涤纤维 NDF 含量最高，甘草的最低；甘草的粗蛋白 CP 和粗脂肪 EE 最大，沙柳和梭梭的粗蛋白 CP 含量处于相对较低的水平；所有植物的粗脂肪 EE 含量相差不大，梭梭的粗脂肪 EE 含量相对而言较低；甘草的相对饲用价值 RFV 最大，柠条、花棒、羊柴的相对饲用价值 RFV 处于相对较低的水平。所以要根据对饲料功能的要求，选择灌草种类。

(3)除梭梭、甘草以外，其他试验灌草相对饲用价值最高点基本都处于 7 月，在该期间灌草植物酸性洗涤纤维与中性洗涤纤维含量较多。但是，7 月往往是干旱半干旱区的降雨集中期，在此期间进行平茬需要注意防止增加水土流失。

(4)选择柠条、沙柳、花棒、梭梭、羊柴、甘草和华北驼绒藜等作为试验植物，分析了不同留茬高度对植物营养价值的影响，分析表明，不同留茬高度对试验灌草的营养价值影响不大。因此，进行灌草饲料开发利用时，应结合植物营养价值、植被恢复情况、饲料开发需求等进行综合分析，选择最适合的刈割时间，无须考虑留茬高度。

(5)灌木饲料经过青贮后，pH 值均可以控制在合理范围内。发酵之后，水分含量变化较大，变化幅度在 33.34%~73.07%，配方调制时可通过调节加水量或不同植物种类搭配调节发酵饲料的水分。

(6)灌草饲料加工需要严格按照科学的工艺流程，以确保灌草平茬加工饲料的质量。工艺流程主要包括确定优良灌草原料、原料除杂/粉碎揉丝、混合、发酵、烘干、微生物发酵、饲料原料准备和混合、制粒等。

黄河砒砂岩区

生态治理–衍生产业

协同发展关键技术

第 12 章　砒砂岩区退化植被恢复重建技术

砒砂岩区植被退化严重，进一步加剧了水土流失，筛选适于砒砂岩区抗逆性植物，研究建植技术，对于植被恢复重建、治理土壤侵蚀具有重要意义。本章通过大量的野外样方调查和统计分析，针对砒砂岩区退化植被恢复重建存在的关键问题，主要研究了砒砂岩区植被退化类型与立地条件，分析了驱动植被退化的主要因素，筛选出了砒砂岩区抗逆性植物，提出了植被建植模式、生境改造技术和建植技术，并分析了具有潜在抗逆性的植物。

12.1　砒砂岩区植被退化类型与立地条件

12.1.1　砒砂岩不同类型区立地条件

12.1.1.1　不同类型土壤特征

砒砂岩区土壤多以粒状、片状和块状结构存在，而有机-无机复合团聚形态的团粒较少。沙质土多为粒状结构，壤质土多见碎块状和块状结构，黏质土多见块状和片块结构（见表 12-1）。

表 12-1　砒砂岩区不同类型土壤表观特征

土壤类型	取样深度/cm	颜色	结构	质地	松紧	取样点
栗钙土	0～27	红褐色	单粒	沙土	松	准格尔旗海子塔
风沙土	0～100	黄	单粒	沙土	松	准格尔旗长滩
黄土性土	0～20	黄	单粒	沙壤	松	府谷清水
红土性土	0～15	棕红	单粒	沙土	松	府谷清水
紫色土	0～15	灰	单粒	砂岩	松	神木万镇

发育于冲积物母质上的土壤有机质、细土粒和各类养分含量较高。河谷阶地、河漫滩上的土壤是在混积物上发育形成的，黏质沉积物和沙质沉积物相间或相混合，各类养分含量较低。丘陵坡顶、坡面上的土壤发育于残积物或坡积物母质，沙质沉积物多为石英，养分含量低。发育在风积物母质上的沙质沉积物多是沙粒，养分含量很低（见表 12-2）。

表 12-2　土壤养分含量

土壤类型	取样点	有机质含量/%	全氮/%	全磷/%	全钾/%
栗钙土	伊金霍洛旗红海子	0.91	0.075	0.074	1.53
风沙土	准格尔旗纳林	0.61	0.053	0.066	2.21
黄土性土	准格尔旗海子塔	0.32	0.028	0.174	2.22
红土性土	府谷清水	0.35	0.031	0.102	2.04
紫色土	府谷清水	0.24	0.026	0.083	2.54
灰褐土	偏关城关镇	0.80	0.047	0.137	2.07

砒砂岩区土壤阳离子交换量低的土壤类型多，分布广，表现出土壤供肥、保肥性能差（见表 12-3）。

表 12-3　土壤碳酸钙含量和阳离子交换量

土壤类型	取样点	样深/cm	$CaCO_3$ 含量/%	阳离子交换量/(cmol/kg)
栗钙土	准格尔旗暖水	0~20	4.4	3.8
风沙土	准格尔旗纳林	0~20	5.3	4.2
黄土性土	准格尔旗海子塔	0~20	4.3	8.4
红土性土	府谷清水	0~20	3.2	5.8
紫色土	府谷清水	0~20	2.7	5.8
灰褐土	偏关城关镇	0~20	10.8	13.3

12.1.1.2　土壤水分分布特征

水肥是植被生长的重要环境因子，同时植被生长也对水肥条件及其特征产生重要影响。由于砒砂岩层土壤质地坚硬，一般植物根系很难穿入吸收其水分和养分资源，所以薄层覆土砒砂岩区上伏黄土厚度对水分和养分资源总量及空间分布特征、循环过程具有重要影响。为摸清覆土砒砂岩区不同覆土厚度土壤水分和养分资源总量及其差异，利用田间调查和室内分析相结合的研究方法，开展了覆土砒砂岩区不同覆土厚度土壤水分和养分状况研究。

2019 年 8 月在鄂尔多斯暖水乡圪秋沟流域选取覆土砒砂岩区为试验样地，地理坐标为 110°36′E、39°47′N，海拔为 1 215. 8 m。该区为中温带季风气候，年平均气温 8. 7 ℃，无霜期 130～160 d，相对湿度为 52%。夏季炎热多雨，年平均降水量为 389. 4 mm，主要集中于 6—9 月，多以暴雨形式发生。日照充足，年平均日照时数为 2 716. 4～3 193. 9 h，年蒸发量为 2 000～3 000 mm，属于典型的半干旱地区。

在该区域选择 5 个具有代表性的不同覆土厚度的草地样地。草地样地依次为裸露砒砂岩样地、20 cm 薄层覆土草地、50 cm 覆土草地、120 cm 覆土草地和 300 cm 覆土草地，每个处理取 3 个点，分别采集表层、0～20 cm、0～50 cm、0～120 cm、0～200 cm 和 0～320 cm 土壤样品，采样时间为 2020 年 5 月。

在各样地利用土钻钻取不同厚度的土样，用铝盒收集，采用 105 ℃烘干法测定土壤含水量，含水量计算公式为

$$W=\frac{m_1-m_2}{m_2-m_0}\times 100\% \tag{12-1}$$

式中：W 为土壤含水量，%；m_0 为烘干后铝盒的质量，g；m_1 为烘干前铝盒和土样的质量，g；m_2 为烘干后铝盒和土样的质量，g。

图 12-1 为砒砂岩区不同覆土厚度土壤剖面含水量变化趋势。以 L 表示覆土层，P 表示砒砂岩层，W_0、W_{20}、W_{50}、W_{120}、W_{300} 表示覆土厚度分别为 0 cm、20 cm、50 cm、120 cm、300 cm 的土壤含水量。由图 12-1 可以看出，随着土层深度的增加，土壤水分先增大后减少。$W_{20}(P) > W_{20}(L)$、$W_{50}(P) > W_{50}(L)$、$W_{120}(P) > W_{120}(L)$，覆土草地中 P 层土壤含水量比 L 层的高，且随着覆土厚度的增加，L 和 P 层最大含水量深度逐渐增加。裸露样地 P 层的最大含水量 W_{max} 为土层深度 30 cm；20 cm 黄土覆盖草地 L 层最大含水量 W_{max} 为 20 cm 土层，P 层 W_{max} 为土层深度 60 cm；50 cm 黄土覆盖草地 L 层 W_{max} 为 50 cm 土层，P 层 W_{max} 的土层深度为 120 cm；120 cm 样地的 L 层 W_{max} 为 90 cm 的土层，P 层 W_{max} 为 160 cm 土层；300 cm 样地 L 层的 W_{max} 为 180 cm 的土层深度。各处理中黄土覆盖层的含水量为 2. 7%～12%，砒砂岩层的含水量在 6%～12%，砒砂岩层的含水量高于上层的黄土覆盖层。同时，黄土覆盖层的含水量变幅最大，接近 10%，而砒砂岩层的含水量变幅仅为 5%左右。总体来说，黄土覆盖层的含水量小于砒砂岩层的，砒砂岩层土壤含水量更高，保水性能强于黄土覆盖层。

此外，覆土 20 cm、覆土 50 cm 和覆土 120 cm 的草地，土壤水分能够穿过黄土-砒砂岩（L-P）界面，且随覆土厚度的增加，穿透深度有所增加。土壤水分受 P 层阻碍较大，水分入渗深度不足，仅为 20 cm 左右，之后入渗量极小，趋于定值，水分无法下渗到土壤深层。而土壤水分在 L-P 界面不受干扰，且随土层深度的增加而逐渐上升。

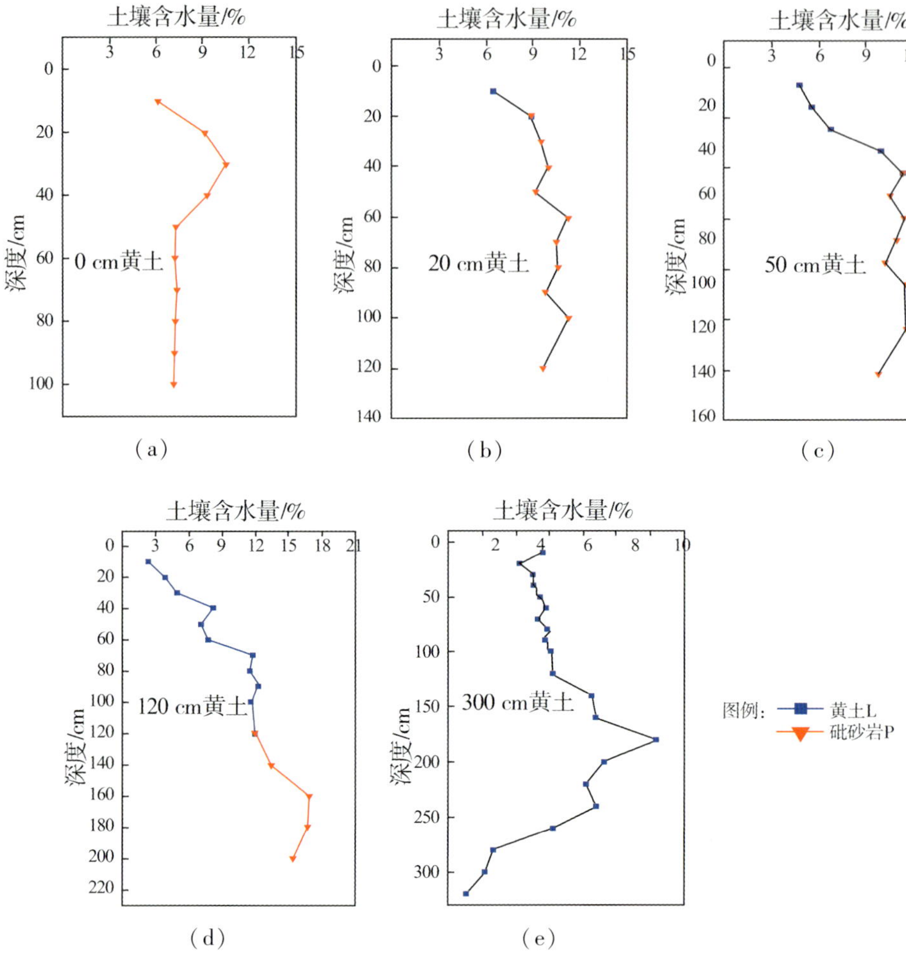

图 12-1　不同覆土厚度土壤含水量剖面分布特征

图 12-2 为砒砂岩区不同覆土厚度的土壤平均含水量和储水量变化趋势。从平均土壤含水量 $\overline{W}$ 来看,不同黄土覆盖厚度样地平均含水量 $\overline{W}_i$ 是不同的,而且其大小并不是按黄土覆盖层厚度排序的。例如,在黄土覆盖层 50 cm 的样地,黄土层 L 的平均含水量 $\overline{W}_{50}$ 是最大的,按其大小排序为 $\overline{W}_{50}>\overline{W}_{20}>\overline{W}_{300}>\overline{W}_{120}$。随覆土厚度增加,0~300 cm 黄土层 $\overline{W}$ 呈现增加趋势。同时,砒砂岩层 P 的平均土壤含水量也具有其大小并不是按黄土覆盖层厚度排序的特征,其排序为 $\overline{W}_{120}>\overline{W}_{50}>\overline{W}_{20}>\overline{W}_{0}$,随着覆土厚度的增加,0~300 cm 砒砂岩层的平均土壤含水量 $\overline{W}$ 也呈现逐渐增加的趋势。总体来看,覆土厚度的增加能够增加土壤平均含水量。此外,各样地的砒砂岩层平均土壤含水量均大于黄土覆盖层的平均土壤含水量,即 P 层的平均土壤含水量高于 L 层的。

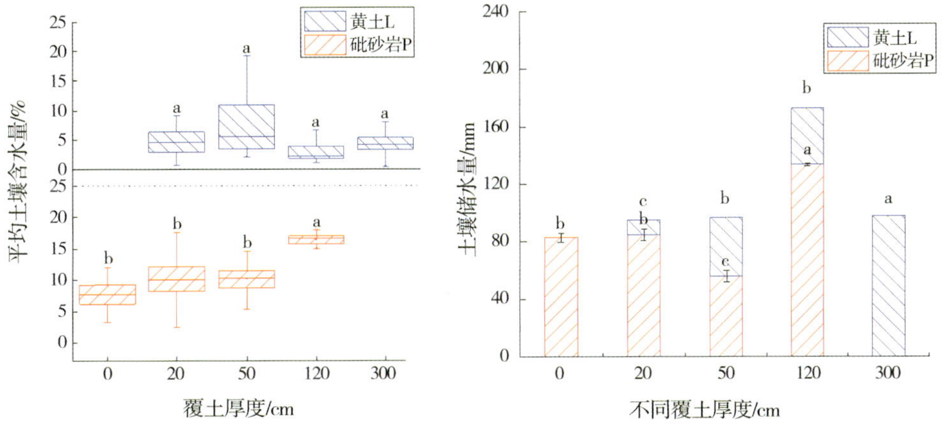

(a)　　　　　　　　　　(b)

注:无黄土覆盖、20 cm 和 50 cm 覆土厚度土壤含水量为 0~100 cm 剖面,120 cm 和 300 cm 覆土厚度土壤含水量为 0~200 cm 剖面。

图 12-2　不同覆土厚度土壤水分平均含量和总储量

根据砒砂岩区不同覆土厚度土壤储水量 V 变化趋势看[见图 12-2(b)],在 $p<0.05$ 置信水平条件下,各样地黄土覆盖层 L 的储水量大小排序为 $V_{300}>V_{120}>V_{50}>V_{20}$,随着覆土厚度的增加,0~200 cm 黄土层土壤储水量 V 逐渐增加。在同样置信水平下,各样地砒砂岩层 P 的土壤储水量 V 的大小排序为 $V_{120}>V_{20}>V_{0}>V_{50}$,随着覆土厚度的增加,0~100 cm 砒砂岩层土壤储水量 V 先增大后减小。此外,砒砂岩层 P 的土壤储水量均大于黄土覆盖层的,即各样地 P 层土壤储水量高于 L 层的。

12.1.1.3　土壤养分分布特征

根据对砒砂岩区不同覆土厚度土壤有机质含量(S_{om})的变化趋势分析(见图 12-3),随着土层深度的增加,S_{om} 逐渐减小。不同覆土厚度的最大土壤有机质含量 S_{ommax} 均在表层 10 cm 处。随土层深度的增加,裸露样地(表层无黄土覆盖)0~100 cm 深度土壤 S_{om} 呈现逐步减小的趋势,直至趋于相对稳定值;300 cm 黄土覆盖草地 0~300 cm 深度土壤 S_{om} 也呈减小趋势,并最终趋于相对稳定值,且黄土覆盖草地大于裸露样地的。同时,20 cm、50 cm 和 120 cm 黄土覆盖草地砒砂岩层的 S_{om} 均呈逐渐减小的趋势,但减小的幅度较小,且随着覆土厚度的增加,砒砂岩层的 S_{om} 均趋于相对稳定值,与无黄土覆盖样地和 300 cm 黄土覆盖草地底部的 S_{om} 走势相似。

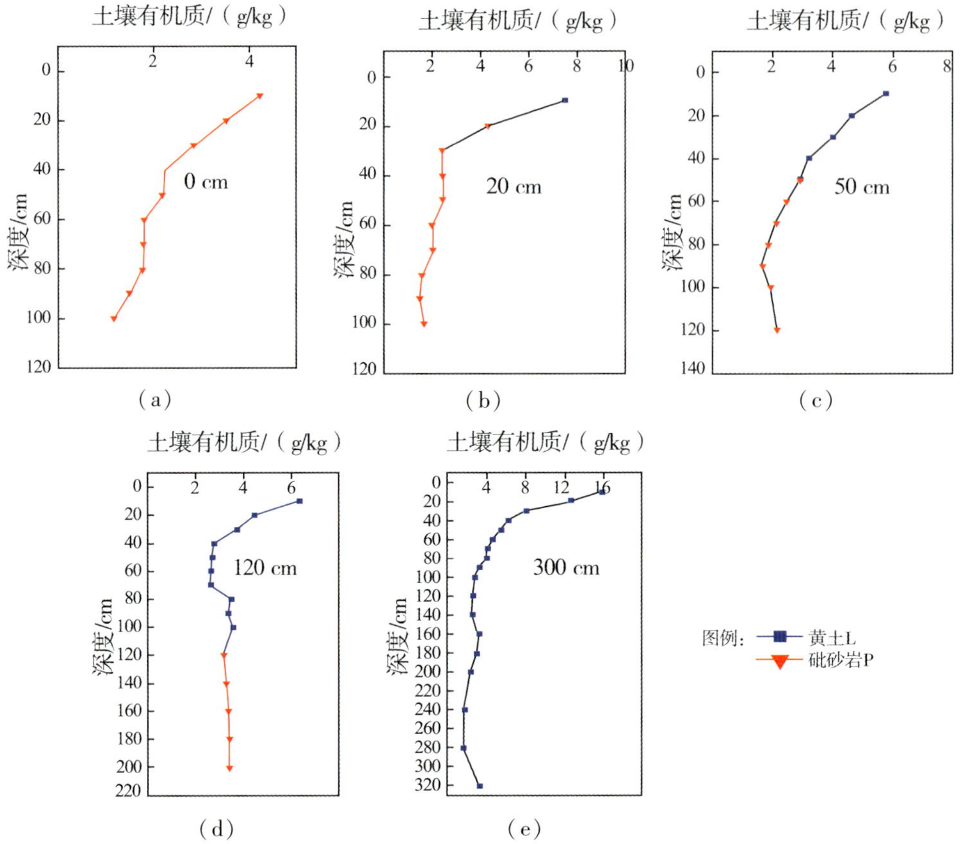

图 12-3　不同覆土厚度土壤有机质含量

此外，20 cm 覆土、50 cm 覆土和 120 cm 覆土草地的黄土-砒砂岩（L-P）界面的 S_{om} 随覆土厚度的增加而逐渐减小。覆土厚度的增加使得 P 层的 S_{om} 逐渐减小，说明 S_{om} 在表层有积累的现象。同时，S_{om} 变幅 ΔS_{om} 在 L 层的变化较大，且随 L 层厚度的增加而增加。而在 P 层 ΔS_{om} 变化较小，且随着 L 层覆土厚度的增加而减小。总体来看，砒砂岩层 P 的 S_{om} 比 L 层的低。植物将 P 层的养分通过根部吸收至植物体内，又通过植物枯枝落叶代谢逐渐分解残留在 L 层，而 P 层养分补给量较少，导致 P 层的 S_{om} 越来越低。同时，随着 L 层覆土厚度的增加，植被会加快消耗 P 层的 S_{om}，L 层覆土厚度越大，下层越贫瘠。

图 12-4 为砒砂岩区不同覆土厚度土壤平均有机质含量和土壤碳储量变化趋势。在黄土覆盖层，各样地的平均 $\overline{S}_{om}$ 大小排序为 $\overline{S}_{om20}>\overline{S}_{om50}>\overline{S}_{om120}>\overline{S}_{om300}$，随着覆土深度的增加，0~200 cm 黄土层 $\overline{S}_{om}$ 呈逐渐减小趋势。在砒砂岩层，各样地平均 $\overline{S}_{om}$ 大小排序为 $\overline{S}_{om120}>\overline{S}_{om0}>\overline{S}_{om50}\approx\overline{S}_{om20}$，随着覆土深度的增加，0~100 cm P 层的 $\overline{S}_{om}$ 呈减小趋势，0~200 cm P 层的 $\overline{S}_{om}$ 呈增加的趋势。

另外,在覆土层 L,土壤碳储量 C 在各样地也是不同的,在置信水平 $p<0.05$ 的条件下,其大小排序为 $C_{300}>C_{120}>C_{50}>C_{20}$,随着覆土深度增加,0~200 cm 黄土层 C 逐渐增加。同样,在 $p<0.05$ 置信水平下,各样地砒砂岩层 P 的储碳量 C 大小排序为 $C_{120}>C_{0}>C_{20}>C_{50}$。

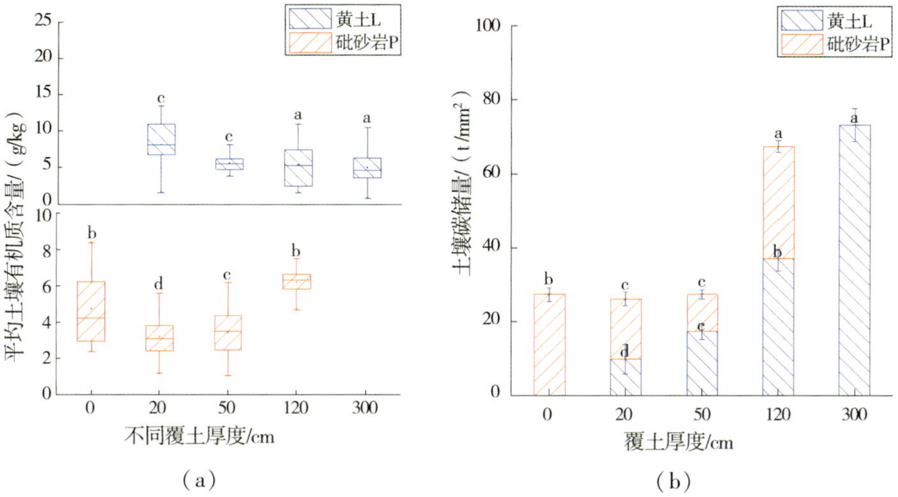

注:无黄土覆盖、20 cm 和 50 cm 覆土厚度土壤碳储量为 0~100 cm 剖面;120 cm 和 300 cm 覆土厚度土壤碳储量为 0~200 cm 剖面。

图 12-4　不同覆土厚度平均土壤有机质含量和土壤碳储量

12.1.1.4　土壤全氮分布特征

通过分析砒砂岩区不同覆土厚度土壤全氮(TN)含量变化趋势可知(见图 12-5),随土层深度增加,TN 含量逐渐减小,不同覆土厚度土壤 TN 最大值均在表层 10 cm 处,按黄土覆盖深度下 10 cm 全氮量的大小排序为覆土 300 cm 的 TN>覆土 20 cm 的 TN>覆土 50 cm 的 TN>覆土 120 cm 的 TN>砒砂岩裸露的 TN。随土层深度的增加,砒砂岩裸露样地 0~100 cm 土壤 TN 含量表现为逐步减小的趋势,直至趋于相对稳定值;300 cm 黄土覆盖草地 0~300 cm 土壤 TN 含量也呈减小趋势,最终趋于相对稳定值。同时,20 cm、50 cm 和 120 cm 黄土覆盖草地土壤表层 TN 含量呈逐渐减小的趋势,随着土层厚度的增加,表层 TN 含量均依次减小。20 cm、50 cm 和 120 cm 黄土覆盖草地砒砂岩层 P 的土壤 TN 含量也呈逐渐减小的趋势,但减小的幅度较小,且随着覆土厚度的增加,P 层 TN 含量趋于相对稳定值,与无黄土覆盖的样地和 300 cm 黄土覆盖草地 P 层 TN 含量趋势相同。此外,黄土覆盖层 L 的 TN 含量在 0.03~0.75 g/kg 之间,P 层 TN 含量在 0.02~0.15 g /kg,且黄土覆盖层的 TN 变幅为 0.72 g/kg,砒砂岩层的为 0.13 g/kg 左右。显然,黄土覆盖层的 TN>砒砂岩层的 TN,植物对 L 层吸收程度强于 P 层。同时,各样地黄土覆盖层的 TN 均大于砒砂岩层的 TN。20 cm 覆土、50 cm 覆土和 120 cm 覆土草地的黄土-砒砂岩(L-P)界面土壤 TN 含量随 L 层覆土厚度的增加而逐渐减小。L 层覆土厚度的增加不会使土壤 TN 含量产生变化,反而会使 P 层土壤 TN 含量逐渐减小。同时,土壤 TN 含量在 L 层的变化较大,且随 L 层厚度的增加而增加。而在 P 层土壤 TN 含量变化较小,且随着 L 层覆土厚度的增加而减小。

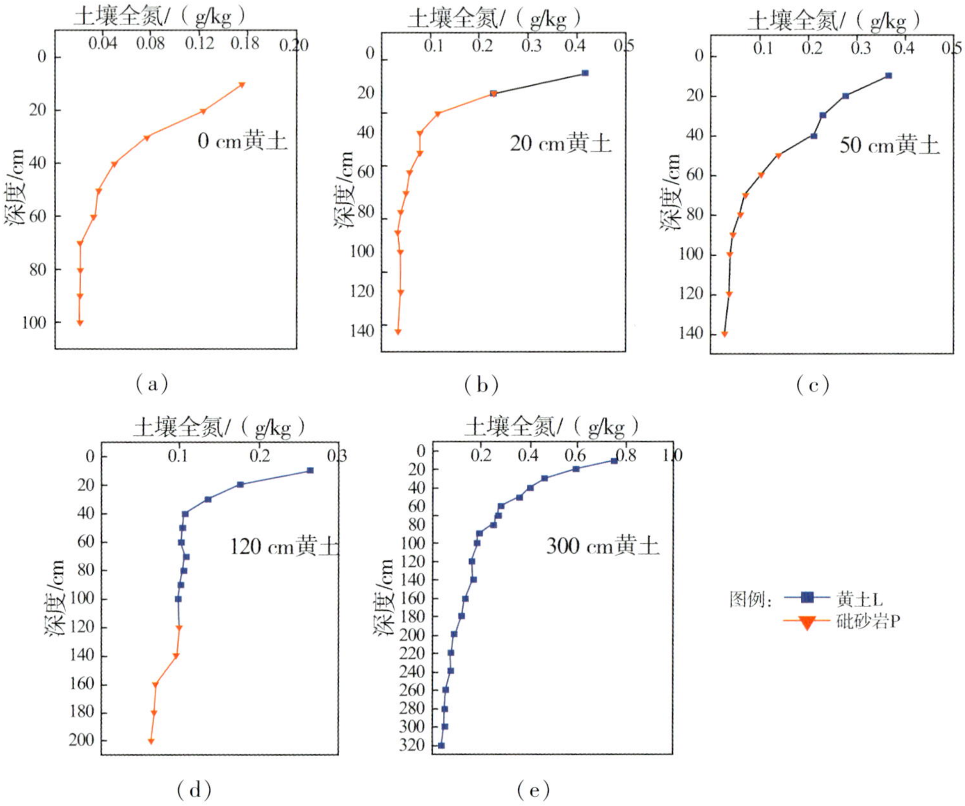

图 12-5 不同覆土厚度土壤全氮含量

总体来看,黄土覆盖层的 TN>砒砂岩层 TN,且 ΔTN 变化趋势与 ΔS_{om} 的相同,L 层覆土厚度越大,P 层越贫瘠。

12.1.1.5 全磷分布特征

由图 12-6 可知,随着土层深度的增加,全磷(TP)含量表现为先减小后增加再减小的趋势,且黄土覆盖层 L 的 TP 含量变化小,除裸露样地外,其他各样地 1~40 cm 的 TP 含量值均在 0.2 g/kg 左右。随土层深度的增加,无黄土覆盖样地 0~100 cm 土壤 TP 含量逐步减小,直至趋于相对稳定值;300 cm 黄土覆盖草地 0~300 cm 土壤 TP 含量呈先减小后增加再减小的趋势,最终趋于相对稳定值。同时,随着覆土厚度的增加，20 cm、50 cm 和 120 cm 黄土覆盖草地 L 层的土壤 TP 含量呈先减小后增加的趋势，而 P 层土壤的 TP 含量则呈先增加后减小的趋势，且随着覆土厚度的增加，础砂岩层 TP 含量趋于相对稳定值，从排序看，覆土越厚，其 TP 含量越高，即 TP120>TP50>TP20>TP0。另外，各样地础砂岩层的 TP 均高于黄土覆盖层的 TP。

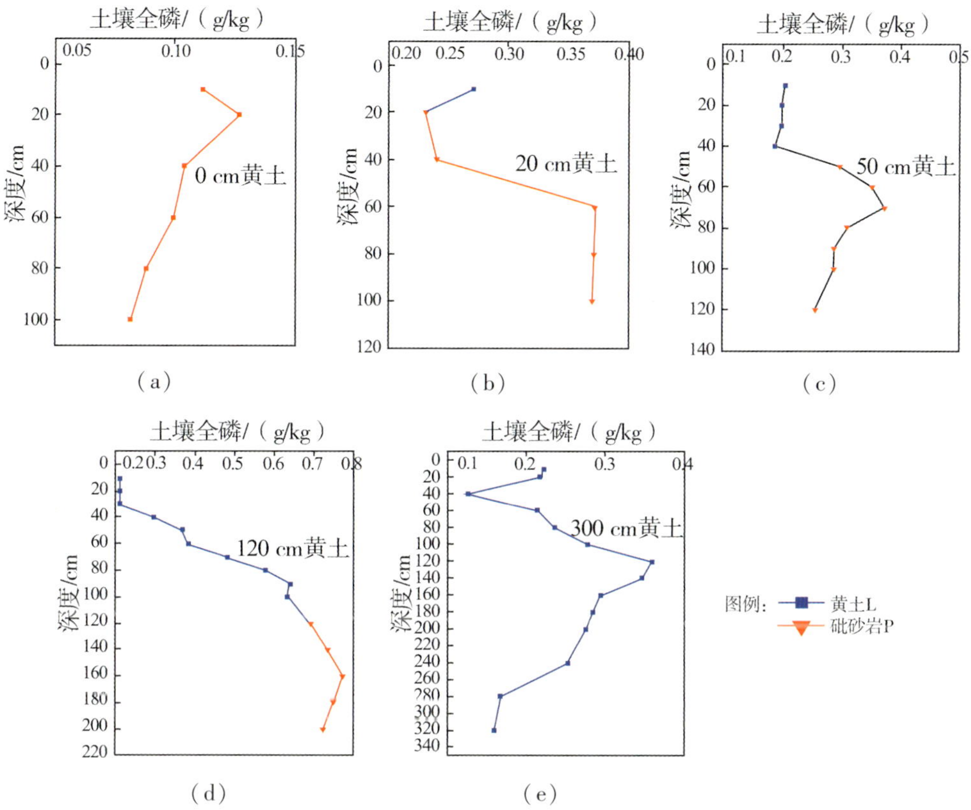

图 12-6　不同覆土厚度土壤全磷 TP 含量

20 cm 覆土、50 cm 覆土和 120 cm 覆土草地的黄土-础砂岩（L-P）界面土壤 TP 含量随覆土厚度的增加而逐渐增加。覆土厚度的增加提高了 L 层 TP 含量，P 层 TP 含量先增加后减小，TP 表现为在 P 层积累的趋势，土层范围在 20 cm 左右。土壤 TP 含量在 L 层的变化较大，且随黄土厚度的增加而更加明显，而在 P 层土壤 TP 含量变化较小，且随着上层覆土厚度的增加而减小。总体来看，P 层的 TP 比 L 层的 TP 高。

12.1.1.6　土壤全钾分布特征

由图 12-7 可知，随着土层深度的增加，土壤全钾（TK）含量为先减后增。无黄土覆盖样地 0～100 cm 土壤 TK 含量逐步减小直至趋于相对稳定值，但减幅不大。随着覆土厚度的增加，20 cm、50 cm 和 120 cm 黄土覆盖草地 L 层的土壤 TK 含量呈减小的趋势。而 P 层的土壤 TK 含量则表现为增加的趋势，但随着覆土厚度的增加，P 层

TK 含量趋于定值，且 P 层的 TK20> TK50>TK120，即覆土厚度越厚，P 层的 TK 含量越低。不同覆土厚度植物生长情况不一，覆土厚度越厚，植物生长越好，养分消耗越多。此外，各样地的 P 层 TK 含量高于 L 层的 TK 含量。

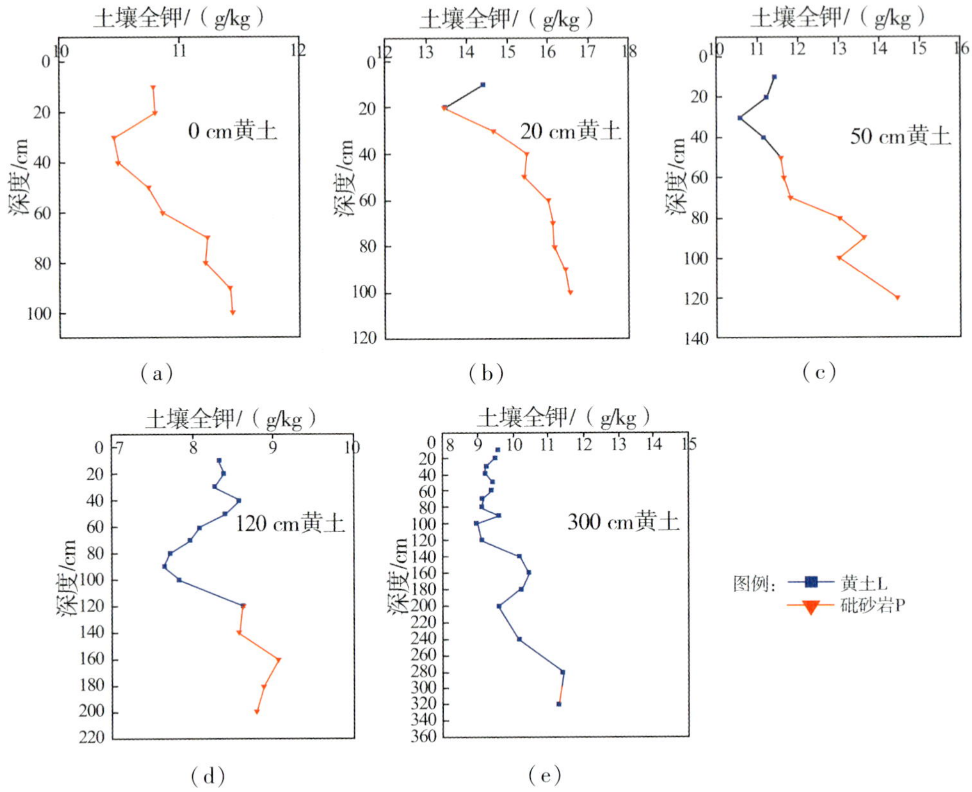

图 12-7　不同覆土厚度土壤全钾含量

总之，20 cm、50 cm 和 120 cm 的覆土草地，黄土–砒砂岩（L–P）界面的土壤 TK 含量随覆土厚度的增加而减少。覆土厚度的增加使得土壤 TK 含量逐渐减小。同时，土壤 TK 含量在 P 层的变化较大，且随 P 层厚度的增加而减少。而在 L 层土壤 TK 含量变化相对较小，且随着覆土厚度的增加而减小。与全磷 TP 的分布类同，砒砂岩层 P 的 TK 含量比覆土层 L 的 TK 高。

12.1.1.7　土壤速效磷分布特征

试验观测表明（见图 12-8），随着土层深度的增加，除 20 cm 覆土样地外，其他样地土壤速效磷（AP）含量在一个极低的范围内波动，其波动范围不大于 0.03 mg/kg。虽然 20 cm 黄土覆盖草地 0~100 cm 土壤 AP 含量呈先增后减的趋势，但整体 AP 含量偏低不大于 0.1 mg/kg。总体来看，该区域不同覆土厚度下，L 层的 AP 和 P 层的 AP 含量均呈现极低的状态，且不随覆土厚度的改变而有明显变化。

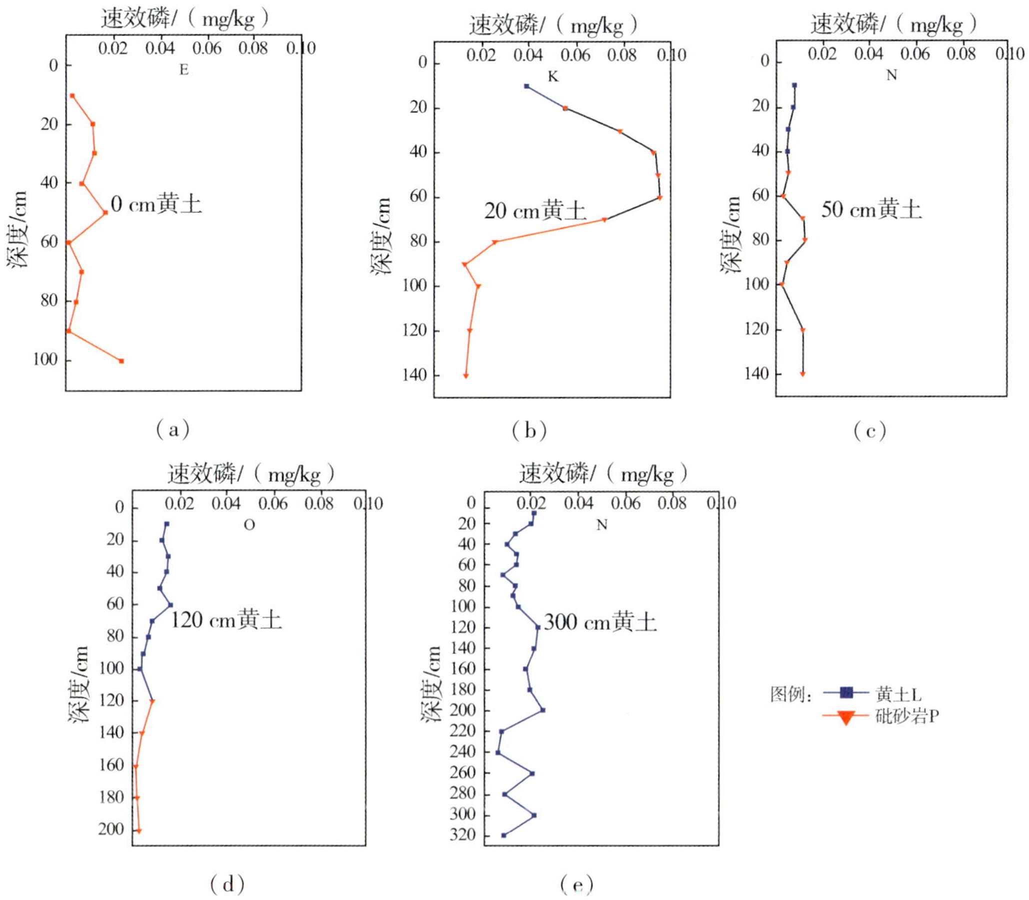

图 12-8　不同覆土厚度土壤速效磷含量及速效磷剖面分布

12.1.1.8　砒砂岩区土壤水肥空间分布特征

砒砂岩区由北向南覆土厚度逐渐增大，而土壤剖面的含水量总体也是呈现由北向南逐渐增加的趋势，砒砂岩的含水量普遍低于黄土含水量。土壤水分随着深度的增加而减少，0~20 cm 土壤含水量较大，而在 20 cm 以下土层，砒砂岩裸露区含水量与黄土含水量呈现较为明显的差异，表明水分在砒砂岩土壤中难以入渗。

区域土壤 pH 值处于 8.50~9.16，属于强碱性土壤，分布状况呈现与水分相反的趋势，自北向南 pH 值逐渐降低。这是由于区域北部多为裸露砒砂岩区域，而砒砂岩土壤呈强碱性，pH 值较黄土为高，因此各深度土壤 pH 值几乎都是北部高南部低的分布状况。

有机质、全氮、铵态氮和硝态氮含量在砒砂岩裸露区都显著降低，自北向南随着黄土厚度的增加，养分含量逐渐增大，这一趋势在表层（0~20 cm）表现最明显，20 cm 以下，有机质和全氮含量大致在西南方向的覆土砒砂岩区较高，铵态氮和硝态氮分布比较平均;全磷和速效磷含量在研究区内的分布状况与有机质的相反,其在裸露砒砂岩区比覆土砒砂岩区含量高,由南向北磷素呈现递减趋势。在垂直方向上,由于表层受凋落物影响,各养分含量会表现出表聚现象,有机质、全氮和硝态氮的含量都随着土壤深度的增加而降低,并且表层和底层差异显著,其含量分别从 0~10 cm 的 9.04 g/kg、0.47 g/kg 和 5.72 mg/kg 降低至 80~100 cm 的 2.38 g/kg、0.09 g/kg 和 1.01 mg/kg。铵态氮含量变化没有明显规律,部分样地覆土层铵态氮含量高,40 cm 以下含量稍有提高,但差异不显著。全磷含量的变化并不明显,整体上处于 0.46~0.50 g/kg,在 20~40 cm 处达到最大值,随着土层深度增加,全磷含量变化不显著;速效磷随着深度的增加含量减少,处于 0.34~0.85 mg/kg,并且到 60 cm 以下,速效磷含量极低甚至无法检出。

12.2 驱动植被退化的主要因素

12.2.1 植被退化与土壤因素响应关系

土壤养分含量是影响自然植被恢复速度的重要因子。图 12-9、图 12-10 是撂荒演替不同阶段 26 个样方、环境因子与 0~20 cm、20~40 cm 土层土壤养分的排序结果。图中实线段越长,说明该因子影响植被分异的程度越大。影响砒砂岩地区退耕

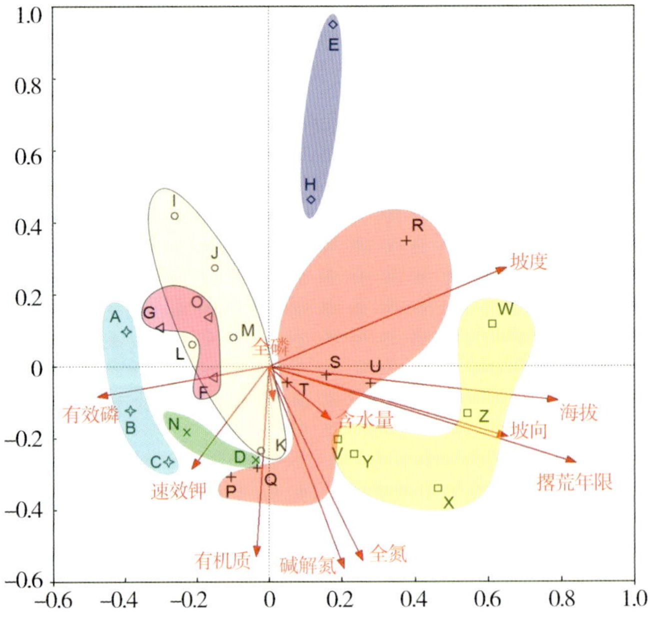

注:大写字母代表样方编号,环境因子与土壤养分用带箭头的射线表示,下同。

图 12-9　退耕地群落–环境因子(0~20 cm 土层)DCCA 双排序

地植被分布格局的环境因子从大到小依次为:撂荒年限>海拔>坡度>坡向>全氮>碱解氮>有机质>有效磷>速效钾>含水量>全磷。

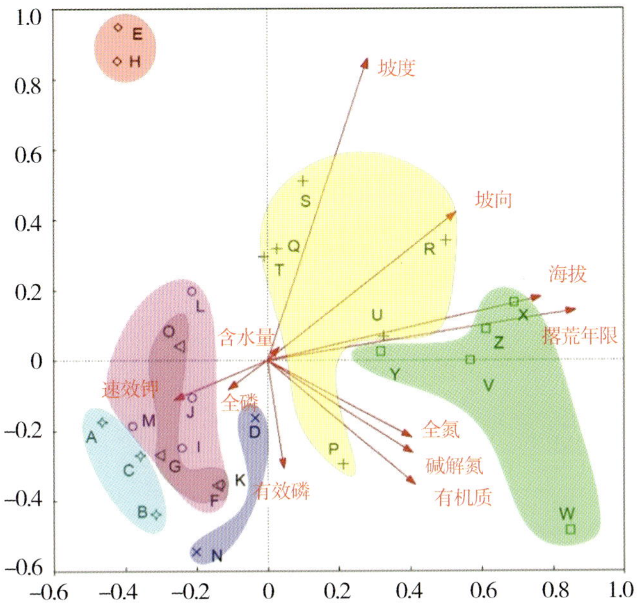

图 12-10　退耕地群落-环境因子(20~40 cm 土层)DCCA 双排序

12.2.2　植被退化与降水因素的响应关系

降水增加有利于促进克隆植物的分布(见图 12-11)。克隆植物物种数量(置信水平 $p<0.001$)、占总物种数量的比例($p<0.01$)以及重要值($p<0.001$)均与降水量呈极显著正相关。而且,根状茎型克隆植物的数量与降水量呈显著正相关($p<0.05$)。

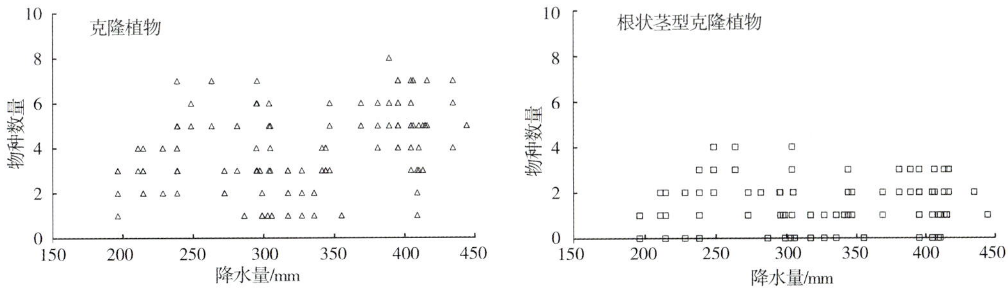

(a)　　(b)

图 12-11　克隆植物的物种数量、比例、重要值与降水的关系

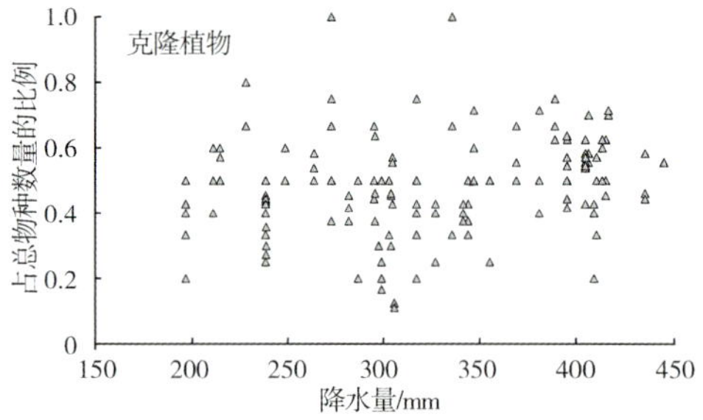

(c)

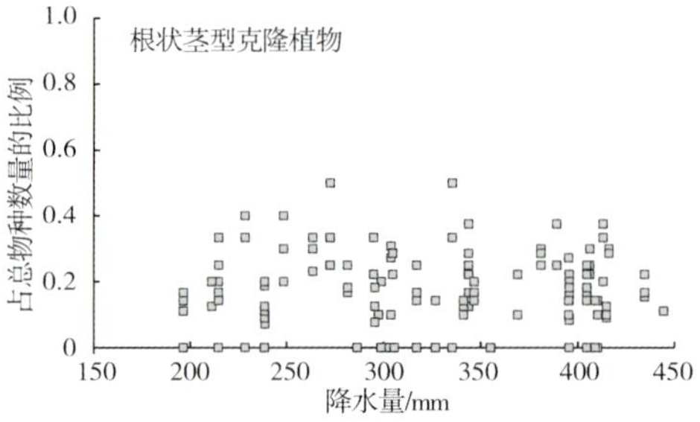

(d)

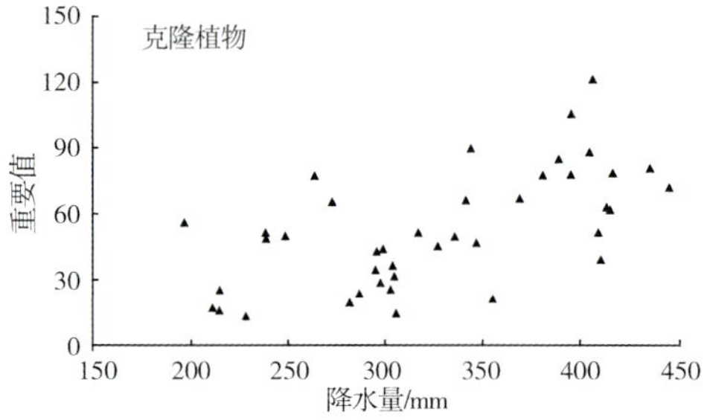

(e)

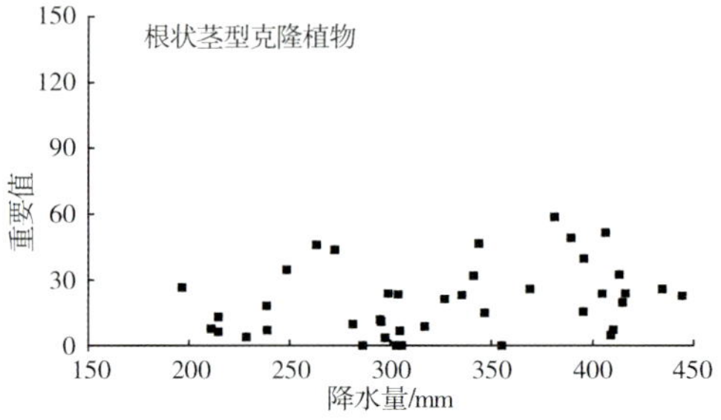

(f)

续图 12-11

黑沙蒿主要分布在鄂尔多斯高原中部和西部的半干旱区和干旱区，是沙地和荒漠的优势植物，其高度与降水量呈显著正相关（$p<0.05$），盖度（$p<0.01$）和密度（$p<0.001$）均与降水量呈极显著正相关（见表 12-4）。因此，降水增加促进黑沙蒿生长，黑沙蒿在沙地的生长优于荒漠。赖草主要分布在鄂尔多斯高原东部和中部的半干旱区，是草原的优势植物及沙地和荒漠草原的伴生植物。赖草的高度与降水量呈极显著正相关（$p<0.01$），而盖度（$p<0.01$）与密度（$p<0.05$）则与降水量呈显著负相关。因此，降水增加后赖草趋向于产生数量较少的高大分株。

表 12-4　优势植物的高度、盖度、密度与降水量的相关系数

物种	高度	盖度	密度
克氏针茅	0.239	0.190	0.542*
本氏针茅	0.292**	0.508**	0.496**
短花针茅	-0.273*	-0.347	-0.326**
黑沙蒿	0.284*	0.362**	0.380**
赖草	0.414**	-0.339**	-0.228*

注：**代表置信水平 $p<0.01$；*代表 $p<0.05$。

12.3 抗逆性植物材料筛选及其适应性

12.3.1 抗逆性植物材料筛选方法

通过鄂尔多斯砒砂岩区撂荒地群落演替序列的分析，筛选出砒砂岩区一些适生植物，结合市面上能够购买的一些其他草种，以具有生态恢复和经济利用价值为目的，选择既有一年生也有多年生的共 80 个物种进行试验。

于 2018 年 6 月，在鄂尔多斯市准格尔旗水土保持科技示范中心，选择 100 个 2 m×2 m 小区进行播种，每个样方播种 1 个物种，部分草种播种 2 个样方。于 2018 年 8 月、10 月，2019 年 6 月、8 月、10 月和 2020 年 6 月、9 月开展观测并记录。于 2019 年 6 月，再次播种 40 个草种。于 2019 年 6 月、8 月、10 月和 2020 年 6 月、9 月开展观测。

观测参数主要有出苗率，历夏旱后的成活率或保存率，播种或栽植两三个月后的长势与株高，多年生引种植物的越冬率，以及一年生植物当年的开花结实情况、多年生植物来年的开花结实情况、一年生植物当年的耐杂草入侵情况和多年生植物来年的耐杂草入侵情况等。出苗率按单位面积幼苗数量与种子单价×播种量的比值计算。

砒砂岩区 5—7 月雨水较少且气温较高，其间萌发幼苗存活需经历日灼、干旱的双重胁迫，因此成活率以播种后经 2 个月的耐夏旱生长为判别，统计经历夏旱后单位面积幼苗数量与出苗数量的比值。播种或栽植两三个月后的长势以幼苗是否健壮为判别原则，通过幼苗长相、长势综合定性判断。多年生引种植物的越冬率以翌年 6 月的单位面积幼苗数量与播种当年秋季入冬前幼苗数量的比值计算；一年生引种植物的开花结实情况以当年秋季 9 月单位面积的开花结实植株个体数与植株个体总数的比值计算。耐杂草入侵情况以一年生植物当年播种秋季 9 月单位面积杂草盖度统计。

12.3.2 砒砂岩区主要乡土物种及分布

共调查到植物 21 科 54 属 82 种，含 5 个变种。其中，禾本科（15 种）、豆科（14 种）、菊科（12 种）和藜科（10 种）的植物较多，4 个科的植物占物种总数的 62.20%。蒿属植物最多，有 6 种；其次是藜属、虫实属、大戟属、岩黄芪属和针茅属，各有 3 种植物；葱属等 13 个属有 2 种植物。另外，还有 35 个含有 1 个物种的属。

从植物的生活型来看，草本植物有 67 种，占植物总数的 81.71%。其中，多年生草本植物最多，有 44 种，占植物总数的 53.66%；其次是一年生草本植物，有 21 种，占植物总数的 25.61%；二年生草本植物和半灌木状草本植物各 1 种，分别占 1.22%。5 种优势植物中的 4 种（克氏针茅、本氏针茅、短花针茅和赖草）是多年生草本植物。木本植物共 15 种，只占总数的 18.29%，包括 9 种半灌木和 6 种灌木，各占木本植物总数的 60.00% 和 40.00%。5 种优势植物中的半灌木是黑沙蒿。

12.3.3 抗旱抗寒耐瘠物种筛选

选择 80 个物种作为试验样本，见表 12-5。根据表 12-5 统计，发芽率高并且长势良好的物种有白榆、草红花、草木樨、柴胡、黑麦草（冬牧 79）、红豆草、苦参、长柄扁桃、桔梗、板蓝根、多年生黑麦草、苜蓿（金皇后）、苏丹草、小冠花、高羊茅（红宝石）、知母、蜀葵、紫花苜蓿、高丹草、黑麦草（冬牧 79）、甜高粱、毛苕子、狼尾草等。其中，草红花、苏丹草长势最好，结实情况良好。其次，苜蓿（金皇后）、苏丹草、高羊茅（红宝石）、高丹草、甜高粱、毛苕子这几个物种产量很高，在没有灌溉的情况下，其效果仍比较明显。白榆、红豆草、苦参、长柄扁桃、苜蓿（金皇后）、知母的越冬率良好，次年长势良好。火棘、稠李等 28 种植物未出苗，占 80 个物种的 35%。

表 12-5　砒砂岩区植物引种效果观测对比

引种植物	发芽率/%	夏旱后成活率/%	播种后2月长势	播种后3月株高/cm	越冬率/%	来年株高/cm	当年或翌年结实情况	杂草盖度/%
火棘	—	—	—	—	—	—	—	—
白三叶（海法）	95	89	个体小，长势良好	<3	0	—	—	—
白三叶（考拉）	91	76	个体小，长势良好	<3	0	—	—	—
白榆	64	80	良好	5~10	100	31.5	0	54
百脉根	89	91	个体小，长势良好	<3	0	—	—	—
板蓝根	80	93	个体小，长势良好	<3	0	—	—	—
北栾	9	80	良好	5	0	—	—	—
草红花	77	96	良好	30~70	一年生	—	100	5
草木樨	83	77	良好	5	80	25	0	80

续表

引种植物	发芽率/%	夏旱后成活率/%	播种后2月长势	播种后3月株高/cm	越冬率/%	来年株高/cm	当年或翌年结实情况	杂草盖度/%
柴胡	71	85	良好	3～5	76	8	0	90
稠李	—	—	—	—	—	—	—	—
臭椿	—	—	—	—	—	—	—	—
大黄	82	67	一般	10～20	75	7.6	0	75
黑麦草（冬牧79）	90	90	良好	5～10	0	—	—	5
杜梨	62	100	良好	5、9	良好	10.5	0	50
杜仲	—	—	—	—	—	—	—	—
多年生黑麦草	78	91	良好	5	0	—	—	—
防风	53	79	良好	3	12	5.5	0	—
复叶槭	26	76	良好	15～20	—	—	—	—
甘草	76	70	一般	10～15	100	19	15	10
高丹草	78	88	良好	30～50	一年生	—	—	3
高羊茅	85	90	良好	25～35	0	—	—	8
高羊茅（红宝石）	75	90	良好	5	0	—	—	8
狗牙根	16	—	死亡	—	—	—	—	—
红刺玫	—	—	—	—	—	—	—	—
红豆草	91	76	良好	20～30	100	40	15	7
红三叶	77	91	个体小，长势良好	<3	0	—	0	—
红叶小檗	—	—	—	—	—	—	—	—
胡颓子	85	90	多数有新生叶	实生苗	0	—	0	—
胡枝子	76	85	个体小，长势良好	<3	0	—	0	—
华山松	14	80	一般	5～8	无	—	—	—
黄刺玫	—	—	—	—	—	—	—	—

续表

引种植物	发芽率/%	夏旱后成活率/%	播种后2月长势	播种后3月株高/cm	越冬率/%	来年株高/cm	当年或翌年结实情况	杂草盖度/%
黄芪	78	53	一般,白斑病	4	10	11	—	—
剪股颖（高地）	83	89	个体小,长势良好		0	—	—	—
箭舌豌豆	82	96	良好	10	0	—	—	—
紫花苜蓿	94	95	良好	5~10	95	12	0	10
苜蓿（金皇后）	90	88	良好	3~8	82	20	0	12
荆芥	76	80	良好	5	0	—	—	—
荆条	—	—	—	—	—	—	—	—
桔梗	86	90	良好	3~4	0	—	—	—
君迁子	39	55	一般	5、9	8	6	0	—
苦参	91	97	良好	20~60	良好	65	5	5
苦楝	—	—	—	—	—	—	—	—
蓝花鸢尾	—	—	—	—	—	—	—	—
杂交狼尾草	88	94	良好	30~170	0	—	—	—
狼尾草	81	90	良好	5	0	—	—	—
龙胆	74	82	良好	极小	40	—	—	—
落叶松	—	—	—	无	—	—	—	—
马蔺	79	0	发芽后受旱致死	—	—	—	—	—
毛苕子	86	75	良好	5~10	0	—	—	—
美国旱槐	16	100	良好	8~10	0	—	—	—
美国落霜红	—	—	—	—	—	—	—	—
美国紫杉	—	—	—	—	—	—	—	—
蒙古岩黄芪	—	—	—	—	—	—	—	—

续表

引种植物	发芽率/%	夏旱后成活率/%	播种后2月长势	播种后3月株高/cm	越冬率/%	来年株高/cm	当年或翌年结实情况	杂草盖度/%
朴树	—	—	—	—	—	—	—	—
普那菊苣	92	90	良好	10～15	—	—	—	—
七叶树	—	—	—	—	—	—	—	—
秦艽	79	0	发芽后受旱致死	—	—	—	—	—
青桐	—	—	—	—	—	—	—	—
三角枫	—	—	—	—	—	—	—	—
石竹	—	—	—	—	—	—	—	—
蜀葵	78	78	良好	10	—	—	—	—
鼠尾草	—	—	—	—	—	—	—	—
苏丹草	79	85	良好	25～35	—	—	—	—
甜高粱	78	80	良好	10～20	—	—	—	—
五角枫	68	95	良好	5～12	良好	100	0	—
香椿	—	—	—	—	—	—	—	—
小冠花	75	80	良好	5	80	—	—	—
鸭茅	9	67	一般	极小	—	—	—	—
榆叶梅	—	—	—	—	—	—	—	—
远志	—	—	—	—	—	—	—	—
云杉	—	—	—	—	—	—	—	—
早熟禾	83	86	良好	5～8	98	42	80	60
长柄扁桃	95	100	良好	新生叶	100	70	—	50
长穗偃麦草	10	60	一般	<3	—	—	—	—
知母	82	94	良好	15～50	良好	19	8	12
紫丁香	—	—	—	—	—	—	—	—
紫荆	—	—	—	—	—	—	—	—
紫穗槐	—	—	—	—	—	—	—	—
紫羊茅	—	—	—	—	—	—	—	—

发芽率一般但是后期长势良好的物种有:北栾、杜梨、防风、复叶槭、美国旱槐等。个体小但长势良好的物种有:白三叶(海法)、白三叶(考拉)、百脉根、板蓝根、红三叶、胡枝子、剪股颖(高地),但是这些物种没能越冬。出苗后死亡的物种有:狗牙根、秦艽、马蔺,可能是受旱导致死亡。

未出苗的物种,2018 年播种的有火棘、稠李、臭椿、杜仲、红刺玫、红叶小檗、黄刺玫、荆条、苦楝、蓝花鸢尾、落叶松、美国落霜红、美国紫杉、蒙古岩黄芪、朴树、七叶树、青桐、三角枫、石竹、鼠尾草、香椿、榆叶梅、远志、云杉、紫丁香、紫荆、紫穗槐、紫羊茅。其中,在 2019 年 6 月再次播种稠李、臭椿、杜仲、红刺玫、红叶小檗、黄刺玫、荆条、苦楝、三角枫、鼠尾草、香椿、榆叶梅相同种子,仍未出苗。而石竹、蓝花鸢尾、远志、紫穗槐、紫羊茅的种子在 2019 年 6 月播种后均能出苗,所以不能说明这些物种均不适宜这里的生境,部分不出苗的原因可能是种子自身发芽率低。

12.4 根际异质性施肥与土壤改良的生境改造技术

为寻求砒砂岩与沙复配成土生物可持续性培肥措施,以秸秆、微生物菌剂、有机肥、油渣作为 4 种改良剂,开展复配土有机质、有效磷、速效钾肥力提升效果观测。观测表明,4 种培肥技术均可以实现复配土有效磷、速效钾的显著提升,除秸秆外的 3 种改良剂均可以显著提升有机质含量。

利用当地的天然无机胶体材料与沙复配,同时选用具有生化性质的作物秸秆、微生物菌剂、有机肥、油渣等对复配土进行改良。我国农作物秸秆年总产量约 70 亿 t,其中稻谷、小麦和玉米秸秆共占总量的 76%左右,秸秆还田后在土壤中分解,能有效提高土壤有机质含量和肥料利用率,改良土壤结构和物理性状。微生物改良剂多由多种有益菌组成,使土壤有益菌迅速繁殖,激活土壤中缓效磷、钾及微量元素,解决土壤板结、重茬问题,改善土壤环境。有机肥是我国农业生产中的重要肥源,为土壤微生物的活动提供所需的碳源、氮源和能量,并改善土壤微生态环境的理化性状,促进微生物的生长和繁殖,增加微生物数量和活性,优化土壤微生物群落的结构和功能。油渣是各种油料作物榨完油后的产物,具有较高的氮磷含量,能显著提高土壤剖面的硝态氮含量、土壤吸水性、保水性及土壤的抗蒸发性。

针对工程上推广应用的 1:2 砒砂岩与沙复配成土的性质,在砒砂岩试验小区按砒砂岩与沙 1:2 进行复配,选择微生物菌剂、秸秆、有机肥、油渣等不同的土壤改良剂,研究其对复配土培肥的效果。

小区试验土壤基质为砒砂岩与沙的复配土,体积比为 1:2,复配成土年限分别为 2 年和 9 年,供试作物为小麦。另加一组空白试验,共 10 个 2 m×2 m 小区。在作物种植前选用 4 种土壤改良剂和化肥用作底肥，土壤改良剂及化肥施用量(见表 12-6)。

小麦收获后，在试验小区采集土样，每个小区钻取 0~30 cm 表层土样，测定速效钾、有效磷、有机质含量。

表 12-6　砒砂岩复配土培肥改良处理

改良剂	用量/(g/m^2)	尿素用量/kg	磷酸二铵/kg	硫酸钾/kg
微生物菌剂	25	0.804	0.816	0.486
秸秆	900	0.804	0.816	0.486
有机肥	1 000	0.804	0.816	0.486
菜籽油渣	150	0.804	0.816	0.486

试验表明，较未处理空白小区，利用秸秆、微生物菌剂、有机肥、油渣 4 种改良剂对复配土进行生物培肥，均对复配土中速效钾含量有提升作用(见图 12-12)，其中有机肥的效果显著，显著增高 35.6%，其次为微生物菌剂和油渣，分别显著增高 22.3%、17.8%。秸秆较其他 3 种措施效果略差，但仍比未处理小区速效钾含量略高。成土 2 年的复配土，油渣、有机肥对复配土的速效钾提升最为显著，效果优于微生物菌剂，微生物菌剂对速效钾的提升效果优于秸秆。复配土培育 2 年后，4 种生物培肥措施的实施对速效钾的提升效应与培育 9 年后效应类似。复配土培育 2 年后，与复配土培育 9 年后未采取培肥措施小区相比，均可以实现复配土的快速熟化，且效果显著，可以在时间尺度上大幅度缩小复配土自然熟化进程。

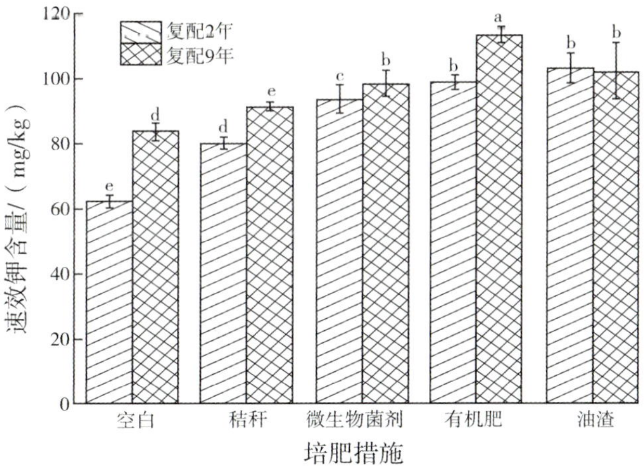

图 12-12　两种复配年限下不同培肥措施土中速效钾含量

除秸秆外，其他 3 种培肥措施均对复配土中有机质的含量有提升作用(见图 12-13)，其中有机肥的效果最为显著，显著增高 138.2%。其次为油渣和微生物菌剂，分别显著增高 116.0%、39.7%。复配土培育 2 年后，4 种改良剂对复配土中有机

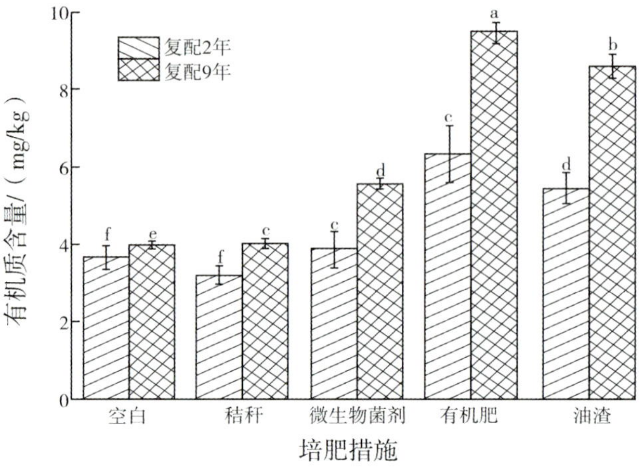

图 12-13　两种复配年限下不同培肥措施土中有机质含量

质的提升效应与培育 9 年后效应类似。复配土培育 2 年后，与复配土培育 9 年后未采取培肥措施小区相比，微生物菌剂、有机肥、油渣的实施对有机质的提升效果明显，均可以实现复配土的快速有机化程。

除秸秆外，其他 3 种培肥措施均对复配土中有效磷的含量有显著提升作用(见图 12-14)，3 种改良剂对有效磷的提升分别为 56.7%、73.2%、65.9%。复配土培育 2 年后，4 种改良剂对复配土中有效磷的提升效应与培育 9 年后效应类似。复配土培育 2 年后，与复配土培育 9 年后未采取培肥措施小区相比，微生物菌剂、有机肥、油渣的实施对有效磷的提升效果明显，4 种培肥技术均可以实现复配土有效磷的提升，可以在时间尺度上大幅度缩小复配土自然熟化进程。

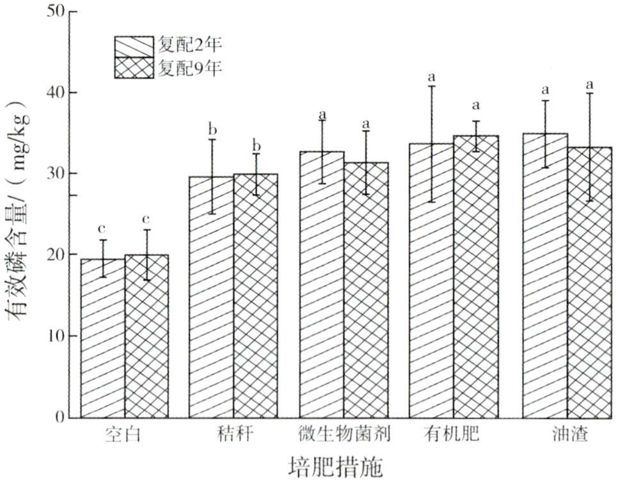

图 12-14　两种复配年限下不同培肥措施土中有效磷含量

12.5　砒砂岩不同类型区适宜物种建植技术

12.5.1　植物配置模式

土壤基质组成对植被的影响是全方位的，包括土壤水分、养分含量及其可利用性，以及根系生长所需的通气透水性等。因此，对植被进行恢复重建有必要对土壤基质进行改造。植物氮素利用效率是砒砂岩区人工建设植被的关键。利用砒砂岩区潜在适生植物的根系氮素觅养特性，合理配置不同根系物种，并通过施肥人为干扰促进植被恢复。

通过前述关于鄂尔多斯砒砂岩区撂荒地群落演替序列的分析，筛选出砒砂岩区一些适生植物，并进行优化配置。

12.5.2　建植技术

12.5.2.1　覆土区植被类型、混交模式与空间配置技术

乔木主要包括油松、樟子松、山桃、山杏；灌木主要包括沙棘、柠条、长柄扁桃。植被建造模式：沙棘纯林模式、油松（樟子松）+草混交模式、山桃（山杏）+草带状混交模式、山杏+樟子松+沙棘混交模式、沙棘+山桃混交模式等（见图 12-15）。

图 12-15　暖水乡圪秋沟流域不同植被恢复措施的空间配置模式

梁峁顶部地势较为平坦，水土条件较好，主要营造生态与经济效益兼顾的沙棘纯林与山桃、山杏+草混交林，地势较陡、水土条件不好的坡面主要营造油松（樟子

松)+草混交林。

为削减径流、减少水土流失,提高雨水资源化程度和植被成活率,土地整理方面采用了鱼鳞坑整地和水平深坑整地措施(见图12-16)。

(a)水平深坑整地技术

(b)水平阶+拦水埂+鱼鳞坑整地技术

(c)鱼鳞坑整地技术

图12-16 土地整理技术

12.5.2.2 水土资源高效利用调控技术

为解决砒砂岩区雨水难以入渗问题,提出了鱼鳞坑+覆盖、鱼鳞坑+入渗孔、鱼鳞坑+入渗孔+覆盖3项雨水高效利用技术,并开展了研究和示范(见图12-17)。

12.5.2.3 退化沙棘平茬复壮技术

主要包括沙棘交替平茬技术、雨水资源高效利用技术、深层追施肥技术、高产树形修剪及病虫害防治技术。

降雨后鱼鳞坑水分因下伏砒砂岩层难以入渗

深孔导流深层存储防止蒸发技术

降低表层水分无效蒸发的枯枝落叶覆盖技术

图 12-17　水土资源高效利用调控技术

1. 沙棘交替平茬技术

在整片沙棘林,平茬方式为带状平茬,即隔行或隔株平茬。对于山地沙棘林,沿水平方向每隔 10~20 m,平茬 5~10 m 宽的沙棘,使暂时保留的沙棘林带有效地控制地表径流,防止形成新的水土流失。当已平茬的沙棘林生长 2~3 年后,对所留的沙棘林带再行平茬,这样逐渐倒带平茬,使林地一直保证有一定的林分结构且等高分布的沙棘林带,持续发挥其保持水土的生态功能。

2. 雨水资源高效利用技术

整修平茬沙棘林地是防治沙棘林持续“干旱”的有效措施。在夏、秋季对已经平茬的沙棘林采用鱼鳞坑+入渗孔+覆草措施整地,可使雨水入渗到土壤深处,降低了土壤表面水分的蒸发损失,从而有利于雨水资源高效利用。

3. 深层追施肥技术

对平茬后的沙棘要进行追肥,一般在降雨前或灌水前一天追施肥料。多追磷肥,适量追氮肥,并且随着沙棘生长,追肥数量相应增加,以保证营养生长和结实需要。若在结果前追肥,则利于果实增重。一亩需要纯氮 30 kg、磷 15 kg(0.2 g N/kg 风干土,0.1 g P/kg 风干土)。

4. 高产树形修剪技术

实施平茬以后再度萌生的沙棘,要不失时机进行适当修剪,剪去过密、过弱、焦梢的枝条,以促进结实,增加产量。

5. 病虫害防治技术

在砒砂岩地区,沙棘木蠹蛾(*Holcocerus* sp.)是主要的害虫之一,幼虫对沙棘枝干和根部危害最大。采取的主要防治技术一是利用天敌,保护和利用毛缺沟寄蜂(*Lissonota setosa*)、猪獾等天敌;二是化学防治,对被害树先将根部周围清除 30 cm 树盘,采用杀螟松、氧化乐果 1 000 倍液,敌杀死 2 000 倍液等农药浇根毒杀各龄幼虫,浇药后将树盘覆土,这种防治方法的效果可达 95%以上。

12.5.2.4 砒砂岩重构土体技术

将砒砂岩与沙的混合深度设计为 0~30 cm, 30~70 cm 完全用沙填充,砒砂岩与沙按前述有关砒砂岩添加优化比例 50%复配。

12.6 适宜性评价

在前述试验观测的基础上,选择 5 个具有代表性的不同覆土厚度的草地样地开展适宜性评价监测(见图 12-18)。草地样地依次为裸露砒砂岩样地、20 cm 薄层覆土草地、50 cm 覆土草地、120 cm 覆土草地和 300 cm 覆土草地,每个处理取 3 个点,分别采集 0~100 cm、0~200 cm 和 0~320 cm 土壤样品。

裸露区　覆土 20 cm

覆土 50 cm　覆土 120 cm

覆土 300 cm

图 12-18　不同覆土厚度样地

试验观测表明，在 $p<0.05$ 置信水平，覆土层 L 的储水量 $V_{300}>V_{120}>V_{50}>V_{20}$，其中 V 的下标为覆土层厚度。随着覆土厚度的增加，0～200 cm 黄土层储水量 V 逐渐增加；在 $p<0.05$ 置信水平，砒砂岩层 P 的储水量大小排序为 $V_{120}>V_{20}>V_{0}>V_{50}$。随着覆土厚度的增加，0～100 cm 砒砂岩层 P 的储水量 V 先增大后减小。此外，各试验区的砒砂岩层 P 储水量 V 高于覆土层 L 的。

从不同覆土厚度平均有机质含量 $\overline{S}_{om}$ 的变化趋势看，在覆土层 L，$\overline{S}_{om20}>\overline{S}_{om50}>\overline{S}_{om120}>\overline{S}_{om300}$，随着覆土深度的增加，0～200 cm 黄土层 $\overline{S}_{om}$ 呈逐渐减小的趋势。在砒砂岩层 P，$\overline{S}_{om120}>\overline{S}_{om0}>\overline{S}_{om50}\approx\overline{S}_{om20}$，随着覆土深度的增加，0～100 cm 的 P 层，$\overline{S}_{om}$ 呈减小的趋势，0～200 cm P 层的 $\overline{S}_{om}$ 呈增加的趋势。

由不同覆土厚度土壤碳储量 C 变化知，在覆土层，$C_{300}>C_{120}>C_{50}>C_{20}$（$p<0.05$），

随着覆土深度的增加，0~200 cm 黄土层 C 逐渐增加。砒砂岩层的排序为 $C_{120}>C_0>C_{20}>C_{50}$($p<0.05$)，随着覆土深度的增加，0~100 cm 砒砂岩层 C 呈减小的趋势。

上述应用试验观测结果与前述试验分析是基本一致的。

12.7 潜在适生植物抗逆性分析与筛选

植物水分利用效率及耐旱性是砒砂岩区人工建设植被能否持续经营与发生进展演替的关键，为此，开展了砒砂岩区主要乡土植物和引种植物日光合和日蒸腾特征及其月动态、砒砂岩区主要乡土植物和引种植物生长季碳同位素比值与水分利用效率及其季节变化、砒砂岩区主要乡土植物和引种植物组织耐脱水能力、砒砂岩区主要乡土植物和引种植物叶绿素荧光参数对土壤水分波动的响应等试验研究。观测表明，沙棘的光合能力最强，芨芨草的最弱（见图 12-19）；沙棘的蒸腾能力最强，大黄的最弱。

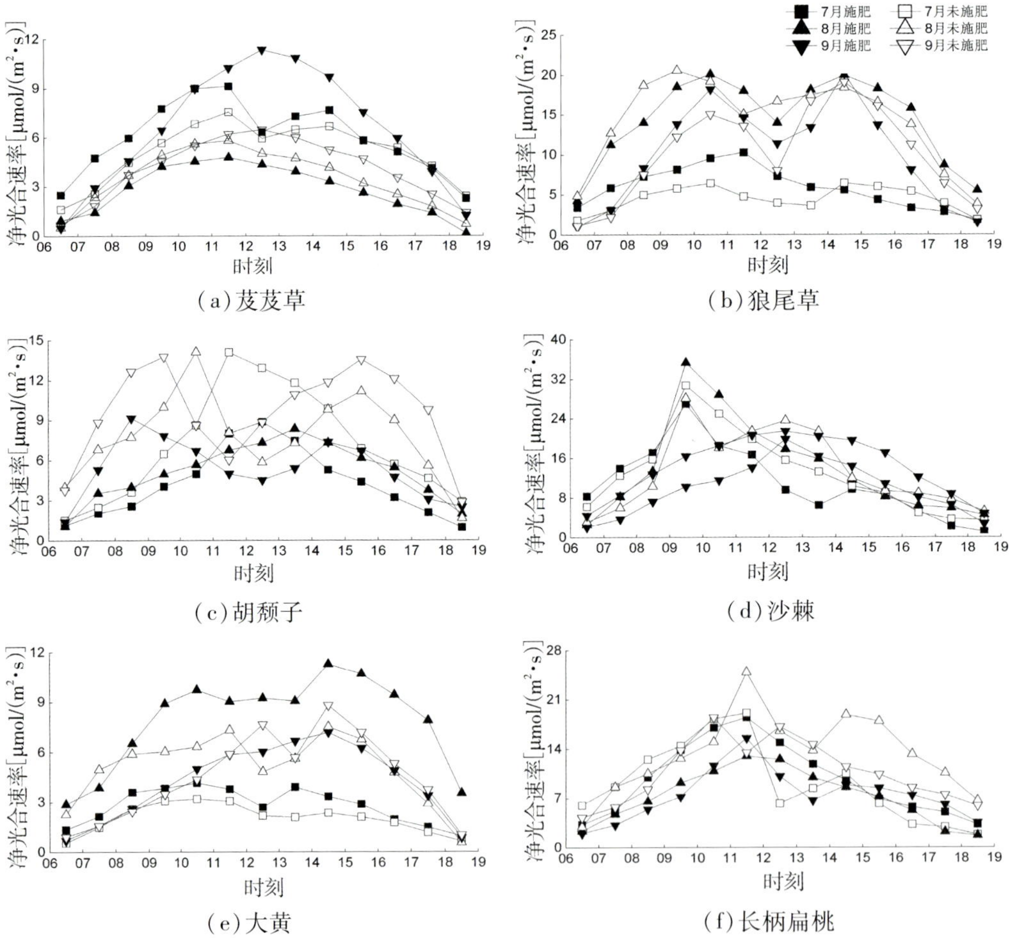

图 12-19 砒砂岩区几种潜在适生植物净光合速率日变化

以 Ψ_{ss} 表示植物细胞在水分饱和状态的渗透势,即植物某个生长阶段组织细胞中可溶性物质所能达到的浓度,值越低反映植物吸收土壤水分的潜能越大,耐旱能力越强。以 Ψ_{st} 表示细胞内的水分对细胞壁的压力(简称膨压)丧失点时的渗透势,为植物维持最低膨压的极限渗透势,被认为是最佳的抗旱性指标,值越低表明植物细胞内部忍耐低水势的能力越强。渗透势差值($\Delta\Psi=\Psi_{ss}-\Psi_{st}$)反映植物渗透调节能力,植物的渗透势只有在 $\Delta\Psi$ 范围内才具有渗透调节能力,超出这个范围,渗透调节功能就会消失,且其差值越大,渗透调节能力越强。R_{OW} 和 R_{WC} 分别表示初始质壁分离时的渗透水相对含量和相对含水量,表明植物细胞在生命临界点的水分状况,是植物组织细胞质壁分离时所能忍耐的最低含水量,在一定程度上也反映了植物组织忍耐高渗透压和原生质忍耐脱水的能力,其值越低,表明植物组织耐脱水性能越强。质外体水相对含量 AWC 是一个反映植物抗旱性的独立指标,一般认为在植物组织渗透溶质含量一定时,AWC 值越大,表明植物组织持水能力越强,植物的抗旱性就越强。细胞最大体积弹性模量 ε_{max} 越大,植物耐旱性也越强。

不同植物渗透势表明(见表 12-7),芨芨草的 Ψ_{ss} 值最低,胡颓子的最高,大小顺序为胡颓子>长柄扁桃、狼尾草>大黄>沙棘>芨芨草,说明 6 种植物以芨芨草的耐旱能力最强,胡颓子最不耐旱。芨芨草的 Ψ_{st} 最低,狼尾草最高,大小顺序为狼尾草>长柄扁桃>胡颓子>大黄>沙棘>芨芨草,说明芨芨草细胞内部忍耐低水势的能力最强,比较耐旱,狼尾草最弱,最不耐旱。6 种植物的渗透势差值 $\Delta\Psi$ 以芨芨草的最大,狼尾草最小,大小顺序为芨芨草>胡颓子>沙棘>长柄扁桃>大黄>狼尾草,说明芨芨草的渗透调节能力最强,狼尾草的最弱。

表 12-7　砒砂岩区几种潜在适生植物的耐脱水参数

物种	Ψ_{st}/MPa	Ψ_{ss}/MPa	$\Delta\Psi$/MPa	R_{WC}/%	R_{OW}/%	AWC/%	ε_{max}
大黄	−1.339 3	−1.036 4	0.302 9	96.49	77.38	12.01	0.234 4
胡颓子	−1.279 2	−0.851 1	0.428 1	99.34	66.54	1.32	0.284 8
芨芨草	−2.381 6	−1.796 3	0.585 3	85.60	75.42	44.20	0.441 5
狼尾草	−1.215 7	−0.924 6	0.291 1	94.09	76.06	18.77	0.221 4
沙棘	−1.455 1	−1.082 1	0.373 0	95.68	74.37	12.55	0.277 3
长柄扁桃	−1.279 1	−0.924 6	0.354 5	99.06	72.29	2.46	0.256 2

6 种植物的 R_{OW} 值都比较低,在 66.54%~77.38%,说明 6 种植物均能够维持较高的水分含量,增强抗脱水能力,其中胡颓子的抗脱水能力最强,R_{OW} 的大小顺序为大黄>狼尾草>芨芨草>沙棘>长柄扁桃>胡颓子。R_{WC} 的大小顺序为胡颓子>长柄扁桃>大黄>沙棘>狼尾草>芨芨草,其中胡颓子和长柄扁桃的 R_{WC} 值均在 99%以上,说

明二者在质壁分离时组织内相对含水量较高，而以芨芨草的最低，相对来说，其抗脱水能力不及其他 5 种植物。

比较不同植物质外体水相对含量和束缚水与自由水比值 AWC 表明，芨芨草的 AWC 值最高，胡颓子最低，而且最高值是最低值的 33.48 倍，其值的大小顺序为芨芨草>狼尾草>沙棘>大黄>长柄扁桃>胡颓子，说明芨芨草的组织渗透势低，吸水和保水能力强，抗旱性最强。

比较不同植物细胞最大体积弹性模量 ε_{max} 知，芨芨草的 ε_{max} 值最大，狼尾草最小，大小顺序为芨芨草>胡颓子>沙棘>长柄扁桃>大黄>狼尾草。组织细胞的弹性模量 ε 表示细胞体积改变时单位面积上受到的力，一般情况下取其最大值 ε_{max} 表征细胞壁的物理特性，ε_{max} 值越高，说明植物细胞可以储存较多的水分；反之，细胞弹性模量越小，储水量越低。因此，对比表明，6 种植物中以芨芨草的细胞壁弹性最大，耐旱性最强，而狼尾草的 ε_{max} 最低，细胞储水能力弱，耐旱性不强。

12.8 小　结

通过野外样方调查、筛选试验和室内测试的方法，在对砒砂岩区土壤立地条件特征及植被退化成因分析基础上，筛选了砒砂岩区抗逆性植物，提出了砒砂岩区植物建植技术，并评价了其适宜性。

(1) 随着砒砂岩区土层深度增加，土壤水分不是线性变化的，而是先增后减。覆土草地的砒砂岩层含水量比覆土层的高，保水性能强于黄土覆盖层。不过总体来说，随覆土厚度的增加，土壤平均含水量是增加的，且随着覆土厚度的增加，覆土层和砒砂岩层最大含水量均随土层深度增加而增加。同时，砒砂岩层的土壤储水量均大于黄土覆盖层的，在各样地上，砒砂岩层土壤储水量均高于黄土覆盖层的储水量。

砒砂岩区土壤养分分布的主要特征是随着土层深度的增加，有机质含量逐渐减小，同时黄土-砒砂岩界面的有机质含量也随覆土厚度的增加而逐渐减小。不同覆土厚度的最大土壤有机质含量均在表层 10 cm 处。随着覆土厚度的增加，砒砂岩层的有机质含量趋于相对稳定态势。总体来看，砒砂岩层的有机质含量比黄土覆盖层的低。

在覆土层，土壤碳储量随着覆土深度增加而增加，覆土 300 cm 的碳储量是最高的。砒砂岩层的碳储量的深度大小排序为：深度 120 cm >0 cm >20 cm >50 cm。砒砂岩区土壤的碳汇功能仍是明显的，开展砒砂岩区生态治理，防治土壤流失，对于保持该区域的碳汇能力是非常必要的。

随土层深度增加，全氮(TN)含量逐渐减小，直至趋于相对稳定态势。不同覆土厚度的土壤 TN 最大值均在表层约 10 cm 处。随着土层深度的增加，全磷（TP）含量的变化趋势是先减后增再减。各试验样地砒砂岩层的 TP 均高于黄土覆盖层的 TP。土壤 TP 含量在黄土覆盖层的变化较大，且随黄土厚度的增加而更加明显，而在砒砂岩层，土壤 TP 含量变化较小，且随着上层覆土厚度的增加而减小。砒砂岩层的 TP 比黄土覆盖层的 TP 高。对于黄土覆盖 20 cm、50 cm 和 120 cm 的草地，黄土覆盖层-砒砂岩层交界面的土壤全钾（TK）含量随覆土厚度的增加而减少，即覆土厚度的增加使得土壤全钾（TK）含量减小。同时，土壤 TK 含量在砒砂岩层的变化较大，且随砒砂岩层厚度增加，TK 反而是增加的，而在黄土覆盖层，土壤 TK 含量随覆土厚度的增加而减小。砒砂岩层的 TK 含量比覆土层的高。不同黄土覆盖厚度下，黄土覆盖层和砒砂岩层的土壤速效磷（AP）含量均呈现极低的状态，且不随覆土厚度的改变而有明显变化。

随着砒砂岩区覆土厚度由北向南不断增大，土壤含水量也由北向南逐渐增加，砒砂岩的含水量普遍低于黄土含水量，说明水分在砒砂岩土壤中难以入渗。

研究区土壤 pH 值处于 8.50~9.16，属于强碱性土壤，空间分布与水分相反，自北向南 pH 值逐渐降低。有机质、全氮、铵态氮和硝态氮含量自北向南随着黄土厚度的增加逐渐增大，而在砒砂岩裸露区均显著降低。全磷和速效磷含量的分布由北向南呈现递增趋势。在垂直方向上，由于表层受凋落物影响，各养分含量会表现出表聚现象，有机质、全氮和硝态氮的含量都随着土壤深度的增加而降低。铵态氮含量变化没有明显规律，部分样地覆土层铵态氮含量高。全磷含量的变化也不明显，整体上处于 0.46~0.50 g/kg，在深度 20~40 cm 土层达到最大值，随着土层深度增加，全磷含量变化不显著；速效磷随着土壤深度的增加含量减少，处于 0.34~0.85 mg/kg，到 60 cm 以下基本上没有速效磷含量。

（2）影响砒砂岩地区退耕地植被分布格局的环境因子从大到小依次为：撂荒年限>海拔>坡度>坡向>全氮>碱解氮>有机质>有效磷>速效钾>含水量>全磷。降水增加有利于促进克隆植物的分布和利于植物群落多样性形成，黑沙蒿等多种试验植物作为沙地和荒漠的优势物种，其高度、盖度和密度等与降水量均呈显著相关。

（3）适应于砒砂岩区的发芽率高并且长势良好的物种有白榆、草红花、草木樨、柴胡、黑麦草（冬牧 79）、红豆草、苦参、长柄扁桃、桔梗、板蓝根、多年生黑麦草、苜蓿（金皇后）、苏丹草、小冠花、高羊茅（红宝石）、知母、蜀葵、紫花苜蓿、高丹草、黑麦草（冬牧 79）、甜高粱、毛苕子、狼尾草等。其中，草红花、苏丹草长势最好，结实情况良好。虽然其他物种如大黄、胡颓子、华山松、箭舌豌豆、杂交狼尾草、狼尾草、龙胆、毛苕子、普那菊苣、五角枫、小冠花、早熟禾（优异）、早熟禾（午夜）的发芽率也较高，但是都不能越冬。

（4）为改善立地条件，通过有效途径提出了根际异质性施肥与土壤改良的生境改造技术。为寻求砒砂岩与沙复配成土生物可持续性培肥措施，以秸秆、微生物菌剂、有机质、油渣作为4种改良剂，开展复配土有机质、有效磷、速效钾肥力提升效果观测。试验观测表明，4种培肥技术均可以实现土壤有效磷、速效钾的显著提升，除秸秆外的3种改良剂均可以显著提升有机质含量。

（5）提出了砒砂岩不同类型区适宜物种建植技术，包括覆土区植被类型、混交模式与空间配置技术，水土资源高效利用调控技术，退化沙棘平茬复壮技术，砒砂岩重构土体技术等。通过试验监测表明，提出的建植技术在砒砂岩区具有很好的适宜性，对于改良土壤，提高水资源利用效率，有效恢复植被等方面都有明显的作用。

（6）通过植物水分利用效率及耐旱性的试验评价，开展了潜在适生植物抗逆性分析与筛选。评价的参数主要包括砒砂岩区主要乡土植物和引种植物日光合和日蒸腾特征及其月动态、砒砂岩区主要乡土植物和引种植物生长季碳同位素比值与水分利用效率及其季节变化、砒砂岩区主要乡土植物和引种植物组织耐脱水能力、砒砂岩区主要乡土植物和引种植物叶绿素荧光参数对土壤水分波动的响应等。对胡颓子、长柄扁桃、狼尾草、大黄、沙棘、芨芨草等6种潜在适生植物的试验观测表明，沙棘的光合能力最强，芨芨草的最弱；沙棘的蒸腾能力最强，大黄的最弱。

从植物细胞在水分饱和状态的渗透势 Ψ_{ss} 来说，芨芨草的 Ψ_{ss} 值最低，胡颓子的最高，大小顺序为胡颓子>长柄扁桃、狼尾草>大黄>沙棘>芨芨草，说明6种植物以芨芨草的耐旱能力最强，胡颓子最不耐旱。芨芨草的膨压丧失点时的渗透势 Ψ_{st} 最低，狼尾草最高，大小顺序为狼尾草>长柄扁桃>胡颓子>大黄>沙棘>芨芨草，说明芨芨草细胞内部忍耐低水势的能力最强，比较耐旱，狼尾草最弱，最不耐旱。6种植物的渗透水相对含量 R_{OW} 值都比较低，在66.54%~77.38%，说明6种植物均能够维持较高的水分含量，增强抗脱水能力，其中胡颓子的抗脱水能力最强。芨芨草的质外体水相对含量AWC值最高，胡颓子最低，大小顺序为芨芨草>狼尾草>沙棘>大黄>长柄扁桃>胡颓子，说明芨芨草的组织渗透势低，吸水和保水能力都比较强，胡颓子耐旱性最弱。芨芨草的细胞最大体积弹性模量 ε_{max} 值也最大，狼尾草最小，大小顺序为芨芨草>胡颓子>沙棘>长柄扁桃>大黄>狼尾草，进一步说明6种植物以芨芨草的细胞壁较柔软，弹性最大，耐旱性最强。

黄河砒砂岩区

生态治理–衍生产业

协同发展关键技术

第 13 章　生态治理–衍生产业协同发展模式与经济林果利用技术

相对于防护林而言，经济林果是以其生产物料或其他林产品获得经济效益的林木。在砒砂岩区种植经济林果不仅需要注重其经济价值，还需要注重其生态价值，即需要兼顾增加植被盖度，防治水土流失，改善生态环境的功能。本章总结介绍了砒砂岩地区在探索生态治理与经济协同发展实践中的部分经验，并就适宜于砒砂岩区的典型林果树（灌）的食用医用等经济开发价值、改善生态环境的生态价值进行了系统评价分析，并介绍了典型林果产品开发技术。

13.1　生态治理-衍生产业协同发展基本原理

13.1.1　基本原理

生态治理-衍生产业协同发展的本质是指生态治理和治理地区经济发展达到的一种有机融合的活力状态，两者具有互馈驱动作用。在此状态下，生态与经济已形成了一个协调发展的生态经济整体系统，其中生态、经济是该系统的子系统，其各要素构成了具有协同功能的多层级结构，其间相互联系、相互协调、相互影响、相互驱动。就是说生态治理、经济发展不是两个孤立系统，而是具有密切互馈、互驱联系的整体系统，通过科学配置具有经济衍生价值的生态治理措施，可以提高生态系统的经济服务功能，而经济的发展又可以促进生态治理措施可持续良性发展并推动更多的治理投入，提升生态治理质量（见图 13-1）。因此，通过这一整体系统的内部耦合联系，不仅达到经济高质量发展，实现经济快速增长，而且能够确保生态环境受到的干扰始终控制在可自我修复的范围内，达到生态与经济共同发展，整体系统发挥的效益远大于两大子系统孤立的效益，具有“1+1>2”的效应。

生态治理与经济协同发展是一个辩证的变化过程，在发展过程中存在矛盾和冲突是必然的。要达到生态治理与经济协同发展，需要遵循生态学理论、经济学理论和社会学理论，在学科上实现多领域交叉，在技术上实现多目标协同，在方法上实现

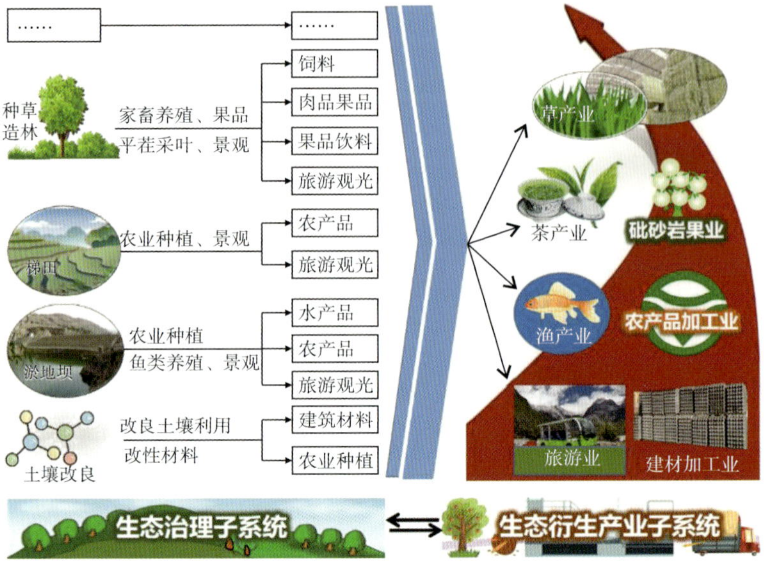

图 13-1　生态治理-衍生产业系统

多途径融合，在实践上实现多效益共赢。生态治理与经济协同发展的理念强调把生态功能维持放在首位，关注的是生态的良性存在而不是占有，人类活动不能突破生态阈值，并在阈值的约束下取得最大的经济和社会效益。

13.1.2　基本原则

要建立起生态治理-衍生产业协同发展的科学模式，需要遵循一定的原则。

(1)生态治理措施配置符合“双律适应”原则。一是措施体系的类型、结构、种类配置应符合生态恢复、侵蚀阻控的原理和规律；二是应兼顾适应区域衍生产业的发展规律。不同区域生态系统的演变和土壤侵蚀过程具有分异性，一方面，需要在充分认识这一时空分异规律的基础上，科学配置治理措施体系，构成治理措施体系与侵蚀地貌单元相适配的治理模式；另一方面，还需要充分认识区域经济的结构、特色、布局、资源、走势等基本特征。就是说，措施配置与模式构建不仅要考虑生态恢复、侵蚀阻控的功能需求，还要因地制宜考虑其衍生经济开发的可行性和经济效益价值，并与当地经济发展趋势相适应。

(2)植被恢复重建措施应符合“适地适生”原则。降雨、侵蚀、土壤、环境往往成为植物发育和群落演替的主要限制性因子，尤其是砒砂岩区降雨量少、复合侵蚀严重、土壤极度贫瘠、环境脆弱，植物生长发育的生境条件差，因此植被恢复重建措施的物种选择极为重要。为此，需要在充分认识植被群落演替规律和植被恢复重建关键障碍因子基础上，筛选抗逆适生的优势乡土物种，并考虑其经济开发价值。

(3)衍生产业培育与发展应符合“三方意愿”原则。三方意愿指政府意愿+农户意愿+企业意愿。选择生态治理措施体系配置的衍生产业发展途径,应充分考虑到当地政府的经济发展愿景和区域经济空间规划;考虑农民的种植制度、生产条件和对生态致富途径选择的意愿;考虑当地相关企业支撑状况、特定企业布局状况和生态产品开发能力与产业发展意愿,为形成生态治理-衍生产业一体化发展产业链奠定社会基础。砒砂岩地区是鄂尔多斯市总体生态修复格局中重点治理的关键区,切实提升生态系统服务功能与生态经济价值是鄂尔多斯市国土空间生态修复的重要指导思想,因此发展砒砂岩区生态衍生经济契合政府意愿;早日摆脱“生态致贫”的困境,走致富之路是当地农民的强烈愿望;在鄂尔多斯市及砒砂岩地区建有相关涉及生态产业的大型企业,生态衍生经济发展具有落地的充分条件。另外,建设绿色矿山,实施矿山生态修复已成为不少煤炭企业为实现可持续发展的共识和愿望。

13.2　沙棘生态作用与产品开发技术

自 20 世纪 90 年代末开始,鄂尔多斯以“种植沙棘、管护沙棘、包片到户”为原则,充分发挥当地农牧民的主观能动性,在砒砂岩区沟坡和沟谷种植沙棘防治水土流失,现已打造了一批以 109 国道两侧沟道、圪秋沟、酸刺沟、壕赖沟等为代表的沙棘造林系列工程,目前晋陕蒙砒砂岩区已成为我国资源集中、面积最大的沙棘栽植基地。据统计,鄂尔多斯沙棘生态治理工程在达拉特旗、准格尔旗等区域沙棘造林成活率达 80.0%以上,年加工沙棘鲜果 5 万 t,有力地带动了相关产业的发展,成为区域绿色经济增长点。

13.2.1　沙棘利用价值

沙棘是胡颓子科沙棘属的落叶小乔木或灌木树种,生长在干旱、半干旱的黄土丘陵区及砒砂岩区。其根系发达,萌蘖力强,具有繁殖快、耐瘠薄等特征,可在表土厚度仅为 5 cm 的地区生长,且能很快郁闭成林,是防风固沙、保持水土、改良土壤的优良树种。沙棘一般栽植 3 年后结果,沙棘的根、茎、叶、花、果,特别是果实含有丰富的营养物质和生物活性物质,广泛应用于食品、医药、保健品、化妆品等领域,具有较高的经济价值。此外,沙棘属于高热值灌木,且在生长一定年限后需进行平茬复壮,农牧民可用割掉的沙棘枝干代替煤炭、秸秆等燃料来取暖、做饭等。

13.2.1.1　药用价值

沙棘性温味酸涩,具有活血散瘀、化痰宽胸、生津止渴、清热止血的功效,主治跌打损伤、肺脓疡、咳嗽痰多、呼吸困难、消化不良、高热伤阴、肠炎痢疾、胃痛、闭经等病症。

沙棘中黄酮可提高血清补体水平，增强巨噬细胞的功能，故既可补充营养，又能提高机体的抗病能力，止咳祛痰，消食化滞，活血散瘀，用于治疗咳嗽痰多、消化不良、食积腹痛、跌扑淤肿、淤血闭经。

根据研究，沙棘果、油具有很高的药用价值，有降低胆固醇、治愈心绞痛等作用，还有防治冠状动脉粥样硬化性心脏病的作用；有祛痰、止咳、平喘和治疗慢性气管炎的作用；能治疗胃和十二指肠溃疡及消化不良，对慢性浅表性胃炎、萎缩性胃炎、结肠炎等病症疗效显著；对烧伤、烫伤、刀伤、冻伤有很好的治疗作用；对妇女宫颈糜烂有良好的治疗效果。

13.2.1.2 食疗价值

沙棘果实营养丰富，据测定，其果实中含有多种维生素、脂肪酸、微量元素、沙棘黄酮、超氧化物等活性物质和人体所需的各种氨基酸。其中维生素 C 含量极高，每 100 g 果汁中，维生素 C 含量可达 825～1 100 mg，含糖 7.5%～10%，含酸 3%～5%。

沙棘叶片含粗蛋白 15.75%、粗脂肪 9.48%、粗纤维 14.045%、无氮浸出物 54.84%，可用于制作保健茶。

13.2.1.3 美容价值

沙棘在美容中起主要作用的是沙棘油，其中含有大量的维生素 E、维生素 A、黄酮和 SOD（超氧化物歧化酶）活性成分，能够有效防止自由基，达到抗衰老的作用，因此沙棘被化妆品产业用作重要的高级化妆品原料，经过先进工艺提取的化妆品级沙棘油纯度、活性都很高。

随着化妆品向天然性、安全性、科学性、综合性、实用性方向的发展，天然化妆品的开发在 21 世纪化妆品工业中将占主导地位。以沙棘及其提取物为主要营养源的沙棘化妆品，具有集天然性、营养性、药效性于一体的特性，这种含有沙棘天然成分的化妆品于 20 世纪 80 年代进入我国市场。

沙棘洗护系列的化妆品主要包括洗发水、护发素、沐浴液、香皂、洗面奶，还有沙棘牙膏等。沙棘系列的洗护用品主要是将沙棘汁或沙棘油加入到以上具有基础功能的化妆品中，以增强其洁肤、护肤的作用。

沙棘护肤系列的化妆品主要包括化妆水、面霜、眼霜、手霜、精华素、面膜等。根据其侧重点不同，又将护肤品分为基础护肤产品和功能护肤产品两类。所谓基础护肤产品，以补水保湿和滋润为主；功能护肤产品除具备基础护肤成分外，还添加一些例如美白、祛斑、防皱、防晒等功能性成分。

13.2.1.4　生态绿化

砒砂岩区由于干旱少雨，土地贫瘠，大部分地区直接栽种乔木难于成活或成小老头树，植被恢复难度很大。而沙棘具有耐寒、耐旱、耐贫瘠的特点，一般每亩荒地只需栽种 120~150 棵，4~5 年可郁闭成林。

此外，沙棘的苗木较小，一般株高 30~50 cm，地径 5~8 mm，栽种沙棘的劳动强度不大，一个普通劳力一天可以栽沙棘 5~6 亩，能够有效解决地广人稀的问题，便于进行大规模种植，快速恢复植被。

13.2.1.5　减少土壤侵蚀

由于砒砂岩区产生的粗泥沙大量淤积在黄河下游河道，使河床高出地面 4~6 m，尽管近年来进入黄河下游河道的泥沙大量减少，但是河床淤积提升的趋势还没有得到根本遏制。

砒砂岩区水土流失最严重的一是沟道，二是陡坡。陡坡由于土地贫瘠，植被建植难，是治理水土流失的一个薄弱环节。沟道不仅是泥沙的主要产区，也是坡面泥沙的通道。沙棘的灌木丛茂密，根系发达，形成“地上一把伞，地面一条毯，地下一张网”。在一些陡险坡面上，沙棘利用其串根萌蘖的特性，能够适应于在干旱缺水、土壤贫瘠的砒砂岩地区生长，成为生态恢复的有效生物措施。

特别是沙棘在沟底成林后，抗冲刷性强，而且它不怕沙埋，根萌蘖性强，能够阻拦洪水下泄、拦截泥沙，提高沟道侵蚀基准面。砒砂岩区虽有千沟万壑，沙棘却有极强的生命力和快速的繁殖能力，是治理沟壑的“有效武器”。实践证明，沙棘是治理土壤侵蚀、减少泥沙的有效措施。

例如，根据毕慈芬等（2022b）对砒砂岩区沟道治理生物措施——沙棘植物柔性坝的试验观测，在内蒙古鄂尔多斯市准格尔旗西召沟小流域内 1.67 km^2的东一支沟沙棘柔性坝 1995—2000 年平均拦沙量为 410.60 m^3。同时，柔性坝对泥沙具有分选作用（见图 13-2），粗泥沙主要淤积在支沟上游坝内，大于 0.05 mm 的粗泥沙在坝内淤积量中占 76%。1997—1999 年柔性坝坝系拦截大于 0.05 mm 的粗泥沙 765.60 m^3，占该时段柔性坝坝系总拦沙量的 78%。沙棘植物柔性坝坝系内的植物群落结构得到改善，自沙棘植物柔性坝坝系运行第三年起，在两坝之间的淤积体上长出了北京杨、旱柳、乌柳、沙柳、沙蒿等，特别是由于沙棘籽的繁殖，在垂直水流方向上长出了一排排沙棘，而且柔性坝区出现了雉鸡、野兔等动物。

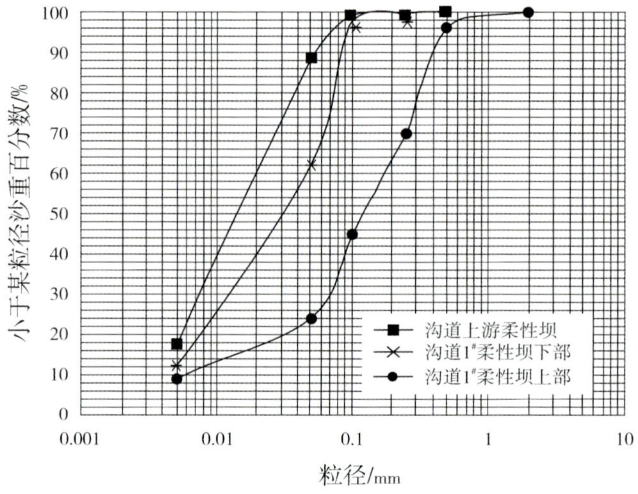

图 13-2　沙棘柔性坝坝内淤积物级配

13.2.1.6　经济价值

沙棘是目前世界上含有天然维生素种类最多的珍贵经济林树种。沙棘是经济作物,沙棘果实除鲜食外,还可加工成果汁、果酒、果酱、果脯、果冻、饮料、保健食品等,既可食用,又可药用。苏联利用沙棘油为原料,开发出了近 10 种药品。国际上研究开发沙棘产品的机构和企业越来越多,发展势头很猛。我国在沙棘产品开发方面发展也很快。

根据相关规划,内蒙古鄂尔多斯将建成最大的沙棘种植园区,随着沙棘产业的深入发展,必将带动山区沙棘加工工业的发展,农民可以通过采收沙棘果、叶增加收入,发挥出巨大的经济效益。

13.2.2　沙棘资源利用

以沙棘果和沙棘籽为原料,采用 CO_2 超临界萃取的工艺来制取沙棘果油和沙棘籽油,无溶剂残留,可以安全地获得产品附加值最高的高纯沙棘油。如果对沙棘油进行微囊化处理,既可掩盖其本身的不良气味,还可大大提高沙棘油稳定性。超声萃取沙棘中类胡萝卜素也值得尝试,沙棘黄酮开发的规模化工艺还有待进一步完善。

当然,目前沙棘功能性食品多以非传统食品形态出现,主打沙棘饮料,其他色香味俱全的食品,如沙棘酱油、沙棘醋,也已经打开市场。

13.2.2.1　利用沙棘开发优质饲料

沙棘叶富含维生素、黄酮类和多酚类成分,而且蛋白质含量较高,在 16.37% ~

17.13%，主要氨基酸含量高于苜蓿，是良好的高蛋白饲料添加剂，同时还具有产量大、易采收、耐贮藏等优势。当地农牧民发现，牛羊特别喜食沙棘枝叶，用沙棘枝叶喂养的牛羊毛色鲜亮，同时沙棘叶还能提高牛羊免疫力，被当地人誉为“铁杆牧草”。沙棘年产嫩枝叶 23.9 万 kg/hm^2，是紫花苜蓿的 2.5 倍，沙棘枝叶已被用来发展家庭式畜牧业。同时，沙棘果加工后的果渣和籽粕含有一定量的脂肪、维生素、蛋白质及其他多种活性物质，也是极好的饲料添加剂。用沙棘果渣喂奶山羊，其产奶量提高 6%左右；喂断奶羊羔，其发育快，体质健壮，抗病力强，成活率达 100%；喂食沙棘果渣的山羊较对照个体，质量平均增加 3.8 kg，产肉量较其他草场高 5 kg/只，产毛量高 30%；喂蛋鸡，其产蛋率提高 10%左右，而且蛋黄中的胆固醇含量显著降低，胡萝卜素含量明显上升。

13.2.2.2 利用沙棘枝干开发生物质能源

鄂尔多斯砒砂岩区沟壑纵横、交通不便，农村燃料匮乏，许多农牧民以秸秆和畜粪作燃料。沙棘是一种高热值能源树种，其去灰分热值在 19～20 kJ/g，具有耐烧、发热率高、火力旺、烟小等优点，其燃烧对环境的污染较小。根据对准格尔旗暖水乡营造的 7 118.27 hm^2 沙棘生态经济林的估算分析，八年生沙棘林平茬后的地上部分能源价值相当于 399.5 万 t 原煤的价值。对三北地区 22 种主要木本植物的热值测定后发现，沙棘热值仅次于油松，超过了柽柳、柠条、紫穗槐等多种灌木。按照 3～5 年对沙棘林平茬 1 次计算，砒砂岩区一个农户只需种植 1 亩沙棘林，便可解决整个家庭全年的生活用柴问题。因此，沙棘可作为砒砂岩区永续的生物质能源树种。

13.2.2.3 利用沙棘提取物研发药品

沙棘具有多种药用价值，是中药、蒙药、藏药常用的药材，早在 20 世纪 80 年代初就被卫生部（现国家卫健委）列为首批药食同源的植物。沙棘有止咳化痰、延缓衰老、缓解心绞痛、改善心肌微循环、防治动脉硬化等功效，还对糖尿病患者的血糖有调节作用，能增强胰岛素的敏感度。沙棘果提取物能够增强人体免疫力，并激活巨噬细胞，对人体癌细胞具有抑制和杀灭作用。沙棘油是多种生命活性物质的调节剂和浓缩剂，临床证明复方沙棘籽油制剂能缓解慢性宫颈炎患者的临床症状，有利于患者恢复健康。利用超临界 CO_2 萃取技术提取的沙棘油，可以在很大程度上减轻放疗与化疗对人体产生的副作用。此外，沙棘树皮中的乙醇粗提取物可以显著抑制 8 种类型的肿瘤转移，沙棘根的提取物能够减弱肿瘤活性，沙棘总黄酮可增强心肌收缩能力，改善心肌舒张功能，对抗心肌缺血带来的危害。目前，市场上沙棘籽 80 元/kg，沙棘油 1 200 元/kg，栽植沙棘林 5 年后每年会有 4.5 万～9.0 万元/hm^2 收入，而且后续投入极少。

13.2.2.4 利用沙棘研发饮品、保健品和化妆品

经提取检测，沙棘果实和叶片中富含人体所必需的200余种营养成分，其中8种为人体所必需且又不能合成的氨基酸，因此沙棘被医药保健界誉为“神奇植物”。沙棘果维生素C、E、A、K含量非常丰富，是猕猴桃的2~3倍，为一切果蔬之冠，被称为“维生素宝库”。以沙棘果为原料制作的沙棘果汁，具有补充体力、减缓疲劳的保健功效。沙棘果中富含多种生物营养成分，具有很好的美容、保健、抗衰老作用，因此用沙棘果提取物研发的生物环保洗护产品、医疗保健品在市场上颇受国内外消费者的青睐。沙棘的叶片中含有丰富的黄酮、多酚、粗多糖、粗纤维和咖啡碱等，可用于制作沙棘保健茶、沙棘戒烟茶等饮品。利用沙棘还可以开发食品，如沙棘果冻、沙棘果酱、沙棘果醋、沙棘营养配方奶粉等。因此，沙棘被科学界誉为“21世纪最有希望的新型保健品原料”。

13.2.3 沙棘产业可持续发展技术

要实现沙棘产业可持续发展，需要注重优良苗木培育、生态经济林培育、果实采收、加工等环节。

13.2.3.1 优良苗木培育

1. 优良沙棘品种选择

引进有较大开发利用价值的优良品种，例如“太阳”“阿亚甘卡”“楚伊”等俄罗斯大果沙棘品种，其他还有“杂雌优1号”“乌兰格木”等品系；同时，注重培育区域乡土中国沙棘优良品种。

2. 苗圃地建设

机械或人工整地后，搭建温室大棚（上覆塑料膜）；将河沙与黄土按照3∶1比例混合均匀后铺设15~20 cm厚的沙床，并用0.5%高锰酸钾溶液消毒。

3. 采穗

6—8月在采穗圃或沙棘林中按照雌雄比例10∶1，选择生长健壮、无病虫害的母株，采取一年生半木质化枝条15~20 cm，将上端剪平，下端修成马蹄状，制成插穗，按照不同品种每50个或100个扎捆贴上标签。插条要注意保水防晒。

4. 插穗处理

将插穗放入50%的多菌灵1 000倍液中浸泡1~2 h消毒，消毒后的插穗放入清

水中浸泡 3~5 d，每天换水 1~2 次，采用 0.3%~0.5%萘乙酸（NAA）蘸浆处理，或 0.02%ABT1 号生根粉浸泡插穗基部 2~3 h，或采用根宝 3 号原液浸泡插穗基部 3~5 h。

5. 扦插

在苗圃地采用 5 cm×10 cm 株行距对采回来的穗条在清晨或者傍晚进行扦插。扦插时地面外露高度 10 cm，地下埋深 5 cm。

6. 管护

苗圃温室大棚采用全光照间歇性自动喷雾系统，保证插条生长的温度和水分需求，沙棘幼苗在扦插后 24 h 内每隔 5 min 喷 1 次，每次喷雾 1 min；在扦插后一个星期每天 9:00—17:00，在大棚内温度≥30 ℃时开始喷雾。适时松土、除草，在喷雾系统中追加氮磷复合营养液。

13.2.3.2　生态经济林培育

1. 人工造林

（1）立地类型选择。适宜选择沟底滩地、础砂岩陡坡和丘陵缓坡地栽植沙棘生态经济林。其中沟底滩地立地特征为：土壤为风积土、砒砂岩，比降小。在砒砂岩陡坡，水分条件较差，质地比较坚实，坡度 20°以上，风化表层流失较为严重，植被稀少，一般植物生长困难，可种植沙棘。在丘陵缓坡地，坡度在 10°~20°，基岩为分化砂质砒砂岩，表层盖有一定厚度的黄土层，降雨后蓄水时间较长，水分条件较陡坡好。

（2）起苗。在秋季落叶后至冬季上冻前，或者春季解冻后进行。起苗时苗龄以二年生扦插苗为佳，要保证沙棘苗木根系的完整性，侧根要起全，防止根系损伤撕裂。

（3）栽植时间。以春季 3—5 月为主，秋季 10 月中旬至 11 月中旬为辅。

（4）沟底滩地防冲沙棘林栽植。整地时间：随整地随种植；整地方式：穴状整地；造林密度：1 m×1.5 m 株行距，2 行 1 带、行距 1 m、带距 6 m；栽植坑大小：直径 40 cm，深度 40 cm；苗木规格：苗龄为 1 年的实生苗；栽植：沟底栽植要平行于河道，按照 1 m×1.5 m 株行距，2 行 1 带、行距 1 m、带距 6 m，雌雄株按 7:1 配置，挖穴规格直径 40 cm，深度 40 cm，覆土至根茎以上 5 cm；苗木运输：苗子要随起随装车，保持捆子完好，依据天气干燥程度适时喷水，装好车后用水管喷水，再用苫布把苗子苫好，用绳子捆好，如在一天内运不到用苗的地方，在第二天早上出发前掀起苫布给苗子浇一次透水，以后同第二天，采用相同的做法，直至将苗子运到用苗的地方。

（5）砒砂岩陡坡栽植。整地时间：随整地随种植；整地方式：穴状整地；造林密度：2 m×3 m 株行距；栽植坑大小：深度 30~35 cm；苗木规格：苗龄为 1 年的实生苗；

栽植：陡坡栽植采用“T”形栽植，打孔钎在≥70°的砒砂岩陡坡凿 30~35 cm 深的栽植穴，保证沙棘苗根系舒展，再用打孔钎另一端的小铲填满栽植穴并压实，保证苗木与根系充分接触；苗木运输：同上所述。

（6）丘陵缓坡栽植。整地时间：随整地随种植；整地方式：水平沟整地；造林密度：3 m×3 m 株行距；栽植坑大小：水平沟宽为 80~100 cm；苗木规格：苗龄为 1 年的实生苗；栽植：按照等高线，用机械开 80~100 cm 宽的水平沟，株行距 2 m×3 m，按照雌雄比例 8∶1~10∶1 配置，覆土至根茎以上 10 cm；苗木运输：同上所述。

2. 抚育管理

（1）补植。造林一个生长季或一年内，可以根据沙棘林成活调查结果进行补植。

（2）抚育。依据经济林抚育管理，进行修枝、间苗、平茬等抚育措施。

（3）浇水。应采取抢墒造林，造林时应浇透定根水，造林后可依据天气、土壤墒情、苗木生长状况及时补浇水。但在砒砂岩区一般采用雨养型+集雨沟（槽）浇水模式来满足沙棘生长的水分。

（4）沙棘修剪。沙棘一般在长到 2~2.5 m 高时剪顶，修剪时要打横不打顺，去旧要留新，密处要修剪，缺空要留旺枝，清膛截底修剪好，树冠圆满。

（5）沙棘平茬。沙棘一般在 10 年后进入衰退期，3~4 年生长旺盛，5~8 年为旺果期。在砒砂岩区，生长 5 年后往往会出现沙棘衰退或沙棘林的退化，需要进行平茬复壮，留茬高度为 10 cm 最佳，茬口平滑，且采用涂油漆处理。

（6）病虫鼠兔害防治。主要病虫鼠兔害防治参见表 13-1。

表 13-1 沙棘主要病虫鼠兔害防治方法

病虫鼠兔害	主要防治措施
干枯病	增施磷钾肥抑制真菌形成，或用代森锌溶液喷洒治疗，每 10~15 d 喷洒 1 次，连喷 3 次
叶斑病	用退菌特粉剂 1 000 倍液喷洒植株，每 10~15 d 喷洒 1 次，连喷 2~3 次
锈病	6 月对植株喷洒波尔多液，每 15 d 喷洒 1 次，连喷 2~3 次
褐腐病	优选高抗品种，做好冬季防冻处理工作；进行修剪，剪口要平整；及时清理林木上的患病枝条和叶子；控制合理的栽培密度，如果林间生长密度过大，应及时进行伐除处理。在病害发生严重的地区，可在初花期喷 5 波美度石硫合剂。不严重地区则第一次药应在落花后 10 d 左右喷施，此后隔 15~20 d 再喷 1~2 次，直到果实成熟前 1 个月左右再喷 1 次药，可喷 0.3 波美度石硫合剂或 65%代森锌可湿性粉剂 500 倍液

续表

病虫鼠兔害	主要防治措施
根腐病	在每株沙棘树四周开沟施入辛硫磷颗粒和多菌灵
白粉病	冬季清除病树落叶，剪掉病枝集中烧毁，减少病原；减少郁闭，增强树体自身抵抗力；发病后喷施 50%退菌特可湿性粉剂 1 000 倍液
干缩病	发现病株时要立即对病株进行焚烧、深埋，同时对病枝及时修剪；实际防控过程中，可通过在土壤中施加石灰、钾肥和微量元素等方式，防止病原菌的侵染和破坏
木蠹蛾	雨后湿润天气施放白僵菌菌株或利用毛缺沟寄蜂等天敌防治；或在 5 月中旬至 8 月中旬利用黑光灯进行诱杀；虫害严重时，对受害植株根部周围用杀螟松 1 000 倍液浇根毒杀，浇药后对树盘进行覆土
沙棘蝇	用 60%乐果可湿性粉剂 4 000 倍液进行喷洒处理，或敌百虫 500 倍液进行喷雾防治
红缘天牛	每年 5—6 月成虫活动盛期，人工捕捉成虫；6—7 月检查树干是否存在开裂现象，发现开裂后将开裂部位用刀片割开并刮除虫卵；虫害严重时，用 80%敌敌畏乳油或 40%乐果乳油等，掺和水、黄泥搅成稀糊状，涂刷在距地 30～60 cm 的树干上
巢蛾	在芽苞开放初期严格开展监管工作，从源头上防治沙棘巢虫的危害。同时，及时使用敌百虫 600 倍液喷雾防治。如果沙棘巢虫破坏严重，可选择抗蚜威 1 000 倍液实行喷洒处理
弧目大蚕蛾	冬春修剪时，剪除带卵枝条；人工震落幼虫，收集灭杀；蛹期清除林间杂草及枯枝落叶，集中烧毁；初孵幼虫用 90%敌百虫晶体 800 倍液喷雾防治；采用黑光灯诱杀成虫
舞毒蛾	一旦舞毒蛾百叶幼虫生长为 3 条以上时，应使用敌百虫 700 倍液喷雾进行防治处理。也可在舞毒蛾白天下树潜伏期间，立即在枝干涂抹毒环
白星花金龟	不能够使用没有完全腐熟的有机肥或者垃圾肥；保护好害虫天敌，可以选择使用白僵菌、绿僵菌进行防控；药物防治可以选择使用 50%辛硫磷 1 000 倍液进行灌根处理；此外还可以选择使用糖醋液诱导害虫成虫，在防控过程中应及时更换糖醋液，并定期清理容器中的害虫
柳天蛾	成虫发生期利用黑光灯诱杀成虫，也可繁育赤眼蜂杀虫；运用幼虫受到惊吓容易掉落的习性，在幼虫期间将其击落，或根据地面粪粒来捕捉树上的幼虫；幼虫处于蛹期的时候也可以在树木周围开展开耙土、锄草及翻地等工作，借此来消灭虫蛹
春尺蠖	用灭幼脲 1 000 倍液、5%氟虫脲乳油、青虫菌 400 倍液及苏云金杆菌 300 倍液进行喷洒防治，喷洒时间控制在 16:00—20:00 为宜

续表

病虫鼠兔害	主要防治措施
白眉天蛾	用三唑类杀菌剂及辛硫磷乳油喷洒沙棘叶面、叶背
沙棘豆象	在成虫羽化期喷洒 500 倍杀螟松乳油
蚜虫	及时清除病害植株,清除杂草,减少害虫寄生场所。使用 5% 灭蚜粉尘剂,每次 0.8~1.0 kg 粉喷。用 40% 敌敌畏乳油 1 份,加多功能植物增效剂 1 份、水 2 份,混合配成药液,用毛刷在树干上涂刷 10 cm 左右宽的药环
白粉虱、叶蝉	用 3% 啶虫脒乳油 2 000~2 500 倍液对沙棘植株均匀喷雾
金龟子	成虫出现盛期用 40% 乐果乳油 800 倍液或 50% 辛硫磷乳油、50% 杀螟松乳油、60% 双硫磷乳油 2 000 倍液、10% 广效敌杀死乳油 2 500 倍液等,喷洒叶面杀死取食成虫;设置黑光灯捕杀成虫;移栽小苗或扦插时,用 25% 对硫磷胶囊剂蘸根,有良好的保苗作用;保护和利用天敌,刺猬、青蛙、步行虫等都可捕食成虫和幼虫,将病原线虫 *Neoaplectana* 和 *Heterorhab-ditis* 施于土中,可寄生于昆虫体内,杀死幼虫
鼠害	放置鼠夹,或在鼠洞内投放毒饵
兔害	放置兔夹或兔网、投毒饵、树干涂白,以及涂抹防啃剂

13.2.3.3 果实采收与储藏

1. 采收时间

俄罗斯大果沙棘在 8 月下旬至 9 月底采收,中国沙棘在 10 月上旬至 11 月中旬采收。

2. 采收方法

采用 4SZS 型肩跨式振动式沙棘采收机或人工采收,人工采收时按照先冠外、后冠内,先下层、后上层的顺序用枝剪把结果枝条截成 10~15 cm 小段,收集于采收箩筐内。

3. 储藏

剪好的沙棘枝条果或机械采收的果实应堆放或储存在阴凉、通风处,厚度不宜超过 30 cm,底部要铺放塑料布,应避免日晒、雨淋等。长期储存的枝条果或果实需在 0 ℃、相对湿度 90%~95%环境中冷冻储存。运输时车辆底部与四周应铺设塑料膜,防止果汁腐蚀车厢,装卸车时轻拿轻放,禁止踩踏,避免果汁损失。

4. 果实的清洗

为了保证沙棘果实在后期的加工利用和降低果实破损率，需采用内桶填装海绵自动旋转揉搓式雪洗技术，清洗沙棘果实上附着的降尘、鸟类粪便等附着杂物。

5. 果实的分级

严格按照《中国沙棘果实质量等级》(GB/T 23234—2009)中的果实质量等级规格指标进行沙棘果实的分级。

13.2.4　砒砂岩区沙棘产业可持续发展限制因素

13.2.4.1　产业化程度不高

目前，沙棘主要种植人员为砒砂岩区当地农牧民，在沙棘的种植管理方面缺乏一定的相关技术培训和指导，大多是以传统农耕经验为主，在沙棘果林的经营过程中一味地追求沙棘产量，忽视了沙棘果实品质的提升，更忽视了沙棘林间抚育管理，导致沙棘果的品质难以突破，进而限制了沙棘的深层次加工。另外，在沙棘产业链发展方面，特别是在引种、育苗、种植、管理及产品加工等环节缺乏系统组织，产业链各环节衔接度较差，导致各环节仅关注各自的问题，没有形成一个自上而下的相互协调的运行机制。还有，各类沙棘品种资源混杂分布，难以形成品质相对均一的标准化沙棘原料基地，资源利用率不到13%。当地沙棘企业与农户之间未建立起直接联系，生产与加工环节脱节，农牧民对中间商依赖程度较大也是制约沙棘可持续发展的因素之一。

13.2.4.2　技术水平低，创新化程度不高

砒砂岩区沙棘种植多与生态工程相结合，沙棘产业仍以种植为主，下游的加工利用以粗加工为主，缺乏高科技的更深层次、更精细的加工利用技术。人工沙棘林经营粗放，无雌雄株比例设计，单位产果量低；沙棘林多分布在偏僻的沟谷山坡，交通不便，且沙棘有刺，采摘难度大，浪费严重。据估算，砒砂岩区沙棘果实采收量不到产果量的1/3，虽然种植面积大，但收获比例低，难以满足沙棘企业的加工需求。

13.2.4.3　沙棘林改造抚育程度低

近年来，在砒砂岩区生态治理工程建设中引种了俄罗斯大果沙棘，沙棘新品种的引入在一定程度上拓展了鄂尔多斯砒砂岩区沙棘产业发展的规模、层次和空间。俄罗斯大果沙棘树高在1.5 m左右，喜光照，在疏林下可以生长，对土壤要求不严格，

在础砂岩和半石半土或半沙地区也可以生长,但对降水量有一定的要求,一般应在400 mm以上。俄罗斯大果沙棘通常在3年左右结果,在盛果期株产可以达到2~5 kg。俄罗斯大果沙棘的引进虽然在一些性状上弥补了中国沙棘的不足,如单位面积产量是中国沙棘平均产量的10倍多,但在沙棘林经营管理中发现,俄罗斯大果沙棘容易遭受病虫害,同时础砂岩区降水量少的环境,也制约了沙棘产业的规模化发展。因此,俄罗斯大果沙棘林的规模化建设还面临着经营抚育管理、适宜性等一些挑战。

13.3 长柄扁桃生态作用与产品开发

13.3.1 长柄扁桃产品及其开发潜力

长柄扁桃是蔷薇科李属植物,为中旱生灌木,高1~2 m,花期5月,果期7—8月,种仁可入药,具有很高的开发价值。

13.3.1.1 长柄扁桃产品

长柄扁桃具有较强的沙漠生存能力和固沙作用,其种仁富含油脂、蛋白质,能够产生较高的经济效益。目前,已开发出长柄扁桃油、生物柴油、甘油、蛋白粉、苦杏仁苷、饲料原料、活性炭等七类产品。据测算,人工管护下的长柄扁桃,栽植5~7年即达到盛果期,亩产鲜果1 000 kg左右,收获干果仁350 kg,经过加工,可生产油40 kg、蛋白粉29 kg、苦杏仁苷2 kg,每亩综合产值近万元。

13.3.1.2 开发潜力

(1)生态价值。在水分胁迫和寒冷条件下,长柄扁桃体内的抗氧化物酶活性显著提高,说明该树种具有很强的抗旱、抗寒能力。长柄扁桃根系发达,适应范围广,生长周期长,一旦成林,可长期保土固沙,防止沙尘暴与水土流失,并可加快沙化和荒漠化土地的逆转进程,可以成为治理北方荒漠地区的首选树种。长柄扁桃为濒危植物,恢复种植对保护生物多样性具有重要意义。长柄扁桃花色美丽,树姿优美,枝叶繁茂,开花较早,可作为优良的园林绿化树种和蜜源植物。

(2)社会价值。长柄扁桃病虫害较少,不需平茬,种子熟透后自然脱落,只需在地上归拢,就可直接收获,与沙棘等植物相比更便于大面积种植管理。农民在荒沙地区种植长柄扁桃,可以在长达几十年的时间内,获得可观而稳定的经济收入,这对于提高农民治沙积极性是很有帮助的,而且随着长柄扁桃产业化的实施,经济附加值会更高。

(3)经济价值。长柄扁桃仁含有人体必需的氨基酸及矿物质元素,且医学上可用于治疗大便秘结、水肿、少尿等疾病,可开发为功能性食品。长柄扁桃仁富含油脂,且主要在沙漠和荒漠化地带种植,远离城市三废污染源,几乎不受化肥和农药等的污染,可发展为新型高品质食用油。以长柄扁桃油为原料,能够生产出性能良好的生物柴油,各项指标均符合国家标准《B5 柴油》(GB 25199—2017)的要求。长柄扁桃仁中含有约 3.5%的苦杏仁苷,而苦杏仁苷又是重要的医药中间体,主要作用是止咳平喘、润肠通便、抗肿瘤、增强免疫力、抗溃疡、镇痛等。因此,长柄扁桃仁还可作为提取苦杏仁苷的原料。长柄扁桃仁精油中存在的天然苯甲醛具有杏仁的特殊香味,可广泛用于食品香精的调配中。长柄扁桃蛋白是一种易被吸收的高品质蛋白,因此也可从长柄扁桃仁中提取蛋白以制备营养价值更高的蛋白粉。长柄扁桃种皮可用于提取黑色素。长柄扁桃种壳坚硬,可以用于制造板材,并可用于燃烧发电、生产糠醛和活性炭等。长柄扁桃叶水提物对扁形动物寄生虫——指环虫具有良好的杀灭作用,可开发为无公害植物杀虫剂。

13.3.2　长柄扁桃开发利用领域

长柄扁桃仁含有 45%~58%的油脂,该油脂不饱和脂肪酸总量高达 98.1%,居所有植物油榜首。油酸、亚油酸和亚麻酸含量分别为 66.5%、29.9%和 0.8%,三种成分的比例与素有"食用植物油皇后"美称的橄榄油相当,优于核桃油、花生油和玉米油等。维生素 E 含量丰富,约 500 mg/kg,表明长柄扁桃油具有良好的抗氧化能力,耐储存和高温烹饪。长柄扁桃主要在沙漠和荒漠化地带种植,远离城市"三废"污染源,几乎不受化肥和农药等的污染,可发展为有机食用油。

长柄扁桃仁中的苦杏仁苷是医药业的重要原料,主要作用是止咳平喘,润肠通便,抗肿瘤,增强免疫力,抗溃疡,镇痛等。

13.3.3　砒砂岩区长柄扁桃产业可持续发展限制因素

(1)长柄扁桃营造林技术还没有实现规范化和标准化,导致造林成活率、保存率低,难以发挥防风固沙效益,直接影响到林地产出率。

(2)良种和栽培模式不配套,管理粗放,生产效益较低,集成创新亟待进一步加强。

(3)长柄扁桃目前开发的产品还仅限于对原材料的初级利用,针对种仁、种壳、油、蛋白等功能性研究尚未系统进行,没有发现特殊功效的物质,制约了长柄扁桃高端产品的开发,以及产业链的延伸。应继续开展系统的基础研究,并以此为依托,开发高端产品。

13.4 山杏生态作用与产品开发利用

山杏是蔷薇目蔷薇科杏属植物,为黄河流域的重要乡土树种。经济价值高,可绿化荒山,保持水土,果实可入药,还是滋补品,具有很高的开发利用价值。

13.4.1 砒砂岩区山杏资源利用产业链

鄂尔多斯实施了天然林保护、退耕还林、禁牧休牧轮牧等保护措施及三北防护林等保护工程,在保护山杏天然林资源的同时,积极扩大培育新的山杏人工林资源。据2023年4月统计,通过推行"公司+基地+农户+经纪人"模式,鄂尔多斯市已建成山杏原料林基地80万亩。准格尔旗依托山杏原料林基地,先后建起6家相关企业,开发了三大类十余个山杏深加工产品,销往全国,为助力乡村振兴,让农牧民走上新的致富路提供了成功案例。

13.4.2 山杏开发利用领域

13.4.2.1 山杏叶开发与利用

山杏叶片在农村是喂养牲畜的上好饲料,牲畜食用后生长快、不易得病,对当地农民来说可降低饲养成本,提高牲畜质量,有很大的利用价值。另外,山杏叶中的桦木酸、齐墩果酸、熊果酸、黄酮等物质含量较高。大量研究报道说明,桦木酸对黑色素瘤细胞具有极强的选择性细胞毒性。齐墩果酸具有抗肿瘤作用,可降低放射性治疗后造血组织的放射性损伤。同时,齐墩果酸可以通过降低血清丙氨酸、氨基转移酶活性,减缓肝细胞的变性及坏死,并可促使肝细胞再生。熊果酸通过诱导细胞凋亡、抑制肿瘤细胞增殖、抗血管生成、抗促癌和抗突变及抗氧化等作用来抑制肿瘤生长和扩散。而水溶性膳食纤维(多糖)有提高免疫力、抗衰老和抗肿瘤等多种活性。黄酮具有抗衰老、抗疲劳、抗氧化等多种功能。因此,开发功能性山杏叶产品具有广阔的前景。

13.4.2.2 山杏蛋白的开发与利用

蛋白质是人体的重要组成部分,在人体的生长发育和各种生理活动中担负着重要而特殊的功能。我国是一个人多地少的发展中国家,在较短时间内无法大幅度提高动物性蛋白供应的情况下,加强植物蛋白利用的研究,生产质优价廉的蛋白产品是一条现实而又重要的道路。据研究,杏仁蛋白占总蛋白含量的80%以上,而较难消化的大分子球蛋白不到 20%,因此杏仁蛋白是一种食用价值极高的植物蛋白。杏仁蛋白犹如胶原蛋白一样对人体有着重要的作用,世界各国都十分重视新的植物蛋白资源的开发利用。进一步分析杏仁蛋白的氨基酸组成,发现杏仁蛋白含有人体必需的 8 种氨基酸,总量为 7.92%,占氨基酸总量的 29.64%,具有较高的营养功能。植物蛋白不仅可以满足人类对蛋白的需要,而且植物蛋白在预防心脑血管疾病方面具有积极作用,具有很好的医疗保健作用。目前我国的苦杏仁加工利用方式主要为榨油,在一些加工苦杏仁油的地区,加工剩余的蛋白质含量达 60%以上的杏仁粕没有得到利用,有必要开展深加工,进一步提高其经济价值。因此,鄂尔多斯砒砂岩地区山杏蛋白的开发利用对当地整个山杏产业发展有着不可估量的作用。

13.4.2.3　山杏杏壳的开发利用

活性炭是广泛应用的工业原料,也是保护生态环境、提高人们生活与健康水平以及出口创汇的重要物资。山杏杏壳活性炭碘值高(900~1 300 mg/g),质地坚硬,其硬度达 95%~98%;孔隙密度大,总孔隙密度为 0.70~1.00 cm/g;吸附能力强,例如苯吸附量为 300~680 mg/g;比表面积高,为 1 000~1 500 m/g,并且不含对人体有害的可溶性有机物或无机物,可以再生和重复使用,是生产高档活性炭的优质原料。在公民环保意识逐渐增强的今天,人们对此类产品的需求逐渐上升,因此活性炭市场发展前景广阔。

13.4.2.4　山杏树木的开发与利用

杏树根系发达,生长速度快,耐干旱、耐贫瘠,具有很好的绿化、观赏价值,尤其是在干旱少雨、土层浅薄的荒山或风沙严重地区,是造林绿化的先锋树种。因此,栽植山杏可以绿化荒山,就地改良建设山地良种杏园,发展果树生产,以获取更大的经济效益。杏树的木材色红、质坚、纹理细致,可以加工成家具和各类工艺品,也可以加工成木炭和绘画用的碳条、碳黑等。此外,杏树皮还可以加工提取单宁和杏胶;山杏枝干燃烧价值高,可作薪柴以满足当地需要。

13.4.3　砒砂岩区山杏产品及典型加工企业规模

13.4.3.1　砒砂岩区山杏产品

在鄂尔多斯砒砂岩地区山杏林种植初具规模的同时,涌现出一批适度规模经营、集约化管理、专业化生产的成功典例。例如,内蒙古某企业主要产品有杏仁露、酸杏汤、杏仁牛奶等,企业注重自主创新能力和市场竞争能力,以内蒙古高原最大的野山杏基地为原料基地，以科研院所为技术依托，研制开发出拥有自主知识产权的木糖醇杏仁露、杏仁牛奶等“高原露”系列新品，产品也由单一的瓶装杏仁露发展到罐装、无糖、罐头及炒杏仁等系列。

13.4.3.2 山杏产品加工程度

砒砂岩区杏仁主要用于做杏仁露，采用鲜榨工艺，杏仁的用量大，而且产品的蛋白含量高。从杏核里面分离杏仁时，杏仁壳都被加工成了活性炭。中国农业大学研究出一种酸性汤，主要原料就利用当地的杏肉。杏仁里榨取营养最高的蛋白部分后，渣子可以作为饲料再利用，1 t 渣子价格 2 000 元左右。

13.4.3.3 产品加工的企业规模

内蒙古某企业以当地的小果类为原料，采用国内鲜榨工艺和萃取技术，研发出以杏为主的系列饮品，杏仁牛奶实现了植物蛋白和动物蛋白的融合。针对地域特产优势，推出以当地小果类为主要原料的烘炒类产品及果脯类蜜饯产品杏脯、炒杏核、炒杏瓣等新品。该企业大力培育杏林资源，发展杏加工产业，将企业自身发展与地区产业转型和农业产业化升级融为一体。同时，采用公司加基地，基地连农户，以龙头企业拉动，全社会参与，政府资助的产业化经营的模式进行建设。育苗基地集新品示范、生态示范、文化娱乐、鲜果采摘、杏花观赏于一体，在示范园中进行管理作业。

近十多年，该企业免费为农民提供修剪嫁接工具及宣传手册，免费为农民进行种植、除草、修剪、病虫害防治等育苗技术的指导，动员全社会发展林杏产业，以提高杏树的挂果率及杏树产量。杏树挂果后企业以保护价收购，使农民成为企业的产业工人，以实现“大地杏花烂漫、企业蓬勃发展、农民幸福安康”的愿景和精准扶贫目标。

13.4.4 山杏产品开发潜力

我国山杏资源丰富，产量巨大，产品市场需求旺盛，极具开发潜力。山杏不仅是酿酒、做醋、杏干、杏脯、杏酱、杏仁咸菜等食品工业的理想原料，也是常用的中药之一。山杏仁油还是一种制作钟表、精密仪器的高级润滑油、擦枪油的原料。通过对原料进行深加工，不断挖掘资源内在潜力，对于提高产品的附加值，繁荣山区经济，帮助农民脱贫致富，具有极其重要的现实意义。

目前，相关企业大多数采用“农户+企业”“农民专业合作社+企业”及“农场+企业”等模式。在销售端，企业通常直接面向水果经销商或者水果批发商。部分企业在行业内经过较长时间的技术和经验积累，并依托一定的资源优势逐步进入上游种植业和下游消费者终端,其产品的质量和利润率相对较高。随着行业规模化发展,杏产品加工企业全产业链将逐渐形成趋势,具有极大的开发潜力和发展空间。

13.4.5　砒砂岩区山杏产业可持续发展限制因素

13.4.5.1　初春冻害严重,山杏产量低

山杏开花早,盛花期为每年 3 月底到 4 月初,此时鄂尔多斯砒砂岩地区气温较低,霜冻明显,所以山杏的花、果实极易在此时因霜冻而导致落花落果,花期冻害可使山杏减产 50%~90%,严重时期甚至绝收。另外,处于干旱地区的鄂尔多斯春季风大沙多,气候干燥,频繁的大风天气导致严重落花,影响授粉,丧失坐果能力,从而降低产量,造成农民收入不稳定。

13.4.5.2　山杏林经营管理模式粗放,生产与销售脱节

由于鄂尔多斯砒砂岩地区山杏产业尚未形成规模,缺乏统一的时间管理措施,农民担心气候异常、人为采摘等因素造成损失,所以过早采收是普遍存在的问题,山杏在完全成熟前 10 d 内,正是干物质量迅速增长期,早采收一天干杏仁减产 5.2%,早采一周减产 30%左右,同时出油率也相应降低。再加上缺乏统一规划,鄂尔多斯山杏林的经营模式多以独家独户的形式发展,农民对下一年山杏的重视程度往往取决于当年的产量高低,这样的经营管理模式不利于山杏产业可持续发展。另外,不完善的管理体制,导致农民没有合理的销售途径,只好以较低的价格卖给私人商户,久而久之形成农民不愿种、企业收购难的恶性循环局面。

13.4.5.3　山杏附加值低,市场开拓能力差

我国一直是世界上最大的苦杏仁出口国,据 2022 年的统计,我国的苦杏仁出口在 0.45 万 t,占世界苦杏仁总出口量的 80%。在这样的情况下,鄂尔多斯山杏仁产量的很大一部分仍作为原料卖出,产品附加值低,即使加工过的部分产品也属于初加工,尚未形成一定的规模,在山杏的深加工和综合利用方面更是有所欠缺。此外,山杏市场开拓能力差也是一大问题,鄂尔多斯砒砂岩区山杏仁市场销售渠道单一,杏核及其产品价格受制于国内一些大型加工企业。

13.4.5.4　山杏产业发展不受重视,与国家政策结合不紧密

习近平总书记在 2013 年 11 月作出了精准扶贫的重要指示,随后鄂尔多斯市制定并实施了产业扶持和就业脱贫一批、生态补偿脱贫一批等“六个一批”精准扶贫措

施，政府积极帮助贫困户发展经济林种植，免费提供经济林苗木 15.9 万株，种植经济林 224 hm^2，惠及贫困户 807 户。但是，山杏产业在精准扶贫的国家政策中参与度较低，没有发挥其良好的经济价值。

13.5 酸枣叶茶开发与利用技术

酸枣是黄河流域重要的乡土树种，其果肉酸甜，故名酸枣。酸枣叶、果富含生物碱、脂肪油、蛋白质等，具有很高的食用、药用开发价值。同时其根系发达，固土作用强，也有很高的生态利用价值。

13.5.1 酸枣叶利用价值与枣叶茶开发

酸枣为鼠李科枣属木本植物，果实小，接近球形或短矩圆形，熟时红褐色，味酸。花期 6—7 月，果期 8—9 月。

酸枣原产于我国，据史料记载已有 8 000 年的历史。酸枣喜温暖干燥气候，耐寒、耐旱、耐碱、耐瘠薄，萌蘖力强，繁殖方式为种子繁殖或嫁接繁殖。酸枣不宜于低洼水涝地环境，以石灰岩发育的土壤上种植最佳，常生于向阳、干燥的山坡、丘陵、岗地或平原，因此在砒砂岩区适合于酸枣种植。

酸枣性平、味甘酸，有养心安神、敛汗的功效，主治虚烦不眠、体虚多汗、津虚口渴等症。试验表明，酸枣具有镇静、催眠作用，可用于神经衰弱、失眠、多梦、盗汗的治疗，有补肝胆、宁心敛汗的作用。因此，酸枣不仅具有固土减蚀作用，而且具有很高的药用价值。

通过国家重点研发计划"鄂尔多斯高原砒砂岩区生态综合治理技术"等项目的实施，利用酸枣叶先后开发出了枣叶普洱茶、黑茶等产品，并已经投入正式生产，得到一定范围的推广。对枣叶茶营养成分的检测结果表明，枣叶绿茶富含活性物质、矿物质、维生素、氨基酸、蛋白质等，对抑制恶性肿瘤、消除自由基、抗衰老、抗辐射、提高人体免疫力均具有明显作用(见表 13-2)。枣叶普洱茶、黑茶以枣树枣果收获后的枣叶为原料，变废为宝，拉长了枣产业链条，为枣树生态修复衍生品的开发开辟了一条新途径，其开发潜力巨大，市场前景广阔。

表 13-2　3 种枣叶茶新产品的营养成分

营养成分	单位	绿茶型	普洱茶型	黑茶型
果糖	%	<0.1		0.208
葡萄糖	%	<0.1		0.111

续表

营养成分	单位	绿茶型	普洱茶型	黑茶型
蔗糖	%	<0.1		0.137
麦芽糖	%	<0.1		<0.1
乳糖	%	<0.1		<0.1
蛋白质	g/100 g	0.11	20.2	15.4
牡荆素		66.1 mg/L		73.60 mg/100 g
金丝桃苷		107.7 mg/L		112.30 mg/100 g
槲皮素		<2.72 mg/L		<0.050 mg/100 g
山柰酚		<2.47 mg/L		<0.247 mg/100 g
木樨草素	mg/L	7.63		
橙皮素	mg/100 g			13.40
表儿茶素	mg/L	<1.75		
氨基酸(18 种)	g/100 g	0.010 3	12.00	12.91
总抗坏血酸(VC)	mg/100 g	<0.044	<0.044	
δ-维生素 E	mg/100 g		0.00	
γ-维生素 E	mg/100 g	0.009 1	0.00	1.17
α-维生素 E	mg/100 g	0.006 7	7.59	28.5
维生素 E	mg/100 g	0.015 8	7.59	29.7
β-胡萝卜素	mg/100 g		2.19	7.64
叶黄素	mg/100 g		12.6	32.1
绿原酸	mg/L	5.00		
没食子酸		0.602 mg/L		0.409 mg/100 g
阿魏酸		5.57 mg/L		1.23 mg/100 g
原儿茶酸	mg/L	1.12		
p-香豆酸	mg/100 g			7.88
龙胆酸	mg/L	2.50		
草香酸	mg/L	2.31		
丁香酸	mg/L	14.8		
芥子酸		1.44 mg/L		4.36 mg/100 g
花青素	mg/100 mL	0.011		11.1
锰		0.12 mg/L		10.11 mg/100 g

续表

营养成分	单位	绿茶型	普洱茶型	黑茶型
钾		335.25 mg/L		1 218.87 mg/100 g
钠		2.14 mg/L		9.16 mg/100 g
钙		21.52 mg/L		4 813 mg/100 g
铜	mg/kg		8.7	
锌	mg/kg		21	
镁	mg/100 g		345.08	
铁	mg/100 g		45.56	
硒	mg/kg		0.152	0.185
磷	g/100 g		0.20	0.15
灰分	g/100 g		12.8	14.1
柠檬酸	mg/100 g			550.1
酒石酸	mg/100 g			775.9
咖啡因	mg/kg			170

13.5.2 酸枣叶茶加工工艺流程

具体工艺流程包括以下几点：

(1)原料采摘。为促进其良好品质的形成，采摘时枣叶主要以嫩叶为主。

(2)杀青。杀青是制作枣叶茶不可或缺的工序之一。开始杀青前，先将锅温设置为 200 ℃，目的是使炒锅快速达到所需的 150 ℃。待锅温升至 200 ℃时，再将锅温调至 150 ℃。温度过低时，枣叶的苦涩味和青草气不能去除；温度过高，则会大大破坏枣叶中的活性酶，对后期的发酵及品质的形成产生严重影响。当锅温稳定在 150 ℃时，投入约 2 kg 新鲜枣叶，然后用双手快速翻动，使枣叶均匀受热。待枣叶烫手时，采用转动闷炒与抛起抖炒相结合的方式使枣叶失水均匀。当枣叶变软带有黏性且茶梗不易折断、叶色由青绿转为暗绿时，将枣叶从锅内迅速扫出，装入竹箩内摊晾，准备进行下一道工序。

(3)揉捻。揉捻也是枣叶茶品质好坏的关键之一。茶叶在揉捻的作用下，组织细胞膜结构受到破坏，从而使细胞膜透性增大，促使枣叶普洱茶的水浸出物(用沸水从茶叶中提取的可溶性物质)含量增加，提高了茶叶的可冲泡性。

(4)摊晾。杀青后的茶叶虽然已去除大量的水蒸气，但通常是叶片表面干燥而内部仍含有不少水分。此时的茶叶不仅易碎，不便于储藏，而且同样会影响成品品质。此时需要对茶叶及时摊晾,使茶叶内部的水分均匀地扩散到茶叶表面,进而继续蒸发到空气中。

(5)汽蒸。经过高温杀青、长时间摊晾后的茶叶含水量较低,因此必须先在茶叶上洒水,随后进行汽蒸。汽蒸工艺具有杀菌效果,有利于产品卫生质量的提高。此时叶温迅速升高,含水量上升,叶质变软不易碎。含水量要求适当,既不能偏少也不能过多,一般以 20%~30% 为宜。

(6)渥堆。首先将汽蒸后的茶叶堆放在清洁、通风良好的室内,高度约 70 cm。然后在茶堆上盖棉布或塑料袋以保持茶堆的水分和温度。

(7)翻堆。是人为控制发酵过程的主要手段。通过茶堆的翻动,能观察茶叶的变化,适时调整茶堆的发酵程度,以使发酵程度均匀一致。

(8)干燥。渥堆结束后,为避免茶叶的过度发酵,以对室内发酵堆开沟的方式进行通风干燥,从不同方向进行错位通沟并不断翻动,直到茶叶含水量低于 14%。至此,枣叶茶的制备工艺全部完成。

其中,杀青是指通过高温破坏和钝化鲜茶叶中的氧化酶活性,抑制鲜叶中的茶多酚等发生的酶促氧化(在酶参与下所发生的氧化反应),蒸发鲜叶部分水分,使茶叶变软,便于揉捻成形,而揉捻是指将茶叶揉成条状,缩小体积。而一般杀青后都需要人工进行揉捻,还需要研发一种适应于酸枣叶揉捻的机械设备。

13.6　甘草生态作用与利用价值

13.6.1　甘草生态作用

甘草是我国应用最为广泛的一种药用植物,也成为西部地区重要的固沙和生态恢复植物之一,在生态保护方面展现出重要的生态价值。

13.6.1.1　水土保持与土壤改良作用

甘草根系发达,能扎牢土壤,有效防止水土流失和防风固沙。其地下形成的纵横交错的网状侧根和地下茎,对土壤有强大的固定作用,有助于在干旱、半干旱地区保持水土稳定,是沙漠治理的植物措施之一。

甘草根系能够渗透在土中,形成一种与土壤紧密结合的络合物,促进土壤结构的改善。同时,甘草根系能分泌有机物质和蛋白酶,加速土壤有机质的分解,提高土壤肥力。种植甘草后,土壤中钾离子含量升高,提高了土壤的钾钠比,有助于土壤胶体的凝聚和团粒结构的形成,从而改良盐碱地。

13.6.1.2 抗旱与节水作用

甘草适应性强，能在干旱、半干旱的环境中生长。其地下庞大的根和根茎系统吸水能力强，地上茎叶形态表现出很强的节水能力。研究表明，甘草在土壤相对含水量下降到一定程度时，净光合速率和水分利用效率最高，显示出积极的抗旱反应。

种植甘草相比其他作物具有显著的节水效果。例如，种植甘草比种植制种玉米节水60%，比种植小麦节水43%，比种植籽瓜节水22%。这种节水效应对于干旱和半干旱地区的水资源管理具有重要意义。

13.6.1.3 维护生态平衡作用

甘草作为生态系统中的一部分，为其他生物提供食物和栖息地，有助于维护生物多样性。同时，甘草的生长还能改善土壤环境，为其他植物的生长创造条件，有利于维系生物多样性。尤其是其强大的水土保持和土壤改良能力有助于防止土地沙化、盐碱化等生态问题，对于维护区域生态平衡具有重要意义。

通过合理利用和保护甘草资源，不仅可以发挥其药用价值和经济价值，还能促进生态环境的改善和可持续发展。

13.6.2 利用价值

甘草具有极大的药用价值。

近年来，随着甘草野生资源日益枯竭，人工种植甘草逐渐成为野生甘草的替代资源。现代药理学研究表明，甘草提取物具有保肝、抗炎、抗菌、抗病毒、镇咳、抗疟、抗氧化、抗癌、免疫调节、降糖、抗血小板凝集等多种活性，因其在中医药中的重要地位和多种药效，故有“国老”“十方九草”之称。甘草提取物被广泛地应用于食品、烟草、保健品、化妆品等领域。

甘草地下根茎具备优良的药用价值，地上部分也具备优良的饲草化利用价值。甘草的地上部分常呈群丛状，每年秋末死亡，以发达的根及根茎在土壤中越冬。翌春5月上旬在根茎上长出新芽破土返青，5月中旬为返青、分枝盛期，6月间枝繁叶茂并于下旬开始花期，7月上旬进入盛花期与结实始期，7月中旬进入结实盛期，8月15日进入果实成熟期，8月下旬至9月上旬进入枯黄始期，9月中下旬进入枯黄盛期，10月上旬进入枯黄末期。甘草叶子具有良好的营养价值，新鲜时家畜不喜欢采食，干枯后，叶片单宁含量降低，适口性增加，各类家畜均喜食，尤其羊最爱食。幼嫩期粗蛋白质含量达20%以上，粗脂肪含量也高于一般豆科牧草。因此，甘草除具备治沙改土、土壤修复等生态价值外，还具有丰富的药用价值及饲草化利用价值。

13.7　生态经济循环发展模式与应用

13.7.1　甘草生态经济循环发展模式

13.7.1.1　甘草产业扶贫生态经济循环发展机制

通过对当地相关发展方式的调查和进一步探索，提出了“政府政策性支持、企业商业化投资、农牧民市场化参与”的合作机制，实现沙漠地区“治沙、生态、产业、扶贫”四轮平衡驱动、可持续发展的运行方式。在甘草种植核心示范区，采取“多元投资、多方参与、共同受益”的合作机制，开创了一条“政府支持，科技支撑，企业产业化、公益化投资，农牧民市场化参与”的“多元投资、多方参与、共同受益”的沙漠绿色经济发展的甘草产业扶贫路径。甘草产业扶贫的核心是通过“市场化、产业化、公益化”的发展方式，让沙漠地区农牧民以土地入股，以有偿流转、劳务投入等方式参与沙漠生态产业和甘草产业扶贫项目，既按股分红，又按劳计酬，成为甘草产业治沙的新工人、新主人，多途径让农牧民脱贫增收，让“小甘草”干出“大事业”，真正让甘草产业成为精准扶贫的“甜蜜事业”。项目主要通过“公司+农牧户”模式实施甘草“三到户”“四到户”两种扶贫模式，通过“三到户”模式（甘草苗条到户、技术指导到户、订单回购到户），帮助本地农牧民增收脱贫。通过“四到户”模式（甘草苗条到户、技术指导到户、订单回购到户、沙漠土地到户），在阿木古龙建立的甘草产业示范园，为独贵塔拉镇建档立卡贫困户每户帮扶沙漠土地 30 亩，帮助其发展甘草产业。甘草产业扶贫将扶贫事业与产业发展并轨，将农牧民利益与企业利益相结合，做到了以工带农，为村企共同发展创造了良好的条件。

13.7.1.2　甘草产业扶贫生态经济循环发展模式

依托相关企业共同探索，形成了以下几种模式。

1. 企业自建基地模式

通过土地流转获得农牧户土地，实施甘草集约化、规模化、机械化耕作，农牧户获得稳定的土地流转收入，还能到相关企业从事劳务获取收入。

2. “企业+农牧户”模式

由企业提供种子种苗、技术服务、收购到户的“三到位”服务模式，农牧户利用自有土地按照企业订单种植甘草，按照技术操作规程从事全过程管理，企业免费提供技术指导与服务，生产出来的甘草或初级加工产品，企业按市场保护价或订单价格收购，促进农牧户增收。收益分成有两种方式：一种是支付给农民土地租赁费、劳务费用，产品全归企业；另一种是不支付劳务费用，按照约定比例收益分成，比如分成为二八开等，具体比例由企业与农户协商确定。

3. “企业+合作社+农牧户”模式

企业可以组织当地种植大户成立农牧民甘草种植专业合作社，通过合作社与农牧户建立紧密的利益连接。由企业提供核心种植技术、优良种源及种植周期内施用的肥料；由合作社组织农业生产，进行日常田间管理，企业参与指导田间管理；企业与合作社签订双方合作协议和保底价，由企业负责收购和销售加工，形成地道产区种植合作社与企业实体相结合的经济组织模式。“企业+合作社+农牧户”这种模式具有六大好处：一是有利于甘草种植区域化；二是有利于种源规范化；三是有利于地道药材生产的标准化；四是有利于企业长远发展和合作社利益保障；五是有利于甘草质量的保障；六是有利于对野生甘草资源的保护。

4. 企业与农牧户股份合作（合伙化）经营

农牧户以其土地等作价入股企业，农牧户与企业合伙经营，企业统一经营管理种植基地，提供最低入股收益率（年化率）保障农牧户收益，农牧户还可以在企业基地从事劳务获取收益。农牧户既是企业的股东，又是企业的员工，可以获得分红和工资两份收入。

5. 甘草产业链就业扶贫

通过与国内甘草企业实施强强联合、兼并重组等战略，对甘草全产业链进行整合，形成比较完备的甘草全产业链。甘草产业从种子采集、种子调制、种苗培育、甘草种植、田间管理、甘草采收，到甘草初加工、精深加工及仓储物流等全产业链，需要大量劳动力。农民通过务工就业增加收入，企业招收贫困农牧户子女，工厂予以安排就业，增加贫困家庭经济收入。

6. 组建民工联队劳务输出

对于贫困农牧户富裕的劳动力，企业将他们组织起来成立民工联队，开展劳务输出，从事治沙绿化等生态建设和甘草全产业链生产，增加收入。在民工联队中建立企业+村社联合党支部，加强党的领导，全心全意带领贫困户尽快脱贫致富。

13.7.2 “林草互补”“一草一蓉”生态经济循环发展模式

梭梭套种甘草生态经济循环发展模式是采用“林草互补”“一草一蓉”的生态经济建造模式进行打造。一方面，梭梭属于 C_4 植物，具备 C_4 植物的光合特性，具有很强的光合能力,可以在极端高温及干旱等逆境中保持较高的碳同化作用及光合利用效率,是适应和抵抗干旱生境能力非常强的植物。梭梭的建植和发育增加了沙面地表粗糙度,通过防风固沙作用,逐渐降低了地表细沙粒、黏粒的吹蚀,增加了土壤黏粉粒含量,进而有利于改善土壤物理结构,提高土壤肥力,加快沙地成土进程,可为甘草生长,特别是平移栽植当年的甘草生长,营造良好的生活环境。而随着甘草生长,固氮增肥等治沙改土效益不断加强,又为梭梭生长创造良好的土壤养分环境,加上土壤改良技术,保证梭梭与甘草在较为干旱情况下正常生长,进而达到较好的"林草互补"生态循环发展模式。另一方面,肉苁蓉为多年生寄生草本植物,喜干旱少雨气候,抗逆性强,耐干旱。梭梭为肉苁蓉优良寄主,种植梭梭可发展肉苁蓉接种,与所种植甘草一起,为发展"一草一蓉"生态经济循环发展模式打下良好基础。

13.8 小 结

经济林果是指以生产果品、食用油料、饮料、调料、工业原料和药材等为主要目的的林木,这些林木属于人工培育的植被,具有一木多用、年年有效益且效益明显、持久稳定等特点。经济林果不仅具有很大的经济价值,同时也具有明显的生态服务功能。总结、研究砒砂岩生态脆弱区经济林果的生态作用与利用技术,对拓展砒砂岩区生态保护治理途径、改善生态环境、发展区域经济、促进区域乡村振兴、提高人民生活水平具有重要意义。

(1)基于生态、经济、产业、社会和系统等多视角,阐释了生态治理-衍生产业协同发展基本原理。生态治理与衍生产业协同发展的本质是两者的有机融合和互馈驱动,构成一个具有生态、经济双功能的活力系统。这一系统运行状态的表象是不仅达到经济高质量发展,实现经济快速增长,而且能够确保生态环境受到的干扰始终控制在可自我修复的范围内,达到生态与经济共同发展,整体系统发挥的效益远大于生态、经济两大子系统孤立的效益,具有"1+1>2"的放大效应。

(2)建立起生态治理-衍生产业协同发展的科学模式需要遵循三大原则。一是生态治理措施配置符合"双律适应"原则,即治理措施类型、结构、种类配置应与水土流失、生态演替规律相适应,与区域衍生产业的发展规律相适应,因地制宜考虑其衍生经济开发的可行性和经济效益价值,并与当地经济发展趋势相适应;二是植被恢复重建措施符合"适地适生"原则,即在充分认识植被群落演替规律和植被恢复重建关键障碍因子基础上,筛选抗逆适生且具有经济开发价值的优势乡土物种;三是符合"三方意愿"原则,即充分考虑政府意愿、农户意愿、企业意愿,对接当地政府的经济发展愿景和区域经济空间规划、农民对生态致富途径的选择意愿、企业开发能力与产业发展意愿。

（3）通过实践探索和总结了砒砂岩区生态经济循环发展模式和生态衍生产业运行模式，包括甘草生态经济循环发展模式、“林草互补”“一草一蓉”生态经济循环发展模式；提出了“政府支持，科技支撑，企业产业化、公益性投资，农牧民市场化参与”的“多元投资、多方参与、共同受益”运行机制，探索并实施了“企业自建经济作物产业基地”“企业+农牧户”“企业+合作社+农牧户”“企业与农牧户股份合作（合伙化）经营”“生态衍生产业链就业扶贫”等多种运行模式。

（4）总结、研发了经济林果生态作用与产品开发技术。长期的实践探索与试验研究表明，沙棘具有显著的生态绿化、防治水土流失、改善生态环境的生态价值，同时具有药用、食用、美容等经济价值。利用沙棘资源可以开发优质饲料、生物质能源、食用药用产品、化妆产品等。系统介绍了沙棘优良苗木培育、沙棘林培育、沙棘林管理、果实采摘与沙棘产品加工技术与工艺。分析了目前砒砂岩区沙棘产业发展过程中存在的产业化程度不高、开发技术水平低、沙棘林改造与抚育管理先进程度低等突出问题。

介绍了长柄扁桃生态作用与产品开发技术。长柄扁桃在生态、经济方面具有很大的开发价值。长柄扁桃具有很强的抗旱能力。长柄扁桃为濒危植物，恢复种植对生物多样性的保护和恢复具有重要意义。长柄扁桃果仁富含油脂和多种营养物质，利用长柄扁桃果仁资源可以开发食用、药用产品。限制长柄扁桃产业发展的限制性因素主要包括营造技术缺乏规范化、标准化，栽培模式不配套且管理粗放，产品开发仍仅限于原材料的初级利用而缺乏深度开发，产业链不完善且产业链短。

山杏也是适用于砒砂岩区的经济林果植物。山杏叶、林木、果实都有很高的开发利用价值，具有极大的开发潜力与发展空间。相对来说，山杏产业链较为完整，利用山杏果料开发的酿造产品、干果产品、各类食品、工业油类产品、药用产品等众多，很多附加值得到充分释放。同时，形成了“农户+企业”“农民专业合作社+企业”“农场+企业”“科研+农户+企业”等山杏产业发展模式。但是，还有不少影响山杏产业进一步发展的因素，包括：冻害防治水平低，严重影响产量提升；在一定程度上存在生产与市场脱节的现象；山杏产业发展在乡村振兴等国家战略中的地位未能得到应有的凸显，山杏产业政策支持薄弱等。

酸枣是砒砂岩区适生的主要物种，在水土保持和生态群落维系等方面具有突出作用，同时也有极大的经济开发价值。利用酸枣叶先后成功开发出了枣叶普洱茶、枣叶黑茶等，并形成了酸枣叶茶加工工艺，初步形成了产业化，拉长了枣产业链条。

甘草是适生于砒砂岩区的主要药用植物，在覆沙区、库布齐沙漠等地区得到推广种植，取得了很好的经济效益和生态效益。甘草具有改良土壤、维持生态平衡、防风固沙作用，同时较其他作物的抗旱能力强，节水效应突出。甘草除具有独特的药用价值外，还是具有良好营养价值的饲料。

实践探索证明，沙棘、山杏、长柄扁桃、酸枣、甘草等都具有良好的生态作用和经济开发价值，是助力砒砂岩区生态治理-衍生产业协同发展的优势植物，需要对其生态利用价值和深加工经济价值进一步开发与利用。

黄河砒砂岩区

生态治理－衍生产业

协同发展关键技术

第 14 章　砒砂岩区综合治理模式与效应评价

砒砂岩区复合侵蚀剧烈、生态系统退化严重，覆土、覆沙及裸露区水力、风力、冻融多动力复合侵蚀类型及时空分异性大，坡沟系统土壤-植被-侵蚀具有明显的空间耦合性，因此需要根据不同砒砂岩类型区、不同坡沟系统地貌单元开展多措施、多模式的综合治理。本章重点介绍了研发的砒砂岩区综合治理模式，

14.1　砒砂岩区综合治理模式

14.1.1　综合治理模式概要

根据前述相关研究成果，结合生态衍生产业发展需求，将覆土、覆沙、裸露砒砂岩区按照不同地貌单元进行治理，研发了三套适合当地地形地貌特点的生态综合治理模式。

(1)裸露砒砂岩区生态综合治理模式：坡顶沟网纵横拦水，灌草混交提效；坡面陡坡注浆固结，缓坡蒿灌藤草封坡抗蚀；沟底改性材料谷坊塘坝+灌草柔性坝；沟口砒砂岩改性淤地坝，滞沙减洪淤地增效。

(2)覆土砒砂岩区生态综合治理模式：坡顶梯形沟网截流，沟间沟内油松+酸枣+草被，开发山杏(山桃)+甘草经济园；坡面陡坎固结防崩，缓坡灌草抗蚀植生；砒砂岩改性谷坊+沙棘(酸枣)柔性坝交互封沟；沟口砒砂岩改性淤地坝拦沙淤地。

(3)覆沙砒砂岩区生态综合治理模式：坡顶等高挖沟，沟间沙柳+甘草防风，沟间草障固沙，竖向节节设池蓄渗，地衣结皮护埂；沟坡宜草则草、宜灌则灌，辅以灌浆固沟；沟下灌草封沟。

14.1.2　砒砂岩区综合治理措施体系

14.1.2.1　裸露砒砂岩区生态综合治理模式

裸露砒砂岩区生态综合治理坚持因地制宜、分类施策，特别是坚持以小流域为

单元，遵循生态学原理，运用系统工程学方法设计治理模式，建立了裸露砒砂岩区灌草护坡封沟-抗蚀固结促生-改性材料治沟工程的生态综合治理措施体系。

基于砒砂岩裸露区坡顶-坡面-沟道地貌单元组合类型及结构特征，根据“山顶戴帽子，山坡系护腰，山脚穿靴子”的治理原则，研发了裸露砒砂岩区坡顶降雨径流高效拦蓄储集技术，提出了以草被恢复为主、辅以林果产业发展的径流高效利用模式；研发了裸露砒砂岩陡坡块体状重力侵蚀加固、岩体裂隙防渗、锚固注浆等高聚物注浆技术及施工工艺；研发了砒砂岩坡面的植生固结材料应用技术；研发了砒砂岩改性材料谷坊构筑技术；构建了沟顶-沟岸-沟床-沟头全立体多单元的沟道系统复合侵蚀综合治理措施体系及模式（见图 14-1、图 14-2）。

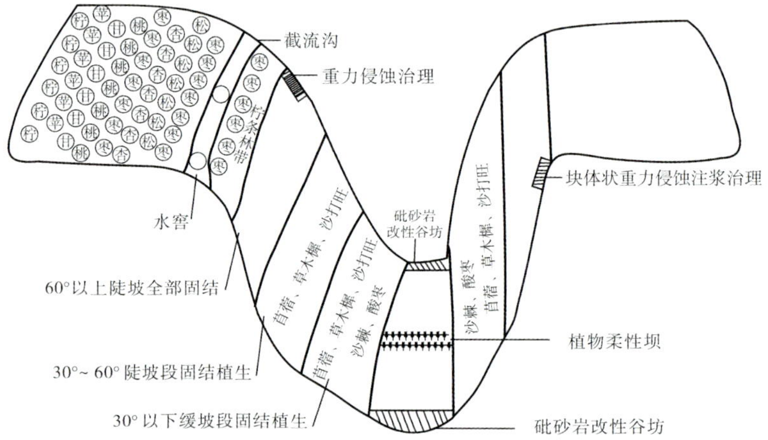

图 14-1　裸露砒砂岩区小流域生态综合治理模式示意图

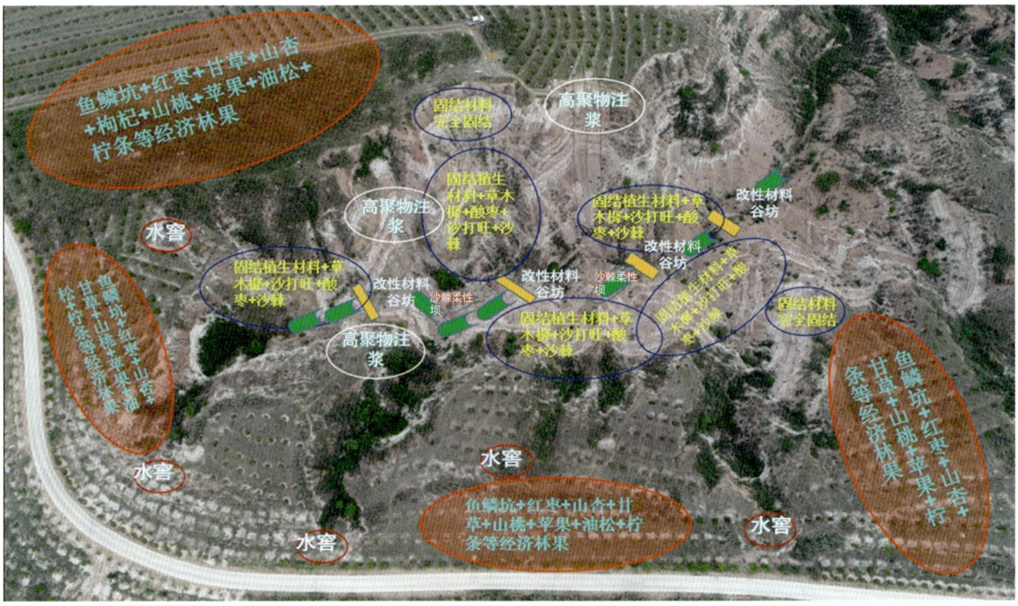

图 14-2　裸露砒砂岩区小流域生态综合治理模式设计概图

1. 坡顶治理

裸露区坡顶治理的主旨思想是以生态治理为前提，对位配置各项工程、生物、农艺等治理措施。通过土地治理技术和雨水资源生产潜力的有效开发，实现水资源的高效、富集利用，为生态环境及农业生产可持续发展提供良好的物质条件，促进生态环境的良性循环，最终建立高效的坡顶生态系统。

采取以雨治旱的技术路线，研发示范推广了集水高效生产技术体系。较大规模收集、蓄存天然降水径流，并与先进的微灌技术相结合，在植被严重干旱期和需水关键期进行高效补灌，成功组建由集雨造林种草技术、集雨补灌坡面植被高效用水技术和集雨增效技术组成的集水高效生产技术体系。

1）坡顶径流高效利用技术

裸露砒砂岩坡顶一般直接出露砒砂岩或覆盖不足半米的黄土，这样的坡顶遇到汛期强降雨一般容易产生严重的水土流失。要防治水土流失并高效利用降雨径流资源，首先应在雨水的形态转化阶段提高雨水的集蓄效率，以信息技术和水利工程技术为主，运用“3S”（指遥感 RS、全球定位系统 GPS 和地理信息系统 GIS）技术估算示范区可能汇集雨水的潜力，在此基础上科学制定集雨措施规划；运用最新集雨材料和技术，精心施工，建设集雨、输水、贮蓄工程设施，尽可能将天然降雨集蓄储存到水窖中，把天然水变成可调控的贮蓄水。其次在雨水的生物转化阶段，提高集雨的利用效率，以节水灌溉与节水农艺技术为主，减少输水和灌溉中的蒸发、渗漏损失，努力提高水分利用效率和生物转化效率，使储蓄雨水转化为人们可利用的生物量。

基于上述方法计算特定小流域降雨汇流量大小，并分析坡顶地形的坡度坡向等地貌特征，进而配置治理措施：

（1）从分水岭垂直于沟头方向沿等高线布设 30 cm 宽、50 cm 深的水平沟并喷施浓度为 5%以上的自主研发的 HKYGJ-1 型固结植生材料，水平沟之间的间隔一般为 3.5 m 左右，水平沟的两端一般沿沟缘线方向设置截流沟（20 cm 宽、40 cm 深）进行连接。连接处设置 40 cm 高的土埂以使水平沟鱼鳞坑能蓄积雨水，同时多余的雨水可以向下汇集至集流水窖。

（2）在水平沟内每隔 3 m 左右开挖宽 60 cm、长 1 m 的鱼鳞坑，并喷施浓度为 5%以上的固结植生材料，用于栽植经济林果，两行之间的鱼鳞坑最好呈“品”字形布置，从而改变流域坡顶小地形，达到水土保持的目的（见图 14-3）。

（3）在小流域侵蚀沟的沟头布设拦蓄径流工程措施，如口小肚大的集流水窖，用以拦截水平沟和鱼鳞坑未能截留的径流并进行沉淀储集，集流水窖的大小可以根据 50 年一遇降雨强度下的汇流面积减去水平沟、鱼鳞坑蓄满后的有效汇水量加以确

图 14-3 裸露砒砂岩区小流域坡顶鱼鳞坑内栽植经济林果

定。集水窖容积计算公式为：

$$V_{集}=k(P_{50}-P_{R})S-V_{工} \tag{14-1}$$

式中：$V_{集}$ 为集水窖的体积，m^3；k 为系数，根据地区不同由经验值确定的常数；P_{50} 为 50 年一遇降雨量，mm；P_R 为降雨就地入渗量，mm；S 为汇流区垂直投影面积，m^2；$V_{工}$ 是已设置的水平沟、鱼鳞坑等工程措施的蓄水体积，m^3。

集流水窖出口处设置有控制阀及 PVC 五通分流阀，PVC 五通分流阀下连接有 PVC 微润滴灌带，可以对坡面的灌草植被、经济果林进行浇灌（见图 14-4）。

图 14-4 裸露砒砂岩区小流域坡顶集流水窖布设

2）坡顶经济果林栽植模式

坡顶的植被配置模式设计以基于水资源约束条件并充分发挥其最大效益为原则。根据研究，合理的混交经济林可减少同类林木对营养瘠薄砒砂岩土壤的养分竞争，并可形成良性协同生长环境，使经济效益产出最大化，同时还要考虑林果采摘的便利等因素，为此通过不同配置模式的比较优选后，初步选择以下配置：

（1）沿分水岭在垂直方向的鱼鳞坑内混交种植经济林，红枣+苹果+长柄扁桃+山杏+油松，行距为 3.5 m，株距为 3 m。红枣品种选择新郑红 8 号红枣的改良版，该品种具有耐旱耐贫瘠、株小果大产量高等特点。红枣可采用苗圃内营养钵育苗的方式，第二年即可连带营养钵移植入坡顶鱼鳞坑内于春天发芽时进行嫁接。

（2）经济林行间种植适生高产、高效速生的甘草等经济类植物，提高经济效益，甘草等的行间距为 0.5 m 左右，株距 0.6 m 左右。

（3）柠条发达的根系可以对沟缘线的土壤进行固结，起到团聚作用，因此沿小流域沟缘线 0.5 m 处种植一行柠条，株间距为 1 m。

2. 坡面治理技术

砒砂岩坡面往往发育有规模不等的缝隙，风化、雨水等进入缝隙后会引起严重的块状体重力侵蚀，成为沟道侵蚀泥沙的重要来源，其侵蚀量往往占到砒砂岩区小流域侵蚀量的 60%～70%。为此，要实现有效减少砒砂岩区入黄的粗泥沙量，必须对块状体重力侵蚀进行治理。基于此，根据坡面地形地貌结构特征及侵蚀特征，将坡面分成三部分进行治理，分别是>60°、30°～60°、<30°的坡面。

1）坡度>60°坡面的综合治理技术

（1）块体状重力侵蚀治理技术。坡面上部块体状重力侵蚀产生的主要原因有两个：一是受构造、风化等作用的影响，白色砂岩中存在大量竖向裂隙，构成了水流下渗的通道，在冻融循环和水侵蚀作用下，裂隙不断下切，裂隙面两侧咬合力丧失，使临坡面砂岩块体与母体分离；二是砒砂岩区地质结构呈层状，层间岩性差异较大，红色砒砂岩风化速度快于白色砒砂岩，导致上部白色砒砂岩失去支撑，呈悬空状，下坠、倾覆的潜在能量大，当达到一定极限状态时即突然发生崩塌，发生块体状重力侵蚀现象。

针对砒砂岩岩性特殊，对水敏感，遇水膨胀崩解泥化，传统方式难以治理的难题，通过理念创新，采用无水注浆技术进行治理，即充分利用新型非水反应高聚物注浆材料的自膨胀、防渗、高韧等优良特性，结合砒砂岩块体状重力侵蚀的发生机制，通过高聚物竖向裂隙注浆、高聚物锚固注浆和高聚物渗透注浆抑制块状重力侵蚀的发生。

（2）陡坡风化物固结治理技术。坡度>60°坡面除量大的块体状重力侵蚀外，还有大量广泛存在的风化砒砂岩所形成的重力侵蚀。由于砒砂岩本身的特性以及冻融、风力对>60°坡面岩体的破坏，砒砂岩会剥离成较小的颗粒往下滑落，且该部位坡面土壤贫瘠、陡峭，植被无法生长，所以这一部分陡坡采用 HKYGJ-1 型固结植生材料进行固结，防止该部位坡面的侵蚀发生。将 HKYGJ-1 型固结植生材料与水采用 1∶100 的体积比混合搅匀后装入喷施罐车，喷施罐车采用自流和加压泵两种方式对小流域内>60°坡面岩体进行固结（见图 14-5）。

图 14-5　裸露砒砂岩区小流域坡度>60°坡面固结施工现场

2）坡度 30°～60°坡面的综合治理模式

（1）工程治理措施。对于坡度在 30°～60°的坡面，治理的工程措施主要针对的是坡面上较大的汇水汇沙侵蚀沟。采用柳条编制的 60 cm 高植物篱笆，垂直于汇水沟埋设，地下埋设的深度为 30 cm，植物篱笆的宽度一般与汇水沟等宽。每隔 30 cm 的距离布设一根较粗的沙柳条或者细钢筋作为桩基，同时在植物篱笆的上部和下部栽种一部分爬山虎、拉拉秧等植物，以增加植物篱笆的沉沙作用，植物篱笆做好后需要在一定时段内进行管护。

在 30°～ 60°坡面配合灌草等植被措施可以设置半月形小型鱼鳞坑，半月形鱼鳞坑的直径一般为 30 cm 左右，深 20 cm 左右，鱼鳞坑行距一般为 3 m 左右，株距在 1.5 m 左右。此类鱼鳞坑既可以增加坡面降雨的入渗，也可以在天气干旱时用水窖里面的储集水浇灌时最大效率利用水分。

（2）植被治理措施。由于 30°～60°坡面较陡、土壤水分含量较低，不适宜栽植乔木等高大树种,因此该部分坡面一般混交种植生命力较强、水土保持功能较好的披碱草、蒙古莸、花棒、沙棘、羊柴,混交的灌木栽植入上述工程措施布设的半月形鱼鳞坑内,种植期一年两次,首选每年 4 月中下旬,每年 10 月底次之。同时,于降雨前后在混交的灌木行之间撒播紫花苜蓿、草木樨、沙打旺、冰草、驼绒藜等生命力较强的草被。

由于部分白色砒砂岩层营养贫瘠,风化严重,需在其下方的红色砒砂岩内按照行距 50 cm、株距 50 cm 品字形种植爬山虎、拉拉秧等藤本植物,其藤条成熟后可以对白色砒砂岩形成较良好的防止风蚀、温差冻融侵蚀能力。

在栽植初期应注意管护,每隔 10 d 浇一次水促进植被成活。

(3)固结植生措施。一般来说,在 30°~ 60°的坡面仍需喷施浓度较低的固结植生 HKYGJZS-2 材料,以保持该区域的土壤水分含量,降雨时可以保存一部分入渗水量,非降雨期可减少土壤水分蒸发,从而保持植被生长良好。固结材料 HKYGJZS-2 与水采用 1∶150 的体积比混合搅匀后装入喷施罐车,可采用自流和加压泵两种方式喷施 30°~60°坡面岩体。

3) 坡度<30°坡面的综合治理模式

(1)工程治理模式。对于<30°坡面,上方冻融形成的砒砂岩碎屑颗粒容易在坡脚形成松散堆积体,如果无植被拦截,这些松散堆积体容易泻溜。处理泻溜的措施为:由砒砂岩改性材料制作的改性砖,或者由改性砌块做成的六棱形空心砌块护坡,在空心处植草,防止泻溜物质进入沟道。

根据以往的探索,单一种植草被,在有较大降雨时会发生根系层重力侵蚀,为了防止浅层重力侵蚀的发生,可设置小型之字形排水沟+沙棘等灌木,将坡面汇水引走,减少根系层重力侵蚀的发生。在情况严重的地方,也可用砒砂岩改性材料做成横截面为梯形的挡土墙,防止重力侵蚀的发生。另外,可设置半月形鱼鳞坑,鱼鳞坑的直径一般为 50 cm 左右,深 30 cm 左右,鱼鳞坑行距一般为 3 m 左右,株距在 2 m 左右。此类鱼鳞坑较 30°~ 60°坡面的鱼鳞坑稍大,主要栽植酸枣等经济林果。

(2)植被治理措施。坡度<30°的坡面,土壤水分相对含量较高,适宜栽植经济果林等灌木树种,因此开挖鱼鳞坑,混交种植生命力较强,且具有一定水土保持功能的 HKY-1、HKY-2 型红枣、构树、枸杞等经济效益较好的林灌树种。种植期一年 2 次,首选每年 4 月中下旬,每年 10 月底次之;同时在混交灌木行间撒播披碱草、沙打旺、冰草、蒙古莸等生命力较强的草被。

在栽植初期应注意管护,每隔 10 d 浇一次水促进植被成活。

(3)固结植生材料措施。对于坡度<30°的坡面,一般不需要喷施固结材料,但对于有砒砂岩颗粒松散堆积体的地方,仍需喷施较低浓度的固结材料以防止松散堆积

体的泻溜。固结材料 HKYGJZS-2 与水采用 1∶180 的体积混合搅匀后喷施。

3. 沟道治理模式

1）砒砂岩改性材料谷坊

小流域沟道内间隔约 50 m 设置一座改性材料谷坊，同时应与后面布设的植物柔性坝间隔布设。砒砂岩改性材料谷坊应布设在坡度平缓、库容较大、水流速度较缓的地方，谷坊一般底宽 3 m、顶宽 0.5 m、高 2 m 左右。谷坊建设时应清理基础。坝体施工前应先将坝基和岸坡进行处理，将岸坡削低至 1∶1.5 之下后将坝基上的树根等杂物清理干净，然后在坝基和坝肩开挖结合槽。作为砒砂岩改性材料谷坊的原始材料，砒砂岩应开采自离坝址不远又不影响谷坊工程稳定性的地方，最好是坝址上游不远处的淹没地，可将表层杂物清除后运送至工作面以备使用。坝基填筑时要求土料的含水量在 15%~18%且均质，沿坝轴线方向铺土；坝基填好后即进行坝体填筑，将备好的砒砂岩原岩按比例均匀喷洒增黏抑膨改性材料，搅拌均匀后用推土机推进工作面，每铺 0.3 m 后用人工夯实机或机械进行碾压至设计土料干容重，然后将土体表面刨毛、洒水后再进行第二层的铺填，往上依次进行，直至达到坝体的最大高度，坝体高程要留有足够的沉陷缝。对于机械碾压不到的地方，可用人工夯实处理。改性谷坊修筑完成后要进行整形，局部高出部分要刮平，低洼部分要填平，坝顶要做成田字格种植植物防止水土流失，坝体背水面也可以撒播草籽防止水土流失。谷坊建设好后表面要喷施固结材料进行固结，固结材料 HKYGJ-1 与水采用 1∶50 的体积比混合搅匀后装入喷施罐车进行喷施。

在 1 km^2 以上面积的小流域沟口可建设小型淤地坝进行淤地造田。

2）植物柔性坝治理模式

沟道植物柔性坝布设于砒砂岩改性材料谷坊之间，每隔 10 m 布设一座植物柔性坝。植物柔性坝由 5 行乔灌混交种植组成，每行乔灌栽植成“W”或“V”字形。迎水面第一行株距 3 m 种植沙柳，可以有效减小水流的动能；迎水面第二行按株距 2 m 种植红枣，与沙柳呈“品”字形排列；迎水面的第三行按株距 1 m 种植沙柳，与红枣呈“品”字形排列；第四行按株距 1 m 种植柠条，与沙柳呈“品”字形排列；第五行按株距 1 m 种植沙棘，与柠条呈“品”字形排列。然后每 5 行循环布置。

乔灌行间距依次为 2 m、2 m、1 m、1 m，行间依次撒播草木樨、沙打旺、拉拉秧等草种，先降低沟道水流流速再淤积泥沙。

爬山虎有顽强的爬坡覆盖能力，可在沟底水分含量较高的刚性坝前的沟道两边按株距 1 m 种植爬山虎，既可防止沟道侧蚀，也可防止坡面的淤地击溅侵蚀和冲刷。也可沿沟道底部溜坡体旁种植一行沙柳、杨树、榆树等，防止侧蚀。

3）固结植生材料治理技术

为了防止砒砂岩改性材料谷坊表面侵蚀的发生，将固结材料 HKYGJ－1 与水采用 1∶50 的体积比混合搅匀喷施固结；同时在植物柔性坝的表面也需要喷施 1∶100 的固结混合液。

14.1.2.2　覆土砒砂岩区生态综合治理模式

1. 坡顶径流拦蓄与高效利用技术

覆土区坡顶径流高效利用技术主要包括以下 3 项。

1）水平截流沟+分流沟的纵横沟网径流拦蓄利用技术

图 14-6 为坡顶沟网与植被恢复效果航片。为解决覆土区坡顶水流冲刷侵蚀严重、水资源利用效率低的问题，采取了将水平横沟与纵向沟相结合的拦蓄方式，即沿等高线开挖横向截流沟，为了防止单沟截流能力有限，发挥多条沟的协同截流作用，同时为利用沟网防洪能力高的特点，每隔 10 m 左右从坡顶最高处沿坡向下开挖纵向沟，将每一条横沟串联，同时沿每一条横沟两端挖纵向沟，进而形成了梯形沟网，大大提高了径流的拦蓄量，同时对于截流沟的防洪安全也得到了保障。

图 14-6　水平截流沟+分流沟组成沟网

为提高坡顶植被覆盖度，遏制坡顶生态退化问题，在水平沟内间种油松、沙棘等灌乔植物，在沟间通过封禁方式，实现草被恢复。这样，不仅提高了植被覆盖度，而且有效利用了沟内沟间截流的水资源，也大大减轻了坡顶土壤侵蚀。

2）汇水区出口集流桶收集径流+径流拦蓄滴灌利用技术

在坡顶汇流路径出口处建设自翻式集流桶(见图 14-7),并利用软管输水至坡面,通过滴灌方式为坡面植生的植物补水。自翻式集流桶的顶盖可以自动翻转,在有径流进入时,桶盖利用水流冲击作用会自动打开,当径流结束时,利用重力平衡性又会自动关闭。

图 14-7　自翻式集流桶

3）鱼鳞坑+截流沟综合径流拦蓄技术

为解决水流下沟及有效利用的问题,提出了截流沟沟间"品"字形配置鱼鳞坑的截流工程措施体系(见图 14-8),截流沟沿等高线开挖,发挥层层拦截径流作用;鱼鳞坑利用沟间地径流量,减少了沟内集流量,减轻了截流沟拦洪压力,对于保障截流沟安全具有一定作用。同时在鱼鳞坑和截流沟内均种植乔灌植物。

图 14-8　“品”字形鱼鳞坑+等高截流沟

2. 坡顶综合治理技术

覆土区下垫面条件相对裸露区的均较好，为最大限度地达到高效拦蓄、高效利用、高经济效益的目标，覆土砒砂岩区坡顶采用山杏（山桃）经济林+甘草+串联水窖的径流高效利用模式。

生物措施：山杏、山桃混交（见图 14-9），补种油松。按当地适宜的施工方法，种植部位见图 14-10。原来在鱼鳞坑内种植的部分油松枯死，以补种酸枣作为替代，这样既能丰富植被，也能产生经济效益。

图 14-9　山杏、山桃混交林

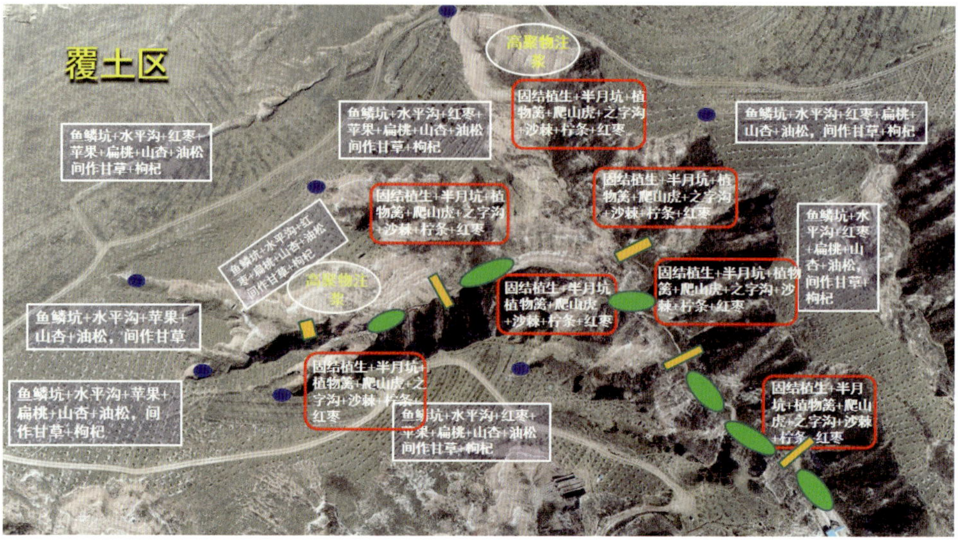

图 14-10　覆土砒砂岩区小流域生态综合治理措施布设图

对于汇水面积较大的坡顶，设置 PVC 水窖，容积在 1.5 m^3 左右。

对于出露大片白色砒砂岩的坡顶，不适宜埋设水窖，可采用砒砂岩改性材料建造谷坊，用以拦蓄雨水，减轻径流对地面的冲刷。

与坡顶沟网相连布设集水池（见图 14-11），对集水池需要进行防渗处理，并在连接集水池进口的截流沟内修建两道土坎，高度为截流沟深度的 1/2，目的是尽可能在径流进入集水池前沉淀泥沙。将集水池内的水通过虹吸装置引出，再接滴灌带引入坡面（见图 14-12）。

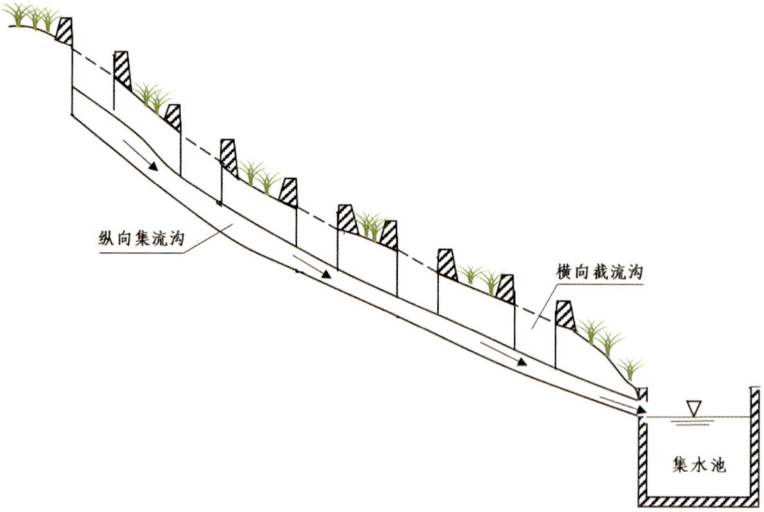

图 14-11　集水池系统侧视图

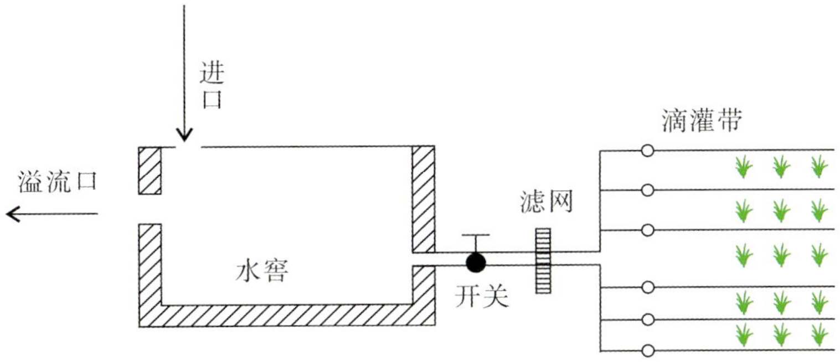

图 14-12　滴灌系统设计示意图

3. 坡面、沟道治理技术

坡面、沟道治理措施与技术参考裸露砒砂岩区的。

14.1.2.3　覆沙砒砂岩区生态综合治理模式

1. 坡顶治理技术

采取的措施包括：①水平截流沟+纵向沟拦蓄径流；②沙障+柠条混交护坡措施；③截流沟苔藓基质+深根植物固埂措施；④汇水面出口集水桶收集径流措施，形成柠条+甘草+草被+截流沟综合治理措施体系（见图 14-13）。

图 14-13　覆沙砒砂岩区小流域坡顶生态综合治理措施布置图

工程措施主要包括水平沟、截渗沟、蓄水设施、径流高效利用系统、固沙工程措施。根据当地自然环境条件与多年水土保持经验，灌木植物选取柠条；经济植物选取甘草，经济林选取酸枣。

根据调查，以往种植的成片沙棘均已枯死，说明沙棘不适宜此地环境。通过探索，选取“柠条+甘草+草被”种植模式，沿垂直等高线方向以“品”字形种植，柠条抗风且耐旱耐寒,甘草适宜风沙区。

在坡顶边缘挖掘截流沟,并在其内种植柠条,能够防止边坡侵蚀。这些植物更易成活。

对于汇水面积较小且上覆风沙厚,风蚀强烈又不易产生径流的坡顶,采取固沙工程措施与植被结合的方式治理。在此地修建蜂窝状沙障,用以防风固沙,减少侵蚀;选择气候适宜的季节沿蜂窝状沙障内缘线移栽适生耐旱植物,如柠条等,并于沙障内播撒草种,以改善生态。

设置沙障所需材料:稻草、麦草、披碱草等植物均可,草秆长度以 60~80 cm 为宜,根据当地情况选择便于购买的种类即可。

沙障施工方式:预先制作边长为 0.6 m 的正六边形样框,先按照正六边形样框画第一个正六边形样线,再将正六边形样框一边与第一个正六边形样线的一边重叠,画第二个正六边形样线,再将正六边形样框两边分别与已画好两个正六边形样线的一边重叠,画下一个正六边形样线,依次作业,完成整个样线布设任务。沿着样线平铺一层稻草,草秆垂直样线布设,用平头锨沿样线用力将稻草压入沙层,两边拢沙并踩实,稻草埋深为 15~20 cm,地上露出部分长度为 15~20 cm;在已设置好的沙障内侧移栽柠条等适生植物,并采用降解无纺布育苗袋育苗移栽,育苗袋袋高 15 cm、直径 8 cm,以单株栽植,株距 0.2 m,设置多个蜂窝状植物带(见图 14-14);在蜂窝状植物带内撒播沙生冰草、披碱草等适生植物,均匀撒播后轻耙,使种子完全入沙里(见图 14-15)。

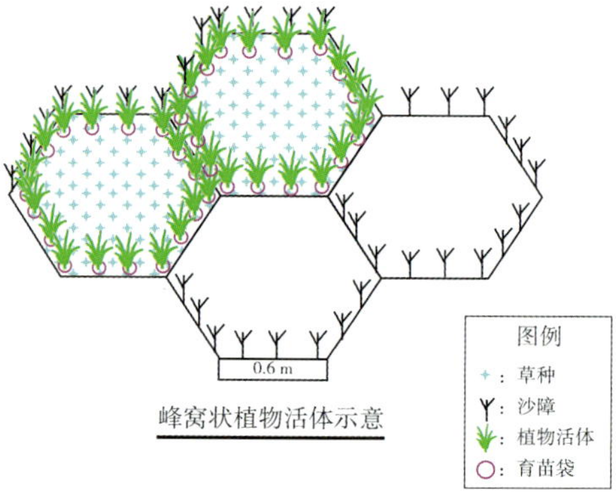

图 14-14　蜂窝状植物带示意图

对于汇水面积大且自然条件良好的坡顶,可建设径流高效利用系统。在坡顶汇水线中点处埋设 1 个容积 1.0 m^3 左右的 PVC 蓄水窖,在坡顶末端设置若干个容积为 1.5 m^3 左右的集渗池,可在旱季为植被补充水分。垂直坡顶汇水线方向挖数条水平沟(具体工程规格,如坑深、坑长、间距等参数根据示范区现场条件确定),拦截坡顶径流,减缓其流速,其中一条连通坡顶的 PVC 蓄水窖(容积为 1.0 m^3 左右)。选取

图 14-15　蜂窝沙障布设 1 号区

“柠条+酸枣+甘草”模式，水平沟内种植酸枣，并根据坡顶地形要素，如倾斜角度等，布设高度为水平沟深度 1/3 的土埂，这样做可以蓄积一定的雨水供给酸枣生长，并且在极端天气条件下能够保证坡顶安全，减轻冲刷。两条水平沟之间种植柠条和甘草，柠条栽植在水平沟外沿土埂上，稳固沟边并能够在极端天气下减缓径流冲刷。

2. 坡面治理模式

覆沙砒砂岩区小流域坡面治理水土保持措施要遵从因地制宜的原则，宜草则草、宜灌则灌，草灌结合。覆沙砒砂岩地区年降雨量十分有限，而草本植物相对于乔木对环境的要求更低些，所以在覆沙砒砂岩地区治理坡面水土流失中还草比还林更具优势。另外，在覆沙比较薄的地方降雨会迅速入渗，然后会在沙地和砒砂岩的交接地带形成潜水壤中流，沿着砒砂岩的顶层往外排出，这一部分潜水壤中流可称为“界面壤中流”，将这一部分水资源截蓄，可以加以利用。坡面灌木树种和草种选择上，主要选取柠条、胡颓子、沙打旺、沙蒿、百里香等水土保持先锋树（草）种。在自然条件较好地区，可以营造集水土保持和经济效益于一体的灌草结构。

1）坡度>60°坡面治理技术

（1）块体状重力侵蚀治理技术。

覆沙砒砂岩坡面上部点少量大的块体状重力侵蚀为沟道产沙贡献较大，对于此类重力侵蚀的治理，采用注浆防塌技术。具体实施方式同前述裸露砒砂岩区。

（2）固结材料治理技术。

对于>60°坡面由强烈的风蚀形成的风化层，可以采用固结材料 HKYGJ-1 直接固结，防止该部位坡面土体的剥蚀。

2）坡度 30°～60°坡面综合治理技术

（1）工程治理措施。

基于上述覆沙砒砂岩区容易形成“界面壤中流”的特点，为了最大限度利用这一部分径流对坡面的植被，特别是对灌木进行浇灌，可沿等高线设置小型水平沟，水平沟的沟间距为 3 m，水平沟宽度为 20 cm，深度为 25 cm，挖沟掏出的砒砂岩土体可堆叠至下方来增加水平沟的深度，水平沟内每隔 2. 5 m 挖掘一个半月形鱼鳞坑种植柠条，半月形鱼鳞坑直径 40 cm、深 40 cm。

该部分坡面的水平沟尽量做成多蓄少排型截水沟，暴雨产生的坡面径流大部分蓄于沟中，只排除不能容蓄的小部分，同时保证两条截水沟之间的径流流速小于土壤临界冲刷速度。

(2) 植被治理措施。

对 30°～60°坡面，一般可混交种植生命力较强、水土保持功能较好、适合沙地砒砂岩的先锋物种，如柠条、蒙古莸、羊柴等，同时可间作甘草，每年 4 月中下旬栽植。

同时，可在白色砒砂岩条带上方的红色砒砂岩内按照行距 50 cm、株距 50 cm，"品"字形种植爬山虎、拉拉秧等植物，其藤条成熟后可以对白色砒砂岩形成较良好的防止风蚀、雨滴击溅侵蚀、温差冻融侵蚀能力。

(3) 固结植生材料措施。

覆沙砒砂岩 30°～ 60°坡面仍需喷施较低浓度的固结植生材料，以保持该区域的土壤水分含量。

3) 坡度<30°坡面综合治理模式

(1) 植被治理措施。

对于<30°坡面，除本身的降雨径流外，还会接收一部分由上部陡坡下来的水，土壤水分含量较高，适宜栽植经济灌木树种，因此该部分坡面一般在挖好的半月形鱼鳞坑内混交种植生命力较强、水土保持功能较好的自主培育的 HKY-1 酸枣、HKY-2 酸枣、胡颓子、枸杞等经济效益较好的灌木树种，种植期在每年 4 月中下旬；同时于降雨前后在混交的灌木行之间撒播沙蒿、沙蓬、百里香、草木樨、沙打旺、冰草等生命力较强的草被。在栽植初期应注意管护，每隔 10 d 浇一次水促进植被成活。

(2) 固结植生材料措施。

一般来说，坡度<30°的坡面不需要喷施固结植生材料，但是有砒砂岩颗粒松散堆积体的地方，仍需喷施较低浓度的固结植生材料，以保持该区域的土壤水分含量，防止松散堆积体的泻溜。

3. 沟道治理技术

1) 砒砂岩改性材料谷坊及挡土墙

在覆沙砒砂岩区，沟道多是裸露砒砂岩，因此可以间隔约 50 m 设置一座砒砂岩原岩改性材料谷坊，改性材料谷坊与植物柔性坝相间布设。改性材料谷坊应布设在坡度平缓、库容较大、水流速度较缓的地方，谷坊一般底宽 3 m、顶宽 0. 5 m、高 2 m。

同时,在沟道上方容易产生滑坡、浅层重力侵蚀的地方修筑沟道护岸工程或者挡土墙,挡土墙应设置在距滑坡前缘一定距离外,墙后填筑土、石料加载,以增强抗滑力,减小挡土墙承受的下滑力。挡土墙长度应根据预估滑坡体的大小设置,高度一般以 2 m 为宜,挡土墙的横截面为梯形,一般上底宽 30 cm,下底宽 60 cm,挡土墙用砒砂岩改性材料砖制成。

2）植物柔性坝

沟道植物柔性坝布设于砒砂岩改性材料谷坊之间,每隔 10 m 布设一座植物柔性坝。植物柔性坝的建植关键参数可参照前述相关内容确定。

柔性坝的乔灌行间距依次为 2 m、2 m、1 m、1 m。

3）沟道植物护岸工程

可采用沟道植被护岸工程,在堆积体坡脚处种植沙柳、柠条、红枣等乔灌木,防止沟道水流对堆积体的侵蚀和淘运。

同时,可在沟底水分含量较高的刚性坝前的沟道两边种植爬山虎(株距为 1 m),使其向坡上生长,既可防止沟道侧蚀,也可防止坡面的雨滴击溅侵蚀和冲刷。

14.2　复合侵蚀综合治理生态水文效应监测

14.2.1　水文效应监测方法

监测设施、监测方法同参考文献《砒砂岩区生态综合治理理论与技术》(姚文艺等,2021)。监测内容除植被、径流、泥沙外,增加了块体状重力侵蚀治理后的发生频率。

14.2.2　水文效益

根据 2018—2020 年对示范区径流小区的野外观测,共发生 10 余次产流。通过径流泥沙实测资料分析,与无措施的裸露对照区相比,覆沙区布设抗蚀促生措施的治理小区的植被不仅得到良好修复,而且产流产沙量明显减少,径流量减少从初期的 25%增加到 68%以上,产沙量减少从 42%增加到 82%以上(见表 14-1),2020 年 9 月 30 日最大次降雨的减流效益为 68%以上,减沙效益达到 82%以上;覆土区布设抗蚀促生措施的治理小区的径流量减少从初期的 39%增加到 83%以上,产沙量减少从 51%增加到 90%以上(见表 14-2),2020 年 8 月 13 日最大次降雨的减流效益为 83%以上,减沙效益达到 90%以上;裸露区布设抗蚀促生措施的治理小区的植被不仅得到良好修复,而且产流产沙量明显减少,径流量减少从初期的 40%增加到 72%以上,产沙量减少从61%增加到89%以上(见表14-3),2020年8月13日最大次降雨的减流效益为72%以上,减沙效益达到89%左右。

从监测评价来看,3种类型础砂岩区全坡面径流小区通过坡顶径流高效控制利用、固结植生、块体状重力侵蚀治理、坡面植被措施配置、沟道柔性坝结合础砂岩改性材料刚性坝综合治理3年多后,取得了明显的水土流失防治效果,减水减沙效益明显,减少径流63%以上、产沙量减少88%以上,块体状重力侵蚀注浆处未再发生。

表14-1 覆沙区生态综合治理措施减流减沙效益

日期(年-月-日)	降雨量/mm	全坡面示范区	径流		泥沙	
			径流/m^3	减水/%	泥沙/kg	减沙/%
2018-07-16	98.4	自然区	0.60	28.33	101	45.54
		治理区	0.43		55	
2018-07-19	30.6	自然区	0.31	38.71	78	57.69
		治理区	0.19		33	
2018-08-30	22.6	自然区	0.37	43.24	56	42.86
		治理区	0.21		32	
2019-07-04	60.4	自然区	0.20	25.00	69.6	60.92
		治理区	0.15		27.2	
2019-07-27	140.6	自然区	0.30	30.00	167.1	60.98
		治理区	0.21		65.2	
2019-08-03	98	自然区	0.30	26.67	53	80.94
		治理区	0.22		10.1	
2019-08-20	85.3	自然区	0.25	28.00	26.9	77.32
		治理区	0.18		6.1	
2020-07-26	165	自然区	0.60	63.33	533	60.41
		治理区	0.22		211	
2020-09-30	79	自然区	0.35	68.57	171	82.46
		治理区	0.11		30	

表14-2 覆土区生态综合治理措施减流减沙效益

日期(年-月-日)	降雨量/mm	全坡面示范区	径流		泥沙	
			径流/m^3	减水/%	泥沙/kg	减沙/%
2018-07-16	95	自然区	7.86	39.19	2 040	51.54
		治理区	4.78		988.6	
2018-08-30	65.1	自然区	1.02	40.20	209.8	52.96
		治理区	0.61		98.7	
2019-08-08	82.8	自然区	1.41	40.43	600.6	80.04
		治理区	0.84		119.9	
2019-08-17	49.36	自然区	3.51	41.88	1 001	85.71
		治理区	2.04		143	

续表

日期（年-月-日）	降雨量/mm	全坡面示范区	径流		泥沙	
			径流/m^3	减水/%	泥沙/kg	减沙/%
2019-08-23	53.5	自然区	1.53	47.71	613.6	80.08
		治理区	0.80		122.2	
2020-08-04	97	自然区	5.18	84.94	1 732	88.86
		治理区	0.78		193	
2020-08-13	163	自然区	7.32	83.47	3 320	90.66
		治理区	1.21		310	

表 14-3 裸露区生态综合治理措施减流减沙效益

日期（年-月-日）	降雨量/mm	全坡面示范区	径流		泥沙	
			径流/m^3	减水/%	泥沙/kg	减沙/%
2018-07-19	15.6	自然区	0.30	46.67	220	65.91
		治理区	0.16		75	
2019-08-08	82.8	自然区	3.11	40.19	2 680.6	61.62
		治理区	1.86		1 028.8	
2019-08-17	49.36	自然区	1.73	80.35	1 613	86.30
		治理区	0.34		221	
2019-08-23	53.5	自然区	3.37	43.03	2 735.2	67.11
		治理区	1.92		899.6	
2020-08-04	99	自然区	8.13	66.17	1 948	89.12
		治理区	2.75		212	
2020-08-13	165	自然区	12.31	72.22	4 338	88.98
		治理区	3.42		478	

上述监测分析表明，分区采取的治理措施及其配置模式是适合砒砂岩区的。根据 2023 年观测，不仅治理的生态水文效应是比较明显的，而且治理区的植被覆盖度已经达到 60%以上。

14.3 复合侵蚀综合治理生态水文效应模拟评价

基于前期验证研究，除 SWAT 模型外，WEPP 模型能够适用于对砒砂岩区的生态水文效应的模拟评价。据此，根据掌握的数据及相关资料，选用 WEPP 模型对砒砂岩区复合侵蚀综合治理的生态水文效应开展模拟评价。

14.3.1 WEPP 模型简介

14.3.1.1 模型原理

WEPP 属于一种连续的物理模拟模型，根据每次降雨确定地表状况的最新系统参数,可以对 1 d 时间内的降雨及侵蚀过程进行模拟。根据研究区域,选用 WEPP 模型的坡面版,其计算过程主要包括细沟间侵蚀和细沟侵蚀(见图 14-16)。细沟间侵蚀是指雨滴和坡面水流对土壤的侵蚀过程;细沟侵蚀是指当细沟形成以后,在细沟中对土壤进行侵蚀、搬运和沉积的过程(雷廷武 等,2005)。WEPP 模型使用泥沙连续方程描述泥沙运动:

$$\frac{\mathrm{d}G}{\mathrm{d}x}=D_{\mathrm{r}}+D_{\mathrm{i}} \tag{14-2}$$

式中:x 为某点沿坡下方向的距离,m;G 为输沙量,kg/(s·m);D_{r} 为细沟侵蚀速率,kg/(s·m)^2;D_{i} 为细沟间泥沙输移到细沟时的速率,kg/(s·m)^2。

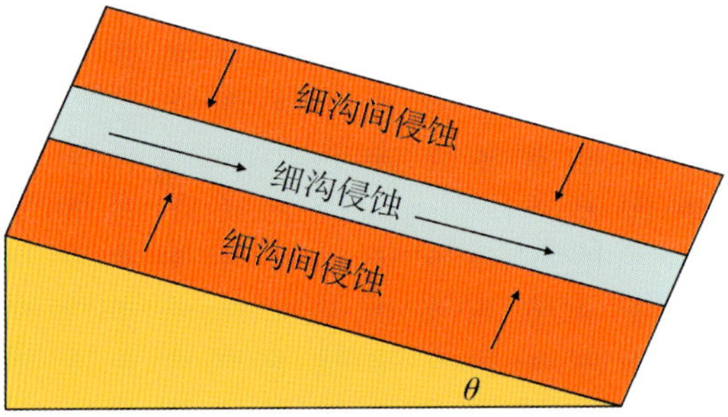

图 14-16　WEPP 模型坡面版示意图

当水流剪切力大于土壤临界剪切力,沉积能力小于输沙能力时,细沟内的水流由输沙过程决定(张晴雯,2004):

$$D_{\mathrm{r}}=D_{\mathrm{c}}\left(\frac{R_{\mathrm{i}}}{R}\right) \tag{14-3}$$

其中

$$D_{\mathrm{c}}=K_{\mathrm{r}}(\tau_{\mathrm{f}}-\tau_{\mathrm{c}}) \tag{14-4}$$

式中:D_{c} 为细沟水流的剥离能力,kg/(s·m^2);K_{r} 为细沟可蚀性参数,s/m;τ_{f} 为水流剪切力,Pa;τ_{c} 为临界剪切力,Pa。

当输沙量大于泥沙输移能力时,以沉积过程为主。

$$D_{\mathrm{r}}=\frac{\beta V_{\mathrm{f}}}{q}(T_{\mathrm{c}}-G) \tag{14-5}$$

式中:V_{f} 为有效沉积速率,m/s;q 为单宽水流流量,m^2/s;β 为雨滴扰动系数;T_{c} 为细沟间泥沙输移能力,kg/(s·m);G 为输沙量,kg/(s·m)。

关于模型中其他参数的计算同前期研究(姚文艺 等,2021)。

14.3.1.2　参数移植方法

通常在模拟流域过程时都需要大量的参数信息和水文气象资料等，但常会遇到由于该地缺少气象水文站点或随着生态环境变化使原有资料失效等问题，造成了基础资料的缺失。为方便对无资料流域的水文研究需求，国际水文协会提出了 PUB 水文计划。为了应对无资料流域的水文模拟及预测，有学者提出了参数区域化的方法，使用数据资料完整的流域进行参证计算，从而推算到资料缺失的流域，参数移植法是目前在国际上使用较多的参数区域化方法。参数移植法是直接将满足移植条件的参证流域的水文模型参数代入资料缺失的流域，其理论依据是：对于水文条件相似的流域，水文参数也应当相似。参数移植法的条件是需要满足空间相似或属性相似其中之一。空间相似是指参证流域需要与无资料流域地理位置相邻，属性相似是指用于参证的流域与研究区应当有气候、植被、地形等条件上的相似。空间相近法和属性相似法目前都为参数移植法的有效途径。据此，根据前期研究，提出了空间降尺度模拟方法，即先以具有丰富资料的流域作为建模流域，然后下推至有部分资料的二级对象流域，继而再推至少有满足建模数据的次一级研究流域（姚文艺 等，2021）。本研究选择该模拟方法进行预测评价。

14.3.1.3　模型敏感性分析方法

根据变化因子的个数，可分为单因素敏感性分析和多因素敏感性分析，一般采用改变参数值进行试算的方法，对不同参数进行敏感性或敏感度分析。

敏感度是指模型输出对输入数据变化的敏感程度，或者说敏感度是表征模型输出系统对参数变化作出的一种响应特性，用函数 P 表征这一响应特性。P 是由参数 $a=\{a_1,\dots,a_n\}$ 所决定的，即 $P=f\{a_1,\dots,a_n\}$。当 $a=a_0$ 时，$P=P_0$，$P_0=f(a_0)$。在 $a=a_0$ 附近，输出系统特性 P 相对于原值 P_0 的变化率和参数 a 相对于 a_0 的变化率的比值，就称为模型输出系统函数对参数变化的灵敏度，表达为

$$S_a=\frac{\Delta P}{P_0}\bigg/\frac{\Delta a}{a_0}=\left|\frac{\Delta P}{\Delta a}\right|\left|\frac{a_0}{P_0}\right| \tag{14-6}$$

式中：$\Delta P=P-P_0$，$\Delta a=a-a_0$。

本研究采用单参数敏感性分析方法。将某参数状态 $a=\{a_1,\dots,a_n\}$ 的模型输出系统的相对误差表示为 $\delta P=\Delta P/P_0$，参数 a 的相对误差表示为 $\delta a=\Delta a/a_0$。设该参数的变化范围为±20%、±40%、±60%、±80%、±100%，WEPP 模型中的其他参数或指标作为固定参考值，其参数 a_i 的敏感度 S 计算公式为

$$S=\frac{1}{N}\sum_{i=1}^{N}|\delta P/\delta a_i| \tag{14-7}$$

式中：S 为模型对于参数 a_i 的灵敏度；N 为改变第 i 个参数后输出系统 P 的个数。

WEPP 模型参数敏感度值划分如下：

$$S=\begin{cases}0\leqslant S<0.05 & \text{不敏感}\\ 0.05\leqslant S<0.2 & \text{低度敏感}\\ 0.2\leqslant S\leqslant 1 & \text{中度敏感}\\ >1 & \text{高度敏感}\end{cases}$$

通过相对误差（RE）、模型有效性系数（ME）和决定系数（R^2）等评价指标，对WEPP 模型模拟值和试验站实测值的接近程度进行评价。

14.3.2 生态水文效应评价指标体系

14.3.2.1 指标初选

参考借鉴包括《水土保持综合治理 效益计算方法》（GB/T 15774—2008）等在内的多套主流评价指标体系，结合现有内涵相近但表述不统一的评价指标，并对一些不具有代表性的指标进行剔除。按照使用频率分类，目前的评价体系中不同研究人员提出的生态水文效应评价指标可分为 5 个级别，即“最常用”“常用”“一般”“不常用”“很少用”。通过筛选其中最常用指标、常用指标和一般指标，初步得到砒砂岩区侵蚀治理生态水文效应评价的 5 大类共 18 个指标构成的初选指标集（见表 14-4）。

表 14-4 复合侵蚀治理生态水文效应评价初选指标集

1 级指标	2 级指标	3 级指标	指标内涵
A1 生态水文效应	B1 调水保土	C1 地表径流系数	任意时段内的径流深度（或径流总量）与同一时段内的降水深度（或降水总量）的比值
		C2 土壤侵蚀强度	单位面积单位时间内被剥蚀并发生位移的土壤侵蚀量及程度
		C3 土壤侵蚀模数	单位面积单位时间内的土壤侵蚀量
		C4 洪峰流量	一次洪水流量过程中最大瞬时流量，即洪水过程线上最高点流量
		C5 流域输沙模数	河流某断面以上单位面积的年平均输沙量
		C6 水土流失治理面积	采取水保林、坡改梯、经济林、种草及封育治理等水土保持措施治理的面积
		C7 水土保持率	区域内水土保持状况良好的面积（非水土流失面积）占该区域面积的比例

续表

1 级指标	2 级指标	3 级指标	指标内涵
A1 生态水文效应	B2 土壤改良	C8 有效土层厚度	能生长植物的实际土层厚度
		C9 土壤含水量	指土壤绝对含水量，即 100 g 烘干土中含有的水分，也称土壤含水率
		C10 土壤孔隙度	自然状态下土壤中孔隙体积与土壤体积的比值
		C11 土壤全磷含量	土壤中各种形态磷含量之总和
		C12 土壤全钾含量	土壤中各种形态钾含量之总和
		C13 土壤全氮含量	土壤中各种形态氮含量之总和
		C14 土壤 pH 值	土壤溶液中氢离子的浓度指数
	B3 泥沙拦蓄	C15 泥沙拦蓄量	农林措施有效拦沙量
	B4 水体质量	C16 水质等级	地表水环境质量评估等级
	B5 生物多样性	C17 林草措施面积	为了涵养水源、保持水土、改善生态环境和增加经济收益所采取的造林、种草和封山育林育草等技术措施面积
		C18 林草覆盖率	以行政区域为单位，乔木林、灌木林与草地等林草植被面积之和占区域土地面积的百分比

14.3.2.2　指标比较及筛选

在建立生态水文效应评价指标的时候，要根据砒砂岩区水土流失的特点，充分结合当地实际情况，选择具有代表性的指标进行评价，即选择的评价指标既要客观反映试验区内水土流失治理状况，又要具有实用性和可操作性。因此，在指标选取中要遵循以下原则：

(1)代表性原则。建立的指标体系之间不能有相关性和包容性，既要全面地反映对象所具有的水土流失特征，又要避免指标繁杂不具代表性，要确保选择的指标可以直观反映水土流失治理的主导因素。

(2)系统性原则。评价指标体系的构成框架应与评价内容相一致，避免指标与内容相互交织、产生多余数据，应该紧密围绕生态水文效应选择指标，可以反映试验区生态水文效应变化规律。

(3)实用性原则。评价指标在服务对象的同时，要指导未来的生产实践，即可直接服务于指导砒砂岩区水土保持措施的规划与布设。

(4)规范性原则。评价指标的表达和描述应具有统一标准,指标简单、直观且易于获取,以为砒砂岩区复合侵蚀综合治理的生态水文效应评价提供长远支持。

依据以上原则,同时参考众多相关文献的研究成果,例如高振纪等(2005)建立的黄土高原水土流失监测指标体系;杨泽元等(2006)建立的干旱半干旱区地表生态效应评价体系;许申来(2008)建立的生态恢复环境效应评价指标体系;王勇(2012)建立的水土保持林生态效应评价中的生态系统功能指标;李昂等(2016)建立的广西石漠化地区水土保持效应评价指标体系;郭凯歌等(2017)总结的水土保持生态效应的主要评价指标等。对二级指标中的调水保土指标和土壤改良指标进行进一步比较筛选,剔除土壤侵蚀强度、水土流失治理面积、土壤全钾含量等3项三级指标,最终将18个三级指标构成的初选指标集筛选降维成15个三级指标构成的复合侵蚀治理生态水文效应评价指标体系(见表14-5)。

表14-5 复合侵蚀治理生态水文效应评价指标

1级指标	2级指标	3级指标	指标内涵
A1 生态水文效应	B1 调水保土	C1 地表径流系数	任意时段内的径流深度(或径流总量)与同一时段内的降水深度(或降水总量)的比值
		C2 土壤侵蚀模数	单位面积单位时间内的土壤侵蚀量
		C3 洪峰流量	一次洪水流量过程中最大瞬时流量,即洪水过程线上最高点流量
		C4 流域输沙模数	河流某断面以上单位面积的年平均输沙量
		C5 水土保持率	区域内水土保持状况良好的面积(非水土流失面积)占该区域面积的比例
	B2 土壤改良	C6 有效土层厚度	能生长植物的实际土层厚度
		C7 土壤含水量	指土壤绝对含水量,即100 g烘干土中含有的水分,也称土壤含水率
		C8 土壤孔隙度	自然状态下土壤中孔隙体积与土壤体积的比值
		C9 土壤全磷含量	土壤中各种形态磷含量之总和
		C10 土壤全氮含量	土壤中各种形态氮含量之总和
		C11 土壤pH值	土壤溶液中氢离子的浓度指数
	B3 泥沙拦蓄	C12 泥沙拦蓄量	农林措施有效拦沙量
	B4 水体质量	C13 水质等级	地表水环境质量评估等级

续表

1 级指标	2 级指标	3 级指标	指标内涵
A1 生态水文效应	B5 生物多样性	C14 林草措施面积	为了涵养水源、保持水土、改善生态环境和增加经济收益所采取的造林、种草和封山育林育草等技术措施面积
		C15 林草覆盖率	以行政区域为单位，乔木林、灌木林与草地等林草植被面积之和占区域土地面积的百分比

14.3.3　生态水文效应评价

14.3.3.1　坡面复合侵蚀治理措施情景建立

用 ENVI(the environment for visualizing images)对无人机影像进行解译，再用支持向量机(support vector machine, SVM)方法对二老虎沟小流域植被覆盖度类型进行划分，以 20%为间隔，植被覆盖度等级分布见图 14-17。

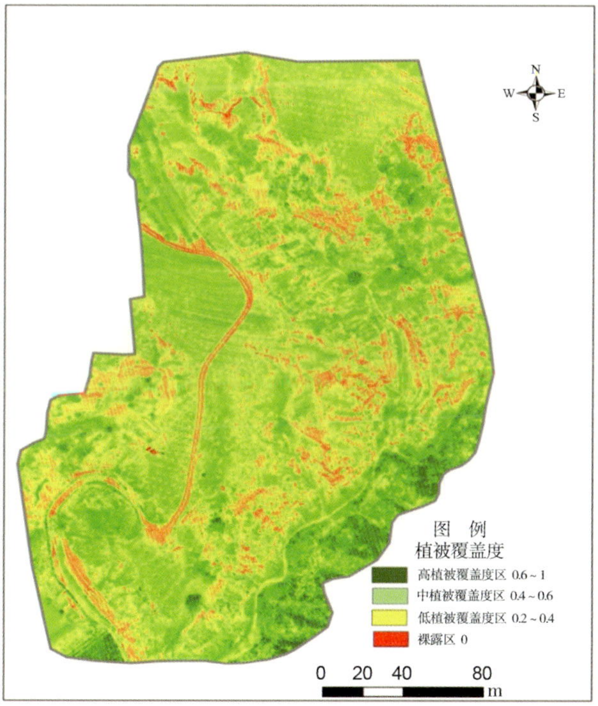

图 14-17　2018 年二老虎沟小流域植被覆盖度等级分布

二老虎沟坡面主要种植有沙棘、百里香、蒙古冰草、蒙古莸;阴坡多为草本植物、灌木和半灌木,其中沙棘是阴坡的优势物种。坡面水分特征分析表明,阳坡土壤含水量低,因此灌木和半灌木不能郁闭成林,只能以疏林形式存在;阴坡土壤含水量较高,沙棘能在阴坡郁闭成林。根据各坡面情况,将砒砂岩坡面措施分为表14-6中几种类型。

表14-6　二老虎沟小流域坡面不同侵蚀治理措施类型

坡向	措施情景	措施类型	植物	植被覆盖度/%
阳坡	a	低盖度草本	冰草、百里香	25
	b	低盖度灌丛	披碱草、冰草+蒙古莸	20
	c	中盖度灌丛	蒙古莸、沙棘+冰草	40
阴坡	d	灌木林	沙棘	75
	e	高盖度灌丛	沙棘、冰草、百里香	60
	f	低盖度灌丛	沙棘、冰草、百里香	30

14.3.3.2　减沙效益预测评价

1. 植物生物学特性模型参数

根据沙棘坡面径流量和侵蚀量实测资料,运用WEPP模型进行模拟后,将模拟计算的径流量、侵蚀量和实测值进行对比分析,其间的ME和R^2分别为0.780和0.685,表明该模型能较好地模拟预测沙棘坡面产流产沙量。为了揭示植被措施对产流产沙的影响,基于2014—2018年7—9月场次降雨数据、无措施小区地形数据和坡面植被数据,选取植物生长环境(温度和辐射)、冠幅和根系等参数,对各植物措施情景下的坡面产流产沙情况进行模拟。植物参数的数据主要来源于野外植被调查、文献参照,同时根据模型数据库中的同类植物加以确定(见表14-7)。

表14-7　砒砂岩区植物生物学特性模型参数

参数	沙棘	来源	冰草	来源	蒙古莸	来源
生物能量转换率/(kg/MJ)	6.0	模型中同类植物	4.5	模型中同类植物	6.0	模型中同类植物
行距/cm	20.0	植被调查	0.5	植被调查	10.0	王晓江(2006)
植物生长最佳温度/℃	16.0	王怀智(2011)	20.0	云锦凤(2005)	6.8	王晓江(2007)
植被停止生长的最高温度/℃	50.0	王怀智(2011)	40.0	模型中同类植物	39.3	王晓江(2008)
消光系数	0.5	刘胜(2006)	0.7	模型中同类植物	1.0	王晓江(2007)
径粗/cm	3.0	植被调查	0.2	植被调查	0.6	植被调查
株高/cm	120.0	植被调查	80.0	植被调查	70.0	植被调查
最大叶面积指数	1.1	尹婧等(2008)	1.2	模型中同类植物	1.0	模型中同类植物
收获指数/%	42.0	模型中同类植物	1.0	模型中同类植物	42.0	模型中同类植物

续表

参数	沙棘	来源	冰草	来源	蒙古莸	来源
根深/cm	30.0	王浩(2018)	20.0	云锦凤(2005)	60.0	王晓江(2007)
根冠比/%	0.5	王浩(2018)	42.0	模型中同类植物	91.7	模型中同类植物
最大根系生物量/(kg/m^2)	1.5	刘广全(2005)	0.2	模型中同类植物	0.2	模型中同类植物

2. 坡面产流产沙场次侵蚀降雨分类

根据砒砂岩区生态水文特征分析，该区具有水沙同源的特征，坡面产流产沙基本上是由几场强降雨引起的。根据 2014—2018 年 7—9 月对二老虎沟小流域径流小区的野外调查，此期间共发生 9 次产流产沙。为了解不同降雨类型下各植物措施的减水减沙效益，以这 9 场产流产沙侵蚀性降雨作为统计样本，以各次降雨的降雨量 P 和最大 30 min 降雨强度 I_{30} 作为分类因子，用 SPSS 软件进行 K 均值聚类分析，将侵蚀降雨分为 3 类，见表 14-8。

表 14-8　场次侵蚀性降雨的 K 均值聚类分析统计参数

特征统计参数	降雨类型		
	A	B	C
样本数	2	2	3
降雨量/mm	19.5	34.9	45.8
降雨量变幅/mm	16.4~22.6	34.2~35.6	16.4~52.8
标准差	4.38	0.98	6.06
I_{30}/(mm/h)	23	47.8	18
I_{30} 变幅/(mm/h)	20~26	41.2~54.4	9.5~22.8
标准差	4.24	9.33	7.36
降雨总量/mm	46.0	95.6	32.3

A 雨型是小雨量、中雨强，降雨量 P 变化范围为 16.4~22.6 mm，I_{30} 的变化范围在 20~26 mm/h；B 雨型是中雨量、大雨强，降雨量范围为 34.2~35.6 mm，I_{30} 范围为 41.2~54.4 mm/h；C 雨型是大雨量、中雨强，降雨量范围在 16.4~52.8 mm，I_{30} 变化范围在 9.5~22.8 mm/h。由表 14-9 可知，3 种不同降雨类型的降雨量、降雨强度间的差异性显著。

表 14-9　降雨量、最大 30 min 降雨强度 I_{30} 方差矩阵

降雨类型	降雨量		I_{30}	
	A	B	A	B
B	0.033*	—	0.027*	—
C	0.004*	0.069	0.492	0.011*

注：* 表示显著性水平为 0.05。

3. 不同类型侵蚀性降雨下各治理措施减流效应

植被措施可以有效增加地表的摩擦力，降低雨滴对地表的冲刷能力，改善土壤，减小径流量，增加入渗量，延长产流时间，减少地表径流，成为砒砂岩区侵蚀治理的主要措施之一。图 14-18 是各治理措施在不同降雨类型下的减流效应。

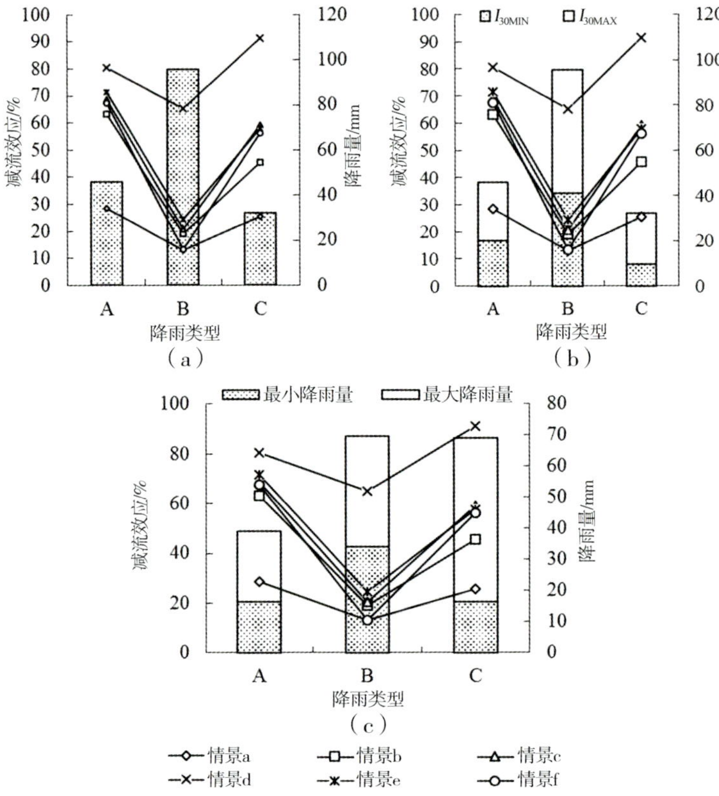

图 14-18　不同降雨类型下植物措施减流效应

在不同类型降雨下，各侵蚀治理措施坡面产流量与无措施小区（裸地）产流量相比有明显的减少趋势，减流效益明显。在小雨量、中雨强的 A 类型降雨条件下，各侵蚀治理措施的减流效应分别是情景 a（阳坡低盖度草本）的 28. 50%、情景 b（阳坡低盖度灌丛）的 63. 28%、情景 c（阳坡中盖度灌丛）的 68. 72%、情景 d（阴坡灌木林）的 91. 28%、情景 e（阴坡高盖度灌丛）的 71. 50%、情景 f（阴坡低盖度灌丛）的 67. 49%。由此可见，在小雨量时，植被有效减弱了径流对坡面的直接冲刷，使降雨对坡面的影响程度有明显减小。相比于 A 类型降雨，在 B 类型降雨（中雨量、大雨强）条件下，各治理措施对减少径流量的影响均有不同程度的降低。其减流效应分别是情景 a 的 13. 04%、情景 b 的 19. 20%、情景 c 的 20. 64%、情景 d 的 65. 18%、情景 e 的 24. 45%、情景 f 的 13. 28%，可知在中雨量、大雨强的条件下，最大 30 min 降雨强度 I_{30} 对 6 种植物措施的减流效应影响显著;相比于 B 类型降雨,C 类型降雨(大雨量、中雨强),虽然降雨量增大但降雨强度较小,并且在 3 种降雨类型中最小,各措施的减流效应有一定的增加,其减流效应分别是情景 a 的 25.56%、情景 b 的 45.53%、情景 c 的 59.27%、情景 d 的 91.28%、情景 e 的 57.75%、情景 f 的 56.04%,情景 d 的减流效应达到了 90%以上。对于 C 类型降雨(大雨量、中雨强),灌木林措施的减流效应更明显。

综上所述,在不同类型降雨条件下,各措施减流效应分别为:阳坡低盖度草本 13.04%~28.50%、阳坡低盖度灌丛 19.20%~63.28%、阳坡中盖度灌丛 20.64%~68.72%、阴坡灌木林 65.18%~91.28%、阴坡高盖度灌丛 24.45%~71.50%、阴坡低盖度灌丛 13.28%~67.49%。3 种类型降雨对植物措施坡面产流影响显著,其中在 B 类型降雨(中雨量、大雨强)下降雨量和 I_{30} 对各侵蚀措施的减流效应影响显著,各措施的减流效应均最低,C 类型降雨(大雨量、中雨强)次之,A 类型降雨(小雨量、中雨强)条件下各措施的总体减流效应最好。在不同植物措施坡面,大雨量、大雨强的降雨是影响坡面产生地表径流的主要因素。总体来看,各措施坡面减流效应大小是:灌木林>不同盖度灌丛>中盖度草地,同时说明,植被措施在一定的雨强下减流作用是比较明显的,但是随雨强增加,其作用会有所降低。

4. 不同类型侵蚀性降雨下各治理措施减沙效应

植物治理措施可以拦截降雨,增加地面粗糙度,降低水流挟沙能力,同时土壤中的根系可以发挥固土的作用,提高土壤本身的耐蚀性,减少土壤侵蚀。图 14-19 是各措施坡面减沙状况。

在不同类型降雨下,各治理措施坡面产沙量与无措施小区(裸地)产沙量相比有明显的减少趋势,在 A 类型降雨(小雨量、中雨强)条件下,各措施的减沙效应差异明显,除情景 a 的减沙效应为 64.19%以外,其余的 5 种措施的减沙效应均在 95%以上,可见在降雨量为小雨量时植被能增加地面粗糙度,有效降低水流流速,从而能够减弱径流的挟沙能力,各措施的减沙效应均最大。相比于 A 类型降雨,在 B 类型降雨(中雨量、大雨强)条件下,各措施的减沙效应均有一定程度的减小,各措施减沙效应分别是情景 a(阳坡低盖度草本)的 44.46%、情景 b(阳坡低盖度灌丛)的 43.53%、情景 c(阳坡中盖度灌丛)的 58.66%、情景 d(阴坡灌木林)的 93.35%、情景 e(阴坡高盖度灌丛)的 85.34%、情景 f(阴坡低盖度灌丛)的 51.23%。显然,在中雨量、大雨强的条件下,I_{30} 对 6 种植物措施的减沙效应影响显著。相比于 B 类型降雨,在 C 类型降雨(大雨量、中雨强)条件下,虽然降雨量增大但降雨强度有明显的减小,并且在 3 种降雨类型中达到最小,6 种措施的减沙效应有一定的增加,各措施的减沙效应分别是情景 a(阳坡低盖度草本)的 61.95%、情景 b(阳坡低盖度灌丛)的 75.19%、情景 c(阳坡中盖度灌丛)的 88.63%、情景 d(阴坡灌木林)的 98.30%、情景 e(阴坡高盖度

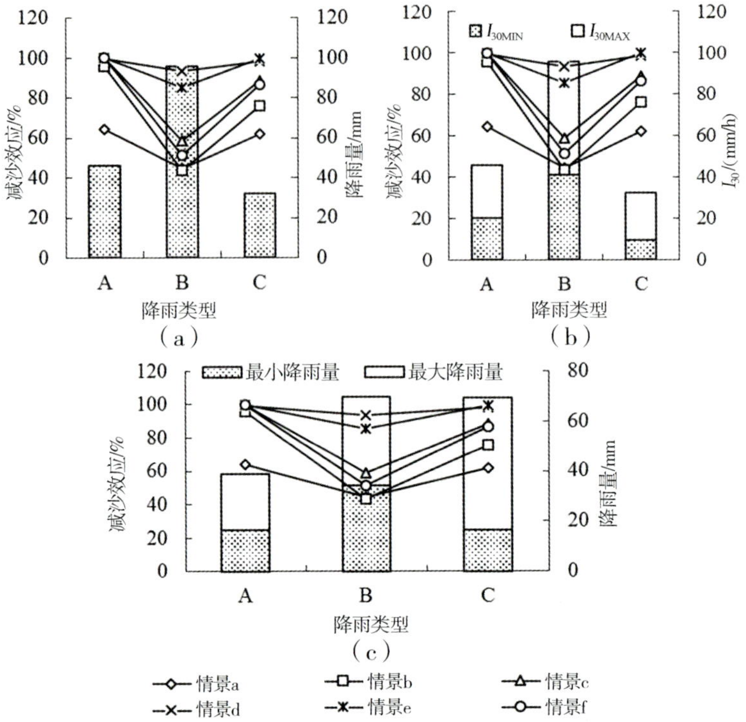

图 14-19　不同侵蚀性降雨类型下植物措施减沙效应

灌丛)的 99.60%、情景 f(阴坡低盖度灌丛)的 86.51%。

总体来说,在 3 种降雨类型条件下,各植物措施减沙效应分别为:阳坡低盖度草本 44.46%~64.19%、阳坡低盖度灌丛 43.53%~99.57%、阳坡中盖度灌丛 58.66%~95.78%、阴坡灌木林 93.35%~99.98%、阴坡高盖度灌丛 85.34%~99.94%、阴坡低盖度灌丛 51.23%~97.97%。植物措施的减沙效应波动明显,降雨类型中 I_{30} 最大的 B 类型降雨对坡面产沙量的影响最大。各措施的减沙效应以灌木林措施的最优,不同盖度灌丛次之,当超过一定雨量和雨强时草本植物措施的减沙效应开始减弱。草本植物措施在大雨强的降雨直接冲刷时对泥沙的拦截能力较弱,因此在植被类型单一的砒砂岩坡面应尽量增加灌木的覆盖度,将灌木与草本植被合理配置,以发挥保土保水最优效应。

14.4　小　结

基于对砒砂岩区生态退化特征、坡沟系统地貌特征、土壤等立地条件、生态承载力、复合侵蚀及块体状侵蚀类型及发生机制、植被演替规律和砒砂岩区优势物种的认识,研发了砒砂岩区综合治理模式,并评价了治理效果。

(1)提出了砒砂岩三大类型区的综合治理模式。裸露砒砂岩区生态综合治理模式:坡顶沟网纵横拦水,灌草混交提效;坡面陡坡注浆固结,缓坡蒿灌藤草封坡抗蚀;沟底改性材料谷坊塘坝+灌草柔性坝;沟口砒砂岩改性淤地坝,滞沙减洪淤地增效。

覆土砒砂岩区生态综合治理模式:坡顶梯形沟网截流,沟间沟内油松+酸枣+草被,开发山杏山桃+甘草经济园;坡面陡坎固结防崩,缓坡灌草抗蚀植生;砒砂岩改性谷坊+沙棘酸枣柔性坝交互封沟;沟口砒砂岩改性淤地坝拦沙淤地。

覆沙砒砂岩区生态综合治理模式:坡顶等高挖沟,沟间沙柳+甘草防风,沟间草障固沙,竖向节节设池蓄渗,地衣结皮护埂;沟坡宜草则草、宜灌则灌,辅以灌浆固沟;沟下灌草封沟。

(2)在砒砂岩裸露区,根据坡顶-坡面-沟道地貌单元组合类型及结构特征,以坡度、植被为主要控制参数,研发了坡顶降雨径流高效拦蓄储集技术,提出了以草被恢复为主、辅以林果产业发展的径流高效利用模式,实施了裸露砒砂岩陡坡块体状重力侵蚀加固、岩体裂隙防渗、锚固注浆等无水高聚物注浆措施;综合应用了砒砂岩坡面的植生固结技术、砒砂岩改性材料谷坊构筑技术,进而形成了沟顶-沟岸-沟床-沟头全立体多单元的沟道系统复合侵蚀综合治理措施体系。同时,实施了坡顶经济林果栽植模式示范应用。

在覆土区研发实施了坡顶径流高效利用与综合治理技术,包括水平截流沟+分流沟的径流拦蓄网络措施、集流桶收集径流+径流拦蓄滴灌利用措施、鱼鳞坑+截流沟综合拦蓄径流措施、山杏山桃经济林+甘草+串联水窖等技术措施。坡面与沟道的治理措施与技术参考裸露区的。

在覆沙区,坡顶治理采取的措施包括:水平截流沟+纵向沟拦蓄径流;沙障+柠条混交护坡措施;截流沟苔藓基质+深根植物固埂措施;汇水面出口集水桶收集径流措施,形成柠条+甘草+草被+截流沟综合治理措施体系。坡面治理按照坡度分级,分别采取抗蚀促生、块体状重力侵蚀注浆、鱼鳞坑、植物沙障+甘草+草被、截渗沟蓄水池等不同的治理措施,选取的植物主要有柠条、胡颓子、沙打旺、沙蒿、百里香等水土保持先锋树(草)种等。沟道的治理措施主要有砒砂岩改性材料谷坊、植物柔性坝和挡土墙等。

(3)对覆土区二老虎沟小流域坡面措施进行了实地调查,将坡面侵蚀治理措施分为 6 种类型的模拟情景,即 a(阳坡低盖度草本)、b(阳坡低盖度灌丛)、c(阳坡中盖度灌丛)、d(阴坡灌木林)、e(阴坡高盖度灌丛)、f(阴坡低盖度灌木林),运用 WEPP 模型以不同措施作为情景对无措施(裸地)情景进行对比模拟,分析各措施的产流产沙量及过程。根据 2014—2018 年 7—9 月野外调查,其间共发生 9 次产流产沙,将 9 次侵蚀性降雨划分为 3 类,包括小雨量、中雨强的 A 雨型,中雨量、大雨强的

B 雨型,大雨量、中雨强的 C 雨型。在不同类型降雨下,各侵蚀治理措施坡面产流产沙量与无措施(裸地)区相比均有明显减少,侵蚀治理措施坡面径流量和产沙量受降雨类型的影响显著,其减流效应分别为:情景 a 为 13.04%~28.50%、情景 b 为 19.20%~63.28%、情景 c 为 20.64%~68.72%、情景 d 为 65.18%~91.28%、情景 e 为 24.45%~71.50%、情景 f 为 13.28%~67.49%;各植物措施减沙效应分别为:情景 a 为 44.46%~64.19%、情景 b 为 43.53%~99.57%、情景 c 为 58.66%~95.78%、情景 d 达到 93.35%~99.98%、情景 e 达到 85.34%~99.94%、情景 f 也有 51.23%~97.97%。从各植被减流减沙效应大小来看:灌木林>不同盖度灌丛>低盖度草地。

(4)当超过一定雨量和雨强时,草本植物措施的减沙效应会有减弱,就是说植物措施的减水减沙作用存在降雨临界。相对来说,草本植物措施在大雨强的降雨条件下对泥沙的拦截能力弱,因此在植被类型单一的砒砂岩坡面应尽量增加灌木的覆盖度,合理配置灌木与草本植被措施,并引进能在砒砂岩坡面生长的乔木,乔灌草结合以发挥保土保水作用的最优效应。

黄河砒砂岩区

生态治理-衍生产业

协同发展关键技术

第 15 章　生态衍生产业关键技术示范应用

通过砒砂岩改性、灌草平茬、砒砂岩复配沙、经济林果种植等，既可以发挥生态治理措施的作用，又可以形成具有很大经济价值的衍生产品。而如何进一步形成产业技术，是开发利用的关键环节。本章重点对前述有关章节介绍的所研发的砒砂岩改性等技术的示范应用进行系统介绍，包括砒砂岩改性材料产品生产工艺及关键技术参数、产品应用技术，灌草平茬饲料加工工艺与应用技术，砒砂岩与风沙土复配改良土壤应用技术，经济林果种植模式示范应用技术。

15.1　砒砂岩改性材料示范应用

15.1.1　试验基地建设与生产技术

15.1.1.1　试验基地建设

“砒砂岩改性材料中试基地”位于鄂尔多斯市东胜区某环保制砖场，地处内蒙古自治区鄂尔多斯市东胜区布日都镇查干村王家坡社。该地区位于东胜区砒砂岩富集区域，在此建立中试基地，一方面方便砒砂岩材料采集、运输，另一方面可直接利用该环保制砖场场地及设备开展示范生产（见图 15-1）。

15.1.1.2　生产设备配置

所用砒砂岩改性成型产品加工设备为天津某机械有限公司生产的 2000G2 型多功能制砖机（见图 15-2、图 15-3）。其工作原理是电机带动振捣器振动下模，使物料下沉，压制油缸带动上模压住制品，形成连振带压，完成砒砂岩改性材料制品成型。

图 15-1　砒砂岩改性材料中试基地场景

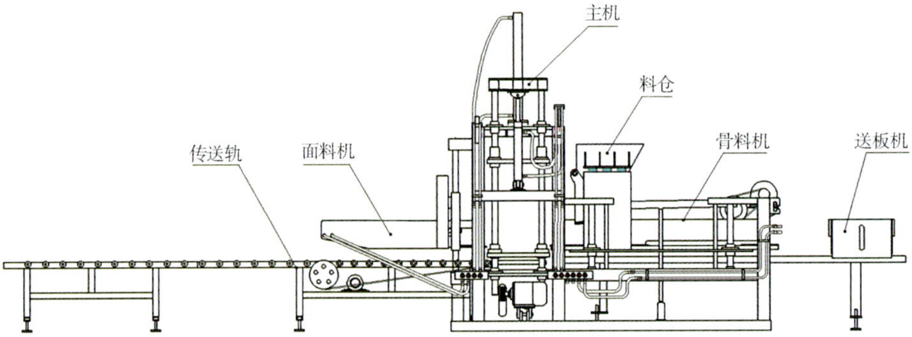

图 15-2　多功能制砖机结构

图 15-3　多功能制砖机生产现场

15.1.1.3　生产工艺流程与技术参数

1. 最佳配合比

根据前述试验研究，并综合考虑改性砒砂岩成型成本、力学性能及耐久性等因素，确定的现场生产配合比(质量比)见表 15-1。

表 15-1　砒砂岩改性材料生产配合比

砒砂岩/%	矿粉/%	NaOH/%	水/%
57	30	3	10

2. 工艺流程

利用砒砂岩改性制备砌块砖等建筑材料的生产，一般包括原材料处理、计量称重、搅拌、压制成型、养护和成品堆放等流程(见图 15-4)。

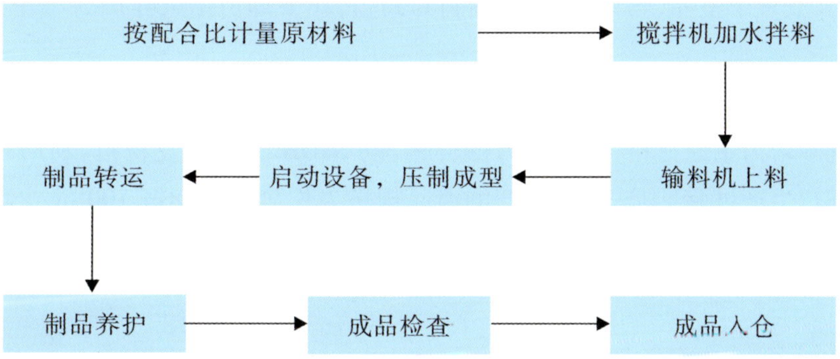

图 15-4　生产工艺流程

3. 生产调试

1) 机器调试

(1)准备工作。包括以下步骤:各压力控制阀在试验前应将旋钮调整到松开的位置;各流量控制阀在试验前应遵循从小到大的调节原则;进行空载试验，空载试验正常运行 1 h 后，带料试验。

(2)主机调试。调试内容包括检验急停按钮，操作应安全可靠;主机在工作中应运转平稳，性能可靠;各可调部位的调整应灵活，各种动作之间的转换应灵敏、准确，各运动零件在运动中无明显爬行、卡阻、冲击等现象。

(3)料仓调试。料仓内装满砒砂岩、矿粉等物料，开启后油缸可正常运动，无卡阻、无漏料。

(4)接块平台调试。调整接块平台与振动成型主机的相对距离和高度，使推块机构能够将砌块顺利推送至接块平台。

2）技术参数调试

(1)物料搅拌。砒砂岩、矿粉等物料搅拌时间应不小于 5 min,搅拌时应避免存在搅拌死角,水、物料、激发剂应做到均匀分布。避免材料传送从高处下落时产生粗细料分离。

(2)振动成型。根据现场情况,结合制砖机振动方向、频率、加速度和振动能量等因素,试验最佳振动成型时间。试验结果表明,振动时间以 30 ~50 s 为宜。同时,按标准要求对模箱的各个测点进行测试,通过调整减振装置的位置与拉力,使振动均匀分布。

(3)成型工艺。砌块成型方式主要包括振动台振动成型和模箱振动成型两种。本次试验采用垂直定向模箱振动成型方式。

(4)成品养护。采用自然养护成型工艺,成型后码 7 ~8 块板砖并用塑料布封盖,第二天放置于室外,码垛浇水,用塑料布封盖,28 d 即可结束养护。

15.1.1.4　中试一期产品规格

以砒砂岩为主原材料,以矿粉为掺合料,以 NaOH 为碱激发材料,利用砒砂岩改性技术进行生产试验,中试一期生产的产品规格为长 200 mm×宽 100 mm×高 50 mm 的路面砖,300 mm×600 mm×80 mm 的六角空心砖(见图 15-5)。

图 15-5　砒砂岩改性砌块生产现场及样品

15.1.2　示范应用

15.1.2.1　示范区概况

“砒砂岩改性材料示范区”(见图 15-6)坐落于内蒙古自治区鄂尔多斯市准格尔旗砒砂岩区水土保持科技示范园。该示范园位于准格尔旗纳林川的一级支沟圪秋沟的中下游,距鄂尔多斯市东胜区约 60 km,为黄土丘陵沟壑区与砒砂岩的过渡带,区内地形复杂、沟壑纵横,砒砂岩裸露,自然植被少,零星分布着人工植被,其地形、地貌、土壤可鲜明反映砒砂岩区区域特点。所选区域周边 30 km 范围内为无煤区,区内没有其他规划研究区,不存在对规划研究区域水系及自然环境、生态环境的影响。

图 15-6　砒砂岩改性材料示范区

砒砂岩区水土保持科技示范园属覆土砒砂岩区,总面积 35.18 km^2,其中水土流失面积 33.07 km^2,占总面积的 94%;海拔在 1 097~1 248 m。科技示范园区具有典型砒砂岩区域特征,能代表区域内基本特征,包括水土流失的主要生态环境、类型、地质地理及危害等,兼有水土保持示范推广作用及科普示范功能,可以布设水土流失综合防治的各项措施。

砒砂岩区水土保持科技示范园内沟壑纵横,沟道窄深,主沟基本呈东西走向,主沟宽阔,长 7.15 km,平均比降 0.55%。研究区支毛沟道陡窄,多数呈“V”字形,少数较大支沟呈“U”形;沟道多为陡坡,由白色砒砂岩和红色砒砂岩交错组成。研究区沟壑密度 8.6 km/km^2,沟壑面积 19.24 km^2,占总面积的 54.69%。坡面切割严重,地形起伏大,沟坡面积占到总面积的47%。

15.1.2.2 六角空心砖治理措施应用

1. 六角空心砖铺砌工序

砒砂岩边坡治理通常采用生物措施,在砒砂岩边坡上种植植物,或者在砒砂岩边坡上喷洒固结材料,还有通过喷护水泥砂浆来稳固砒砂岩边坡等。由于砒砂岩区坡面坡度陡峻,按一般方法种植植物时,往往因坡度陡而难以立根,成活率低,因此如果采用辅以空心砌块砖等工程措施,既可以进一步稳固坡面,又便于植物生长。

为此,在本次砒砂岩改性材料示范应用中,通过砒砂岩改性制备建筑材料(六角空心砖),借助改性砌块防护砒砂岩边坡,同时依托固结植生生态护坡技术开展植物防治,抑制水土流失,将工程措施和生物措施相结合,实现砒砂岩资源化利用和水土流失治理、生态恢复的高度融合。故在示范园东北侧选取290 m^2 砒砂岩基质边坡进行六角空心砌块砖铺砌,边坡坡长3.5 m,坡度约35°,铺砌长度为83 m。

六角空心砌块砖可通过自重有效压固坡面,此外边缘构造可将砌块牢固地镶嵌组砌在一起,形成一个坚固整体,使砒砂岩边坡结构更加稳定。在六角空心砖铺砌工程中,其系统的施工工艺是护坡发挥效益的基本前提。其施工工序主要包括测量放样、场地清理及整平、码砌施工等(见图15-7)。

场地清理及整平

坡脚铺砌

图15-7 边坡六角空心砌块砖刚性防护

坡面铺砌

铺砌完毕

续图 15-7

施工工序及基本要求为：

（1）测量放样：首先确定砒砂岩改性砌块刚性防护边坡位置，进行挂样放线，确定铺砌范围。

（2）场地清理及整平：采用人工方式对坡面进行修整，清除坡面凸起的石块和杂物，保证护坡外观平顺，压实度符合要求。

（3）码砌施工：首先进行边坡护脚砌筑，坡面自下而上顺序砌筑，并用橡胶槌敲击密实。边坡码砌要求紧贴，相邻块体间咬扣紧密，错接无通缝，坡面平顺，坡度准确。

2. 土壤增肥措施

针对砒砂岩质地土壤贫瘠的突出问题，自主研发了“固结植生生态复合材料”

(HKYGJZS-2)、“高摩尔比脲甲醛类缓释肥料”2项专利产品，形成了集固结、保水、增肥、促生多功能于一体的固结植生生态护坡技术。“固结植生生态复合材料”具备“遇水聚合-干燥脱水”的自循环功能，当其喷播到边坡基土面层后，可通过下渗作用对土壤颗粒进行包裹，使土壤颗粒具有黏聚性和保水性。干燥状态下，固结植生生态材料自动脱水，土壤呈松散状态，具有透气性和透水性，兼具抗风蚀性(风吹不散、不起尘)；遇水时，固结植生生态材料与水分子自动聚合，将土壤固结形成一个整体，复合结构体抗压强度可达5.6 MPa，劈裂强度可达0.56 MPa，土体具有良好的抗冲刷性，耐冲刷流速可达1.12 m/min，同时兼具控渗性。该技术以形成生态自循环为出发点，以改善基体材质为措施，以植被快速恢复为方法，以长期提供肥力为保证，以植物自然选择为导向，诱导生态链系统建立，达到生态自然循环的目的。

因此，在砒砂岩改性砌块刚性防护作业完成后，可在六角空心砌块砖中心植生孔实施固结植生技术应用。以柔性防护提高砒砂岩边坡土体黏聚力，增肥促生；刚性防护作为辅助的工程措施，增加土体结构稳定性，二者相辅相成，稳固边坡，抑制水土流失。

3. 植物措施

根据前述相关章节成果和示范区气候特点及边坡立地条件，所选择的植物为披碱草、草木樨、冰草等(见表15-2)。

表15-2　建植植被生长特性

植物品种	植物特点
披碱草	禾本科、多年生、疏丛型，须根发达，根深可达100 cm，根茎分蘖及再生能力强，对水、热条件要求不严，抗旱耐瘠薄，环境适应能力强
草木樨	豆本科、多年生，主根发达、呈分枝胡萝卜形、根瘤较多，出苗后根系生长较快，具有很强的耐寒、耐旱、耐贫瘠能力，开花观赏性强
冰草	禾本科、多年生、疏丛型，须根密生、入土较深，能适应半潮到干旱气候，喜与其他植被混生，抗旱、耐寒、产籽多，春夏均可播种

将上述3种草种进行混播播种，综合考虑发芽率试验结果及植被种间互馈与竞争关系，确定草种混播比例为2∶1∶1。在播种前，尽量对草种做泡水预处理，以缩短草种的休眠期，提高草种成活率。

4. 生态基材配置

防护边坡多为砒砂岩生土，缺乏肥力，种植时需增加基体养分。确定“高摩尔比脲甲醛缓释肥”用量为0.20～0.25 kg/m^2。

砒砂岩边坡基体土质较为光滑且坚硬，将“固结植生生态复合材料”与水按1∶100的比例混合，喷播量2 L/m^2，每平方米用量约为0.02 kg(见表15-3)。

表 15-3　生态基材配置

固结植生生态复合材料/(kg/m^2)	高摩尔比脲甲醛缓释肥/(kg/m^2)	喷播量/(L/m^2)
0.02	0.20~0.25	2

15.1.2.3　施工工艺

如果施工作业面积较小,施工方式可采用人工撒播草种种植和手持喷雾器喷播方式作业。主要作业流程为低浓度复合生态基材喷洒、撒播草种、正常浓度复合生态基材喷洒等(见图 15-8)。采用双层喷播设计,底层喷洒较低浓度的复合生态基材,以提高砒砂岩边坡基质的抗风蚀能力和肥力,改良贫瘠土体;撒播种子后表层使用正常浓度的复合生态基材形成植生层,促进草种自然萌发。喷播施工完成之后,定期进行养护,在养护期间随时观察边坡的水肥情况,如果种子萌发率过低及出苗不整齐,要进行补植、补种。补播的植物要具有自播能力,播后勤于水肥管理等。

草种预处理

人工撒播草种

图 15-8　边坡柔性防护关键流程

15.1.2.4　路面砖应用

砒砂岩改性制备建筑材料路面砖,借助改性砌块开展路面铺设作业,进一步拓展了砒砂岩改性资源利用应用领域。在示范园区西南侧选取 122 m^2 水平区域进行路砖铺砌(见图 15-9)。

主要工艺流程为场地平整→路面找平→路面砖铺砌→填缝。

(1)场地平整。将铺砌范围内的杂草、石块及表层虚土等清理干净,夯实紧密、平整。

(2)路面找平。根据设计标高,利用人工拉线的方法对路面进行修整,局部凹凸不平部位人工修整填平,两端部位木桩抄平,拉水平线。

(3)路面砖铺砌。铺砌前将垫层清理干净,在一端铺排路面砖块,并以此作为标准进行铺砌。路面砖铺砌略高于面层水平线，然后用橡皮槌将砖块敲实，使面层与水平线相平。铺砌后的路面砖顺直，高度一致，棱角整齐。

(4)填缝。路面砖铺砌后，用细砂分多次进行填缝，直至缝隙饱满。同时，将砌砖表面残余砂清理干净，保证砖面清洁。

路面找平　　　　铺砌路面砖

图 15-9　路面砖铺砌

15.2　优良灌草筛选及培育关键技术示范应用

在覆沙砒砂岩区域，完成甘草种植、梭梭套种甘草和马铃薯种植基地建设，合计完成 10 000 亩，其中甘草种植模式 3 500 亩、梭梭套种甘草模式 3 000 亩、马铃薯种植基地 3 500 亩。在不同核心示范基地建设过程中，采用不同植被种植技术、配置模式、土壤改良技术及生态经济循环发展模式。

15.2.1　甘草种植技术示范

在覆沙砒砂岩区共完成甘草种植 3 500 亩，甘草种植的技术流程主要包括引进优质甘草良种→幼苗培育→甘草移栽种植。甘草种植示范基地选择的甘草原植物种为乌拉尔甘草(*Glycyrrhiza uralensis* Fisch.)。采用育苗移栽方式进行甘草种植。

15.2.1.1　种植技术

甘草育苗繁殖及集约化移栽种植按相关技术规程要求进行，采用半野生化平移种植技术栽植。所谓甘草半野生化平移种植技术(见图 15-10)，就是将人工培育的一年生甘草苗条，于春季 4 月上旬至 5 月中旬移栽于干旱、半干旱区沙地中，移栽后即为野生状态，很少再施以灌溉、施肥、病虫害防治、除草等人为措施，使其尽量保持在野生状态下自然生长。机械平移适用于地势平坦，地块面积 15 亩以上。用拖拉机牵引专用犁翻耕，翻耕深度为 20 cm，移栽深度为 20 cm。将苗条水平放入沟底部，用土覆盖 3 cm，下一犁翻土覆盖上一犁犁沟。如果是易遭风蚀地段，可翻深 25 cm 以上，移栽深度为 25 cm。苗条放入沟内根系要舒展，移栽后机械牵引重物压实。株行距为 15 cm×40 cm，密度在 11 000～12 000 株/亩，株距为苗条地径与地径间的距离。

图 15-10　甘草半野生化平移种植

15.2.1.2　土壤改良技术

在甘草半野生化平移种植基础上，针对覆沙砒砂岩区土壤水分蒸发渗透快、土壤肥力弱、保肥性差及土壤松散形不成团聚体的问题，采用自主研发的土壤栽培剂（IWRW）对风沙土进行改良。以亚麻籽柏为原料，对亚麻籽柏进行处理得到亚麻籽胶，将有机肥、腐殖酸分别进行机械粉碎过筛，得到粉状有机肥及粉状腐殖酸，与亚麻籽胶、保水剂、水与粉状有机肥、粉状腐殖酸，以及自主研发的高摩尔比脲甲醛类缓释肥进行搅拌混合，即得到 IWRW 土壤栽培剂。IWRW 具有防渗保水增肥功能，适用于无灌溉条件下的干旱与半干旱沙漠地区适沙乔木和灌木的种植。通过 IWRW 施用，可以综合解决水分蒸发渗透快、土壤肥力弱、保肥性差及土壤松散形不成团聚体的问题，可提高农作物等生长所需的物质条件，且价格低廉、对土壤环境无任何污染，适合应用于覆沙砒砂岩区土地改良的推广应用。

15.2.2 梭梭套种甘草技术示范

15.2.2.1 种植技术

采用2行1带的配置模式种植梭梭套种甘草(见图15-11),梭梭种植规格为株间距1 m、行距2 m、带间距6 m,主要采用当年生梭梭幼苗进行移栽。带间种植甘草,共种植9条带,甘草条带间距为50 cm,其中,第一条甘草条带距梭梭距离为1 m。甘草育苗繁殖及集约化移栽种植按相关技术规程要求进行,采用半野生化平移种植技术进行栽植。

图15-11 梭梭套种甘草模式

15.2.2.2 土壤改良技术

梭梭套种甘草种植模式的土壤改良技术主要包括沙漠防渗保水保肥综合改良和无灌溉沙漠栽培等,采用上述自主研发的无灌溉沙漠土壤栽培剂对梭梭根系分布范围内沙质土壤进行改良,综合解决在无灌溉条件下的干旱与半干旱沙漠地区栽植适沙乔木或灌木,根系分布范围内土壤保水保肥能力差、养分含量低、直接施肥烧苗、pH值过高不适合植物生长等造成成活率低的问题,且价格低廉、对土壤环境无任何污染，适用于无灌溉条件下的干旱与半干旱沙漠地区适沙经济型乔木或灌木的栽植，可有效提高根系分布范围内土壤保水保肥能力和土壤养分状况，提高目标乔木或灌木的栽植成活率。

15.2.3　马铃薯种植技术示范

马铃薯种植的技术流程主要包括种薯选择、机械种植、田间管理、病虫害防治、采收和贮藏等。

15.2.3.1　种植工序流程

(1)选地。选择地势平坦，土质疏松、有深翻基础、排灌方便的沙质土壤，不宜选择碱性地块。避免选择有对马铃薯生长产生危害的除草剂残留地块。

(2)机械化整地。土地是前一年秋翻过的，播前用圆盘耙进行耙耱整地，浅耕耙耱，深度 10~15 cm，使地表平整，上下疏松，耕层绵软，土块细碎，确保播种质量。

(3)种薯选择。选择薯形整齐、薯皮光滑、皮色鲜艳的块茎。

(4)种植方式。采用机械种植。

(5)种植时间。当 10 cm 土层地温稳定在 8 ℃以上时开始播种，结合实际情况，适当调整时间。

(6)机械化播种。使用机械：GRIMME（格立莫）GL430 旋耕起垄机；行距：90 cm；株距：16 cm；肥量：马铃薯一次施足底肥，多施钾肥。氮、磷、钾比例为 2∶1∶4。施肥均匀一致，位置准确，深度 6~10 cm，种薯与肥的隔离土层>3 cm；化肥的土壤覆盖率要达到 100%；施肥位置准确率≥70%；中耕深追施肥作业伤苗率<3%。

15.2.3.2　田间管理

采取机械化喷灌、机械化中耕培土、追肥及除草等管护措施。

(1)机械化喷灌。如果马铃薯播种后天气干旱，要及时浇水，马铃薯发棵期前期、盛花期要保持水分充足。采用大型移动喷灌设备，作业半径 250 m，施水量与作业次数视自然降水情况而定。

(2)机械化中耕培土。中耕作业 2 次，出苗率达 50%、株高 5~10 cm 时进行第一次中耕，株高 20~25 cm 时进行第二次中耕。培土高度保证在 20 cm 以上，松土深度 15 cm 以上。

(3)追肥。结合第一次中耕亩施入马铃薯专用复合肥（质量比为 N∶P∶K=1∶1∶1）40~50 kg。结合滴灌在现蕾期至终花期，分 6~8 次亩施硝酸钙镁 15~20 kg（或亩施尿素 10 kg，中量元素钙镁水溶肥 10~15 kg），高氮高钾水溶肥 10~20 kg，水溶性钾肥

20~30 kg,微量元素水溶肥 50~100 g。

（4）除草。每年除草 3 次,禁止使用各种化学除草剂。5 月下旬至 6 月上旬,人工锄草 1 次,除草深度 5 cm,人工拔除苗间杂草;株高 30 cm 时,中耕除草 1 次,深度 15 cm;生长后期人工拔除田间杂草 1 次。

（5）病虫害防治。坚持“预防为主、综合防治”的原则,病虫害达不到危害程度,不选用化学防治。必须进行化学防治时,采用高效、低毒、低残留、最小剂量农药。

15.2.3.3　采收

（1）采收时间。早熟品种自 9 月下旬,中晚熟品种自 10 月上中旬开始收获。

（2）采收方法。杀秧:应在收获前 7~12 d 杀秧,使用割秧机或人工杀秧均可,使用杀秧机可以将植株直接打碎,起到秧还田的作用。采收:收获时要掌握土壤温度和湿度条件,温度应≥8 ℃,湿度应达到田间最大持水量的 50%~60%,采用美国 Double L 851-859 马铃薯收获机采收。贮藏:根据马铃薯最终的用途不同,贮藏条件如下:

种用马铃薯:温度应控制在 2~4 ℃;

菜用马铃薯:温度应控制在 4~6 ℃;

加工用马铃薯:温度应控制在 6~10 ℃;

相对湿度应控制在 85%~95%。

15.3　砒砂岩与沙复配综合改良技术示范应用

15.3.1　马铃薯玉米轮作、复种冬油菜种植模式

15.3.1.1　种植模式

在独贵塔拉镇库布齐沙漠,按照研发出的砒砂岩与库布齐沙漠风沙土 1~1.5∶1.5~2 体积比例的最佳复配比例,将砒砂岩按照 10~15 cm 厚度覆于沙化土地表面,同期按照每亩沙化土地 3~5 m^3 的体积用量施加有机肥,按照每亩沙化土地 30~50 kg 的质量用量施加高摩尔比缓释肥后,进行旋耕,旋耕深度为 20~40 cm,旋耕次数为 2~3 遍。按体积比 1.8~2.5∶1~1.7∶3.5~5.5 施加由芽孢杆菌 P75 菌液、苜蓿中华根瘤菌 D10 菌液和巨大芽孢杆菌 H3 菌液组成的复合菌剂于土壤表面,共实施 3 000 亩砒砂岩与沙复配,物理、化学和生物三元耦合土壤综合地力提升改良示范田建设。同时,在同等地形地貌及养护条件下,以原始沙地为对照,打造了 500 亩对照示范田,种植作物为马铃薯(见图 15-12)。

图 15-12　在砒砂岩复配风沙土种植的马铃薯

为实现生态治理+绿色经济可持续协同发展的目标，采取马铃薯玉米轮作，收获后复种冬油菜防风蚀的种植模式，即在 3 000 亩综合地力提升改良示范田及 500 亩对照示范田上，各选取 1/2 土地面积进行马铃薯种植，剩余 1/2 土地面积种植青贮玉米，每年轮茬一次，即翌年在上一年种植马铃薯的地块上轮作青贮玉米，而在上一年种植青贮玉米的地方种植马铃薯，防止因重茬而导致土壤生态功能降低、作物减产。秋季收获完成后，在翻地同时，采取行带式或全覆盖式机械化复种冬油菜（见图 15-13），行间距为 20~40 cm，播种量为每亩 1.5~2.0 kg，播种深度为 3~5 cm。行带式种植的带宽 4~6 m，带间距 4~6 m。全覆盖式种植方式为将目标种植区域全部进行冬油菜种植。行带式或全覆盖式种植的行带方向为与目标种植区域的主风向垂直。种植同时按每亩 20~25 kg 磷酸二氢铵施肥量进行施肥，种后利用自走式指针式喷灌机进行浇水管护。在冬油菜株高未达到 5 cm 之前，定期利用自走式指针式喷灌机进行浇水管护，保持沙地表面湿润，减少或防止沙地表面风蚀。在冬油菜株高达到 5 cm 后，根据冬油菜生长状况定期利用自走式指针式喷灌机浇水至饱和含水量，

图 15-13　马铃薯玉米轮作冬油菜防蚀种植

冬季上冻前浇灌一次防冻水,保证冬油菜第二年春季返青保存率。在第二年春季,种植马铃薯或青贮玉米之前,将冬油菜全部就地翻耕还田。

15.3.1.2 效益分析

应用砒砂岩质土与沙复配改良技术,物理、化学和生物三元耦合土壤综合地力提升改良技术集成与研究成果,沙化土地马铃薯产量由 2.5 t/亩提至 3.0~3.5 t/亩,马铃薯订单售价 1 500 元/t,与对照示范田相比,应用本技术可使每亩土地增收 750~1 500 元。

与对照示范田相比,应用本技术可使 0~30 cm 土层土壤有机质增加 18.77%~52.55%,速效氮增加 34.78%~71.64%,速效磷增加 45.55%~48.71%,pH 值增加 0.23~0.38 个单位。

15.3.2 苜蓿套种草谷子种植模式

15.3.2.1 种植模式

鉴于库布齐沙漠区风蚀严重,导致苜蓿幼苗成活、保存率低,需反复补植,加大种植成本,易对原种植的苜蓿幼苗造成影响等突出问题,探索了针对干旱与半干旱沙化土地区风蚀严重等条件下的苜蓿栽培技术,即苜蓿套种草谷子,共实施 500 亩种植模式示范田,在目标种植沙化土地上采用条播方式将适沙、速生、耐旱的草谷子等保护性作物与苜蓿种子跨行间隔播种(见图 15-14)。选择的速生保护性作物出土时

图 15-14 苜蓿套种草谷子种植模式

间比苜蓿的提前 5~7 d,草谷子与苜蓿种子的播种行间距为 10~20 cm,条播的方向与目标种植沙化土地的主风向垂直,条播深度为 3~5 cm;每亩播种草谷子、苜蓿量均为 1.5~5 kg;条播后对苜蓿、草谷子种子覆沙压实。待出苗后株高未达到 5 cm 之前,对目标种植沙化土地采用自走指针式喷灌机定期进行浇水管护,保持沙地表面湿润,减少或防止沙地表面风蚀;待草谷子株高达到 5 cm 后,根据苜蓿生长状况定期浇水至土壤达到饱和含水量。另外,为对比效果,在同等地形地貌及养护条件下,打造了 500 亩原始沙地对照田。

15.3.2.2　效益分析

待种植 1 个月后,在试验示范田及对照示范田分别随机选取 5 个苜蓿条播条带,在每个条播条带内随机选取 5 个 1 m 长样线统计保存率及株高,监测 1 m 样线内成活苜蓿的保存率及株高,采用平均值计算苜蓿的保存率及株高。结果表明,采用草谷子等速生保护性作物套种苜蓿,在种植 1 个月后苜蓿平均保存率与株高可达到 93%和 15.02 cm,与对照示范田的 45%和 12.50 cm 相比,分别增加了 48%和 2.52 cm。

另外,种植后分别在试验示范田及对照示范田随机布设 10 根风蚀桩,9 月底用卷尺测量风蚀桩高度,采用平均值计算土壤平均风蚀厚度。结果表明,采用草谷子等速生保护性作物套种苜蓿种植模式,土壤平均风蚀厚度为 0.5 cm,与对照示范田的 4.5 cm 相比,在当年 5 月 24 日至 9 月 23 日,就可使土壤平均风蚀厚度减少 4.0 cm,可有效减少或防止沙地表面风蚀,有效地避免反复补植和加大苜蓿的种植成本的问题。

在种植当年 5 月 15 日至 9 月 30 日,利用土壤温湿度实时监测设备(每两个小时测读一次),对试验示范田及对照示范田 0~20 cm 土层内土壤体积含水量进行实时监测,采用平均值计算平均土壤含水量。结果表明,采用草谷子等速生保护性作物套种苜蓿种植模式,土壤平均体积含水量为 6.17%,与对照示范田的 5.28%相比,增加了 0.89%的土壤含水量。

15.4　覆沙砒砂岩区经济林果种植技术示范应用

根据对覆沙砒砂岩区植被及林果种类的调研,针对覆沙砒砂岩区土壤水分蒸发渗透快、土壤肥力弱、保肥性差及土壤松散形不成团聚体的问题,在覆沙砒砂岩区开展了油松、沙棘、山杏、长柄扁桃等经济林果的种植示范,并建立了经济林果种植模式示范基地。示范基地位于内蒙古鄂尔多斯市准格尔旗沙圪堵镇圪秋沟,其中心坐标为东经 110°36′4.36″、北纬 39°47′13.93″(见图 15-15)。

图 15-15　示范基地位置图

经济林果种植模式见表 15-4。

表 15-4　经济林果种植模式

套种模式	栽植形式	开始结果期/a
油松+山杏	混交	5~8
山杏+沙棘	混交	3
紫花苜蓿+山杏(沙棘)	带状混交	2
沟道治理	沙棘封沟	
长柄扁桃	单植	3

15.4.1　种植模式

几种林果的种植方式均采用鱼鳞坑穴植,鱼鳞坑直径和深度分别为 50 cm、30 cm。种植株行距为 2 m×3 m,在春季起苗后栽植。其中,沙棘为一年生幼苗、油松为二年生幼苗、山杏为二至三年生幼苗、长柄扁桃为二年生幼苗。此外,山杏和长柄扁桃的种植过程是将苗木根系装入有少许熟土的袋中,袋的直径 40~50 cm、高 30 cm,并使之在袋中舒展开，再装土至袋中土面与苗木嫁接口齐平，在大侧根的部位将袋子底部撕开 2 个直径 5 cm 左右的孔，再将袋子放入栽植坑内并回填表土与袋内的填土齐平，分两次浇水，等水渗后收拢袋口，覆土至嫁接口上 15 cm 左右，踩实，修好树盘。种植情况、长势及建设情况见图 15-16～图 15-20。

图 15-16　覆沙砒砂岩区经济林果种植现场

图 15-17　油松+山杏种植模式

图 15-18　山杏+紫花苜蓿等植草带种植模式

图 15-19　沙棘封沟与沙棘果

图 15-20　长柄扁桃灌溉种植模式

15.4.2　效益评价

随着林草覆盖度明显提高，示范区生态环境得到明显改善，长柄扁桃、沙棘、山杏等树种的适应性强，根系发达，能固结土壤、保持水土。在荒山、丘陵、山地中，坡面整齐可直接种植，可以吸收土壤和空气中的有害物质，起到净化、美化环境的作用。

长柄扁桃栽植第 3 年结果，产果量约 8 kg/亩。根据观察，长柄扁桃栽植第 5 年进入盛果期，产果量达到 40 kg/亩。长柄扁桃仁含有人体必需的氨基酸及矿物质元素，可提取苦杏仁苷，长柄扁桃蛋白可制备营养价值更高的蛋白粉；种壳坚硬，可以用于制造板材、燃烧发电、生产糠醛和活性炭等；长柄扁桃叶提物对扁形动物寄生虫——指环虫具有良好的杀灭作用，但对试验动物几乎无毒，可开发为无公害植物杀虫剂。开发长柄扁桃可增加经济收入。

长柄扁桃病虫害较少，无须平茬，种子熟透后自然脱落，只需在地上归拢，就可直接收获，与沙棘等植物相比更便于大面积种植管理。农民在荒沙地区种植长柄扁桃，可以在长达几十年的时间内，获得可观而稳定的经济收入。这对于提高农民治沙积极性是很有帮助的，而且随着长柄扁桃产业化的实施，经济附加值会更高。

15.5 灌草饲料加工技术中试应用

15.5.1 灌木平茬设备

灌木常年生长在沙地等特殊的地理位置上，普通平茬机械往往受到不易进入、不易靠近的局限，导致许多灌木难以得到平茬。因此，为满足不同地区、不同灌木平茬需求，自主研发了 2 款灌木平茬机，分别为自走式灌木平茬机和履带式多功能灌木平茬机（见图 15-21）。

(a) 自走式灌木平茬机　　(b) 履带式多功能灌木平茬机

图 15-21 灌木平茬机

自走式灌木平茬机适合柠条、沙柳、羊柴、花棒等各种灌木的收割，集收割、粉碎和装车于一体，可针对不同地势进行灌木收割。该设备配备 270 马力发动机，切割效率高，割茬平整，每小时可收割 20~30 t 灌木。

履带式多功能灌木平茬机自带履带底盘及液压系统，能够对各种复杂地形灌木进行切割，且能够保证平茬高度一致，集平茬、装车两项功能于一体，较好地解决了羊柴、花棒、沙柳和柠条等高大，人工不便进行装车的问题。该设备机身自带前后左右摆动切割机头，满足调整切割机头的高度和方向的需求，进行仿形切割（沿一定形状移动切割）时操作简易，平茬效率能达到 50 亩/d。

15.5.2 灌草饲料生产线

结合前述有关章节研究成果，通过改进和完善相关技术，扩建成 1 座万吨级的优良灌草微生物发酵颗粒饲料生产线（见图 15-22）。此外，自主研发了移动式饲料联合作业机，进行优良灌草颗粒饲料的生产和技术示范。

根据不同家畜的营养需求，研制颗粒饲料配方。通过原料配比、粒径、长度的调

图 15-22　灌草微生物发酵颗粒饲料生产线

节，生产出适宜不同家畜需求的微生物发酵颗粒饲料，满足家畜营养需求。

移动式饲料联合作业机包括粉碎系统、混合系统、制粒系统等 3 个系统，均被安置在一辆运输车上。移动式饲料联合作业机移动方便，可以在灌草平茬资源和农田秸秆集中地进行饲料生产加工，能够就地取材，压缩了原料体积，提高了营养价值，缩短了原料的运输成本，便于农牧民的饲喂与贮存。

15.6　基于植被恢复及林果产业发展的坡顶径流高效利用模式与应用

砒砂岩区基于植被恢复及林果产业发展的坡顶径流高效利用模式与应用，主要包括山桃+山杏+酸枣间作甘草、海红果的林果套种生态经济模式和农户生态经济果园+微生物菌立体配置模式。

(1)山桃+山杏+酸枣间作甘草、海红果的林果套种生态经济模式(见图 15-23)。

图 15-23　山桃+山杏+酸枣间作甘草、海红果的林果套种生态经济模式

在具有砒砂岩风化土壤的坡顶，通过混种模式，建设生态果园。根据前述研究成果，选择山桃、山杏、长柄扁桃、海红果、酸枣等果树，同时在果树行间种植甘草等中药材，形成生态果园经济，可以提高当地农民的收入。

（2）农户生态经济果园+微生物菌立体配置模式。

基于研发的相关技术，建设了一处占地 50 余亩的农户生态经济果园+微生物菌立体配置模式示范园（见图 15-24、图 15-25），该示范园建设于 2017—2018 年，采用先做方案再实施的建设方式。建设过程中，项目团队免费提供技术、改良砒砂岩土壤复合菌材料，以及部分果苗、甘草等中草药苗（种子）等，农民出工出资，基地土地为农民所有。截至 2023 年，每亩苹果每年可净收益 1 万元左右，受到农民及当地政府的欢迎及充分肯定（见图 15-26）。

图 15-24　生态经济果园基地

图 15-25　土壤微生物菌生物改良现场施工

图 15-26　果园基地苹果长势喜人

15.7　主要技术示范应用基地建设与管理模式

示范区建设与当地政府及相关企业紧密合作，争取政府在用地、基础设施、与农户及企业协调等方面的支持，争取企业在技术应用、示范基地建设和劳务用工及科技人员协助，以及部分建设资金等方面的支持。实践证明，科研、政府、企业通力合作是示范基地建设的重要保障。通过示范基地建设，起到了很好的技术带动辐射作用，并产生了显著的经济和生态效益。

(1)在建设中，2 个中试生产线和覆沙砒砂岩区经济林果种植示范区、沙土改良的 2 个核心示范区同步开展工作，采用分期、分类建设的方式进行，针对不同林果种植方式、季节、套种模式等分别开展示范工程的建设。

(2)在 2 个核心示范区分别采用不同的方式对林果进行管护。其中在覆沙砒砂岩区经济林果种植示范区，主要以雨水集蓄灌溉的方式进行管护；沙土改良示范区所种植的甘草、梭梭套种甘草、马铃薯等，主要是施肥、除草和采取滴灌的方式进行维护，以保证不同林果的成果率和长势。定期对林果的长势、根系发育、土壤状况进行监测与评估。

(3)实行项目团队+政府+当地企业+农民的组合管理模式，有效保证了示范区的正常运行。其中，项目团队建立了示范区常驻人员制度，对示范区进行建设和常态化管理，保证示范区建设各个环节的顺利开展，并对示范区进行监测和评估，及时提出整改和管护建议；政府提供政策性、协调性方面的支持；当地企业针对不同林果种植的需求，积极参与到示范工程建设中，为经济林果产业的可持续发展提供资金配套、技术协助、管理维护等方面的支持，推动当地产业经济的发展；建立了常态化林果管护与采摘等固定化农民队伍，为示范工程的日常管护提供有力的人员保障，同时促进当地农民就业和增收，加快乡村振兴。

示范区建设基于新材料、新技术、新方法，对砒砂岩区开展了土壤改良及生物质资源可持续产业化开发利用，在改善该地区土壤环境和生态环境的同时，有效地提高了土地生产力水平、林果成活率和利用率，降低了劳动成本，增加了植被资源量；产业开发有效增加了砒砂岩和植被的附加值，产生了直接的经济效益；促进了相关企业高质量发展，提高了农牧民收入，产生了显著的经济效益；通过工程示范和技术推广，对水土保持与生态治理科技进步起到了促进作用，发挥了提升区域生态治理水平的辐射作用。

15.8　小　　结

利用试验示范区建设和技术示范应用的实证方法，结合对砒砂岩区当地生态产业发展经验总结，基于生态经济与产业技术原理与方法，开展了生态治理与产业结构协同发展关键技术应用的研究，提出了关键技术实施的施工工艺等应用层的关键技术。

(1)利用砒砂岩改性材料开展了用于生态治理的六角空心砖示范应用研究，提出了生产工艺流程与技术参数。保障该产品制作质量的关键参数是确定最佳配合比，综合改性砒砂岩成型成本、力学性能及耐久性等因素，最佳配合比为砒砂岩 57%、矿粉 30%、NaOH 不大于 3%、水 10%。生产工艺流程包括原材料处理、计量称重、搅拌、压制成型、养护和成品堆放等。生产调试和成型产品养护也是重要环节，生产调试包括主机调试、料仓调试、接块平台调试和技术参数调试等，养护对确保力学强度达标具有重要作用。

在陡坡植物建植中，可利用六角空心砖建造刚性格网，起到刚性防护作用，同时在六角空心砖中心植生孔实施建植植物、配置生态基材，起到柔性防护作用。刚性格网作为刚性防护措施，可以增加陡坡土体稳定性；柔性防护可以提高砒砂岩边坡土体黏聚力，增肥促生。植物的选择要以当地优势物种为主，生态基材选用自主研发的“高摩尔比脲甲醛缓释肥”材料，控制用量 0.20 ~0.25 kg/m^2。

(2)在覆沙砒砂岩区实施了甘草种植、梭梭套种甘草和马铃薯种植基地建设。采用半野生化平移种植技术栽植甘草，即在春季 4 月上旬至 5 月中旬将人工培育的一年生甘草苗条移栽于干旱、半干旱区沙地中，移栽后即为野生状态，可以不再施以灌溉、施肥、病虫害防治、除草等人为措施，使其尽量保持在野生状态下自然生长。不过，需要辅以自主研发的“高摩尔比脲甲醛缓释肥”等沙漠防渗保水保肥剂，对覆沙砒砂岩土壤改良提质。

梭梭种植的模式以采用当年生梭梭幼苗移栽为主,并利用半野生化平移种植技术栽植。马铃薯种植的技术流程主要包括种薯选择、机械种植、田间管理、病虫害防治、采收和贮藏等。其中种植时间尤为重要,应在 10 cm 土层地温稳定在 8 ℃以上时开始播种。中耕作业至少 2 次,在出苗率达 50%、株高 5~10 cm 时进行第一次中耕;株高 20~25 cm 时进行第二次中耕,培土高度保证在 20 cm 以上,松土深度 15 cm 以上。采收时要掌握土壤温度和湿度条件,温度≥8 ℃,湿度达到田间最大持水量的 50%~60%时进行采收。贮藏的条件是:种用马铃薯,温度应控制在 2~4 ℃;菜用马铃薯,温度应控制在 4~6 ℃;加工用马铃薯,温度应控制在 6~10 ℃,同时相对湿度应控制在 85%~95%。

(3)通过砒砂岩与沙复配综合改良技术应用,开展了马铃薯玉米轮作、复种冬油菜种植模式,苜蓿套种草谷子种植模式的示范研究,提出了种植模式的关键参数,评价了生态、经济效益。

通过砒砂岩与沙复配,物理、化学和生物三元耦合实现了土壤综合地力提升改良,其中砒砂岩与风沙土最佳复配体积比例为 1~1.5∶1.5~2,同时按 3~5 m^3/亩的体积用量施加有机肥,按 30~50 kg/亩的质量用量施加高摩尔比缓释肥,按 1.8~2.5∶1~1.7∶3.5~5.5 的体积比施加由芽孢杆菌 P75 菌液、苜蓿中华根瘤菌 D10 菌液和巨大芽孢杆菌 H3 菌液组成的复合菌剂,复合菌剂施加于土壤表面。示范观测表明,土壤沙地综合改良本技术可使 0~30 cm 土层的有机质增加 18.77%~52.55%,速效氮增加 34.78%~71.64%,速效磷增加 45.55%~48.71%,pH 值增加 0.23~0.38 个单位,使沙化土地马铃薯产量由 2.5 t/亩提至 3.0~3.5 t/亩。采用草谷子等速生保护性作物套种苜蓿模式,土壤平均风蚀厚度为 0.5 cm,与对照田的 4.5 cm 相比,土壤平均风蚀厚度减少 4.0 cm,具有明显的生态效益。

(4)在覆沙砒砂岩区开展了油松、沙棘、山杏、长柄扁桃等经济林果的种植示范,并建立了经济林果种植模式示范基地。种植模式包括油松+山杏、山杏+沙棘、紫花苜蓿+山杏(沙棘)、沙棘封沟、长柄扁桃单植等,不仅取得了明显的经济效益,而且取得了改善生态环境、固结土壤、保持水土和净化美化环境的效益。

(5)改进和完善灌草微生物饲料加工技术,使原有的优良灌草微生物发酵颗粒饲料生产中试线年产量由 5 000 t 提升至万吨级。此外,自主研发了移动式饲料联合作业机,包括粉碎系统、混合系统、制粒系统等。移动式饲料联合作业机可以在灌草平茬资源和农田秸秆集中地进行饲料生产加工,能够就地取材,压缩了原料体积,提高了营养价值,缩短了原料的运输成本。

(6)基于植被恢复及林果产业发展的坡顶径流高效利用技术,开展了山桃+山杏+酸枣间作甘草、海红果的林果套种生态经济模式和农户生态经济果园+微生物菌立体配置模式的示范研究。示范实施 5 年,示范区的农民每亩苹果净收益每年可以达到 1 万元左右。

(7)通过“项目法人制”与“政府+农协+企业+农户”的沙棘产业运营模式,使沙棘产业走上“沙棘-果实-叶片-枝干(薪炭或饲料)-保健品”的增值之路;集成提出了“科技+企业+农户”与“科技+政府+公司+农户”的山杏产业运营模式,为生态产业持续发展提供了机制保障。科研机构、政府、企业通力合作是示范基地建设的重要保障,并有利于发挥示范基地的技术带动辐射作用。

黄河砒砂岩区

生态治理-衍生产业

协同发展关键技术

第 16 章　主要研究进展及展望

16.1　主要研究进展

16.1.1　应用基础方面

16.1.1.1　砒砂岩区坡沟系统结构特征及其与植被空间格局的耦合关系

通过抽样调查、遥感数据分析,研究了砒砂岩流域尺度下坡沟系统结构特征,以及植被覆盖与海拔、起伏度、坡度的相关性。研究表明,植被覆盖与海拔、起伏度、坡度具有较高的相关性,随着海拔、起伏度、坡度的变化,植被覆盖呈现出一定的规律性。

不同类型区高程、坡度、坡向、起伏度、粗糙度和切割深度具有明显的空间分异性,并具有一定的统计规律,砒砂岩区地形地貌特征分异性具有明显的空间叠合现象。

覆土区植被主要分布在海拔 1 000~1 300 m,以中覆盖度草地为主。本区植被较为适宜在起伏度 40~80 m 的范围内、缓坡上生存。

覆沙区植被主要分布在海拔 1 200~1 500 m,以低覆盖度草地为主。本区植被较为适宜在起伏度 0~40 m 的范围内、缓坡上生存。

强度侵蚀裸露区的植被主要分布在海拔 1 200~1 500 m,以低覆盖度草地与中覆盖度草地为主,较为适宜在缓坡与微坡上生存;剧烈侵蚀裸露区的植被主要分布在海拔 1 300~1 400 m,以中覆盖度草地为主。本区不适宜植被生长,仅存在少数盖度较低的草地。

沟道尺度植被与地形也具有密切的耦合特征。沟道尺度不同坡位的植被量呈现出“U”形,即沟底的植被种类最少,沟坡和沟顶较多。植被种类出现的频率在不同坡位有明显差别;沟道阳坡的植被种类要少于阴坡的植被种类,且阴坡的植被量要大于阳坡的植被量,植被种类出现的频率在阳坡阴坡有明显差别。沟道海拔对植被的影响在不同区域不同沟道表现不同:在覆土区,相对于坡顶和坡面,1 177 m 左右的沟底上出现植被的总量和类型都最多;在裸露区,相对于坡面和坡底,1 215 m 左右的沟顶上出现植被的总量和类型都最多;在覆沙区,沟道小流域没有出现等级较高的植被,相对来说,1 020 m 左右的沟底上出现植被的种类最多,1 034 m 左右的沟顶上植被量最多。也就是说,在砒砂岩区海拔 1 000~1 200 m 范围内,更适宜植物生长。

16.1.1.2 砒砂岩区土壤特性空间分异性

在砒砂岩典型区选择 5 个具有代表性的不同覆土厚度的草地样地,依次为裸露砒砂岩、20 cm 薄层覆土草地、50 cm 覆土草地、120 cm 覆土草地和 300 cm 覆土草地,每个处理取 3 个点,分别采集 0~20 cm、0~50 cm、0~120 cm、0~200 cm 和 0~320 cm 土层的土壤样品,分析了砒砂岩质地土壤矿物、化学、养分含量等物化特征及工程力学特性,以及砒砂岩矿物成分对砒砂岩质地土壤养分含量的影响,研究了砒砂岩区土壤养分生境及剖面分布特征,以及土壤水、肥空间耦合规律。

(1)土壤含水量。随着土层深度增加,土壤水分先增大后降低,而且随着覆土厚度增加,覆土层和砒砂岩层的最大土壤含水量所在深度均有增加。总体比较,上覆黄土层的土壤含水量小于下层砒砂岩的土壤含水量。

(2)土壤有机质。随着土层深度增加,土壤有机质含量逐渐减少,且不同覆土厚度的最大土壤有机质含量均在 10 cm 左右。覆土厚度的增加,使得下层砒砂岩的有机质含量减小,土壤有机质表现为在表层土壤有逐渐积累的现象。

(3)土壤碳储量。在 0~200 cm 的覆土层,随着覆土厚度增加,碳储量逐渐增加,而在 0~100 cm 覆土层的碳储量却逐渐减少。

(4)土壤全氮含量。随着土层深度增加,土壤全氮含量逐渐减小,最大含量均在 10 cm 左右的土壤深度内。

(5)土壤全钾含量。随着土层厚度增加,全钾含量先增后减,且上覆土层越厚,在黄土层与砒砂岩层交界面的土壤全钾含量越低,而且砒砂岩层的全钾含量高于黄土层的。

(6)土壤速效磷含量。随着土层深度的增加,除 20 cm 覆土处理外,其他处理土壤速效磷含量在一个极低的范围内波动。不同覆土厚度下,黄土层和砒砂岩层的土壤速效磷含量均呈现极低的状态,且不随覆土厚度的改变发生变化。

(7)土壤养分剖面分布。随着黄土厚度的增加有机质的含量增大,在土层最厚的区域有机质含量最大;而在垂直方向上也呈现出了随着土壤深度的增加,不论是裸露砒砂岩区还是覆土砒砂岩区,土壤有机质含量都有降低的趋势。全氮分布与有机质相似,都是从裸露砒砂岩区至覆土砒砂岩区全氮含量逐渐增加,覆土层越厚全氮含量也明显越高;垂直方向上随着采样土层深度的增加,不论是裸露砒砂岩区还是覆土砒砂岩区,土壤全氮含量都降低。

16.1.1.3　砒砂岩区生态承载力演变过程

研究区 2000 年、2005 年、2010 年和 2015 年总生态承载力分别为 0.704×10^6 hm^2、1.392×10^6 hm^2、0.692×10^6 hm^2 和 0.853×10^6 hm^2。砒砂岩区 2000—2015 年生态承载力时序动态表现出明显的年际波动性,且变异性极大,变幅在 20%~50%,说明砒砂岩区生态承载力稳定性差的特点。准格尔旗、东胜区、达拉特旗、杭锦旗及伊金霍洛旗生态承载力在 2000—2015 年均表现为先增加后降低,再缓升。相对来说,准格尔旗具有较高的生态承载力,伊金霍洛旗的生态承载力最低。

砒砂岩区生态承载力具有明显的空间分异性,部分地区具有较高的生态承载力,且稳定性相对较好。生态承载力高值区和较高值区域分布格局类似,主要出现在准格尔旗的东部、西南部及中部地区,东胜区的中东部地区,达拉特旗的南部、杭锦旗的东北部地区和伊金霍洛旗的东北部。

生态承载力阈值也具有空间分异性。在准格尔旗东部覆土砒砂岩区,海拔≤1 300 m,坡度≤25°,该地区可达最大生态恢复植被盖度 C 阈值约为 0.6。在陕西省神木市北部的覆沙砒砂岩区,海拔 1 000~1 500 m,坡度≤15°的区域,可达最大生态恢复 C 阈值约为 0.5。对于达拉特旗西南部裸露砒砂岩区海拔 1 000~1 500 m,坡度≤15°的地区,可达最大生态恢复 C 阈值约为 0.4。

总体来说,覆土区的承载力相对较高,裸露区的最低。覆土、覆沙、裸露三大类型区以阴坡的较高而阳坡的低,同时以低海拔、低坡度的地貌单元的承载力较高,随坡度、海拔的增加,承载力逐渐降低。因此,在砒砂岩区植被建设中,应以覆土区为重点,以低海拔区、低坡度区为重点。

16.1.2　关键技术方面

16.1.2.1　高聚物无水注浆固结治理砒砂岩重力侵蚀的新方法

通过聚合+催化+水化多过程反应原理,成功研发了无膨胀强固结的适用于砒砂岩裂隙稳固的技术及高聚物材料。砒砂岩区块体状重力侵蚀主要是由于砒砂岩层中存在的竖向裂隙造成的,采用高聚物浆液实施裂隙注浆加固,其工艺原理是通过注射系统和注浆导管,向裂隙中注射双组分高聚物浆液,高聚物被注入裂隙中之后,迅速发生反应,体积膨胀,充填整个裂隙,从而封闭水流通道,避免水流下渗对裂隙面的侵蚀,阻止裂隙下切,同时借助高聚物浆液固化后所产生的黏结力,使裂隙两侧岩块黏结在一起,提高临坡面岩块的稳定性。

基于浆液性能设计原理和聚合反应机制,通过浆液化学反应动力学和三维扩散仿真模型反演,优化异氰酸酯、多元醇、催化剂和汽化剂等多料剂的类型和配比,研发了反应速率、胶凝时间、膨胀性能可调可控,适用于砒砂岩块体状重力侵蚀治理的高聚物注浆制备技术与材料,颠覆了当前国内外道路裂隙注浆固结的原理,并得到成功应用。分别提出了高聚物竖向裂隙注浆、高聚物锚固注浆和高聚物渗透注浆方法,研发了相应的无水注浆设计方法和施工工艺,形成了砒砂岩块体状重力侵蚀治理高聚物注浆技术。

高聚物渗透注浆的工艺原理是通过注射系统和注浆导管,将双组分高聚物浆液注射到待加固的红色砒砂岩内,浆液发生化学反应,在膨胀压力作用下沿砒砂岩孔隙渗透扩散,填塞孔隙,挤密土体,固化后形成胶结骨架,阻断水汽渗入,增强红色砒砂岩的整体性、强度和抗风化侵蚀能力,避免上部白色砂岩失去支撑、发生崩塌。

高聚物锚固注浆的工艺原理是利用钻机向砒砂岩块体中钻孔,钻孔深入稳定岩体内部,然后向锚孔内放入中空锚筋,通过注射系统和注浆导管,向锚孔内注射双组分低膨胀高聚物浆液,浆液发生反应,利用浆液固化后的锚固作用所产生的抗拔力,为临坡面砒砂岩块体提供抗倾覆力,从而提高其稳定性,避免失稳后发生崩塌。

16.1.2.2 砒砂岩双改性制备技术,构建改性材料产业技术体系

系统研究了砒砂岩的成因、分布、矿物及化学组成和物理性能等基本特征,确定了砒砂岩活性组分,结合其风化规律验证了提高反应温度和改变酸碱度来加速其矿物风化进程,实现砒砂岩胶凝改性的可行性;开展了砒砂岩结构重组-水化能力抑制的双改性试验研究,分析了在改性试验中各种掺合料类型及用量、用水量、养护龄期及密度等对砒砂岩改性试件抗压强度的影响,结合改性试件耐水性、抗冻融性、抗硫酸盐侵蚀性能等耐久性指标测试结果,确定了砒砂岩改性材料最佳配合参数,实现了双改性的迭代创新;建立了"砒砂岩改性材料中试基地",提出了一套可推广、可复制、经济合理且操作简便快捷的砒砂岩改性工艺流程,形成了砒砂岩改性材料制备技术;在砒砂岩改性材料示范应用中,探讨了利用砒砂岩改性砌块开展边坡刚性防护的可行性,并在六角改性砌块砖中心植生孔实施固结植生柔性防护技术应用,建立砒砂岩边坡刚性-柔性综合防护技术体系,不仅有效增强工程边坡结构稳定性,而且促进了工程边坡的生态修复,防治水土流失。同时,验证了砒砂岩改性建材应用

于路砖铺设的前景，进一步拓展砒砂岩改性建材应用领域，极大地提高了砒砂岩资源化的应用潜力。

16.1.2.3　退化植被恢复重建技术体系

根据砒砂岩不同类型区植物群落结构特征、植被与土壤特性关系、适宜性物种分布和存在的生态退化特征，系统提出了土壤生境改造、植被类型与空间优化配置、土地整理、水资源高效利用调控、平茬复壮等综合治理技术。

在覆沙区，通过添加砒砂岩、粉煤灰对风沙土进行改良。添加不超过 50%砒砂岩、适宜比例的燃煤电厂粉煤灰对土壤进行改良后，紫花苜蓿等试验植物的生物量显著增加，同时植株磷含量显著升高。为避免植物缺钾和锌，以及因钼、硼和硒含量过高而受到毒害，粉煤灰添加比例不宜超过 10%。

在覆土区探索了植被类型、混交模式与空间配置技术。植被建设模式主要包括沙棘纯林模式、油松（樟子松）+草带状混交模式、山桃（山杏）+草带状混交模式、山桃（山杏）+沙棘带状混交模式。在空间配置方面，梁峁顶部地势较为平坦，水土条件较好，主要营造生态与经济效益兼顾的沙棘纯林与山桃（山杏）+草带状混交林；地势较陡、水土条件不好的坡面，主要营造油松（樟子松）+草带状混交林。

为解决砒砂岩区雨水难以入渗问题，提出了鱼鳞坑雨水入渗深层存储的入渗孔技术，即鱼鳞坑+覆盖、鱼鳞坑+入渗孔、鱼鳞坑+入渗孔+覆盖 3 项雨水高效利用技术。还构建了鱼鳞坑、鱼鳞坑覆草、鱼鳞坑+入渗孔、鱼鳞坑+覆草+入渗孔等新型促生技术。

沙棘灌木林平茬的主要方法是在整片的沙棘林实施带状平茬。带状平茬就是隔行或隔株进行平茬。对于山地沙棘林，沿水平方向每隔 10~20 m，平茬 5~10 m 宽的沙棘，使暂时保留的沙棘林带有效地控制地表径流，防止形成新的水土流失。当已平茬的沙棘林生长 2~3 年后，对所留的沙棘林带再行平茬。这样逐渐倒带平茬，使林地一直保证有一定的林分结构且等高分布的沙棘林带，持续发挥其保持水土的生态功能。

16.1.2.4　筛选并培育优质高效适宜产业化推广种植的灌木和草本经济植物，建立砒砂岩区灌木和草本植物资源可持续循环利用的生态产业技术体系

对灌草筛选研究表明，柠条对土壤肥力提高具有较好的作用，华北驼绒藜和甘草平茬后恢复情况较好，甘草相对饲用价值最好。因此，可选择这几种灌草作为适宜产业化推广种植的灌木和草本经济植物。进行灌草饲料开发利用时，应结合植物

营养价值、植被恢复情况、饲料开发需求等进行综合分析,最佳刈割时间为7月份,此时灌草植物酸性洗涤纤维素与中性洗涤纤维素含量较多,饲用价值最高,各植物不同留茬高度的营养价值指标差异不显著,故无须考虑留茬高度;灌木饲料经过青贮后,pH值均在合理范围内。发酵之后,水分含量变化较大,可通过调节加水量或不同植物种类搭配调节发酵饲料的水分。提出了灌草饲料加工工艺,做到了减少发酵时间、原料全面发酵,提高发酵效率,大大减少了人工成本和原料的浪费率。

在覆沙砒砂岩区域,完成甘草种植模式、梭梭套种甘草模式及马铃薯种植示范基地建设。在不同核心示范基地建设过程中,采用不同植被种植技术、配置模式、土壤改良技术及生态经济循环发展模式。

16.1.2.5 集成砒砂岩质土壤改良技术,建立砒砂岩质土综合改良技术体系,实现砒砂岩质土壤改良与持续地力培育

通过测定污泥改良风化砒砂岩的理化性质及肥力水平,研究了改良风化砒砂岩对植物生长的影响,发现在风化砒砂岩中施加污泥能有效改善其理化性质,显著提高其肥力水平,污泥添量为10%的改良风化砒砂岩性能最优;种植植物后改良风化砒砂岩的部分理化性质得到进一步的改善,有效降低了其容重、pH值,提高了总孔隙度、饱和持水量,改善了电导率,达到了生物改良的作用;开展了不同比例的砒砂岩掺入风沙土中的大田试验,观测表明,掺入同一比例的砒砂岩后,土壤有机质、速效氮和速效磷含量随深度的增加呈降低趋势,而土壤容重、毛管孔隙度及田间持水量的垂直变异特征较小,且随着掺入比例增加,变异性更小,表聚性更加明显,其中50%可作为砒砂岩改良风沙土的分界值;砒砂岩与风沙土具有很好的互补作用,黏粒和粉粒含量与毛管孔隙度、田间持水量、有机质含量、速效氮含量、速效磷含量极显著正相关,但是与团聚体含量关系不显著,需要加入黏结材料或者种植固土材料实现风沙土的土壤化改良,为砒砂岩改良风沙土提供更好的环境条件;砒砂岩与沙复配后结合甘草种植可以有效改良风沙土的养分特征,加入有机肥和微生物菌剂后,土壤中的养分含量有明显提升,且微生物数量增加显著,这为改良和治理风沙土提供了一种切实可行的方法。

16.1.2.6 生态恢复与产业结构协同发展新模式及砒砂岩生态利用中试及可持续发展产业示范基地

基于生态经济与产业技术原理和方法,推行"项目法人制"与"政府+合作社+企业+农户"的沙棘产业运营模式,使沙棘产业走上"沙棘–果实–叶片–枝干(薪炭或饲料)–保健品"的增值之路,并集成"科技+企业+农户"与"科技+政府+公司+农户"的

山杏产业运营模式。建成大规模核心示范基地(包括土壤改良、生物质资源核心展示区),形成两条砒砂岩衍生产业中试线,对于砒砂岩区域土壤改良与资源利用、提升水土保持科技水平、促进生态恢复建设具有重要的推动作用。同时,可以有效提高土地生产力水平,促进农牧业的发展和农村、牧区经济建设,改善人民生活,提高农牧民收入,产生显著的经济效益,使当地的社会、经济与生态得到良性互动发展。

16.1.2.7　砒砂岩区生态综合治理模式

基于地貌-植被-侵蚀耦合关系分异规律,提出了砒砂岩生态综合治理模式。提出了与坡顶-坡面-沟道多地貌单元、地貌-植被-侵蚀耦合关系空间分异高适配的阻控侵蚀修复植被的措施配置技术,形成了小流域生态-经济协同发展的综合治理技术体系。

(1)提出了砒砂岩区生态综合治理-衍生产业协同发展模式。建立了“山顶保土治沙截水,林草药材适配;坡面固结植生,草灌护坡;沟道刚柔坝坊工程结合,拦沙滞洪”的综合治理路径。

(2)提出了针对不同下垫面特征和基于植被恢复及林果产业发展的坡顶径流高效利用模式。

覆土砒砂岩区生态综合治理模式:坡顶梯形沟网截流,沟间沟内油松+酸枣+草被,开发山桃(山杏)+甘草经济园;坡面陡坎固结防崩,缓坡灌草抗蚀植生;砒砂岩改性谷坊+沙棘酸枣柔性坝交互封沟;沟口砒砂岩改性淤地坝拦沙淤地。

覆沙砒砂岩区生态综合治理模式:坡顶等高挖沟,沟间沙柳+甘草防风,沟间草障固沙,竖向节节设池蓄渗,地衣结皮护埂;沟坡宜草则草、宜灌则灌,辅以灌浆固沟;沟下灌草封沟。

裸露砒砂岩区生态综合治理模式:坡顶沟网纵横拦水,灌草混交提效;坡面陡坡注浆固结,缓坡离灌藤草封坡抗蚀;沟底改性材料谷坊塘坝+灌草柔性坝;沟口砒砂岩改性淤地坝,滞沙减洪淤地增效。

16.1.2.8　砒砂岩区生态治理的生态水文效应评价技术

在不同类型区布设全坡面试验小区,建设自动化气象站,收集当地的降雨量、降雨强度、风速、风向、气温、空气湿度、土壤含水量等试验数据,为分析综合治理阻控侵蚀作用做准备;同时,在全坡面小区布设一台土壤水分温度自动测量传输仪,采集不同时段的土壤水分情况,自动采集降雨时间、降雨强度、降雨量等参数,将全坡面分成坡顶段、坡面段、沟坡段地貌单元,分析各地貌单元的侵蚀贡献率。同时,在不间断时间内,每隔 8~24 h 收集一次冻融侵蚀的侵蚀量、侵蚀物质颗粒等冻融侵蚀特征。

以坡沟系统治理为主线，集成坡顶、坡面、沟道等不同地貌单元的治理技术模式，通过野外试验、定量分析及模型计算，根据不同类型区坡顶、坡面、沟坡、沟道等不同地貌单元的地形地貌和侵蚀特征，研发出了适合于不同地貌单元侵蚀特征的粗泥沙控制的生物-固结植生-工程-砒砂岩改性综合措施体系，提出地貌元-侵蚀元-措施元高适配的综合治理模式，并对提出的流域复合侵蚀综合治理模式的生态水文效应进行评估；采用层次分析、模糊综合评判、聚类分析等数理分析方法，遴选和构建了砒砂岩区复合侵蚀综合治理的生态水文效应评价指标和指标体系；基于野外原位观测数据，结合建立的基于 WEPP 原理的生态水文评价模型，对复合侵蚀综合治理生态水文效应进行了定量评价，辨析了侵蚀综合治理的生态水文效应尺度阈值，为流域复合侵蚀综合治理模式优化提供依据。

16.2 展　望

黄河流域生态保护和高质量发展重大国家战略和《中华人民共和国黄河保护法》提出的有关加强黄河流域砒砂岩区、多沙粗沙区、水蚀风蚀交错区等重点区域生态保护与修复，坚持山水林田湖草沙一体化保护与修复等战略目标任务，必将进一步推动砒砂岩区生态治理理论与应用实践的发展。

在应用基础方面，砒砂岩区生态系统对气候变化、人为作用多重胁迫下的响应机制，覆土覆沙裸露区生态系统异质性与演化关系，气候-土壤-地貌-植被多要素复合驱动的生态系统退化特征，砒砂岩区生态系统退化关键动力过程与修复机制，水资源束缚下砒砂岩区林草植被恢复潜力，砒砂岩区复合侵蚀阻控与生态系统调控协同机制、砒砂岩区山水林田湖草沙系统内生关系及其多过程演变规律等大系统、全过程、一体化、协同化的生态演变与调控理论将成为研究的热点。

在治理技术方面，需要聚焦砒砂岩区山水林田湖草沙综合治理和功能提升、以砒砂岩覆土覆沙裸露分区域全系统生态功能最优为目标的生态修复设计、全区域生态系统结构综合调控与一体化修复等关键技术。可以坚信，以黄河国家战略重大需求为牵引，以砒砂岩区生态保护与修复重大实践应用为目标、以多学科多方法交叉融合为途径，通过对砒砂岩区防沙固沙拦沙工程、侵蚀阻控与生态经济发展、固结植生与新材料等一体化综合治理措施配置，砒砂岩区生态治理-植被恢复-系统稳定-资源利用的治理模式、基于植被复合经营的特色生态产业技术，生态系统服务协同提升技术方案，砒砂岩区人工植被稳定性维持技术等生态综合治理关键技术的创新攻关，必将使我国在生态极度脆弱区治理领域的技术水平走向世界领先行列。

黄河砒砂岩区

生态治理–衍生产业

协同发展关键技术

参 考 文 献

◎毕慈芬,李桂芬,1998. 沙棘在治理砒砂岩地区水土流失中的特殊功能[J]. 水利水电快报,19(18):1-3.

◎毕慈芬,1999. 砒砂岩地区沟道水土流失的分析[R]// 毕慈芬,李桂芬,于倬德,等. 砒砂岩地区植物"柔性坝"试验研究阶段总报告(1995—1998). 郑州:水利部黄河水利委员会黄河上中游管理局:1-33.

◎毕慈芬,乔旺林,2000. 沙棘柔性坝在砒砂岩地区沟道治理中的试验[J]. 沙棘,13(1):28-34.

◎毕慈芬,2002a. 砒砂岩地区沟道植物"柔性坝"拦沙试验[J]. 中国水土保持(5):18-20.

◎毕慈芬,王富贵,2002b. 沙棘在砒砂岩地区水土资源可持续利用中的协调功能的探讨[J]. 沙棘,15(2):19-21.

◎毕慈芬,王富贵,李桂芬,等,2003. 砒砂岩地区沟道植物"柔性坝"拦沙试验[J]. 泥沙研究(2):14-25.

◎毕慈芬,王富贵,2008. 砒砂岩地区土壤侵蚀机理研究[J]. 泥沙研究(1):70-73.

◎毕慈芬,王富贵,李学勇,2022. 砒砂岩区沙棘植物柔性坝野外试验研究综述[J]. 中国水土保持(4):46-51.

◎曹亚莉,2020. 高温处理砒砂岩物化性质及改性材料性能研究[D]. 郑州:华北水利水电大学.

◎柴苗苗,韩霁昌,罗林涛,等,2013. 砒砂岩与沙混合比例及作物种植季数对复配土壤性质和作物产量的影响[J]. 西北农林科技大学学报(自然科学版),41(10):179-184,192.

◎常平,2018. 冲蚀条件下砒砂岩坡面水力侵蚀特性试验研究[D]. 呼和浩特:内蒙古农业大学.

◎常兆丰,李易珺,张剑挥,等,2012. 民勤荒漠区 4 种植物的防风固沙功能对比分析[J]. 草业科学,29(3):358-363.

◎陈广巩,2019. 动水条件下高聚物浆液在平板裂隙中的扩散规律研究[D]. 郑州:郑州大学:14-20.
◎陈浩,1999. 黄河中游小流域的泥沙来源研究[J]. 土壤侵蚀与水土保持学报,5(1):19-26.
◎陈记平,2012. WEPP 模型在南方红壤果园区的适应性研究[D]. 福州:福建农林大学.
◎陈建成,赵哲,汪婧宇,等,2020. “两山理论”的本质与现实意义研究[J]. 林业经济,42(3):3-13.
◎陈军,成昕,刘义怀,等,2006. 液体固化剂稳定粉质土边坡试验与施工[J]. 公路交通科技(10):72-73,78.
◎陈强,陈炜韬,刘世东,等,2011. 注浆钢管微型桩加固滑坡的试验研究[J]. 西南交通大学学报,46(5):758-763.
◎陈怡平,张义,2019. 黄土高原丘陵沟壑区乡村可持续振兴模式[J]. 中国科学院院刊,34(6):708-716.
◎陈永宗,景可,蔡强国,1988. 黄土高原现代侵蚀与治理[M]. 北京:科学出版社.
◎程杰,韩霁昌,王欢元,等,2016. 毛乌素沙地砒砂岩固沙机理研究 [J]. 水土保持学报, 30(5):124-127.
◎程帅,2021. 砒砂岩区退耕地群落演替规律及引种观测[D]. 咸阳:西北农林科技大学:9-26.
◎党晓宏,高永,汪季,等,2012. 砒砂岩沟坡沙棘根系分布特征及其对林下土壤的改良作用[J]. 中国水土保持科学,10(4):45-50.
◎董晶亮,张婷婷,王立久,等,2015. 内蒙古砒砂岩的性能及其对水泥力学性能影响的研究[J]. 中国水土保持(7):46-49,73.
◎董晶亮,2016a. 砒砂岩体溃散机理及砒砂岩改性材料试验研究[D]. 大连:大连理工大学.
◎董晶亮,张婷婷,王立久,2016b. 碱激发改性矿粉/砒砂岩复合材料[J]. 复合材料学报,33(1):132-141.
◎董晶亮,王立久,杨大令,等,2016c. 改性砒砂岩强度和水化产物的试验研究[J]. 人民黄河,38(6):35-38.
◎范淑花,2019. 鄂尔多斯盆地准格尔旗砒砂岩成岩及风化作用机制研究[D]. 北京:中国地质大学(北京):18-89.
◎方世南,徐雪闪,2017. 正视生态治理与经济发展的辩证关系[J]. 国家治理(增刊1):42-48.

◎傅伯杰,田汉勤,陶福禄,等,2020. 全球变化对生态系统服务的影响研究进展[J]. 中国基础科学,22(3):25-30.

◎高振纪,邬伦,马修军,2005. 黄土高原水土流失监测指标体系研究[J]. 水土保持研究(4):53-55.

◎歌丽巴,王玉杰,王云琦,等,2015. WEPP 模型在北京山区的适用性评价[J]. 北京林业大学学报,37(12):69-76.

◎龚珺夫,李占斌,李鹏,等,2017. 基于 SWAT 模型的延河流域径流侵蚀能量空间分布[J]. 农业工程学报,33(13):120-126.

◎郭凯歌,王向东,殷小琳,2017. 国内水土保持生态效应评价的初步探讨[J]. 中国水土保持(4):8-11.

◎郭娉婷,2015. 生物滞留设施生态水文效应研究[D]. 北京:北京建筑大学:17-67.

◎郭亚军,冯宗宪,2022. "绿水青山就是金山银山"的辩证关系及发展路径[J]. 西北农林科技大学学报(社会科学版),22(1):8-14.

◎郭长宝,张永双,2005. 陕北砂黄土高边坡可靠度分析及边坡优化设计[J]. 中国地质灾害与防治学报,16(4):5-10.

◎韩高玲,霍建强,赵燕翘,等,2023. 鄂尔多斯高原础砂岩地区草本物种组成及多样性[J]. 中国沙漠,43(3):243-251.

◎韩霁昌,李娟,李晓明,2013. 础砂岩与沙复配成土的物理性状及其对冬小麦产量的影响[J]. 西北农业学报,22(11):15-19.

◎韩霁昌,刘彦随,罗林涛,2012. 毛乌素沙地础砂岩与沙快速复配成土核心技术研究[J]. 中国土地科学,26(8):87-94.

◎郝明德,梁银丽,1998. 长武农业生态系统结构、功能及调控原理与技术[M]. 北京:气象出版社.

◎洪名勇,张西凤,李富鸿,等,2022. 石漠化地区生态治理与高质量发展耦合路径探究[J]. 林业经济,44(9):5-19.

◎侯东杰,乔鲜果,高趁光,等,2018. 内蒙古典型草原枯落物的生态水文效应[J]. 草地学报,26(3):559-565.

◎胡斌,黄润秋,2009. 软硬岩互层边坡崩塌机理及治理对策研究[J]. 地质工程学报,17 (2):200-205.

◎胡建忠,殷丽强,郭海,等,2009a. 础砂岩区沙棘定植株与萌蘖株生长指标间的关联分析[J]. 国际沙棘研究与开发,7(1):4-9.

◎胡建忠,杜文嫣,殷丽强,等,2009b. 础砂岩区沙棘人工林的萌蘖能力[J]. 中国水土保持科学,7(4):26-30.

◎胡建忠,2011a. 砒砂岩区种植沙棘后景观生态格局综合评价[J]. 水土保持研究,18(5):247-252.

◎胡建忠,2011b. 砒砂岩区种植沙棘后景观格局变化预测[J]. 中国水土保持科学,9(4):31-35.

◎胡建忠,2011c. 砒砂岩沟谷种植沙棘林防止土壤重力侵蚀的实践[J]. 中国水土保持 (5):36-39.

◎胡君德,李百岁,萨楚拉,等,2018. 2000—2012年鄂尔多斯高原植被动态及干旱响应[J]. 测绘科学,43(4): 49-58.

◎胡影影,朱克勤,席葆树,2002. 计算体积分数函数的Youngs不分裂算法[J]. 清华大学学报(自然科学版),42(2):232-234,238.

◎蒋定生,1997. 黄土高原水土流失治理模式[M]. 北京:中国水利水电出版社:1-7.

◎雷廷武,刘汗,潘英华,等,2005. 坡地土壤降雨入渗性能的径流-入流-产流测量方法与模型[J]. 中国科学(D辑:地球科学),2005(12):1180-1186.

◎冷元宝,姚文艺,2015. 砒砂岩特征及其资源利用[J]. 中国水利(8):15-17.

◎李安国,2021. 无锡:“生态修复+”有效平衡经济社会发展与生态治理[J]. 中国土地(5):55-56.

◎李昂,等,2016. 广西石漠化地区水土保持效应评价指标体系研究[J]. 北京林业大学学报,38(11):67-78.

◎李大虎,李晓丽,王重阳,等,2024. 碱激发煤矸石粉对砒砂岩水泥复合土强度影响的试验研究[J]. 排灌机械工程学报,42(8):818-825.

◎李二辉,2019. 黄河中游皇甫川水沙变化及其对气候和人类活动的响应[D]. 杨凌:西北农林科技大学:48-64.

◎李怀恩,张康,毕慈芬,等,2007. 沙棘植物柔性坝坝体变形初步分析[J]. 干旱区资源与环境,21(3):146-148.

◎李龙,秦富仓,钱秋颖,等,2022. 砒砂岩区水力侵蚀下坡面微地貌变化特征及过程研究[J]. 土壤,54(1):198-205.

◎李锐,徐传早,1998. 美国水土流失预测预报与动态监测:赴美水土保持新技术考察报告摘录[J]. 水土保持研究(2):119-123.

◎李晓光,刘华民,王立新,等,2014. 鄂尔多斯高原植被覆盖变化及其与气候和人类活动的关系[J]. 中国农业气象,35(4):470- 476.

◎李晓丽,翟涛,张强,2015. 反复剪切作用下砒砂岩土壤力学性能试验[J]. 农业工程学报,31(21):154-159.

◎李晓丽,于际伟,刘李杰,等,2016. 鄂尔多斯砒砂岩力学特性的试验研究[J]. 干旱区资源与环境,30(5):118-123.

◎李晓龙,王复明,钟燕辉,等,2015. 自膨胀高聚物注浆材料在二维裂隙中流动扩散仿真方法研究[J]. 岩石力学与工程学报,34(6):1188-1197.

◎李旭,李海宽,2005. 创建世行贷款项目管理新模式：内蒙古自治区黄土高原水土保持世行项目建设概述[J]. 中国水利（12）:4-6.

◎李玉山,苏陕民,1991. 长武王东沟高效农业经济系统综合研究[M]. 北京:科学技术文献出版社.

◎李裕瑞,范朋灿,曹智,等,2019. 基于扫描电镜解析毛乌素沙地砒砂岩与沙复配成土的微观结构特征[J]. 应用基础与工程科学学报,27(4):707-719.

◎李长明,宋丽莎,王立久,2015. 砒砂岩的矿物成分及其抗蚀性[J]. 中国水土保持科学,13(2):11-16.

◎李长明,王立久,杨大令,等,2016a. 黄河砒砂岩中蒙脱石的基本特征[J]. 人民黄河,38(6):11-14.

◎李长明,王立久,张婷婷,等,2016b. 用砒砂岩制备地聚物材料的研究[J]. 建筑材料学报,19(2):373-378.

◎李长明,宋丽莎,姚文艺,等,2018. 砒砂岩膨胀溃散及抑制机理研究[J]. 人民黄河,40(6):96-99,104.

◎李智广,李锐,杨勤科,1998. 小流域治理综合效益评价指标体系研究[J]. 水土保持通报（增刊 1）:71-75.

◎梁会民,赵军,2001. 小流域综合治理的生态经济效益评估研究[J]. 生态经济(8):12-14.

◎梁洁,张孝德,2014. 生态经济学在西方的兴起及演化发展[J]. 经济研究参考(42):38-45.

◎梁止水,吴智仁,杨才千,等,2016a. 砒砂岩固结体防水抗蚀及紫外耐久性能研究[J]. 人民黄河,36(6):46-48,54.

◎梁止水,杨才千,吴智仁,2016b. W-OH 与砒砂岩固结体力学性能研究[J]. 人民黄河,38(6):30-34.

◎林光辉,2013. 稳定同位素生态学[M]. 北京:高等教育出版社:95-492.

◎刘宝元,史培军,1998. WEPP 水蚀预报流域模型[J]. 水土保持通报(5):7-13.

◎刘静,尹瑞平,等,2013. 植物根系力学特性和固土有效性研究[M]. 呼和浩特:内蒙古大学出版社:229-267.

◎刘李杰,2015. 鄂尔多斯砒砂岩冻融特性试验研究[D]. 呼和浩特:内蒙古农业大学.
◎刘龙,2019. 砒砂岩区三种林地持水性能与林木耗水规律研究[D]. 呼和浩特:内蒙古农业大学:29-59.
◎刘世梁,王聪,张希来,等,2011. 土地整理中不同梯田空间配置的水土保持效应[J]. 水土保持学报,25(4):59-68.
◎刘阳,刘晓端,葛晓元,2004. 坡沟系统侵蚀关系垂直分带性的计算机数值模拟[J]. 农业系统科学与综合研究,20(2):120-122.
◎刘烨嘉,2019. 浅谈生态经济学的兴起与发展[EB/OL]. (2019-18-25)[2023-01-10].
◎刘远利,郑粉莉,王彬,等,2010. WEPP 模型在东北黑土区的适用性评价:以坡度和水保措施为例[J]. 水土保持通报,30(1):139-145.
◎刘增文,1997. 美国水力侵蚀预测模型 WEPP 介绍[J]. 中国水土保持(12):30-31.
◎龙明忠,吴克华,熊康宁,2014. WEPP 模型(坡面版)在贵州石漠化地区土壤侵蚀模拟的适用性评价[J]. 中国岩溶,33(2):201-207.
◎卢立娜,赵雨兴,胡莉芳,等,2015. 沙棘(*Hippophae rhamnoides*)种植对鄂尔多斯砒砂岩地区土壤容重、孔隙度与储水能力的影响[J]. 中国沙漠,35(5):1171-1176.
◎马浩,2010. WEPP 模型在川中紫色土区小流域水土流失中的应用[D]. 北京:北京林业大学:24-44.
◎马玉涛,周华坤,邵新庆,等,2016. 三江源退化高寒生态系统恢复技术与示范[J]. 生态学报,36(22):7078-7082.
◎孟庆枚,1999. 黄土高原水土保持[M]. 郑州:黄河水利出版社:68-84,293-301.
◎穆兴民,李朋飞,高鹏,等,2016. 土壤侵蚀模型在黄土高原的应用述评[J]. 人民黄河, 38(10):100-110.
◎牛建明, 李博,1992. 鄂尔多斯高原植被与生态因子的多元分析[J]. 生态学报, 12(2): 105-110.
◎牛勇,2015. 北京山区不同林分水文生态效应特征[D]. 北京:北京林业大学:78-130.
◎潘兆橹,万朴,1993. 应用矿物学[M]. 武汉:武汉工业大学出版社:218-220.
◎庞海东,贺卓,燕传明,等, 2017. 耐重金属的植物促生芽孢杆菌筛选及其强化香蒲去除 Cd 的作用[J]. 农业环境科学学报,36(11):2314-2321.
◎彭飚,孙嬰嬰,孙绪博,2018. 毛乌素沙地砒砂岩矿物组成研究[J]. 西部大开发(土地开发工程研究),3(12) : 29-34.

◎彭飚,齐丽,叶胜兰,2019. 毛乌素沙地砒砂岩机械组成与矿物组成定量关系研究[J]. 西部大开发(土地开发工程研究),43(6):21-24,62.
◎彭正华,焦向阳,石长柏,等,2006. 注浆法处理黄土坡滑坡临江崩滑堆积体深层滑移[J]. 土木工程与管理学报,23(增刊1):40-42.
◎祁永新,刘则荣,王兴中,2008. 黄土高原水土保持二期世行贷款项目蓄水保土效益分析[J]. 水土保持研究,15(5): 204-207.
◎乔贝,张磊,冯伟风,等,2016. 砒砂岩区典型坡面稳定特征及空间组合结构[J]. 人民黄河,38(6):26-29.
◎秦富仓,杨振奇,李龙,2020. 砒砂岩区土壤侵蚀机理与生态修复技术研究进展[J]. 北京林业大学学报,42(12):142-150.
◎秦前波,方引晴,骆行文,等,2012. 深层高压注浆加固古滑坡滑动带试验及效果分析[J]. 岩土力学,33(4):1185-1190.
◎秦越,2018. 青藏高原东北部典型流域冻土退化及其生态水文效应研究[D]. 北京:清华大学:80-103.
◎仇苏倩,2019. 砒砂岩区不同林龄油松林林下生物多样性及土壤生态特征[D]. 泰安:山东农业大学:14-33.
◎任柯蒙,卫伟,赵西宁,等,2018. 黄土丘陵区坡面植被盖度及其配置格局的水蚀效应模拟[J]. 生态学报,38(22):8031-8039.
◎摄晓燕,魏孝荣,魏艳春,等,2015. 砒砂岩改良风沙土对铵态氮吸附特性影响研究[J]. 农业机械学报,46(11):165-173.
◎沈鑫,2015. 一种砒砂岩固结促生自然边坡治理技术[J]. 人民黄河,37(8):90-93.
◎石明生,马小跃,王复明,2010. 高聚物注浆技术在水泥混凝土道路维修中的应用[J]. 河南科学,28(1):74-77.
◎石迎春,叶浩,侯宏冰,等,2004. 内蒙古南部砒砂岩侵蚀内因分析[J]. 地球学报,25(6):659-664.
◎石迎春,叶浩,石建省,等,2009. 砒砂岩区沟边线变迁遥感调查及影响因素分析[J]. 国土资源遥感(3):59-64.
◎拾兵,曹叔尤,2000. 植物治沙动力学[M]. 青岛:青岛海洋大学出版社:114-147.
◎苏涛,2011. 砒砂岩地区 EN-1 固化剂固化边坡抗冲稳定性的机理[D]. 咸阳:西北农林科技大学.
◎苏涛, 张兴昌,王仁君,2013. EN-1 对砒砂岩固化土抗剪强度特征的影响[J]. 农业机械学报,44(9):86-90.

◎苏涛,张兴昌,王仁君,等,2015. 植被覆盖对砒砂岩地区边坡侵蚀的减流减沙效益[J]. 水土保持学报,29(3):98-101,205.
◎孙成,秦富仓,杨振奇,等,2021. 基于信息熵的砒砂岩区典型人工林生态系统稳定性研究[J]. 水土保持研究,28(6):91-97.
◎孙成,秦富仓,李龙,等,2022. 砒砂岩区不同立地类型人工油松林下草本种群生态位特征及其环境解释[J]. 生态学报,42(9):3613-3623.
◎孙春宝,张金山,董红娟,等,2016. 煤矸石及其国内外综合利用[J]. 煤炭技术,35(3):286-288.
◎孙淼,2022. 黄土高原泾河流域生态水文效应评价与植被适水格局优化调控研究[D]. 咸阳:西北农林科技大学:11-33.
◎孙增慧,韩霁昌,毛忠安,等,2018. 砒砂岩改良风沙土对作物产量影响的RZWQM2 模型模拟[J]. 农业机械学报,49(7):235-243.
◎谭罗荣,1997. 蒙脱石晶体膨胀和收缩机理研究[J]. 岩土力学,18(3):8-13.
◎唐克丽,侯庆春,王斌科,等,1993. 黄土高原水蚀风蚀交错带和神木试区的环境背景及整治方向[C]//中国科学院水利部西北水土保持研究所. 中国科学院水利部西北水土保持研究所集刊,18:2-15.
◎唐政洪,蔡强国,李忠武,等,2001. 内蒙古砒砂岩地区风蚀、水蚀及重力侵蚀交互作用研究[J]. 水土保持学报,15(2):25-29.
◎童伟,韩霁昌,王欢元,等,2015. 毛乌素沙地砒砂岩与沙复配成土技术固沙效应[J]. 中国沙漠,35(6):1467-1472.
◎万奋涛,2015. 降雨条件下边坡渗流特性及排水措施的优化设计研究[D]. 成都:西南交通大学.
◎王承书,高峰,孙文义,等,2021. 黄土丘陵沟壑区坡沟系统不同降雨类型的土壤入渗特征[J]. 生态学报,41(8):3111-3122.
◎王复明,徐建国,杨柳,等,2015. 堤坝高聚物防渗墙静力荷载试验与数值分析[J]. 建筑科学与工程学报(2): 27-34.
◎王复明,李曼珺,方宏远,等,2019. 黄河大堤高聚物防渗墙稳定性分析[J]. 人民黄河,41(10):48-52,86.
◎王红肖,2015. 新型固化剂改良黄土边坡稳定性分析[D]. 太原:太原理工大学.
◎王辉,李晓丽,杨健,等,2021. 玄武岩纤维-砒砂岩水泥土力学特性试验研究[J]. 排灌机械工程学报,39(12):1264-1269.
◎王建勋,2007. WEPP 模型(坡面版)在黄土高原丘陵沟壑区的适用性评价[D]. 咸阳:西北农林科技大学:18-73.

◎王立久,李长明,董晶亮,2013. 砒砂岩分布及岩性特征[J]. 人民黄河(12):91-93.

◎王民,李占斌,崔灵周,等,2008. 基于变分法和GIS的小流域模型三维地貌分形特征量化研究[J]. 水土保持学报,22(4):128-131.

◎王睿,杨国靖,2020. 库布齐沙漠生态治理的生态经济系统耦合分析[J]. 干旱区地理, 43(5):1391-1400.

◎王晓,2000. 砒砂岩区小流域泥沙来源研究[J]. 中国水土保持(4):17-18.

◎王晓,2001. 用粒度分析法计算砒砂岩区小流域泥沙来源的探讨[J]. 中国水土保持(1):21-24.

◎王勇,2012. 水土保持林生态效应评价指标研究[J]. 河北林业科技 (1):81-83,88.

◎王愿昌,吴永红,李敏,等,2007. 砒砂岩地区水土流失及其治理途径研究[M]. 郑州:黄河水利出版社:1-2.

◎王重阳,2023. 碱激发下钢渣粉砒砂岩水泥复合土力学特性及耐久性试验研究[D]. 呼和浩特:内蒙古农业大学:15-24.

◎魏雨露,韩霁昌, 张扬,2015. 砒砂岩与沙复配成土后最大干密度的研究[J]. 三峡大学学报(自然科学版),37(5):54-57.

◎魏雨露,张露,2017. 砒砂岩与沙复配成土的颗粒级配与压实特性研究[J]. 西部大开发(土地开发工程研究),2(4): 25-29.

◎温婧,朱元骏,殷宪强,等,2014. 砒砂岩对 Pb(Ⅱ)的吸附特性研究[J]. 环境科学学报,34(10):2491-2499.

◎温婧,朱元骏,张兴昌,等,2015. 砒砂岩修复晋陕蒙能源区铅污染土壤的研究[J]. 环境科学学报,35(3):873-879.

◎吴金水,林启美,黄巧云,等,2006. 土壤微生物生物量测定方法及其应用[M]. 北京:气象出版社:1-150.

◎吴四平,2017. 三峡山地不同类型林地的生态水文功能研究[D]. 武汉:华中师范大学:22-57.

◎吴永红,胡建忠,闫晓玲,等,2011. 砒砂岩区沙棘林生态工程减洪减沙作用分析[J]. 中国水土保持科学,9(1):68-73.

◎武晶,王百田,郭红艳,等,2007. 浅析沙棘根系在砒砂岩地区坡面上的分布[J]. 水土保持研究,14(6):358-360,364.

◎夏军,李天生,2018. 生态水文学的进展与展望[J]. 中国防汛抗旱,28(6):1-5.

◎肖培青,郑粉莉,姚文艺,2004. 坡沟产沙关系及其侵蚀机理研究进展[J]. 水土保持研究,11(4):101–104.
◎肖培青,姚文艺,张攀,等,2021. 黄河砒砂岩区多动力复合侵蚀过程与机制[M]. 郑州:黄河水利出版社:11–13,67–72.
◎谢梦瑶,任宗萍,张晓明,等,2022. 砒砂岩区小流域坡沟系统地形及侵蚀分异规律[J]. 水土保持学报,36(5):112–120.
◎谢敏,张晓明,赵阳,等,2019. 北洛河流域水沙变化对降雨和土地利用的响应[J]. 中国水利水电科学研究院学报,17(1):39–44.
◎辛雷勇, 2013. 砒砂岩区坡面植被缓冲带布设技术[D]. 呼和浩特:内蒙古农业大学:37–44.
◎幸定武,高建恩,2008. WEPP 在黄土高原坡面径流调控中的适用性研究[J]. 人民黄河,30(4):66–67,95.
◎徐建国,方姝,王博,等,2017. 高聚物防渗墙土石坝及其应力场与渗流场耦合分析[J]. 水利与建筑工程学报(4):1–5.
◎许炯心,姚文艺,韩鹏,等,2009. 基于气候地貌植被耦合的黄河中游侵蚀过程[M]. 北京:科学出版社:198–262.
◎许申来,2008. 生态恢复的环境效应评价研究进展[C]// 中国生态学会青年工作委员会,广东省科学技术协会科技交流部. 第五届中国青年生态学工作者学术研讨会论文集:7.
◎杨大令,张婷婷,韩俊南,等,2016. 利用改性砒砂岩修筑淤地坝研究[J]. 人民黄河,38(6):42–45.
◎杨方社,曹明明,李怀恩,等,2013. 沙棘柔性坝影响下砒砂岩沟道土壤水分空间变异分析[J]. 干旱区资源与环境,27 (7):161–166.
◎杨健,李晓丽,王辉,等,2021. 复合粉煤灰砒砂岩水泥土力学性能室内试验研究[J]. 排灌机械工程学报,39(12):1230–1236.
◎杨久俊, 张磊, 肖培青,2016. 黄河中游砒砂岩区植物图鉴[M]. 郑州: 黄河水利出版社:10–20.
◎杨雷,2023. 当代国外生态学研究的激进向度[EB/OL]. (2023–08–31)[2024–01–04].
◎杨泽元,王文科,王雁林,等,2006. 干旱半干旱区地下水引起的表生生态效应及其评价指标体系研究[J]. 干旱区资源与环境 (3):105–111.
◎杨振奇,秦富仓,李晓琴,等,2017. 砒砂岩区主要造林树种枯落物及林下土壤持水特性[J]. 水土保持学报,31(3):118–122.
◎杨振奇,秦富仓,张晓娜,等,2018. 砒砂岩区不同立地类型人工沙棘林下草本物种多样性环境解释[J]. 生态学报,38(14):5132-5140.

◎杨振奇,郭建英,秦富仓,等,2021a. 裸露砒砂岩区小流域土壤侵蚀空间自相关特征及影响因素[J]. 水土保持通报,41(2):58-65.

◎杨振奇,郭建英,秦富仓,等,2021b. 裸露砒砂岩区小流域植被景观空间格局与地形关系[J]. 西北林学院学报,36(5):133-139.

◎姚丝思,席慧,2020. 基于田间试验的砒砂岩和沙复配成土特性研究[J]. 西部大开发(土地开发工程研究),5(2):50-56.

◎姚文艺,李占斌,康玲玲,2005. 黄土高原土壤侵蚀治理的生态环境效应[M]北京:科学出版社:89-126.

◎姚文艺,等,2014. 土壤侵蚀模型及工程应用[M]. 郑州:黄河水利出版社:97-138.

◎姚文艺,吴智仁,刘慧,等,2015. 黄河流域砒砂岩区抗蚀促生技术试验研究[J]. 人民黄河,37(1): 6-10.

◎姚文艺,肖培青,刘慧,等,2017. 黄河流域砒砂岩区辨识与抗蚀促生关键技术及应用[R]. 郑州:黄河水利委员会黄河水利科学研究院:25-293.

◎姚文艺,李长明,张攀,等,2018. 砒砂岩侵蚀机理研究与展望[J]. 人民黄河,40(6):1-7,65.

◎姚文艺,肖培青,王愿昌,等,2019. 砒砂岩区侵蚀治理技术研究进展[J]. 水利水电科技进展,39(5):1-15.

◎姚文艺,肖培青,张攀,2020a. 补强砒砂岩区治理短板 筑牢黄河流域生态安全屏障[J]. 中国水土保持(9):61-65.

◎姚文艺,许炯心,肖培青,等,2020b. 黄河中游生态脆弱区分区量化综合治理关键技术及应用[R]. 郑州:黄河水利科学研究院:199-210.

◎姚文艺,肖培青,刘慧,等,2021. 砒砂岩区生态综合治理理论与技术[M]. 郑州:黄河水利出版社:1-4,76-93,159-201.

◎叶俊道,秦富仓,岳永杰,等,2012. WEPP 模型在砒砂岩地区土壤侵蚀模拟的适用性研究[J]. 干旱区资源与环境,26(7):132-135.

◎银剑钊,2021. 为地球母亲美容:欧洲废弃矿山空间重置及生态修复模式浅析[J]. 资源导刊 (8):52-53.

◎尹惠敏,2011. 砒砂岩区沙棘人工林地表土的抗蚀性能研究[J]. 现代农业科技(4):264-273.

◎于国强,李占斌,张茂省,等,2012. 水土保持措施对黄土高原小流域重力侵蚀的调控机理研究[J]. 土壤学报,49(4):646-654.

◎于际伟,2014. 砒砂岩力学性能试验研究[D]. 呼和浩特:内蒙古农业大学.

◎于晓杰,魏勇明,许碧霞,等,2024. 砒砂岩区小流域人工林分布格局与地形因子的关系[J]. 内蒙古水利(1):48-50.
◎余长洪,李就好,陈凯,等,2016. 基于 WEPP 模型的砖红壤区坡耕地水平梯田优化设计[J]. 云南农业大学学报(自然科学版),31(1):148-152.
◎袁勤,崔向新,蒙仲举,2013. 砒砂岩区不同人工林林下草本层植物的结构特征[J]. 绿色科技(5):47-49.
◎云锦凤,张众,于卓,等,2005. 蒙古冰草新品系的选育[J]. 中国草地,27(6):7-12.
◎曾月娥,秦富仓,岳永杰,2013. 准格尔旗砒砂岩区沙棘林下草本植物组成及多样性分析[J]. 北方园艺(22):98-101.
◎翟晓蕾,张宝龙,胡仪煦,等,2024. 砒砂岩填料路用性能及路基结构设计建议[J]. 内蒙古公路与运输(2):6-10,19.
◎张攀,姚文艺,肖培青,等,2022. 黄河流域砒砂岩区多动力侵蚀交互叠加效应研究[J]. 水利学报,53(1):110-116.
◎张传才,秦奋,王海鹰,等,2016. 砒砂岩区地貌形态三维分形特征量化及空间变异[J]. 地理科学,36(1):142-148.
◎张海欧,解建仓,南海鹏,等,2019. 毛乌素沙地砒砂岩与沙复配土壤颗粒组成动态变化特征[J]. 中国水土保持科学,17(6):34-40.
◎张换迪,2019. 鄂尔多斯砒砂岩区植物和土壤微生物多样性研究[D]. 呼和浩特:内蒙古大学:17-21.
◎张金慧,徐雪良,张锐,1999. 砒砂岩类型区筑坝材料可行性分析[J]. 中国水土保持(1):28-30.
◎张金慧,徐立青,耿绥和,2001. 砒砂岩筑坝施工方法初步试验研究[J]. 中国水土保持(10):31-32.
◎张康,2006. 砒砂岩区沙棘植物柔性坝生态水文效应研究[D]. 西安:西安理工大学:24-52.
◎张磊,冯伟风,乔贝,等,2016. 砒砂岩抗蚀促生材料对植物发芽影响研究[J]. 人民黄河,36(6):39-41.
◎张丽萍,张海霞,1991. 简论黄土高原地貌类型的空间组合结构[J]. 山西大学师范学院学报 (综合版),3(1):88- 92.
◎张美香,罗忠涛,殷会玲,等,2015. 红砒砂岩细集料制备水泥砂浆及其性能研究[J]. 混凝土(8):112-114.
◎张美香,罗忠涛,殷会玲,等,2016. 砒砂岩替代细集料制备混凝土及其抗冲蚀性能研究[J]. 混凝土(6):158-160.

◎张晴雯,雷廷武,姚春梅,等,2004. WEPP 细沟剥蚀率模型正确性的理论分析与实验验证[J]. 农业工程学报,20(1):35-39.
◎张瑞,2018. 湖南津市毛里湖牌楼岗溪植被恢复的生态水文效应模拟研究[D]. 长沙:中南林业科技大学:59-78.
◎张若曦,秦富仓,李龙,等,2022. 砒砂岩区坡面微地貌变化与侵蚀产沙的响应关系[J]. 水土保持研究,29(6):21-27,35.
◎张喜旺,秦奋,2016. 砒砂岩地区降雨与植被耦合关系对侵蚀产沙的影响[J]. 地理研究, 35(3):513-524.
◎张新时,1994. 毛乌素沙地的生态背景及其草地建设的原则与优化模式[J]. 植物生态学报,18(1):1-16.
◎张永明,2011. 泥质红砂岩边坡稳定性分析与防治技术研究[D]. 广州:华南理工大学.
◎赵俊峰, 2007. 鄂尔多斯盆地直罗—安定期原盆恢复[D]. 西安:西北大学:8-128.
◎赵利清,2008. 准格尔黄土丘陵沟壑区沟谷植被研究[D]. 呼和浩特:内蒙古大学:77-98.
◎赵彤, 韩霁昌,张扬, 等, 2016. 4 年作物种植对不同比例砒砂岩与沙复配土水稳性团聚体的影响[J]. 江苏农业科学, 44(10): 443-447.
◎甄庆,摄晓燕,张应龙,等,2015. 晋陕蒙能源区不同构型土体水分入渗特性模拟[J]. 农业机械学报,46(8):90-96.
◎周琳,胡斐南,许晨阳,等,2024. 基于动态振荡剪切的砒砂岩浆体流变行为研究[J]. 水土保持学报,38(3):45-53.
◎朱冰冰,霍云霈,周正朝,2021. 黄土高原坡沟系统植被格局对土壤侵蚀影响研究进展[J]. 中国水土保持科学,19(4):149-156.
◎朱显谟,1956a. 黄土区土壤侵蚀的分类[J]. 土壤学报,4(2):99-114.
◎朱显谟,张同亮,彭林,等,1956b. 陕北绥德韭园沟的土壤侵蚀和水土保持[J]. 土壤学报(29):1-18.
◎朱显谟,1996. 再论黄土高原国土整治“28 字方略”[J]. 科技导报(3):44-48.
◎朱永清,2006. 黄土高原典型流域地貌形态分形特征与空间尺度转换研究[D]. 西安:西安理工大学.
◎朱韵峤,2017. WEPP 模型在紫色土区域适用性研究[J]. 安徽农业科学,45(23):106-113.
◎ABE C A, LOBO F L, DE M N, et al. 2019. Modeling the effects of land cover

change on sediment concentrations in a gold-mined Amazonian basin[J]. Regional Environmental Change, 19(6):1801–1813.

◎ALADOS C, ELAICH A, PAPANASTASIS V, et al. 2004. Change in plant spatial patterns and diversity along the successional gradient of Mediterranean grazing ecosystems [J]. Ecological Modelling, 180(4):523–535.

◎ANGST G, FROUZ J, 2020. Preferential degradation of leaf vs. root-derived organic carbon in earthworm-affected soil[J]. Geoderma, 372:114391.

◎AZUKA O, OVIE B O, GODWIN O A, 2021. Geology and geotechnical investigations of part of the Anambra Basin, Southeastern Nigeria: implication for gully erosion hazards[J]. Environ Syst Res, 10:23.

◎BISHOP A W, 1955. The use of the slip circle in the stability analysis of earth slopes [J]. Geotechnique, 5(1):7–17.

◎BOCHET E, RUBIO J L, POESEN J, 1998. Relative efficiency of three representative matorral species in reducing water erosion at the microscale in a semi-arid climate (Valencia, Spain) [J]. Geomorphology, 23(2–4):139–150.

◎BRANKO P, 2019. Conceptualization and formulation of the model of sustainable development in Bih[J]. Business Studies, 11(21–22):293–299.

◎CANTONI R, COLLOTTA T, GHIONNA V N, et al. 1989. A design method for reticulated micro pile structures in sliding slopes [J]. Ground Engineering, 22(1): 41–47.

◎CHATTERJEE N, 2020. Soil erosion assessment in a humid, Eastern Himalayan watershed undergoing rapid land use changes, using RUSLE, GIS and high-resolution satellite imagery[J]. Modeling Earth Systems and Environment, 6(2):533–543.

◎CHENG X, AN S, LI B, et al. 2006. Summer rain pulses size and rain–water uptake by three dominant desert plants in a desertified grassland ecosystem in Northwest China [J]. Plant Ecology, 184: 1–12.

◎DANCEA L, VEACESLAV V M, LUCIAN N, et al. 2011, What is good ecological restoration[J]. Pro-Environment, (4) :285–288.

◎DONG J L, LI C M, LIU H, et al, 2019. Investigating the mechanical property and reaction mechanism of geopolymer cement with red Pisha sandstone[J]. Construction and building materials, 201: 641–650.

◎DONG J L, WANG L J, ZHANG T T, 2014. Study on the strength development, hydration process and carbonation process of NaOH-activated Pisha sandstone[J].

Construction and building materials,66: 154–162.

◎ELENA A, CARLO M, MARK A, et al. 2004. Scale effect in USLE and WEPP application for soil erosion computation from three Sicilian Basins [J]. Journal of Hydrology, 293(1–4):100–114.

◎ENDO T, TSURUTA T, 1969. The effect of tree roots upon the shearing strength of soil [R]. Annual report of the Hokkaido Branch, Tokyo, Japan: Tokyo Forest Experiment Station, (18): 168–179.

◎FALLEN J M, LWONARD J L, FOSTER G R , 1991. WEPP-a new generation of erosion prediction technology [J]. Journal of Soil and Water Cons, 46(1):34–38.

◎FELLENIUS W, 1927. Earth static calculations with friction and cohesion and use of circular sliding surfaces[M]. Berlin: Emst.

◎ FERNÁNDEZ, CRISTINA, VEGA, JOSÉ A, 2018. Evaluation of the rule and disturbed WEPP erosion models for predicting soil loss in the first year after wildfire in NW Spain [J]. Environmental Research, 165:279–285.

◎GENG K Q, CHAI J R, QIN Y, et al, 2022. Collapse inhibition mechanism analysis and durability properties of cement-stabilized Pisha sandstone[J]. Bulletin of Engineering Geology and the Environment, 81(4): 1–18.

◎GRAY D H, OHASHI H, 1983. Mechanics of fiber reinforcements in sand[J]. Journal of Geotechnical Engineering, 109(3): 335–353.

◎GRONSTEN H A, LUNDEKVAM H, 2006. Prediction of surface runoff and soil loss in southeastern Norway using the WEPP Hillslope Model [J]. Soil and Tillage Research, 85(1): 186–199.

◎GROSSMAN G M, KRUEGER A B, 1992. Environmental impacts of a North American Free Trade Agreement[J]. CEPR Discussion Papers, 8(2):223–250.

◎GU B, DONER H E, 1993. Dispersion and aggregation of soil as influenced by organic and inorganic polymers [J]. Soil Science Society of America Journal, 57 (3): 709–716.

◎ HAEFELI R, 1965. Creep and progressive failure in snow, soil, rock and ice [C]. Proc. Sixth Intern. Conf. Soil Mech. Found. Eng. , Montreal (36):134–147.

◎HAJER B, MENNOUBI S F, MOHAMED R B , et al. 2009. Slope and rainfall effects on the volume of sediment yield by gully erosion in the Souar lithologic formation (Tunisia). [J]. Catena, 78:170–177.

◎HANSON N W, 1969. Influence of surface roughness of prestressing strand on bond performance[J]. Journal of Prestressed Concrete Institute,14(1):32-45.

◎HIDALGO J C G, RAVENTOS J, ECHEVARRIA M T, 1997. Comparison of sediment ratio curves for plants with different architectures[J]. Catena, 29(3): 333-340.

◎ HIETEL E, WALDHARDT R, ANNETTE O, et al. 2004. Analysing land-cover changes in relation to environmental variables in Hesse, Germany [J]. Landscape Ecology,19(5): 473-489.

◎HIMAYATULLAH K,2008. Poverty,environment and economic growth: exploring the links among three complex issues with specific focus on the Pakistan's case [J]. Environment,Development and Sustainability,10(6):913-929.

◎HVORSLEV M J , 1951. Time lag and soil permeability in groundwater observations [R]. Vicksburg: U.S. Army Engineer Waterways Experiment Station:62-69.

◎ISSAH G,KIMARO A,KORT J,et al. 2014. Quantifying biological nitrogen fixation of agroforestry shrub species using 15N dilution techniques under greenhouse conditions [J]. Agroforestry Systems,88(4):607-617.

◎IVERSION R M, MAJOR J J,1986. Groundwater seepage vectors and the potential for hillslope failure and debris flow mobilization[J]. Water Resources Research, 22(11): 1543-1548.

◎JANBU N, 1957. Earth pressure and bearing capacity calculations by generalized procedure of slices [C]//Proceedings of the fourth international conference on soil mechanics and foundation engineering, 2.

◎JIANG C, ZHANG H, TANG Z, et al. 2017. Evaluating the coupling effects of climate variability and vegetation restoration on ecosystems of the Loess Plateau, China [J]. Land Use Policy, 69:134-148.

◎ KAITLIN K, 2021. A research agenda for the future of ecological economics by emerging scholars[J]. Sustainability,13(3):1557.

◎KUENKEL P, 2021. Repurposing Economies Towards Life [J]. Cadmus, 14 (5): 56-71.

◎LI C M,DONG J L,ZHAO S B,et al. 2018. Development of low cost supplementary cementitious materials utilizing thermally activated Pisha sandstone [J]. Construction and building materials,174: 484-495.

◎LI C M,SONG L S,CAO Y L,et al. 2022. Investigating the mechanical property and enhanced mechanism of modified Pisha sandstone geopolymer via ion exchange solidification[J]. Gels,8:300.

◎LI C M, WANG L J, ZHANG T T, et al. 2016. Development of building material utilizing a low pozzolanic activity mineral[J]. Construction and Building Materials, 121 (15) :300-309

◎LI J, HAN J C, 2015. Study on physical properties and related spectral characteristics of composited soil with different ratio of feldspathic sandstone and sand[J]. Agricultural Science & Technology, 16(8):1796-1802, 1832.

◎LIANG Z S, WU Z R, MOHAMMAD N, et al. 2017. A new ecological control method for Pisha sandstone based on hydrophilic polyurethane[J]. Journal of Arid Land, 9 (5):790-796.

◎LUCAS-BORJA M E, PLAZA-ALVAREZ P A, GONZALEZ-ROMERO J, et al. 2019. Short-term effects of prescribed burning in Mediterranean pine plantations on surface runoff, soil erosion and water quality of runoff[J]. Science of the Total Environment, 674(15): 615-622.

◎LUTZ L A L, GERGELY P, 1967. Mechanics of bond and slip of deformed bars in concrete[J]. ACI Journal Proceedings, 64(11):711-721.

◎MA W B, TANG P, ZHOU X, et al. 2022. Evaluation and improvement on the freeze-thaw durability performance of the polyurethane stabilized Pisha sandstone for water and soil conservation[J]. Polymers, 14: 4837.

◎MASHAAL N M, SALLAM E S, KHATER T M, 2020. Mushroom rock, inselberg, and butte desert landforms (Gebel Qatrani, Egypt): evidence of wind erosion [J]. International Journal of Earth Sciences, 109(6):1975-1976.

◎MASSON B C, SACHS J L, 2018. Symbiotic nitrogen fixation by rhizobia the roots of a success story[J]. Current Opinion in Plant Biology, 44: 7-15.

◎MIO K, GARY J B, MIKE J P, et al. 2005. Impacts of land use change on patterns of sediment flux in Weraamaia catchment, New Zealand[J]. Catena, 64:27-60.

◎MIRZAEE S, GHORBANI-DASHTAKI S, MOHAMMAD J, et al. 2017, Modeling WEPP edibility parameters in calcareous soils in northwest Iran [J]. Ecological Indicators, 74:302-310.

◎MITCHELL M, LINDSAY M, 2020. Large-scale Cenozoic wind erosion in the Puna Plateau: the salina de fraile depression[J/OL]. Journal of Geophysical Research: Earth Surface, 125, e2020JF005682. https://doi.org/10.1029/2020JF005682.

◎MOHAMMAD M E, AL-ANSARI N, KNUTSSON S, 2016. Annual runoff and sediment in Duhok Reservoir watershed using SWAT and WEPP models [J]. Engineering, 8

(7): 410-422.
◎MORGENSTERN N R, PRICE V E,1965. The analysis of the stability of general slip surfaces[J]. Geotechnique,15(1): 79-93.
◎MORGENSTERN N R, 1971. The influence of groundwater on stability. In open pit mining [M]. New York: American Institute of Mining, Metallurgical and Petroleum Engineers: 65-81.
◎MOSTAFA G T, MOHAMED K K, 2016. Weathering behavior investigations and treatment of Kom Ombo Temple Sandstone, Egypt: based on their sedimentological and petrographical information[J]. Journal of African Earth Sciences, 113:194-204.
◎NADLER A, PERFECT E, KAY B D,1996. Effect of polyacrylamide application on the stability of dry and wet aggregates[J]. Soil Science Society of America Journal, 60 (2):555-561.
◎NEARING M A , NICKS A D , 1998. Evaluation of the water erosion prediction project (WEPP) model for hillslopes[M]//Modelling Soil Erosion by Water. Berlin: Springer.
◎NICHOLS S C, GOODINGS D J, 2000. Physical model testing of compaction grouting in cohesionless soil[J]. Journal of Geotechnical and Geoenvironmental Engineering, 126(9):848-852.
◎NOMAND P, NOUINOUI I, PUJIC P, et al. 2018. *Frankia canadensis* sp. nov. isolated from root nodules of Alnus in Cana subspecies rugose[J]. International Journal of Systematic and Evolutionary Microbiology,68(9): 3001-3011.
◎NONVEILLER E, 1992. Centrifugal modeling of drains for slope stabilization-discussion[J]. Journal of Geotechnical Engineering, 118(7):1127-1128.
◎OHTE N, KOBA K, YOSHIKAWA K, et al. 2003. Water utilization of natural and planted trees in the semiarid desert of Inner Mongolia, China [J]. Ecological Applications, 13(2): 337-351.
◎OLSEN L, DALE V, FOSTER T, 2007. Landscape patterns as indicators of ecological change at Fort-Benning, Georgia, USA[J]. Studying Landscape Change: Indicators, Assessment and Application,79(2):137-149.
◎PANDEY A, CHOWDARY V M, MAL B C, et al. 2008. Runoff and sediment yield modeling from as mall agricultural watershed in India using the WEPP model [J]. Journal of Hydrology, 348(3-4):305-319.
◎PAUL W, ELEANOR C, CHRIS C, 2007. Dynamics in tropical sandstone vegetation in

North-West Queensland: insights for Management [J]. Ecological Management & Restoration, 8(2): 143-144.

◎PENG H, JAIL Y, NIU C, et al. 2015. Eco-hydrological simulation of soil and water conservation in the Jing he River Basin in the Loess Plateau, China [J]. Journal of Hydro-environment Research, 9(3): 452-464.

◎PIERI L, BITTELLI M, WU J Q, 2007. Using the water erosion prediction project (WEPP) model to simulate field-observed runoff and erosion in the Apennines mountain range, Italy [J]. Journal of Hydrology, 336(3): 84-97.

◎RIETKERK M, DE K J, 2008. Regular pattern formation in real ecosystems [J]. Trends in Ecology & Evolution, 23(3): 169-175.

◎ RODRIGUEZ I I, 2000. Ecohydrology: a hydrologic perspective of climate-soil-vegetation dynamics[J]. Water Resources Research, 36(1): 3-9.

◎RYABOV A B, BLASIUS B, 2011. A graphical theory of competition on spatial resource gradients [J]. Ecology Letters, 14: 220-228.

◎SKEMPTON A W, 1985. Residual Strength of clays in landslide, folded strata, and the laboratory[J]. Geotechnique, 35(1): 3-18.

◎SONG L, ZHU J, LI M, et al. 2014. Water utilization of *Pinus sylvestris* var. *mongolica* in as parse wood grassland in the semi-arid sandy regions of Northeast China [J]. Trees, 28: 971-982.

◎SU H, LI Y, LIU W, et al. 2014. Changes in water use with growth in Ulmus pumila in semiarid sandy land of Northern China [J]. Trees, 28: 41-52.

◎TER-STEPANIAN G, 1975. Creep of a clay during shear and its rheological model [J]. Geotechnique, 25(2): 229-320.

◎TROUT T J, SOJKA R E, LENTZ R D, 1995. Polyacrylamide effect on furrow erosion and infiltration[J]. Trans. ASAE, 38(3): 761-765.

◎WALDRON L J, DAKESSIAN S, 1981. Soil reinforcement by roots, calculation of increased soil shear resistance from root properties[J]. Soil Science, 132: 427-435.

◎WANG S, FU B, PIAO S, et al. 2016. Reduced sediment transport in the Yellow River due to anthropogenic changes [J]. Nature Geoscience, 9(1): 120-125.

◎WEI Y F, FANG J, LIU S, et al. 2013. Stable isotope observation of water use sources of *Pinus sylvestris* var. *mongolica* in Horqin Sandy Land, China [J]. Trees, 27(5): 1249-1260.

◎ WESCHE K, WEHRDEN H, 2011. Surveying Southern Mongolia: application of multivariate classification methods in drylands with low diversity and long floristic gradients [J]. Applied Vegetation Science, 14: 561-570.

◎WU L L,2021. Regional economic transformation in Central and Western China from the perspective of ecological and environmental protection[J]. Journal of Environmental Protection and Ecology,22(5): 2003-2011.

◎WYLLIE D C, 1980. Toppling rock slope failures examples of analysis and stabilization [J]. Rock Mechanics and Rock Engineering, 13(2):89-98.

◎YANG H, AUERSWALD K, BAI Y, et al. 2011. Complementarity in water sources among dominant species in typical steppe ecosystems of Inner Mongolia, China [J]. Plant and Soil, 340(1/2): 303-313.

◎YI J, ZHAO Y, SHAO M A, et al. 2015. Hydrological processes and eco-hydrological effects of farmland-forest-desert transition zone in the middle reaches of Heihe River Basin, Gansu, China[J]. Journal of Hydrology, 529: 1690-1700.

◎YU B, ROSEWELL C, 2001. Evaluation of WEPP for runoff and soil loss prediction at Gunnedah, NSW, Australia [J]. Soil Research, 39(5):1131-1145.

◎ZHEN Q,ZHENG J,HE H,et al. 2016. Effects of Pisha sandstone content on solute transport in a sandy soil[J]. Chemosphere,144:2214-2220.

◎ZHU J H,LI X L,2022. Strength and microscopic mechanism analysis of CFBCA:based geopolymer-Pisha sandstone cement composite soil [J]. Environmental science and pollution research international,29(43): 65197-65210.

◎ZHU Y, WANG G, LI R,2016. Seasonal dynamics of water use strategy of two Salix shrubs in alpine sandy land, Tibetan Plateau [J]. PLOS ONE, 11(5): e0156586.

◎ZIEMER R R, 1981. Roots and the stability of forested slopes[M]. Wallingford: International Association of Hydrological Sciences.